Ambo 2020

Das Gute, Wahre und Schöne. Zur Aktualität der Lehre von den Transzendentalien

Jahrbuch der Hochschule Heiligenkreuz 2020

5. Jahrgang

www.bebeverlag.at

Wolfgang Buchmüller / Christoph Böhr /
Hanna-Barbara Gerl-Falkovitz (Hg.)

Ambo 2020
Das Gute, Wahre und Schöne.
Zur Aktualität der Lehre von den Transzendentalien

Jahrbuch der Hochschule Heiligenkreuz 2020
5. Jahrgang

Be&Be-Verlag: Heiligenkreuz 2020
ISBN 978-3-903602-11-3

Das Werk einschließlich aller seiner Teile ist urheberrechtlich geschützt. Jede Verwertung außerhalb der engen Grenzen des Urheberrechtsgesetzes ist ohne Zustimmung des Verlages unzulässig und strafbar. Das gilt insbesondere für die Vervielfältigung, Übersetzung, Mikroverfilmung und die Einspeicherung und Verarbeitung in elektronischen Systemen.

Alle Rechte vorbehalten. Printed in EU 2020.
Layout: Augsten Grafik, www.augsten.at

© Be&Be-Verlag
Heiligenkreuz im Wienerwald
www.bebeverlag.at

Direkter Vertrieb:
Be&Be-Verlag Heiligenkreuz
A-2532 Heiligenkreuz im Wienerwald
Tel. +43 2258 8703 400
www.klosterladen-heiligenkreuz.at
E-Mail: bestellung@klosterladen-heiligenkreuz.at

Christoph Böhr/
Wolfgang Buchmüller (Hg.)

Das Gute, Wahre und Schöne. Zur Aktualität der Lehre von den Transzendentalien

Ambo 2020

Jahrbuch der Hochschule Heiligenkreuz 2020

5. Jahrgang

Be+Be
www.bebeverlag.at

Inhaltsverzeichnis

Vorwort 11
Wolfgang Buchmüller OCist
    Die Attraktivität des Schönen, Wahren und Guten 11
    Das Sein des Wahren, Guten und Schönen 13
    Die Lehre von den Transzendentalien 14
    Der kategorische Imperativ des Guten, Wahren und Schönen 16
    Die Wahrheit des Guten, Wahren und Schönen in der Kritik 17

I. Editorial 21

Klassische Metaphysik und kritische Moderne 22
Christoph Böhr
    1. Das Sein und das Gute 24
    2. Aristotelische Grundlagen 28
    3. Die Lehre von den Transzendentalien
       in der mittelalterlichen Scholastik 29
    4. Zur neuzeitlichen Wende im Verständnis der Transzendentalien .. 37
    5. Die Lehre von den Transzendentalien in der Gegenwart 41
    6. Die anthropologische Dimension 50
    7. Metaphysik des Lichts 55

II. Gedanken zu einer Theologie der Vorläufigkeit 59

Hin zu einer Theologie der Vorläufigkeit 60
Franz Lackner OFM

III. Sein und Wahrheit – eine Quelle der Lehre von den Transzendentalien 69

Quaestiones disputatae de veritate 70
    Quaestio Prima 70

IV. Das Sein und das Gute 81

Sein als Gut 82
Rémi Brague

   1. Ein Weg zum Guten 82
   2. Kant 87
   3. George Edward Moore 91
   4. Neuplatonismus 96

Das Gute, das Wahre und das Schöne. Zur Epistemologie der Transzendentalien und ihrer fortdauernden Aktualität 103
Christoph Böhr

   1. Das Schöne ‚begnädigt' uns 104
   2. Vom Sein zum Dasein – Existentialien statt Transzendentalien 111
   3. Verlustig gegangen im Zeitalter des Nichts 116
   4. ... und wiedergefunden bei fortdauernder Aktualität 120
   5. Zusammenfassung 127

Die ‚reinen Vollkommenheiten' und die Postmoderne: eine philosophisch-theologische Betrachtung 130
Rocco Buttiglione

V. Aristotelische Grundlagen 143

Vom Sinn der Seins-Frage. Beiträge zur aristotelischen Grundlegung der Metaphysik 144
Dominicus Trojahn OCist

VI. Die Lehre von den Transzendentalien in der mittelalterlichen Scholastik 165

‚Principalissimum fundamentum' – Die Stellung des Guten und das Metaphysikverständnis Bonaventuras 166
Andreas Speer

   1. „quod est primum nomen Dei" – Exodusmetaphysik oder Einheitsmetaphysik? 166
   2. „conditio causae in quantum causa" – Die Grundbestimmungen des Guten 170

3. „intellectus plene resolvens" –
Bonaventuras resolutive Erkenntnisbegründung 175

4. „ipsum bonum est principalissimum fundamentum" –
Die Frage der Erkenntnis- und Seinspriorität 184

5. Zum Abschluss 193

‚Bonum est quod omnia appetunt'. Zur transzendentalen Grundlegung des sittlich Guten bei Thomas von Aquin 198
Berthold Wald

    Einleitung 198

    1. Das Gute als transzendentale Bestimmung des Seins 200

    2. Bonum est quod omnia appetunt 207

    3. Transzendente Grundlegung des Transzendentalen? 221

Die Freiheit des Willens und die Transzendentalität des Guten ... 228
Rudi te Velde

    1. Einleitung 228

    2. Die Transzendentalität des Guten 231

    3. Die Unendlichkeit der Seele 236

    4. Eine Variante auf das Paradoxon von Buridans Esel 240

    5. Die Selbst-Bewegung des Willens 243

Wie verhalten sich Seinswahrheit und Erkenntniswahrheit zueinander? Francisco Suárez versus Thomas von Aquin und Thomas Cajetan 250
Rolf Darge

    1. Die Erklärung des Thomas 255

    2. Cajetans Deutung der Analogie des Wahren 258

    3. Äquivozität 263

    4. Analogie 268

    5. Ontologische Deutung 270

    6. Schluss 281

VII. Zur neuzeitlichen Wende im Verständnis der Transzendentalien ... 283

**Ein *Missing Link* in der Geschichte der Transzendentalphilosophie.
Die *Longue Durée* des akademischen Aristotelismus bei Kant** ... 284
Francesco Valerio Tommasi

    1. Der Aristotelismus an der Universität Königsberg zur Zeit Kants ... 287
    2. Philosophia transcendentalis ... 289
    3. Die kantische Transzendentalphilosophie als Radikalisierung der scholastischen Transzendentalphilosophie ... 292

**Die Lehre von den Transzendentalien:
ihre philosophiehistorische Krise und ihre bleibende Aktualität** ... 302
Richard Schaeffler

    1. Ein Blick in die Problemgeschichte ... 302
    2. Die ‚Lücke' im kantischen System und die Frage, wie sie geschlossen werden kann ... 308

VIII. Die Lehre von den Transzendentalien in der Gegenwart ... 313

**Vom Sein zum Bewusstsein – zum Sein. Eine phänomenologische
Perspektive auf die Lehre von den Transzendentalien:
Thomas von Aquin in der Deutung Edith Steins** ... 314
Anna Varga-Jani

    Erkenntnis, Wahrheit und Sein: Methodologische Problematisierung ... 314
    Die Bedeutung der Transzendentalien in der temporalen Bestimmtheit ... 320

**„Die Seele ist in gewisser Weise alles."
Die Lehre von der Wahrheit der Dinge als Aussage über das Wesen des Menschen bei Josef Pieper** ... 328
Hanns-Gregor Nissing

    1. Josef Piepers Weg zur Thematik von der Wahrheit der Dinge ... 330
    2. Dimensionen der Lehre von der „Wahrheit der Dinge" ... 333
    3. „Unaustrinkbares Licht", philosophia und theologia negativa und die weiteren Folgerungen aus der Lehre von der Wahrheit der Dinge ... 347
    Epilog ... 352

Die Transzendentalie ‚Das Heilige' bei Johann Baptist Lotz und seine Implikationen 354
Marian Gruber OCist

Die Transzendentalien als trinitarisches Strukturprinzip in der Trilogie Hans Urs von Balthasars? 362
Karl Wallner OCist

    Zur Bedeutung der Transzendentalien in der Trilogie Balthasars.... 362

    1. Auf der Suche nach einem Strukturprinzip 367

    2. Die trinitarische Struktur der Trilogie 373

    3. Trinitarische Logik als Vertiefung des Mysteriums 384

Die theologische Unbegreifbarkeit der Transzendentalien – Gott und Mensch: zwei verschiedene Sichtweisen 387
William J. Hoye

    Dante Alighieris Eschatologie des Lachens 388

    Das Komische 393

    Der Transzendenzbezug 395

    Religion 399

IX. Die anthropologische Dimension 405

Von der Hoffnung, Person zu sein 406
Richard Schenk

    1. Konfigurationen der Frage 407

    2. Präfigurationen der Frage 409

    3. Refigurationen der Frage 426

„Die Freude am Herrn ist eure Stärke." Biblische, liturgische und praktische Betrachtungen über die Freude 432
Johannes Paul Chavanne OCist

    1. Haben wir Freude in der Kirche? 432

    2. Die Traurigkeit der Welt 433

    3. Fehlen der Freude – nur ein Symptom für tiefere Leere? 435

    4. Freude im Neuen Testament 436

    5. Freude in der Liturgie 438

    6. Papst Franziskus: Freude der Verkündigung – Freude in der Verkündigung 440

7. Zwei praktische Wege zur Freude: Danken und Loben 442
8. Freude ist Evangelisierung – Freude schenken. 443

X. Lectio spiritualis 445

Deus, qui caeli lumen es.
Hymnus ad Laudes matutinas, Hebd. II, Feria VI. 446
Leo Bazant-Hegemark

Christliche Lichtmetaphyik. Zum Hymnus
‚Deus, qui caeli lumen es' – ‚Cot du der himile lecht pist' 449
Wolfgang Buchmüller OCist

Eine zweisprachige Neuausgabe des Stundengebetes 449
Der Hymnus *Deus, qui caeli lumen es* 450
Der Codex Junius 25 aus Murbach 452
Die Entwicklung der Hymnodie in der Frühzeit der Kirche 453
Die Abtei Murbach im Kontext der karolingischen Renaissance ... 455
Die Frage nach dem Autor des Hymnus 457
Alkuin von York und die Abtei Murbach 458
Die Motive des Hymnus Deus, qui caeli lumen es 460
Ein kosmologischer Bezug des Hymnus 462
Der Makrokosmos spiegelt sich im Mikrokosmos 464
Lichtmetaphysik bei Alkuin von York 465

XI. Würdigungen und Nachrufe 471

Zur Theologie Joseph Ratzingers. Interview mit Abtpräses
Dr. Maximilian Heim OCist in der Zeitschrift *Famille Chrétienne* .. 472

Laudatio zur Verleihung des Augustin-Bea-Preises
an Klaus Berger (1940–2020) 481
Preisrede von Abtpräses Dr. Maximilian Heim OCist

Beerdigung von Prof. Dr. Klaus Berger
am 26. Juni 2020 auf dem Bergfriedhof in Heidelberg 488
Abtpräses Dr. Maximilian Heim OCist

Nachruf auf Werner Beierwaltes 493
Jens Halfwassen

**Interpretation und Perspektive der Transzendentalphilosophie.
Zum Tod von Richard Schaeffler – Ein Nachruf** 497
Christoph Böhr

XII. Rezensionen 509

XIII. Aktuelles 597

Jahresbericht 2019 über die Hochschule Heiligenkreuz 598
Wolfgang Buchmüller OCist, Rektor
Johannes Paul Chavanne OCist, Generalsekretär

    Status der Hochschule 598

    Geschichte 598

    Studienrichtungen 599

    Leitung 599

    Verwaltung 599

    Struktur 600

    Gebäude 600

    Lehrende und Institute 601

    Statistik der Studenten 601

    Sponsionen 602

    Die fünf Studienrichtungen 602

    Chronik 2019 604

XIV. Erstveröffentlichungsnachweise 613

XV. Zu den Autoren 617

XVI. Zu den Rezensenten 639

VORWORT

Wolfgang Buchmüller OCist

Die Attraktivität des Schönen, Wahren und Guten

Ein einfaches Experiment: Man zeige einer Personengruppe Fotos von einer dunklen Straße in der Bahnhofsgegend einer Großstadt und halte dagegen eine Abbildung eines historisch wertvollen Bau-Ensembles wie zum Beispiel dem Stephansplatz in Wien. Dann frage man den Betrachter, wo er sich lieber aufhalten möchte – und man wird feststellen: Niemand wählt freiwillig eine hässliche Umgebung, da ist der Mensch erstaunlich konservativ. Dieselben psychologischen Mechanismen gelten im Übrigen auch für Reiseprospekte, Reiseziele und Urlaubsorte – und hier sogar länderübergreifend. Eine gewisse Aura von Behaglichkeit und Komfort in Kombination mit Kultur empfindet der Mensch als anziehend. Das Schöne lässt die Herzen höherschlagen – bei allen Menschen, wo immer sie geboren wurden und leben, in Europa, Asien oder Afrika. Dieser Effekt steigert sich nochmals, wenn beim Menschen äußere Schönheit mit innerer – charakterlicher – Schönheit zusammentrifft. Eine ungebrochene, weltweite Attraktivität und Anziehungskraft des Schönen und Guten ist einfach nicht zu leugnen.

Dass jemand Gutes tut, anderen guttut oder gut zu Mitmenschen ist, drückt ein höchstes Lob und Anerkennung für jemanden aus, so schwer solche zwischenmenschlichen Vorgänge auch zu definieren sein mögen. Das Gute ist dabei weit mehr als objektivierte Positivität, weil es verbunden ist mit einer urmenschlichen Erfahrung des Guten selbst, eine Sinn- und Seinserfahrung, die hoffen lässt.

Dazu tritt noch die leidenschaftliche Suche des Menschen nach der Wahrheit. Selbst wenn man zugeben muss, dass es auch eine charmante Art geben kann, belogen zu werden, die Lüge selbst hinterlässt ein Gefühl von Empörung, sie wird selbst bei sympathischen Menschen als unschön, unnötig und hässlich empfunden. Aus dieser nicht ganz neuen Erkenntnis lässt sich die Trias des Guten, Wahren und Schönen eruieren als das, wonach der Mensch als geistiges und höheres Wesen bewusst oder unbewusst strebt, auch wenn dies von einigen Zeitgenossen als längst abgelegtes Humanitätsideal angezweifelt wird: „Das Wahre suchen und das Schöne lieben und das Gute üben. Kein reiner Glück als dieses, kann auf Erden dem Menschen werden", schrieb der im 19. Jahrhundert lebende, zu seiner Zeit viel gelesene Theologe und Lyriker Friedrich Karl von Gerok (1815–1890).[1]

Auch wenn der gesamte „Kulturballast" der Deutschen Klassik heute endgültig entsorgt zu sein scheint, das Existential des Menschen ist nicht so leicht veränder- oder manipulierbar: Das Schöne, Wahre und Gute, das einst von Johann Wolfgang von Goethe besungen wurde, hat seine Faszination nicht eingebüßt, auch wenn es inzwischen museal verfremdet erscheint. Nach über 60-jähriger Dauerindoktrination, die das Schöne als bourgeois und antirevolutionär darzustellen gewohnt ist, stellt sich nach den zweifelhaften Ergebnissen der Aktionskunst eine gewisse Ermüdung ein, die wieder nach den wahren Quellen des menschlichen Seins abseits aller Ideologie fragen lässt.

Als Johann Wolfgang von Goethe in seinem emotional gefärbten Nachwort auf seinen Freund Friedrich Schiller 1815 in seinem Epilog zu Schillers Glocke emphatisch dichtete, formulierte er so etwas wie eine Metaphysik der Lebensführung, die bis ins frühe 20. Jahrhundert als Bildungsideal der Deutschen angesehen wurde: „Indessen schritt sein Geist gewaltig fort / Ins Ewige des Wahren, Guten, Schönen, / Und hinter sich, in wesenlosem Scheine, / Lag, was uns alle bändigt, das Gemeine."[2]

---

1   GEORG GEROK, zit. nach: ROBERT OLOFF, Die Religionen der Völker und Gelehrten aller Zeiten. Ein Laien-brevier, Bd. 2, Berlin 1904, 283.
2   JOHANN WOLFGANG VON GOETHE, Epilog zu Schillers ‚Glocke', in: DERS., Gedichte, hg. v. Erich Trunz, München 1974, 256–259, hier: 257.

Das Sein des Wahren, Guten und Schönen

Bei Goethe als dem prominentesten Vertreter der Weimarer Klassik wundert es nicht weiter, dass in seinen hehren Versen Grundbegriffe der Philosophie des Platonismus bzw. des Neuplatonismus anklingen. Das wahre Ewige ist der ewige Urgund des Seins, der das wahre Sein, die Schönheit des Seins, das Gute und das Wahre in sich vereinigt, indem er allem Anteil an seinem Sein schenkt. Daher ist ein Mangel zuallererst ein Mangel an Sein. Nach der Philosophie des Neuplatonismus hat das sogenannte Böse kein wahres Wesen; auch wenn es sich allmächtig gebärdet, ist es letztlich doch nur Schein.

Auch wenn Platon sich anscheinend nicht sicher war, ob dieser Urgrund des Seins ein Gott sei oder einfach nur das Göttliche: Im Zentrum seiner Philosophie steht eine kosmische Einheitserfahrung, die auf mystische Art und Weise das Gute als den Grund der Dinge erahnen lässt. Im Aufblitzen der Herrlichkeit des Himmels ergibt sich die Verwiesenheit des Menschen auf seine überirdische Urheimat. Im bekannten Sonnengleichnis versucht Platon eine plausible Erklärung für seine ekstatische Einheitserfahrung zu finden. Es ist die hinter jedem Sein stehende transzendente Idee des Guten selbst, die es ermöglicht, dass der Mensch auf mystische Weise das Licht des Himmels erblicken kann. Als Metapher hierfür wählt Platon die in ihrem Licht unzugängliche Sonne, deren Lichtstrahlen von dem „sonnenähnlichen" Gesichtssinn der Augen aufgefangen werden kann. Hätte der Mensch kein entsprechendes inneres Sensorium für eine entsprechende Transzendenzerfahrung, könnte er diese Dinge nicht denken oder über sie sprechen, auch wenn sie seinen Horizont übersteigen: „Eine überschwängliche Schönheit", sagte er, „verkündigst du, wenn es Erkenntnis und Wahrheit hervorbringt, selbst aber noch über diesen steht [etwas an Schönheit Höheres]. (uper tsuta kallei estin)"[3].

Bei der Deutung der Transzendenzerfahrung sind aber die drei Ideen des Wahren (to alhqes) des Guten (to agaqon) und des Schönen (to kalon) eng miteinander verbunden, da sie gemeinsam auf einen transzendenten Ursprung zurückgehen, der höher ist als

---

3   PLATON, *Politeia*, 508c.

sie selbst.⁴ Dabei scheint aber das unbewusst „zuallererst Geliebte" (proton filon) das Gute selbst zu sein, das allem Sein Anteil an seinem Wesen gewährt.⁵

Die Lehre von den Transzendentalien

Es fiel erst der Philosophie der Scholastik zu – einem weiteren Höhepunkt metaphysischen Denkens –, die Lehre von der sog. ‚Konvertibilität der Transzendentalien' des Einen, Wahren und Guten auszuformulieren und damit auch eine Aussage über das Wesen des Kosmos und insbesondere der Schöpfung vorzubringen, die uns nicht nur denkerisch herausfordert, sondern auch im Nachvollziehen fasziniert. Ausgangspunkt war wohl der Dualismus der manichäischen Katarer, die die Materie und damit die Welt für schlecht, wenn nicht gar widergöttlich oder dämonisch erklärt hatten. Dies forderte den Pariser Religionsphilosophen Philipp den Kanzler zu lebhaftem Widerspruch heraus. In seiner *Summa de Bono* (um 1225–1228) streicht Philipp der Kanzler heraus, dass die Begriffe des Seienden, des Einen, des Wahren und des Guten diejenigen sind, die als erste und allgemeinste auf alles zutreffen.⁶ Als solches verweisen diese allgemeinsten Begriffe auf das Transzendentale, die Quelle alles Seienden, Guten und Wahren.

Diese optimistische Lehre, die zunächst davon ausgeht, dass alles für ein anderes unter bestimmten Umständen ein Gut ist, angelegt auf Vollendung und Vervollkommnung, wurde – über Alexander von Hales vermittelt – von Bonaventura übernommen, der diese Weiterentwicklung der Kategorienlehre als Instrumentarium versteht, die Spuren eines guten Schöpfers in der Welt auszuma-

---

4   Vgl. ebd., 509a.
5   Vgl. MICHAEL BORDT, Kommentar, in: DERS., Platon Lysis (Platon Werke Übersetzung und Kommentar V4), Göttingen 1998, 63: Sokrates vertritt die Meinung, dass „das Gute um seiner selbst willen geliebt wird. Es bedarf keiner vom Guten selbst unterschiedenen Wirk- und Zielursache, um das Gute anzustreben. Das Gute bewirkt die Liebe zu ihm und ist das letzte Ziel des Strebens".
6   Vgl. PHILIPP DER KANZLER (PHILIPPUS CANCELLARIUS), Summa de bono, Bd. I, prologus, hg. v. Nikolaus Wicki, Bern 1985, 4: „Communissima autem haec sunt: ens, unum, verum, bonum, de quibus quantum ad speculationem theologiae pertinet disserendum est."

chen.⁷ Bonaventura stellt das transzendente Gute zugleich als Urbild und Ursprung aller Dinge dar, weil es selbst die Tendenz hat, sich zu verströmen, da dies ganz seinem Wesen entspricht, gut zu allem zu sein.⁸

Von Thomas von Aquin wurde nun der Satz, dass das Eine, das Seiende, das Gute bzw. das Wahre sich gegenseitig bedingen und daher in gewisser Weise konvertibel, weil sachlich (secundum rem) austauschbar sind, als Lehre von den Transzendentalien systematisiert und in ihren verschiedensten Aspekten geistig durchdrungen. Jedes Seiende ist gut, weil es im Gefüge des Kosmos und im Kreislauf der Welt für ein anderes anziehend ist und daher ein Gut darstellt. Jedes Seiende ist wahr, weil es ist, was es ist und damit auch erkennbar und in gewisser Weise offenbar, wenn der Verstand sich dem Ding selbst angleicht.⁹ Wie bei Bonaventura verweist die Lehre von den Transzendentalien zuallererst auf den göttlichen Geist bzw. auf das göttliche Sein selbst, der aber dem menschlichen Geist auf partizipatorische Art und Weise Anteil an dem Guten und Wahren gewährt, die zugleich als erste Prinzipien der Vernunft Grundlagen der menschlichen Erkenntnis sind.¹⁰

Damit war nun eine Onto-Theologie geschaffen, die die Auffassung vertrat, dass man mit einiger gedanklicher Berechtigung vom Sein auf das Sollen rückschließen dürfe, dass dem theoretischen Erkennen der ersten Prinzipien des Seins des Guten, Wahren und Schönen auch ein praktisches Tun folgen solle, dieses Gute, Wahre und Schöne in die Tat und in das Leben zu übersetzen. Die Wissenschaft der Metaphysik, die es sich angelegen sein ließ, nicht nur an den Ursprung allen Seins, den ‚unbewegten Beweger', der unschwer mit dem jüdisch-christlichen Schöpfergott identifiziert werden konnte, hinzuführen, sollte es sich auf ebendiese Weise zur Aufgabe machen, aus der Erkenntnis der theoretischen Vernunft auch eine Anleitung zu einer praktischen Vernunft werden zu lassen.

---

7   Bonaventura, I Sent., d. 3, 1, a. 1., q. 2, ad 4 (I 73a): „Nam unitas, veritas, bonitas, in quibus consistit vestigium, sunt conditions."
8   Bonaventura, I Sent., d. 45, a. 2, q. 1, c (I 804b): „Nam ‚bonum dicitur diffusivum', et bonum est propter quod omnia."
9   Vgl. Thomas von Aquin, De veritate, q. 1, a. 1, hg. v. Albert Zimmermann, Hamburg 1986, 2–13.
10 Vgl. Theo Kobusch, Die Philosophie des Hoch- und Spätmittelalters (Geschichte der Philosophie 5), München 2011, 256f.

Dem christlichen Weltbild mit seiner Verbindung von Glaube und Vernunft schien dies durchaus angemessen. Aus einer inneren Konvergenz der Erkenntnis denkerischer Analyse paganer und christlicher Philosophen und der Glaubenserfahrung von Generationen von Propheten, Aposteln und Kirchenlehrern entstand jene lebensfreundliche Synthese, die eine Metaphysik der Seele zu einer im theoretischen Diskurs gewachsenen und am Sein des Menschen orientierten Ethik entwickelte, wie es für das christliche Abendland typisch war.

Der kategorische Imperativ des Guten, Wahren und Schönen

Es bedeutete einen weiteren Höhepunkt metaphysischen Denkens, als Kant 1781 in seiner ‚kopernikanischen Wende' mit seiner *Kritik der reinen Vernunft* den Begriff menschlichen Wissens neu und enger fasste, sich ganz auf die engen Grenzen des menschlichen Verstandesdenkens beschränken wollte und daher die Ontologie, die Wissenschaft vom Sein, für eine Erkenntnis *a priori* ungeeignet erklärte, da sich ‚Wissen' nur mit den Gegenständen der empirischen Erfahrung – der „Materie aller Erscheinung" – beschäftigen könne *(a posteriori)*,[11] nicht aber mit der Erkenntnis, die vor aller Erfahrung gegeben sei. Trotz dieser revolutionären Wendung zum Rationalismus der Aufklärung wollte er dennoch an der Metaphysik festhalten, sie auf eine neue Grundlage stellen und als eine Lehre von der Erkenntnisart von Gegenständen, sofern diese *a priori* möglich sein soll, wiederbegründen; „Metaphysisch aber ist die Erörterung, wenn sie dasjenige enthält, was den Begriff, als *a priori* gegeben, darstellt."[12]

Das Ergebnis war „eine transzendentale Theologie, die sich das Ideal der höchsten ontologischen Vollkommenheit zu einem Prinzip der systematischen Einheit nimmt, welches nach allgemeinen und notwendigen Naturgesetzen alle Dinge verknüpft, weil sie

---

11 Vgl. IMMANUEL KANT, *Kritik der reinen Vernunft* 1781, grundlegend in § 1 der Transzendentalen Ästhetik, B 33-B 37; Zitat B 34.
12 IMMANUEL KANT, *Kritik der reinen Vernunft*, B 39.

alle in der absoluten Notwendigkeit eines einigen Urwesens ihren Ursprung haben"[13].

Folgerichtig konnte Kant durchaus von dem Bedürfnis des Menschen nach Sinn als einem unabweislichen Bedürfnis der menschlichen Vernunft sprechen. Eine solche praktische Metaphysik müsse den inneren Menschen und seine unbezwingliche Bezogenheit auf die ‚ontologischen Vollkommenheiten', die unschwer mit dem Wahren, Guten und Schönen zu identifizieren sind, ernst nehmen und würdigen. Wenn auch nur als regulative Prinzipien der Vernunfterkenntnis, so kehren die Transzendentalien bei Kant doch als Maxime sittlichen Handelns zurück, das *höchste und unbedingte Gute* wird zum Gebot und zum kategorischen Imperativ der Vernunft.[14]

Daher hat das Schöne und Erhabene in der Kantschen Metaphysik der Seele ihren privilegierten Ort, wie er 1764 in seinen von Jean-Jacques Rousseau inspirierten *Beobachtungen über das Gefühl des Schönen und Erhabenen* niederschrieb: „Demnach kann wahre Tugend nur auf Grundsätze gepfropft werden, welche, je allgemeiner sie sind, desto erhabener und edler wird sie. Diese Grundsätze sind nicht spekulative Regeln, sondern das Bewusstsein eines Gefühls, das in jedem menschlichen Busen lebt und sich viel weiter als die besonderen Gründe des Mitleidens und der Gefälligkeit erstreckt. Ich glaube, ich fasse alles zusammen, wenn ich sage, es sei das *Gefühl von der Schönheit und der Würde der menschlichen Natur.*"[15]

Die Wahrheit des Guten, Wahren und Schönen in der Kritik

Mit dieser von einem christlichen Substrat getragenen aufgeklärten und kritischen Philosophie konnte die Gesellschaft gut leben, bis mit Nietzsche eine radikale Verneinung gegenüber den metaphysischen Ideen des Guten, Wahren und Schönen lautstark wurde.

---

13   Ebd., B 844.
14   Vgl. zu Kants Frage, „wie ist das höchste Gut praktisch möglich?": IMMANUEL KANT, *Kritik der praktischen Vernunft*, 1788, A 203.
15   IMMANUEL KANT, *Beobachtungen über das Gefühl des Schönen und Erhabenen*, 1764, A 23.

Den Philosophierenden einer von gesellschaftspolitischen Umbrüchen gekennzeichneten Gesellschaft ging es weniger um die Wahrheitsfrage, sondern um die ideologische Relevanz innerhalb eines intellektuellen Kampfes von anti-kapitalistischen Weltverbesserern gegen das System der beharrenden Kräfte. Die Metaphysik, die bislang als Königsdisziplin der Philosophie galt, kam unter Generalverdacht, reaktionär zu sein, weil sie die ewig gleichbleibenden Werte betonte, statt sich den dynamischen Kräften zu unterwerfen, die eine ideale Gesellschaft aufbauen wollten, wie Rudolf Carnap 1930 ausführte:

„Philosophie dient heute als Opium (Lähmung der Gehirne und Ablenkung gefährlicher Aktivität). [...] Man versucht die Menschen abzubringen von der Aufklärung, vom rational-wissenschaftlichen Analysieren der Situation, vom Selbst-ändern-Wollen. Dazu muss man Staat, Gesellschaftsordnung, den ganzen geschichtlichen Ablauf mit einem geheimnisvollen Nimbus, Schleier umkleiden: Lebensordnungen seien nicht von Menschen geschaffen, also könne rationales Eingreifen sie nicht umgestalten. [...] So wird die bestehende Ordnung durch Vernebelung, Verschleierung geschützt, mit dem Gefühl des Heiligen, Höheren verknüpft, um Ehrfurcht, Scheu zu erzeugen."[16]

Nach all dem soziologischen Experimentieren mit verschiedensten Ideologien stellt sich nicht nur erneut die Wahrheitsfrage nach dem ‚Woher?' und dem ‚Wozu?', sondern auch die Frage nach dem Verlust menschlicher Ganzheitserfahrungen, die dem Leben Sinn und Hoffnung verleihen. So schreibt der bekehrte Atheist Sergeij Bulgakov über seine Konfrontation mit der ‚Schönheit' der Natur angesichts seiner ersten Begegnung mit dem Gebirgsmassiv des Kaukasus, die ihn für die Erfahrung einer anderen, weil transzendenten Wahrheit innerlich aufgeschlossen habe:

„Ich stand in meinem vierundzwanzigsten Jahr, aber fast zehn Jahre lang schon war der Glaube aus meiner Seele gerissen, nach den Krisen und Zweifeln hatte eine religiöse Leere von ihr Besitz

---

16 Zit. nach: CHRISTIAN DAMBÖCK, *Die Entwicklung von Rudolf Carnaps Antimetaphysik*, in: MAX BECK, NICHOLAS COOMANN (Hg.), *Historische Erfahrung und begriffliche Transformation. Deutschsprachige Philosophie im Exil in den USA 1933–1945* (Emigration – Exil – Kontinuität. Schriften zur zeitgeschichtlichen Kultur- und Wissenschaftsforschung), Münster 2018, 48.

ergriffen. Oh, wie schrecklich ist dieser Schlaf der Seele, der ein Leben lang andauern kann! Mit dem geistigen Wachstum und dem Erwerb der wissenschaftlichen Kenntnisse war meine Seele in Selbstzufriedenheit, Blasiertheit und Vulgarität untergegangen ... Plötzlich geschah genau *dies* ...

Es dunkelte ... In der Ferne blauten schon die nahen Berge des Kaukasus. Erstmals erblickte ich sie. Die Blicke gierig auf die sich darbietenden Berge gerichtet, saugten wir Licht und Luft in uns hinein, und da vernahm ich die Offenbarung der Natur. Meine Seele war schon lange an den dumpfen, schweigenden Schmerz gewöhnt, die Natur nur noch als tote Wüste zu sehen, die sich unter einer Hülle von Schönheit wie unter einer trügerischen Maske verbirgt; dem eigenen Verstand zum Trotz hatte sie sich nie mit einer Natur ohne Gott abgefunden.

Und plötzlich, in dieser Stunde, bebte, erzitterte meine Seele vor Freude ... *Und wenn doch* ... wenn das alles nicht Wüste, Lüge, Maske, nicht Tod wäre, sondern Er, der gütige und liebende Vater, sein Gewand, seine Liebe ..."[17]

Diese im Revolutionsjahr 1917 niedergeschriebenen Worte, die für eine transzendente Relevanz einer neuzeitlichen Naturmystik stehen, könnten angesichts der zahlreichen ökologischen Krisen eine aktuelle Bedeutung bekommen. Es macht sicherlich einen Unterschied, ob man die Natur als eine tote Wüste betrachtet oder als einen abbildhaften Schleier einer kosmischen Liebe, die sich im Wahren, Guten und Schönen mitteilen will.

Es ist dem Organisator der Fachtagung über die Transzendentalien ‚Das Gute, Wahre und Schöne', Prof. Dr. Christoph Böhr, im Namen des Diskurses der Philosophie im deutschsprachigen Bereich und darüber hinaus zu danken, dass er die Initiative der Studenten an der Hochschule Heiligenkreuz, diese seit Langem brachliegende Thematik wieder in den akademischen Raum zurückzuholen, spontan aufgenommen hat. Seinem Genie der Freundschaft und der Verbindlichkeit ist es gelungen, einen respek-

---

17 Aus: SERGEIJ BULGAKOV, *Rufe und Begegnungen (1917)*, in: DERS., *Aus meinem Leben. Autobiographische Zeugnisse*. Aus dem Russischen übersetzt von Elke Kirsten, redaktionell bearbeitet und kommentiert von Regula M. Zwahlen, hg. v. Barbara Hallenleben und Regula M. Zwahlen (Sergij Bulgakov Werke, hg. v. Barbara Hallensleben u. Regula M. Zwahlen, 2), Münster 2017, 55.

tablen Kreis von Fachgelehrten in der monastisch geprägten Atmosphäre der Wienerwald-Hochschule Heiligenkreuz zu versammeln, der sich mit sehr viel Engagement dieser keineswegs peripheren Menschheitsfrage angenommen hat, was die menschliche Person hoffen lässt, in ihrem Durst nach Wahrheit, Erkenntnis und dem Gutem selbst nicht in die Irre zu gehen. Erfreulich ist, dass diese dankenswerte Initiative bereits Nachahmer gefunden hat. Eine besondere und beachtenswerte Gabe stellt aber sicherlich dieser Band des Jahrbuches AMBO dar, dem wir eine freundliche Aufnahme durch die Leserschaft wünschen.

I.
EDITORIAL

Klassische Metaphysik und kritische Moderne

Christoph Böhr

Die Lehre von den Transzendentalien – den allgemeinen und deshalb eben alles Einzelgegenständliche transzendierenden Bestimmungen des Seins – bildet das Herzstück der scholastischen Metaphysik. Lange blieb ihr diese Bedeutung erhalten; als in der Neuzeit das Verständnis für die Unterscheidung zwischen einem ungegenständlichen Sein als dem Unterstand alles gegenständlichen Seienden zu schwinden begann, versank auch die Lehre von den Transzendentalien, die ja auf dieser Unterscheidung aufbaut, mehr und mehr ins Vergessen. Gelegentlichen Rettungsversuchen der Neoscholastik in der zweiten Hälfte des 20. Jahrhunderts – man denke an Namen wie Johannes Baptist Lotz oder Emerich Coreth – war wenig Erfolg beschieden, obwohl gerade Lotz sehr bemüht war, Brücken zum neuzeitlichen Denken, besonders zur Philosophie Immanuel Kants, zu bauen. Das schien auch deshalb geboten, weil heute der Begriff ‚transzendental' seinem Verständnis nach weitgehend der kantischen Begriffsbestimmung, die sich von der in der Scholastik üblichen unterscheidet, folgt.

Es waren – und sind – also sachliche wie begriffliche Hürden, die einer Wiederaufnahme der Lehre von den Transzendentalien im Wege stehen. Und eine dritte Schwierigkeit ist hier zu nennen: Die scholastische Metaphysik entwickelte sich über die Jahrhunderte in großen Teilen zu einer verstiegenen Begriffswissenschaft, die sich in unzähligen terminlogischen Distinktionen erschöpfte, mit denen sie sich am Ende den Blick auf ihren Gegenstand völlig verbaut hatte. Da dieser Gegenstand aber nun gerade kein ‚Gegenstand' ist, sondern das ungegenständliche Sein in den Blick nimmt, bergen immer subtilere terminologische Distinktionen die große Gefahr in sich, die spekulative Kraft des Denkens zu überdehnen und schließlich gar zum Selbstzweck werden zu lassen. Die Lust und der Eifer zu spekulieren haben die klassische Metaphysik an einen Abgrund geführt, in den sie um ein Haar gefallen wäre, wenn nicht die Phänomenologie im 20. Jahrhundert sich neu und anders – ohne die begriffliche Verstiegenheit der Neoklassik – der Unterscheidung von Seiendem und Sein angenommen hätte. Man muss kein Freund der Philosophie Martin Heideggers sein, um die Bedeutung anzuerkennen, die seine Schelte, die abendländische Philosophie sei in der Seinsvergessenheit versunken, für die Rettung der Metaphysik bis heute besitzt.

Nun ist jüngst eine Ära der sogenannten Postmetaphysik – verstanden im Sinne einer gänzlichen Absehung von Metaphysik – ausgerufen worden; kaum jedoch war deren Ouvertüre verklungen, scheint die Symphonie auch schon zu Ende gespielt. Denn ein ‚neues Bedürfnis' nach Metaphysik kündigt sich an und hat inzwischen auch schon einige Spuren in der philosophischen Diskussion hinterlassen. Kant scheint also recht zu behalten, wenn er in der *Kritik der reinen Vernunft* davon spricht, das menschliche Bedürfnis nach Metaphysik sei zwar nicht zu befriedigen, aber doch ungeachtet seiner Unerfüllbarkeit unabweislich.

Im Lichte dieser Lage gegenwärtigen Denkens – und in Zustimmung zur Feststellung der Unabweislichkeit metaphysischen Denkens – gehen die Autoren dieses Bandes der Frage nach, ob und – falls ja – welche Bedeutung der klassischen Doktrin von den Transzendentalien heute noch beigemessen werden kann. Verdient diese Lehre nur noch philosophiehistorisches Interesse, weil sie in einer Glanzzeit der Metaphysik in deren Mittelpunkt stand? Oder gibt es zeitgenössische Wege, einen neuen Zugang zu dieser Lehre zu finden? Aus unterschiedlichen Blickpunkten und mit unterschiedlichen Ergebnissen gehen die in diesem Buch gesammelten Aufsätze – im Nachgang zu einer Tagung über *Das Sein, das Gute und das Wahre – Zur Aktualität der Lehre von den Transzendentalien* im März 2019 an unserer Hochschule – diesen Fragen nach.

Eröffnet wird der Band mit dem Inaugurationsvortrag, den der Primas Germaniae und Erzbischof von Salzburg, Prof. Dr. Franz Lackner OFM, anlässlich der Eröffnung des Akademischen Jahres an der Hochschule im Oktober 2019 gehalten hat. Lackner, der selbst lange Philosophie in Heiligenkreuz unterrichtet hat, überdenkt den Weg *Hin zu einer Theologie der Vorläufigkeit*. In den Mittelpunkt rückt er den Begriff von Sein, wie ihn Johannes Duns

Scotus entwickelt hat: „Der scotistische Seinsbegriff wird so weit angesetzt, dass er von seiner Extension wahrlich nichts ausschließt. Er trägt nur ein Minimum an Bestimmung in sich, bleibt so bis ins Unendliche offen für mögliche Bestimmbarkeit." Davon ausgehend entwickelt Lackner Gedanken zu einer Theologie der Vorläufigkeit: In der Offenheit des Seins „bis ins Unendliche" können „Glaube und Denken übereinkommen, in diesem Raum der Offenheit und Indifferenz. Denken ereignet sich in diesem Bereich als ein Sein-Lassen." In diesen Raum der Offenheit und der Freiheit ist der Mensch gestellt: Sein Wille ist frei, Ja oder Nein zu sagen: „Der Mensch ist, insofern er ist, frei." Scotus bestimmt den Willen des Menschen als eine ‚perfectio pura', als reine Vollkommenheit, also transzendental. Auf dem schmalen Grat der Freiheit zwischen dem Wollen und dem Nicht-Wollen bewegt sich der Mensch. Diese Einsicht, die einhergeht mit der Erfahrung, oft weder das eine noch das andere mit letzter Entschiedenheit zu verfolgen, erfordert einen inneren „Gleichmut, eine Gelassenheit, die sich letztlich wohl in der Fügung Gottes geborgen weiß". In der heutigen Theologie ist bedauerlicherweise die „Rückbindung an dieses fragile, intime Geschehen von Gottes Offenbarung und Gottesbegegnung [...] im Verschwinden begriffen. Insofern möchte ich", so Lackner, „von einer Theologie der Vorläufigkeit sprechen".

1. Das Sein und das Gute

Am Beginn der in diesem Buch geführten Debatte steht ein bekannter Text von Thomas, den man zweifellos als eine Gründungsurkunde der Lehre von den Transzendentalien bezeichnen kann: Der Articulus primus der Quaestio prima von *De Veritate*, der Jugendschrift des Aquinaten. Der Hermeneutik dieser Gedanken dienen – mehr oder weniger – alle in diesem Band versammelten Beiträge.

Rémi Brague eröffnet den Reigen der Beiträge und zielt unmittelbar auf eine Kernaussage der Lehre von den Transzendentalien, der zufolge die einzelnen allgemeinen Seinsbestimmungen ‚konvertibel', also austauschbar sind: Das Sein ist das Gute und das Gute ist das Sein. Brague prüft diese These, um sie unserem Verständnis zugänglich zu machen, unter den Vorzeichen des zeitgenössischen

Denkens: Das Sein als das Gute? Um zu verstehen, was gemeint ist, muss zunächst der Begriff ‚gut' aus seinem heute fast zwangsläufig mitgedachten Zusammenhang, in dem das Prädikat ‚gut' sich nahezu ausschließlich auf menschliche Handlungen bezieht, gelöst – ja, befreit – werden. Diese Befreiung des Guten von seiner Hinordnung zum menschlichen Handeln „ist mit einem Wechsel im Begriff des Willens verbunden. Zwar bleibt das Gute ein Gegenstand des Wollens. Das Subjekt dieses Wollens ist aber nicht mehr das Geschaffene, etwa Menschen oder Lebewesen im Allgemeinen, sondern Gott. Mit dieser Ablösung eines geschaffenen Wollenden durch einen ungeschaffenen ändert sich auch die Natur des Willens. Der Wille ist nicht mehr Streben nach einem Gegenstand, den man nicht besitzt und dessen peinliche Abwesenheit in einem die Sehnsucht nach ihm erweckt. Der göttliche Wille ist hoch über das Bedürfnis erhaben. Gott gibt aus Seinem Überfluss. Das Gute wird vielmehr als das Wohlwollende selbst, das, was sich mitteilen will, implizit gedacht".

Wie beschaffen ist das Gute, wenn man es von den Fesseln der praktischen Philosophie befreit? Wenn das Gute – als allgemeine Bestimmung des ungegenständlichen Seins – jenseits des Erfahrbaren liegt, müssen wir darauf verzichten, es definieren zu wollen. Man kann es denken, wenn man Schönheit als Gleichnis des Guten begreift: als eine „sanfte Anziehungskraft, die man als ‚charis' bezeichnen könnte – und zwar in den zwei Bedeutungen, die wir im griechischen Wort unterscheiden können und die sich übrigens auch im französischen Wort ‚grâce' finden: Anmut und Gnade. Diese Beschreibung der Wirkungen des Schönen sind in der Tradition bewahrt worden". Die Kraft des Guten ist seine Anmut, schließt Brague, und ist damit vielleicht der Erste unter den Philosophen der Gegenwart, die zeigen, wie die alte Lehre neu verstanden werden kann.

Christoph Böhr zeichnet in seinem Aufsatz *Das Gute, das Wahre und das Schöne. Zur Epistemologie der Transzendentalien und ihrer fortdauernden Aktualität* die Entwicklung der Lehre von den allgemeinen Seinsbestimmungen bis zu ihrem Niedergang im 19. und 20. Jahrhundert, indem er Bragues abschließende Bemerkung, dass Schönheit den Menschen begnädigt, aufgreift und unter dieser

Maßgabe zunächst die Doktrin von den Transzendentalien als umfassende Erkenntnislehre auf dem Höhepunkt der Scholastik mit einigen Federstrichen nachzeichnet, um dann den Übergang zur Neuzeit – als Weg vom Sein zum Dasein, von den Transzendentalien zu den Existenzialien – zu beleuchten. Verlustig geht die Bedeutung der Lehre endgültig im ‚Zeitalter des Nichts': Der Mensch begreift sich jetzt als Projekt, als Aufgabe einer Autopoiesis und ‚causa sui'. An die Stelle des ‚esse' tritt das ‚existere'.

Böhr geht der Frage nach, ob die gegenwärtige Wiederentdeckung der Metaphysik einen Boden für die Wiedergeburt eines Seinsverstehens aus dem Guten, wie es die Lehre von den Transzendentalien unterstellte, bereiten kann. Er beantwortet die Frage zustimmend. Denn im Sinne einer praktischen Metaphysik, die vom inneren Menschen und dessen Erfahrung des Guten, Wahren und Schönen ausgeht – eine Erfahrung, die wir in unserem Selbst machen und die mit einer großen inneren Gewissheit einhergeht –, bleibt jeder Versuch, es dabei zu belassen, ohne danach zu fragen, was sich uns in diesen Erfahrungen mitteilen will, in höchstem Maße unbefriedigend.

Die immer defiziente Erfahrung von Gutem, Schönem und Wahrem, die sowohl in ihrer Temporalität als auch in ihrer Extensionalität ständig bedroht ist vom Nicht-Sein, drängt uns zu der Frage, ob all diese Erfahrungen wirklich nur im flüchtigem Übergang gemacht werden können oder ob sie über den Charakter einer Deixis verfügen: als Zeichen des Hinweises auf das Gute, Schöne und Wahre als Bestimmungen des Seins jenseits aller Defizienz ihrer uns möglichen Erfahrung. „In diesem Sinne sind die Transzendentalien zu verstehen als Bedingung der Möglichkeit einer Vergewisserung des Seins in seinen jeweiligen Erscheinungsformen als Seiendes. Sie benennen Sinngestalten, in denen sich das alles jeweils Seiende immer transzendierende Sein bezeugt. So verstanden begnädigt uns dann tatsächlich das Sein: Es begnädigt uns mit der Erfahrung des Guten, Schönen, Wahren und Heiligen" – hier erweisen die Transzendentalien jenseits aller Abstraktion ihre Konvertibilität.

Rocco Buttiglione schreibt über *Die ‚reinen Vollkommenheiten' und die Postmoderne: eine philosophisch-theologische Betrachtung*. Körpervollkommenheiten – und ganz allgemein: materielle Vollkommenheiten – können niemals ‚reine Vollkommenheiten' sein, und zwar nicht nur tatsächlich, sondern wesentlich, also ihrem Wesen nach. ‚Reine Vollkommenheiten' finden sich nur im Geist. Die am häufigsten genannten solcher Vollkommenheiten sind: das Schöne, das Wahre und das Gute. Jede dieser drei Vollkommenheiten braucht die anderen, um selbst sein zu können. Alle drei Vollkommenheiten können nur im inneren Zusammenhang ihrer Wesen wechselseitig bestehen und dieser innere Zusammenhang offenbart sich uns – jenseits metaphysischer Abstraktion – in unserer Erfahrung als Harmonie.

Das erscheint durchaus einleuchtend. Aber ist diese Argumentation, die von der Erfahrung des Seienden auf das Sein schließt, von zwingender Notwendigkeit? Buttiglione argumentiert, dass eine endgültige Beweisführung dieser Theorie der ‚reinen Vollkommenheiten' äußerst schwierig ist, wenn er schreibt: „Die ‚reinen Vollkommenheiten' scheinen eine jener Lehren zu sein, von denen der hl. Thomas sagt, dass sie zwar dem menschlichen Intellekt zugänglich sind, von Gott jedoch geoffenbart wurden, weil sie ansonsten nicht von allen, sondern nur von einigen wenigen Menschen anerkannt worden wären – und nicht ohne die Beimischung vieler Fehler. Platon hat sie zweifellos gesehen und erkannt. Ihre endgültige Grundlegung war jedoch nur möglich auf der Grundlage der Idee eines Gottes, der die Welt erschafft – und eben diese Idee fehlte im Gedankengut der Griechen und auch Platons. Ohne diese Idee des Schöpfergottes können die ‚reinen Vollkommenheiten' nicht ausreichend begründet werden."

Die Moderne hat auf die Idee Gottes verzichtet und trotzdem zunächst behauptet, den Gedanken der ‚reinen Vollkommenheiten' bewahren zu können. Friedrich Nietzsche und die Postmoderne haben klar die Unmöglichkeit dieses Unterfangens gesehen. Ohne die ‚reinen Vollkommenheiten' entfällt jedoch die von Platon gedanklich aufgebaute Mauer zwischen dem Göttlichen und dem Dämonischen – „und dies ist das eigentliche Thema der Postmoderne und jeder Auseinandersetzung mit ihr". Erst die theologische Bestätigung der Positivität des Seins durch das Christentum führt die „von Platon begonnene Unternehmung, einerseits das Göttliche vom

Dämonischen zu trennen und andererseits das Göttliche mit dem Menschlichen zu verbinden", zur Vollendung.

2. Aristotelische Grundlagen

Dominicus Trojahn beginnt seine Untersuchung *Vom Sinn der Seins-Frage: Beiträge zur aristotelischen Grundlegung der Metaphysik* mit der Feststellung: „Alle Fragen der Philosophie gipfeln in der Frage nach dem Seienden. Diese Frage ist die Grundfrage der Metaphysik: ‚Warum ist Seiendes und warum nicht vielmehr nichts?' Darum gipfelt alle Philosophie in der Metaphysik, weil jede Wissenschaft irgendwie das Seiende zur Rede stellt, keine von ihnen jedoch über das Seiende als solches nachdenkt." Was dies für die Anfänge der Metaphysik bei Aristoteles bedeutet, erläutert Trojahn in enger Anlehnung an die Textquellen: Die Antwort auf die Frage nach dem, was das Seiende ist, „lautet: ‚hä ousía'. Dieser – zunächst nichts anderes als die ‚Seins-heit', das ‚nomen abstractum' von ‚einai'/‚zu sein' benennende – Begriff wird von Aristoteles im Sinne eines sowohl logischen wie ontologischen Beziehungsfeldes weiterentwickelt, innerhalb dessen sich die vielfältigen Weisen, in denen Seiendes vorkommt, überschaubar ordnen lassen. Die ‚ousía' ist darin nicht allein Erstes ‚in Bezug auf und für sich selbst', sondern in Relation auf alle anderen Weisen, in denen vom Seienden die Rede ist."

Hinsichtlich der Ausgangslage und des Zieles der Metaphysik ergibt sich, dass die Frage nach dem Seienden nicht ohne Grund als die Frage nach der ‚ousía' gestellt wird, „weil sie zunächst nicht auf das konkrete, einzelne Seiende (‚tò prágmaton') abzielt, sondern nach dem Seienden in einer Weise fragt, die dem Wesen wissenschaftlichen Untersuchens entspricht; unter dem Begriff ‚ousía' ist daher jene Perspektive zu verstehen, die das Seiende für das Verfahren wissenschaftlicher Untersuchung zugänglich macht. Daher bezeichnet ‚ousía' unter *epistemologischem* Gesichtspunkt ein überindividuelles Allgemeines, das jedoch – *ontologisch* – nicht als generische Entität besteht – neben oder abgetrennt von den jeweilig Seienden sodass diese, um da sein zu können, daran teilhaben müssten –, sondern das als die immanente und (wesens-)bestimmende Ursache für das Dasein des jeweils individuellen und konkreten Einzelnen *in dessen Dasein* zum Austrag kommt und allein *als dieses Dasein* anwest." Trojahn schließt seine luzide Kommentierung der aristotelischen Überlegungen zur Metaphysik zusammenfassend: Die Frage: ‚Was ist das Seiende als solches?', die Aristoteles im Sinne wissenschaftlicher Methodik als die Frage nach der ‚ousía' an den Anfang der Metaphysik gestellt hat, erhält die Antwort: „Das Seiende ist ‚erstes Subjekt' des Sprechens und Denkens, es ist ‚Eines' und ‚Einigendes' in Hinsicht auf alle Weisen der Wirklichkeit und deren Prinzipien und Gründe, es ist inhaltlich Bestimmtes und damit erster Anlass des intellektiven Erkennens, und es ist der (gesuchte) nicht weiter hinterfragbare Grund in allen sich zeigenden Gründen."

3. Die Lehre von den Transzendentalien in der mittelalterlichen Scholastik

Andres Speer wendet sich unter der Überschrift ‚*Principalissimum fundamentum*' – *Die Stellung des Guten und das Metaphysikverständnis Bonaventuras* der Lehre von den Transzendentalien beim Doctor seraphicus zu. Es gibt, wie dieser zu Beginn des fünften Kapitels seines *Itinerarium* betont, zwei Weisen oder Stufen, gemäß derer Gott betrachtet werden könne. „Die erste Weise heftet den Blick zunächst und hauptsächlich auf das Sein selbst und gibt, darin Moses und dem Alten Testament folgend, dem ‚qui est' den Primat unter den Gottesnamen. Die zweite Weise richtet den Blick auf das Gute selbst und billigt dem Guten unter Berufung auf das Neue Testament und ‚unseren Lehrmeister Christus' den Primat unter den Gottesnamen." Wie aber ist die Zuordnung des Seienden und des Guten, die doch beide in gewisser Hinsicht einen Primat zu besitzen scheinen, bei Bonaventura zu denken?

Bonaventura kennt, so erläutert Speer, verschiedene Einteilungen des Guten. „Grundlegend ist die Unterscheidung zwischen dem Guten schlechthin, das nicht zu einer Gattung beschränkt ist, und dem Guten durch Teilhabe, dem im Gegensatz zum höchsten Guten, dem wesenhaft Guten, ein malum entgegengesetzt ist. Grundlegend ist ferner die Verhältnisbestimmung zwischen dem geschaffenen und dem ungeschaffenen Guten gemäß der Ordnung der Kausalität und der Ersteit. Bonaventura bestimmt dieses Verhältnis nach Art der Analogie." Wie Philipp der Kanzler und Alexander von Hales zählt Bonaventura das Gute zu den vortrefflichsten und allgemeinsten Seinsbestimmungen. „Als solches ist es mit dem Sein, aber auch mit dem Einen und Wahren vertauschbar. In einem umfassenderen Sinne besagt das Gute schließlich Verursachung schlechthin. Das Gute ist die Bedingung für jede Form der Ursächlichkeit überhaupt, ‚conditio causae in quantum causa'. Die ‚ratio causandi' ist zweifach, sie umfasst die Wirk- und Zielursächlichkeit."

Mit dem Begriff des höchsten und wesentlich Guten wird schließlich vorzüglich Gott bezeichnet: Er ist ‚bonum omnis boni'. „Die göttliche Gutheit ist die Ursache für unser Sein und Gutsein. Denn wie Gott als der Eine den Geschöpfen die Einheit eindrückt, so auch als der Gute die Gutheit. Die Gutheit ist daher auch in den Geschöpfen substantiell; sie bezeichnet die Beziehung zur Wesens- und Zielursache." Bonaventura, so Speer, bestimmt das Gute zum einen im Anschluss an Anselm von Canterbury als dasjenige, worüber hinaus schlechthin nichts Besseres und Vollkommeneres gedacht werden kann, zum anderen durch das dionysische Adagium ‚bonum dicitur diffusivum sui'. „Dem dionysischen Axiom kommt hinsichtlich des zweiten, des neutestamentlichen Gottesnamens eine besondere Bedeutung zu, denn es artikuliert die zweifache ‚ratio causandi' des Guten. Beide Grundbestimmungen führt Bonaventura in der Aussage zusammen, das höchste Gute sei dasjenige, was sich im höchsten Maße ergießt und verströmt."

Das Gute ist mithin das ‚principalissimum fundamentum' „nicht im Sinne kognitiver Priorität, wohl aber in ontologischer Hinsicht, sofern das Gute den Sinngehalt von Sein im Hinblick auf das Moment der Ursächlichkeit extendiert und entfaltet, wobei es das ‚ipsum esse' als Ersterkanntes voraussetzt. Damit wird die seins- und erkenntnismäßige Priorität des ‚esse divinum' nicht infrage gestellt. Vielmehr wird erst durch das Hinzutreten des Guten zum Sein für Bonaventura die Identität von Seins- und Erkenntnisordnung vollends einsichtig. Indem mit dem Sein der Dinge und Formen zugleich auch ihr Verursachtsein mitbedacht wird, werden die Dinge und Formen stets in ihrer wesentlichen Beziehung zur göttlichen Ursache betrachtet, die gleichermaßen als das Sein selbst und das Gute selbst gedacht werden muss". Mit dem Aufweis des göttlichen Seins als des Grundprinzips und des Grundbegriffs sowie des göttlichen Guten als der vorzüglichsten Grundlage *(principalissimum fundamentum)* ist zwar die vollständige Erkenntnisanalyse abgeschlossen, nicht jedoch der geistige Aufstieg zu Gott; ihn vollzieht die Geistseele in einem Überstieg ihrer selbst.

Die Frage nach dem Guten rückt Berthold Wald in den Mittelpunkt seines Aufsatzes ‚*Bonum est quod omnia appetunt'. Zur transzendentalen Grundlegung des sittlich Guten bei Thomas von Aquin.* Er folgt der Absicht, von Thomas her das schwierige Feld der Frage nach dem Guten zu beleuchten und bei dieser Gelegenheit zu prüfen, ob die neuzeitliche Trennung von metaphysisch begründeter Anthropologie auf der einen und der Autonomie philosophischer Ethik auf der anderen Seite zu Recht besteht.

Nicht nur die Frage nach der Wahrheit, auch die Frage nach dem Guten fällt in den Bereich der transzendentalen Bestimmungen des Seins. Die Kernaussage lautet hier: ‚omne ens est bonum' – alles Sein ist gut. Das bedeutet aber: Die Frage nach dem sittlich Guten ist in ähnlicher Weise sekundär wie die erkenntnistheoretische Frage nach der Wahrheit. Primärer Grund der Wahrheit und des Guten ist das Sein, weil ‚es in der Natur des Seins selbst liegt, gut zu sein'. Thomas wehrt alle Versuche ab, einen realen Unterschied zwischen dem Sein und dem Guten anzunehmen: die platonische Auffassung, wonach das Gute sich außerhalb des Seienden befindet, ebenso wie die manichäische Auffassung, wonach das Gute nicht allem Seiendem zukommt. Gegen eine wie immer begründete Einschränkung der Gutheit des Seins wie auch gegen die Abtrennung des Guten vom Sein vertritt Thomas die Konvertibilität von ‚gut' und ‚sein'.

Das Gute hat den Sinn des Vollkommenen und das Sein den Sinn des primär Gegebenen, das erst in der Verwirklichung der darin angelegten Seinsmöglichkeiten zur Vollkommenheit gelangt. Das Sein und das Gute sind in ihrer sachhaltigen Verschiedenheit aufeinander bezogen. „Die Vollkommenheit des Guten reicht [...] weiter als die Vollkommenheit des Wahren. Wollen, Lieben und Begehren richten sich über das Erkannt-Sein hinaus auf die Existenz der Dinge. Und Seinsvollendung im Erkennen der Dinge findet sich auch nur bei solchen Wesen, die von Natur aus fähig sind, etwas Seiendes zu erkennen, was heißt, immateriell in sich aufzunehmen, während zur Vollkommenheit durch das Begehrte und Geliebte auch solche Wesen fähig sind, denen die Fähigkeit zu geistiger Erkenntnis fehlt." Thomas schreibt in *De veritate*, 21, 3: „Alle Wesen begehren nach dem, was für sie gut ist. Aber nicht alle Wesen erkennen, was wahr ist." Wald fasst zusammen: „An der Universalität des Begehrens zeigt sich, dass das Gutsein den Charakter des Seienden tiefer prägt als das Wahrsein." Das Gute hat immer den Charakter des Zieles – bei aller Verschiedenheit der Ziele und der Wege zum Ziel. Das letzte Ziel, wonach alles verlangt, ist die äußerste Verwirklichung des eigenen Seins. Hierin zeigt sich das erste Prinzip der praktischen Vernunft. Diese „erfasst den Imperativ des Guten als durch sich selbst bekanntes erstes Prinzip des Sittlichen, weil das Verlangen nach dem Guten alles menschliche Handeln bestimmt. Das erste Prinzip praktischer Vernunft, ‚das Gute ist zu tun und das Böse zu unterlassen', ist so unmittelbar auf dem Begriff des Guten, der ‚ratio boni', fundiert in dem Satz ‚das Gute ist das, wonach alles verlangt'".

Die Spezifizierung des Guten im Einzelfall einer Entscheidung „erwächst aus der Erkenntnis einer objektiv gegebenen Struktur, die nur dort die Form eines Sollens annimmt, wo das Gute als universaler Ziel-Sinn zwar naturhaft vorgegeben ist, die Realisierung des Guten aber nicht gleichfalls naturhaft geschieht. Der Grund für diese ‚Lücke' zwischen der vorgegebenen Finalität und ihrer konkreten Realisierung liegt in der Natur des menschlichen Willens, der beides ist: naturhaft determiniert im Begehren nach dem angemessenen Guten und frei, sich in der Erkenntnis des Guten dazu zu verhalten". Nicht das Sein ist offen, sodass es in der Definitionsmacht des Menschen stünde, „sondern die Vollendung seines Seins, die er erreichen soll, aber auch behindern und verfehlen kann, wenn er sich gegen das naturhaft intendierte Gute stellt".

Rudi te Velde geht in seinem Aufsatz *Die Freiheit des Willens und die Transzendentalität des Guten* den heute verbreiteten Schwierigkeiten nach, den Satz der Konvertibilität von Sein und Gut zu verstehen; denn es gibt „eine gewisse Tendenz im modernen Denken, jede Einschränkung oder Bedingung, die dem Willen vonseiten des Objekts auferlegt wird, zurückzuweisen. Beim Versuch, die These vom Guten als dem (Formal-)Objekt des Willens zu erklären, wird man wahrscheinlich mit dem Einwand konfrontiert werden, dass wir wollen können, was auch immer wir wollen – mit anderen Worten, dass der Wille überhaupt kein ihm als solches zugeordnetes Objekt besitzt; vielmehr wählt der Wille sein Objekt und erweist sich genau darin als freie Kraft. Die klassische These hingegen geht davon aus, dass das Objekt des Willens das Gute ist, was bedeutet, dass etwas nur gewollt werden kann, insofern es unter dem allgemeinen Aspekt des Guten begriffen wird. So gesehen ist der Wille nicht so sehr eine spontane Kraft unter der Kontrolle des freien Selbst, sondern eher eine Fähigkeit, die im Akt des Wollens durch das Gute bewegt bzw. motiviert wird. Was böse oder schlecht ist, kann nicht positiv gewollt werden". Tatsächlich wird heute als Freiheit des Willens die Fähigkeit begriffen, sowohl das Gute als auch das Schlechte zu tun. Zudem wird das Gute heute eher nicht als eine Eigenschaft des Seins verstanden, sondern als Ergebnis unserer eigenen Bewertungen. Ganz anders findet sich die Zuordnung bei Thomas: „Aus der Perspektive der Transzendentalien sehen wir, dass die Welt letztendlich nicht ein bedeutungsloses Chaos ist, dem wir ratlos gegenüberstehen. Die oft schmerzliche Erfahrung von Bösem und von Leiden kann den transzendentalen Primat des Guten nicht aufheben, andernfalls könnte diese Erfahrung nicht einmal als schmerzlich und abscheulich wahrgenommen werden."

Te Velde nimmt zum Ausgangspunkt seiner Untersuchung eine Bemerkung Jan A. Aertsens, derzufolge „der menschliche Wille charakterisiert ist durch eine Offenheit für das Gute in seiner transzendentalen Dimension, und diese Offenheit ist, angeblich, der innere Grund für die Freiheit des menschlichen Willens". Das Gute ist für Thomas eine Seinsweise. Warum? Das überzeugendste Argument, welches die erkennbare Verbindung zwischen der Freiheit des Willens und dem Guten des Seins aufzeigt, findet sich für te Velde „in der *Summa theologiae*. Thomas argumentiert hier, dass der Charakter der Erstrebenswürdigkeit in der Idee der Vollkommenheit gründet, da alle Dinge ihre eigene Vollkommenheit anstreben. Mit anderen Worten: Jedes Seiende strebt in allem, was es auch immer anstrebt, danach, vollkommen zu sein. Die Idee der Vollkommenheit verbindet nun das Gute mit dem Sein, da das Sein dasjenige ist, was die Vollkommenheit eines Seienden formal konstituiert".

„Das Gute", so te Velde präzisierend, „ist eine innere Qualität jedes Seienden, allein aufgrund seines Seins; es ist eine transzendentale Qualität. [...] Transzendentale Güte bedeutet, dass jedem Seienden allein aufgrund seines bloßen Seins in elementarer Weise die Qualität des Guten zu eigen ist; jedes Seiende existiert und ist auf sich selbst bezogen in dem Sinn, dass es sich selbst als etwas Gutes erweist und will." Das nun bedeutet, „dass Sein ausschließlich innerhalb des transzendentalen Raumes der Seele – im Sinne einer vernunftbegabten Natur – als wahr und gut verstanden werden kann". Die Seele ist „im Hinblick auf ihre Strebenskraft, d. h. ihren Willen, charakterisiert durch eine Offenheit für das universale Gute, das *bonum universale*. Was auch immer sie begehrt, wird notwendigerweise begehrt im Hinblick auf das Gute, weil als das Gute der Grund benannt wird, warum eine Sache wünschenswert oder begehrenswert ist". Der Begriff des universalen Guten hat „eine charakteristische Doppelbedeutung: Er bezeichnet an erster Stelle das Formalobjekt des Willens, das Gute in seiner universalen bzw. transzendentalen Dimension, aber er wird auch benutzt in Bezug auf jenes Wesen, in dem der universale Charakter des Guten als solchem vollkommen verwirklicht ist, und das ist Gott. So wird von Gott als dem ‚universalen Guten' gesprochen, und als dieses kann nur Gott den Willen in seiner Neigung zum universalen Guten konstituieren".

Die menschliche Form des Lebens basiert auf Weltoffenheit; sie ist „keine feststehende und einheitliche Lebensweise, sondern offen für die unzählbar vielfältigen Arten und Differenzierungen, nach denen das für den Menschen Gute zu verwirklichen ist. Aus dieser Perspektive betrachtet, besteht Freiheit in der Fähigkeit der Vernunft, eine Unendlichkeit an Möglichkeiten, die vor dem offenen Horizont des universalen Guten erscheinen, zu bewältigen".

Rolf Darge richtet seinen Blick von Thomas ausgehend auf die Debatte der Zweiten Scholastik und fragt: *Wie verhalten sich Seins-*

wahrheit und Erkenntniswahrheit zueinander? Francisco Suárez versus Thomas von Aquin und Thomas Cajetan. Nach einer Reihe von Beispielen, die zeigen, welche herausragende Rolle die Wahrheitsfrage in aktuellen politischen Debatten über Fake News spielt, ruft er in Erinnerung, dass es dabei um ein Thema der klassischen Metaphysik geht, nämlich um die Frage nach dem inneren Zusammenhang von Sein und Wahrheit, anders gesagt: von Seiendem und Wahrem: „Thomas' Überlegungen zu der Frage, in welcher Ordnung ‚Wahres' vom Ding und vom Verstand ausgesagt wird, setzen bei der Erkenntnisbewegung an, die zur wirklichen Angleichung von Verstand und Ding führt. Sie findet ihren vollendenden Abschluss im Verstand; denn hier wird die Angleichung eigentlich vollzogen. Deshalb findet sich Wahres in den Dingen nachgeordnet, vorrangig aber und dem vollen Sinngehalt nach im Verstand."

Dabei ist grundlegend zu unterscheiden „zwischen dem göttlichen Verstand und dem diesem untergeordneten menschlichen Verstand. Den verschiedenen ‚Wahrheitsorten' und ihrer Ordnung entspricht eine entsprechend differenzierte Ordnung der Prädikation von ‚Wahrheit' oder ‚Wahres'. Thomas beschreibt sie" in *De veritate*, 1, 4c, „wie folgt: ‚Wahrheit ist also in erster Linie und im eigentlichen Sinne im göttlichen Verstand, im eigentlichen Sinne und nachgeordnet im menschlichen Verstand; in den Dingen aber ist sie uneigentlich und in zweiter Linie, da sie hier nur aufgrund der Rücksicht auf eine der beiden anderen Wahrheiten – d. h. im Hinblick auf die Wahrheit des göttlichen und des menschlichen Verstandes – ist.' In beiden Rücksichten wird ‚Wahrheit'/‚Wahres' von den Dingen aufgrund einer Kausalbeziehung zwischen Ding und Verstand gesagt."

‚Wahr' heißt für Thomas mithin ein Ding gemäß seiner Angleichung an den menschlichen Verstand, nämlich „insofern es imstande ist, eine wahre Einschätzung seiner zu bewirken". „Mit diesen Überlegungen", so Darge, „fordert Thomas seine Kommentatoren heraus. Seine Erklärung der Analogie des Wahren findet in der Thomistenschule besondere Aufmerksamkeit, seit die Analogielehre, und besonders die Lehre von der ‚Analogie des Seienden', zu ihrem identitätsbildenden Merkmal und Kriterium ihrer Abgrenzung gegenüber anderen konkurrierenden Schulen – insbesondere der Scotistenschule – wird. In der Auslegung des scharfsinnigen Thomas-Kommentators Thomas Cajetan gewinnt Thomas' Konzeption der Analogie des Wahren die Gestalt, in der sie die weiteren Lösungsentwürfe innerhalb der thomistischen Lehrtradition bestimmt". Darge schildert ausführlich die Deutung der Analogie des Wahren durch Cajetan und den spanischen Jesuiten Francisco Suárez, dessen großer Einfluss bis weit ins 20. Jahrhundert reicht. Suárez entwickelt eine neue Erklärung der Zuordnung von Seins- und Erkenntniswahrheit, die Darge in drei Thesen zusammenfasst: „1. ‚Wahres' oder ‚Wahrheit' drückt in der anfänglichen, ursprünglichen Verwendung des Ausdrucks die Erkenntniswahrheit aus und nicht die Wahrheit als transzendentale Bestimmung des Seienden als solchen. 2. Von dorther aber wurde der Ausdruck übertragen, um die transzendentale Wahrheit des Seienden zu bezeichnen. 3. Diese Übertragung hat einen sachlichen Grund. Er besteht darin, dass Erkenntniswahrheit und Seinswahrheit zueinander in einem realen Verhältnis der Proportion oder Verhältnisgleichheit – d. h. ‚Analogie' im ursprünglichen Sinne des Wortes – stehen."

Suárez bringt nun allerdings eine Art von Analogie zur Geltung, die sich fundamental von der thomistischen Konzeption unterscheidet: Zum einen bestimmt diese Neuerung „die Analogie von ‚Wahres' nicht als eine Beziehung der Analogate ‚auf-Eines-hin' – in Cajetans Terminologie: als ‚Attributionsanalogie' –, sondern als Proportionalität oder Gleichheit der Verhältnisse, die jeweils auf Seiten der Analogate bestehen. Zum anderen – und hier liegt der bedeutendere Unterschied – bestimmt sie die Rolle der Analogie in diesem Zusammenhang anders. Thomas und Cajetan deuten die Analogie primär als eine interne Leistung des Verstandes: Durch begriffliche Ableitung aus dem Sinngehalt oder Begriff des Erkenntniswahren erzeugt der Verstand denjenigen des transzendentalen Wahren, der vom Seienden ausgesagt werden kann. Suárez zufolge wird dagegen die Proportionalität, in der die Analogie wesentlich besteht, nicht vom Verstand hervorgebracht, sondern vorgefunden. Sie hat den Status eines realen Grundes, der nicht den Sinngehalt des seinsmäßigen Wahren bedingt, sondern nur die Übertragung des Namens ‚Wahres' zu dessen Bezeichnung erklärt".

Damit verschiebt sich die ontologische Perspektive von Thomas zu Suárez in einem zentralen Punkt: „Während Thomas das Seiende vom Seinsakt her versteht – als ‚dasjenige, was den Seinsakt hat' – und deshalb auch das Wahre und die anderen transzendentalen Attribute des Seienden auf den Seinsakt bezieht, versteht Suárez das Seiende von seiner Wesenheit her als dasjenige, was eine reale – d. h. aus sich zur denkunabhängigen Existenz geeignete – Wesenheit hat. Dementsprechend bezieht er ‚Wahres' und die anderen transzendentalen Attribute in erster Linie nicht auf den Seinsakt, sondern auf die reale Wesenheit. Deshalb besteht für ihn die Wahrheit des Seienden nicht – wie für Thomas – in der Intelligibilität, die ihm durch den Seinsakt zukommt, sondern darin, dass es tatsächlich, wirklich – ‚real' – die Wesenheit besitzt, die im Wesensbegriff eines derartigen Seienden repräsentiert wird oder werden kann."

4. Zur neuzeitlichen Wende im Verständnis der Transzendentalien

Mit Kant erhält der Begriff ‚transzendental' eine neue Bedeutung, die sich allmählich durchzusetzen beginnt. War Kant über die ihm vorangehende, lange Begriffsgeschichte im Bilde? Hat er gar Anleihen bei der Tradition gemacht? Ein wichtiges und heftig umstrittenes Kapitel der Kant-Interpretation war und ist noch immer die Frage nach den Beziehungen seiner transzendentalen Philosophie zur Metaphysik der vorausgehenden Tradition.

Dieser Frage widmet sich Francesco Valerio Tommasi mit seinem Aufsatz *Ein Missing Link in der Geschichte der Transzendentalphilosophie. Die Longue Durée des akademischen Aristotelismus bei Kant*. Tommasi weist nach – er ist der Erste, dem dieser Nachweis gelungen ist –, „dass (1) eine direkte Beziehung zwischen Kant und dem deutschen Schularistotelismus jetzt historisch beweisbar ist und (2) dieser Beweis sehr wichtig ist vor allem in Bezug auf das in beiden theoretischen Gebieten entscheidende Wort ‚transzendental'". Kurzum: „Ein in der Forschung oft gesuchtes ‚Missing Link' zwischen der scholastischen und der kantischen Tradition der Transzendentalphilosophie steht [...] jetzt [...] zur Verfügung." In der Tat finden sich aristotelische Spuren in der *Kritik der reinen Vernunft* – Spuren, die „sich nicht nur auf einzelne Wörter beschränken, sondern oft sehr wichtige Titelbegriffe oder Schlüsselwörter sind. Der wichtigste unter diesen Titelbegriffen ist sicher das Wort ‚transzendental‘ und der darauf aufbauende Ausdruck ‚Transzendentalphilosophie‘". Allerdings besteht ein auffallender Unterschied zwischen den Wortbedeutungen bei Kant und in der klassischen scholastischen Philosophie. Man konnte aber zunächst nicht klären, warum das Wort ‚transzendental‘ sich in dieser Weise entwickelte. Wie bekannt, war sich Kant bewusst, dass es eine ‚Transzendentalphilosophie der Alten‘ gab, ohne jedoch viel mehr zu wissen, als dass diese Lehre die These der Konvertibilität von *ens, unum, verum* und *bonum* besagte. In diesem Zusammenhang erinnert Tommasi – in Anlehnung an Aertsen – an eine sehr wichtige Deutung der Lehre von den Transzendentalien, dass diese nämlich eine Art Versöhnung darstellt zwischen der Tradition des Vorrangs des Guten und derjenigen Tradition, derzufolge das Sein der erste Begriff ist.

Bei der scholastischen Transzendentalienlehre überhaupt und bei der philosophia transcendentalis des deutschen Schularistotelismus geht es um die Frage nach der Metaphysik als Wissenschaft des Seins; und sie hat ihre Wurzel in der Spannung zwischen einer intensionalen und einer extensionalen Fassung des Seins selbst, zwischen Prädikation und Vorprädikation. Schon der vorkritische Kant entwickelt die These, dass das ‚Sein‘ kein Prädikat ist. Das ‚Sein‘ hat „für Kant keine Intension und ist eine bloße Funktion. Diese These zieht sich durch das ganze kantische Denken, und zwar bis in die *Kritik der reinen Vernunft*, wo sie zur These der Unhintergehbarkeit des Urteils wird". Gerade als Folge dieser „These der Unhintergehbarkeit des Urteils kann man den berühmten Satz interpretieren, gemäß dem die Analytik des Verstandes – nämlich des Urteils – die alte und berühmte, aber jetzt unmögliche Ontologie ersetzt".

Tommasi fasst diese Entwicklung zutreffend zusammen, wenn er schreibt: „Die Ontologie als Wissenschaft des Seins ist – sc. unter der Maßgabe des kantischen Denkens – unmöglich, eben weil das Sein sich nie unmittelbar gibt, sondern immer nur durch eine syntaktische Vermittlung, die aber zugleich in ihrer Formalität nie allein und selbständig sein darf; sie ist immer von einer vorprädikativen Ebene abhängig, die notwendig für die Sinngebung ist.

Deutlicher als je zuvor wird in dem kantischen Werk gezeigt, dass das Problem der Metaphysik als objektive Wissenschaft des Seins in der Struktur des Urteils ursprünglich verwurzelt ist, und diese Struktur selbst wird in ihrer konstitutiven Spannung radikalisiert." Somit ist auf die eingangs gestellte Frage nach einem möglichen Anschluss Kants an die transzendentalphilosophische Tradition festzuhalten: Die Beziehungen zwischen der scholastischen und der kantischen Transzendentalphilosophie „kann mit guten Gründen auf diejenige zwischen den unhintergehbaren prädikativen und den trotzdem notwendigen vorprädikativen – transzendentalen – Elementen zurückgeführt werden, die in der aristotelischen Theorie der Kategorien ihre Wurzeln hat und die deswegen als gemeinsamer Leitfaden der ganzen Tradition der Transzendentalphilosophie angesehen werden kann". Mithin muss „das Herz der Transzendentalphilosophie in der paradoxalen gleichzeitigen Notwendigkeit und Unerreichbarkeit einer vorprädikativen Ebene gesehen werden. Die kantische Transzendentalphilosophie radikalisiert dieses Paradox, in dem sich auch die vorausgehende ‚Transzendentalphilosophie' bewegt, sodass die synkategorematische und syntaktische Fassung des Seins unhintergehbar wird".

Kurz vor seinem Tod hat Richard Schaeffler seine Gedanken über *Die Lehre von den Transzendentalien: ihre philosophiehistorische Krise und ihre bleibende Aktualität* niedergeschrieben. „Wie ‚die Alten', so wollte auch Kant Sätze formulieren, die von allem gelten, was überhaupt zum Gegenstand des theoretischen oder auch praktischen Erkennens werden kann. Aber im Unterschied zur ‚Transzendentalphilosophie der Alten' beschreibt die Transzendentalphilosophie Kants nicht die ‚passiones generales entis', sondern die im Subjekt selber liegenden Bedingungen dafür, dass uns etwas als Gegenstand gegenübertritt. Nun findet Kant diese Möglichkeitsbedingungen des Gegenstandsbezugs in den Formen unseres Anschauens und Denkens. Unabhängig von Kant und mit einer gewissen Vereinfachung kann man deshalb die Leitfrage der so verstandenen Transzendentalphilosophie formulieren: In welchen Formen müssen wir unser Anschauen und Denken vollziehen, wenn wir nicht in unseren subjektiven Ansichten und Absichten befangen bleiben, sondern Gegenstände entdecken wollen?" Mit anderen Worten:

Auch Kant ging es um die entscheidende Frage, wie der Mensch im Erkennen zum Sein durchbrechen kann.

Kant hat das „transzendentale Problem als die Frage verstanden: Wie bauen wir aus dem rohen Stoff subjektiver Erlebnisse die Welt der Erfahrungsgegenstände auf, an denen sich unsere Ansichten und Absichten als wahr bewähren müssen? Und er hat die Folgerung für unabweislich gehalten: Die Metaphysik, also die Lehre von den allgemeinsten Gesetzen, die für jeden möglichen Gegenstand gelten, muss alle ihre Sätze aus den Regeln ableiten, nach denen wir selbst durch die Tätigkeit des Verstandes und der Vernunft aus dem Rohstoff unserer zunächst nur subjektiven Erlebnisse diese Gegenstände aufbauen. Die Sätze der so verstandenen Metaphysik gelten schlechthin allgemein für jeden wirklichen oder auch nur möglichen Gegenstand, weil es ohne diese Tätigkeit des Verstandes und der Vernunft gar keine Gegenstände gäbe". Schaeffler fügt dieser Erläuterung eine beileibe nicht unwichtige Bemerkung hinzu: „Am Rande sei an dieser Stelle angemerkt: Kant nimmt auf diese Weise, vermutlich ohne es zu wissen, die mittelalterliche Lehre vom ‚tätigen Verstand' – intellectus agens – wieder auf, aus dessen Tätigkeit die ‚Cognoscibilia' – die Gegenstände möglicher Erkenntnis – erst hervorgehen."

Mit Kant eröffnet sich „eine Möglichkeit, die Ontologie und mit ihr die Lehre von den ‚passiones generales entis' wiederzugewinnen. Im Rahmen einer Theorie der Erfahrung lautet die erste These einer erneuerten Ontologie: Seiend ist, was uns in ‚widerständigem Eigenstand' begegnet, um uns unter seinen Anspruch zu stellen. […] Und zweitens kann eine Theorie der Erfahrung als eines Dialogs mit der Wirklichkeit die spezifische Bedeutung religiöser Erfahrung und des Zeugnisses von ihr deutlich machen: Die Unverwechselbarkeit der spezifisch religiösen Erfahrung besteht darin, dass sie den, der sie macht, einerseits an die Grenze seiner Erfahrungsfähigkeit im Ganzen führt und ihn andererseits unter den Anspruch und die Zusage jener unverfügbar freien Willensmacht stellt".

Jede Art menschlicher Erfahrung wirft Fragen auf, die nur durch Erfahrungen der jeweils anderen Art beantwortet werden können. Das Erkennen des Wahren zum Beispiel wirft Fragen auf,

die nur durch die sittliche Erfahrung beantwortet werden können –
und umgekehrt. Auf diesen wechselseitigen Implikationen „von
Momenten der jeweils einen Erfahrungsart in der anderen beruht
der Zusammenhang der Transzendentalien. Und wenn die klassische Transzendentalienlehre diesen Zusammenhang darauf zurückführte, dass alle Transzendentalien ‚passiones' des identischen
Seienden sind, dann ist sie damit gewiss im Recht. Aber erst eine
weiterentwickelte Transzendentalphilosophie kann zeigen, worauf
das Recht dieser Annahme beruht. Erst die wechselseitige Implikation der Erfahrungsarten macht uns dessen gewiss, dass in jeder
von ihnen jedes Transzendentale seine Erscheinung findet – auch
das Seiende".

5. Die Lehre von den Transzendentalien in der Gegenwart

Nach dieser Hinführung Schaefflers in die Gegenwart des zeitgenössischen Denkens werden in fünf Beiträgen Grundzüge einer
Lehre von den Transzendentalien unter heutigen Vorzeichen entwickelt.

Anna Varga-Jani widmet sich der Beschäftigung Edith Steins
mit der Philosophie von Thomas: *Vom Sein zum Bewusstsein –
zum Sein. Eine phänomenologische Perspektive auf die Lehre von den
Transzendentalien: Thomas von Aquin in der Deutung Edith Steins.*
Stein war als Schülerin Edmund Husserls in der Phänomenologie
groß geworden, bevor sie auf die Transzendentalphilosophie des
Aquinaten stieß. Sie begann, Thomas zu übersetzen. „Ihr einleitender erster Satz zur Übersetzung *De veritate* zeigt, dass sie von
Anfang an im Horizont der *philosophia perennis* denkt und dass die
Übersetzung von den gemeinsamen Problemkreisen der Phänomenologie und der Thomas'schen Philosophie inspiriert und diese
schließlich methodologisch problematisiert wurde. Der Ausgangspunkt in der methodologischen Fragestellung bietet sich ihr in der
Frage nach der Wahrheit, die, sogar in unterschiedlicher Weise, in
beiden Denkrichtungen eine zentrale Position einnimmt. Ob wir
hier und dort über die gleiche Wahrheit reden können und ob die

Wahrheit als eine von den Transzendentalien her betrachtete phänomenologisch begreifbare wäre, ist die Hauptfrage Edith Steins."

„Den gemeinsamen Punkt zwischen scholastischem Gedankengang und moderner Phänomenologie fand Edith Stein in dem Akt der Erkenntnis. Wenn Stein die Erkenntnis in der modernen Philosophie als ‚Wesensschau' charakterisiert, als solche ‚Fragen, die für den modernen Erkenntnistheoretiker im Mittelpunkt stehen – etwa die phänomenologische Frage, ‚Was ist Erkenntnis ihres Wesens nach?'", dann steht nach der Steinschen Auffassung die Erkenntnis im Zusammenhang mit der Erkenntnistheorie von Thomas. Die erkenntnistheoretische Einstellung bei Thomas wird für Edith Stein in dem Zusammenhang mit der phänomenologischen Methode eine ontologische Einstellung ergeben."

Stein analysiert, „wie die unterschiedlichen Transzendentalien das Seiende ‚als solches' bestimmen und wie diese Bestimmtheit – in Thomasschen Sinn – den Sinn des Seins in phänomenologischem Verständnis erklärt. Bemerkenswert ist in dieser Hinsicht, dass Stein die aristotelischen-thomasischen Kategorien jeweils in zweifachem Sinn interpretiert und darunter einerseits die formalen Kriterien der Seinswesen versteht, andererseits die Kategorien in ihrer materialen Manifestation des Seienden. Als grundlegenden Transzendentalbegriff bestimmt Stein das ‚ens ut ens', wonach das Seiende als solches betrachtet wird". Eine transzendentale Bestimmung kann dabei „nur in Betracht kommen, wenn es ein Seiendes gibt, dem es eigen ist, mit allen Seienden in Übereinstimmung zu kommen. In diesem Sinn werden die Transzendentalien ‚Wahr, Gut, und Schön' letzten Endes in Relation zur göttlichen Wahrheit, Gutheit und Schönheit als Zielsetzung der Seienden verstanden".

Die göttliche Wahrheit wird „von den endlichen Seienden in dem Streben nach dem Guten und in dem Höchstmaß seines Seins erreicht. In diesem Sinn ist das Streben nach dem Guten der Temporalität ausgesetzt, in der es seine Verwirklichung erreicht". „In dem Namen ‚wahres Gut' kommt", so schreibt Stein, „diese Verbindung zum Ausdruck; nur wenn die Erkenntnis des Seienden als gut wahr ist, ist es ‚in Wahrheit' ein Gut; dann ist es nicht nur in Übereinstimmung mit dem Streben eines Geschöpfes, sondern auch mit dem Willen des Schöpfers und damit zugleich – weil in Gott Erkenntnis und Wollen eins ist – im Einklang mit seinem ‚Urbild' im göttlichen Geist, d. h. ‚wahr' im Sinne der Wesenswahrheit."

„Die Möglichkeit des phänomenologischen Verständnisses der Transzendentalien", erläutert Jani dazu, besteht darin, „dass die Transzendentalien die Abbildungen und Wesenszüge der Erkenntnisgegenstände sind und demnach die Beweise der Zugehörigkeit zur göttlichen Idee der Schöpfung." Dazu wiederum Stein: „*Zeitlich-wirkliches Sein* ist nicht vollendete Wirklichkeit (= reiner Akt), sondern *beginnende und fortschreitende Verwirklichung* von Wesensmöglichkeiten. Dazu gehört der Gegensatz des *selbständigen* und *unselbständigen Seins*: Beginn der Verwirklichung ist der Übergang von der Wesensmöglichkeit zur zeitlichen Wirklichkeit oder Eintritt ins zeitliche Dasein; zur fortschreitenden Verwirklichung gehört ein Seiendes, das in sich selbst unverwirklichte Möglichkeiten trägt: etwas, was noch nicht ist, was es sein soll, was aber schon als das bestimmt ist, was es sein soll, und dadurch einen vorgezeichneten Werdegang hat."

Hanns-Gregor Nissings Blick richtet sich auf Thomas am Leitfaden seiner Deutung durch Josef Pieper: „*Die Seele ist in gewisser Weise alles.*" *Die Lehre von der Wahrheit der Dinge als Aussage über das Wesen des Menschen bei Josef Pieper*. Der Münsteraner Philosoph steht in einer unmittelbaren geistigen Verwandtschaft zu seinem großen Lehrer Thomas von Aquin, für den das Thema Wahrheit sozusagen sein Lebensthema war und der seine klassische Ableitung der Transzendentalbegriffe in den Quaestiones disputatae de veritate, 1, 1, gezielt mit Blick auf das Transzendentale des ‚verum' hin entworfen hat. Pieper ist sich – wie er in seiner Schrift über *Die Wahrheit der Dinge: ein verschollener Begriff* schreibt – selbstverständlich bewusst, mit der Lehre von der Wahrheit der Dinge „vergessene Dimensionen des Wahrheitsbegriffs" zutage zu fördern, die in der klassischen Philosophie von den Pythagoreern und Platon über Aristoteles, Augustinus bis zu Thomas von Aquin eigentlich selbstverständlich waren, deren Verschwinden jedoch „das Resultat eines langen Prozesses der Unterdrückung und der Unterschlagung oder, um es zunächst einmal weniger aggressiv zu sagen: der Ausscheidung" ist. „Als Gründe dafür", so resümiert Nissing, „macht er einerseits (1) die ausdrückliche polemische Ablehnung dieses Begriffs durch den Humanismus und später durch Bacon, Hobbes, Descartes und Spinoza als ‚leer und kindisch' aus, anderseits (2) – als ‚das Schlimmere und Gefährlichere' – die äußerliche Bewahrung des Begriffs bei innerlicher Verfälschung durch die Schulphilosophie des 17. und die Aufklärungsphilosophie des 18. Jahrhunderts."

Pieper ordnet seine Darstellung der Lehre von der Wahrheit der Dinge entsprechend dreier Schwerpunkte: dem theologischen, dem metaphysischen und schließlich dem anthropologischen Sinn.

„Den Ausgangspunkt seiner Interpretation markiert dabei die Lehre von den ‚Transzendentalien', jenen ‚Ur-Worten des Seins', die im Unterschied zu den kategorialen Begriffen (Substanz, die Akzidenzien) das Seiende nicht unterscheiden und einteilen, sondern mit diesem koextensiv sind und dabei doch zugleich einen Aspekt zum Ausdruck bringen, der im Begriff des ‚Seienden', dem Erstbegriff unserer Wirklichkeitserkenntnis, selbst nicht enthalten ist. Als solche sind sie dazu angetan, die Weltsicht des Thomas in einer grundlegenden Weise erkennbar zu machen."

„Im Unterschied zu den anderen Transzendentalbegriffen – *ens, res, unum, aliquid* – sind", so erläutert Nissing, „die beiden Transzendentalien des Wahren *(verum)* und des Guten *(bonum)* nun darüber hinaus dadurch ausgezeichnet, dass sie eine besondere Relationalität beinhalten: Nur aufgrund einer Beziehung zum Geist kann alles Seiende ‚gut' oder ‚wahr' genannt werden." Pieper schreibt dazu: „Denn dieses ist der Sinn der Sätze von der Wahrheit und Gutheit [...] aller seienden Dinge: dass alles Seiende bezogen sei auf den erkennenden und den liebenden – wollenden – Geist." Und Nissing fährt fort: „Dabei kann es in der Bestimmung des Verhältnisses zwischen den Dingen und dem erkennenden Geist unterschiedliche Prioritäten geben: (1) während das Dass (der Akt) des Erkennens stets vom Geist her gesetzt ist, bedarf es (2) im Hinblick auf das Was (den Inhalt) der Erkenntnis einer zusätzlichen Unterscheidung: während der Geist als betrachtender *(intellectus speculativus)* sein Maß von den Dingen empfängt, verhält er sich als praktischer, schöpferischer *(intellectus practicus)* seinerseits maßgebend gegenüber den Dingen. [...] Mit dem gewählten Zugang zur Erkenntnisproblematik über den Wahrheitsbegriff setzt sich Pieper im Übrigen merklich von all jenen innerthomistischen und allgemeinscholastischen

Diskussionen ab, die sich mit dem Anliegen, die epistemologische Position des Thomas als eine realistische auszuweisen, bis in die neusten Debatten um die Intentionalitätsproblematik mehr oder weniger krampfhaft an der Lehre von der conversio ad phantasmata orientieren." Zentraler Bezugspunkt, so lautet Nissings wichtige Schlussbemerkung, war Pieper „eine Wahrnehmung des Thomas, in der dessen Denken ‚allzu rational, ja: geradezu rationalistisch' erscheint" und die allzu sehr dazu neigt, „für alle Fragen eine ohne Rest aufgehende, gar zu glatte Erklärung und ‚Lösung' bereit zu haben", wie Pieper in seiner Schrift *Über Thomas von Aquin* bemerkt. Gegen dieses Verständnis setzt Nissing Piepers im Ausgang von der thomanischen Wahrheitslehre formulierte These: Menschliches Erkennen ist zugleich wahr und doch zugleich immer unvollständig. „Und dies deshalb, weil die Objekte dieses Erkennens, die Dinge, gleichermaßen erkennbar und unergründlich sind."

Marian C. Gruber beleuchtet in seinem Beitrag *Die Transzendentalie „Das Heilige" nach Johann Baptist Lotz und seine Implikationen*. Lotz hatte geschrieben: Bei näherer Betrachtung der Transzendentalien „kommen wir zur formellen oder substanziellen Identität zwischen dem Sein und dem Heiligen, das also nicht zum Sein hinzutritt, sondern mit ihm und in ihm gegeben ist. Erst im Heiligen und als das Heilige ist das Sein es selbst oder als es selbst ausgeprägt". Gruber vertieft diese Feststellung: Folglich ist zu differenzieren „zwischen ‚sanctum' und ‚sacrum'. Das ‚sacrum' substituiert sich im ‚sanctum' und benötigt einen Träger".

Zu bedenken ist hier der begriffliche Zusammenhang von ‚heilig' und ‚heilen': Danach besagt ‚heil' dasselbe wie ‚unversehrt'. ‚Heil' generiert sich aus der Nicht-Defizienz des Seins. Unversehrtheit ist originär ins Sein hineingelegt und macht das Heilig-Sein aus. Lotz bestimmt so die Unversehrtheit der Wahrheit: durch das Heilen gelangen wir zum Heiligen, wenn wir von dem faktisch Unversehrten das grundsätzlich Unversehrbare abheben. Versehrbar ist das Seiende, „unversehrbar aber die Wahrheit; während nämlich die Wahrheit von sich aus die einfache, also nicht aus Teilelementen bestehende Fülle ist, stellt sich das Seiende stets als das Zusammengesetzte dar. Daher kann das Seiende durch Verlust von mehr oder weniger ihm zugehörenden Teilelementen versehrt werden; das Sein hingegen enthält wegen einer Einfachheit keine Teilelemente und ist folglich dem Versehren nicht zugänglich. Insofern jedoch die Wahrheit dem Seienden als dem an ihm teilhabenden innewohnt, wird auch die Wahrheit der Möglichkeit des Versehrens unterworfen, was freilich nicht die Wahrheit als Wahrheit, sondern lediglich als partizipiertes betrifft". Umgekehrt strahlt die Unversehrbarkeit der Wahrheit auch am Seienden in dem Maße auf, wie aus dem Seienden die Wahrheit hervortritt.

„Das Heilige", so Gruber, „entbirgt Transzendenz als Transzendentalie des Seins, die bereits der Wahrheit inne ist. Sein ist sakralisiert in seiner Unversehrtheit und Verehrungwürdigkeit": „Utiliaristische Erwägungen sind in Hinblick auf das ‚Heilige' absolut obsolet, weil dessen Unantastbarkeit deren Maß ist. Maßgebend ist der Ding-Mensch-Bezug, daher ist das Ding nicht Zweck per se, sondern nur Mittel Zweck hin." In den Worten von Lotz: „Das tritt daran deutlich hervor, dass Pflanzen und Tiere zur Nahrung für den Menschen und auch für andere Tiere bestimmt sind. Darin liegt eine Sinnerfüllung jener Dinge, die sich entschieden von ihrer sinnlosen Zerstörung abhebt. Hierbei wird die den Dingen gemäße Heiligkeit und Verehrung gewahrt, die lediglich den Grenzen unterworfen wird, die mit der ihnen eigenen Mitteilung des Seins gegeben sind."

Heiligkeit durchwirkt das personale Sein und zeigt dessen transzendentale Intention auf. Gewissermaßen substituiert sich Heiligkeit im Sein. Lotz weist darauf hin: Das subsistierende Sein „ist das absolut Verehrungswürdige oder jener höchsten Verehrung würdig, die Anbetung heißt. Es versammelt in sich alle Heiligkeit, weshalb das Seiende in dem Maße heilig oder ein Heiliges ist, wie es an der Wahrheit teilnimmt oder dem subsistierenden Sein nahesteht".

Karl Wallner wirft die Frage auf, ob *Die Transzendentalien als trinitarisches Strukturprinzip in der Trilogie Hans Urs von Balthasars* gelten können? Bei Balthasar, so eröffnet Wallner seine Überlegungen, „ist die innere dreifaltige Dramatik Gottes das Herzstück und Fundament seiner ganzen Theologie, Trinität gibt dem Gesamtwerk Balthasars ein faszinierendes Gepräge. In der Mitte des Schaffens

Balthasars steht seine ‚Trilogie' und damit die magische Zahl ‚Drei'. Daher habe ich die These vertreten – und wiederhole sie hier unter veränderten Vorzeichen –, dass der ‚Herrlichkeit', ‚Theodramatik' und ‚Theologik' ein trinitarisches Strukturprinzip zugrunde liegt. Die Frage ist dabei freilich, was unter ‚trinitarisch' zu verstehen ist. Gibt es doch dutzende Wege, das eigene Schaffen unter das Zeichen der Trinität zu stellen oder es gar als ‚trinitarisch' zu bezeichnen, was ja im Letzten das Werk eines jeden Theologen kennzeichnen sollte. Balthasar wählt den Weg über die Trias der Transzendentalien *pulchrum* – *bonum* – *verum*. Das erscheint auf der geistesgeschichtlichen Karte der katholischen Theologie als durchaus bemerkenswert, ja originell. Das Denken Balthasars ist so sehr von ‚Trinität' bzw. von ‚Triaden' und ‚Dreischritten' geprägt, dass sich alles aufeinander bezieht und ineinander verfließt: das dogmatische Konzept von Trinität, die hegelsche Dialektik und die Trias der klassischen Transzendentalien!"

Für Balthasar strukturieren die Transzendentalien seine Trilogie: „Das *pulchrum* entspricht der ‚Herrlichkeit', die oft auch ‚Theo-Ästhetik' genannt wird; das *bonum* der Theodramatik, das *verum* der Theologik. Anderseits können die Transzendentalien bei ihm nicht losgelöst von der Trinität bzw. der trinitarischen Dynamik verstanden werden. Wollte man das Denken Balthasars in ein neo-scholastisches Axiom fassen, so müsste man formulieren: ‚*trinitas et transcendentalia convertuntur*'!"

Wallner bescheinigt diesem Denkansatz Balthasars, „in gewissem Sinne revolutionär zu sein. Balthasar, der sich sehr wohl dem klassischen, ontisch-transkategorialen Verständnis der Transzendentalien verpflichtet wusste, machte einen großen Schritt hin zum phänomenologischen Verständnis der offenbarten Gestalt. Darin blieb er den Begriffen selber ganz treu, lehnte jedoch dabei – wohl im Sinne einer fortschreitenden Führung in die immer tiefere Wahrheit – ein geschlossenes, in sich kohärentes, aber dem menschlichen Geiste immer noch befremdend erscheinendes Gottesbild ab. Wie in seiner gesamten Struktur der Theologie, wollte er auch hier die Lebendigkeit Gottes durchstrahlen sehen – umso mehr, dass die Transzendentalien in besonderer Weise das Wesen Gottes wiedergeben sollen".

Balthasar übernahm die Grundaufteilung des Dreiklangs von seinem Lehrer Erich Przywara und behielt dessen veränderte Reihenfolge der Transzendentalien bei. Er ordnete sie darüber hinaus den frühchristlichen Schriftsteller zu, mit denen er sich so gerne beschäftigte: Origenes *(verum)*, Gregor von Nyssa *(pulchrum)* und Maximus Confessor *(bonum)*. Wallner bemerkt dazu: „Diese Ausrichtung lässt ihn – der (neu-)scholastischen Gepflogenheit entgegen – seine große Trilogie zwar an den Transzendentalien orientieren, diese aber erstmals als Wegweiser und Wegbegleiter hin zur phänomenalen Gestalt Gottes selbst einsetzen."

Balthasars Bezugnahme auf die Transzendentalien – verstanden als Grundqualitäten des Seins – ermöglicht ihm einen großen phänomenologischen Schritt: „Er verankert seine Theologie nicht in einem von außen kommenden Gliederungsprinzip [...]. Die Form seiner Theologie ist die dem Sein selber eigene Struktur in der Weise, wie sie uns erscheint und zu vernehmen ist. In der Balthasar-Forschung wird oft gerade diese Umkehrung der alten Denkrichtung und die Einsetzung der Transzendentalien als ein Meilenstein in der theoretischen Begründung einer existenziellen Theologie angesehen. Darüber hinaus erweist sich gerade die in den Transzendentalien sichtbare Selbstauslegung des Seins auf phänomenologischer Ebene als Ausdruck seiner Einheit in der ihm eigenen Vielfältigkeit. Die Transzendentalien bleiben dabei ständig perichoretisch, also voneinander untrennbar, sich gegenseitig aber durchwaltend und durchdringend, wofür Balthasar auch tatsächlich den trinitarischen Begriff *circuminsessio* verwendet."

In einer eindringlichen Analyse legt Wallner die verschiedenen Schichten dieses gedanklichen Ansatzes im Sinne auch einer Aktualisierung der Lehre von den Transzendentalien frei – wobei nie vergessen werden darf, dass unserer Vernunft enge Grenzen gesteckt sind: „Am Ende des Theologisierens steht immer ‚die im Erfassen fassbar gewordene Unfasslichkeit Gottes'."

William J. Hoye scheint in seinem Beitrag *Die theologische Unbegreifbarkeit der Transzendentalien – Gott und Mensch: zwei verschiedene Sichtweisen* von eben dieser letztgenannten Einsicht geleitet. Er verweist zunächst auf eine Erfahrung, die allen Menschen eigen ist, wenn er prüfend fragt: „Ist wirklich jede Realität immer etwas Gutes, wie die klassische Lehre über die Transzendentalien unterstellt? Man denke an den Vater, der am Bett seines Kindes steht, das mit großen Schmerzen im Sterben liegt – ein kurzes Leben. Wahr und wirklich ist das allerdings, aber kann der Vater einsehen, dass diese Realität gut ist, auch wenn man seine negative Reaktion letztlich auf das Gute der Gesundheit oder des Lebens zurückführt? Mein Gegner ist [...]" – sc. bei dieser Fragestellung – „nicht etwa ein Philosoph, sondern Gott selbst: ‚Gott sah alles an, was er gemacht hatte: Es war sehr gut.' (Gen 1,31) Ich kann aber nicht die Schmerzen eines Kindes für etwas Gutes halten. Genauer gesagt: Ich kann sie nicht *als* gut sehen. Das wäre unmoralisch, unmenschlich. Da herrscht ein Unterschied zwischen mir und Gott, d. h. Gottes Sicht. Aber was ist es denn, das Gott sieht? Oder: *Wie* schaut denn Gott? Ein stärkerer Glaube hilft hier nicht. Natürlich kann man die Lehre glauben, da es zur Offenbarung gehört. Ich kann es *sagen,* aber Glaube ohne Einsicht ist meiner Meinung nach nicht überlebensfähig. Meine These ist also: Gott ist unbegreiflich und so ist alles, was religiös, *sub ratione Dei,* betrachtet wird, auch letzten Endes unbegreiflich. Ich behaupte nun: Die göttliche Sicht begründet die *In*konvertibilität des Guten mit Sein und Wahrheit *für uns.* Das ist meine Hypothese."

Hoyes Gedankenführung nimmt an diesem Punkt eine überraschende Wendung, wenn er nämlich das Lachen ins Spiel bringt: „Wir können [...] die Konvertibilität aller Transzendentalien nicht [...] begreifen; allerdings können wir eine Ahnung davon haben, und zwar durch unser Lachen über das Komische – vielleicht ohne Einsicht, aber zumindest mit einer Ahnung. Wir kennen dieses Lachen aus Erfahrung. Und es ist grundsätzlich gut, über etwas Komisches, das heißt etwas, das an sich schlecht sein kann, zu lachen. Worauf es ankommt: Anders als Philosophie und rationale Theologie, die es nicht schaffen, subsumiert Lachen über das Komische, wenn es geschieht, auf schwer begreifliche, geheimnisvolle Weise Schlechtes in Gutes. Meine These, die ich nicht beweisen kann, die aber hoffentlich bedenkenswert ist, will da ansetzen."

Hoye widmet sich zunächst einer ausführlichen Exegese von Dante Alighieris Eschatologie des Lachens und findet zu dem Ergebnis: „Im Lachen über das Komische scheint sich eine verborgene Theologie anzudeuten. Jedenfalls ist es angemessen, zu fragen, wozu schließlich Menschen die Fähigkeit zu lachen haben; eine natürliche Fähigkeit, die bis zum höchsten Himmel anhält. Es ist zwar sehr schwierig, das Lachen über das Komische zu analysieren – und nur wenig Autoren haben sich mit der Frage befasst –, aber es gibt gute Gründe für die Ansicht, dass ein Glaube an Gott die Bedingung der Möglichkeit für das Lachen ist." Nach vertiefenden Überlegungen über den Transzendenzbezug des Komischen und den Humor als, wie Kierkegaard schrieb, ‚Inkognito der Religiosität', kehrt Hoye zu Dante zurück, indem er dessen ‚Theologie des Lachens' mit eigenen Worten charakterisiert: „Das Übel wird betrachtet [...] aus der Perspektive des Lachens, das heißt aus der göttlichen Perspektive. Karl Rahner meint, dass sogar Gott selbst lacht. Selbstverständlich ist die Sicht Gottes weit entfernt von meiner Sicht, das heißt meiner jetzigen Sicht. Daher ist die Gleichsetzung der Wahrheit mit dem Guten hier, auf Erden, nicht immer möglich. Wir sind jetzt nicht im neunten Himmel. Diese Einsicht ist nur aus göttlicher Perspektive möglich. Jetzt kann ich dieses Wahrnehmen nicht nachvollziehen, sondern nur erahnen. Mit anderen Worten: Ich habe *jetzt* nicht die Fähigkeit, jedes Leid als gut zu sehen; die Konvertibilität des Guten mit dem Sein und der Wahrheit kann ich *jetzt* nicht denken. Die Transzendentalie ‚Gut' ist letztlich göttlich begründet und bleibt für uns jetzt unbegreifbar."

6. Die anthropologische Dimension

Alles Denken menschlichen Erkennens – wie umgekehrt: alles Erkennen unseres menschlichen Denkens – hat eine unübersehbare anthropologische Dimension. Ob und inwiefern die Erkenntnis beispielsweise von Wahrheit für möglich und erreichbar gehalten wird, wie es die Lehre von den Transzendentalien behauptet, findet seinen Niederschlag in den Konturen eines Menschenbildes.

Richard Schenk eröffnet seinen Aufsatz *Von der Hoffnung, Person zu sein* mit eben jenem Verweis auf den Zusammenhang von Menschenbild und Denkvoraussetzungen: „Wird in einer pluralistischen Gesellschaft die Frage nach Quellen, Sinn und Gültigkeit des Personbegriffs unausweichlich, so lässt die hier gestellte Rückfrage nach der theologischen Entfaltung des Begriffs bereits im mittelalterlichen und reformatorischen Zugang zum Personsein Unterschiede erkennen, die wiederum den unterschiedlichen Verhältnisbestimmungen zwischen göttlicher Versprechung bzw. Verheißung und menschlichem Vertrauen entsprechen. Wo das Selbstvertrauen metaphysischer oder moralischer Art jede Fremdverheißung zunächst überflüssig macht, gehen doch auch Bedeutung und Haltbarkeit des Personbegriffs allmählich zurück. Wo hingegen pneumatologisch vermittelte Verheißung oder Bestimmung *(ordinatio)* zur neuen Evidenz wird, droht die Privatisierung jeder noch so betonten Personenwürde. Wo aber die bleibende Diskontinuität von Verheißung und Selbsterfahrung programmatisch wird, lässt sich ein gemeinsamer Horizont selbstzweifelnder Hoffnung auf vollendetes Personsein denken, der auch in stark verunsicherten Zeiten narrativen Theorien des Selbst und der Gesellschaft zugänglich bleibt."

Schenk greift zunächst einige Problematisierungen des Person-Begriffs im zeitgenössischen Denken auf, um sich dann kurz der Geschichte des Begriffs zuzuwenden und zu einer ersten Feststellung zu gelangen: „In der Verschränkung personaler Würde mit den anderen Bestimmungen der Person liegt ein offenkundiger Grund, warum die Einsicht in die Unantastbarkeit der menschlichen Person sich nur in dem Maße erhält, wie sich auch die Überzeugung vom ausgezeichneten Modus der anderen Bestimmungen menschlicher Personhaftigkeit halten lässt. Die Überzeugung von der unantastbaren Würde des Menschen, dem daher das Recht auf Achtung zusteht, bildet eine Einheit mit der Überzeugung von einer ausgezeichneten Form der Einmaligkeit und Unvertretbarkeit jeder menschlichen Person. In der heutigen Diskussion fällt auf, dass vor allem dort, wo zuerst die Bestimmung des Menschen zu einer ausgezeichneten Form des Erkennens und der Freiheit geleugnet und somit auch dessen eminente Selbstzwecklichkeit bzw. seine Selbständigkeit nivelliert wird, dann erst für Tier und Mensch das Gegebensein oder Fehlen ihrer nun für vergleichbar gehaltenen Akte als gemeinsamer Maßstab ihrer Würde in den Vordergrund der Debatte gerückt wird; der erste, ungleich prinzipiellere Schritt, selbst wenn dessen Nachweis unvollendet bleibt, soll den zweiten Schritt vorbereiten."

Im 13. und im 14. Jahrhundert gab es eine vertiefende Auseinandersetzung über diese Fragen, die Schenk – als Präfiguration heutiger Fragestellungen – mit großer Sorgfalt samt den später folgenden Debatten im Umfeld der Reformation nachzeichnet, um anschließend eine Refiguration der Fragestellung vorzunehmen: „Während Übereinstimmung darüber besteht, dass die gegenwärtige Zeit eine im zu hohen Maße verunsicherte sei, um das Vertrauen auf personale Vollendung weiterhin als Selbstverständlichkeit zu nehmen, verläuft diese intensivierte Verunsicherung keineswegs eindeutig; die Reaktionen auf die beiden, dieses Jahrhundert vielfach bestimmenden Weltkriege sind in manchem geradezu gegensätzlich. Wo der Erste Weltkrieg einen verbreiteten Vertrauensverlust gegenüber geltenden Kulturwerten insgesamt auslöste, so wurde angesichts der Ereignisse im Umfeld des Zweiten Weltkrieges zunächst die Not sichtbar, überhaupt noch gültige Maßstäbe zu finden, von denen aus nicht nur pauschale Kritik, sondern die differenzierende Kritik bestimmter Entwicklungen zu denken wäre. Das ‚Absolute' zeigt sich im 20. Jahrhundert diesseits und jenseits der Fähigkeit zum Glauben in dem Bedürfnis, Fälle der Ungerechtigkeit unterschiedlichen Grades als ungerecht zu nennen, ohne z. B. solche Ereignisse als nur das empirisch hinzunehmende Verhalten der Spezies Mensch zu neutralisieren. In diesem Gewissenhaben-Wollen zeigt sich die Hoffnung auf Personsein." Hier klingt eine bemerkenswerte Einsicht an.

Nach einer Sichtung der Theologien vor allem Karl Barths, Karl Rahners und Hans Urs von Balthasars findet Schenk zu einem abschließenden Befund: „Die Bejahung der Würde des Menschen als Person, sowenig sie völlig evident zu machen ist, gründet im Optativen: das, was uns an personalem Vollzug und personaler Würde bereits zugänglich ist, verlangt von uns, die Verunmöglichung jener Möglichkeiten zu bedauern, die zur Vollendung einer Person zu zählen sind. Im Fall vorsätzlicher Verunmöglichung verlangt sie nach Kritik und Anklage." Am Ende bleiben „gläubige Narrative göttlicher Verheißung, die [...] zu hören uns und den Mitbürgern des freiheitlichen Rechtsstaates die bessere Chance gibt, die eigene Hoffnung, Personen zu sein, glaubhaft offenzuhalten".

Johannes Paul Chavanne überschreibt seine Betrachtung der Freude, die man ja als ein Existenzial der Anthropologie verstehen kann: „*Die Freude am Herrn ist eure Stärke.*" *Biblische, liturgische und praktische Betrachtungen über die Freude.* Er geht von der Frage aus: Haben wir eigentlich Freude in der Kirche? „Ich frage mich manchmal: Wenn ein Mensch, der noch nie etwas vom Christentum gehört hat, sich einmal aus Interesse aufmacht, um bei einer Eucharistiefeier in einer durchschnittlichen Pfarrei in unseren Breiten dabei zu sein, was für einen Eindruck bekommt der von unserem Glauben? Spürt der da etwas von Überzeugung? Fühlt der da eine Kraft? Erfährt der da eine Freude, die ausstrahlt und ansteckt?" Die Antwort auf diese Frage, inwieweit die Kirche das anthropologische Existenzial der Freude aufnimmt, wird wohl eher ernüchternd ausfallen müssen. Aber „Freudlosigkeit ist [...] nicht nur ein Phänomen der Kirche. Ist die Freude insgesamt seltener geworden? Ein Freund von mir, der Apotheker ist, hat mir erzählt, dass sich der Bedarf an Psychopharmaka und Antidepressiva in den letzten 25 Jahren versiebenfacht hat – Tendenz steigend. Das mag viele Ursachen haben ... auch, dass solche Medikamente heute eher verschrieben werden. Fakt ist aber, dass Depression, psychische Probleme, Burnout und Traumata verschiedener Art Volkskrankheiten geworden sind. Die Welt ist in vielen Krisen – von der Wirtschaftskrise über die Europakrise, von der Klimakrise bis zu den vielen politischen Krisen in den eigenen Ländern und global. Dazu noch die persönlichen Krisen in der Familie, in der Partnerschaft, im Beruf und mit sich selbst ... da passt die Kirchenkrise ja gut dazu. Unsicherheit, Angst und Einsamkeit sind Begleiterscheinungen des Lebens vieler unserer Zeitgenossen".

Ist vielleicht, so fragt Chavanne tiefergehend, „das Fehlen von Freude in der Kirche vielleicht nur ein Symptom einer viel ernsteren Krankheit? Ist das Fehlen von Freude vielleicht ein Zeichen dafür, dass in Wahrheit die Liebe und der Heilige Geist fehlen?" Das Evangelium nämlich spricht eine andere Sprache, nicht die der Freudlosigkeit, sondern die Sprache der Freude: „Freude kann man nicht befehlen. Freude braucht einen Grund. Freude braucht einen Anlass und ein Warum. Die Heilige Schrift berichtet uns von vielen Ereignissen, die Freude auslösen. Evangelium heißt ‚Frohe Botschaft'!

Das Evangelium ist voller Freude: Als der Engel Gabriel zu Maria, der Jungfrau, kommt, um ihre Zustimmung zu erbitten, Mutter Jesu – Mutter Gottes – zu werden, da grüßt der Engel sie mit dem Wort: ‚χαῖρε, κεχαριτωμέν ὁ κύριος μετὰ σοῦ.' (Lk 1,28) Wir übersetzen meist mit: ‚Sei gegrüßt, du Begnadete, der Herr ist mit dir.' Das χαῖρε heißt aber – wiewohl es ein üblicher Gruß war –: ‚Freue dich! Sei fröhlich! Hab Freude in dir! Sei glücklich!' Die christliche Heilsgeschichte beginnt mit einem freudigen Gruß!"

Was aber ist das für eine Freude, von der Jesus im Evangelium spricht? „Die Freude Jesu, die Freude der Christen ist keine billige Freude. Die Freude Jesu und die Freude des Heiligen Geistes ist etwas anderes als eine schöne Emotion und etwas anderes als ein Spaß und etwas anderes als ablenkende Unterhaltung. Die Freude Jesu ist eine Freude, die nicht im Widerspruch steht zum Weg in Seiner Nachfolge, zum Weg der Kreuzesnachfolge. Der Weg zur Freude Jesu ist nicht ein Weg am Kreuz vorbei ... der Weg der Freude Jesu ist ein Weg durch das Kreuz hindurch zur Freude der Auferstehung." In der Liturgie feiert die Kirche diesen ihren Glauben. „Liturgie ist gefeierter Glaube. Wie wichtig die Freude für den authentischen, christlichen Glauben ist, sollte sich auch an der Liturgie erkennen lassen." Und nicht zuletzt hat Papst Franziskus in mehreren Dokumenten dieser Freude im Glauben – Evangelii gaudium – einen beredten Ausdruck verliehen.

Danken und Loben sind Wege zur Freude – und Freude ist Evangelisierung. „Die Kirche ist berufen, die frohe Botschaft zu leben. Wenn wir das Evangelium nicht mehr als frohe Botschaft, die Freude macht, verstehen, leben und feiern, dann brauchen wir uns nicht zu wundern, wenn die Menschen in ihrer Sehnsucht nach Freude sich anderswohin wenden ... Die Kirche hat dann Zukunft, wenn sie Freude ausstrahlt. Freude wirkt missionarisch und evangelisierend – ganz von selber. Freude teilt sich mit, weil geteilte Freude doppelte Freude ist. [...] Wer eine Freude im Herzen hat, der will sie teilen und der kann gar nicht anders, als sie anderen weiterzugeben. Das ist Evangelisierung."

7. Metaphysik des Lichts

Jeder Jahrgang von *Ambo* enthält eine *Lectio spiritualis*. In diesem Band schreibt Wolfgang Buchmüller über den Hymnus *Deus, qui lumen caeli es* – neu übersetzt von Leo Bazant-Hegemark –: *Christliche Lichtmetaphysik. Zum Hymnus ‚Deus, qui caeli lumen es' – ‚Cot du der himile lecht pist'*. Gesungen wird dieser Hymnus am Freitag der zweiten Woche ‚ad Laudes matutinas'. Er passt in besonderer Weise zu einem Buch wie dem vorliegenden, dessen Fragestellung auf das Herzstück europäischer Metaphysik abzielt.

Buchmüller erforscht die Geschichte dieses Hymnus in ihren vielfältigen Verästelungen. Zu den bewegenden Besonderheiten dieser Dichtung gehört, „dass es vor 1.200 Jahren bereits einen früheren Versuch einer deutschen Übertragung gab – allerdings ins Althochdeutsche –, eine Übertragung, der gewisse literarische Ambitionen attestiert werden. Nach Ausweis des Charakters der Schrift – eine frühe karolinigische Minuskel – hatte vor dem Jahr 800 ein Mönch ein Exemplar des sog. ‚Fränkischen Hymnars' für die elsässische Abtei Murbach kopiert, die damals zum Klosterverband der berühmten Benediktinerabtei Reichenau gehörte. Das Murbacher Hymnar gilt für den Text von *Deus, qui caeli lumen es* – neben dem Manuskript Paris BN 14088 und Manuskript Zürich Ms Rheinau 34 – als einer der ältesten und vollständigsten Textzeugen für die frühe karolingische Epoche".

Dieses Murbacher Hymnar „führt uns zurück in die Frühzeit der Gregorianik, als zu der allerersten, bereits bei den Bischöfen Caesarius von Arles (ca. 470 bis 542) und Aurelianus von Arles (ca. 523 bis 551) bezeugten ‚Alten Sammlung' von den ca. acht Hymnen des Ambrosius (ca. 333 bis 397) zu den einzelnen Horen des Stundengebetes, denen noch weitere Hymnen aus anderen Sammlungen hinzugefügt wurden, die als sog. ‚Mailänder Hymnar' des Maximianus (Mitte 6. Jh. ?) oder als ‚Altspanisches Hymnar' bzw. ‚Mozarabisches Hymnar' benannt werden. Am Ende dieser Entwicklungen, die auf ein wachsendes spätantikes Erbe der religiösen Poetik zurückgreifen konnten, für die unter anderem die Namen des Hilarius, Ambrosius, Gelasius, Paulinus von Nola, Nicetas, Ennodius, Sedulius, Fulgentius und Venantius Fortunatus standen, erwuchs nach der Mitte des 8. Jahrhunderts im Osten des Frankenreiches sukzessive das sog. ‚Fränkische' oder ‚Gallikanische' Hymnar". Die meisten dieser Hymnen dürften „auf die nachfolgende spätantike, merowingische bzw. frühe karolingische Epoche des 6. bis 8. Jahrhunderts zurückgehen, die eine Reihe von produktiven religiösen Dichtern aufweisen konnte, von denen Paulus Diaconus, Alkuin von York und Theodulf von Orléans besonders hervorgehoben seien".

„Ende des 8. Jahrhunderts", so ergeben die Forschungen Buchmüllers, „nahm Murbach unter den Abteien eine prominente Stellung ein: Für König Karl den Große war das Kloster offensichtlich so wichtig, dass er sich angesichts einer politischen Krisensituation in Alemannien bitten ließ, für ein Jahr als Patron, sozusagen als weltlicher Abt (782/783), zu fungieren, um das Kloster besser zu beschützen, und anschließend seinen Neffen Simpert", ursprünglich ein Mönch dieses Klosters, zum Abt von Murbach – ungefähr von 789 bis 792 – zu promovieren. „Wie ein in Abschrift in Colmar erhaltener Bibliothekskatalog aus der Zeit um 850 mit über 350 Werken eindrucksvoll belegt, muss die Abtei Murbach ein mit Reichenau und St. Gallen annähernd vergleichbares Studienzentrum der sog. Karolingischen Renaissance gewesen sein. Dieser Befund lässt vor unseren Augen ein lebendiges monastisches Bildungszentrum erstehen, aber vor allem eine angesehene Benediktinerabtei mit einem gehobenen liturgischen Anspruch, die in stetem Kontakt mit ihrer überregional bedeutsamen Mutterabtei Reichenau stand, aber in gleicher Weise Beziehungen zum Hof des Frankenkönigs Karl I. in Aachen unterhielt." Wird nun die Frage nach dem mutmaßlichen Verfasser des Hymnus gestellt, so spricht vieles dafür, „den Murbacher Codex und seine ‚fränkische' Hymnensammlung mit der Palastakademie Karls des Großen in Aachen und ihrem Praeceptor Alkuin von York in Verbindung zu bringen. Hierfür gibt es sogar ein Indiz, denn Alkuin stand in den letzten Jahrzehnten in Briefkontakt mit der Abtei Murbach, die er selbst zu Anfang der 760er-Jahre als junger angelsächsischer Mönch auf einer Europa-Bildungsreise für längere Zeit besucht hatte".

In einem zweiten Schritt wendet sich Buchmüller einer ausführlichen Hermeneutik des Textes zu: „Der in jambischen Dimetern verfasste Hymnus zum Morgengebet [...] atmet von Poesie und beeindruckt durch die Vielfalt von Bedeutungsebenen, der aus der Bilderwelt der polyvalenten Metaphern spricht. Auf den ersten Blick besingt er die Schönheit der Naturphänomene, die durch das erste Morgenrot sichtbar werden und entfaltet hierdurch eine Art romantischer Naturmystik." Auf einer anderen Ebene „haben dieselben Begrifflichkeiten heilsgeschichtliche Bedeutung: Wenn Gott das Licht oder die Leuchte des Himmels ist, dann führt dies zu einer eschatologischen Dimension; denn nach der Offenbarung des Johannes wird in dem himmlischen Jerusalem keine Lampe oder Leuchte mehr brennen, denn Gottes Herrlichkeit wird selbst dort leuchten und das Lamm wird das Licht sein, das alle Menschen erleuchtet". Da Gott „zugleich der ‚Tag der Tage' *(dies dierum)* ist, steht seine unmittelbare Gegenwart, die in ihrer Simultanität Vergangenheit, Gegenwart und Zukunft umfasst, ganz im Gegensatz zu der Vergänglichkeit des Menschen, dessen Tage kurz und gezählt sind". Im Hymnus wird das Universum zur äußeren Hülle der geistigen Welt Gottes, zu einem sichtbaren Körper seiner unsichtbaren Gottheit.

Damit wird dieser Hymnus zu einem wichtigen Beleg für die schon in der Antike begründete Lichtmetaphysik. Dem Terminus ‚Licht' kommt in dieser Lichtmetaphysik „eine multivalente Bedeutung zu: Zunächst steht die physikalische Vorstellung im Raum, dass dem Licht ein apriorisches Sein vor aller anderen Materie als reiner Energie zukomme". Eine weitere Bedeutungsebene öffnet sich, wenn man das metaphysische Licht als Bild für die Herrlichkeit Gottes versteht, „der nach 1 Tim 6,16 in ‚unzugänglichem Licht' wohnt oder nach 1 Petr 2,9 sein Volk in sein ‚wunderbares Licht' gerufen hat". Der Verfasser des Hymnus konnte bei dem Rückgriff auf die Begrifflichkeit eines inneren geistigen Lichtes sowohl auf die biblische Licht-Metaphorik, nach der sich Christus als das ‚Licht der Welt' bezeichnet (Joh 8,12), als auch auf die reiche platonische und neuplatonische Tradition zurückgreifen. Buchmüller fasst diese Überlegungen zusammen: „Tatsächlich legt die Wortwahl unseres Hymnus den Gedanken nahe, dass das Licht in seiner Gesamtheit als ‚typus Christi', als Abbild Christi, verstanden werden kann." Schließlich aber „kann der Terminus Licht auf einer anderen Ebene auch für die Intelligibilität des Seins stehen. Wenn man davon ausgeht, dass das Sein des Universums in seiner Gänze als apriorisch lichthafte Struktur gewollt und ins Dasein gerufen ist, dann ist die Welt in Bezugnahme auf die Vernunftnatur des Menschen transparent auf den Schöpfer in seinem Gutsein und seiner Wahrheit".

Im Hymnus *Deus, qui caeli lumen es* verbinden sich Poesie, Theologie und Philosophie auf eine wunderbare und kunstvolle Weise zu einer Synthese, die besser und aussagekräftiger ein Thema umreißt, als jeder Traktat dies zu leisten vermag. Der Hymnus ist nicht nur ein wertvolles literarisches Vermächtnis und ein geistvolles kulturelles Erbe, sondern ist viel mehr: Er ist Zeugnis einer Weltsicht und einer Lebensform, in der Poesie, Theologie und Philosophie sich wechselseitig befruchteten und zu einer Einheit verschmolzen sind. So ist der ganze Hymnus ein Symbol von Harmonie. Und dazu hat Buttiglione in seinem Aufsatz in diesem Band treffend bemerkt: „Können wir uns eine unendliche Harmonie vorstellen? Ja. Gibt es einen wesensgemäßen inneren Widerspruch im Gedanken einer reinen Harmonie? Nein." Der Hymnus weist aus, wie treffend doch diese Aussage ist. Und man wird insgesamt die Lehre von den Transzendentalien nicht begreifen, wenn man sie nicht – auch – als ein Symbol für Harmonie versteht. Die ist uns heute allem Anschein nach verloren gegangen – aus Gründen, die durchaus nachvollziehbar sind. Das aber heißt mitnichten, dass wir sie – die verlorene Harmonie – nicht wiederentdecken und zeitgemäß neu verstehen lernen können.

II.
GEDANKEN ZU EINER THEOLOGIE DER VORLÄUFIGKEIT

Hin zu einer Theologie der Vorläufigkeit

Franz Lackner OFM

Ich danke herzlich für die Einladung, hier an der Päpstlichen Hochschule Benedikt XVI. die Einführungsvorlesung für das neue akademische Jahr zu halten. Eine große Freude, zumal ich hier über Jahrzehnte als Professor der Philosophie tätig sein konnte. Gestatten Sie mir deshalb, mit einigen persönlichen Notizen zu beginnen. Besonders gerne erinnere ich mich an die Einführungsvorlesung „Philosophie". Jedoch gehört es zur Nachfolge Jesu auf den Fußspuren des hl. Franziskus, in ständiger Verfügbarkeit zu leben, nicht den Schutz einer *stabilitas loci* zu haben, die es erlaubt, tief Wurzeln zu schlagen. Das gilt insbesondere auch für das intellektuelle Leben. Kaum hatte ich meine philosophischen Studien in Rom abgeschlossen, erste Semester in Lehre und Forschung getan, wurde ich, trotz Streichung von der Kandidatenliste, also nicht wählbar, dennoch über den Weg der Postulation zum Provinzial gewählt. Damit schien eine kaum erst gestartete akademische Profession auch schon wieder zu Ende – so meine Befürchtung. Eine unerwartete Wende bahnte sich bei der Superiorenkonferenz der Männerorden an. Bei der dortigen Begegnung mit dem damaligen Abt von Heiligenkreuz, Gregor Henckel Donnersmarck, dämmerte es mir. Intuitiv kam mir in den Sinn zu fragen, ob nicht an der hiesigen Hochschule ein Lehrauftrag für mich möglich wäre. Die Leidenschaft, doch auf dem Wege der Lehre am philosophischen Diskurs dranzubleiben, war groß – zumal ich die Auseinandersetzung mit den Studierenden gerade erst schätzen gelernt hatte. Abt Gregor, zu meinem großen Erstaunen, bekundete sofort sein Interesse. Er meinte, im Moment sei zwar nichts frei, aber es werde sich gewiss eine Möglichkeit ergeben. Freude und Dankbarkeit waren groß. Noch im gleichen Jahr begann ich mit der Vorlesung „Einführung in die Philosophie".

Aus meinen wenigen Lehrerfahrungen in Rom brachte ich eine für die Philosophie wesenseigene Erfahrung mit: Der Akt des Philosophierens entzieht sich einer erklärenden Wissensvermittlung. Nach Heidegger[1] bezeichnet Philosophie eine Weise des Menschseins. Nachdenkendes Fragen, ahnendes Erspüren gehört in den Bereich der sogenannten Existenziale, das sind Grundweisen menschlichen Daseins: Staunen, Trauer, Freude, Zweifel und gewiss auch Glauben; all das sind Ursprungserfahrungen, die seit alters her die Philosophie in Gang bringen möchten. So war es von Anfang an mein Anliegen, bei den Studierenden ein Interesse (inter-esse, ein Zwischensein) zu wecken, um auf diesem Wege ein Anfangen zu ermöglichen. Die Meisterschaft war dabei nie mein Ziel, wollte ich selbst doch nicht über das Anfangen hinauskommen. Natürlich bin ich bei dieser Unternehmung an allen Ecken und Enden an meine wie auch an die Grenzen der Studierenden gestoßen. Aber auch das war eine wichtige Erfahrung. Der eigentliche Ursprungsort, wo Denken sich entzündet, sind Grenzerfahrungen. Ich habe später auch die Geschichte der Philosophie gelesen. Diese Vorlesung ist mir schwerer gefallen, da ich in meiner schulischen und universitären Laufbahn immer Lehrer hatte, die in diesem Bereich wenig gefordert hatten. Zum anderen war es ein Zeitproblem. In nur sechs Vorlesungsstunden sollte die ganze Geschichte der Philosophie abgehandelt werden. Denkendes Ringen und Suchen wird auf diese Weise leicht zum bloßen Nachdenken, im Sinne von Hinterher-Denken. Die Mühe, das Uns-zeitlos-zu-denken-Gebende ursprünglich „wiederum zu holen", war aus Zeitmangel nicht möglich. Der Begriff „Wiederholung" bedarf der Präzision. Auf der Spur von Kierkegaard[2] meint „wiederholen" das „Wiederum-Holen" dessen, was einst ursprünglich zu denken gegeben hat. Ich möchte diese Form des Nachdenkens nicht gering schätzen, zumal unsere Lebensbewältigung zum Großteil von *imitatio* geprägt und geleitet ist. Philosophisch Interessierte sind gewöhnlich jedoch eher ursprungsverliebt.

Philosophie versteht sich als eine Grund- und Umfeld-Wissenschaft: In, mit und gegenüber! Man kann in ihr verschiedene Standpunkte einnehmen, wobei philosophische Ausgangsmomen-

---

[1] Vgl. MARTIN HEIDEGGER, *Einleitung in die Philosophie*, Frankfurt a. M. 1996 (= Gesamtausgabe 27), 3.
[2] Vgl. SØREN KIERKEGAARD, *Die Wiederholung*, Hamburg 2000 (= Philosophische Bibliothek 515), 3.

te nie ganz einholbar sind. Man bewegt sich im Philosophischen wie in einem Balanceakt, der sich nicht fix bestimmen lässt. Unbestimmtheit bedeutet Weite. Gegensätzlichkeit bedeutet nicht gleich Widerspruch. Von solcher Art ist die Welt der Gedanken. Gelten und Sein-Lassen, oder wie es ein alter von den Griechen[3] stammender Begriff sagt: Die hohe Kunst, Epoché zu üben, jene vornehme Zurückhaltung wahren, sodass das zu Erkennende sich von sich her zu erkennen geben kann. Ich betrachte diese Grundeinstellung als die Bedingung schlechthin, die Möglichkeit von Gottes Wirken in dieser Welt überhaupt erst in den Blick zu bekommen.

Dazu ein Beispiel aus der Hl. Schrift. Bei Matthäus 12,30 heißt es: „Wer nicht für mich ist, der ist gegen mich." Bei Markus 9,40 hingegen steht geschrieben: „Denn wer nicht gegen uns ist, der ist für uns." Nach einer Logik, die nur wahr und falsch kennt, ist das ein Widerspruch. Eine Zumutung für den begreifen-wollenden Geist. Das Evangelium ist jedoch kein Lehrbuch mit präzisen Anweisungen, vielmehr ist es ein Buch des Lebens. Lebensprozesse verlaufen eben nicht nach streng vorgegebenen Regeln. Nicht alles, was sich widersprüchlich anhört, ist in sich auch schon absolut widerstritten. Johannes Duns Scotus bringt dazu ein illustres Beispiel: den Gottesbegriff. Er behauptet, der Mensch sei befähigt *per rationem rationalem* einen Begriff von Gott zu erfassen. Das sogenannte *„ens infinitum"* ist ein auf natürlichem Wege erworbener Begriff, der aber von seinem Inhalt her leer bleibt. Es fehlen die typischen Begriffsmerkmale. Der scotische Seinsbegriff wird so weit angesetzt, dass er von seiner Extension wahrlich nichts ausschließt. Er trägt nur ein Minimum an Bestimmung in sich, bleibt so bis ins Unendliche offen für mögliche Bestimmbarkeit. Von daher bekommt die aristotelische Maxime der ersten Wissenschaft die universale Aktualität, nämlich Seiendes als Seiendes zu denken. Nach Scotus ist vom Seiend-Sein nichts ausgeschlossen *(nihil exculditur).*[4] Unter „nihil" fällt das in sich Widersprüchliche. Sein ist in der Folge das, dem es nicht widerspricht, zu sein *(id cui non repugnat esse).*[5] „Seiend" bedeutet demnach Möglich-Sein. Ist das Möglich-Sein Gottes *apriori* vom

---

[3] Vgl. MALTE HOSSENFELDER, *Epoché I.*, in: HWPH 2 (1972) 594f.
[4] Vgl. ALBERT ZIMMERMANN, *Sein; Seiendes. III. Mittelalter*, in: HWPh 9 (1995) 193.
[5] Vgl. LUDGER HONNEFELDER, *Ens Inquantum Ens. Der Begriff des Seienden als solchen als Gegenstand der Metaphysik nach der Lehre des Johannes Duns Scotus*, Münster 1979, 142f.

Denken auszuschließen? Wenn dies mit Ja beantwortet wird, dann müsste man beweisen können, dass allein der Name Gottes in sich schon widersprüchlich ist. Für diesen Fall wäre der scotische Gottesbegriff „*contradictio in adiecto*". Dagegen bringt Scotus ein phänomenologisch hochinteressantes Argument. Seiend-Sein bleibt von sich her offen auf eine je wesenseigene Konkretisierung – in Richtung endliche Welt, vornehmlich durch die Kategorien und in Bezug auf die unendliche Welt, näher bestimmt durch die sogenannten transzendentalen Bestimmungen. Auf diese Weise können wir denkerisch Welt, Mensch und Gott begegnen. Was die disjunktive Verbindung von Seiend-Sein und Unendlich-Sein betrifft, belegt Scotus mit der psychologischen Einsicht: *mens quiescit!*[6] Sonderbar, die sonst auf Widerspruch so sensible Vernunft meldet hier *mirabile modo* dennoch keinen Widerspruch an.

Gott sein lassen! Das ist auf dieser Ebene des Denkens das Thema. Hierin können Glaube und Denken übereinkommen, in diesem Raum der Offenheit und Indifferenz. Denken ereignet sich in diesem Bereich als ein Sein-Lassen. Der heilige Papst Johannes Paul II. hat in seiner Enzyklika „Fides et ratio" der Vernunft die Aufgabe zugewiesen: „*philosophari in Maria*". Man hat dieses Wort nicht ernst genommen, zuweilen sogar belächelt. Wenn nun, wie schon angemerkt, das philosophische Programm darin besteht, Seiendes als Seiendes zu betrachten, dann ist das genau durch Maria geschehen. In ihr durfte Gott Gott sein und Mensch werden. Nicht, wie er notgedrungen musste, um uns zu erlösen, auch nicht, um konkret ersehnte und geschürte Sehnsüchte zu erfüllen, sondern allein, weil von Anfang an ein Gott mit den Menschen sein wollte. Als der Engel bei Maria eintrat, fürchtete sie sich, sie erschrak, sie verstand nicht, was das zu bedeuten hat, „Wie soll das geschehen?", dennoch hat sie sich darauf eingelassen und in ihr Gott Gott sein lassen. „Mir geschehe, wie du gesagt hast." (Lk 1,38) Das Denken, in der vorhin beschriebenen tiefsten Ebene, war bei ihr nicht ausgeschaltet. Das bezeugt auch eine andere Stelle im Evangelium. Als sie auf der Wallfahrt nach Jerusalem den jungen Jesus in der Stadt vergessen hatten und ihn schließlich nach drei Tagen Suche fanden und ihn fragten: „Kind, warum hast du uns das angetan?" (Lk 2,48),

---

6 Vgl. JOHANNES DUNS SCOTUS, *Ord.* I d. 2 n. 138 (ed. Vat. II 209f.).

antwortete er: „Wusstet ihr nicht, dass ich in dem sein muss, was meines Vaters ist?" Daraufhin heißt es: „Doch sie verstanden das Wort nicht, das er zu ihnen gesagt hatte. [...] Seine Mutter bewahrte all die Worte in ihrem Herzen." (Lk 2,49-51) An anderer Stelle heißt es in ähnlich unverständlichem Kontext: „Maria aber bewahrte alle diese Worte und erwog sie in ihrem Herzen." (Lk 2,19)

Denken im Sinne von Erwägen dessen, was sich zeigt, was zu denken aufgibt, führt nicht wie das schlussfolgernde Denken in ein konkretes Resultat, sondern gleicht eher einer Schau der Dinge, wie sie sich in einer Momentaufnahme zeigen. Scotus durchschreitet zuweilen argumentierend lange Ursachenreihen, um dann plötzlich aufzumerken, *„sicut patet intuenti"*, wie es dem Schauenden offensteht.

Scotus unterscheidet zwischen zwei Weisen, wie der Geist in uns erkennt: das *„posse attingere"*, das berührende Erkennen, welches auch abstrakt genannt wird, und das *„posse recipere"*, empfangendes Erkennen.[7] Zu diesem zweiten Bereich gehört auch der für Scotus zentrale Begriff der sogenannten *„potentia oboedientialis"*, das Vermögen zu gehorchen.[8] Im Mittelalter war dieses Vermögen durchaus bekannt. Scotus hat den Begriff jedoch noch einmal verschärft. Gewöhnlich wurde dieser im Sinne der *„capax Dei"* verstanden, mithin ein entsprechendes Erkennen, Gotteserkenntnis sei so etwas wie ein übereinkommendes Geschehen. Etwas plakativ gemeint: Gott und der hörende Mensch entsprechen einander. Scotus meinte, dass diese Form noch einmal vertieft werden müsste, gleichsam ein In-uns-sein-Lassen, dass sein Wille geschehe. Oder wie wir von Maria schon gehört haben: „Mir geschehe, wie du gesagt hast!" Diese Form der Totalhingabe hat einen denkenden, meditativen Urgrund in uns. Die Heiligen haben diese Form des Gebetes praktiziert. So beendet etwa der hl. Franziskus seine Gebete gerne mit den Worten: „Es geschehe, es geschehe." Die Bitte verliert ihre Intention, verwandelt sich zum Erweis von Gnade.

Wir bewegen uns hier in einem Raum der Offenheit und Freiheit, der sich zumindest bei Johannes Duns Scotus nicht mehr kategorial, sondern nur transzendental beschreiben lässt. Die Be-

---

7 Vgl. JOHANNES DUNS SCOTUS, *Ord. Prol.* n. 90 (ed. Vat. I 54).
8 Vgl. ebd., n. 58 (ed. Vat. I 58).

stimmung „transzendental" hat einen Bedeutungswandel erfahren. In der Philosophie bis Kant definierten sich transzendentale Seinsbestimmungen – wie „seiend", „Eines", „wahr", „gut" und „schön" – durch die sogenannte Konvertibilität. D. h. alles, was ist, ist, insofern es ist, wahr, gut und schön und umgekehrt. Mit Kant tritt der Bedeutungswandel von transzendental ein. Unter transzendentalen Bestimmungen versteht man die Bedingung von Erkenntnismöglichkeit an sich. Nun mag dieser Bedeutungswandel philosophiehistorisch seine Berechtigung haben, ganz präzis ist er nicht. Denn schon bei Scotus finden wir Ansätze einer Erkenntniskritik, die nach dem großen Scotuskenner Prof. Honnefelder durchaus der kantischen gleichgestellt werden kann.[9] Scotus unterscheidet subtil zwischen drei Weisen der Ersterkenntnis. Eingeführt wird diese Kritik mit der Frage: „Was ist das erste Objekt der Erkenntnis?" Er unterscheidet drei Ordnungen:[10]

- Primum obiectum in ordine temporis. (Das erste Objekt in der Ordnung der Zeit.)

- Primum obiectum in ordine adaequationis. ([...] in der Ordnung der Angemessenheit.)

- Primum obiectum in ordine perfectionis. ([...] in der Ordnung der Vollkommenheit.)

Uns interessiert das „primum obiectum", denn dieses definiert Scotus auf ähnliche Weise wie Kant. Das ersterkannte Objekt ist das, aufgrund dessen alles andere von diesem erkannt wird. Als Beispiel führt Scotus den Sehsinn an. Das Ersterkannte des Sehens ist nicht dasjenige Objekt, das uns zuerst in die Augen springt, sondern das Licht, weil dieses die Sehbarkeit erst ermöglicht. Es geht Scotus bei den transzendentalen Bestimmungen durchaus auch schon um die Ermöglichung von Erkenntnis überhaupt.

Wir kehren aber zurück zu den transzendentalen Bestimmungen des Seins, ohne die jedwedes Seiende, insofern es ist, nicht sein kann. Scotus erweitert die klassische Einteilung um zwei weitere

---

9 Vgl. LUDGER HONNEFELDER, *Vernunft und Metaphysik. Die dreistufige Konstitution ihres Gegenstandes bei Duns Scotus und Kant*, in: PETRA KOLMER/HARALD KORTEN (Hg.), *Grenzbestimmungen der Vernunft*, Freiburg/München 1994, 323.
10 Vgl. JOHANNES DUNS SCOTUS, *Ord.* I d. 3 nn. 26–280 (ed. Vat. III 18–171).

Bestimmungen,[11] das sind einmal die sogenannten disjunktiven Seinsbestimmungen. Für unseren Gedankengang ist die Disjunktion endlich-unendlich von Wichtigkeit. Diese Bestimmung besagt, dass wir Endliches nicht ohne Unendliches zu denken vermögen. „Warum nicht?", fragt an dieser Stelle sofort der kritische Geist. Die Antwort darauf kann wiederum nur lauten: Als selbst endliche Wesen vermögen wir die Endlichkeit selbst nicht absolut zu denken. Es widerstrebt unserem Geist, Endliches von einem nichtigen Nichts her angemessen zu verstehen.

Die zweite Neuheit, die Scotus in die philosophische Diskussion einbringt, betrifft den Willen, insbesondere den freien Willen. Diesen bestimmt Scotus als reine Vollkommenheit, was gleichbedeutend ist mit einem transzendentalen Wesenszug. Der Wille ist frei – das bedeutet: der Wille ist *domina sui actus*". Das hat Scotus den Vorwurf des Voluntarismus eingebracht, so als ob der Wille ohne Vorerkenntnis zu wirken vermöchte. Das sieht Scotus nicht so. Auch für ihn gilt: Ohne Erkenntnis kann der Wille nicht wirken. Trotz Vorerkenntnis bleibt der Wille frei, Ja zu sagen zu etwas, das uns nicht anzieht, nicht gefällt oder auch frei auf durchaus Gutes, Angenehmes zu verzichten. Sich vorweg zu jeglicher Wahlmöglichkeit verhalten zu können, verlangt einen Freiheitsraum, der nur mehr transzendental begriffen werden kann. Der Mensch ist, insofern er ist, frei.

Ich darf dies mit einem persönlichen Zeugnis bekennen. In meiner Nachfolge auf der Spur Jesu Christi geschah es, dass ich mich unerwartet von Grund auf neu entscheiden musste. Das war nicht immer leicht. Als wieder einmal in der Kirche größere Entscheidungen anstanden, schwirrten ja Optionen durch die Luft, was die Kandidaten betrifft. Nebenbei bemerkt, man muss das auch wahrnehmen wollen, ansonsten erreichen einen derartige Luftgedanken nicht. Es war gut gemeint. Man wollte mich für den eventuellen Fall vorbereiten. Im Zuge dieses Gespräches wurde mir gesagt: Man müsse auch selbst wollen. Meine spontane Reaktion lautete: „Ich will das nicht. Möchte aber auch gleich hinzufügen: Ich tu das Nichtwollen auch nicht wollen." Wollen wie Nicht-Wollen – beides sind Willensakte, mittels derer man jeweils Position bezieht. In ge-

---

11 Vgl. ebd., I d. 39 n. 13 (ed.Vat. VI 424f.).

wisser Weise steht man schon in der Mächtigkeit, es zu tun oder eben nicht. Man ist nicht mehr frei. Zwischen dem Wollen und dem Nicht-Wollen gibt es einen sehr schmalen Grad, der den Freiheitsraum markiert. Mit anderen Worten: ein Ort der Ohnmacht. Die dazu angemessene Haltung können wir mit Ignatius von Loyola als eine indifferente Gleichmütigkeit beschreiben. Gemeint ist damit nicht eine kühle Neutralität, die nichts ersehnt und nichts will; intendiert ist vielmehr ein innerer Gleichmut, eine Gelassenheit, die sich letztlich wohl in der Fügung Gottes geborgen weiß.

Ich komme zum Schluss. Denken und Glaube bedingen einander, sie gehören zusammen. Die Verhältnisbestimmung ist bleibender Auftrag. Anselm von Canterbury hat die bis auf den heutigen Tag gültige Grundposition vertreten, ‚fides quaerens intellectum', die nach meinem Dafürhalten durchaus auch als eine transzendentale Bestimmung anzusehen ist. Das bedeutet: Das Gesetz der Konvertibilität hat auch hier Gültigkeit, sodass wir sagen können: „*intellectus quaerens fidem.*"

Ich komme zum Anfang zurück. Eine meiner ersten geistlich intellektuellen Tätigkeiten hier an der Päpstlichen Hochschule war ein Vortrag zum Thema „Fides et ratio". Ich habe damals vom Wagnis eines intellektuell und geistlich verantworteten Glaubens gesprochen. Schließen will ich den Vortrag mit einem Zitat von Bruce Marshall aus seinem Werk „Der rote Hut". Darin heißt es: Zwei Dinge können die Welt retten – Denken und Glauben. Nur schade, dass die, die viel denken, selten auch glauben und die, die viel glauben, selten auch denken.[12]

Denken und Glaube haben in der Tat eine spannungsvolle Geschichte. Sie sind innerlich miteinander verwoben. Es kann schon geschehen, dass das eine zuungunsten des anderen zurücktritt. Davon betroffen war auch der Topos von der *ancilla theologiae*. Kant sieht das sehr differenziert. So fragt er zur Rolle der Philosophie zu Recht, „ob diese ihrer gnädigen Frau die Fackel vorträgt oder die Schleppe nachträgt"[13]. Das Denken leuchtet der Offenbarung den Weg in diese Welt. Glaube hat nicht nur einen persönlichen Anspruch, er möchte in dieser Welt vielmehr gestalten, ethisch

---

12 Vgl. BRUCE MARSHALL, *Der rote Hut*, Köln 1960, 24.
13 IMMANUEL KANT, *Der Streit der Fakultäten*, hg. v. Steffen Dietzsch, Leipzig 1984, 25.

wirksam werden. Das geht in unserer Zeit, wo Grund und Ursache gefragt sind, nur unter dem Dach der Wissenschaftlichkeit. Umgekehrt gilt, dass die Offenbarung uns den Weg zu Gott weist. Wir müssen den Weg neu gehen lernen – mit dem Schatz der Offenbarung. In der heutigen Theologie hat mancherorts die Wissenschaftlichkeit überhandgenommen. Die Rückbindung an dieses fragile, intime Geschehen von Gottes Offenbarung und Gottesbegegnung ist im Verschwinden begriffen. Insofern möchte ich von einer Theologie der Vorläufigkeit sprechen.

Wir dürfen mit Dankbarkeit auf die Päpstliche Hochschule blicken. Die Hochschule in Heiligenkreuz ist ein Ort, wo die Spannung von Glaube und Vernunft sowohl wissenschaftlich wie auch geistlich reflektiert betrachtet wird. Ich danke allen, die dazu einen Beitrag leisten.

III.
SEIN UND WAHRHEIT – EINE QUELLE DER LEHRE VON DEN TRANSZENDENTALIEN

Quaestiones disputatae de veritate

Quaestio Prima

Articulus primus

Quaestio est de veritate. Et primo quaeritur quid est veritas? Videtur autem quod verum sit omnino idem quod ens: Augustinus in libro Soliloquiorum[1] dicit quod „verum est id quod est"; sed id quod est nihil est nisi ens; ergo verum significat omnino idem quod ens.

3. Praeterea, quaecumque differunt ratione ita se habent quod unum illorum potest intelligi sine altero: unde Boetius in libro De hebdomadibus[2] dicit quod potest intelligi Deus esse si separetur per intellectum paulisper bonitas eius; ens autem nullo modo potest intelligi si separetur verum quia per hoc intelligitur quod verum est; ergo verum et ens non differunt ratione.

6. Praeterea, quaecumque non sunt idem aliquo modo differunt; sed verum et ens nullo modo differunt, quia non differunt per essentiam cum omne ens per essentiam suam sit verum, nec differunt per aliquas differentias quia oporteret quod in aliquo communi genere convenirent; ergo sunt omnino idem.

7. Item, si non sunt omnino idem oportet quod verum aliquid super ens addat; sed nihil addit verum super ens cum sit etiam in plus quam ens. Quod patet per Philosophum in IV Metaphysicae[3], ubi dicit quod verum diffinientes dicimus, ‚quod dicimus esse quod est aut non esse quod non est', et sic verum includit ens et non ens; ergo verum non addit aliquid super ens, et sic videtur omnino idem esse verum quod ens.

SED CONTRA, ‚nugatio est eiusdem inutilis repetitio'; si ergo verum esset idem quod ens, esset nugatio dum dicitur ens verum, quod falsum est; ergo non sunt idem.

---

1   II, c. 8, p. 134/19.
2   Quomodo substantiae ... ed. Peiper, p. 171/85.
3   c. 16, 1011b25.

Erster Artikel

Von der Wahrheit

Erste Frage

Erster Artikel

Gegenstand der Frage ist die Wahrheit. Zuerst wird gefragt: Was ist Wahrheit?
Es scheint aber, als sei Wahres ganz dasselbe wie Seiendes.
1. Augustinus[1] sagt in dem Buch „Alleingespräche": „Wahres ist das, was ist." Nur Seiendes ist aber das, was ist. Also bedeutet „Wahres" ganz dasselbe wie „Seiendes".
3. Was sich begrifflich voneinander unterscheidet, verhält sich so zueinander, dass eines davon ohne das andere verstanden werden kann. Daher sagt Boethius[2] im Buch „De hebdomadibus", man könne Gottes Sein verstehen, wenn man seine Gutheit einen Augenblick mittels des Verstandes abtrennt. Seiendes aber kann auf keine Weise verstanden werden, indem Wahres abgetrennt wird. Es wird ja nur dadurch verstanden, dass es Wahres ist. Wahres und Seiendes unterscheiden sich also nicht begrifflich voneinander.
6. Was nicht miteinander identisch ist, unterscheidet sich irgendwie voneinander. Wahres und Seiendes aber unterscheiden sich in keiner Weise voneinander; denn sie unterscheiden sich nicht durch die Wesenheit, da jedes Seiende durch seine Wesenheit ein Wahres ist; sie unterscheiden sich auch nicht durch irgendwelche Artunterschiede; denn dann müssten sie in einer gemeinsamen Gattung übereinkommen. Also sind sie ganz und gar dasselbe.
7. Wenn sie nicht ganz und gar dasselbe sind, muss Wahres etwas zu Seiendem hinzufügen. Wahres fügt aber Seiendem nichts hinzu, da es sich sogar weiter erstreckt als Seiendes. Dies erhellt durch den Philosophen[3], der im 4. Buch der Metaphysik sagt: Wir definieren, was Wahres ist, „indem wir sagen: was ist, ist, oder was nicht ist, ist nicht", und somit schließt Wahres Seiendes und Nichtseiendes ein. Also fügt Wahres zu Seiendem nicht etwas hinzu, und somit scheint Wahres ganz und gar dasselbe zu sein wie Seiendes.

RESPONSIO. Dicendum quod sicut in demonstrabilibus oportet fieri reductionem in aliqua principia per se intellectui nota ita investigando quid est unumquodque, alias utrobique in infinitum iretur, et sic periret omnino scientia et cognitio rerum; illud autem quod primo intellectus concipit quasi notissimum et in quod conceptiones omnes resolvit est ens, ut Avicenna dicit in principio suae Metaphysicae[4]; unde oportet quod omnes aliae conceptiones intellectus accipiantur ex additione ad ens. Sed enti non possunt addi aliqua quasi extranea per modum quo differentia additur generi vel accidens subiecto, quia quaelibet natura est essentialiter ens, unde probat etiam Philosophus in III Metaphysicae[5] quod ens non potest esse genus; sed secundum hoc aliqua dicuntur addere super ens in quantum exprimunt modum ipsius entis qui nomine entis non exprimitur, quod dupliciter contingit. Uno modo ut modus expressus sit aliquis specialis modus entis; sunt enim diversi gradus entitatis secundum quos accipiuntur diversi modi essendi et iuxta hos modos accipiuntur diversa rerum genera: substantia enim non addit super ens aliquam differentiam quae designet aliquam naturam superadditam enti sed no- mine substantiae exprimitur specialis quidam modus essendi, scilicet per se ens, et ita est in aliis generibus.

Alio modo ita quod modus expressus sit modus generalis consequens omne ens, et hic modus dupliciter accipi potest: uno modo secundum quod consequitur unumquodque ens in se, alio modo secundum quod consequitur unum ens in ordine ad aliud. Si primo modo, hoc est dupliciter quia vel exprimitur in ente aliquid affirmative vel negative; non autem invenitur aliquid affirmative dictum absolute quod possit accipi in omni ente nisi essentia eius secundum quam esse dicitur, et sic imponitur hoc nomen res, quod in hoc differt ab ente, secundum Avicennam in principio Metaphysicae[6], quod ens sumitur ab actu essendi sed nomen rei exprimit quiditatem vel essentiam entis; negatio autem consequens omne ens absolute est indivisio, et hanc exprimit hoc nomen unum: nihil aliud enim est unum quam ens indivisum. Si autem modus entis accipiatur secundo modo scilicet secundum ordinem unius ad alterum,

---
4   I, c. V, p. 31/2–4.
5   c. 8, 998b22.
6   c. 5, p. 34/50–61.

Erster Artikel

DAGEGEN: Eine Tautologie ist die unnütze Wiederholung desselben. Wäre also Wahres dasselbe wie Seiendes, wäre es eine Tautologie, von wahrem Seienden zu sprechen. Das ist jedoch falsch. Also sind sie nicht dasselbe.

ANTWORT. Wie es bei beweisbaren Sätzen ein Zurückführen auf gewisse, durch sich dem Verstand bekannte Prinzipien geben muss, so auch bei jeder Erforschung dessen, was etwas ist. Sonst verliefe man sich in beiden Bereichen ins Unbegrenzte, und so verlören Wissenschaft und Erkenntnis der Dinge sich völlig. Seiendes aber ist jenes, was der Verstand zuerst als das ihm Bekannteste begreift und in das er alles Begriffene auflöst, wie Avicenna[4] zu Beginn seiner „Metaphysik" sagt. Deshalb müssen sich alle anderen Begriffe des Verstandes aus einer Hinzufügung zu dem des Seienden auffassen lassen. Zu „Seiendes" kann jedoch nicht etwas hinzugefügt werden wie ein außerhalb seiner liegender Gehalt, so wie etwa eine Artbestimmung zur Gattung oder ein Akzidens zu seinem Träger hinzukommt; denn jedwede Wirklichkeit ist wesenhaft Seiendes. Darum beweist auch der Philosoph im 3. Buch der „Metaphysik", dass das Seiende keine Gattung sein kann. Man sagt vielmehr, dem Begriff „Seiendes" werde etwas hinzugefügt, insofern dieses eine Weise des Seienden ausdrückt, die durch das Wort „Seiendes" nicht ausgedrückt ist. Dies ist auf zweifache Art der Fall: Erstens: Es wird eine gewisse besondere Seinsweise ausgedrückt. Es gibt nämlich verschiedene Grade der Seiendheit, denen gemäß man verschiedene Weisen von seiend erfasst, und entsprechend diesen Weisen werden die verschiedenen Gattungen der Dinge aufgefasst. Der Begriff der Substanz fügt nämlich zu dem des Seienden nicht irgendein unterscheidendes Merkmal hinzu, das eine zum Seienden hinzukommende Wirklichkeit bedeutet. Vielmehr drückt man mittels des Wortes „Substanz" eine gewisse besondere Weise zu sein aus, nämlich „an sich seiend"; entsprechend ist es mit den anderen Kategorien.

Zweitens: Es wird eine allgemeine, jedwedem Seienden folgende Seinsweise ausgedrückt. Diese kann zweifach aufgefasst werden: Erstens insofern sie jedem Seienden in sich genommen folgt. Zweitens insofern sie dem einen Seienden in dessen Hinordnung auf ein anderes folgt. Auf die erste Art geschieht dies zweifach; denn es lässt sich von einem Seienden in sich genommen etwas bejahend

hoc potest esse dupliciter. Uno modo secundum divisionem unius ab altero et hoc exprimit hoc nomen aliquid: dicitur enim aliquid quasi aliud quid, unde sicut ens dicitur unum in quantum est indivisum in se ita dicitur aliquid in quantum est ab aliis divisum. Alio modo secundum convenientiam unius entis ad aliud, et hoc quidem non potest esse nisi accipiatur aliquid quod natum sit convenire cum omni ente; hoc autem est anima, quae „quodam modo est omnia", ut dicitur in III De anima[7]: in anima autem est vis cognitiva et appetitiva; convenientiam ergo entis ad appetitum exprimit hoc nomen bonum, unde in principio Ethicorum[8] dicitur quod „bonum est quod omnia appetunt", convenientiam vero entis ad intellectum exprimit hoc nomen verum.

Omnis autem cognitio perficitur per assimilationem cognoscentis ad rem cognitam, ita quod assimilatio dicta est causa cognitionis, sicut visus per hoc quod disponitur secundum speciem coloris cognoscit colorem: prima ergo comparatio entis ad intellectum est ut ens intellectui concordet, quae quidem concordia adaequatio intellectus et rei dicitur, et in hoc formaliter ratio veri perficitur. Hoc est ergo quod addit verum super ens, scilicet conformitatem sive adaequationem rei et intellectus, ad quam conformitatem ut dictum est, sequitur cognitio rei: sic ergo entitas rei praecedit rationem veritatis sed cognitio est quidam veritatis effectus. Secundum hoc ergo veritas sive verum tripliciter invenitur diffiniri. Uno modo secundum illud quod praecedit rationem veritatis et in quo verum fundatur, et sic Augustinus diffinit in libro Soliloquiorum[9] „Verum est id quod est", et Avicenna in sua Metaphysica[10] „Veritas cuiusque rei est proprietas sui esse quod stabilitum est ei", et quidam sic[11] „Verum est indivisio esse et quod est." Alio modo diffinitur secundum id in quo formaliter ratio veri perficitur, et sic dicit Ysaac[12] quod „Veritas est adaequatio rei et intellectus", et Anselmus in libro De veritate[13] „Veritas est rectitudo sola mente perceptibilis", – rectitudo enim ista secundum adaequationem quandam dicitur –; et Phi-

7 c. 8, 431b21.
8 I, c. l, 1094a3.
9 II, c. 8, p. 134/19.
10 VIII, c. 6, p. 413/83–84.
11 Cf. not. in Ed. Leonina, p. 6.
12 Cf. not. in Ed. Leonina, p. 6.
13 c. 11, ed. Schmitt, p. 74.

oder verneinend ausdrücken. Das bejahend von einem Seienden ohne Hinblick auf anderes Ausgesagte, das sich in jedwedem Seienden erfassen lässt, ist aber nur dessen Wesenheit, gemäß welcher man ihm Sein zuspricht. So wird ihm der Name „Wesen" („Ding") beigelegt. Er unterscheidet sich von „Seiendes" gemäß Avicenna zu Beginn der „Metaphysik" darin, dass „Seiendes" vom Akt des Seins her genommen wird, während das Wort „Wesen" die Washeit oder Wesenheit eines Seienden ausdrückt. Die Verneinung aber, die jedem Seienden ohne Hinsicht auf anderes genommen folgt, ist die Nichtgeteiltheit. Diese drückt das Wort „Eines" aus; denn Eines ist nichts anderes als ein ungeteiltes Seiendes. Nimmt man aber eine Seinsweise auf die zweite Art, nämlich gemäß der Hinordnung des einen zum andern, so kann das zweifach geschehen. Erstens gemäß der Teilung des einen vom anderen, und das drückt das Wort „etwas" („aliud quid") aus; „etwas" („aliquid") heißt nämlich so viel wie „ein anderes Was" („aliud quid"). Wie daher ein Seiendes „eines" genannt wird, insofern es in sich ungeteilt ist, so wird es „etwas" genannt, insofern es von anderen abgeteilt ist. Zweitens gemäß dem Übereinstimmen eines Seienden mit einem anderen. Möglich ist das jedoch nur, wenn etwas angenommen wird, das mit jedem Seienden übereinstimmen kann. Dies aber ist die Seele, welche „gewissermaßen alles ist", wie es im 3. Buch „Von der Seele" heißt. In der Seele aber gibt es Erkenntnis- und Strebekraft. Das Übereinstimmen eines Seienden mit dem Streben drückt also das Wort „Gutes" aus. Daher heißt es am Anfang der Ethik: „Das Gute ist, wonach alles strebt." Das Übereinstimmen jedoch eines Seienden mit dem Verstand drückt das Wort „Wahres" aus.

Jede Erkenntnis aber vollzieht sich durch eine Anpassung des Erkennenden an das erkannte Ding, und zwar derart, dass die besagte Anpassung Ursache der Erkenntnis ist. Der Gesichtssinn beispielsweise erkennt eine Farbe dadurch, dass er in einen der Art dieser Farbe gemäßen Zustand gerät. Das erste Verhältnis des Seienden zum Verstand besteht also darin, dass Seiendes und Verstand zusammenstimmen, welche Zusammenstimmung Angleichung des Verstandes und des Dinges genannt wird, und darin vollendet sich der Sinngehalt von „Wahres". Dies also ist es, was „Wahres" zu „Seiendes" hinzufügt: die Gleichförmigkeit oder Angleichung eines

losophus dicit IV Metaphysicae[14] quod diffinientes verum dicimus ‚cum dicitur esse quod est aut non esse quod non est'. Tertio modo diffinitur verum secundum effectum consequentem, et sic dicit Hilarius[15] quod „Verum est declarativum et manifestativum esse", et Augustinus in libro De vera religione[16] „Veritas est qua ostenditur id quod est", et in eodem libro[17] „Veritas est secundum quam de inferioribus iudicamus".

1. Ad primum ergo dicendum quod diffinitio illa Augustini datur de veritate secundum quod habet fundamentum in re et non secundum id quod ratio veri completur in adaequatione rei ad intellectum. – Vel dicendum quod cum dicitur verum est id quod est, li est non accipitur ibi secundum quod significat actum essendi sed secundum quod est nota intellectus componentis, prout scilicet affirmationem propositionis significat, ut sit sensus: verum est id quod est, id est cum dicitur esse de aliquo quod est, ut sic in idem redeat diffinitio Augustini cum diffinitione Phi losophi supra inducta.

3. Ad tertium dicendum quod aliquid intelligi sine altero potest accipi dupliciter. Uno modo quod intelligatur aliquid altero non intellecto, et sic ea quae ratione differunt ita se habent quod unum sine altero intelligi potest. Alio modo potest accipi aliquid intelligi sine altero, quod intelligitur eo non existente, et sic ens non potest intelligi sine vero, quia ens non potest intelligi sine hoc quod concordet vel adaequetur intellectui; sed non tamen oportet ut quicumque intelligit rationem entis intelligat veri rationem, sicut nec quicumque intelligit ens intelligit intellectum agentem, et tamen sine intellectu agente nihil intelligi potest.

6. Ad sextum dicendum quod verum et ens differunt ratione per hoc quod aliquid est in ratione veri quod non est in ratione entis, non autem ita quod aliquid sit in ratione entis quod non sit in ratione veri; unde nec per essentiam differunt nec differentiis oppositis ab invicem distinguuntur.

7. Ad septimum dicendum quod verum non est in plus quam ens: ens enim aliquo modo acceptum dicitur de non ente secundum quod non ens est apprehensum ab intellectu, unde in IV Metaphy-

---

14 c. 16, 1011b25.
15 De trinitate V, 3, p. 153.
16 c. 36, p. 230/15–16.
17 c. 31, p. 225/20–23.

Dinges und des Verstandes. Dieser Gleichförmigkeit folgt, wie gesagt, die Erkenntnis des Dinges. So also geht die Seiendheit eines Dinges dem Sinngehalt von Wahrheit vorauf, die Erkenntnis aber ist eine gewisse Wirkung der Wahrheit. Demgemäß findet man, dass Wahrheit oder Wahres auf dreifache Art definiert werden. Erstens gemäß dem, was dem Sinngehalt von Wahrheit voraufgeht und worin Wahres grundgelegt ist. So definiert Augustinus im Buch „Alleingespräche": „Wahres ist das, was ist", und Avicenna im 11. Buch der „Metaphysik": „Die Wahrheit jedweden Dinges ist die Eigenart seines Seins, welches ihm dauerhaft eignet", und ein gewisser Autor[5] so: „Das Wahre ist die Ungeteiltheit von Sein und dessen, was ist." Zweitens wird definiert gemäß dem, worin der Sinngehalt von „Wahres" seine vollendete Form erreicht. Und so sagt Isaak[6]: „Wahrheit ist die Angleichung eines Dinges und des Verstandes", und Anselm[7] im Buch „Von der Wahrheit": „Wahrheit ist die Rechtheit, die nur durch den Geist erfasst werden kann" – von dieser Rechtheit ist nämlich im Sinne einer gewissen Angleichung die Rede –; und der Philosoph sagt im 4. Buch der Metaphysik: Wir definieren das Wahre, indem wir sagen: „wenn man sagt, was ist, ist, oder was nicht ist, ist nicht." Drittens wird das Wahre definiert gemäß der ihm folgenden Wirkung, und so sagt Hilarius[8]: „Wahres zeigt Sein an und macht es augenscheinlich", und Augustinus im Buch: „Von der wahren Religion": „Wahrheit ist, wodurch sich das zeigt, was ist", und in demselben Buch: „Wahrheit ist das, demgemäß wir über die niederen Dinge urteilen."

Zum ersten (Einwand) ist also zu sagen: Jene Definition des Augustinus betrifft die Wahrheit, insofern diese eine Grundlage im Ding hat, und bezieht sich nicht darauf, dass sich der Sinngehalt des Wahren in der Angleichung des Dinges an den Verstand vollendet. Oder: Wenn es heißt: „Wahres ist das, was ist", dann ist das (zweite) „ist" hier nicht aufgefasst, insofern es einen Akt des Seins bezeichnet, sondern insofern es Zeichen des zusammensetzenden Verstandes ist, nämlich insofern es die Behauptung eines Satzes bezeichnet. Somit ist der Sinn: Wahres ist das, was ist, nämlich wenn man von etwas, das ist, sagt, dass es ist, sodass die Definition des Augustinus auf dasselbe hinausläuft wie die oben angeführte des Philosophen.

sicae dicit Philosophus[18] quod negatio vel privatio entis uno modo dicitur ens, unde Avicenna etiam dicit in principio suae Metaphysicae[19] quod non potest formari enuntiatio nisi de ente quia oportet illud de quo propositio fomatur esse apprehensum ab intellectu. Ex quo patet quod omne verum est aliquo modo ens.

1. Ad primum vero eorum quae contra obiciuntur dicendum quod ideo non est nugatio cum dicitur ‚ens verum' quia aliquid exprimitur nomine veri quod non exprimitur nomine entis, non propter hoc quod re differant.

---

18   c. 1, 1003b5.
19   c. 6, p. 36/92–95.

Zum Dritten: „Etwas ohne ein anderes verstehen" kann zweifach aufgefasst werden. Erstens: Man versteht etwas, während man das andere nicht auch versteht. Entsprechend verhält sich, was begrifflich voneinander verschieden ist, so zueinander, dass das eine ohne das andere verstanden werden kann. Zweitens: Dass etwas ohne ein anderes verstanden wird, kann man so auffassen: Das eine wird verstanden, während es das andere nicht gibt. Auf diese Weise kann man Seiendes nicht ohne Wahres verstehen; denn Seiendes kann nicht verstanden werden, ohne dass es mit dem Verstand zusammenstimmt oder ihm angeglichen ist. Es ist dennoch nicht notwendig, dass jeder, der den Sinngehalt von „Seiendes" versteht, auch den von „Wahres" versteht, wie ja auch nicht jeder, der Seiendes versteht, den tätigen Verstand versteht, obwohl ohne den tätigen Verstand nichts verstanden werden kann.

Zum Sechsten: Wahres und Seiendes unterscheiden sich begrifflich dadurch, dass im Begriff des Wahren etwas enthalten ist, das nicht in dem des Seienden enthalten ist, nicht aber derart, dass im Begriff des Seienden etwas enthalten wäre, das nicht in dem des Wahren enthalten wäre. Daher gibt es keinen Wesensunterschied zwischen ihnen, und sie sind auch nicht aufgrund einander entgegengesetzter Artunterschiede voneinander verschieden.

Zum Siebten: Wahres erstreckt sich nicht weiter als Seiendes. „Seiendes", in einer gewissen Weise aufgefasst, wird nämlich (auch) von Nichtseiendem gesagt, insofern NichtSeiendes vom Verstand erkannt wird. Daher sagt der Philosoph im 4. Buch der Metaphysik, dass Verneinung oder Mangel des Seienden in einer gewissen Weise „Seiendes" genannt wird. Aus demselben Grund sagt auch Avicenna am Anfang seiner „Metaphysik", es lasse sich eine Aussage nur über etwas Seiendes bilden, weil das Subjekt der Aussage vom Verstand erkannt sein muss. Woraus offenkundig ist, dass jedes Wahre in gewisser Weise Seiendes ist.

Zum ersten Gegeneinwand: Der Ausdruck „wahres Seiendes" ist keine Tautologie, und zwar deswegen nicht, weil durch das Wort „Wahres" etwas ausgedrückt wird, das durch „Seiendes" nicht ausgedrückt ist, nicht aber deswegen, weil Wahres und Seiendes der Wirklichkeit nach verschieden wären.

80

IV.
DAS SEIN UND DAS GUTE

Sein als Gut

Rémi Brague

Wenn ich hier und im Folgenden von Metaphysik spreche, dann meine ich keinesfalls den vollen Umfang derjenigen Fragen, die gewöhnlich – klassisch – als metaphysisch gelten, wie zum Beispiel die Frage nach dem Dasein Gottes. Das Einzige, dass ich mit dem Gebrauch so eines schwerwiegenden Wortes meine, ist allein diese eine These: die Konvertibilität der Transzendentalien, spezieller noch das Zusammenkommen des Seins und des Guten.

Es war mir schon bei früherer Gelegenheit vergönnt, einige Schritte auf diesem Glatteis zu wagen. Zu den Ergebnissen dieser Besinnung zählt mein Beitrag zu der – von Christoph Böhr herausgegebenen – Aufsatzsammlung *Zum Grund des Seins*. Ich arbeite zurzeit unter anderen allzu zahlreichen Projekten an einem Buch, das auf den von mir schon 2014 – Seufzer! – gehaltenen Vorlesungen fußt, die ich damals als Inhaber des sogenannten ‚Etienne-Gilson-Lehrstuhls' am Pariser Institut Catholique halten durfte.

Jetzt möchte ich über den heutigen Zustand meiner noch unbeholfenen Gedanken referieren.

1. Ein Weg zum Guten

1.1 Notwendigkeit des Guten

Zuerst jedoch ein paar Worte über meinen früheren ‚Weg' zum Verständnis des Guten. Ich bin von der sehr einfachen Beobachtung ausgegangen, dass das weitere Dasein des Menschenwesens auf dieser Erde immer klarer von einer Entscheidung abhängt, die der menschliche Wille und nur er fällen kann. Sehr krass ausgedrückt: Wenn wir keine Kinder zeugen, dann ist es mit dem menschlichen Abenteuer irgendwann endgültig aus. Ferner ist dank moderner Mittel der Empfängnisverhütung der bewusst gewollte, ja immer entschiedener geplante Charakter der Fortpflanzung klarer hervorgetreten als je zuvor. Tatsache ist, dass immer mehr Leute eine bewusste Wahl treffen und sich entscheiden, ohne Nachwuchs zu bleiben – eine Entscheidung, die sie in gewissen Fällen mit verschieden beschaffenen Argumenten begründen.[1] Nun zeigt uns diese Tatsache, dass wir die Frage ausdrücklich zu stellen haben: Dürfen wir Kinder kriegen? Dürfen wir das tun, was die Fortdauer der Menschheit überhaupt ermöglicht? Wäre das friedliche Aussterben der Spezies homo sapiens so ein großes Übel? Manches spricht dagegen. Zeugung ist radikal undemokratisch. Die künftigen Neugeborenen können wir unmöglich um ihre Meinung fragen. Wir schleudern sie in ein Leben, das nicht immer angenehm verläuft und das sowieso endlich ist. Nur wenn das Leben einen Vorteil darstellt – und zwar einen Vorteil, der der Möglichkeit des Leidens und, auf jeden Fall, der Notwendigkeit des Sterbens die Waage halten kann –, nur dann sind wir dazu berechtigt, neue Generationen ins Leben zu rufen. Das Leben muss ein Gutes darstellen, allem vordergründigen Anschein zum Trotz.[2]

Welcher Art muss dieses Gute sein? Kann man sich mit einem ,schwachen' Guten à la Gianni Vattimo begnügen, im Sog des ,pensiero debole', für das der italienische Philosoph wirbt? Verschiedene Formen dieses verwässerten Guten grassieren in unserer heutigen Kultur. Diese hat Wörter dafür geprägt: Man denke an den Gebrauch von ,cool', ,fun' oder ,O. K.'. Meiner Meinung nach kann das kaum hinreichen. Möglich ist, dass wir nur ein ,schwaches' Gut brauchen, um uns davon zu überzeugen, dass unser eigenes Leben lebenswert ist. Wir sind sowieso schon am Leben, folglich dem Leben gegenüber nicht ganz unvoreingenommen ...

Nun heißt es nicht nur, das Übel durch das Gute zu kompensieren. Dafür kann vielleicht ein schwaches Gut hinreichen. Nicht doch, wo es heißt, die Kluft zu überbrücken, die zwischen Sein und Nicht-Sein gähnt. Konkret: Inwiefern ist das Sein besser als das Nicht-Sein, wenn wir die Entscheidung fällen zugunsten von Neuankömmlingen, die wir aus einem bequemen Nichts herausreißen?

---

1   Vgl. ANNE GOTMAN, *Pas d'enfant. La volonté de ne pas engendrer*, Paris 2017.
2   Vgl. RÉMI BRAGUE, *Anker im Himmel. Metaphysik als Fundament der Anthropologie*, hg. v. Christoph Böhr, Wiesbaden 2018.

1.2 Eine Rechtfertigung des Guten?

So entsteht die Aufgabe, das Gute gewissermaßen zu rechtfertigen. Was soll das aber bedeuten? Der große russische Philosoph Wladimir S. Solowjow hat gegen Ende seines kurzen Lebens einen umfangreichen Traktat über moralische Philosophie *Rechtfertigung des Guten* betitelt und 1897 veröffentlicht. Wenn der Inhalt dem Titel entsprochen hätte, wäre meine eigene Arbeit unmöglich, weil überflüssig gewesen.

Bei dieser sog. ‚Rechtfertigung' – оправдание – handelte es sich bei dem russischen Denker jedoch nicht darum, das sinnlose Unterfangen zu wagen – die Güte des Guten zu zeigen, indem man beispielsweise versucht, das Gute von einem höheren Prinzip herzuleiten, was zu einer logischen Kreisbewegung führen würde. Das Gute gutzuheißen, das erübrigt sich oder würde ans Lächerliche grenzen.

Vielmehr sollte das Gute, nach Solowjow, sich behaupten, seine Rechte geltend machen. Das zeigt der Gebrauch der Redewendung im Lauf des Werks, wo sie übrigens relativ selten vorkommt: wenn ich mich nicht verrechnet habe, insgesamt nur dreimal.[3] Am Schluss schreibt Solowjow zur Erklärung seiner Absicht die folgende Gleichung: „Rechtfertigung des Guten, d. h. seine Ausbreitung – распространение – über alle Lebensbeziehungen."[4] Im Vorwort zur zweiten Auflage, geschrieben im Dezember 1898, erklärt er, dass der Zweck des Werks darin bestand, *„das Gute als die Wahrheit –* правда *– aufzuweisen,* das heißt, als den einzigen und richtigen, sich selbst treu bleibenden Weg des Lebens in allem, bis ans Ende, für jeden"[5].

---

3   WLADIMIR S. SOLOWJOW, *Opravdane dobra*, Sankt Petersburg 1897, ²1899, III, VII, 6, in: *Sobranie sotchineniji*, Bd. 8, Brüssel 1966, 382; Genf 1997, 347; III, VIII, 1, 400/364; III, X, 14, 446/405.
4   Ebd., *Schluss*, 515/473; dt. WLADIMIR SOLOVJEFF, *Die Rechtfertigung des Guten. Eine Moralphilosophie*, hg. v. Harry Köhler, Jena 1916, 521.
5   SOLOWJOW, *Opravdane dobra*, Vorwort zur 2. Auflage, 3; dt. *Die Rechtfertigung des Guten*, Vorwort zur zweiten Auflage, I. Hervorhebung im Original.

1.3 Jenseits des Machbaren

Meine Aufgabe, wie ich sie verstehe, besteht darin, das Gute jenseits des Machbaren zu denken. Damit bürste ich die heutzutage als selbstverständlich geltende Doxa gegen den Strich. Eine Zeile von Erich Kästner ist nämlich zu einem geflügelten Worte geworden, ja zu einem Sprichwort: „Es gibt nichts Gutes / außer: Man tut es."[6] Die Formel ist zwar schön und kunstvoll geprägt. Es gibt aber eine Ausnahme, und zwar eine sehr wichtige: Wie steht es mit dem Guten, das wir unmöglich ‚tun' können, weil es uns sozusagen macht? Es gibt ein Gutes, das wir unmöglich ‚machen' können, weil es schon da ist, bevor wir da sind – und das ist unser eigenes Dasein, falls denn dieses Dasein ein Gutes ist: eine Feststellung, die noch eines Beweises bedarf.

Es existiert nämlich eine Art Ur-Handlung, die von jeder unserer Handlungen vorausgesetzt wird, und zwar eben diejenige, durch die wir überhaupt am Leben sind. Das hatte schon Karl Marx gesehen, wenn er von der Fortpflanzung – der „Produktion des Lebens" – als dem ursprünglichsten Unterbau spricht, auf derselben Ebene liegend wie die Erhaltung des Lebens durch Befriedigung der elementaren Bedürfnisse wie Nahrung, Kleidung, Unterkunft und dergleichen.[7] Diese Ur-Handlung bewirkt keine Veränderung im Sachverhalt. Auf der Ebene der Spezies wird nichts hinzugefügt, auch wird nichts entfernt. Im Grunde bleibt alles bestehen. Nur findet jeden Tag ein unausgesprochenes Plebiszit statt; eine Entscheidung zugunsten des Lebens wird implizit gefällt, indem wir uns nicht umbringen. Der Verzicht auf den Selbstmord ist schon eine Art Handlung durch Nicht-Handlung. Genauso wie die Fortpflanzung Subjekte der Handlung hervorbringt, erhält ein bestimmtes Subjekt seine Handlungsfähigkeit bloß dadurch, dass es weiterlebt. Ob dieses Leben gut ist, bleibt damit aber immer noch eine offene Frage.

So ist das, was ich hier wagen möchte, eine Entkopplung der Begriffe ‚Gut' und ‚Handeln'. Das habe ich halb scherzhaft und auch ein wenig großtuerisch als einen Schritt zurück von Aristoteles

---

6   ERICH KÄSTNER, Moral, in: DERS., Zeitgenossen, haufenweise. Gedichte, hg. v. Harald Hartung, München 1998, 277; vgl. auch JEAN-PAUL SARTRE, Cahiers pour une morale. Appendice I, Paris 1983, 573, darüber später mehr.
7   KARL MARX, Die deutsche Ideologie, Berlin 1962 [Marx-Engels-Werke, Bd. 8], I, 29.

nach Platon charakterisiert.⁸ Aristoteles nämlich, schon am Anfang seiner Ethik, plädiert zugunsten einer Verengung des Guten. Das Gute sei das, was wir tun können, das Machbare – prakton agathon.⁹ Methodisch lässt sich dagegen kein Einwand erheben. Insofern die Ethik das menschliche Handeln betrachtet, um deren Normen ausfindig zu machen, braucht sie sich keinesfalls mit einem Guten zu beschäftigen, das die Grenzen des menschlich Machbaren überschreitet.

Diese Zuweisung des Guten an die praktische Philosophie zieht sich durch die ganze Tradition der Moralistik hindurch. Sie bleibt weitgehend unausgesprochen, weil sie eine Binsenweisheit darstellt. Dann und wann kommt sie jedoch zum Ausdruck, so auch bei Immanuel Kant, der doch ein großer Neuerer in Sachen Ethik war. Im Unterschied zu Begriffen wie „Wohl und Weh", die dem Bereich der Affekte angehören, schreibt er: „Das Gute oder Böse wird also eigentlich auf Handlungen ... bezogen."¹⁰

Mit der hier von mir anvisierten Erweiterung des Begriffs des Guten bin ich kein philosophischer Revoluzzer. Vielmehr befinde ich mich in guter Gesellschaft – zwar gegen die zeitgenössische Doxa, wohl aber mit einer alten ehrwürdigen Tradition. In den früheren Hauptwerken der Philosophie finden wir nämlich vorbereitende Ansätze zu einer Wiedergewinnung des Guten in seiner ganzen Breite. Interessant ist es zu beobachten, dass unter diesen Vorläufern auch maßgebliche Theoretiker der Moral zu finden sind. Und in erster Linie Kant, der wohl der Größte unter den Ethikern ist und bleibt.

---

8   Vgl. BRAGUE, Anker im Himmel, 10.1, 83–85.
9   ARISTOTELES, Nikomachische Ethik, I, vi (4), 1096b33.
10   IMMANUEL KANT, Kritik der praktischen Vernunft, A 105f.; vgl. auch DIOGENES LAERTIUS, VII, 39, 84.

2. Kant

2.1 Das Gesetz ist früher als das Gute

In seiner Begründung der Moral wagt Kant, sein Unterfangen lediglich auf den Begriff eines Gesetzes zu gründen, ohne mit dem Begriff des Guten – geschweige denn eines wie auch immer begriffenen höchsten Guten – anzufangen. Das war eine Revolution, die ihre vorbereitende, ‚kopernikanische' Entsprechung in der theoretischen Philosophie hatte.[11] Darauf, was Kant stillschweigend schon in der *Grundlegung* von 1785 getan hatte, wurde von einem Rezensenten hingewiesen, was Kant dazu bewog, seinen Standpunkt genauer zu bestimmen. Er widmet ihm ein paar Seiten der Zweiten Kritik, wobei er ausdrücklich auf „das Paradoxon der Methode" hinweist. Mit dem Begriff des Guten anzufangen würde dazu führen, das Gute vom Interesse des menschlichen Subjekts herzuleiten, als das, was ihm Lust bereitet, folglich empirisch, egal, ob diese Lust sinnlich ist oder einer höheren Ordnung gehört. So ein Verfahren würde jeden Weg zu einem moralischen Gesetz im eigentlichen Sinne des Wortes verbauen.[12]

Diese ethische Revolution verlief parallel zu einer anderen, früher auf dem Gebiet der theoretischen Philosophie geschehenen. In der *Dissertation von 1770* schlägt Kant eine neue Auffassung dessen vor, was eine Form sein kann: In der Erkenntnis ist die Form nicht das, was sich den Sinnen von außen her als ein Sichtbares anbietet, sei dieses Sichtbare die Skizze des Gegenstands oder dessen vollständige Darstellung. Vielmehr ist die Form das Gesetz, nach dem das wahrnehmende Subjekt die Mannigfaltigkeit der Sinnesdata zu einem Ganzen bindet: „non est adumbratio aut schema quoddam obiecti, sed non nisi lex quaedam menti insita, sensa ab obiecti praesentia orta sibimet coordinandi"[13].

---

11 Vgl. JOHN R. SILBER, The Copernican Revolution in Ethics: The Good Reexamined, in: Kant-Studien 51 (1959) 85–101.
12 KANT, Kritik der praktischen Vernunft, A 110.
13 IMMANUEL KANT, De mundi sensibilis atque intelligibilis forma et principiis, II, § 4, A2 8.

2.2 Wiederkehr des Guten

In der Kant'schen Ethik verschwindet aber das Gute keineswegs. Es taucht am Ende des ethischen Gebäudes wieder, als dessen Krönung. Bei ihm ist das Gute ein Überschuss, es ist ein Übriges, das dem Menschen zufallen wird – Mt 6,33 –. Es besteht in der Übereinstimmung der Glückseligkeit mit dem Verdienst. Die Befolgung des moralischen Gesetzes macht einen Menschen zwar der Glückseligkeit würdig, bürgt dahingegen keineswegs für deren Erlangung. Die Kant'sche ethische Revolution mündet in einem Gottesbegriff. Das Gute kann nur dadurch bewerkstelligt werden, dass das Dasein Gottes postuliert wird und mit ihm die Unsterblichkeit der Seele. Hier kann ich das zweite Postulat links liegen lassen, um mich auf die Kant'sche Theologie zu konzentrieren.

Um seine Rolle erwartungsgemäß zu spielen, muss der Kant'sche Gott mit gewissen Eigenschaften versehen sein. Gott, so lesen wir, ist „heilig und gütig"[14]. Beide Wörter sind in einer Klammer hinzugefügt, um den Begriff der moralischen Vollkommenheit Gottes zu erläutern. Im heutigen Sprachgebrauch hat das Adjektiv ‚gütig' an Schärfe eingebüßt und bedeutet kaum mehr als ‚nett'. Damals klang in ihm aber die Majestät des Guten mit. Die Nachsilbe ‚-ig' kann man als den Ausdruck einer durchdringenden Bestimmung durch das Gute deuten. ‚Gütig' bedeutet dann: durch und durch gut, wesentlich gut. Das Gute, das unsere sittliche Handlung vervollkommnet, hängt ab von einem Ur-Guten, das bei Gott zu finden ist. Wie ist diese Güte Gottes beschaffen?

Gut ist Gott sicher nicht als dem moralischen Gesetz gehorchend. Für Ihn ist nämlich dieses Gesetz keine äußerliche Instanz. Vielmehr ist Er durch das moralische Gesetz unmittelbar bestimmt, ja erst konstituiert – um nicht zu sagen, wie gewisse Interpreten es tun, ihm gleichgestellt. Dabei treffen sich Kants Überlegungen mit den Gedanken mittelalterlicher Theologen, nach denen Gott dem Gesetz der Liebe unterworfen, ja mit ihm so gut wie identifiziert ist,

---

14   KANT, *Kritik der praktischen Vernunft*, A 233.

wie das zum Beispiel bei Bernhard von Clairvaux oder Bonaventura und noch späteren Autoren der Fall ist.[15] Über die Güte Gottes unterrichten andere Abschnitte aus Kants Werken, vor allem das Buch über Religion, insbesondere in der Allgemeinen Anmerkung zum Dritten Stück. Dort lesen wir in erster Linie – in einer negativen Tonlage – Warnungen gegen die Vermengung, gar Verwechslung der Güte mit moralischer Nachsicht. Als gerechter Richter kann Gott unmöglich ‚gütig' sein.[16] Positives lernen wir auch über den Kant'schen Gott. Gott wird bezeichnet als der Erhalter des menschlichen Geschlechts, als gütiger Regierer und moralischer Versorger desselben. Gott erhält das menschliche Geschlecht in seinem Dasein. Nur als Regent wird Gott als ‚gütig' bezeichnet.[17] Seine Tätigkeit als Erhalter erhält kein Adjektiv, als wäre die Erhaltung des Menschentums wertneutral, jenseits oder diesseits von Gut und Böse. Ganz anders das göttliche Regieren.

Ferner habe Gott den Menschen „gleichsam ins Dasein gerufen, d. i. zu einer besonderen Art zu existieren (zum Gliede des Himmelreichs) eingeladen"[18]. Das ‚gleichsam' dient dazu, die Schöpfungsvorstellung zu nuancieren. Nicht als Geschöpf überhaupt hängt der Mensch von Gott ab, sondern eher als das zu einem moralischen Leben fähige Geschöpf. Der nachkritische Kant ist hier in Einklang mit gewissen Ansichten des vorkritischen Kants – so zum Beispiel mit Aussagen in der Schrift über den Gottesbeweis.[19]

---

15 BERNHARD VON CLAIRVAUX, De diligendo Deo, XII, 35, in: Opera, hg. v. Jean Leclercq, Charles Hugh Talbot u. Henri Rochais, 8 Bde., Rom 1957–1977, Bd. 3, 1963, 149; BONAVENTURA, Hexaemeron, XXI, 7, hg. v. Ferdinand Delorme, Florenz 1934, 236; EIKE VON REPGOW, Der Sachsenspiegel. Landrecht, Prolog, hg. v. Clausdieter Schott, Zürich 1996, 29; NICOLAS MALEBRANCHE, Traité de morale, II, ix, § 12, in: DERS., Œuvres, hg. v. Geneviève Rodis-Lewis, 2 Bde., Paris 1979 u. 1992, Bd. 2, 1992, 606; vgl. auch RÉMI BRAGUE, La Loi de Dieu, Paris 2005, 263.
16 IMMANUEL KANT, Die Religion innerhalb der Grenzen der bloßen Vernunft, III, Allgemeine Anmerkung, B 212–215, B 222 Anmerkung.
17 Vgl. KANT, Die Religion innerhalb der Grenzen der bloßen Vernunft, B 211.
18 Ebd., B 216.
19 IMMANUEL KANT, Der einzig mögliche Beweisgrund zu einer Demonstration des Daseins Gottes, II, 4. Betrachtung, 1, A 85f.

2.3 Befreiung des Guten

So erlaube ich mir, die Kant'sche Denkoperation in einer vielleicht eigenwilligen Richtung zu deuten. Sie bewirkt eine Befreiung des Begriffs des Guten. Die üblichste Definition des Guten – besser gesagt, seine üblichste Charakterisierung, da eine regelrechte Definition nicht möglich ist – wurde schon von Aristoteles gegeben: „Das, was alles begehrt" – οὗ πάντ' ἐφίεται – oder, wie Franz Dirlmeier übersetzt, „das Ziel, zu dem alles strebt"[20]. Diese Begriffsbestimmung blieb in der ganzen Antike bestehen. Auch im Mittelalter begegnet man ihr, bei Denkern der sogenannten drei monotheistischen Religionen.[21] In ihr wird das Gute in der Optik der Begierde, des Strebens, gesehen. Das Gute ist das, was die Begierde stillt, was einen Mangel wiedergutmacht.

Diese im Sog Kants vorgeschlagene Befreiung des Guten ist mit einem Wechsel im Begriff des Willens verbunden. Zwar bleibt das Gute ein Gegenstand des Wollens. Das Subjekt dieses Wollens ist aber nicht mehr das Geschaffene, etwa Menschen oder Lebewesen im Allgemeinen, sondern Gott. Mit dieser Ablösung eines geschaffenen Wollenden durch einen ungeschaffenen ändert sich auch die Natur des Willens. Der Wille ist nicht mehr Streben nach einem Gegenstand, den man nicht besitzt und dessen peinliche Abwesenheit in einem die Sehnsucht nach ihm erweckt. Der göttliche Wille ist hoch über das Bedürfnis erhaben. Gott gibt aus Seinem Überfluss. Das Gute wird vielmehr als das Wohlwollende selbst, das, was sich mitteilen will, implizit gedacht.

Dieser Sachverhalt hat eine Vorläufergestalt in der antik-mittelalterlichen Auffassung des ‚bonum diffusivum sui', der man so gut wie überall begegnet.[22] In ihr klang schon eine Distanznahme gegenüber der aristotelischen Definition des Guten als des von allen

---

20 ARISTOTELES, Nikomachische Ethik, I, 1, 1094a3; vgl. ARISTOTELES, Nikomachische Ethik, hg. v. Franz Dirlmeier, Darmstadt 1979, 266f.; Dirlmeier schlägt als Urheber der Formel den Platon-Schüler Eudoxos vor.
21 Vgl. DIONYSIUS AREOPAGITA, De divinis nominibus, IV, 4, in: Patrologia Graeca [im Folgenden abgek. als PG], 3, Sp. 700ab; BOETHIUS, Consolatio philosophiae, III, pr. 11, Z. 110–112, hg. v. S. Jim Tester, Cambridge 1973, 294 u. ö.
22 DIONYSIUS AREOPAGITA, De divinis nominibus, IV, 1, PG, 3, Sp. 693b; BONAVENTURA, Itinerarium mentis ad Deum, VI, 2; THOMAS V. AQUIN, Summa contra Gentiles, I, 37, Turin/Rom 1934, 36a; DERS., De potentia, q. 7, a. 6, ad 7, Turin/Rom 1927, 200a; HASDAI CRESCAS, Or ha-Shem, II, 6, 5, hg. v. Shlomo Fischer, Jerusalem 1990, 271 u. ö.

Dingen Erstrebten mit. Zwar ist das Streben auch jetzt noch vorhanden. Es befindet sich aber auf der Seite des Guten, ja vielleicht wesentlich auf dessen Seite. Es gibt ein Sich-mitteilen-Wollen des Guten, eine großzügige Freigebigkeit – oder wie immer man es auch nennen soll.

3. George Edward Moore

An zweiter Stelle – nach Kant – möchte ich hier George Edward Moore Zeugnis ablegen lassen. In seinen 1903 erschienenen *Principia Ethica* hat nämlich der britische Philosoph die Weichen für die gesamte angelsächsische Schule der Moralphilosophie gestellt, die heutzutage in der ganzen Welt einen spürbaren Einfluss ausübt. Hier muss ich auf eine ausführliche Studie seiner Ethik verzichten und mich mit ein paar Hinweisen begnügen, wofür ich um Verständnis bitte. Ich habe lediglich einige Aspekte seines Werks erwähnt, im Hinblick auf mein eigenes Projekt.

3.1 Zwei Voraussetzungen

Im Ausgangspunkt bezieht sich Moore auf die Unmöglichkeit, den Begriff des Guten zu definieren. Man kann ihn nämlich nicht zergliedern in Elemente, etwa Genus und Spezies, da er einen einfachen Begriff darstellt.[23] Nach Moore ist diese Entdeckung seinem Lehrer Henry Sidgwick zu verdanken.[24] In der Tat ist sie jedoch viel älter, mittelalterlich sogar mit Wurzeln in der Antike – was hier jetzt allerdings kein Thema sein soll.[25] Ebenso alt ist die von ihm gemachte grundsätzliche Voraussetzung, der zufolge der Begriff des Guten der Ethik angehört, was den Titel seines Meisterwerks

---

23 GEORGE EDWARD MOORE, *Principia Ethica*, hg. v. Thomas Baldwin, Cambridge 1994, I, § 7, 59; dt. *Pricipia Ethica*, hg. v. Burkhard Wisser, Stuttgart 1970, 36.
24 Ebd., I, § 14, 69; dt. 48f.; III, § 36, 111; dt. 102.
25 Vgl. beispielsweise PHILIPP DER KANZLER, *Summa de bono*, q. 1a, hg. v. Nikolaus Wicki, Bern 1985, 5–8; ALBERT DER GROSSE, *De bono*, q. 1, hg. v. Heinrich Kühle, Karl Feckes, Bernhard Geyer u. Wilhelm Kübel, Münster 1951, 6, 63–65 [*Opera Omnia*, XXVIII]; vgl. auch SØREN KIERKEGAARD, *Begrebet Angest*, dt. *Der Begriff der Angst. Eine simple psychologisch-wegweisende Untersuchung in der Richtung auf das dogmatische Problem der Erbsünde* von Vigilius Haufniensis, Jena 1923, IV, 110, Anmerkung: „Das Gute lässt sich durchaus nicht definieren."

erklärt. Moore hatte, wie damals jeder Student der Philosophie in Oxbridge, Aristoteles' *Nikomachische Ethik* als Handbuch im Unterricht der Moral gebraucht. So war der aristotelische Ansatz der Moralphilosophie immer schon in Moores Denken.

3.2 Neutralisierung der Modalität

In der Herzmitte von Moores Ethik liegt eine gewaltige Denkoperation. Er bewirkt eine Neutralisierung, eine Außerkraftsetzung der Modalität in Sachen Werte: Es ist gleichgültig – und es macht keinen Unterschied –, ob das Gute wirklich oder nur möglich ist, schon realisiert oder bloß wünschenswert ist. ‚Das ist gut' kann auch bedeuten: ‚Es wäre gut, wenn dieses oder jenes so oder so in die Tat umgesetzt werden könnte.'[26] Damit sind wir gewissermaßen schon über die Brücke gegangen, die zwischen Sein und Nichts geschlagen werden könnte.

Es ist interessant zu bemerken, dass diese modale Neutralisierung schon bei Platon – wenigstens im Ansatz – zu lesen ist. Platon ist für Moore eigentlich ein strange bed-fellow, da er für ihn als der Metaphysiker schlechthin gilt – wegen der Ideenlehre, die man ihm zuschreibt.[27] Nun sagt Sokrates, am Ende des neunten Buchs des Staates, dass das wirkliche Dasein der idealen Polis, deren skizzenhafte Beschreibung kurz vorher erfolgte, in der Tat gleichgültig sei: Ob es sie in grauer Vorzeit gegeben hat oder in einer fernen Zukunft geben wird oder schon jetzt in einem entfernten Land existiert, sei ganz egal – διαφέρει δὲ οὐδὲν εἴτε που ἔστιν εἴτε ἔσται –.[28]

Im Sog dieser Außerkraftsetzung ontologischer Probleme führt Moore eine Kritik derjenigen Versuche durch, die es unternommen haben, eine Ethik auf eine metaphysische Basis zu stellen. Er setzt damit voraus, dass das Gute durch Menschenhandlung gefördert werden kann. Er zeigt, dass ein metaphysisch gedachtes Gutes unmöglich vermehrt, geschweige denn überhaupt bewirkt werden kann. Das metaphysische Gute ist ewig, im Sinne von ‚überzeitlich'. Folglich kann ihm keine Handlung irgendetwas hinzufü-

---

26 MOORE, *Principia Ethica*, IV, § 70, 169–171; dt. 174–177.
27 Ebd., IV, § 66, 162; dt. 165.
28 PLATON, *Staat*, IX, 591e-592ab; vgl. auch ebd., VI, 499c7-d1.

gen.²⁹ Sie vollzieht sich nämlich auf einer ganz anderen Ebene, nämlich derjenigen, die dem konkreten, diesseitigen Leben unterliegt.

3.3 Jenseits der Handlung

Das setzt aber voraus, dass das Gute lediglich einen Gegenstand der Handlung darstellen kann. Wie aber, wenn das Gute jede Handlung erst ermöglicht, indem es das Handeln sinnvoll werden lässt? Diese Frage lauert diskret in den Abschnitten, in denen auf den Streit zwischen Optimismus und Pessimismus über den Wert des Lebens angespielt wird, entweder direkt oder indirekt durch ein Zitat von Herbert Spencer³⁰. Dieser von Schopenhauer entfachte und das ganze lange neunzehnte Jahrhundert beunruhigende Streit sei keineswegs geschlichtet worden.

Dort, wo Moore in seinem eigenen Namen spricht, erwägt er seelenruhig die Argumente gegen den Mord, insofern sie das begründen, wofür er den schönen Ausdruck prägt: „the general disutility of murder"³¹. Warum ist der Mord nutzlos und nicht einfach – schlecht? Moore erwähnt die Möglichkeit, den Mord als ein Gutes zu fassen, falls das Dasein des Menschen auf dieser Erde, einer pessimistischen Sichtweise entsprechend, ein Übel darstellen würde.³² So der damals von jedem Intellektuellen in ganz Europa eifrig gelesene Arthur Schopenhauer. Moores Abschnitt würde einen Preis für ‚british understatement' oder für Galgenhumor verdienen. Die Chancen sind gering, erklärt er, die Gesamtheit der Menschheit im Handumdrehen auszurotten – heute würde er sich wahrscheinlich vorsichtiger ausdrücken. Da die Vernichtung nur stückweise vorgehen könnte, wäre das Gefühl der Unsicherheit bei den Überlebenden sehr groß und würde die Leute davon abbringen, sich der Suche nach positiven Gütern zu widmen, wie etwa das Genießen schöner Dinge und die Lust am zwischenmenschlichen Umgang.³³

---

29 Moore, *Principia Ethica*, IV, § 68, 166, 168; dt. 171, 173.
30 Ebd., II, § 33, 102; dt. 91 – Herbert Spencer – wohl eine Anspielung auf William Hurrell Mallocks Buch *Is Life Worth Living?*, New York 1880.
31 Nach dem *Oxford English Dictionary*, sub voce – unter diesem Eintrag – ist ‚disutility' ein Neologismus, der von dem Nationalökonomen Stanley Jevons 1879 geprägt wurde.
32 Moore, *Principia Ethica*, V, § 95, 205f.; dt. 221.
33 Zu dieser Charakterisierung ‚reiner' – unmixed – Güter vgl. ebd., VI, § 113, 237; dt. 260.

Die Regeln, deren Achtung das Weiterexistieren der Gesellschaften, ja aller möglichen sozialen Gebäude – „in any state of society" – ermöglicht, wie Eigentum, Fleiß, Vertragstreue oder Mäßigkeit, folgen alle einem überall zu beobachtenden Hang, nämlich das Leben einzufordern und keinesfalls abzulehnen. Völlig wertfrei und nach seiner Ansicht durchaus richtig nimmt Moore Notiz von diesem Hang als von einer psychologischen bzw. biologischen Tatsache, nämlich „the tendency to preserve and propagate life" oder „the tendency to continue life"[34].

3.4 Gott

Wie steht es aber mit Gott, dem die Eigenschaft des Guten wesentlich anhaftet, ‚le bon Dieu', wie der französische Volksmund zu sagen pflegt? In seinem Werk erwähnt Moore den lieben Gott äußerst selten, dreimal in Auseinandersetzungen mit anderen Denkern: zweimal mit Henry Sidgwick, einmal im Rahmen einer Anspielung auf Gottfried Wilhelm Leibniz.[35]

Der erste Abschnitt von Sidgwick, auf den Moore eingeht, enthält eine besonders ulkige Bemerkung; Sidgwick deutet die paulinische Stelle, nach der wir „alles zu Gottes Ehre tun" sollen (1 Kor 10,31), eigenwillig, indem er schreibt: „it may seem to be implied that the existence of God is made better by our glorifying him" – eine Folgerung, deren Widersinnigkeit Sidgwick sofort anprangert. Dass Gottes Herrlichkeit aber den Geschöpfen – unter ihnen auch dem Menschen – und nicht dem Schöpfer zum Guten gereicht, ist doch ein theologisches omnibus notum seit Irenaeus' ‚gloria Dei vivens homo'[36]. Zwar darf Sidgwicks Äußerung nicht zuungunsten Moores gedeutet werden. Sie bleibt jedoch deswegen interessant, weil sie von einer Geisteshaltung zeugt, die bezeichnend ist für das

---

34 Ebd., V, § 95, 207; dt. 223 – „die Tendenz, Leben [...] zu erhalten und fortzupflanzen" – sowie § 96; dt. 224 – „Streben nach Weiterleben" –.
35 Moore, Principia Ethica, III, § 50, 134; dt. 130f.; vgl. auch § 61, 154f.; dt. 155; IV, § 73, 175; dt. 182f.
36 Irenaeus, Adversus haereses, IV, 20, 7, hg. v. Adelin Rousseau, Bertrand Hemmerdinger, Charles Mercier u. Louis Doutreleau, Paris 1965 [Sources Chrétiennes, 100.1], 428; dt. Des Heiligen Irenäus fünf Bücher gegen die Häresien, hg. v. Ernst Klebba, 2 Bde., Kempten/München 1922, Bd. 2, 66: „Gottes Ruhm ist der lebendige Mensch."

Unverständnis angesichts theologischer Fragen, wie es in manchen akademischen Kreisen des viktorianischen Englands grassierte. Ferner ist Moore von demselben Geist geprägt wie sein Lehrer Sidgwick. Er geht nämlich, wo er in seinem eigenen Namen spricht, von derselben Auffassung Gottes aus. Bei ihm tritt Gott lediglich als ein möglicher Gegenstand der menschlichen Liebe auf. Diese Liebe ist nur dann wertvoll, wenn es Ihn wirklich gibt. Dabei macht Moore eine Ausnahme für ‚den Fall Gott'. In seiner Ethik, haben wir soeben festgestellt, ist das Dasein des Guten oder dessen rein wünschenswerter Charakter gleich gültig, der Unterschied mithin belanglos. Ob ein guter Sachverhalt eine Tatsache ist oder nur etwas, das sein sollte, ist ohne Bedeutung. Hingegen ist Gottes Dasein – oder Nicht-Existenz – keinesfalls ohne Belang. Die Liebe zu Gott kann allerlei Schrecken und schlimme Folgen zeitigen, falls es Ihn denn nicht gibt.[37] Aller Wahrscheinlichkeit nach dachte Moore bei dieser Bemerkung an eine Einstellung, die von den Aufklärern als ‚Fanatismus' gebrandmarkt wurde und die heutzutage besonders gefährliche Aspekte angenommen hat.

Hier seien mir drei Bemerkungen erlaubt:

Erstens muss Gottes Sein nicht notwendig auf das nackte Faktum Seiner Existenz reduziert werden. Georg Wilhelm Friedrich Hegel erklärt irgendwo, dass die Zuschreibung reiner Existenz zu Gott ein armseliges Minimum darstellt. Möglich ist, dass Gottes Sein irgendwie das Entweder-oder zwischen Existenz und Nicht-Existenz meint. Der französische Dichter Charles Baudelaire schrieb in seinem Tagebuch: „Gott ist das einzige Wesen, das nicht mal zu existieren braucht, damit es herrscht", und das mag mehr und Tiefschürfenderes bedeuten als nur ein gotteslästerlicher Scherz.[38]

Zweitens: Moore weicht der Frage nach den Eigenschaften, die Gott hat, aus und verdrängt die Frage: Mit welcher Art von Gott haben wir es zu tun? Sehr viel hängt zum Beispiel davon ab, welche Gebote von dem Gott ausgehen, dem der Glaubende Liebe zollen soll.

---

37 MOORE, *Principia Ethica*, VI, § 118, 244; dt. 269.
38 CHARLES BAUDELAIRE, *Fusées*, 1, in: *Journaux Intimes*, hg. v. Jacques Crépet u. Georges Blin, Paris 1949, 7.

Drittens, und vielleicht am wichtigsten: Wie, darf man fragen, soll der Glaubende Gott Liebe zollen, wenn Gott eher das Subjekt der Liebe als deren Objekt, eher der Liebende als der Geliebte ist, wenn Er – mit Verlaub gegenüber Aristoteles einwendend gesagt – kinei hôs erôn? Wenn Gott so begriffen würde, so wäre auch der Drang nach Erhaltung und Verbreitung des Lebens mehr als eine nackte Tatsache, sondern die Folge eines göttlichen Wohlwollens gegenüber dem Menschen.

Was haben wir bis jetzt gewonnen? Ich habe zu zeigen versucht, dass die von mir gewünschte Entkopplung der Begriffe ‚Gut' und ‚Handeln' schon von wichtigen Denkern der praktischen Philosophie vorbereitet wurde. Ein übermoralisches oder extramoralisches Verständnis des Guten liegt keimhaft auch bei denjenigen Denkern vor, die darauf aus waren, das Gute auf das Machbare zu reduzieren – ganz so, als strebte das Gute danach, sich von den Fesseln der Moral zu lösen ...

Jetzt dürfen wir fragen: Wie beschaffen ist das Gute, wenn man es von den Fesseln der praktischen Philosophie befreit? Meiner Meinung nach muss es ein wenig wie die platonische ‚idea tou agathou' aussehen. Nur schade, dass dieser Begriff schon in der Antike sprichwörtlich als dunkel galt.[39] Wie viel mehr für uns spätgeborene Knirpse! Wie könnten wir uns das platonische Gedankengut wieder aneignen? Auf dem Weg, der dorthin führen könnte, begegnen wir dem Neuplatonismus. Zum Schluss sei es mir erlaubt, ein paar Worte darüber zu wagen.

4. Neuplatonismus

Bei den Neuplatonikern habe ich nur ein wenig Hilfe gefunden. Das platonische Gute haben sie nämlich allzu oft mit dem Einen identifiziert, was übrigens gar keine Selbstverständlichkeit darstellt. Dabei wurde das Gute am Einen gewissermaßen abgeblendet. Das Gute befindet sich im Schatten des Einen, es wird von ihm überschattet. Trotzdem findet man ein paar hilfreiche Hinweise.

---

[39] Amphis, in: DIOGENES LAERTIUS, III, 27.

4.1 Eminenz

So zum Beispiel in der Theorie der Eminenz – gr. hyperokhē; lat. excessus, excellentia –. Diese Lehre hat primär eine rein logische Bedeutung. Der schon von Platon anerkannte Einwand gegen die Ideenlehre machte geltend, dass eine Idee, etwa diejenige des Gerechten, wiederum gerecht sein muss, und zwar durch die Anwesenheit – parousia – einer überlegenen Idee, die sie gerecht werden lässt, in ihr. Daher die schon in Platons *Parmenides* erwähnte logische Schwierigkeit des ‚dritten Menschen'. Die Theorie der Eminenz dient dazu, dieser logischen Aporie zu entgehen.[40] Die Idee der Gerechtigkeit gewährt den gerechten Handlungen ihre Eigenschaft, gerecht zu sein. Gerecht sei diese Idee hingegen lediglich ‚eminenterweise', nämlich nicht so, als besäße sie die Eigenschaft der Gerechtigkeit im Modus eines ‚Habens'.

Diese Theorie findet amüsanterweise eine gleichnishafte Entsprechung in der antiken Kosmologie, und zwar gerade im Falle des himmlischen Körpers, den Platon als Beispiel und Sprössling des unaussprechlichen Guten benutzte, nämlich in der Sonne. Das geschieht etwa bei Thomas von Aquin: „Excessus autem est duplex: Unus in genere, qui significatur per comparativum vel superlativum; alius extra genus, qui significatur per additionem huius praepositionis: Super. Puta, si dicamus quod ignis excedit in calore excessu in genere, unde dicitur calidissimus; sol autem excedit excessu extra genus, unde non dicitur calidissimus sed supercalidus, quia calor non est in eo eodem modo, sed excellentiori."[41]

Nach der antiken Weltsicht ist nämlich die Sonne, die offensichtlich die Quelle aller Wärme darstellt, selber nicht warm. Die Wärme ist das Ergebnis der Reibung des Exzenters oder des Epizykels, das die Sonne trägt, genauso wie die Reibung der Luft das Blei einer Schleuderkugel zum Schmelzen bringt. Diese Erklärung wurde von den spätantiken und mittelalterlichen Kommentatoren einstimmig vertreten.[42]

---

40 Vgl. ANTHONY CHARLES LLOYD, *The Anatomy of Neoplatonism*, Oxford 1990, 85.
41 THOMAS VON AQUIN, *In De divinis nominibus*, IV, 5, § 343, hg. v. Ceslas Pera, Turin/Rom 1950, 114a.
42 ARISTOTELES, *Vom Himmel*, II, 7, 289a19–35; DERS., *Meteoren*, I, 3, 341a12–36; vgl. THEMISTIUS, *In de Caelo*, hg. v. Samuel Landauer [*Commentaria in Aristotelem Graeca*, 5.4],

Plotin setzt sie schon voraus, wenn er – als Paradoxon – feststellt: Das Gute ist als solches nicht gut.⁴³ Von ihm kann man nämlich nicht sagen, es besäße – ekhein – das Merkmal ‚gut', und zwar weil es eben das Selbstgute ist. Folglich ist das Gute übergut – hyperagathon – und gut für die anderen, nicht für sich selbst.⁴⁴ Die Verkennung dieser Theorie bringt mit sich, dass man offene Türen einrennt, um sich anschließend in ein falsches Entweder-oder einzusperren. Dieses Schicksal ereilte zum Beispiel Jean-Paul Sartre. Sehr treffend schreibt er: „[...] ‚gut' bedeutet nicht: was das Gute besitzt, sondern: was das Gute tut" – „bon ne veut pas dire: qui possède le Bien, mais: qui le fait" –, wobei er – ohne es zu wissen – Proklos zitiert. Danach stellt er die Alternative: entweder tun oder sein – wobei er sich für die zweite Möglichkeit entscheidet: „Gott tut das Gute nicht; Er ist es": „Dieu ne fait pas le Bien: il l'est."⁴⁵ Meine Antwort dazu lautet: Wenn Gott das Gute nur wie eine Eigenschaft besäße, wäre Er unfähig, das Gute zu tun. Indem Er eminenterweise ‚gut' ist, besteht seine Gutheit eben darin, dass Er Gutes mitteilt.

4.2 Großzügigkeit

Dieser zuerst rein logische Sachverhalt nimmt eine ethische Wendung. Aus dem ontologischen Status der Ideen und vor allem der Hauptidee des Guten wird die Vorstellung einer selbstlosen Freigebigkeit des Guten hergeleitet. So Plotin: Das Gute ist selbstgenügsam; es ist nicht gut für sich selbst, sondern für die anderen Dinge, wiederholt er; und er fügt hinzu: Das Gute überlässt – parakhōrein – alles dem, was nach Ihm kommt.⁴⁶

Berlin 1903, 73f.; AVERROES, Epitome des De caelo et mundo, II, hg. v. Gérard Jéhamy, Beirut 1994, 64; DERS., Epitome der Meteoren, I, hg. v. Jamal Eddine Alaoui, Beirut 1994, § 17, 27; THOMAS VON AQUIN, De potentia, q. 5, a. 7, ad 19m, hg. v. Paul M. Pession, Turin/Rom 1949, 151a.

43 PLOTIN, Enneaden, in: Plotini Opera, hg. v. Paul Henry u. Hans Rudolf Schwyzer, 3 Bde., Paris 1951–1973, V, 5 [32], 13, 33f., Bd. 2, 361; im Folgenden wird Plotin ebenfalls nach dieser Ausgabe zitiert.
44 PLOTIN, Enneaden, VI, 9 [9], 6, 1, Bd. 3, 317.
45 JEAN-PAUL SARTRE, Cahiers pour une morale. 1946–1948, Paris 1983, 573; zu Proklos vgl. später Anmerkung 49.
46 PLOTIN, Enneaden, VI, 7 [38], 41, 27–29.33; Bd. 3, 269. Steht so ein Platzmachen am Ursprung der viel späteren Vorstellung eines צמצום, des Schöpfergottes in der Kabbala

Beim späteren Proklos lesen wir einen ähnlichen Gedanken: „Am wichtigsten ist nicht das, was gutförmig ist, sondern das Gutwirkende": to megiston estin ou to agathoeides, alla to agathourgon.[47] Dabei kehrt er die aristotelische Verengung des Guten auf das Praktische gegen sie selbst um.

In einem poetischen Abschnitt, eine Rarität bei einem sonst prosaisch-technischem Denker, schreibt Plotin: Das Gute ist mild, zuvorkommend und etwas zart; es macht sich einem präsent, wie man es will: ēpion kai prosēnes kai habroteron kai, hos ethelei tis, paron autō.[48] Weiter: Dadurch unterscheidet sich das Gute vom Schönen, das in der Seele des Betrachters den ‚thambos' und die ‚ekplēxis', ja ‚ptoiēsis', eine sonderbare Mischung von Lust und Schmerz hervorbringt.[49]

Plotins Sprachgebrauch ist in diesem Falle nicht derjenige Platons. Inhaltlich sind dahingegen wohl die drei Adjektive bei Plotin eine Reminiszenz an Platons *Phaidros*, in dem Schönheit und ‚phronēsis' miteinander verglichen werden: Zum Glück, sagt Sokrates, bleibt die Phronesis unsichtbar, da deren Anblick furchtbare Leidenschaften – deinoi erōtes – im Schauenden hervorrufen würde.[50]

Diese Eigenschaften des Guten haben Entsprechungen in den niedrigeren Bereichen. Zuerst im Noetischen: Der Intellekt – Geist – bewirkt alles, indem er ‚atremēs kai ēsukhos' bleibt,[51] dann im Kosmologischen: Dem Guten ähnlich ist das Licht der Gestirne, das ‚homalos' und ‚erēmaios' ist.[52] Ja auch im sublunaren Bereich findet man Spuren: Eine Blume ist, abgesehen von ihrer Schönheit, auch ‚rhadinos', zart.[53]

---

eines Isaac Luria – gestorben 1572 –? Wahrscheinlicher ist wohl ein Einfluss der Gnosis, wie in der Begrifflichkeit der ‚sustolē' bei Methodius von Olymp: vgl. METODIO D'OLIMPO, *Il libero arbitrio*, VI, 3, hg. v. Roberta Franchi, Mailand 2015, 220, und die inhaltsreiche Anmerkung 145.

47 PROKLOS, *Elementatio theologica*, § 122, hg. v. Eric Robertson Dodds, 108; es findet sich eine Entsprechung im *Liber de causis*, XIX.
48 PLOTIN, *Enneaden*, V, 5 [32], 12, 33–35; Bd. 2, 359.
49 PLOTIN, *Enneaden*, I, 6 [1], 4, 16; Bd. 1, 109.
50 PLATON, *Phaidros*, 250d.
51 PLOTIN, *Enneaden*, III, 2 [47], 2, 16; Bd. 1, 269.
52 PLOTIN, *Enneaden*, II, 1 [40], 4, 13; Bd. 1, 150.
53 PLOTIN, *Enneaden*, III, 2 [47], 13, 24; Bd. 1, 287.

4.3 Gefahr des schwachen Guten

Diese Gedanken aus dem geistigen Bereich des Neuplatonismus verhelfen uns zu einer klareren Auffassung der Art und Weise, wie das Gute seine Kraft in die Tat umsetzt. Es braucht dazu nichts und niemandem Gewalt anzutun. Nur das, was innerlich schwach ist, braucht Gewalt, wobei der Gebrauch gewalttätiger Mittel zu einem nützlichen Kriterium der inneren Schwäche wird.

In dem Roman *Leben und Schicksal* des russischen Schriftstellers Vassili Grossman verwirft ein Charakter die erhabene Idee des Guten – das ‚fürchterliche Große Gute' – zugunsten dessen, was er die „kleine Güte", die „keine Idee" hat – die „schlichte menschliche Güte" –, nennt. Er bemerkt, dass die schlimmsten Verbrechen der Geschichte so gut wie immer im Namen eines Guten begangen wurden.[54] In einem berühmten Abschnitt von Johann Wolfgang von Goethes *Faust* stellt sich Mephistopheles vor als „ein Teil jener Kraft, die stets das Böse will und stets das Gute tut"[55]. In diesem Fall erweist sich aber der Teufel als ‚Vater der Lüge'. Dennoch: In der Tat wächst des Öfteren das Böse aus dem Wollen einer bestimmten Art des Guten.

Das Böse der schwachen Güter besteht in erster Linie darin, dass es nur das Gute einer bestimmten Gruppe darstellt, etwa eines Volkes unter Ausschluss der fremden Völker, der Herrenrasse unter Ausschluss der unterlegenen Untermenschen, des Proletariats unter Ausschluss der anderen Klassen. Dazu muss jedoch hinzukommen, dass dieses Gute, und zwar gerade deswegen, weil es sich als einseitig ‚gut' weiß, versucht, sich zu dem Guten aller emporzuschwingen. Um das zu erreichen, muss es Gewalt anwenden. Der Ausschluss anderer, auf den ich als einen zunächst bloß gedanklichen Vorgang soeben anspielte, führt auf diese Weise zu einer Reihe ganz konkreter Maßnahmen, das Andere – Ausgeschossene – zu beseitigen, ja zu vernichten.

All die falschen Güter, von denen die Geschichte zeugt, haben versucht, das Gute der gesamten Menschheit zu erzwingen: die

---

54 Vassili Grossman, Жизнь и судьба, II, 16, Moskau 2011, 407–414; dt. Vassili Grossman, *Leben und Schicksal. Roman*, Berlin 2007, 498.
55 Johann Wolfgang von Goethe, *Faust*, I, V. 1335–1336.

‚Grande Nation' hatte den Auftrag, die übrigen Völker zum Licht der Vernunft zu bringen; die Herrschaft der überlegenen Rasse und die Ausrottung der übrigen, das Gute des Menschentums bloß hemmenden Rassen sollte den biologischen Fortschritt der Gattung ermöglichen – Hitler sprach in seiner Programmschrift *Mein Kampf* mehrfach von „Fortschritt"[56]; die kommunistische Partei verstand sich selbst als der bewussteste Teil des Proletariats, das wiederum den Vorkämpfer des Menschentums darstellen sollte auf dem Weg, der zu strahlenden Höhen führt. All diese ideologischen Herrschaften mussten zu Diensten eines angeblichen Guten eine Kraft ausüben, die sich als zerstörerisch erwies.

4.4 Das Schöne als Gleichnis

Die oben angeführten neuplatonischen Bilder und Entsprechungen sind wertvoll, indem sie uns die Erfahrungen an die Hand geben, die uns einen Einblick in das Gute gewähren. Wenn das Gute jenseits des Erfahrbaren liegt, müssen wir darauf verzichten, es zu definieren, wie es uns Moore – im Kielwasser einer uralten Tradition – gelehrt hat. Von ihm könnten wir aber unmöglich reden, wenn wir keinen Zugang zu ihm durch bildliche Vorstellungen hätten. Nun verfügen wir über solche Bilder in unserem Erlebnis des Schönen, besser gesagt, im Erlebnis einer besonderen Art der Schönheit.

Obwohl das Gute nicht das Prächtige ist, das einen überwältigt: Es ist ihm dennoch eine Art Schönheit beschert, eine sanfte Anziehungskraft, die man als ‚charis' bezeichnen könnte – und zwar in den zwei Bedeutungen, die wir im griechischen Wort unterscheiden können und die sich übrigens auch im französischen Wort ‚grâce' finden: Anmut und Gnade.[57] Diese Beschreibung der Wirkungen des Schönen sind in der Tradition bewahrt worden, wie wir etwa bei Rilke lesen können: „Das Schöne ist nichts / als des Schrecklichen Anfang, den wir noch grade ertragen, / und wir bewundern es so, weil es gelassen verschmäht, / uns zu zerstören."[58]

Das Schöne, könnte man sagen, begnadigt uns.

---

56   Adolf Hitler, *Mein Kampf*, München 1925, I, Kap. 11.
57   Vgl. Felix Ravaisson, *Testament philosophique et fragments*, Paris 1933, 81.89.
58   Rainer Maria Rilke, *Duineser Elegien*, I, Z. 4–7.

Die Kraft des Guten – so der jetzige Arbeitstitel meines im Entstehen begriffenen Buchs – ist seine Anmut. Im Unterschied zu den falschen Gütern bedarf das Gute keines Zwanges.

Das Gute, das Wahre und das Schöne. Zur Epistemologie der Transzendentalien und ihrer fortdauernden Aktualität

Christoph Böhr

Vor Kurzem las ich in einer Sammlung ausgewählter Gedichte von Fjodor Iwanowitsch Tjutschew – ein bis heute viel gelesener russischer Lyriker und slavophiler Politiker, der von 1803 bis 1873 lebte – die folgenden Verse: „... doch ist das Gefühl uns gegeben / für die Gnade, mit der wir bedacht."[1] Schon während ich diese Zeilen las, erinnerte ich mich an den Schlussakkord des in diesem Band abgedruckten Aufsatzes von Rémi Brague: „Das Schöne, könnte man sagen, begnädigt uns."[2] ‚Begnädigt' sein – das heißt: Mit Gnade bedacht sein. Und wenn man Tjutschew folgt, ist uns für dieses Bedachtsein ein Gefühl gegeben, sodass wir ihrer gewahr werden können. Ist es also vielleicht so, dass wir uns dem Geheimnis des Seins – und seiner allgemeinen Bestimmungen, die spätestens seit dem hohen Mittelalter und bis heute als Transzendentalien[3] bezeichnet werden – nur nähern können über die Gnade, mit der wir bedacht sind?

---

1 FJODOR I. TJUTSCHEW, *Gedenke der Zeiten. Lyrische Seelenlandschaften*, übers. v. Ella Pfeiffer, Berlin 1999, 20.
2 RÉMI BRAGUE, *Sein als Gut*, in diesem Band 82–102.
3 Als Gründungsdokument der Lehre von den Transzendentalien gilt die frühe Schrift des Thomas von Aquin, *De veritate*, bes. I, 1 a, in diesem Band 70–79; als Standardwerke dazu können bis heute gelten die an Kenntnis wohl kaum zu überbietenden Werke von JAN A. AERTSEN, *Medieval Philosophy and the Transcendentals: The Case of Thomas Aquinas*, Leiden 1996, sowie DERS., *Medieval Philosophy as Transcendental Thought: From Philip the Chancellor (ca. 1225) to Francisco Suárez*, Leiden 2012; eine im Vergleich dazu knappe, sehr gut zusammenfassende zeitgenössische Darstellung finden sich bei JOHANN BAPTIST LOTZ, *Die Grundbestimmungen des Seins vollzogen als transzendentale Erfahrung. Einheit, Wahrheit, Gutheit, Heiligkeit, Schönheit*, Innsbruck/Wien 1988, sowie bei EMERICH CORETH, *Grundriss der Metaphysik*, Innsbruck/Wien 1994, bes. 135–176.

1. Das Schöne ‚begnädigt' uns

Diese Frage heute – in einer Zeit, die sich vorzugsweise als ‚postmetaphysisch' versteht – zu stellen, bedeutet zwangsläufig, im ganz überwiegenden Teil der akademischen Philosophie abschätziges Kopfschütteln, spöttisches Naserümpfen, mokante Ironie, ja, blankes Entsetzen auszulösen. Über ‚Gnade' zu sprechen ist in der Philosophie der Schule gegenwärtig verpönt und gilt als gänzlich unangebracht – als unzulässiges Theologoumenon im Widerspruch zur Rationalität der Philosophie.[4] Eine wohl überwiegende Mehrheit in der akademischen Disziplin, die man früher ‚Weltweisheit' nannte, neigt dazu, dem – nach Immanuel Kants Auffassung – unabweislichen Bedürfnis der Vernunft auf der Suche nach Sinnstiftung dadurch aus dem Weg zu gehen, dass man es als eine Art Fossil aus der frühen, noch unreifen Kindheit des Denkens, soweit es sich noch nicht am Heroismus Friedrich Nietzsches gehärtet und gestählt hat, als überspanntes Bedürfnis eines schwächlichen Gemüts abtut.[5]

Wenn aber nun Nelly Sachs recht hat mit ihrer Feststellung: „Alles beginnt mit der Sehnsucht"?[6] Wenn tatsächlich die Sehnsucht am Anfang steht und bis zum Ende unerfüllt bleibt? Und wenn Tjutschew, der nach eigenem Bekunden und dem seiner Zeitgenossen an der Grenze zwischen Glaube und Unglaube lebte[7] – sein glühen-

---

[4] Ganz anders Immanuel Kant, der 1800, vier Jahre vor seinem Tod, in einem Entwurf zum *Jachmannprospekt* schreibt – zit. nach DIETER HENRICH, *Zu Kants Begriff der Philosophie. Eine Edition und eine Fragestellung*, in: *Kritik und Metaphysik. Studien. Heinz Heimsoeth zum achtzigsten Geburtstag*, hg. v. Friedrich Kaulbach u. Joachim Ritter, Berlin 1966, 40–60, hier: 42 –: Man muss Philosophie als Wissenschaftslehre von Philosophie als Weisheitslehre unterscheiden: Letztere zielt auf „den Endzweck der menschlichen Vernunft" – nämlich das, wonach zu trachten für den Menschen das „einzige nothwendige ist" und das er sich deshalb schlechthin „zum Ziel machen soll" – um dann, mit Blick auf die Gebrechlichkeit der endlichen Vernunft, hinzuzufügen: „Natur und Gnade".

[5] Wie fehlgeleitet diese Meinung ist, hat zuletzt BURKHARD NONNENMACHER, *Vernunft und Glaube bei Kant*, Tübingen 2018, bes. 392, gezeigt.

[6] NELLY SACHS, *Eli. Ein Mysterienspiel vom Leiden Israels*, 1951, in: DIES., *Szenische Dichtungen*, hg. v. Aris Fioretos, Berlin 2011, *Fünfzehntes Bild*, 70; das Mysterienspiel ist nach der Flucht in den Jahren 1944 und 1945 entstanden, der Erstdruck erfolgte 1951.

[7] So sein Schwiegersohn und erster Biograf IWAN AKSAKOV, *Biografia F. I. Tjutceva*, Moskau 1886, 148, zit. nach MICHAEL HARMS, *Dichtung und Politik*, in: FJODOR TJUTSCHEW, *Russland und der Westen. Politische Aufsätze*, hg. v. Michael Harms, Berlin 1992, 7ff., hier: 8. In manchen seiner Gedichte bekennt sich Tjutschew zu blasphemischen Einsichten, in anderen äußert er sich als verzweifelter Gottsucher – und zeigt damit eine Ambivalenz, die in der russischen Religionsphilosophie des 19. Jahrhunderts eher die Regel als die Ausnahme darstellt.

des Bekenntnis zur russischen Orthodoxie hatte mitnichten religiöse Gründe –, nun vielleicht doch richtig liegt – gegen alle stürmischen Einwände der Moderne und der Postmoderne? Kurz gefragt: Kann man sich vorstellen, dass Sehnsucht eine Gnade ist?

Gnade: Das meint ja wohl eine Kraft, die jenseits der Schwäche unserer Vernunft und der Schwachheit unseres Willens, denen beide enge Grenzen gesteckt sind durch Zeit und Endlichkeit, am Ende jene Vollendung bewirkt, um die wir uns noch so sehr mühen, die wir aber niemals aus eigener Kraft erlangen können.[8] Gnade ist dann ein ungeschuldetes Geschenk, gegeben von einem Schenkenden und empfangen von einem Beschenkten: „gratia non tollit naturam, sed perficit"[9]: Gnade unterdrückt die Natur nicht, sondern – im Gegenteil – vollendet sie. Es scheint auf den ersten Blick, dass es sich hierbei also tatsächlich um ein Theologoumenon handelt, das möglicherweise in der Philosophie nichts zu suchen hat. Aber verhält es sich tatsächlich so?

Nun ist das Leben eines jeden Menschen unzweifelhaft immer eine ungeschuldete Gabe. Aber ist Leben auch ein Geschenk? Niemand ist je gefragt worden, ob er ins Leben gerufen werden will. Die Zeugung eines Menschen geschieht ausnahmslos ohne Mitwirkung und Zustimmung des Gezeugten, obwohl es doch gerade vor allem um ihn geht. Ist diese Mitgift nun ein Geschenk? Ist die Zeugung eines Menschen für diesen ein Verhängnis – oder ein Segen, also Begnadigung? Wenn ‚Leben' begrifflich verkürzt wird auf das Dasein – In-der-Welt-Sein – des Menschen, muss man es nicht zwingend als Geschenk betrachten. Man kann seine eigene Zeugung beklagen und verwünschen. Da zu sein – im und am Leben zu sein – bedeutet nicht zwingend, dafür dankbar sein zu müssen.

In einem anderen Licht erscheint der Sachverhalt, wenn man das Dasein des Menschen als Teilhabe am Sein betrachtet. Ins Sein – und nicht nur ins Dasein – gerufen zu werden, bedeutet ja, in einer Teilhabebeziehung zu stehen zu einer dem eigenen Dasein übergeordneten, vorangehenden Größe: dem Sein.[10] Vom Dasein

---

8 Vgl. ALBRECHT PETERS, Art. Gnade, in: Historisches Wörterbuch der Philosophie, Bd. 3, hg. v. Joachim Ritter, Basel 1974, Sp. 707ff., hier: Sp. 711f.
9 THOMAS VON AQUIN, Summa theologiae I, 1, 8, ad 2; vgl. auch ebd. I-II, 99, 2 ad 2.
10 Eine Auswahl von zeitgenössischen grundlegenden Texten zum Thema findet sich in Die Lehre vom Sein in der modernen Philosophie, hg. v. Karl Heinz Haag, Frankfurt a. M. 1963.

unterscheidet sich das Sein dadurch, dass es aus sich heraus besteht und sich in seinen Aktualisierungen – in der Form von Seiendem – zeigt, für sich selbst aber um seines eigenen Seins willen keiner Aktualisierung bedarf. Das Sein, an dem alles Seiende einen Anteil hat, wie die hochmittelalterliche Philosophie es verstand, verleiht diesem einen Status, der über die Beschränkungen alles Seienden hinausweist. Vor allem aus diesem Grund ist das Sein oft als ein Begriff für Gott als dem ‚ens perfectissimum' verstanden worden – oder doch zumindest, wenn man wie heute Jean-Luc Marion und zuvor schon wichtige Teile der Tradition in der Nachfolge Plotins, diese begriffliche Gleichsetzung meiden möchte, weil sie eine prädizierende Verengung des Namens Gottes nahelegt, der sich doch jeder unweigerlich eingrenzenden positiven Prädizierung – also einer Sachbestimmung, die sich im Denken vollzieht – vollständig entzieht, und in die Nähe Gottes und seiner Herrschaft über das Sein – nur Gott kann aus dem Nichts erschaffen – gerückt worden: Gott steht vor und über allem Sein.[11]

Man muss diese – auch terminologisch schwierigen – philosophisch-onto-theologischen Probleme nicht vertiefen, um ahnen zu können, dass die Differenzierung zwischen Sein und Seiendem – ‚esse' und ‚ens',[12] Letzteres gelegentlich auch als ‚res' bezeichnet –

---

11   Ob sich ein Denken über das Sein von dieser Argumentationsfigur – als einer Präsumption, die nicht Bekenntnis sein muss, sondern auch durch unser Denken erzeugt sein kann – selbst angesichts der in der Postmoderne allermeist vorausgesetzten Abwesenheit Gottes, die ja doch immer eine ‚Anwesenheit der Abwesenheit' ist, lösen kann, scheint sehr fraglich; vgl. JACQUES DERRIDA, *Glaube und Wissen. Die beiden Quellen der ‚Religion' an den Grenzen der bloßen Vernunft*, in: JACQUES DERRIDA, GIANNI VATTIMO, *Die Religion*, Frankfurt a. M. 2001, 9–107, hier: 47: Das Versprechen, die Wahrheit im Angesicht des anderen zu sagen, als die elementar-konstitutive Bedingung aller Kommunikation selbst dann, wenn man die Unwahrheit zu sprechen beabsichtigt, ‚erzeugt' Gott, denn dieses Versprechen ist ein vereidigtes Versprechen, dessen Einsatz „im Ursprung einer jeden Anrede schon enthalten ist" und es „unumgänglich macht, dass er – sc. dieser Einsatz – Gott als etwas erzeugt, als etwas anruft oder herbeiruft, was bereits da ist, was also ungeboren ist und nicht geboren werden kann, was vor dem Sein selbst kommt: nicht erzeugbar. Abwesend an seinem eigenen Ort. Erzeugung und Wiedererzeugung dessen, was nicht erzeugt werden kann und an seinem eigenen Ort abwesend ist. Alles beginnt mit der Gegenwart oder Anwesenheit dieser Abwesenheit […]. Die ‚Tode Gottes', auf die man vor dem Christentum, im Christentum und jenseits des Christentums stößt, sind lediglich Figuren und Peripatien einer solchen Anwesenheit einer Abwesenheit".

12   In dieser hier und im Folgenden vorgenommenen Entgegensetzung der Begriffe ist ‚ens' als Partizip zu lesen; viele scholastische Autoren verwenden den Begriff im Sinne von ‚Sein' jedoch auch als Nomen. Eine deutliche Klärung dieses Unterschiedes findet sich später bei Francisco Suárez, der von 1548 bis 1617 lebte; vgl. dazu FRANCISCO SUÁ-

in den Raum dessen ausgreift, was für den Menschen unverfügbar bleibt. Und eben aus diesem Grund hat sich die Moderne in ihrem weitaus größeren Teil von dieser Vorstellung verabschiedet, weil sie nichts hinzunehmen bereit ist, was menschlicher Verfügbarkeit eine unüberwindliche Grenze zieht. In diesem Sinne ist der hochmittelalterliche Nominalismus tatsächlich die Geburtsstunde der Moderne. Bekennen will sich der Mensch nur zu dem, was er selbst herausgefunden und benannt hat, um es mittels dieser Erkenntnis aus eigener Ermächtigung herstellen und machen – also beherrschen – zu können.[13] Der Sinn für ein in allem Seienden subsistierenden Sein ist auf dem Weg in die Neuzeit verloren gegangen.

Neuzeitliches Denken zielt, um allen Missverständnissen vorzubeugen, nicht zwingend auf den ‚Tod' Gottes. Aber das Bekenntnis zu Gott ist jetzt keine Folge mehr einer Erkenntnis, bleibt mithin abgelöst von dem, was die Neuzeit und wir Heutigen unter ‚Wissen' verstehen, sondern ist – wie man es schon ganz am Anfang im *Phaidon* bei Platon[14] findet, was wiederum zeigt, dass manches Neuzeitliche eher der Frühzeit zuzurechnen ist – mehr das Ergebnis einer vernünftigen Wette[15] als eines verlässlichen Wissens, ganz im Sinne des Vorschlags von Blaise Pascal,[16] – anders gesagt: das Ergebnis eines Führwahrhaltens, das allerdings, wie Immanuel Kant

---

REZ, *Disputationes Metaphysicae*, 1597, 26, II, 13: „[...] sic interdum dicimus Deum potius esse ipsum esse quam ens, quia ens concretum est et significat habens esse, ac si aliquo modo distinguatur habens ab ipso esse et per quamdam illius participationem sit ens." Der lateinische Text findet sich unter http://www.salvadorcastellote.com/d28.htm, letzter Aufruf am 25. März 2020; in der deutschen Übersetzung von CORNELIUS ZEHETNER, *Menschliche Metaphysik? Zum Anthropologischen in Francisco Suárez' Disputationes Metaphysicae*, in: *Menschenrechte und Metaphysik. Beiträge zu Francisco Suárez*, hg. v. Cornelius Zehetner, Göttingen 2020, 63–95, hier: 73: So sagen wir, „dass Gott eher das Sein selbst ist als das Seiende, weil Seiendes konkret ist und das bezeichnet, was Sein hat, so als ob in irgendeiner Weise das Habende vom Sein selbst unterschieden ist und durch eine gewisse Teilhabe an ihm ein Seiendes ist".

13 Vgl. die treffende Darstellung bei TILO SCHABERT, *Das Gesicht der Moderne. Zur Irregularität eines Zeitalters*, Freiburg/München 2018, bes. Kap. 6, 140–161.
14 Vgl. PLATON, *Phaidon*, 85c-d.
15 Vgl. ROCCO BUTTIGLIONE, *Die Wahrheit im Menschen. Jenseits von Dogmatismus und Skeptizismus*, hg. v. Christoph Böhr, Wiesbaden 2019, S. 238ff.; dazu CHRISTOPH BÖHR, *Von philosophischer und politischer Denkungsart – in der Nachfolge Platons zur Entscheidung Pascals*, in: Ebd., 273–289, hier bes.: 280ff.
16 Vgl. BLAISE PASCAL, *Über die Religion und über einige andere Gegenstände (Pensées)*, 1669, hg. v. Ewald Wasmuth, Heidelberg ³1963, III, 233, 121–123.

gezeigt hat, zwingende[17] – und keinesfalls beliebige, eher beiläufige – Folge vernünftiger Überlegung ist.[18] Im Zuge dieses Denkens wurde die Lehre von den Transzendentalien als Aussage über die allgemeinen Bestimmungen des Seins, an dem und an denen alles Seiende teilhat, nahezu bedeutungslos. Diese Lehre war ursprünglich eine umfassende Erkenntnislehre,[19] die zu beschreiben suchte, wie der Mensch durch sein Erkennen an der Wirklichkeit teilhat. In diesem Sinne war sie zugleich eine Kernaussage der Anthropologie. Davon ist heute kaum etwas übrig geblieben. Überlebt haben einzelne Versatzstücke – kulturelle Relikte wie die Redewendung vom ‚Guten, Wahren und Schönen' beispielsweise, auf die weiter unten einzugehen sein wird –, aber sie waren nicht mehr verbunden mit und gegründet in einem Sein, so wie es die Lehre von den Transzendentalien behauptet: Das Sein, das Eine, das Gute, das Wahre und das Schöne sind miteinander austauschbar, besagt diese Lehre zusammenfassend, und das will heißen: Alle diese Seinsbestimmungen beschreiben im menschlichen Erkennen das Verhältnis von Seiendem und Sein als eine Zuordnung alles Seienden zum Sein, indem sie auf ein und dieselbe Sache zielen: ens, unum, verum et bonum convertuntur.[20] Dieser Satz ist formal-logisch und onto-logisch zu begreifen: ens, unum, verum und bonum sind die Art und Weise, wie das Sein bestimmend auf alles Seiende nach der Möglichkeit unseres Erkennens[21]

---

17 Vgl. IMMANUEL KANT, Kritik der reinen Vernunft, 1781, B 852: Eine Bedingung ist dann und nur dann als notwendig gegeben, wenn ich selbst „gar keine anderen Bedingungen weiß" und zudem „gewiss weiß", dass „niemand andere Bedingungen kennen könne"; vgl. auch ebd., B 854f.; vgl. zudem IMMANUEL KANT, Kritik der praktischen Vernunft, 1788, A 256ff.
18 KANT, Kritik der reinen Vernunft, B 855: „Das Wort Glauben aber geht [...] auf die Leitung, die mir eine Idee gibt, und den subjektiven Einfluss auf die Beförderung [Hervorh. C. B.] meiner Vernunfthandlungen, die mich an derselben festhält [Hervorh. C. B.], ob ich gleich von ihr nicht im Stande bin, in spekulativer Absicht Rechenschaft zu geben."
19 Vgl. dazu Fußnote 60 mit dem Verweis auf Josef Pieper.
20 Zum Grundsatz der Konvertibilität bei Thomas von Aquin vgl. unter anderem LUDGER OEING-HANHOFF, Ens et unum convertuntur. Stellung und Gehalt des Grundsatzes in der Philosophie des hl. Thomas von Aquin, Münster 1953, bes. Kap. 3, 111ff.; ELEONORE STUMP, NORMAN KRETZMANN, Being and Goodness, in: SCOTT MACDONALD (Hg.), Being and Goodness. The Concept of the Good in Metaphysics and Philosophical Theology, Ithaca/London 1991, 98–129, hier bes.: 99–103 u. 105–107.
21 Vgl. JOSEPH GREDT, Elementa philosophiae Aristotelico-Thomosticae, 2 Bde., Freiburg i. Br. 1932, Bd. 2, 11ff., hier: 14, Nr. 627: „Proprietates entis non addunt enti qliquid reale sed aliquid rationis tantum."

wirkt; sie sind konvertibel „secundum rem", aber sie unterscheiden sich „secundum rationem": Das Gute und das Seiende sind zwar der Sache nach eins, müssen aber begrifflich unterschieden werden.²² In diesem Sinne – nämlich: idem esse secundum rem, der Sache nach dasselbe zu sein – gilt: Omne ens est unum, verum, bonum. So und auf diese Weise unternimmt das Denken den Versuch, sich in dem zu verankern, was ‚ist' und dementsprechend in der Flüchtigkeit allen Daseins Anteil am Sein hat; es beansprucht für sich ‚Realismus' – das heißt: die Überzeugung, dass all unser Wissen vom Gegenstand abhängt – gegen die Verführungen des ‚Idealismus'.

Entsprechend geht es im Folgenden nicht um das Adjektiv ‚gut',²³ sondern um das Substantiv: ‚das Gute'.²⁴ Was verbirgt sich hinter diesem heute manchem befremdlich erscheinenden Substantiv, das im Wortschatz der Gegenwart weit zurücktritt hinter dessen uns umso mehr geläufige, allerweltssprachliche und inhaltsarm gewordene Adjektivierung?

Da wir ‚Sein' immer nur als ‚Seiendes' – und auch dann nur höchst bruchstückhaft – zu erkennen vermögen, eröffnet uns die Lehre von den Transzendentalien zugleich auch eine Tür, um über das Erkennen von Seinsbestimmungen – dem Guten,²⁵ Wahren und

---

22 THOMAS VON AQUIN, Summa theologiae I, 5, 1, ad 1.
23 Man könnte auch in diesem Sinne von einer vollständigen Ethisierung des Guten, wie sie sich beispielsweise bei SIMON BLACKBURN, Gut sein. Eine kurze Einführung in die Ethik, Darmstadt 2004, findet, sprechen; dann ist ‚gut sein' eine Daseins-, aber keine Seinsbestimmung mehr.
24 Ihren maßgeblichen Ausgang findet die Debatte in einer um 1230 entstandenen Schrift des damaligen Kanzlers Philipp des Kapitels von Notre-Dame in Paris: PHILIPP DER KANZLER, Summa de bono, hg. v. Niklaus Wicki, 2 Bde., Bern 1985; dazu SCOTT MACDONALD, The Relation between Being and Goodness, in: MACDONALD (Hg.), Being and Goodness, 1–29, hier: 13: „Philip's Summa de bono is historically important not only because it is the first treatise of its kind but also because it serves as a model for subsequent thirteenth-century discussion."
25 PLATON, Politeia, 509b6–10, auf den die Lehre von den Transzendentalien maßgeblich zurückgeht, stellt das Gute über das Sein, „da doch das Gute selbst nicht das Sein ist, sondern noch über das Sein an Würde und Kraft hinausragt." Das Sein und das Wesen hat sein Erkanntwerden vom Guten – anders und in den Worten Bragues gesagt: Es ist das Schöne – und das ist das Gute –, das uns begnädigt. THOMAS VON AQUIN, In De div. Nom., Prooemium, hat diese Behauptung der „Platonici" über das ‚Erste', das „ipsum bonum vel per se bonum vel principale bonum vel superbonum vel etiam bonitatem omnium bonorum seu etiam bonitatem aut essentiam et substantiam, eo modo quo ab homine separato expositum est", abgelehnt – und zugleich bekräftigt: Er hat sie abgelehnt – „quantum ad hoc quod continet de speciebus naturalibus separatis" –, soweit sie sich auf die natürlichen abgetrennten Arten bezieht, und er hat sie bekräftigt – „ad id quod dicebant de primo rerum principio" –, soweit sie sich auf das bezieht, was sie über

Schönen, soweit sie in concreto menschlicher Erkenntnis aufblitzen – gleichsam einen Abglanz des Seins im Seienden zu erfassen. Hier liegt die – heutzutage oft verlachte – ontotheologische Bedeutung[26] dieser Lehre. Jegliche Erkenntnis, die sich bemüht, mehr Licht ins Dunkel der unserem Erkennen schwer zugänglichen Noumena zu bringen, kommt schwerlich umhin, zwischen einer – dem Menschen unzugänglichen – umfassenden und einer – dem Menschen möglichen – beschränkten Erkenntnis zu unterscheiden.[27] Das Sein, das – so verstanden – ein Noumenon ist, kann mittels der menschlichen Vernunft ansatzweise erschlossen werden über seine Phainomena: die Art und Weise nämlich, in der es in eine menschlich fass- und begreifbare Erscheinung tritt.[28]

In diesem Sinne haben Wahrheit, Gutheit und Schönheit – als allgemeine Bestimmungen (ad rationem) der begrifflichen Erkenntnis des Seins und sachlich (ad rem) für den Menschen in ihrer Fülle so unerreichbar wie das Sein in seiner ganzen Fülle – dort, wo sie – wie es zum Beispiel Thomas von Aquin in seiner Quaestio *De bono in communi* beschreibt[29] – phänomenal im Seienden aufleuch-

---

das erste Prinzip der Dinge aussagen – nämlich über das Erste als „per se bonum". Vgl. dazu KLAUS KREMER, *Die neuplatonische Seinsphilosophie und ihre Wirkung auf Thomas von Aquin*, Leiden 1966, bes. 118. Zur Erläuterung der ‚species separatae' – von Thomas definiert als ‚species per se existens' – vgl. THOMAS VON AQUIN, *Summa theologiae* I, 44, 3, ad 2, am Beispiel des Menschen: Obgleich der Mensch – hier und jetzt – nur aufgrund seiner Teilhabe an einer Art sein Dasein hat, kann er doch nicht zurückgeführt werden auf etwas, das innerhalb derselben – seiner – Art ‚an sich' besteht – per se existet –, sondern nur auf *die Art einer höheren Seinsstufe*"; vgl. dazu JAN A. AERTSEN, *Good as Transcendental and the Transcendence of Good*, in: MACDONALD (Hg.), *Being and Goodness*, 56–73, hier bes.: 67–69, 72f.: Das Gute ist „transcendentally by establishing an intrinsic connection between being and goodness. [...] the good is transcendental, [...] the predication essentially or by participation", so „Thomas effects a kind of synthesis between the Aristotelian way of thought and Aristotle's conception of the good, on the one hand – [...] – and the Platonic way and Plato's conception of the good, on the other hand".

26 Vgl. dazu Fußnote 31.
27 Vgl. den Beitrag von WILLIAM J. HOYE, *Die theologische Unbegreifbarkeit der Transzendentalien – Gott und Mensch: zwei verschiedene Sichtweisen*, in diesem Band, 387–403.
28 Vgl. dazu die den Kern der Sache treffende Bemerkung bei HELMUT KUHN, *Das Sein und das Gute*, München 1962, 78: „Der Gedanke des Seins als subsistierend steht und fällt mit dem Begriff der Transzendenz", die, ebd., 82f., über eine jedem Menschen „zugängliche Vergewisserung [...] im Gewissen" verfügt. Kuhns herausragendes Buch ist heute ganz zu Unrecht weithin vergessen.
29 THOMAS VON AQUIN, *Summa theologiae* I, 5, 1, resp.: „Ratio enim boni in hoc consistit, quod aliquid sit appetibile [...] bonum est ‚quod omnia appetunt'. Manifestum est autem quod unumquodque est appetibile secundum quod est perfectum: nam omnia appetunt suam perfectionem [...] unde manifestum est quod inquantum est aliquid bonum, inquantum est ens [...]. Unde manifestum est quod bonum et ens sunt idem secundum

ten, den Charakter von Verweisungen auf jenes Sein, das sie ermächtigt,[30] weil es noumenal alles Erscheinende zugrundeliegend begründet. Den Transzendentalien eignet ein Charakter der Deixis an, sie sind signa demonstrativa: Verweise, derer wir im Erkennen und Erfahren habhaft werden; indem sie eine Beziehung zwischen dem Sein und dessen Erscheinung im Seienden unmittelbar – intuitiv – erlebbar und begrifflich – diskursiv – namhaft machen; man kann sie verstehen als die Spur[31] der Transzendens des Seins in der Immanenz des Seienden.

2. Vom Sein zum Dasein – Existentialien statt Transzendentalien

In der Neuzeit nun traten an die Stelle der Transzendentalien – allgemeine Bestimmungen des Seins – Existentialien[32] – allgemeine Bestimmungen des Daseins. Der Begriff des Seins reduzierte sich auf das, was im Erscheinen erkennbar da ist: das Dasein. Philoso-

---

rem: sed bonum dicit rationem appetibilis, quam non dicit ens." Angelehnt an die Deutsche Thomas-Ausgabe: Der Charakter des Guten liegt darin, dass etwas Gegenstand des Verlangens ist [...]. Gut ist [...], wonach alle verlangen [...]; alle Dinge verlangen nach ihrer Vollkommenheit, ihrer Vollendung [...]. Offenbar ist also jedes Ding insoweit gut, als es seiend ist. Es ist daher klar: Das Gute und das Seiende sind sachlich eins. Doch besitzt das Gute den Charakter des Begehrenswerten, der im Begriff des Seienden als solchen nicht liegt.

30 Dabei ist wohl JOHANNES B. LOTZ, *Zur Konstitution der transzendentalen Bestimmungen des Seins nach Thomas von Aquin*, in: *Die Metaphysik im Mittelalter. Ihr Ursprung und ihre Bedeutung*, hg. v. Paul Wilpert u. Willehad Paul Eckert, Berlin 1963, 334–341, hier: 335, zuzustimmen, dass bei Thomas „offen bleibt, ob Seinsakt und Wesenheit in die Spannung von Verschiedenheit und Partizipation gebannt sind oder Identität und Subsistenz besagen".

31 Diese Spur ist für Bonaventura ‚vestigium Dei', die es erlaubt, dank der Wirkmacht Gottes eine Gegenwärtigkeit der Transzendentalien im Menschen zu erkennen: vgl. GERALD CRESTA, *Die Transzendentalien des Seins als onto-theologische Grundsätze des Seienden. Ein Beitrag zu Metaphysik und Anthropologie Bonaventuras*, Frankfurt a. M. 2004, 106: Im menschlichen „Sein (ens) finden wir eine Einheit (unitas), die sich proportional und im Streben nach einem Zweck (bonitas) verwirklicht"; vgl. auch ebd., 106, Fußnote 257 – unter Bezugnahme auf BONAVENTURA, *Breviloquium*, II, 6, 3: Das „Vorkommen der transzendentalen Attribute" – attributa principalia – findet sich „im Geschöpf: die Einheit im Gedächtnis, die Wahrheit im Denken und die Güte im Willen".

32 Der Begriff – allerdings mit ‚z': Existenzialien geschrieben – geht auf MARTIN HEIDEGGER, *Sein und Zeit*, 1927, Tübingen 1979, 44, zurück, wird hier und im Folgenden jedoch weiträumiger verstanden, nämlich als allgemeine Bestimmungen des Daseins, und deshalb, um nicht beabsichtigte Anklänge an Heidegger zu vermeiden, mit ‚t' – Existentialien – geschrieben.

phisch wurde die Lehre von den Transzendentalien vollständig marginalisiert; lediglich in der Belletristik überlebte zunächst noch eine Schwundstufe der alten Vorstellung, geschrumpft zur Trias vom ‚Wahren, Guten und Schönen'.

Die „Weihe"[33] dieser Trias erfolgte durch Johann Wolfgang Goethe in dessen *Epilog zu Schillers Glocke*, entstanden 1805 nach Friedrich Schillers Tod und bis zur endgültigen Fassung 1815 mehrfach umgearbeitet; in diesem *Epilog* heißt es über Schiller: „Indessen schritt sein Geist gewaltig fort / Ins Ewige des Wahren, Guten, Schönen, / und hinter ihm, in wesenlosem Scheine, / Lag, was uns alle bändigt, das Gemeine."[34] So wurde die Trias zum kulturellen Emblem jener literarischen Klassik, die – ganz im Sinne eines zeitlos ‚Höheren', das dem wesenlosen ‚Gemeinen' widerspricht – ihr Ideal in einer Verbindung von Ästhetik mit Humanität fand,[35] und blieb die „wahre Dreieinigkeit"[36] noch im frühen 19. Jahrhundert – bis schließlich bald darauf ihr Niedergang einsetzte.

Theodor Fontane erkannte in ihr – gleichsam zu seinem Ende das 19. Jahrhundert zumindest in seiner zweiten Hälfte resümierend – eine notdürftige, geheuchelte Verbrämung der „Geldsackgesinnung" der Bourgeois, die vorgeben, „Ideale zu haben; in einem fort quasseln sie vom ‚Schönen, Guten, Wahren' und knicksen doch nur vor dem Goldnen Kalb, entweder indem sie tatsächlich alles, was Geld und Besitz heißt, umcouren oder sich doch heimlich in Sehnsucht danach verzehren."[37] In der Figur von Jenny Treibel – im gleichnamigen Roman – hat er diesem Pharisäertum des Geldbürgertums einen beredten Ausdruck verliehen.

---

33 GERHARD KURZ, *Das Wahre, Schöne, Gute. Aufstieg, Fall und Fortbestehen einer Trias*, Paderborn 2015, 79.
34 JOHANN WOLFGANG VON GOETHE, *Epilog zu Schillers ‚Glocke'*, in: DERS., *Gedichte*, hg. v. Erich Trunz, München 1974, 256–259, hier: 257.
35 Indessen darf die letzte der zitierten Zeilen nicht überlesen werden: Das Gemeine, das alles Fortschreiten ins „Ewige des Wahren, Guten und Schönen" bändigt, indem es uns immer wieder zurückwirft. Dieser Wirklichkeitssinn Goethes wurde unanlässlich der Berufung auf die Trias oft ausgeblendet, obwohl sie dem Gedanken eine Art ‚Erdung' mit auf den Weg gibt, der, hätte man ihn ernst genommen, vielleicht vor dem Absinken ins Bildungsbürgerliche hätte schützen können – in der Aufmerksamkeit gegenüber der ständigen Bedrohung durch das ‚Gemeine'.
36 KURZ, *Das Wahre, Schöne, Gute*, 89ff.
37 THEODOR FONTANE, *Von Zwanzig bis Dreissig. Autobiographisches*, 1898, hg. v. Kurt Schreinert u. Jutta Neuendorf-Fürstenau, München 1967, 14.

Dreißig Jahre später – der Erste Weltkrieg hatte inzwischen Europa in seinen Grundfesten erschüttert – schrieb Erich Kästner, 1930, sein Gedicht *Und wo bleibt das Positive, Herr Kästner?* Dort heißt es – da hatte sich die Trias schon endgültig als ein hohles und bedeutungsleeres Klischee herausgestellt –: „Und immer wieder schickt ihr mir Briefe, / in denen ihr, dick unterstrichen, schreibt: / ‚Herr Kästner, wo bleibt das Positive?' / Ja, weiß der Teufel, wo das bleibt. / Noch immer räumt ihr dem Guten und Schönen / den leeren Platz überm Sofa ein. / Ihr wollt euch noch immer nicht dran gewöhnen, / gescheit und trotzdem tapfer zu sein."[38] Dort, wo der Mensch seine Geborgenheit findet – zu Hause auf dem Sofa –, bleibt der Grund aller Geborgenheit eine Leerstelle; der Platz der Trias ist leer, und so bleibt die Aufforderung am Ende, „gescheit und trotzdem tapfer" zu sein – also im Wissen um den Verlust und die dadurch eingetretene Leere keine Phrasen zu dreschen, sondern tapfer die Leere zu ertragen.

Nachdem die alte philosophische Trias, die das Sein, das Wahre und das Gute – später auch das Schöne und das Heilige – als austauschbar angenommen hatte, jetzt ihrer Referenz – nämlich des Seins – beraubt worden war und die ursprünglichen Seinsbestimmungen zu Daseinsbestimmungen verkürzt worden waren, geriet dieses kulturelle Emblem schnell in schwere Wasser: Bedrängt von den politischen und sozialen Verwerfungen im späten 19. und im frühen 20. Jahrhundert, verdiente das Klischee, das von der ursprünglichen Trias übrig geblieben war, nur noch Hohn und Spott; es war zu einer kontrafaktischen Fiktion geworden und schien durch die Wirklichkeit Lügen gestraft. Um der Wahrhaftigkeit willen war es zu verabschieden; denn es erklärte nichts mehr und – schlimmer noch – hatte sich als ohnmächtig angesichts seiner durch die geschichtlichen Ereignisse unausgesetzten Verhöhnung erwiesen. Eben diese Schlussfolgerung zog Ernst Jünger 1951 in seiner Schrift *Der Waldgang*: „Man kann sich [...] nicht darauf beschränken, im oberen Stockwerk das Wahre und das Gute zu erkennen, während im Keller den Mitmenschen die Haut abgezogen wird."[39] Als Jün-

---

38 ERICH KÄSTNER, *Und wo bleibt das Positive, Herr Kästner?*, in: DERS., *Ein Mann gibt Auskunft*, 1930, Zürich 1985, 107.
39 ERNST JÜNGER, *Der Waldgang*, 1951, in: DERS., *Essays. 1. Betrachtungen zur Zeit*, Stuttgart 1980, 281ff., hier: 314.

ger diesen Satz schrieb, waren die Schrecken des Nationalsozialismus soeben zu Ende gegangen. Unterstrichen wird die Feststellung mit dem Hinweis, dass eine Beschränkung auf die Erkenntnis des Wahren und Guten – während zu gleicher Zeit das ‚Gemeine' die Herrschaft übernommen hat, Menschen gefoltert und ermordet werden – auch dann unstatthaft ist, wenn man sich selbst in „geistig [...] überlegener Position" befindet. Erkennen und Bekennen des Guten, Wahren und Schönen sind nicht nur Ziel gelungener Menschenbildung, sondern unhintergehbare Verpflichtung, dem Er- und Bekennen Taten im Kampf gegen das ‚Gemeine' folgen zu lassen.

Nun hat aber die Kultur dieser Trias offenbar werden lassen, dass ihr jede Wirkmächtigkeit in der Stunde der Bedrohung fehlt. Genau diese Wirkmacht sollte sie aber nach Absicht der Klassik – als Emblem eines Humanitätsideals – besitzen. Diese Hoffnung erwies sich als folgenreicher Irrtum. Damit hatte sie sich nicht nur als nutzlos, sondern, verheerender noch, als wertlos erwiesen. Denn welche Wirkmacht haben ‚Werte', die – von der eigenen Vernichtung bedroht, aber kraftlos geworden – den lieben Gott einen guten Mann sein lassen und zu jeder Selbstbehauptung unfähig sind? Ein ‚Wert' ist nie in sich selbst bestimmt, sondern bestimmt das Gute, das in ihm erfasst wird, immer nur nach seinem Bezug zu anderem. Diese Relationalität, die ihm immer zu eigen ist, bedeutet: Ein Wert hat nie einen Selbstand in sich. Das macht ihn hilflos und schwach, wenn er bekämpft und seine Selbstbehauptung herausgefordert wird.

Das Gute, Wahre und Schöne als Daseinsbestimmungen – Werte für die Lebensgestaltung – waren für Fontane zur Karikatur verkommen, für Kästner lebensfremd geworden und sind schließlich zu Asche verbrannt – in den Öfen von Buchenwald, wenige Kilometer entfernt vom kulturellen Zentrum der Weimarer Klassik, die den Glauben an das Gute, Schöne und Wahre als ihr Leitgestirn begriffen hatte. Das Gute, Schöne und Wahre, detranszendentalisiert und somit ganz und gar ‚in der Zeit' – ihrer Verankerung im Sein und ihrer Bedeutung als Verweis auf das Sein beraubt –, entpuppte sich auf einen Schlag als bitterer Hohn angesichts der Wirklichkeit von – allein in Buchenwald – schätzungsweise 56.000 Ermordeten, als zerbrechlich und allzu schwach, kraftlos und ausgehöhlt, um sich schöngeistig gegen den bedingungslosen Vernichtungswillen der Zeit durchhaltend behaupten zu können. Die Vorstellung, das Dasein als dem Guten, Wahren und Schönen verpflichtet zu denken, hatte ausgedient, nachdem sie zum Jargon verkommen war.[40] Das Ideal schien von der Wirklichkeit gleichermaßen blamiert und desavouiert zu sein.[41] In allerjüngster Vergangenheit hat es die Trias nun allerdings wieder in den Titel eines Buches gebracht: Sibylle Lewitscharoff hat ihre Frankfurter und Zürcher Poetikvorlesungen *Vom Guten, Wahren und Schönen* überschrieben. Im Text selbst taucht die Redewendung zwar nur an wenigen Stellen auf;[42] die Vorlesungen gehen jedoch der Frage nach, was unter Realismus in Literatur und Poetik zu verstehen ist; aber sie sind – ganz ohne kitschige Anleihen und weit jenseits des eben erwähnten ‚Jargons' – ein insgesamt unaufdringlich-eindringliches Werben dafür, die „noble Aufgabe der Kunst", „wenigstens eine Ahnung davon aufblitzen zu lassen, was essenziell gut, was schön, was wahr sein könnte in uns selbst und in der Welt, in der wir leben", nicht unter Berufung auf einen falsch verstandenen ‚Realismus' zu verraten.[43] Hier blitzt sie wieder auf, die Vorstellung, dass Sein eine nicht nur existenzielle, sondern auch essenzielle Dimension hat.

---

40 So die einflussreiche Schrift von THEODOR W. ADORNO, *Jargon der Eigentlichkeit. Zur deutschen Ideologie,* Frankfurt a. M. 1964, 12: „Sakral ohne sakralen Gehalt, [...] sind die Stichwörter des Jargons der Eigentlichkeit Verfallsprodukte [...]. Die Dauerrüge gegen die Verdinglichung, die der Jargon unterstellt, ist verdinglicht" und taugt nur noch „zur ideologischen Selbstbefriedigung eines von der gesellschaftlichen Entwicklung bedrohten und erniedrigten Kleinbürgertums." Wenn ADORNO, *ebd.,* 29, alles „metaphysische Bedürfnis" als „aufs Bildungsgut heruntergekommen" zu durchschauen glaubt, beschreibt er damit aus seiner Sicht die Belanglosigkeit jener längst an der Wirklichkeit zerschellten Trias vom Wahren, Schönen und Guten, ohne freilich einzugestehen, dass diese Trias erst durch ihre Detranszendentalisierung zum hohlen Jargon geworden war.
41 Den nahe liegenden Einwand gegen die These, das Gute und das Sein seien ‚idem secundum rem', und die gegenteilige Behauptung, dass allem Anschein nach das Gute und das Sein sachlich verschieden sind, sodass ‚bonum et ens differunt secundum rem', hat THOMAS VON AQUIN, *Summa theologiae* I, 5, 1, 1, gleich als ersten Einwand in der genannten 5. Quaestio *De bono in communi* aufgegriffen.
42 SIBYLLE LEWITSCHAROFF, *Vom Guten, Wahren und Schönen. Frankfurter und Zürcher Poetikvorlesungen,* Berlin 2012, 72f., 102, 107, 155f., 158.
43 Ebd., 102.

3. Verlustig gegangen im Zeitalter des Nichts[44]

Die Lehre von den Transzendentalien behauptet einen Anspruch auf Objektivität nicht in dem Sinne, dass sie Urteile der Vernunft als gewiss und unfehlbar deutet, sondern dergestalt, dass sie – hier allerdings mit Gewissheit – ein Referenzobjekt jenseitig des nur Subjektiven aller Erkenntnis voraussetzt, eine Wirklichkeit mithin, die jenseits aller subjektiv konstruierten Realität liegt[45] und der auch dann ein Sein zukommt, wenn sie vom Menschen nicht in actu erkannt wird. Diese Sichtweise hat die Philosophie in der Moderne nicht gelten lassen können. Sie, deren Erkenntnislehre immer stärker auf die Radikalisierung von Subjektivismus und Relativismus zusteuerte, wollte die Behauptung, es gebe ein Sein als unabdingbare Voraussetzung und Begründung alles Seienden, nicht hinnehmen. Einerseits wurde diese Behauptung als Ideologie gebrandmarkt – je nach Lesart entweder als Waffe im Dienst der Herrschenden oder als Trost für die Leiden der Beherrschten – und andererseits als Ausweis einer Antiquiertheit[46] des Denkens, das restaurativ erstarrt ist und sich weigert, progressiv fortzuschreiten.

Seinen – vorläufigen – Höhepunkt erreicht dieses Denken, das Abschied vom Sein nimmt und nur noch ein Da-Sein – anders ausgedrückt, ein So-Sein – kennt, bei Jean-Paul Sartre, dem in dieser Hinsicht bis heute viele gefolgt sind. Für Sartre tritt das ‚existere' – das Dasein – an die Stelle des ‚esse' – des Seins –. Die Behauptung, dass Sein nicht nur einen existenziellen, sondern immer auch einen essenziellen Aspekt hat, wird demzufolge auf das Schärfste zurückgewiesen. Wer den Menschen auf diese Weise beschreibt, wie Konstruktivisten – in der Nachfolge Sartres – das heute tun, erblickt in ihm ein Geschöpf, das in toto sein eigener Schöpfer ist, mithin

---

44   Die Redewendung ist eine Anspielung auf das Buch von PETER WATSON, *Das Zeitalter des Nichts. Eine Ideen- und Kulturgeschichte von Friedrich Nietzsche bis Richard Dawkins*, München 2016.

45   Vgl. THOMAS VON AQUIN, *Summa theologiae* I-II, 93, 1, ad 3: „Intellectus enim humanus est mensuratus a rebus, ut scilicet conceptus hominis non sit verus propter seipsum, sed dicitur verus ex hoc quod consonat rebus."

46   KARL HEINZ HAAG, *Der Fortschritt in der Philosophie*, Frankfurt a. M. 1985, 126, spricht von dem Versuch, „ein Denken zu restaurieren, für welches der Begriff der Natur noch nicht auf das Meßbare reduziert war". Dieses ‚restaurative' Denken – aus seiner Sicht: der Neuscholastik und des Neukantianismus – stößt bei ihm, einem Schüler Max Horkheimers, auf Ablehnung.

seinen Eltern ausschließlich sein vegetatives Leben als Material für beliebige eigene Verfügungen, über deren Ausfüllung er allein entscheidet, schuldet: ein ‚Geschöpf', das sein Leben – Leben verstanden, wie eingangs dargestellt, begrifflich verkürzt als Dasein – gleichsam in reiner Stofflichkeit beginnt und gezwungen ist, sich in seinem Wesen selbst zu erschaffen, ja, da es ohne innere Bestimmung in die Welt geworfen wurde, sich selbst neu zeugen muss, indem es sich in einer zweiten Geburt kraft eigenen Entschlusses zu Wesen und Gestalt bringt, ohne dabei irgendeine innere Natur – von der in diesem Fall zwangsläufig behauptet werden muss, dass es sie gar nicht gibt – zur Entfaltung zu bringen.[47] Der Herrschaft des Selbst sind dabei keine Grenzen gesteckt.[48] Und wo die Biologie heute immer noch der Manipulation Grenzen zieht, ist die Hoffnung groß, diese durch ‚Fortschritte' in der Forschung Schritt für Schritt weiter hinausschieben zu können, damit der Mensch über immer mehr und größere Möglichkeiten verfügt, sich selbst zu ‚optimieren', mithin nach eigenem Bild und Gleichnis zu erschaffen.

In dieser autopoietischen Selbsterschaffung folgt er, der sich als ‚ens causa sui' begreift, mithin keinerlei unverfügbaren Verbindlichkeiten, außer vielleicht den durch Konvention und Konsens – also jeweils bis zu ihrem Widerruf, mithin immer nur bedingt

---

[47] Kaum Beachtung findet heute die Gründungsurkunde dieser so wirkmächtigen Denkbewegung aus dem Jahr 1946, nämlich JEAN-PAUL SARTRE, La Liberté cartesiénne, in: Descartes. 1596–1650, hg. v. Jean-Paul Sartre, Genf/Paris 1946, 9–52; dt. Descartes und die Freiheit in der Ausgabe des Discours de la Méthode. Abhandlung über die Methode, hg. v. Karl Jaspers, Mainz 1948, 183–206; Sartre beschreibt – wie schon zuvor 1943 in L'être et le néant. Essai d'ontologie phénoménologique – den Menschen in Gänze als die ‚ens causa sui'. Dabei hat Sartre freilich Descartes gründlich missverstanden, weil er ihn so gelesen hat, wie er ihn verstehen musste, um dessen Denken dem eigenen anpassen zu können; vgl. dazu die kluge, gegen den Existentialismus Sartres gerichtete Exegese Descartes' bei FERDINAND ALQUIÉ, Descartes, Stuttgart-Bad Cannstatt 1962; in seiner Sammelbesprechung schreibt IRING FETSCHER, Das französische Descartesbild der Gegenwart, in: Ebd., 127–158, hier: 150, zutreffend über Alquiés Deutung der Philosophie von Descartes: „Das menschliche Bewusstsein ist ‚désir', indem es die Empfindung der eigenen Endlichkeit mit der Unendlichkeit, die es anstrebt, verbindet, es ist ‚soif de l'Etre' daher zugleich Denken und Wollen, ‚denn man kann nur begehren, indem man erkannt hat, was man nicht ist [...]'. Mein ‚être' wird als endlich und sterblich erkannt, aber nicht – wie in der Existenzphilosophie unserer Tage (bei Sartre) – auf dem Hintergrund des Nichts, sondern ‚sur fond de Dieu' [...]."

[48] Zum Folgenden vgl. CHRISTOPH BÖHR, Zwischen Verzweiflung und Selbstlösung: der Mensch – ein hoffnungsloser Fall? Zum Begriff der Menschenwürde, seinen Voraussetzungen und seinen Folgewirkungen, in: Ambo 2019. Esoterik versus Erlösung. Jahrbuch der Hochschule Heiligenkreuz (4. Jahrgang), Heiligenkreuz 2019, 284–318.

geltenden – festgelegten, aber in der Zeit wandelbaren Vorgaben. Mit anderen Worten: In diesem Fall versteht der Mensch sich als ein Seiender, ohne Anteil an einem Sein zu haben. Das, was er als Seiender aus sich macht, steht unter dem Vorbehalt jederzeit möglichen Widerrufs – so wie, diesem Menschenbild folgend, alles, was gilt, nur unter Vorbehalt und auf Widerruf gilt. Eine Folge dieses menschlichen Selbstverständnisses fällt sofort ins Auge: Das ganze Leben wird so zu einer Machtfrage. Denn es muss ja den- oder diejenigen geben, die in Konvention und Konsens festlegen, was heute am Tage – und vielleicht morgen – als erlaubt und zulässig gilt, die also Macht haben, jene sozialen Konstruktionen herbeizuführen, zu beglaubigen, zu widerrufen und neu zu bestimmen – jene Konventionen, von denen der Mensch – jetzt selbst nicht mehr in der Ordnung der Natur, sondern in seinem Selbst nur noch Konvention – dann ein Teil ist. Deshalb darf es nicht verwundern, dass philosophische Theorien dieser Richtung vor allem bio-politische Theorien sind – und folglich wie alle politischen Ambitionen darauf erpicht sind, politischen Einfluss, also Macht, zu gewinnen. Francis Bacon suchte Erkenntnis, um die Natur beherrschen zu können;[49] heute, nachdem sich der Wille zur Macht als Herrschaftsanspruch über die Natur mehr und mehr als Wahn herausstellt, geht es vor allem darum, Konvention und Konsens im eigenen Sinne und zu eigenen Zwecken beeinflussen zu können.[50] Wer sich – beispielsweise hinsichtlich seiner geschlechtlichen Zugehörigkeit, seinen Bedürfnissen und Neigungen – nach eigenem Gutdünken und fallweise anders zum Ausdruck und zur Gestalt bringen will,[51] muss sich mit diesem Ansinnen, um dafür die gesuchte öffentliche und personenstandsrechtliche Anerkennung zu finden, durchsetzen und braucht die dafür notwendigen Mittel: eben Macht – vor allem die Macht, den Inhalt von Begrif-

---

49 FRANCIS BACON, Neu Atlantis, 1638, in: Der utopische Staat, hg. v. Klaus J. Heinrich, Hamburg 1960, 205: „Der Zweck unserer Gründung ist die Erkenntnis der Ursachen und Bewegungen sowie der verborgenen Kräfte in der Natur und die Erweiterung der menschlichen Herrschaft bis an die Grenzen des überhaupt Möglichen."

50 Dabei wird nicht verkannt, dass auch jene Konventionen, gegen die man ankämpft, selbstverständlich ihrerseits soziale Konstruktionen sind, die politisch – also mittels Macht – durchgesetzt wurden.

51 Ein Beispiel ist die Ablösung der Vorstellung von Zweigeschlechtlichkeit zugunsten der Anerkennung von 60 verschiedenen sexuellen Identitäten, wie sie heute bei Facebook angegeben werden können.

fen verändern zu können.⁵² ‚Natur' wird zu einer Variablen der Politik. Selbstverwirklichung, Selbstgestaltung und Selbstvollzug vollziehen sich – tagtäglich um gesellschaftliche Erlaubnis und Anerkennung ringend – nach dem Geschmack des Augenblicks, in wechselnden, stets widerruflichen, vorübergehenden Identitäten, gleichsam nomadisierend.

Ein Leben, das sich im ‚existere' festzumachen versucht, weil es ein ‚esse' nicht mehr kennen will, zwingt den Menschen zum Dasein als ‚homo faber': als Ingenieur in eigener Sache, der sich zur Selbsterschaffung gezwungen und zur Selbsterlösung berufen weiß. Er ist – um eine bekannte Redewendung Sartres aufzunehmen – zur Freiheit verdammt, ein In-die-Welt-Geworfener. Wenn in diesem Zusammenhang von einem – nicht ‚dem' – Guten die Rede ist, dann zielt diese Redeweise nicht auf ein Sein, sondern auf einen Wert. Die Existentialien als Bestimmungen des Daseins kennen, wie mehrfach betont, kein Sein, sondern nur noch Dasein, keine Wahrheit, sondern nur noch Werte, nicht Indisponibles, sondern nur noch Disponibilität, keine Grenzen, sondern nur Entgrenzung, keine Identität, sondern nur noch Fluidität – offenbar in gänzlicher Unkenntnis der Mahnung von Friedrich Nietzsche: „Dass wir nicht [...] ‚Wünschbarkeiten' zu Richtern über das *Sein* machen!"⁵³

Dabei entspricht der Maßstab der Wünschbarkeit einem radikal konstruktivistischen Denken, ja, der Radikale Konstruktivismus geht noch einen Schritt weiter: Weil er ein von der Autopoiesis unabhängiges Sein gar nicht für möglich hält, werden Wünschbarkeiten, von denen Nietzsche befürchtete, dass sie zu Surrogaten des Seins werden könnten, zum Erzeuger des vom Menschen selbst erschaffenen Seins, seinem Dasein – und zu dessen Richter. Es ist die Existenz des Menschen, die sich eine Essenz selbst erschafft – so lautet die grundlegende neuzeitliche Antithese zur

---

52 Dass Menschen, die für sich eine andere Orientierung als die der Heterosexualität erkennen, auch in dieser Hinsicht die gleichen Rechte haben wie alle übrigen Menschen, wird beileibe niemand infrage stellen. Infrage zu stellen ist hingegen, ob Begriffe wie Ehe, Mutter und Vater tatsächlich nichts anderes sind als eine jederzeit beliebig veränderbare kulturelle Konstruktion, ihnen mithin keine dauerhaften Merkmalsbestimmungen zu eigen sind, sodass sie – jetzt zu Termini ohne Substanz abgewertet – von Fall zu Fall mit einem gänzlich neuen Inhalt gefüllt werden können und allfälligen begrifflichen Neubestimmungen unterworfen werden.
53 FRIEDRICH NIETZSCHE, *Nachgelassene Fragmente. Herbst 1887*, 9 [13]. Hervorhebung im Original.

alten Lehre von den Transzendentalien. Diese Antithese wurde alles in allem zur Doktrin der Moderne und der Postmoderne. Die völlige Detranszendentalisierung des Denkens war damit zunächst einmal vollzogen.

4. ... und wiedergefunden bei fortdauernder Aktualität

Nach dieser knappen Vergegenwärtigung der Folgen von Detranszendentalisierung und – hier nicht im heideggerschen Sinne verstandenen – Seinsvergessenheit soll im Folgenden abschließend die anfänglich gestellte Frage nach der Begnädigung durch das Sein noch einmal aufgegriffen werden. Bereitet die Wiederentdeckung – die neue Wahrnehmung des alten Bedürfnisses nach – der Metaphysik einen Boden für die Wiedergeburt eines Seinsverstehens aus dem Guten, wie es die Lehre von den Transzendentalien unterstellte?[54]

Heute scheint es, dass wir die allgemeinen Seinsbestimmungen weniger definitorisch als vielmehr deiktisch verstehen können; die ehemals unerschütterliche Überzeugung, dass ein Sein hinter allen seinen Erscheinungsformen steht, wird von vielen Zeitgenossen in dieser Form nicht mehr geteilt. Aber das bedeutet mitnichten, die alte Lehre verabschieden zu müssen; vielmehr geht es darum, sie neu verstehen zu lernen.

Die Erfahrungen des Guten, Wahren und Schönen zeigen ein Sein hinter ihren jeweiligen Erscheinungsformen, die uns als je Seiendes begegnen; sie machen eine Differenz bewusst, und rufen damit das Bedürfnis der Vernunft wach, das Ganze[55] in seinem

---

[54] Vgl. dazu und zum Folgenden CHRISTOPH BÖHR, *Der Imperativ erst schafft den Indikativ. Ein Postscriptum zu Rémi Brague*, in: *Zum Grund des Seins. Metaphysik und Anthropologie nach dem Ende der Postmoderne – Rémi Brague zu Ehren*, hg. v. Christoph Böhr, Wiesbaden 2017, 215–237.

[55] Vgl. EDITH STEIN, *Endliches und ewiges Sein. Versuch eines Aufstiegs zum Sinn des Seins*, Löwen/Freiburg 1950, Kap. 5, § 10, 276f. – in der *Edith-Stein-Gesamt-Ausgabe* die Bde. 11 u. 12 –: „Es gehört um Seienden als Ganzem, dass es ein *geordnetes Ganzes* ist: dass jedes einzelne Seiende darin seinen Platz und seine geregelten Beziehungen zu allem anderen hat; die Ordnung ist ein Teil des (so verstandenen) Seienden, und das Offenbarsein oder die Zuordnung zum Geist, die uns mit der transzendentalen Wahrheit gleichbedeutend ist, ist ein Teil dieser Ordnung." [Hervorh. im Original] Stein wird auch deshalb hier erwähnt, weil sie sich nach einer gründlichen Befassung mit der Lehre von den Transzendentalien in umfangreichen Arbeiten um eine Vereinbarung der

Sinn und seiner Ordnung erfassen zu wollen – eben nicht nur das jeweils flüchtige Schöne, sondern auch das Schöne schlechthin in seiner Dauer. Noch eindringlicher stellt sich möglicherweise dieses Bedürfnis im Umgang mit der Erfahrung des Guten ein, wenn wir uns zum Beispiel gezwungen sehen, zwischen zwei Übeln zu wählen, aber doch eigentlich weder das eine noch das andere, sondern das schlechthinnig Gute zu tun wünschen. Wir wissen, dass unsere endliche Vernunft diesem Ansinnen, das Schlechthinnige zu erfassen, nie gerecht werden kann und dass ebenso unser Handeln, so sehr wir uns auch bemühen, dem Guten die bestimmende Kraft zuzubilligen, hinter diesem Anspruch zurückbleibt. Diese Einsicht schmälert aber mitnichten, sondern steigert ganz im Gegenteil unser Bedürfnis, ja, unsere Sehnsucht nach dem Unbedingten, nämlich bedingungslos erkennen und tun zu können, was dem Schlechthinnigen entspricht. In dieser Hinsicht ragt der Mensch – mit seiner Größe und seiner Not – in das Absolute, das von allen Bedingungen losgelöst ist;[56] gerade weil all sein Erkennen

---

thomistischen Seinsphilosophie mit der phänomenologischen Bewusstseinsphilosophie mühte; damit hat sie sich auch philosophiehistorisch große Verdienste erworben; zu diesem Bemühen vgl. bes. ANNA JANI, *Edith Steins Denkweg von der Phänomenologie zur Seinsphilosophie*, Würzburg 2015, bes. 318ff., sowie ANNA JANI, *Der Übergang von der Husserlschen Fragestellung zur Seinsphilosophie. Von der Methodenfrage zur Ontologie des Seins*, in: *Husserl und Thomas von Aquin bei Edith Stein*, hg. v. Peter Volek, Nordhausen 2016, 150–171, und ANNA JANI, *Vom Sein zum Bewusstsein – zum Sein. Eine phänomenologische Perspektive auf die Lehre von den Transzendentalien: Thomas von Aquin in der Deutung durch Edith Stein*, in diesem Band 314–327.

56 Vgl. dazu auch den bedenkenswerten Gedanken einer ‚abwesenden Anwesenheit' des Unbedingten in der Endlichkeit bei ATTILA SZOMBATH, *Das Unbedingte und das Endliche. Grundlinien des metaphysischen Systems der Freiheit*, Würzburg 2019, 65f., 91f., hier: 87f.: Die Unbedingtheit kommt „allem, was existiert, und gerade *soweit* es existiert", zu. „Wenn nämlich etwas ‚besteht', dann ist *dieser* sein ‚Bestand' von allen ‚Wenn-dann'-Bedingungen unabhängig oder ‚losgelöst' [...], wenn nichts diesen Bestand ausschließt, dann hat es eben *keine* Schranke. (Wir könnten noch hinzufügen, dass auch die ‚Dies ist so'-Form aller Behauptungen diese Unbedingtheit verrät ...) Doch kommt dieses Moment der Unbedingtheit dem Seienden in seiner Endlichkeit zu. Wir finden in den einen endlichen Inhalt besitzenden Seienden eine ‚gewisse' Unbedingtheit, sein eigentümlicher und sich von anderen abhebender Inhalt ist der, was selbständig ist und was – gerade *insofern* es ist – nicht ‚innerhalb' eines anderen besteht und von nichts anderem ausgeschlossen ist." [Hervorh. im Original] Vgl. dazu auch CORETH, *Grundriss der Metaphysik*, 60f.: Endliches Seiendes ist „ein *bedingt Unbedingtes*, d. h. dass es zwar bedingt, aber nicht nur durch Bedingungen, die selbst wieder bedingt, daher wandelhaft sind, sondern insofern es ‚ist', über alle Bedingungen hinaus in einen letzten und unbedingten Geltungshorizont gesetzt ist". Ein ‚bedingt Unbedingtes' setzt als letzte Bedingung seiner Unbedingtheit ein schlechthin Unbedingtes voraus. [Hervorh. im Original] Mir geht es hier und im Folgenden weniger nicht um die statuarische Festsetzung dieses

perspektivisch und all sein Handeln limitiert bleibt, steigert sich seine Sehnsucht nach einem ‚Mehr' als das, was ihm verfügbar ist, von Mal zu Mal. In einem Wort von Ferdinand Alquié gesagt: „Das menschliche Bewusstsein ist ‚désir', indem es die Empfindung der eigenen Endlichkeit mit der Unendlichkeit, die es anstrebt, verbindet."[57] Nun kommt es darauf an, diese Differenz nicht nur als eine epistemische, sondern auch als eine ontologische zu begreifen. Man kann dieses Ansinnen selbstverständlich zurückweisen, indem man schlechterdings bestreitet, hinter dem flüchtig Phänomenalen gebe es ein beständiges Noumenales und im Sinne dieser Bestreitung unterstellt, dass diese Behauptung nur einer Irreführung der Vernunft oder einer Selbsttäuschung des Geistes entspricht. In diesem Fall aber bleibt das Problem dennoch in seiner ganzen beunruhigenden Dringlichkeit bestehen; die Zurückweisung ist keine Lösung der Schwierigkeit, wie die epistemische Differenz denn zu deuten und wie mit ihr umzugehen ist, sondern nur ihre schlichte Leugnung, die zumal wenig genug gute Gründe für sich geltend machen kann.

Im Sinne einer praktischen Metaphysik, die vom inneren Menschen und dessen Erfahrung des Guten, Wahren und Schönen ausgeht – eine Erfahrung, die wir in unserem Selbst machen[58] und die mit einer großen inneren Gewissheit einhergeht –, bleibt jeder Versuch, es dabei zu belassen, ohne danach zu fragen, was sich uns in diesen Erfahrungen mitteilen will, in höchstem Maße unbefriedigend. Unser Verlangen, das, was sich uns immer flüchtig entzieht, zu befragen auf das hin, was es uns mitteilen will und ihm sodann nach Möglichkeit Umriss und Dauer zu geben, lässt sich nicht einfach durch beharrliches Leugnen zum Schweigen bringen. Was es bedeutet, in der Wahrheit zu leben, wissen wir – vor allem dann, wenn es uns durch äußere Zwänge nahezu unmöglich gemacht wird, weil wir durch Gewalt zu einem Leben in der Lüge gezwun-

---

Zusammenhanges, sondern um seine Aufdeckung mittels der deiktischen Bedeutung der Transzendentalien, die uns genau diesen Zusammenhang mitteilen wollen.

57 Vgl. dazu Fußnote 47.

58 Vgl. zur praktischen Metaphysik als Philosophie der Subjektivität und des ‚inneren Menschen' zuletzt und überzeugend THEO KOBUSCH, *Selbstwerdung und Personalität. Spätantike Philosophie und ihr Einfluß auf die Moderne*, Tübingen 2018, bes. Kap. IV: *Der innere Mensch*, 76–98.

gen werden. Der unbändige Wunsch, in der Wahrheit leben zu können, hat zuletzt 1989 in Europa totalitäre Ideologien, die genau diesen Wunsch unter Strafe stellten, und diktatorische Regime, die sich als die Herren auch über die Wahrheit verstanden, indem sie das Zentrum der Macht zum Zentrum der Wahrheit erklärten, zum Einsturz gebracht. Es erwies sich als fatal, den Wunsch nach einem Leben in der Wahrheit[59] – gegen die von oben gewaltsam verordnete Lüge – in seiner Kraft zu unterschätzen.

Wenn man mithin die Transzendentalie der Wahrheit nicht nur als logische oder epistemische Wahrheit versteht, sondern als ontische Wahrheit – als Wahrheit des Seins und der Dinge[60], für die ja offenbar der Mensch ein Gespür hat –, kann kaum bezweifelt werden, dass wir in der Vergegenwärtigung unserer eigenen Lebensumstände erkennen können, ob wir ein Leben in der Wahrheit – oder in der Lüge – führen, und zwar nicht nur dann, wenn die Lüge von oben mit Zwang verordnet ist, sondern auch in dem Fall, dass wir uns, aus welchen Gründen auch immer, selbst einer Lebenslüge freiwillig gebeugt haben. Diese Erfahrung, so individuell sie uns betrifft, ist gleichbedeutend mit dem Einblick in Wahrheit überhaupt – und mit ihr ragt der Mensch in das Absolute: Sie öffnet ein Fenster auf die schlechthinnige Wahrheit, das Gute, und führt unser Denken vom Konkreten zum Abstrakten, vom Seienden zum Sein, von der Erfahrung zum Begriff, vom eigenen Leben zu dessen Wahrheit – oder eben Mangel an Wahrheit.

---

59 Beispielhaft und eindrucksvoll VÁCLAV HAVEL, *Versuch, in der Wahrheit zu leben*, Reinbek 1989.
60 Vgl. JOSEF PIEPER, *Wahrheit der Dinge. Eine Untersuchung zur Anthropologie des Hochmittelalters*, München 1947; zur Lehre von den Transzendentalien bes. 29–46; heute mag es auf den ersten Blick erstaunen, dass Pieper die Lehre von den Transzendentalien im Rahmen einer Anthropologie abhandelt; doch trifft er damit den Kern der Sache, denn diese Lehre ist eine Erkenntnislehre, also der Anthropologie zugehörig; besagte Erkenntnislehre skizziert Pieper knapp und treffend, ebd., 37: „Erkennen [...] besagt: dass ein Wesen die Washeiten anderer Dinge und Wesen in sich trage, nicht nur die ‚Bilder' der Dinge, sondern ihre ‚Formen'. Erkennend sein heißt also: über die eigenen Grenzen hinausgreifen, nicht eingeschränkt sein auf das eigene Wesen, sondern ,die Form auch des anderen Wesens haben', das ist: auch das andere Wesen *sein*." [Hervorh. im Original] Der Begriff der ‚Form' meint im scholastischen Sprachgebrauch: die innere Prägung der Dinge, also das, wodurch ein Wesen ist, was es ist; vgl. auch JOSEF PIEPER, *Die Wirklichkeit und das Gute*, München 1949, 26f.: „Die Erkenntniswelt ist ‚präformiert' in der objektiven Seinswelt; diese ist das Ur-Bild, jene das Nach-Bild. Der ‚im Akt' erkennende Geist ist wesenhaft etwas Nachgeformtes [...]. Der erkennende Geist ist nicht ‚von sich'; er ist etwas Zweites und wesenhaft Abhängiges."

Damit wird klar, dass es nicht nur um die je eigene Wahrheit des je eigenen Lebens geht, sondern zugleich um die allgemeine Frage: Wie kann ein Leben grundsätzlich so geführt werden, damit es in der Wahrheit – also im Guten – gelebt werden kann? Am Ende also steht dann – neben dem Fortgang von der Erfahrung zum Begriff – auch die Frage nach den äußeren Bedingungen und Umständen, die gewährleistet sein müssen, damit ein Leben in der Wahrheit wurzeln kann. Die soziale Ordnung hat ein Widerlager in der metaphysischen Ordnung.

Die Erfahrung der Lüge verweist auf die Wahrheit und die Erfahrung der Wahrheit verweist unser Denken auf eine Wirklichkeit, ein Sein des Guten, das der Wahrheit entspricht. Die ‚adaequatio rei et intellectus' ist deshalb nicht nur logisch und epistemisch zu verstehen, sondern auch im moralischen Sinne: als eine Erfahrung in unserer Innerlichkeit – unserem Selbst –: nämlich als Bedürfnis einer Annäherung – adaequatio – unserer Vernunft und unseres Handelns an das Sein, das sich uns in der Erfahrung des Guten und der Wahrheit zu erkennen gibt. Diese Erfahrungen sind jedoch nur unvollkommene Gegenwartsgestalten und gerade deshalb ein Stachel im Fleisch unseres Lebens; weil wir der Unvollkommenheit gewahr werden, drängt es uns umso mehr nach einer Einsicht, die das Vollkommene erfasst. An den Grenzen seiner schwachen und endlichen Vernunft angekommen, muss der Mensch sich entscheiden, wie er mit dieser Grenzerfahrung umgeht: ob er sie einfach wegwischt, oder ob er – wie Kant es vorgeschlagen hat – die oft verwirrenden Gegenwartsgestalten in einem gemeinsamen Sinnzusammenhang erfassen will.[61]

In der Gewissheit, gut gehandelt zu haben, erfährt der Mensch sein Leben in der Beziehung zu einem Maßstab, dem Maßstab des Guten, den er selbst nicht erfunden hat, sondern der ihm ein Vorgegebenes ist: den Maßstab des Seins, zu dem der Mensch als Seiender in einer Anteilsbeziehung steht, sodass ihm zumindest vage Kenntnis darüber zugänglich werden kann. Die immer defiziente

---

61 Im Ausgriff auf den ‚Sinn' zeigt sich für KUHN, *Das Sein und das Gute*, 12, die Verbindung mit dem Sein und damit die Konvertibilität von Sein und Gut: Das „Sein ist mit dem Guten untrennbar verbunden. Von dem Guten hängt das Sein alles Seienden ab. Um es in moderner Sprache auszudrücken: die Frage nach dem Sein ist zugleich Frage nach dem Sinn von Sein".

Erfahrung von Gutem, Schönem und Wahrem, die sowohl in ihrer Temporalität als auch in ihrer Extensionalität ständig bedroht ist vom Nicht-Sein, drängt uns zu der Frage, ob all diese Erfahrungen wirklich nur im flüchtigem Übergang gemacht werden können oder ob sie als signa demonstrativa et prognostica[62] verstanden werden dürfen, also über den Charakter einer Deixis verfügen: als Zeichen des Hinweises auf das Gute, Schöne und Wahre als Bestimmungen des Seins jenseits aller Defizienz ihrer uns möglichen Erfahrung.

In diesem Sinne sind die Transzendentalien zu verstehen als Bedingung der Möglichkeit einer Vergewisserung des Seins in seinen jeweiligen Erscheinungsformen als Seiendes. Sie benennen Sinngestalten, in denen sich das alles jeweils Seiende immer transzendierende Sein bezeugt.

So verstanden begnädigt uns dann tatsächlich das Sein: Es begnädigt uns mit der Erfahrung des Guten, Schönen, Wahren und Heiligen – hier erweisen die Transzendentalien jenseits aller Abstraktion ihre Konvertibilität. Das Gute zwingt uns nicht, sondern lockt uns mit Anmut und Gnade – grâce, wie es im Französischen, der Muttersprache Bragues, heißt. Anders gesagt: Das Sein beschenkt uns mit der Erfahrung des Guten, Schönen und Wahren – und es beglückt uns in diesen Erfahrungen durch seine Fülle. Es begnädigt uns, weil es uns teilhaben lässt an einer Wirklichkeit, die sich nicht in ihren Erscheinungen erschöpft, obwohl uns endlich Erkennenden nur eine Teilhabe möglich ist, und weckt gerade dadurch unsere Aufmerksamkeit für das, was Erscheinungen uns über das Sein mitteilen wollen.

In der Erfahrung des Guten, Schönen und Wahren geben diese Seinsbestimmungen etwas von sich selbst preis, nämlich ihren Ursprung im Sein. Wer sich an eigene Erfahrungen des Guten, Schönen und Wahren erinnert, weiß um dieses beseligende Glück, das keinen Raum mehr lässt für anderes. Bei Kindern – aber nicht nur bei Kindern – kann man eine solche Versunkenheit in eine Wirklichkeit jenseits von Raum und Zeit beobachten. In der Erfahrung

---

62 Diese Termini bezeichnen zeichenhafte Handlungen, die nicht die Wirkung einer menschlichen Leistung im Blick haben, sondern den Grund einer Hoffnung benennen: Zeichen des Hinweises und des Vorausweises, die nicht Ursache einer Folge sind, sondern hindeutende Bedeutung haben; diese hier übernommene Begrifflichkeit findet sich bei IMMANUEL KANT, Der Streit der Fakultäten, 1789, hier: A 142.

des Guten, Wahren und Schönen öffnet sich unser Blick – wie ‚auf eine andere Welt', so sagt es das Sprichwort. Alles Reden erscheint dann leer, alles Denken überflüssig – wir möchten nur versinken und verweilen beim Wahren, Schönen und Guten, wenn wir ihm begegnen – eine Erfahrung, die ans Mystische grenzt und doch ihren Sitz mitten im alltäglichen Leben hat. „Die Kraft des Guten", so schreibt Brague, „ist seine Anmut. Im Unterschied zu den falschen Gütern bedarf das Gute keines Zwanges"[63], um uns für sich einzunehmen. Die Kraft des Guten zieht uns an sich, durch Anmut und – durchaus im Sinne der Weimarer Klassik – Schönheit;[64] und wenn wir uns von dieser Kraft anziehen lassen, sind wir uns gewiss, auf dem richtigen Weg zu sein.

Dieses Verständnis zeichnet ein ganz anderes Bild des Guten, Schönen und Wahren, als es in der Gefolgschaft von Goethe und Schiller bildungsbürgerlich im 19. Jahrhundert verhandelt wurde. Es ist ihr Verständnis als Transzendentalie, das diesen schwerwiegenden, ja unüberbrückbaren Unterschied zum nur kulturellen Emblem ausmacht. Das nämlich hatte nicht lange Bestand; es diente schon sehr bald als Gegenstand seiner Verspottung – man denke an Fontane oder Kästner – und der bitteren Verachtung – man denke an Jünger –. Und noch viel entscheidender: Es verbrannte, weil es zur hohlen Phrase herabgesunken war, in den Öfen von Buchenwald und Auschwitz. Dem Bösen vermochte es keinen Widerstand entgegenzusetzen. Sein Konzept von Humanität entblößte sich als Fiktion. Grund genug, die Erfahrung des Schönen, Guten und Wahren, die auch nach Buchenwald und Auschwitz gegenwärtig ist, ja, sogar in den Lagern selbst als letzter Grund für den Überlebenswillen vieler vom Tod gezeichneter Menschen aufleuchtete, anders zu deuten: nämlich als Abglanz eines Seins des Guten, das um das

---

63 BRAGUE, *Sein als Gut*, in diesem Band 102.
64 Dieser Blick auf das Schöne leugnet oder verharmlost das Böse und die Übel in der Welt nicht; es ist, wie PETER STRASSER, *Gut in allen möglichen Welten. Der ethische Horizont*, Paderborn/München/Wien/Zürich ²2008, 175, schreibt, jedoch ein Blick, der „in aller Unvollkommenheit die innere Bewegung sichtbar werden" lässt, „welche die Dinge auf den Fluchtpunkt der Erlösung hin ausrichtet" – ein Blick auf alle Schrecknisse, ebd., 186, „wie in Picassos *Guernica* [...] *sub specie aeternitatis*" und somit ein Blick auf „die Kraft der Verwandlung, die imaginär und doch nicht bloß eingebildet ist. Das ist die Verklärung der Dinge, kraft welcher aus den Übeln eine Hoffnung erwächst: Sie seien nicht sinnlos gewesen, sondern Teil einer dem Menschen unvorstellbaren Harmonie, einer transhumanen Schönheit". [Hervorh. im Original]

Böse in der Welt weiß, aber uns begnadigt, weil es von Schergen, Mördern und Gewaltherrschern nicht zerstört werden kann – ebenso wie die unantastbare Würde der Menschen in den Häftlingsbaracken zwar schamlos geleugnet, mit Füßen getreten und tödlich bedroht, aber nicht vernichtet werden konnte.

5. Zusammenfassung

Die vorangegangenen Überlegungen nehmen ihren Ausgang bei der Schlussbemerkung des in diesem Band veröffentlichten Aufsatzes von Brague, an dessen Ende zu lesen ist, dass wir durch das Sein ‚begnädigt' werden. Ist diese Aussage nicht – so war im Blick auf den Begriff der Gnade zu fragen – eine Art Theologoumenon, möglicherweise schwer vereinbar mit der auf Rationalität verpflichteten Philosophie?

In drei Schritten vollzieht sich der Versuch einer Beantwortung dieser Frage. Zunächst wird erläutert, wie unter den Vorzeichen der Moderne die alte Lehre von den Transzendentalien ersetzt wurde durch eine Lehre von den Existentialen: Ihnen geht es nicht mehr um das Sein, sondern um das Dasein. An die Stelle des ‚esse' tritt das ‚existere': Sein wird in der Moderne ausschließlich als Seiendes begriffen – alles andere gilt als verstaubte Hinterlassenschaft einer längst untergangenen Zeit.

In einem weiteren Schritt wird infolge des so veränderten Verständnisses nachgezeichnet, wie das Wahre, Schöne und Gute – abgezogen vom realen Sein und verstanden als bloß ideale Bestimmungen des Daseins – von den Gipfeln der Weimarer Klassik abstürzt, schließlich zur Karikatur verkommt und am Ende in den Öfen von Buchenwald – nächstgelegen der Heimat von Goethe und Schiller, die ihr Humanitätsideal am Wahren, Schönen und Guten festmachten – zu Asche verbrennt, weil das dürftige Klischee der bitteren Realität außer hohlen Phrasen keine widerständige Kraft mehr entgegenzusetzen hatte.

Am Ende einer langen Entwicklung konnte – und wollte – sich die Berufung auf das Gute, Wahre und Schöne auf ein *fundamentum in re* nicht mehr stützen; die Voraussetzungen dafür, nämlich ein Denken des Seins als solchen, waren zerbröselt und eine Wissenschaft vom Sein im Allgemeinen schien hinfällig. Es blieb die Trias der Weimarer als ein brüchiges kulturelles Accessoire, schmückendes, ja die Wirklichkeit vertuschendes Blend- und Beiwerk in einem Alltag, der ganz anderen Gesetzen folgte und der jede Frage nach der Wahrheit der Dinge als verstörend, ja abwegig empfand, bis schließlich die Frage gar nicht mehr verstanden wurde. Übrig geblieben war ein verklärender Schein, der tatsächlich zum Jargon verkommen war. Das Gute, Wahre und Schöne wurden zur Gänze subjektiviert,[65] deontologisiert[66] und auf diese Weise ganz und gar

---

[65] Beispielhaft erwähne ich zwei Arbeiten aus dem letzten Jahrzehnt, die nicht willkürlich ausgewählt sind, da sie beide *Das Gute* als Titel führen – in beiden Fällen offenbar ohne Kenntnis der Theorie des Guten als Transzendentalie: ULLA WESSELS, *Das Gute. Wohlfahrt, hedonistisches Glück und die Erfüllung von Wünschen*, Frankfurt a. M. 2011, argumentiert ganz und gar aus der je verschiedenen Sicht von Einzelmenschen auf das Gute, also subjektivistisch, und schreibt, 17: Wünsche sind „in Kombination mit hedonistischem Glück das Alpha und Omega der praktischen Vernunft", um dann zu behaupten: Das individuell Gute konstituiert das moralisch Gute: „Deshalb ist auch der Titel des Buches, *Das Gute*, treffend. Zwar steht das individuell Gute im Mittelpunkt; doch steht es insofern im Mittelpunkt, als es das moralisch Gute konstituiert." (22) – Tiefer setzt THOMAS HOFFMANN, *Das Gute*, Berlin/Boston 2014, bei der Frage nach dem Guten an. In enger Anlehnung an Philippa Foots Bestimmung der ‚natural goodness' in ihrem gleichnamigen Buch von 2001 – dt. *Die Natur des Guten*, Frankfurt a. M. 2004 – begreift er das Gute ausschließlich relational, nämlich bezogen auf die Lebensform einer Spezies: ‚Gut' ist demnach immer als attributives Adjektiv – eine Urteilsform über das Beziehungsverhältnis von konkretem Handeln und normativer Lebensform, kurz, 147, die „Beurteilung der Qualität gemäß den natürlichen Normen, die für Exemplare der menschlichen Lebensform als Exemplare der menschlichen Lebensform gelten". Exemplare der menschlichen Lebensform sind, 153, dazu in der Lage, „ihr Handeln frei und selbst zu bestimmen" und werden dann „menschliche Personen" genannt – mit der Folge, 153f., „dass zwar nicht ausnahmslos alle Menschen menschliche Personen sein müssen, dass Menschen aber im Allgemeinen menschliche Personen sind. Denn die menschliche Lebensform ist eine rationale Lebensform, und ‚menschliche Person' bezeichnet die Form eines rationalen Menschen". Auf diese Weise wird Menschsein an Merkmale gebunden, weil gar nicht mehr in den Sinn kommt, dass menschlich – real – Seiendem über seine Anteilsbeziehung am – transzendentalen – Sein das Gute eingeschrieben ist; in Hoffmanns Argumentation ergibt sich diese Folgerung, ebd., 171, schon daraus, dass Personen keine Lebewesen, sondern „philosophische Artefakte" sind, „die nicht in einer natürlichen Welt leben". Trotz dieser Einwände gilt: Bei Hoffmann hat ‚das Gute' immer noch ein – wenn auch schwaches – fundamentum in re, dessen es bei Wessels völlig verlustig gegangen ist.

[66] Vgl. demgegenüber RICHARD SCHAEFFLER, *Das Gute, das Schöne und das Heilige. Eigenart und Bedingungen der ethischen, der ästhetischen und der religiösen Erfahrung*, Freiburg/München 2019, 52, der das ontische Fundament bekräftigt: „Die begegnende Wirklichkeit hat das ‚erste Wort'. Dieses wird zunächst in Erlebnissen vernehmbar, die wir so selbst nicht herbeiführen können." Dazu vgl. auch die Besprechung des erwähnten Buches in diesem Band, 543–546, sowie den Aufsatz von SCHAEFFLER, *Die Lehre von den Transzendentalien: ihre philosophiehistorische Krise und ihre bleibende Aktualität*, in diesem Band 302–312.

depotenzialisiert. Daran hat sich bis heute, so wird man sagen müssen, wenig geändert.

In einem dritten Schritt schließlich geht es um die Möglichkeit der Wiedergeburt der alten Lehre – der Transzendentalien als Seins- und nicht als Daseinsbestimmung –, indem das Wahre, Gute und Schöne nicht begrifflich-definitorisch, sondern vorausweisend-deiktisch, nicht statuarisch, sondern kritisch gedeutet wird: als flüchtige, ja fragmentarische Gegenwartsgestalten von Seinsgehalten, die in der Erfahrung des Menschen als Seinsgestalten immer wieder aufleuchten und in ihm eine Sehnsucht nach dem Ganzen des Seins – jenseits allen Stückwerks in den engen Grenzen eines Augenblicks – entzünden. Durch diese Erfahrung ragt der Mensch, verkörpert im Endlichen, mit seiner Sehnsucht nach dem Unendlichen in das Absolute, während alle Gegenstände seiner Erkenntnis im Relativen – Perspektivischen – verbleiben. Das ist seine Größe und seine Not.

In diesem Sinne sind die Transzendentalien zu verstehen als die Bedingung der Möglichkeit einer Vergewisserung des – in Gänze für uns unerkennbaren – Seins in seiner – jeweilig erkennbaren – Erscheinungsform des Seienden. So verstanden, begnädigt uns das Sein tatsächlich: Wir sind begnädigt durch die Erfahrung des Guten, Schönen, Wahren und Heiligen. Das Gute zwingt uns nicht, sondern nimmt uns mit seiner Anmut für sich ein – anders gesagt: Das Sein beschenkt uns mit der Erfahrung des Guten, Schönen und Wahren – und es beglückt uns in diesen Erfahrungen durch seine Anmut, die gleichermaßen unsere Aufmerksamkeit wie unsere Sehnsucht weckt, auch wenn wir dieses Sein selbst in seiner Fülle mit unserer endlichen Vernunft nicht und nie zu fassen vermögen; aber der Gedanke an diese Fülle lässt uns gleichwohl nicht los und ist der Grund allen Trostes und aller Hoffnung.

Die ‚reinen Vollkommenheiten' und die Postmoderne: eine philosophisch-theologische Betrachtung

Rocco Buttiglione

Josef Seifert hat richtig behauptet und bewiesen, dass die Theorie der ‚reinen Vollkommenheiten' den wesentlichen Kern der Philosophie Platons darstellt.[1] Die Eigenschaften, die wir in der Schöpfung wahrnehmen, sind alle vom Wesen her begrenzt. Nicht nur sind sie tatsächlich begrenzt, sie sind auch wesentlich begrenzt. Eine tatsächliche Begrenzung besteht darin, dass eine Vollkommenheit in einem Objekt nur in einem gewissen Maß gegeben ist. Ein bestimmter Gewichtheber ist kräftig; es ist jedoch möglich, dass ein anderer noch viel kräftiger ist. Das Ausmaß seiner Kraft ist faktisch begrenzt. Eine wesentliche Begrenzung besteht darin, dass es an sich widerspruchsvoll wäre, eine bestimmte Eigenschaft als unendlich zu denken und sie doch immer noch als Vollkommenheit zu bezeichnen. Große, starke Muskeln sind schön – ebenso wie eine hochgewachsene Körpergröße. Die Griechen jedoch wussten wohl, dass dies nur innerhalb gewisser Grenzen richtig sein kann. Jenseits der Grenze wird der Vorzug zum Nachteil. Zu große Muskelpakete, die nicht in dem richtigen Verhältnis zueinanderstehen, sind nicht schön, sondern hässlich. Eine zu große Körperlänge, die nicht in der richtigen Proportion zu den anderen Körperteilen steht, hört auf, schön zu sein.

Die Griechen haben immer eine große Aufmerksamkeit der Schönheit des Leibes gewidmet. Sie haben sogar einen Kanon der Schönheit des menschlichen Leibes entwickelt, nach dem die richtigen Proportionen, in denen die verschiedenen Körperteile zuei-

---

[1] JOSEF SEIFERT, *The Idea of the Good as the Sum-total of Pure Perfections. A New Personalistic Reading of Republic VII and VIII*, auf: https://www.academia.edu/6037799/_The_Idea_of_the_Good_as_the_Sum-total_of_Pure_Perfections._A_New_Personalistic_Reading_of_Republic_VI_and_VII (14. Januar 2019).

nander stehen, bestimmt wurden.² Michel Foucault hat unsere Aufmerksamkeit auf die zentrale Rolle der Sorge um den Körper im hellenistischen Altertum gelenkt.³ Gerade diese Sorge um den Körper führt uns jedoch in einen Bereich jenseits des Körpers. Was die Schönheit des Körpers konstituiert, sind nicht seine materialen Elemente, sondern gerade ein nicht materieller Wert: die Harmonie. Die materiellen Teile sind schön, indem sie ihre Funktion als Teile ausüben, und die Schönheit der Teile hängt von der Schönheit des Ganzen ab. Jenseits des richtigen Verhältnisses verlieren die Teile ihre Eigenschaft, Vollkommenheiten zu sein. ⁴

Dies gilt übrigens nicht nur vom Gesichtspunkt der Schönheit, sondern auch vom Gesichtspunkt der Kraft. Jeder Sportmediziner weiß sehr wohl, dass Kraft eine Eigenschaft des ganzen Leibs ist. Zu große Muskelmassen, die nicht in der richtigen Proportion zum ganzen Körper stehen, können ihre Kraft nicht in der athletischen Handlung zur Geltung bringen und sind eher Ursache von Muskelzerrungen. Aristoteles unterscheidet klar zwischen dem trainierten Körper des freien Menschen und den unangemessenen Muskelpaketen der Sklaven, die nur dazu dienten, besonders schwere Arbeiten zu vollbringen, und die ihre Besitzer hässlich machen.⁵

Körpervollkommenheiten – und ganz allgemein: materielle Vollkommenheiten – können nicht ‚reine Vollkommenheiten' sein, und zwar sein nicht nur tatsächlich, sondern wesentlich, also ihrem Wesen nach. Wo aber werden wir dann die ‚reinen Vollkommenheiten' finden? Selbstverständlich nur im Geiste. Eine erste ‚reine Vollkommenheit' haben wir schon erwähnt, und es ist vielleicht die wichtigste und die entscheidendste: die Harmonie.

Können wir uns eine unendliche Harmonie vorstellen? Ja. Gibt es einen wesensgemäßen inneren Widerspruch im Gedanken einer reinen Harmonie? Nein. Wir haben eine unmittelbare Einsicht in einen notwendigen Sachverhalt: Die Harmonie kann als unendlich

---

2   ERNST BERGER, BRIGITTE MÜLLER-HUBER, LUKAS THOMMEN, *Der Entwurf des Künstlers. Bildhauerkanon in der Antike und Neuzeit* (Antikenmuseum Basel und Sammlung Ludwig), Basel 1992.
3   MICHEL FOUCAULT, *Der Gebrauch der Lüste*, Frankfurt a. M. 1986.
4   Leonardo Da Vinci hat diese Idee der Proportion in den Mittelpunkt seiner künstlerischen und wissenschaftlichen Tätigkeit gestellt; vgl. LEONARDO DA VINCI, *L'uomo vitruviano fra arte e scienza* (Ausstellungskatalog Galleria dell'Accademia), Venedig 2009.
5   ARISTOTELES, *Politik*, 1254b.

gedacht werden. In diesen Sachverhalt ist ein zweiter unmittelbar einbezogen, sodass beide wie zwei Seiten derselben Münze sind: Es ist immer besser, mehr als weniger Harmonie zu besitzen. Wir können uns nicht vorstellen, dass es unter irgendwelchen Umständen besser sei, nicht zu viel Harmonie zu besitzen. Auf eine Harmonie können wir nur verzichten im Namen einer höheren Harmonie, die durch diesen vorläufigen Verzicht zustande gebracht werden soll.

Es gibt andere Vollkommenheiten, die als unendlich gedacht werden können. Die am häufigsten genannten solcher Vollkommenheiten sind: das Schöne, das Wahre und das Gute.

Das Schöne fällt in gewisser Hinsicht mit der Harmonie zusammen. Das Wahre ist eine unentbehrliche Voraussetzung der Harmonie. Könnte man sich mit einer Harmonie zufriedengeben, die nur simuliert, aber nicht wahr ist? Oder mit einer Liebe, die nur vorgetäuscht, aber nicht echt ist? Das Gute ist das, wonach jedes Wesen strebt, um sich zu vervollkommnen. Es ist die Erfüllung der inneren Dynamik alles Seienden.

Jede dieser drei Vollkommenheiten braucht die anderen, um selbst sein zu können. Alle drei Vollkommenheiten können nur im inneren Zusammenhang ihrer Wesen wechselseitig bestehen und dieser innere Zusammenhang ist eigentlich die Harmonie, die wir am Anfang unserer Argumentation erwähnt haben.

In der platonischen Auffassung konvergieren diese drei Vollkommenheiten in der Idee – und zwar in der höchsten Idee, die Gott ist. Der menschliche Geist kann sich bis zur Auffassung dieser höchsten Idee emporheben. Die Harmonie, in der alles zusammenfließt, ist die Idee des Einen. Das Eine ist auch eine ‚reine Vollkommenheit', vielleicht sogar die wichtigste. Man könnte sagen, dass das Eine der metaphysische Name für die höchste Harmonie ist. Ohne das Eine könnten die anderen nicht bestehen, weil sie ansonsten gegeneinander ausgespielt werden könnten.

Ist das Sein auch eine ‚reine Vollkommenheit'? Das ist eine heikle Frage. Ist es immer besser zu sein als nicht zu sein? Wir erfahren in unserem Leben das Negative, das Hässliche, das Schlechte, das Böse. Was ist der ontologische Status des Negativen? Wenn das Böse eigentlich **ist**, dann ist es schwer zu behaupten, dass das Sein immer besser sei als das Nicht-Sein. Jesus hat von Judas gesagt, es wäre für ihn besser gewesen, niemals geboren worden zu sein (vgl. Mt 26,24). Wäre nicht eine Welt ohne Judas eine bessere Welt gewesen? Der hl. Anselm ist davon überzeugt, dass das Sein eine ‚reine Vollkommenheit' sei. Er ist davon so sehr überzeugt, dass er diese Eigenschaft Gott zuschreibt – nicht nur im Sinne, dass Gott sie besitzt, sondern dazu im Sinne, dass Er sie notwendig besitzt. Ein absolut vollkommenes Wesen muss sein – und das Sein gehört wesentlich seiner Vollkommenheit. Das absolut vollkommene Wesen ist Gott.[6]

Die Idee von Platon wird auf diese Weise mit dem Gott des Alten und des Neuen Testaments identifiziert.

Die Stellung von Anselm ist absolut kohärent, weil er ein Christ ist. Der Gott der Christen hat Himmel und Erde aus dem Nichts geschaffen. Er ist der Schöpfer und all das, was er geschaffen hat, ist von Ihm ausdrücklich bejaht – und für gutgeheißen – worden[7]. Diese Bejahung ist später im Bund Gottes zunächst mit Noah[8] und dann mit Abraham (vgl. Gen 9,17) bestätigt worden. Das Böse gehört nicht wesentlich zum Sein.

Woher kommt dann das Böse? Denn es ist doch unbestreitbar, dass das Böse auch ‚ist', ein unvermeidliches Erlebnis ist. Die jüdisch-christliche Antwort ist einfach: Gott hat in der Welt die Freiheit gewollt und dies ist ein wesentliches Merkmal der von Gott gewollten Wirklichkeit. Die Freiheit impliziert jedoch ein Vermögen, zur Wirklichkeit und zum Sein und zu Gott selbst Nein zu sagen. Die Freiheit ist an sich eine ‚reine Vollkommenheit', sie enthält jedoch in sich die Fähigkeit, sich selbst zu vernichten und die Welt zu verschlechtern. Eine Welt mit der Freiheit ist absolut besser als eine Welt ohne Freiheit. Eine Welt mit der Freiheit aber ist eine Welt, in der das Böse möglich ist. Wir könnten denselben Sachverhalt auch mit anderen Worten ausdrücken: Gott hat die Schöpfung unvollendet gelassen und den freien Seienden den Auftrag anvertraut – und

---

6 ANSELM VON CANTERBURY, *Proslogion*, V.
7 Gen 1,4.10.12.18.21.25.28; es ist vielleicht interessant zu bemerken, was in Gen 1,25 zu lesen ist: Nachdem Gott „allerlei Gewürm auf Erden" geschaffen hat, kommentiert der Verfasser ausdrücklich: „Und Gott sah, dass es gut war"; mit dem „Gewürm auf Erden" ist auch die Schlange gemeint.
8 Gen 9,1-17: Der Bund Gottes mit Noah; Zeichen dieses Bundes ist der Regenbogen.

auch die Macht gegeben, diese Schöpfung zu vollenden. Der Satan jedoch, und der Mensch, hat diese Macht missbraucht, nicht um zu vollenden, sondern um zu vernichten. Dadurch entsteht das Böse. Das Sein ist dann an sich gut; das Böse ist eine durch die Freiheit verursachte Entartung des ursprünglich positiven Charakters des Seins. Das zur Freiheit zurückgeführte Böse ‚ist' nicht durch eine Präsenz, sondern eher durch einen Mangel, durch das Fehlen einer Antwort der freien Seienden zum Geschenk des Seins.[9]

Die ursprüngliche Schwierigkeit wird durch die Einführung des Unterschieds zwischen ontologischem und moralischem Bösen aufgelöst. Das von Gott geschaffene Sein ist ontologisch gut, die durch den Satan und den Menschen verunstalteten Seinsweisen können böse werden.

Wir werden dann nicht sagen können, dass eine Welt ohne Judas eine bessere Welt gewesen wäre. Wir werden hingegen sagen können, dass eine Welt mit einem besseren Judas besser gewesen wäre. Judas hat sich selbst zu dem gemacht, was er später geworden ist.

Anselm hat als Christ nicht nur eine vernünftige Erklärung des Geheimnisses des Bösen. Er hat auch eine Lösung für dieses Geheimnis. Das Geheimnis des Bösen enthält in sich einen gewissen Widerspruch zwischen der Allmacht Gottes und der Freiheit des Menschen. Diese Lösung ist die Inkarnation, das Kreuz und die Auferstehung Christi. Um den Widerstand der Freiheit zu überwinden, ohne die Freiheit zu zerstören, geht Gott eine Wette ein auf eine andere Art von Allmacht: die Allmacht der Liebe. Die Liebe umarmt die Freiheit des geliebten Menschen und überzeugt sie, ohne die Freiheit zu zerstören.[10]

Soweit der hl. Anselm – und mit ihm die christlichen Philosophen und Theologen. Ist aber wirklich diese Philosophie des Einen die echte platonische Philosophie? Wir haben einige gute Gründe, daran zu zweifeln. Der Gott von Platon ist nicht der Schöpfer der Welt. Er ruht in sich selbst und hat kein Interesse an der Welt der Menschen. Diese Welt wird von einem untergebenen Gott, dem

---

9   THOMAS VON AQUIN, *Quaestio disputata de malo*, q. 1. Man könnte sagen, dass das Böse das Ergebnis eines Aktes der Ent-schöpfung – dis creatio – seitens freier Wesen – des Satans und des Menschen – ist.
10 Vgl. DANTE ALIGHIERI, *Göttliche Komödie. Die Hölle*, V, 105: „Amor che a nullo amato amar perdona": Liebe, die keinen Geliebten nicht zu lieben duldet.

Demiurgen, geschaffen.¹¹ Es gibt bei Platon keine Schöpfung aus dem Nichts. Die Materie besteht seit ewigen Zeiten. Der Demiurg prägt in die Materie die von ihm in der Welt der Ideen angeschaute Form ein. Die dadurch entstandenen Objekte der Welt tragen in sich eine Ähnlichkeit mit den Ideen, die als Archetypen für ihre Erschaffung gedient haben. Diese Ähnlichkeit ist aber nur eine begrenzte. Die Materie leistet Widerstand gegen die Form. Die Form versucht, die unendliche Vielfältigkeit der Dinge der Welt zur Einheit zurückzuführen und sie dadurch für den Intellekt durchsichtig zu machen. Wenn der Demiurg behauptet, sein Ziel erreicht zu haben, dann muss er immer wieder erleben, wie sich die Materie in die von ihm hervorgebrachte Form nicht einfügt, sondern dagegen rebelliert. Dann beginnt der ganze Prozess von Anfang an wieder. Diese Denkweise entspricht einer allgemeinen Neigung des griechischen Geistes. Die Welt entsteht im stetigen Kampf von Peras (Grenze, Bestimmung) und Apeiron (Unbegrenztes, Unbestimmtes). Das durch die Harmonie gekennzeichnete Gleichgewicht ist immer unstet und vorläufig, muss also immer wieder neu erkämpft und gewonnen werden. Der Kosmos, die durch die Vernunft geordnete Welt, ist von einem maßlosen Gewirr des Chaos umgeben. Die Gnostiker werden später den Gedanken hinzufügen, dass am Ende der Kosmos im Chaos untergeht.

Wenn wir die Philosophie Platons von diesem Gesichtspunkt her betrachten, dann ist sie keine reine Philosophie des Einen. Sie ist wohl eine Philosophie des Eins, aber zugleich eine Philosophie des Zwei und des unendlichen Kampfes beider gegeneinander. Sie ist eine Philosophie der Dyade.¹²

Plato versucht die Spaltung des griechischen Geistes zwischen dem apollinischen und dem dionysischen Prinzip zu überwinden. Durch die Anerkennung von ‚reinen Vollkommenheiten' trennt er die himmlischen von den chthonischen Göttern, das heißt: Er etabliert einen gereinigten Begriff des Göttlichen und vollzieht eine scharfe Trennung des Göttlichen von dem Dämonischen. Das Göttliche muss nur ‚reine Vollkommenheiten' besitzen, also unbedingt gut, wahrhaftig und schön sein. Dies ist, in Bezug auf die ursprüng-

11 PLATON, *Timaios*, 28c.
12 KONRAD GAYSER, *Plato's enigmatic Lecture ‚On the Good'*, in: Phronesis 25 (1980) 1, 5–37.

liche griechische Idee des Göttlichen, eine Revolution. Nur ein einziges Merkmal hat die Götter früher gekennzeichnet: nämlich die Macht. Die Götter sind nicht moralisch besser als die Menschen. Die sind nur kräftiger, mächtiger. Die Dämonen, die Götter des Negativen, sind ebenbürtige Götter zu denen des Positiven. Es ist geradezu unmöglich, den Umfang dieser Revolution zu überschätzen. Jedoch gelingt es Platon nicht, diese Revolution zu vollenden. Kann das Sein bei Platon als eine ‚reine Vollkommenheit' gesehen werden? Wohl kaum. Auch das Negative besitzt das Sein als eine dem Geist wiederstrebende Materie. Dieses Sein kann nicht als eine ‚reine Vollkommenheit' betrachtet werden. Wir können nicht sagen, dass es immer und unter allen Umständen besser sei, das Sein zu besitzen, als es nicht zu besitzen. Es ist besser, das nicht von Gott geschöpfte Sein nicht zu besitzen – als es zu besitzen. Das ideale Sein, das heißt das Sein der Idee, ist eine ‚reine Vollkommenheit'. Das materielle Sein, also das Sein der Materie, eben nicht.

Eine notwendige Konsequenz der eben ausgeführten Argumente ist, dass der Gott Platons nicht allmächtig sein kann. Der Satan – das heißt: die Kräfte des Negativen – ist ebenso mächtig wie Gott. Und der Kampf der beiden Prinzipien ist unendlich.[13] Die Gnostiker werden später die Schlussfolgerung ziehen, dass Welten entstehen und Zivilisationen erblühen können, die den Kosmos auf das Chaos reduzieren. Sie werden aber auch wieder zerfallen, am Ende zusammenbrechen und im Chaos erneut verschwinden – und für ein neues Äon Platz machen. Dies ist die ewige Wiederkehr des Gleichen.[14]

Trotz seines enormen Fortschritts konnte Platon den Dualismus des griechischen Geistes nicht aufheben.[15]

---

13 VITTORIO HÖSLE, Wahrheit und Geschichte, Stuttgart-Bad Cannstatt 1984, 459–506, plädiert für die Überlegenheit des Einen vor dem Zwei; HEINZ HAPP, Hyle, Berlin 1971, 141–143, ist der Meinung, beide Prinzipien seien ebenbürtig; HANS JOACHIM KRÄMER, Neues zum Streit um Platons Prinzipientheorie, in: Philosophische Rundschau 27 (1980) 1–38, sowie GIOVANNI REALE, Zu einer neuen Interpretation Platons, Paderborn ²2000, 207f., 309–311, sehen ein komplexes Zusammenwirken beider Prinzipien.
14 MIRCEA ELIADE, Kosmos und Geschichte. Der Mythos der ewigen Wiederkehr, bes. Kap. 3.2: Die kosmischen Zyklen und die Geschichte, Frankfurt a. M. 2007.
15 Ist dies aber nur der Dualismus des griechischen Geistes? Es wäre ein Leichtes zu beweisen, dass eben dieser Dualismus in allen Mythologien und Kosmologien der Völker wiedergefunden werden kann.

Friedrich Nietzsche hat Platon den Vorwurf gemacht, den griechischen Geist lahmgelegt zu haben, indem er die chthonischen Kräfte aus der Welt verbannt hat. Aus diesen chthonischen Quellen schöpfen die apollinischen Götter die Energie, die Werke der Kunst und der Zivilisation zu schaffen. Ohne Dionysos muss Apollo untergehen. Wie haben schon gesehen, dass dieser Vorwurf letzten Endes unberechtigt ist. Platon wollte den Dualismus überwinden, konnte es aber nicht. Er hat die alte Mythologie zwar rationalisiert, aber nicht völlig überwunden.[16]
Die echte Philosophie des Einen beginnt nun mit dem christlichen Platonismus. Die Christen haben Platons Theorie der ‚reinen Vollkommenheiten' übernommen und sie in den fruchtbaren Boden der Schöpfungstheologie des Alten und des Neuen Testaments eingesät. Lesen wir die ersten Zeilen des Evangeliums nach Johannes:
„Ἐν ἀρχῇ ἦν ὁ λόγος, καὶ ὁ λόγος ἦν πρὸς τὸν θεόν, καὶ θεὸς ἦν ὁ λόγος. 2, οὗτος ἦν ἐν ἀρχῇ πρὸς τὸν θεόν. 3, πάντα δι' αὐτοῦ ἐγένετο, καὶ χωρὶς αὐτοῦ ἐγένετο οὐδὲ ἓν ὃ γέγονεν."[17]
Es ist klar, dass wir uns hier in einer platonischen Atmosphäre befinden. Es ist nicht schwierig, den Logos mit dem platonischen Demiurg zu identifizieren. Der Demiurg steht am Anfang bei Gott. Bis zu diesem Punkt ist alles in Ordnung. Dann kommt eine alles durchgreifende und alles umwälzende Überraschung: „und der Logos war Gott." Der Demiurg ist nicht ein unterlegener Gott wie bei Platon. Es ist selber Gott. Es gibt aber nicht zwei Götter, sondern nur einen Gott. Für einen guten Schüler Platons ist hier alles ins Wanken geraten. Gott ist nicht mehr in Seiner unendlichen Selbstreflexion isoliert, Er ist nicht mehr nur ein Objekt der Kontemplation und ein Archetyp für den Demiurgen. Er tritt in eine direkte Beziehung zur Welt. Dann vollzieht sich ein weiteres gedankliches Erdbeben: „Alles wurde durch das Wort." Es wäre philosophisch besser, hier zu

---

16   Hier könnte man die Frage stellen: Ist es für die Philosophie unabdingbar, dass eine Mythologie ihr vorangeht und ihr die Voraussetzungen ihrer Reflexion liefert? Und wie weit reicht die so oft gepriesene Autonomie der Philosophie? Wir werden hier diese Reflexion nicht weiterverfolgen. Wir müssen uns damit begnügen, darauf hinzuweisen, dass dies ein Hauptthema der philosophischen Auseinandersetzung zwischen Friedrich Wilhelm Joseph Schelling und Georg Wilhelm Friedrich Hegel ist.
17   Joh 1,1.3: „Im Anfang war das Wort und das Wort war bei Gott und das Wort war Gott. [...] Durch das Wort ist alles geworden, und ohne das Wort wurde nichts, was geworden ist." Den letzten Satzteil kann man auch übersetzen: Ohne das Wort wurde nichts.

übersetzen: „Alles ist durch das Wort zum Sein gekommen." Im Handumdrehen wird der Demiurg abgeschafft, die Dreieinigkeit Gottes angekündigt, Gott als Schöpfer geoffenbart und der Dualismus außer Kraft gesetzt. Hier wird endlich der Platonismus aus seiner mythologischen Herkunft herausgelöst, und er fasst neue Wurzel auf hebräischem Boden.

Gilt dann tatsächlich der Vorwurf Nietzsches gegenüber dem Christentum, den Kontakt mit Fleisch und Blut verloren zu haben und dadurch unfruchtbar geworden zu sein? Ist das Christentum eine verblasste Ideologie des Einen? Auch in diesem Falle scheint die Antwort eine negative sein zu müssen. Die alte griechische Mythologie, um auf Fleisch und Blut nicht zu verzichten, musste das Dämonische legitimieren. Gerade gegen diese Vermischung des Göttlichen mit dem Dämonischen hat Platon rebelliert, ohne dabei jedoch ein neues Gleichgewicht erreicht zu haben. Im Christentum ist das Fleisch nicht das Negative, es ist eben von Gott geschaffen, Teil seiner göttlichen Schöpfung. Es ist zwar durch die Sünde verdorben worden, ohne jedoch seine wesensmäßige Positivität zu verlieren. Durch die Inkarnation und die Erlösung Christi gewinnt das Fleisch seine ursprüngliche positive Bestimmung wieder. Das Fleisch – und die Welt der Materie überhaupt, die ganze Schöpfung – wird vom Dämonischen gereinigt. Der organische Stoffwechsel zwischen Fleisch und Geist wird wiederhergestellt.[18]

Hat dann der arme Nietzsche – und mit ihm die ganze Postmoderne – das Ziel völlig verfehlt? Vielleicht nicht. Es genügt, Nietzsche in den Kontext des eigenen Zeitalters zu setzen, um klar zu verstehen, dass sein Gegner der Humanismus seiner Zeit und mit ihm die liberale Theologie sowie die Philosophie der Immanenz war. Beiden liegt ein entwurzelter Platonismus zugrunde. Die Philosophie der ‚reinen Vollkommenheiten' wird zwar akzeptiert, sie wird aber von ihren Voraussetzungen in der christlichen Offenbarung losgelöst – in der naiven Überzeugung, sie könnte ganz allein überleben und blühen. Der gemeinsame Nenner, der sich zwischen zwei so unterschiedlichen Geistern wie Ludwig Feuerbach[19] und

---

18 Ist dieser Gedanke Friedrich Hölderlin vorgeschwebt, als er Jesus mit Dionysos identifiziert hat? Die Hypothese ist faszinierend, wir können ihr aber in diesem Zusammenhang nicht nachgehen. Vgl. Friedrich Hölderlin, Andenken und Brot und Wein.
19 LUDWIG FEUERBACH, Das Wesen des Christentums, Stuttgart 2005.

Benedetto Croce[20] zeigt, ist die Behauptung, dass es zwar keinen transzendenten Gott gibt, jedoch die transzendentalen Attribute Gottes, also die ‚reinen Vollkommenheiten', transzendentale Eigenschaften des menschlichen Geistes seien. Im Zeitgeist schwebt eine unbestimmte Religion der Menschheit, in der die ‚reinen Vollkommenheiten' zu Attributen nicht Gottes, sondern des Menschen werden sollen. Dieser naive Humanismus und Fortschrittsglaube ist der unmittelbare Gegner Nietzsches. Nietzsche sieht klar ein, dass diese verblasste Ideologie nicht dazu taugt, die lebendigen Energien des Menschen zu mobilisieren. Die apollinischen Eigenschaften des Geistes verlieren die Verbindung zu den chthonisch-dionysischen, ohne dabei ein anderes Verhältnis zu dem menschlichen Fleisch, zu dem Fleisch des Auferstandenen, zu gewinnen. Das Christentum ohne Christus und der vom Urgriechentum entwurzelte Platonismus sind lebensfeindlich. Darin können wir mit Nietzsche einig sein.

Nietzsche freilich erkennt nicht die Möglichkeit einer Verbindung des Apollinischen mit einem durch das Kreuz gereinigten Dionysos. Seine Vision der Krise der Moderne ist aber auch für uns lehrreich. Sie ähnelt dem Zauberlehrling, der einerseits die Kräfte des Dionysischen heraufbeschwören will, sich andererseits jedoch vor den Ungeheuern, das der entfesselte Dionysos anrichten kann, fürchtet. Nietzsche spricht von Dionysos: Dessen Gestalt ist jedoch weder die schrecklichste noch die furchterregendste der chthonischen Mächte. Es ist nicht möglich, Dionysos freizusetzen, ohne zugleich den Titanen und Kronos und allen Mächten der Hölle wieder einen freien Zugang zur Welt der Menschen zu eröffnen. Nietzsche wollte Dionysos befreien, um ihn mit Apollo zu versöhnen und die Voraussetzungen für ein neues Aufblühen des gesunden Griechentums zu schaffen. Manchmal hat er doch eine Vorahnung einer möglichen Welt, wo es keine Versöhnung gibt und der Konflikt bis zur völligen Vernichtung des Apollinischen geführt wird: entweder in der blutigen Form der Totalitarismen des 20. Jahrhunderts oder in der unendlichen Vulgarität und Gemeinheit der fluiden Moderne, der flüchtigen Gesellschaft unseres Jahrhunderts.[21]

---

20 BENEDETTO CROCE, *Perché non possiamo non dirci „cristiani"*, Vicenza 2004.
21 ZYGMUNT BAUMAN, *Flüchtige Moderne*, Frankfurt a. M. 2009.

Nietzsche folgend können wir sagen, dass die Postmoderne jenes Zeitalter ist, in dem zunächst die Positivität des Seins, dann das Eine und schließlich alle anderen ‚reinen Vollkommenheiten' infrage gestellt werden. Wir kommen mit Nietzsche zum Griechentum zurück, aber mit einer umgekehrten Gedankenrichtung. In der griechischen Mythologie sehen wir den siegreichen Aufmarsch der olympischen Götter, die sich die chthonischen Mächte untertan machen, sie bezwingen, unterwerfen und in die Hölle – oder in die Höhlen unter den Vulkanen – verbannen. In der Postmoderne erleben wir hingegen die Rebellion der bis dahin unterdrückten Gottheiten der Unterwelt.

Wenn das eine infrage gestellt wird, dann können die einzelnen transzendentalen Eigenschaften des Seins gegeneinander ausgespielt werden. Nicht zufälligerweise wird in der Kunst der Postmoderne das Schöne zurückgedrängt. Statt des Schönen sucht man das Seltsame und das Überraschende, statt der Harmonie den Missklang, statt des Ganzen den Wirrwarr der Teile, die sich weigern, sich der Regel der Einheit zu unterwerfen.

Im Bereich der theoretischen Vernunft verhält es sich vergleichbar: Die verschiedenen Gesichtspunkte der unterschiedlichen Weltkulturen werden verabsolutiert und die Möglichkeit einer Synthese wird methodisch ausgeschlossen. Jede Kultur, aber letzten Endes jeder Mensch, versperrt sich in sich selbst – im Namen der eigenen narzisstischen Identität. Ein gemeinsamer Maßstab, der den Austausch zwischen Menschen und Kulturen ermöglichen könnte, fehlt. Das Verhältnis zwischen der empirischen Welt der reinen Objekte und der inneren Welt der menschlichen Neigungen und Bedürfnisse ist ebenfalls gestört. Die Wahrheit wird gegen die Liebe ausgespielt und umgekehrt.[22]

Die schwerste Verletzung erfährt das Verhältnis zwischen dem Guten und dem Sein – dieses Verhältnis verkehrt sich zu einem Gegensatz.

Allzu leichtfertig behauptet die liberale Theologie und der herkömmliche Humanismus, das Gute mit dem Sein zusammenfallen lassen zu können. Diese Leichtfertigkeit verkleinert dramatisch das

---

22 Das steht in krassem Gegensatz zu Eph 4,15.

Geheimnis des Bösen und des Dämonischen. Das Prinzip ‚Ens et bonum convertuntur' ist einerseits in sich evident, aber andererseits gibt es im Leben des Einzelnen und in der Geschichte der Völker viele Ereignisse, die diese Aussage infrage stellen. Die lebensnahe Wahrnehmung des Tatbestandes, dass es besser ist zu sein als nicht zu sein, setzt eine Vielfalt von Vorbedingungen voraus, die hauptsächlich in der Beziehung zur Mutter – und später auch zum Vater – in den ersten Monaten und Jahren unseres Lebens grundgelegt werden. Wenn diese Vorbedingungen fehlen, leidet der Mensch unter schmerzlichen psychischen Störungen, die die Wahrnehmung der Positivität des Seins wesentlich verhindern. Die dramatischen Ereignisse der Geschichte, andererseits, liefern zudem gute Gründe, um diese Positivität zu bezweifeln. Können wir noch nach dem Holocaust – und nach Hiroshima und dem Gulag und ... – an die Positivität des Seins glauben?[23] Ohne eine ursprüngliche Evidenz der Positivität des Seins wird die ganze Theorie der ‚reinen Vollkommenheiten' tief erschüttert. Sie könnte vielleicht fortbestehen als eine Theorie der ideellen Welt; ihre Beziehung zur Welt der Geschichte und der Materie wäre hingegen äußerst problematisch.[24]

Die Herausforderung der Postmoderne soll in diesem Zusammenhang nicht unterschätzt werden.

Ich will nicht sagen, dass die Postmoderne in ihrer Vernachlässigung der ‚reinen Vollkommenheiten' recht hat. Ich will auch nicht sagen, dass eine rein philosophische – und nicht theologische – Beweisführung der Theorie der ‚reinen Vollkommenheiten' unmöglich ist.

Eher will ich sagen, dass eine endgültige Beweisführung dieser Theorie äußerst schwierig ist. Die ‚reinen Vollkommenheiten' scheinen eine jener Lehren zu sein, von denen der hl. Thomas sagt, dass sie zwar dem menschlichen Intellekt zugänglich sind, von Gott jedoch geoffenbart wurden, weil sie ansonsten nicht von allen, sondern nur von einigen wenigen Menschen anerkannt worden wären – und nicht ohne die Beimischung vieler Fehler.[25] Platon hat sie zweifellos gesehen und erkannt. Ihre endgültige Grundlegung

---

23 TIEMO RAINER PETERS, *Nach Auschwitz von Gott sprechen*, Hamburg 1995.
24 Vgl. WILHELM SZILASI, *Macht und Ohnmacht des Geistes. Interpretationen zu Platon*, Freiburg i. Br. 1946.
25 THOMAS VON AQUIN, *Summa theologiae* I, q. 1.

war jedoch nur möglich auf der Grundlage der Idee eines Gottes, der die Welt erschafft – und eben diese Idee fehlte im Gedankengut der Griechen und auch Platons. Ohne diese Idee des Schöpfergottes können die ‚reinen Vollkommenheiten' nicht ausreichend begründet werden.

Die Moderne hat auf die Idee Gottes verzichtet und hat trotzdem behauptet, den Gedanken der ‚reinen Vollkommenheiten' bewahren zu können. Nietzsche und die Postmoderne haben klar die Unmöglichkeit dieses Unterfangens gesehen. Ohne die ‚reinen Vollkommenheiten' entfällt jedoch die von Platon gedanklich aufgebaute Mauer zwischen dem Göttlichen und dem Dämonischen – und dies ist das eigentliche Thema der Postmoderne und jeder Auseinandersetzung mit ihr.

Der hl. Paulus hat geschrieben (2 Kor 1,19f.), dass Jesus das endgültige ‚Ja' Gottes zur Welt ist. Es ist verständlich, dass die Menschen zuvor zwischen dem ‚Ja' und dem ‚Nein' hin und her pendelten, das heißt: zwischen der Anerkennung und der Verleugnung der Positivität des Seins schwankten. Die Präsenz Christi in der Geschichte – durch Seine Inkarnation und Seine Auferstehung – ist die Bestätigung der Positivität des Seins. Diese theologische Bestätigung vollendet die von Platon begonnene Unternehmung, einerseits das Göttliche vom Dämonischen zu trennen und andererseits das Göttliche mit dem Menschlichen zu verbinden.

V.
ARISTOTELISCHE GRUNDLAGEN

Vom Sinn der Seins-Frage.
Beiträge zur aristotelischen Grundlegung der Metaphysik

Dominicus Trojahn OCist

Alle Fragen der Philosophie gipfeln in der Frage nach dem Seienden. Diese Frage ist die Grundfrage der Metaphysik: ‚Warum ist Seiendes und warum nicht vielmehr nichts?'[1] Darum gipfelt alle Philosophie in der Metaphysik, weil jede Wissenschaft irgendwie das Seiende zur Rede stellt, keine von ihnen jedoch über das Seiende als solches nachdenkt. Das steht noch aus, sagt Aristoteles, dass über das Seiende als solches nachgedacht wird. Darum nennt er die Metaphysik eine ‚gesuchte Wissenschaft' und die ‚erste Philosophie'. Das ist nicht so gemeint, wie man sagt: ‚Ich bin als Erstes an der Reihe!'; die Metaphysik ist nirgendwo als Erste an der Reihe (auch weil sie nirgendwo ansteht); die Metaphysik ist die erste Philosophie im Sinne der Möglichkeit jeder anderen, die selber nur Philosophie ist, soweit sie sich auf die Metaphysik verlässt. Darum kann die Frage der Metaphysik nicht umgangen oder vermieden werden, solange von der Antwort auf diese Frage die Sache jeder anderen Wissenschaft abhängt. ‚Abhängen' bedeutet hier: ohne Grund sein, bodenlos sein und unhaltbar werden. Die Antwort auf die Frage, die geläufig die Grundfrage der Metaphysik genannt wird, ist die Metaphysik!

---

1   Die gewöhnlich Gottfried Wilhelm Leibniz zugeschriebene Frage wird seit Martin Heideggers Antrittsvorlesung ‚Was ist Metaphysik?' (1928) als ‚Grund-Frage' der Metaphysik bezeichnet. Verwandte Formulierungen finden sich bereits bei Kant, Schelling und Jaspers. Das Argument ist zum ersten Mal in den ‚Quaestiones in Metaphysicam' des Siger von Brabant nachweisbar: „Si enim quaeratur quare est aliquid magis in rerum natura quam nihil, in rebus causatis loquendo, contigit respondere, quia est aliquid Primum Movens immobile et Prima Causa intransmutabilis. Si vero quaeratur de tota universitate entium quare magis est in eis aliquid quam nihil, non contigit dare causam, quia idem est quaerere hoc et quaerere quare magis est Deus quam non est, et hoc non habet causam." *Qu. in met.* IV, comm. (hg. Graiff 185); zitiert bei ROLF SCHÖNBERGER, *Die Transformation des klassischen Seinsverständnisses. Studien zu Vorgeschichte des neuzeitlichen Seinsbegriffes im Mittelalter*, in: Quellen und Studien zur Philosophie Bd. 21, hg. v. Günther Patzig, Erhard Scheibe, Wolfgang Wieland, Berlin/New York 1986, 273, Anm. 81.

Doch bleibt die Façon der Frage (im Sinne der Stellung) unklar; schließlich macht es wenig Sinn, zu fragen: ‚Warum ist das Seiende seiend?' Was soll oder könnte es anderes sein als (stets zuvor) das, was es ist, das Seiende? Im Schein hingegen verhält es sich anders; im Schein könnte Seiendes auch Nicht-Seiendes sein, aber nicht in Wirklichkeit und nicht in Wahrheit. Dass Seiendes niemals Nicht-Seiendes sein kann (es sei denn zum Schein), macht die Wirklichkeit und die Wahrheit (des Seienden) aus; ‚ausmachen' in dem Sinn, in dem man sagt: ‚Das kommt davon!' Mit einer solchen Frage, die gewohnheitsmäßig die Grundfrage der Metaphysik genannt wird, lässt sich in Wahrheit gar nichts anfangen (nur die Metaphysik fängt damit an).

Vom Seienden wird das Sein weder als dessen Form noch als Wesen ausgesagt, weil das Sein keine Gattung[2] ist. Vom Seienden als solchem gibt es daher keine Definition, denn das Seiende kann nicht durch ein anderes und in Differenz zu sich selbst bestimmt werden. Weil aber für alles „das Wesen die Ursache dessen Seins ist"[3], gelangt das Denken angesichts der Frage ‚Warum ist das Seiende seiend?' an die Grenze des Undenkbaren. Es ist schlechthin nicht zu denken, dass Seiendes nicht ist. Kein vernünftiger Mensch fragt in diesem Sinn nach Grund und Ursache des Seienden als solchem. ‚Warum ist das Seiende und nicht vielmehr nichts?', die Frage, die als die Grundfrage der Metaphysik bekannt wurde, führt – auch deshalb – nirgendwo hin.

Die als die Frage nach dem ‚Warum des Seienden und nicht vielmehr nichts' an den vermeintlichen Anfang der Metaphysik gestellte Frage findet sich daher an deren historischem Beginn gar nicht ein. Am Beginn der Metaphysik steht eine andere Frage. Diese Frage fragt in einem anderen Sinn und in eine andere Richtung. Sie fragt in eine Richtung, in der das Nicht-Seiende (als solches) gar nicht sein kann! Daher fragt Aristoteles: ‚Was ist das Seiende (als solches) und welche sind dessen Ursachen und Gründe?' Diese Frage fragt nach Ursachen und Gründen des Seienden nicht aus der Möglichkeit des Nicht-Seienden (Nichts) heraus; sie verrechnet

---

2   Mit dem Wort ‚Gattung' (‚tò génos') wird hier ein logisch Allgemeines von einsinnigem Inhalt bezeichnet, das dem Einzelnen entgegensteht.
3   „ousía d' hekástou mèn touto: touto gàr aítion prooton tou einai." Met. VII (Z.), 17 (1041b, 27–28).

das Seiende nicht mit dem Nichts und muss es daher auch nicht vor dem Nichts und ihm gegenüber begründen. Das Seiende steht dem Nichts nicht so gegenüber, dass man dafür (das Seiende) gegenüber dem Nichts einen Grund angeben muss. Das Seiende steht nicht in der Schuld des Nichts und es muss nicht (aufgrund von irgendetwas) dem Nichts gegenüber gerechtfertigt werden. Wer fragt: ‚und nicht *vielmehr* nichts?', bringt damit sein Verwundern zum Ausdruck, dass Seiendes ist – obwohl es doch gar nicht sein dürfte. Eine so getrimmte Metaphysik würde das Seiende immer nur als eine zweite und fragwürdige Möglichkeit dem Nicht-Seienden gegenüber bedenken und das Fragwürdige des Seienden fragend festhalten wollen. Dem Nicht-Seienden ist jedoch nichts gegenüber – schon gar nicht das Seiende. Das Seiende kommt nicht vom Nichts her (und es ist nicht, weil es dem Nichts entkommen wäre); es stellt sich vielmehr die Frage gar nicht, wie es zum Seienden kommen konnte. Daher wäre die Metaphysik ganz und gar missverstanden, sollte man von ihr eine Legitimation des Seins des Seienden erwarten. Die Metaphysik wird bei Aristoteles nicht als *Ontodizee* entworfen; als solche hätte sie (für ihn) gar keinen Sinn.[4] Sinnvoll kann nur nach dem ‚was es ist?' des (selber frag-losen) Seienden und nach den diesbezüglichen Gründen gefragt werden. Die Antwort auf diese Frage ist bei Aristoteles die Metaphysik.

Was ist das Seiende als solches? Diese Frage fragt nicht nach dem Seienden in diesem oder jenem Fall des Seienden, sondern nach dem, was das Seiende ‚an sich' ist (kath'autó) – *bevor* es in die Besonderungen unterscheidender An-Reden und An-Fragen eintritt. Aristoteles spricht vom Seienden als Seiendem (tò ón hä ón), von dem, das allen Differenzierungen des Seins gemeinsam ist und – in diesem Sinn – ‚voraus' liegt. ‚Voraus' meint nicht die Ab-Wesenheit des einmal Gewesenen (so wie man sagt: ‚Das habe ich hinter mir!'),

---

4 Jede Frage setzt vielmehr das ‚Sein als gegeben' voraus, sie ist daher keine andere als die Frage nach dem ‚was es ist?'; das ‚ob es ist?' steht für Aristoteles in jedem Fall des Fragens außer Frage. vgl. Met. VII (Z.), 17 (1041b, 4): „epeì dè deì échein te kaì hypárchein tò eínai." (Inversiv triff also auf die Frage ‚ob es ist?' zu, was Aristoteles in einem anderen Zusammenhang schreibt: „Dann ist aber offenbar, dass man nicht untersucht, warum der Mensch Mensch ist, vielmehr weshalb etwas einem anderen zukommt. *Dass es ihm aber zukommt, muss offenbar sein, wo nicht, würde man gar nichts zu untersuchen haben*/hóti dè hypárchei, deì dälon eínai. ei gàr m`ä hoútoos, oudèn zätei." Met. VII (Z.), 17 (1041a, 23–24) Hervh. v. Verf.; vgl. Met. VII (Z.), 17 (1041a, 15): „deì gàr tò hóti kaì tò eínai hypárchei däla ónta.".

sondern das aus dem Grunde sein des jeweiligen Seienden (so wie man sagt: ‚Das ist eine Ravioli-Dose'). Nichts ist dem Seienden näher als das, was es als Seiendes ist – auch wenn es dem jeweils Seienden vorausliegt. Die Frage ‚Was ist das Seiende als solches?' fragt nach dem Seienden (bevor es noch ein Besonderes ist) in der Absicht, den Grund seines Besonderes-Seins zu vermelden. Dass dem konkreten Seienden als Besonderem etwas ‚zuvor kommt', bedeutet keineswegs, das jeweilige Seiende sei in seinem Da-Sein immer schon *verspätetes* Da-Sein (weil ihm etwas zuvorgekommen ist); vielmehr ist das Seiende sich selbst stets gegenwärtig im Vollzug seines Grundes. Dieser Grund ist keine Begründung (im Sinne der Entlastung des Unschicklichen des Da-Seins), sondern ein Modus des Verstehens: der Grund ist *epistemologische* Ur-Sache, in dem er auf dasjenige hinweist, das das Jeweilige in seinem Grunde ist und es – von daher – ‚gründlich' verstehen lässt.

‚Zu verstehen' bedeutet für Aristoteles daher mehr als das additive Beschreiben; Wissenschaft will ‚im Grunde' und ‚vom Grunde her' wissen; in diesem (ontologischen Sinn) will sie ‚be-gründen', d. h. den Grund nennen und kennen.[5] Was aber ist das Seiende als solches in seinem Grunde, das in dem Vielfältigen stets gegenwärtig bleibt, das vom Seienden gesagt wird? Die Rede vom Seienden stellt das Seiende durch Prädikate fest, die von sich her den Bezug zu dem, was das Seiende im Grunde ist, unentdeckt lassen. Sie decken den Grund nicht auf, durch den sie als die Eigenschaften des jeweiligen Seienden mit diesem verbunden sind. So beruht die logische

---

5 Für die griechische Philosophie hat die Differenz von *Wissen* und *Meinen* Prinzipiencharakter. Aristoteles entwickelt für das ‚zu wissen' im Sinne von Wissenschaft und methodischer Untersuchung eine eigene heuristische Charakteriologie. Voraussetzung sind die *Endlichkeit des Ganzen* (welchen Bezuges auch immer) und *Notwendigkeit:* das ‚zu meinen' hingegen entspricht (a.) gegenständlicher Uneindeutigkeit und (b.) unabgeschlossener Totalität. Beides muss bezüglich des Zustande-Kommens von Wissen grundsätzlich ausgeschlossen werden können. Daher gehört zur Wissenschaft auch die Kompetenz der Unterscheidung dessen, von dem es Wissen gibt, und dessen, von dem nichts weitergewusst werden kann (als dass es vorhanden ist). Weitere Merkmale des aristotelischen Ideals des ‚Verstehens' (‚epístasthai') liegen in der ‚Ursachen-Orientierung' und der Unterscheidung von ‚Wissen an sich' und ‚Wissens für uns'. Vgl. Anal. post. I (A.), 2 (71b, 9–16a); Phys. I (A.), 1 (184a, 10–18). Das gesamte Unternehmen wissenschaftlichen Erkennens muss jedoch auf ein Erstes zurückgeführt und von diesem her vermittelt werden können, das selbst keinen Anlass mehr zur Frage nach einem weiteren Grund gibt: dem ‚*Anhypotheton*'. Die aristotelische Wissenschaftstheorie führt daher notwendig zur Frage, unter welchen besonderen Bedingungen ein derartiger ‚anarchischer' Grund (Prinzip) erschlossen werden kann.

V. Aristotelische Grundlagen

Einheit des Satzes im Urteil auf einem bisher nicht ausgewiesenen Grund: dieser ist das, was das Seiende (jeweils) ist. Die Antwort auf die Frage ‚Was ist das Seiende?' ist die Metaphysik. Diese Frage kann nun präziser gestellt werden: ‚Was ist das Seiende in seinem Grunde?', oder: ‚Was liegt der vielfältigen Reden vom Seienden als deren semantische Einheit zugrunde?' Das Seiende kann nicht als identischer Inhalt (génos) durch Alterität (‚diaphorá') im Sinne der Art (‚eidos') bestimmt werden, da sich vom Seienden nichts im Sinne des Anderes-Seins unterscheidet und unterscheiden lässt. Soll das Seiende zudem nicht in jedem Fall (des Seins) ein jeweils Verschiedenes bezeichnen (sodass die Einheit des Seienden nur dem Namen nach weiterbestünde), muss allem, was vom Seienden auf diverse Weisen gesagt wird, eine *gemeinsame und erste* Bedeutung zugrunde liegen. Nur so können Verschiedenes und Nicht-Verschiedenes bezüglich des Seienden *zugleich und auf eines hin* zum Ausdruck kommt. Diesen Formalismus nennt Aristoteles ‚pros-hen-légetai': „Das Seiende wird in mehrfacher Bedeutung ausgesagt, *aber immer in Beziehung auf Eines und auf eine einzige Natur* und nicht nach bloßer Namensgleichheit (homonym)."[6] Diese erste Natur ist das, was das Wort ‚Seiendes' als solches bezeichnet und was das Seiende im Grunde ist. Dafür setzt Aristoteles den Begriff ‚ousía'[7]. Die Frage, deren Antwort die Metaphysik ist, lautet dann: ‚Was ist das Seiende als Seiendes, oder: Was ist die ‚ousía'?'[8]

Das Wort begegnet bereits im platonischen Dialog ‚Sophistes'[9]. In welchem präzisen Sinn Aristoteles es jeweils gebraucht hat, kann nicht eindeutig gesagt werden.[10] Dennoch spricht sich darin das

---

6   Met. IV (G), 2 (1003a, 33–34). Hervorhebung vom Verfasser.
7   „tosautachoos dè legoménou tou óntos phanerón hóti tóutoon prooton ón tò tí estin, hóper sämaínei t`än ousían." Met. VII (Z.), 1 (1028a, 13–14).
8   Vgl. Met. VII (Z.), 1 (1028b, 2–4); da der Begriff ‚ousía' bei Aristoteles vieldeutig ist und dessen jeweiliger Gebrauch erhebliche Differenzen zulässt, besteht bei den Gelehrten Konsens darüber, das Wort unübersetzt zu lassen; in Abweichung von der in diesem Aufsatz durchgängig verwandten Weise der Transkription des griechischen Alphabetes wird für die ‚ousía' (nach dem griechischen Original) die Schreibweise mit fünf Ziffern beibehalten.
9   Platon, *Sophistes* 246a. Hier – in Ermangelung einer zitierbaren Werkausgabe – nach Schönberger, *Die Transformation*, 29.
10   Aristoteles nennt in Met. VII (Z.), 3 *wenigstens* vier Hauptbedeutungen des Wortes ‚ousía': (a.) das *‚So-Sein'* (‚tò tí än cínai'); (b.) das *‚Allgemeine'* (‚tò kathólou'); (c.) die *‚Gattung'* (‚tò génos'); (d.) das *‚Zugrunde liegende'* (‚tò hypokeímenon'). Vgl. Met. VII (Z.), 3 (1028b, 33–36).

Verständnis dessen aus, was Aristoteles als ‚das Seiende als solches' bezeichnet.[11] Den Begriff ‚ousía' erläutert Aristoteles zweimal (mit deutlichen Differenzen): im 5. Kapitel der ‚Kategorien-Schrift' und in der VII. Untersuchung der ‚Metaphysik' (Z.). Während in Kategorien 5 eine ‚erste' von einer ‚zweiten' ‚ousía' unterschieden wird, geht es in der ‚Metaphysik' zunächst um eine erste, allem ‚Sein-Sagen' zugrunde liegende Bedeutung. Aristoteles bemerkt, dass die unterschiedlichen Weisen, vom Seienden zu reden, das Seiende nicht auf demselben Niveau ansprechen. So fragt die Frage danach, *was* etwas ist, offensichtlich intensiver[12] nach dem Seienden als die Frage nach dessen jeweiliger Größe oder Gewicht; sie fragt nicht nach *einer Weise*, in der sich Seiendes zeigt, sondern nach einem ‚bestimmten Subjekt' (‚tó hypokéimenon hoorisménon'), das das Seiende selbst ist. Größe und Gewicht werden hingegen als *eigenschaftliche Bestimmungen* des Seienden, nicht als das Seiende ‚an und für sich' ausgesagt (weshalb man im Zweifel sein kann, ob sie sind oder nicht sind[13]).

Die Entdeckung, dem ‚Seienden' werde weder durch Namens- (‚homonym') noch Begriffs-Gleichheit (‚synonym') entsprochen, sondern mit einer ‚weiteren' Aussage-Weise (der ‚pros-hen-Relation'), hat das Unternehmen der aristotelischen Metaphysik tatsächlich erst möglich gemacht. Deren (vorläufiges) Ergebnis ist die Theorie von der ‚ousía'. Für das systematische Interesse des von den ‚Akademikern' vertretenen ‚objektiven Idealismus' hingegen blieb

---

11   Im ‚Definitionen-Buch' der Metaphysik (V/D.) werden für den Fall des Wortes ‚tò ón' vier Bedeutungen unterschieden: (a) das Seiende in akzidentellem Sinn (‚katà symbebäkós') und das Seiende *an sich* (‚kath'autó'); (b) das Seiende nach den *Formen der Kategorien;* (c) das ‚ist' im Sinne von *wahr* oder (im Falle des ‚ist nicht') *falsch;* und (d) das Seiende dem *Vermögen* (‚dynámei') und der *Vollendung* (‚entelecheíai') nach. Die ‚ousía' wird in dieser Liste nicht ausdrücklich genannt.
12   Aristoteles selbst spricht bezüglich der Frage nach dem ‚was' als der Frage nach dem ‚mehr vom Seienden Zeigenden' (im Gegensatz zur Frage nach den zufälligen Erscheinungsweisen des Seienden); als Grund dafür nennt er dessen wesentliche Bestimmtheit: „tauta dè mallon phaínetai ónta, dióti estí ti tò hypokeímenon autois hoorisménon." Met. VII (Z.),1 (1028a, 25–27).
13   „Darum könnte man auch bei (derartigem) im Zweifel sein, ob ein jedes derselben ein Seiendes ist oder ein Nichtseiendes." Met. VII (Z.), 1 (1028a, 21–22).

jede Untersuchung des ‚jeweils einzelnen Seienden' aus heuristischen Gründen von Relevanz unberührt.¹⁴ Damit die Rede vom Seienden dabei nicht zur ‚kenagoría' (zum leeren Gerede) wird, verlangt sie eine klare Bestimmung der ‚ersten' und für alle anderen grundlegenden *Bedeutung von Sein*. Zu ihr geht alles Sein-Sagen zurück, das von dem redet, was ist: „Zuerst nun also ist eben dies selbst wahr, dass das Wort ‚sein' und das Wort ‚nicht-sein' *etwas Bestimmtes* bezeichnet, sodass unmöglich sich alles zugleich so und auch nicht so verhalten kann."¹⁵ Daraus ergibt sich für Aristoteles die semantisch argumentierende Forderung, das gesuchte ‚Erste' müsse zugleich ‚Eines' sein: „Denn man kann gar nichts denken, wenn man nicht Eines denkt; ist dies aber der Fall, so würde man auch für diese Sache einen Namen setzen können (denn nicht ein Bestimmtes bezeichnen ist dasselbe wie nichts bezeichnen)."¹⁶ Das aristotelische ‚Eine' intendiert demnach ein logisch *einendes*, inhaltlich *bestimmtes* ‚Erstes', das jeder weiteren (späteren) Rede vom Seienden Grund gibt: ein ‚Erstes': „dem Begriff, der Erkenntnis und der Zeit nach"¹⁷.

Die Lektüre der XIV Untersuchungen des Aristoteles ‚Über die Erste Philosophie' (‚Metaphysik') fällt auch dem geübten Leser nicht leicht. Dennoch wird bei der Lektüre rasch deutlich, wie intensiv darin die Frage nach dem ‚Seienden' mit der Suche nach einer ‚ersten'¹⁸ Qualität des ‚Wissens', einem ‚ersten Gewussten' und bei

---

14 Platons höchste *intelligible Entitäten* beruhen als ‚onotlogisierte Gattungen' auf der Einheit von *ontologischer Universalität* und *logischer Univozität;* auch das macht es schwer, jenseits der genetischen Souveränität der Ideen ein sie selbst umgreifendes, ‚transzendentales' Allgemeines (‚das Seiende') zu denken. Des Aristoteles' Versuch, die Wirklichkeit auf die formale Einheit logischer Analogie hin zu befragen, hat in der Philosophie die Voraussetzung dafür geschaffen, den von Parmenides festgezurrten Knoten der Seins-Frage endgültig aufzuschnüren.
15 „prooton mèn oun dãlon hoos toutó g' autò alátés, hóti sämaínei to ónoma tò einai ä mä einai todí, hoost' ouk àn pan hóutoos kaì ouch hóutoos échoi." Met. IV (G.), 4 (1006a, 29–31).
16 „oudé gàr endéchetai noiein mä noounta hén; ei d' endéchetai, tetheiä än ónoma tóutoi toi prágmati hén." Met. IV (G.), 4 (1006b, 10–11).
17 „Nun gebraucht man zwar das Wort Erstes in verschiedenen Bedeutungen, indes in jeder von ihnen ist das Wesen Erstes sowohl dem Begriff wie der Erkenntnis und der Zeit nach: hómoos dè pántoos hä ousía prooton kaì lógoi kaì gnóosei kaì chrónoi." Met. VII (Z.), 1 (1028a, 33–34).
18 Aristoteles selbst spricht von ‚bebaiotátä archä' (Met. IV/G./, 3/1005b, 11–12/), einem ‚sichersten Prinzip', das über alles generisch bestimmte Seiende hinaus auch für das ‚Seiende an sich', das allen ‚das Gemeinsame' ist (‚pasin, touto gàr autois tò koinón'), Gültigkeit besitzt. Die Untersuchung bezüglich des ersten dieser ‚sogenannten Axiome' (‚kalouménoon axiomátoon') fällt in die Kompetenz einer ‚höchsten' und ‚ersten'

jedem (weiteren) Wissen stets ‚Mit-zu-Wissenden' verbunden wird. Darauf deuten nicht nur jene Abschnitte hin, in denen diese Thematik ausdrücklich erörtert wird[19]; vielmehr beruht die argumentative Logik eines großen Teils der in der ‚Metaphysik' vorgelegten Untersuchungen auf ‚epistemologischen Idealen'[20], von denen nicht nur der Anlass zur Seins-Frage selbst, sondern die formale und materiale Gestalt der Metaphysik im Ganzen (als Antwort auf diese Frage) abhängig und beeinflusst sind. Wenn Aristoteles die Seins-Frage jedoch hauptsächlich in Hinblick auf eine letzte Begründung der Möglichkeit des Wissens gestellt hat (als die Frage nach den dem Wissen selbst vorausliegenden ‚Prinzipien und Gründen' und desjenigen, „was jeder zum Erkennen schon mitbringen muss"[21]), dann ergibt sich zugleich die (weitere) Frage, ob die aristotelische Metaphysik nicht von Beginn an auf *kein anderes* als (eben) dieses Ziel hin angelegt und entwickelt wurde, d. h. die Frage nach dem Seienden selbst nicht nur *in Absicht auf,* sondern *als* die Frage nach einer Erst-Begründung des Denkens gestellt wurde.[22] Dabei kann kaum übersehen werden, dass die von Aristoteles stets als nicht-hinterfragbar insinuierte ‚Verfügbarkeit' des ‚Daseins des Seienden' (das *notwendig nicht nicht ist*) sich in der ‚voraussetzungslosen' Evidenz des ersten Prinzips des Erkennens so wiederholt, dass diese *allein*

Wissenschaft (der ‚ersten' Philosophie im Sinne der Metaphysik), die das Seiende nicht teilweise und seinen Eigenschaften nach thematisiert, sondern ‚allgemein' (‚kathólou') und gemäß der ‚höchsten' Ursachen (vgl. Met. IV (G.), 1 (1003a, 21–26).

19 Ausdrücklich thematisiert wird die prinzipien-theoretische Funktion der Metaphysik in: Met. IV (G.), 3–8; in Met. VI (E.) skizziert Aristoteles das (vorerst hypothetische) Projekt einer ‚Ersten Philosophie', die ‚das Seiende, insofern es Seiendes ist' behandelt, nebst den sie betreffenden Folgen der (vorerst hypothetischen) Annahme eines ersten, selbstständigen und unbewegten Wesens.

20 Grundlegend für die Epistemologie des Aristoteles ist die Überzeugung, sinnvolles Erkennen müsse zu etwas ‚Erstem' führen und sei daher nur unter der Voraussetzung *finaler Totalität* möglich. Daraus folgen die genannten ‚*epistemologischen Ideale*': (a.) Wissen resultiert aus der ontologischen Sequenz von Ursache und Wirkung; (b.) die ‚regionalen' Kausal-Sequenzen können nicht end-los sein; (c.) die Wirklichkeit (die Summe solcher ‚regionaler' Sequenzen) ist nicht unendlich; (d.) die Elemente dieser Sequenzen sind untereinander nicht homogen; (e.) wenigstens ein Element der Sequenz ist in Bezug auf die übrigen ohne Potentialität (d. h. reine, unvermischte Aktualität/Wirklichkeit); (f.) dieses Element ist jeweils ‚Erstes' und ‚Grund' einer ‚regionalen' Kausal-Sequenz; (g.) die Gesamtheit der finalen Aktualitäten aller ‚regionalen' Kausal-Sequenzen in einer ersten, reinen Aktualität, der ‚éschatà aitía', terminiert.

21 „kaì häkein échonta anankeion." Met. IV (G.), 3 (1005b, 17).

22 Diese beantwortet sich nicht aus der Analytik, da deren Kenntnis zur Untersuchung (des Seienden) bereits mitgebracht werden muss; vgl. Met. IV (G.), 3 (1005b, 4–5).

durch und aus der ontologischen Notwendigkeit des der Seins-Frage selbst noch vorausliegenden Daseins des Seienden (das nicht nicht da-sein kann) begründet wird. Dass demnach das erste Prinzip des Denkens, das keine Hypothese (mehr) sein darf (wenn nicht das Denken selbst kollabieren soll), auch keine ist, wird durch die Seins-Frage selbst nur indirekt erwiesen (durch deren, ihr selbst mit Notwendigkeit vorausgehenden und daher ihr gegenüber selbstverständlichen Anlass – im ‚Dasein' des Seienden).

Die Seins-Frage stellt sich mitnichten ‚an den Rändern' des Lebens (wo das Vertrauteste mit einem Mal fehlt oder wehtut), noch kommentiert sie den dekonstruktivistischen Über-Griff auf die alltägliche Treue dessen, das (einfach nur) ‚da' ist; sie ergibt sich stattdessen aus der formalen Sequenz des Fragens selbst als dessen ‚letzte' Frage – und (als ‚erster' Akt wissenschaftlicher Neugier) im konsequenten Vollzug des aristotelischen Ideals der Wissenschaft. Dies mag auch der Grund dafür sein, dass Aristoteles die ‚Metaphysik' mit einer wissens- und wissenschafts-theoretischen Erörterung einleitet; ohne die Frage nach dem ‚Seienden als solchen' im Sinne des Gegenstandes der ‚gesuchten Wissenschaft' wäre das Unternehmen der ‚epistämä theoorätikä'[23] – dem dort dokumentierten Verständnis nach – unfertig geblieben.

Die hier vorgeschlagene *epistemologische* Bewertung der Seins-Frage mag den Eindruck erwecken, mehr einem wissenschaftsgeschichtlichen als systematischen Interesse verpflichtet zu sein; doch nährt gerade die Gefälligkeit dieser Vermutung den Verdacht, Wesentliches (dabei) übersehen zu haben. Niemand, dem die kulturelle Distanz allein der (diesbezüglich geltenden) Kohärenz-Kriterien bewusst ist, wird erwarten, dem Argumentationsniveau eines Textes der klassischen Antike ohne ausgeprägte Assimilisations-Bereitschaft verstehend folgen zu können. Dazu ist es

---

23 „Der Zweck der gegenwärtigen Erörterung aber ist zu zeigen, dass alle als Gegenstand der sogenannten Weisheit die ersten Ursachen und Prinzipien ansehen; darum, wie gesagt, gilt der Erfahrene für weiser als der, welcher irgendeine Sinneswahrnehmung besitzt, der Künstler für weiser als der Erfahrene, und wieder der leitende Künstler vor dem Handwerker, die theoretischen Wissenschaften aber vor den hervorbringenden. Dass also die Weisheit eine Wissenschaft von gewissen Prinzipien und Ursachen ist, das ist hieraus klar. *Da wir nun diese Wissenschaft suchen, müssen wir danach fragen, von welcherlei Ursachen und Prinzipien die Wissenschaft handelt, welche Weisheit ist.*" Met. I (A.), 1–2 (981b, 27–982a, 6).

wichtig, die Differenzen hartnäckig offenzuhalten, die zwischen den diversen Chronologien bereits hinsichtlich der vermeintlich harmlosesten Begriffe obwalten. Im Falle der heuristischen Probleme, die sich im denkenden (Nach)Vollzug der aristotelischen ‚Metaphysik' ergeben, gilt dies vor allem für die parmenideische Analogie-These von Sein und Denken.[24] Deren Präsenz zählt in den ‚Metaphysik-Untersuchungen' zu jenen stillen Voraussetzungen, ohne deren Wahrnehmung der Text widerstandslos in der Gewalt einer interpretationistischen Erledigung[25] zu zerfallen droht. Es mag in der Tat nicht ohne Risiko sein, im Falle der ‚Metaphysik' des Aristoteles den ‚status quaetionis' rekonstruieren zu wollen; dennoch ist (mit einem Minimum an historischer Empathie) nur schwer zu verleugnen, dass darin die Seins-Frage nur unter der Voraussetzung gestellt werden *konnte*, dass ‚das Gedachte' (‚tò noätón') als ein (reflektiver) Modus des Seins nicht nur nicht hinterfragbar wäre, sondern eine andere Finalisierung des Erkennens (als durch das Seiende) ganz und gar undenkbar ist. Ein Vermögen jedoch (wie das Vermögen, zu erkennen: ‚tò eidénai'[26]), in Bezug auf das eine letzte Aktualität nicht erreicht werden kann, hätte dem Aristoteles wohl für absurd gegolten.

Damit sind die Voraussetzungen hinreichend genannt, die Aristoteles in der ‚Metaphysik' zur Frage nach dem ‚Seienden als solchem' veranlassen. Diese ist die Frage nach einem logisch *einenden*, inhaltlich *bestimmten* ‚Ersten', das jeder weiteren (späteren) Rede (‚lógos') vom Seienden Grund gibt: einem ‚Ersten': „dem Begriff, der

---

24 Vgl. PARMENIDES, B 8, 29-36 (DK I, 238, 3-5): „tautòv d' estì voein te kaì hoúneken ésti vóäma. ou gàr áneu tou eóntos, en hooi pephatisménon estin, heuräseis tò noein." Die Identität von Sagen, Denken und Sein begegnet bei Parmenides (indirekt) bereits B 5, 8b-9a (DK I, 236, 1b-2a): „ou gàr phatòv oudè voätón estin hópoos ouk éstin." Die Übersetzung bei DK: „Dasselbe ist Denken und der Gedanke, dass IST ist; denn nicht ohne das Seiende, in dem es als Ausgesprochenes ist, kannst du das Denken antreffen." (ebd. I, 238) ist zu korrigieren durch: „Dasselbe ist ‚ES IST' zu denken, und weswegen das Gedachte ist. Denn nicht ohne das SEIN (SEIENDE), in welchem das Ausgesprochene ist, wirst du zu denken finden." (Übers. v. Verf./Majuskeln nach D/K).
25 Begriff nach HANS KRÄMER, *Kritik der Hermeneutik. Interpretationsphilosophie und Realismus*, München 2007. Krämer wirft darin Martin Heidegger und Hans-Georg Gadamer ‚Anti-Realismus' vor und kritisiert insbesondere Gadamers ‚Metatheorie', Sinn und Bedeutung eines historischen Textes würden im Verlauf der ‚Deutungsgeschichte' weiterentwickelt werden.
26 Das Wort begegnet dem Leser bereits an *vierter Stelle* des viel zitierten *ersten Satzes* der ‚Metaphysik': „Pántes ánthroopoi tou eidénai zätousin physei." Met. I (A.), 1 (980a, 21).

Erkenntnis und der Zeit nach". Die Frage nach dem Seienden steht also keineswegs isoliert am Anfang des wissenschaftlichen Fragens; vielmehr ist diese so gestellt, dass von der jeweiligen Antwort über Geschick und Verderb des Denkens und Sprechens vom Seienden im Ganzen (mit-)entschieden wird. Die Antwort auf die Frage nach dem, was das Seiende ist, war bereits ausgesprochen und geklärt worden; sie lautet: ‚hä ousía'. Dieser (zunächst nichts anderes als die ‚Seins-heit', das ‚nomen abstractum' von ‚einai'/‚zu sein' benennende) Begriff wird von Aristoteles im Sinne eines sowohl logischen wie ontologischen Beziehungsfeldes weiterentwickelt, innerhalb dessen sich die vielfältigen Weisen, in denen Seiendes vorkommt, überschaubar ordnen lassen. Die ‚ousía' ist darin nicht allein Erstes ‚im Bezug auf und für sich selbst', sondern in Relation auf alle anderen Weisen, in denen vom Seienden die Rede ist. Was nicht als ‚ousía' Seiendes ist, das ist Seiendes ‚an ihr' oder: ‚durch und in Hinblick auf sie'. In dieser Funktion kommt die ‚ousía' am meisten dem nahe, was Aristoteles mit dem Begriff ‚tò hypokeímenon' als dasjenige bestimmt hat, „von dem das Übrige ausgesagt wird, das selbst aber nicht wieder von einem anderen ausgesagt wird"[27]. So kann er sagen, die ‚ousía' nenne Seiendes im *eigentlichen* Sinn, während bei allem anderen nur in *relativer* oder *beiläufiger* Bedeutung von Seiendem gesprochen wird. Das Seiende ‚an sich' und das Seiende in ‚akzidenteller' oder abgeleiteter Bedeutung unterscheiden sich daher nach dem Grad ihrer jeweiligen Selbstständigkeit voneinander; allein die ‚ousía' fungiert als Subjekt den übrigen Aussageweisen (‚Kategorien') des Seienden gegenüber: denn nur sie bezeichnet das *selbstständig abgetrennte* Seiende.[28] Die anderen Prädikate werden im ‚Schema der Kategorien' zusammenfasst; als *erste* Kategorie nennt Aristoteles die ‚ousía' selbst. ‚Zu sein' bedeutet nichts anderes als: ‚ousía-sein'.

Die Antwort auf die Frage nach dem, was die ‚ousía' ist, entscheidet jedoch nicht allein über Geschick und Verderb der semantischen Formalitäten des Sein-Sagens (im Sinne dessen, was einer meint, wenn und wie er vom Seienden spricht), sondern vor allem

---

27   „tò d' hypokeímenón esti kath' hou tà álla légetai, ekeino d' autò mäkéti kat' állou." Met. VII (Z.), 3 (1028b, 36–37).
28   „tò chooristòn ón"

über die *ontologische* Qualität des Seienden selbst – *als solchem* und *im Ganzen* (dessen, das ist).²⁹ Denn die ‚ousía' ist ‚erstes' nicht nur als logisches Paradigma, sondern als eben jene ‚Verfassung', in der das Seiende ‚zuerst' vorliegt und sich dem rezeptiven Vermögen der menschlichen Vernunft (im Einzelnen wie im Ganzen) ‚(an)zeigt' und ‚zu erkennen gibt'. Die Frage nach der ‚ousía' muss also auch diesbezüglich wiederum nicht nur absolut, in Bezug auf sie selbst, sondern in Hinblick auf alles, was da ist, gestellt und beantwortet werden. Zu Beginn der wichtigen XII. Untersuchung der ‚Metaphysik', in deren zweiter Hälfte die Frage nach dem Da-Sein einer ‚ewigen, unbewegten ousía' beantwortet wird, nennt Aristoteles die ‚ousía' ‚erstes' im Blick auf zwei in der Antike geläufige Modelle der holistischen Theorie³⁰: sowohl (a.) hinsichtlich der Annahme, ‚das All(es)' sei ‚ein Ganzes'³¹ als auch (b.) für den Fall, es könne als (die Einheit einer) sequenzielle(n) Abfolge vorliegen, bleibt die ousía ‚erster Teil' und ‚Erstes' im Sinne von Ursache und Prinzip für all das, was (auf die ‚ousía') folgt³². Als Ergebnis kann festgehalten werden:

---

29 Auskunft darüber, wie das Ganze des Seienden sich auf der Grundlage der ‚ousía' nach innen differenziert, gibt Aristoteles in Met. XII (L.), 2: „ousíai dè treis, mía mèn aisthätä, häs hä mèn aídios hä dè phthartä (…). állä dè akínatos, kaì taútän tinés einaí phasi chooristän, hoi mèn eis dyo diairuntes, hoi dè eis mían physin tithéntes tà eídä kaì tà mathämatiká, hoi dè tà mathämatiká mónon tútoon." (1069a, 30–36)
30 Der ansonsten im *doxographischen* Milieu präzise Autor lässt in diesem Fall die Provenienz-Frage offen, was auf eine allgemeine Akzeptanz der genannten Vorstellungen im antiken Kultur-Raum hindeutet.
31 Die wohl bereits für Aristoteles ‚geläufige' These, das ‚All sei wie (irgend-)ein Ganzes', diskutieren die Kommentatoren kontrovers. Wird genauer nachgefragt, was Aristoteles mit diesem ‚Ganzen' meint, ergeben sich schnell unterschiedliche Positionen. So unterstreicht Ps.-ALEXANDER APHRODISIAS (Michael von Ephesos?), *In Metaph.*, 669, 3ss., Aristoteles sage nicht, das All *sei* ein Ganzes, sondern *wie irgendein* Ganzes. Daher ist unter ‚Ganzheit' die Einheit (‚insieme unitario'/Reale) der ‚ousía' mit all ihren Akzidentien zu verstehen; Hermann Bonitz hingegen interpretiert aufgrund von Met. J (X.), 1 (1052a, 22): „tò hólon kaì échon tinà morphän kaì eidos" das ‚Ganze' als „quod per certam formam definitum ac consummatum est, adeo ut vel ipsam per se formam eodem nomine designet (Aristoteles)." Wenn das Wort ‚Ganzes' in diesem Sinne gebraucht und die Gesamtheit aller Dinge (wie ein Körper) als durch die Form bestimmte Materie gedacht wird, dann muss die Form deren erster Teil sein; die Form ist nämlich ‚füher' und ‚mehr seiend' als die Materie (HERMANN BONITZ, *Commentarius in Aristotelis Metaphysicam*, Bonn 1849, 496). Vgl. dazu: GIOVANNI REALE, *Aristotele. La Metafisica*, Neapel 1978, II, 255f.
32 „kaì gàr ei hoos hólon ti tò pan, hä ousía prootoon méros: kaì ei tooi ephexäs, kàn hútoo prootoon hä ousía." [Met. XII (L.), 1 /1069a, 19–21]. Im zweiten, von Aristoteles genannten Fall ist dasjenige gemeint, was auf die ‚ousía' im Sinne der Kategorien folgt. Es ist gefragt worden, aus welchem Grund und Recht Aristoteles das ‚Schema' der Kategorien des Seins hier als ‚Sequenz' (‚tooi ephexäs') anspricht; was weniger erstaunlich erscheint, wenn sie in ihrem unterschiedlichen Verhältnis zum Sein betrachtet werden:

Die ‚ousía' bezeichnet nicht nur in Bezug auf sich selbst, sondern für das Ganze dessen, das ist, den fundamentalen Sinn dessen, was das Seiende ist.

Damit ist in etwa der Informationsstand erreicht, an dem – mit dem 3. Kapitel der VII. Untersuchung – die *systematische Ausführung* des Projektes der ‚Metaphysik' einsetzt. Dieses Vorhaben wird sich über den Raum von insgesamt 3 Büchern (Z., H., TH.) erstrecken und im bereits erwähnten zweiten Teil des XII. Buches (L., Kap. 6–10) seinen Abschluss finden. Nach traditionellem Urteil liegt darin der Kern der aristotelischen ‚Metaphysik' vor.[33] Bei all dem geht es (bekanntlich) um die Untersuchung einer logisch *einenden,* inhaltlich *bestimmten, ersten* ‚Verfassung' von Sein, das jeder weiteren Rede- und Erscheinungs-Form des Seienden Grund gibt: eines ‚Ersten' „dem Begriff, der Erkenntnis und der Zeit nach".

Von den wenigstens vier Bedeutungen, die Aristoteles ursprünglich mit dem Wort ‚ousía' verbindet[34], werden nur zwei Gegenstand der folgenden Untersuchung sein: (a.) das *erste Zugrunde liegende* (‚tò prooton hypokeímenon') und (b.) das ‚tò ti än einai'[35] (‚So-Sein'). (a.) Als ‚tò hypokeímenon' (‚Substrat') bildet die ‚ousía' (in begrifflicher Hinsicht: ‚logikoos') das letzte Aussagesubjekt, „von dem das Übrige ausgesagt wird, das selbst aber nicht wieder

---

„A nostro avviso, qui Aristotele pensa alle *serie delle categorie viste nel loro grado di essere.* E, viste nel loro grado di essere, le categorie suppongono strutturalmente la sostanza come ‚prima', giacché [...] l'essere delle altre categorie (oltre di essere diverso in ciascuna di esse) è solo *in virtú dell'essere della sostanza.*" (REALE, *Metafisica,* II, 256).

33 Pars pro toto: HERMANN BONITZ, *Commentarius in Aristotelis Metaphysicam,* Bonn 1849, 23: „Eximius in universis Metaphysicis locus assignandus est libro L, siquidem hoc libro et libro Z altissima Aristoteles iacit primae suae philosophiae fundamenta." Hinsichtlich der umstrittenen Frage nach der inneren Struktur der ‚Metaphysik' wurden in den letzten 50 Jahren z. T. erheblich voneinander abweichende Meinungen vertreten. Die Bücher Z. und H. gelten für die meisten zeitgenössischen Gelehrten (ebenso wie die Bücher M. und N.) als ursprünglich zusammengehörig (wenn auch nicht in der heute geläufigen Unterteilung); ob TH. tatsächlich mit diesen eine Einheit bildet (im Sinne der ‚Substanz-Bücher'), ist neuerdings bezweifelt worden. Nach wie vor hoch umstritten ist das Buch L., sowohl der Chronologie wie dem Thema nach. Vgl. dazu: MICHAEL FREDE, GÜNTHER PATZIG, *Aristoteles ‚Metaphysik Z'. Text, Übersetzung und Kommentar,* Bd. I, München 1988, 21–30.

34 Vgl. Fußnote 10.

35 Eine der zahlreichen Wort-Schöpfungen des Aristoteles; eigtl.: ‚tò tí (tooi hekástooi) än einai'; im Sinne von: ‚dasjenige, was es (für jedes Einzelne) (immer schon) war, (dieses) zu sein'. Das Imperfekt (im Sinne des ‚Imperfectum metaphysicum') unterstreicht die aristotelische Annahme, dass dem jeweiligen Einzelnen ‚Wesentliche' stehe außerhalb von Werden und Vergehen. Ebenso gehen die Wort-Bildungen ‚tò hypokeímenon' (‚das Zugrunde liegende') und ‚tò ekeíninon' (‚das Solchartige') auf Aristoteles zurück.

von einem anderen ausgesagt wird³⁶", womit (in ontologischer Hinsicht) die ‚ousía' als die 1. Kategorie übereinstimmt. Sie steht für das ‚tóde tì', das konkrete, individuelle Seiende (‚tò hékaston ón'). Unter diesem Aspekt lassen sich an der ‚ousía' zwei immanente Ursachen unterscheiden, welche aufeinander wie *Möglich-Verwirklichbares* und *Wirklich-Verwirklichendes* bezogen sind: der Stoff (‚hä hylä') und die Form (‚hä morphä').³⁷ Das sich daraus ergebende ‚Ganze' (‚tò ek tútoon') benennt Aristoteles (interpretierend) mit dem griechischen Kunst-Wort ‚tò syn-olon'. Auf die Differenz von Stoff- und Form-Ursache wird die in Kap. 7–9 durchgeführte Analyse von *Werden, Entstehen* und *Vergehen* zurückkommen, in deren Verlauf die beiden Diskurse (a. & b.) über das Wesen der ‚ousía' wieder zusammengeführt werden. (b.) Die Untersuchung über das ‚tó tí än einai' (‚So-Sein') versteht die ‚ousía' im Sinne der 2. Kategorie als Qualität (‚So-Sein') und enthält Diskurse über Bedeutung und Funktion des *Begriffes* (‚hò lógos'), der *Definition* (‚hò horismós') und des *So-Seins* (‚tò tí än einai') selbst; in diesem Kontext behandelt Aristoteles u. a. die Frage nach der Identität von ‚Begriff' und ‚Definition' (in welchem Sinn sie einander ‚entsprechen' und in welchem nicht), nach der Differenz von ‚Definition' und ‚So-Sein', der Ursache für die ‚Jeweiligkeit' des individuellen Seienden und die (polemisch ausgerichtete) Frage, ob es für das Erkenntnisziel der Wissenschaft relevant sei, begriffliche Inhalte als subsistierende Universalien (Ideen) anzusetzen.

Hinsichtlich der Ausgangslage und des Zieles der Metaphysik ergibt sich daraus, dass die Frage nach dem Seienden nicht ohne

---

36   Met. VII (Z.), 3 (1028b, 36–37): „tò d' hypokeímenón estin kath' hu tà álla légetai, ekeino d' autò mäkéti kat' állou."
37   Für Aristoteles gilt grundsätzlich, dass die Materie von sich her ‚blind' ist (so wie man sagt: ‚ein blinder Fleck') – sie bietet dem eidetisch-orientierten Erkenntnis-Verfahren von vornherein gar keinen Anlass; vielmehr fällt der alogismetische Schatten der Materie auf die ‚ousía' zurück, wenn diese als deren potentiale Ursache wirksam wird. Soll das nun gerade *nicht* im Sinne des platonischen Doketismus (als materie-geschuldetes ‚Verbergen' der formalen Identität der ‚ousía') gedeutet werden, so kann es nur heißen, dass die dem Erkennen widerstehende ‚Natur' der Materie auf deren *Funktion* als Prinzip *beschränkt* bleibt. Aristoteles sagt daher, die ‚Form' (‚tò eidos'/‚tò tí än einai') sei – im Zusammenspiel der die Wirklichkeit erwirkenden Kräfte – der ‚Materie' *voraus* und erweise sich im Blick auf das Ganze (das ‚tò ek tútoon') ihr gegenüber als *stärker* – sodass sie (die ‚Form') die ‚Materie' in ihrem Prinzip-Sein ‚überwältigt', ohne jedoch deren Be-gründungs-Anteil in die Helle des ‚epístasthai' mit hineinzuziehen bzw. selbst in deren Schatten zu treten.

V. Aristotelische Grundlagen

Grund als die Frage nach der ‚ousía' gestellt wird, weil sie zunächst nicht auf das konkrete, einzelne Seiende (‚tò prágmaton') abzielt, sondern nach dem Seienden in einer Weise fragt, die dem Wesen wissenschaftlichen Untersuchens entspricht; unter dem Begriff ‚ousía' ist daher jene Perspektive zu verstehen, die das Seiende für das Verfahren wissenschaftlicher Untersuchung zugänglich macht. Daher bezeichnet ‚ousía' unter *epistemologischem* Gesichtspunkt ein überindividuelles Allgemeines, das jedoch (*ontologisch*) nicht als generische Entität besteht – neben oder abgetrennt von den jeweilig Seienden (sodass diese, um da sein zu können, daran teilhaben müssten) –, sondern als die immanente und (wesens-)bestimmende Ursache für das Dasein des jeweils individuellen und konkreten Einzelnen *in dessen Dasein* zum Austrag kommt und allein *als dieses Dasein* anwest. Erst in Hinsicht auf die Vollendung (‚hä entelecheía') des Erkennens ergibt sich das Seiende dem Intellekt gemäß dessen (des Intellektes) eigener Natur als das Allgemeine des Wesens (‚tò tí än einai'). Daraus folgt auch, dass das Einzelne als Einzelnes vom Intellekt nicht erkannt wird.

Ist damit jedoch die Frage nach der ‚ousía' bereits zum Abschluss gekommen, die Frage nach einer logisch *einenden*, inhaltlich *bestimmten, ersten* ‚Verfassung' von Sein, die jeder weiteren Rede- und Erscheinungsform des Seienden Grund gibt; die Frage nach einem sowohl logisch als auch ontologischen ‚Ersten': „dem Begriff, der Erkenntnis und der Zeit nach"?

Im abschließenden Kapitel 17 des Buches Z (VII) der ‚Metaphysik', das dem Kontext gegenüber eine auffallende Eigenständigkeit besitzt, kündigt Aristoteles an, die Frage nach der ‚ousía' noch einmal von einer anderen Warte her stellen zu wollen.[38] Das Argument setzt mit der These ein: „Da nun die ‚ousía' ein Prinzip und eine Ursache ist."[39] Als ‚Ursache' und ‚Prinzip' bezeichnet Aristoteles gewöhnlich ein ‚Erstes', ‚von dem her etwas ist, wird oder erkannt wird'.

---

38   Es handelt sich dabei um eine (weitere) Untersuchung der ‚ousía', die von einem anderen Ausgangspunkt her unternommen wird (‚pálin állän hoíon archän poiäsámenoi légoomen.'). Diese steht ausdrücklich unter der Voraussetzung, dadurch auch „Aufklärung über jenes Wesen (zu) erhalten, welches von den sinnlichen Wesen abgetrennt und selbstständig ist". Mit anderen Worten: Met. (Z.), 17 soll für alle (möglichen) Fälle von ‚ousía' gelten, einschließlich der ‚aitíai kaì archái kath´ exochän'; damit wäre dann auch diejenige ‚ousía' mit gemeint, die nichts anderes mehr ist als ‚archá' (vgl. Anm. 20).

39   „epeì un hä ousía archä kaì aitía tis estín" Met. VII (Z.), 17 (1041a, 9).

Daher muss die Frage nach der ‚ousía', wenn sie dieser Perspektive entsprechen soll, auf eine Weise modifiziert werden, die es erlaubt, nach demjenigen zu fragen, für das die ‚ousía' (in diesem Sinne) ‚Erstes' und als solches Ursache und Prinzip ist. Aristoteles versteht die Tendenz dieser Frage keineswegs jener absoluten Dialektik nach, die sich – als die Frage nach dem Grund des Seienden – des Seins überhaupt (gegenüber dem Nichts) versichert wissen will und die sich bezüglich der Grundfrage der Metaphysik als deren Bedeutung durchgesetzt hat; vielmehr „muss offenbar sein, dass das Sein dem Seienden zukommt, wo nicht, würde man gar nichts zu untersuchen haben"[40]. Für Aristoteles fragt die ‚Grund-Frage' nach anderem als nach demjenigen, das für jede Frage *zuvor* bereits offenbar sein muss und ihr als Subjekt (bereits) voraus liegt. Von daher also soll die Untersuchung ihren Ausgang nehmen: von der ‚ousía' als der Antwort auf die Frage nach Ursache und Grund. Dabei steht gar nicht zur Frage, ob die ‚ousía' tatsächlich eine solche Ursache sei; die Frage wird *vielmehr* sein, *wofür und in Bezug worauf* sie dies ist.

Aristoteles unterscheidet grundsätzlich eine *vierfache* Art des Fragens: die Frage nach dem (a.) ‚dass' (‚tò hóti'); (b.) ‚weshalb' (‚dióti'), (c.) ‚ob' (‚ei ésti'); (d.) ‚was es ist' (‚tí estin').[41] Relevanz für die Argumentation von Z., 17 gewinnt jedoch allein die als ‚dióti' bezeichnete Frage nach dem ‚warum': „Die Frage nach dem ‚Warum' verfolgt man immer in der Weise, dass man fragt, warum eine Sache einer bestimmten anderen zukommt."[42] Der sperrige Pleonasmus des griechischen Originals ‚*ein anders einem anderen'* dient dem Ziel, die Differenz der beiden Inhalte festzuhalten: beide dür-

---

[40] „dei gàr tò hóti kaì tò eínai hypárchein däla ónta" Met. VII (Z.), 17 (1041a, 15); „hóti d' hypárchei, dei dãlon einai: ei gàr mä hútoos, udèn zätei." Met. VII (Z.), 17 (1041a, 23–24); ebenso Met. VII (Z.), 17 (1041b, 4): „epeì dè dei échein te kaì hypárchein tò einai."

[41] Anal. post. II (B.), 1 (89b, 24–25). Diese vier bilden untereinander zwei Paare, die wiederum jeweils den Frage-Anlass und eine davon ausgehende Folgefrage umfassen: So geht der Frage nach dem ‚weshalb?' (‚dióti') das Vorliegen des jeweiligen Sachverhaltes (‚tò hóti') voraus; und der Frage nach dem, ‚was es ist' (‚tí estin'), liegt die zuvor bereits bekannt gewordene Existenz eines Seienden (‚ei éstin') zugrunde. Im Sinne einer *wissenschaftlichen* Untersuchung (‚tò zäteítai') sind dabei nur die Fragen nach dem ‚weshalb?' (‚dióti') und dem ‚was?' (‚tí estin') für Aristoteles von Belang.

[42] „zäteítai dè tò dià tí aeì hútoos, dià tí állo állooi tinì hypárchei." Met. VII (Z.), 17 (1041a, 10–11).

fen nicht miteinander übereinstimmen, damit die Frage sinnvoll (und nicht tautologisch) gestellt wird.⁴³ Jede Frage muss demnach fragen, „warum eine Sache an einer anderen vorkommt"⁴⁴; erst in dieser Form kann sie als *sinnvolle* Frage akzeptiert werden. Es geht Aristoteles um einen ‚reflektierten' Sprachgebrauch, infolgedessen die Frage, ‚Warum donnert es?' in die Form: ‚Warum entsteht ein Getöse in den Wolken?' transponiert werden muss. Nur dieser Form nach lässt die Frage die ihr eigene Absicht auf die *Ursache* hinreichend deutlich erkennen,. Dasjenige, was dieser Frage als Antwort entspricht, nennt Aristoteles – ausdrücklich: ‚in begrifflicher Hinsicht'! – das ‚Was es ist dies zu sein'.⁴⁵ Aristoteles urgiert in Z., 17 – in der Absicht, die Untersuchung über die ‚ousía' zu einem gewissen Abschluss zu bringen – eine Form des Fragens, die einerseits (a.) Gegebenheit und Kenntnis des erfragten Sachverhaltes, andererseits (b.) eine reflektierte logische ‚Struktur' der Frage-Stellung („allà dei diarthroósantas zätein") garantiert.⁴⁶ In diesem ‚kanonischen' Format soll nun die ‚Materie' daraufhin befragt werden, *„aufgrund wovon sie jeweils diese Sache ist"*⁴⁷. Zunächst ist festzuhalten, dass die Fragestellung den formulierten Kriterien entspricht: sie fragt nach dem Grund dafür, *dass eines einem anderen zukommt:* „Man sucht also die Ursache für den Stoff, durch welche er etwas Bestimmtes ist."⁴⁸ Als entsprechende Antwort ergibt sich: „Weil an ihr (der ‚Materie') das vorliegt, was es

---

43   Zu dem für diese Frage-Form üblich gewordenen Begriff ‚katallele Struktur', der auf Rudolf Boehm zurückgeht, vgl. WERNER MARX, *Einführung in Aristoteles' Theorie vom Seienden*, Hamburg 1972, 53, Anm. 48. Die Bezeichnung ‚katallel' ist wohl von Met. VII (Z.), 17 (1041a, 33): „katalläloos" aus gebildet, das jedoch in der Textkritik als unsicher gilt (vgl.: FREDE, PATZIK, *Aristoteles ‚Metaphysik Z'*, II, 314f.). Zur Intention: Bevor Aristoteles die Untersuchung fortsetzt, will er durch die ‚Katallelen-Formel' unsinnige Fragestellungen („tò mèn un dià tí autó estin autó, udén estin zätein." Met. VII (Z.), 17 (1041a, 14–15) ‚verbrennen'.
44   „tí ára katá tinos zätei dià tí hypárchei." Met. VII (Z.), 17 (1041a, 23).
45   „Kaì dià tí tádi, hoíon plínthoi kaì líthoi, oikía estin; phaneròn toínyn hóti zätei tò aítion. tuto d' estì tò tì än einai, hoos epein logikoos." Met. VII (Z.), 17 (1041a, 26–28).
46   Met. VII (Z.), 17 (1041b, 2–3).
47   „dälon dè hóti tän hylän zätei dià tí estín." Met. VII (Z.), 17 (1041b, 5).
48   „Hoóste tò aítion zäteitai täs hyläs (tuto d' estì tò eídos) hooi tí estin: tuto d' hä ousía." Met. VII (Z.), 17 (1041b, 7–9). Obwohl es sich um eine zentrale Aussage zur Theorie der ‚ousía' handelt, enthält der Satz mit ‚tuto d' estì tò eídos' eine irreführende und missverständliche Insertion. Aristoteles will offensichtlich *nicht* sagen, die Form sei die Seins-Ursache der Materie und dadurch ‚ousía' (wie Asclepius und Ps.-Alexander notieren), weshalb FREDE, PATZIK, *Aristoteles ‚Metaphysik Z'*, II, 318) vorschlagen, ‚tuto d' estì tò eídos' ersatzlos zu streichen.

heißt, diese Sache zu sein." Unter der Voraussetzung, das Zukommende (B) und das, dem es zukommt (A), dürften nicht miteinander übereinstimmen, lässt sich der Charakter des ‚Zukommens' als ‚Hinzufügen' erkennen. Das der ‚Materie' (A) Hinzugefügte (B) ist somit die Ursache für das, was aus der Materie geworden ist (C) und den Anlass für die Frage nach dem ‚Warum?' bildet. Dabei kann das Problem, wie *weit* in diesem Zusammenhang der Geltungsbereich des Wortes ‚Ursache' über die Form-Ursache (das ‚tò tí än einai') hinausgeht, vernachlässigt werden.[49]

Dasjenige, das der Materie hinzugefügt wird, ist zugleich der Grund dafür, dass sie (die Materie) zu etwas *Bestimmtem* wird; in dem von Aristoteles gewählten Beispiel lautet daher die Antwort auf die Frage ‚dià tí' (‚Warum ist dies ein Haus?'): „hóti hypárchei hò än oikíai einai"[50], weil der (betreffenden) Materie dasjenige zugrunde liegt (hinzugefügt wurde), was sie zu einem Haus macht (‚was es ist, ein Haus zu sein'). Das damit angesprochene *Begründungs-Verhältnis* interpretiert also ein *Bestimmungs-Verhältnis;* bereits früher hatte Aristoteles die ‚hylä' als ‚blind' und ‚gestalt-los' bezeichnet. Zudem tritt das Bestimmende (‚tò tí än einai') dem Bestimmten (‚hä hylä') in der Polarität von Wirklichkeit (‚enérgeia') und ‚Möglichkeit (‚dynamis') entgegen, wodurch die ‚Überlegenheit' der Form gegenüber der Materie erklärt und begründet wird.

Was nun die ‚ousía' anlangt, so lässt sich als Ergebnis vorerst festhalten, sie sei dasjenige, was Steinen und Ziegeln die Gestalt eines Hauses gibt. Die ousía ist Ursache dafür, dass die Materie als Haus in Erscheinung tritt: als dasjenige, nach dessen ‚Weshalb?' zuvor gefragt worden ist.

Im Rest von Kapitel 17 (1041b, 19–33) begegnet dem Leser eine Flüchtigkeit, die darauf schließen lässt, Aristoteles habe seine Gedanken nur vorläufig festgehalten, ohne dass eine spätere Redaktion die offensichtlichen formalen und syntaktischen Brüche aus-

---

[49] Vgl. FREDE, PATZIK, Aristoteles ‚Metaphysik Z', II, 313f. Aristoteles selbst nennt die folgenden Konnotationen: in einigen Fällen meint es die *Ziel- oder Zweck-Ursache* (‚hò ep' eníoon mén esti tínos héneka'), in anderen die *Bewegungs-Ursache* (‚ep' eníoon dè ti ekínase prooton'). Um die Sache nicht endlos zu komplizieren, lesen wir (wie bei Frede/Patzik zunächst vorgeschlagen) ‚toiúton aídion' bezogen auf ‚das erste Bewegende' und folglich ‚tháteron' auf ‚epì tu einai' (‚hinsichtlich des Seins', also für jede Weise des Wirklichen schlechthin geltend, einschließlich der ewigen und abgetrennten ‚ousíai').
[50] Met. VII (Z.), 17 (1041b, 6).

gleichen konnte. Bezüglich der Sache (der ‚ousía') ist diese ‚Koda' jedoch von großer Bedeutung. Auch Aristoteles war bewusst, dass sein Vorschlag, ‚Warum-Fragen' auf das ‚katallelen'-Schema zurückzuführen, leicht in den Verdacht gerät, den ‚Befragten' auf eine darin bereits vorweggenommene Antwort festzulegen; darum stellt er ausdrücklich klar, die vorliegende Art der Befragung setze voraus, dass das aus dem Austrag von ‚tò hypokeímenon' und ‚tò tí än einai' Entstandene ‚eines' sei, „so wie das Ganze eines ist, aber nicht wie ein Haufen, sondern wie die Silbe"[51]. ‚Silbe' (/AB/) benennt ‚mehr' als die Addition von ‚Elementen'[52] (A & B) und sagt etwas ihnen gegenüber ‚anderes' (‚tò héterón ti') aus. Dieses ‚andere' ist dasjenige, auf das die Frage nach dem ‚Weshalb?' abzielt. In diesem Sinne kann jedoch nicht wiederum nach einem Element (oder einem aus Elementen Zusammengesetzten) gefragt werden, da sich auf solche Weise keine Ursache der Einheit des Ganzen erreichen lässt. Daher muss das Gesuchte als ein ‚Was' die Ursache dafür sein, „dass jenes (A & B) *eine* Silbe (/AB/) ist"[53]. Mit diesem Argument erreicht die Untersuchung eine neue Qualität: das ‚Gesuchte' ist nicht allein Ursache dafür, dass die Materie einer ‚inhaltlichen' Bestimmung nach in Erscheinung tritt (und treten kann); es fungiert zudem als Ursache dafür, dass die Zusammenfügung von Bestimmtem und Bestimmendem, von „Substrat und Widerfahrnis"[54], eine ontologische *Einheit* bildet und ihr als solcher *eine nicht weiter hinterfragbare Identität* zukommt. Aufgrund dieser Identität ist das hier ‚Gesuchte' nicht nur ‚eines', sondern – in Bezug auf sich selbst – ‚erstes'.

Von diesem ‚Gesuchten' stellt Aristoteles abschließend fest, „dies nun ist die ‚ousía' einer jeglichen Sache. Denn dies ist die primäre Ursache für ihr Sein"[55].

---

51 „epeì dè tò ék tinos syntheton hútos hoóste hén einai tò pan, allà mä hoos sooròs all' hoos hä syllabä." Met. VII (Z.), 17 (1041b, 10–11).
52 „stoicheion d' estìn eis hò diaireitai enypárchon hoos hylän, hoion täs syllabäs tò ‚a' kaì tò ‚b'./Element aber ist das, in was etwas zerfällt und das in ihm als Materie enthalten ist, wie bei der Silbe das ‚A' und das ‚B'." Met. VII (Z.), 17 (1041b, 31–33).
53 „doxeíe d' àn einai tì tuto kaì u stoicheion, kaì aítion ge tu einai [...] todì dè syllabän." Met. VII (Z.), 17 (1041b, 25–27); Hervorhebung vom Autor.
54 ‚Substrat und Widerfahrnis' ist die Übertragung von ‚tò hypokeímenon" und ‚tò tí än einai' bei Frede, Patzig, *Aristoteles ‚Metaphysik Z'*, II, 318.
55 „ousíe dè hekástu mèn tuto (tuto gàr aítion prooton tu einai)." Met. VII (Z.), 17 (1041b, 27–28).

Die Frage: ‚Was ist das Seiende als solches?', die Aristoteles im Sinne wissenschaftlicher Methodik als die Frage nach der ‚ousía' an den Anfang der Metaphysik gestellt hat, erhält damit eine Antwort. Das Seiende ist ‚erstes Subjekt' des Sprechens und Denkens, es ist ‚Eines' und ‚Einigendes' in Hinsicht auf alle Weisen der Wirklichkeit und deren Prinzipien und Gründe, es ist inhaltlich Bestimmtes und damit erster Anlass des intellektiven Erkennens, und es ist der (gesuchte) nicht weiter hinterfragbare Grund in allen sich zeigenden Gründen (tò ahypótheton').

VI.
DIE LEHRE VON DEN TRANSZENDENTALIEN IN DER MITTELALTERLICHEN SCHOLASTIK

‚Principalissimum fundamentum' – Die Stellung des Guten und das Metaphysikverständnis Bonaventuras

Andreas Speer

1. „quod est primum nomen Dei" – Exodusmetaphysik oder Einheitsmetaphysik?

Im fünften Kapitel von Bonaventuras *Itinerarium mentis in Deum*, das zu den Höhepunkten spekulativen Denkens im christlichen Abendland zählt,[1] erreicht der geistige Aufstieg zu Gott den dritten seiner drei hauptsächlichen Stufen *(aspectus principales):* Nach den körperlichen und zeitlichen Dingen außerhalb und den geistigen Dingen in ihr gelangt die ‚mens' schließlich zur Betrachtung der ewigen Dinge über ihr.[2] Damit vollzieht sich ein Registerwechsel, denn es ist nicht mehr die ‚universitas rerum', die Gesamtheit der geschaffenen Seinswirklichkeit, die bisher – als Spur *(vestigium)* oder Abbild *(imago)* – als Leiter *(scala)* gedient hat, um zur Erkenntnis Gottes aufzusteigen[3]; mit dem Eintritt in die Wahrheit Gottes, die in augustinischer Tradition zuvörderst ‚intra nos' aufgefunden wird, gelangt die erkennende Geistseele über sich hinaus zur Betrachtung des ersten Prinzips selbst.[4] Dieser Eintritt „in das Allerheiligste" *(in sancta sanctorum)* aber geschieht auf zweifache Weise.

---

1 So Kurt Ruh im zweiten Band seiner *Geschichte der abendländischen Mystik*, München 1993, 412.
2 *Itinerarium mentis in Deum* I, 4 (V 297ab): „Secundum hunc triplicem progressum mens nostra habet aspectus principales. Unus est ad corporalia, secundum vocatur animalitas seu sensualitas; alius intra se et in se, secundum quem dicitur spiritus; tertius supra se, secundum quem dicitur mens."
3 *Itinerarium mentis in Deum* I, 2 (V 297a): „Cum enim secundum statum conditionis nostrae ipsa rerum universitas sit scala ad ascendendum in Deum; et in rebus quaedam sint vestigium, quaedam imago ...."
4 *Itinerarium mentis in Deum* I, 2 (V 297a): „oportet nos intrare ad mentem nostram, quae est imago Dei aeviterna, spirirualis et intra nos, et hoc est ingredi in veritate Dei; oportet nos transcendere ad aeternum, spiritualissimum et supra nos aspiciendo ad primum principium ...". Zu Augustinus vgl. Artikel „Selbsterkenntnis, II. Mittelalter", in: *Historisches Wörterbuch der Philosophie*, Bd. 9, Basel 1995, Sp. 414.

Denn es gibt, wie Bonaventura zu Beginn des fünften Kapitels seines *Itinerarium* betont, zwei Weisen oder Stufen, gemäß denen Gott betrachtet werden könne.[5] Die erste Weise heftet den Blick zunächst und hauptsächlich auf das Sein selbst *(ipsum esse)* und gibt, darin Moses und dem Alten Testament folgend, dem „qui est" den Primat unter den Gottesnamen. Die zweite Weise richtet den Blick auf das Gute selbst *(ipsum bonum)* und billigt dem Guten unter Berufung auf das Neue Testament und „unseren Lehrmeister Christus" den Primat unter den Gottesnamen zu. Wenn daher Dionysius das Gute den primären Gottesnamen nenne, dann folge er Christus selbst *(Dionysius sequens Christum)*, der diesen Namen vorzüglich und schlechthin *(principaliter et praecise)* Gott beigelegt habe.[6]

Auf den Primat des ersten Gottesnamens hatte Etienne Gilson in *L'esprit de la philosophie médiévale* seine These von der „Exodusmetaphysik" als dem eigentlichen Kennzeichen und als Grundlage der mittelalterlichen Philosophie gegründet. In diesem Buch hatte Gilson den Geist mittelalterlicher Philosophie durch den Begriff der „Christlichen Philosophie" bestimmt und zu zeigen versucht, auf welche Weise die mittelalterliche Philosophie das antike Denken unter dem Impuls des Christentums transformiert habe. Die entscheidende Transformation geschieht für Gilson mit Bezug auf die Metaphysik, die – inspiriert durch die Selbstoffenbarung Gottes an Moses: „Ego sum qui sum *(Ex* 3,14) – als „Exodusmetaphysik" die Identität von Sein und Gott als das Fundament der gesamten christlichen Philosophie betrachtet.[7] In diesem Zusammenhang stellt Gilson das „griechische Denken", das – in seiner platonischen

---

5 *Itinerarium mentis in Deum* V, 1 (V 308b): „... in tertio intrant cum summo Pontifice in sancta sanctorum; ... per quae intelligimus duos modos seu gradus contemplandi Dei invisibilia et aeterna."
6 *Itinerarium mentis in Deum* V, 2 (V 308b): „Primus modus primo et principaliter defigit aspectum in ipsum esse dicens quod *qui est* est primum nomen Dei. Secundus modus defigit aspectum in ipsum bonum dicens hoc esse primum nomen Dei. Primum spectat potissime ad vetus testamentum, quod maxime praedicat divinae essentiae unitatem; unde dictum Moysi: *Ego sum qui sum;* secundum ad novum, quod determinat personarum pluralitatem baptizando in nomine Patris et Filii et Spiritus sancti. Ideo magister noster Christus volens adolescentem, qui servaverat Legem, ad evangelicam levare perfectionem, nomen bonitatis Deo principaliter et praecise attribuit. Nemo, inquit, *bonus nisi solus Deus.* Damascenus igitur sequens Moysen dicit, quod *qui est* est primum nomen Dei; Dionysius sequens Christum dicit, quod *bonum* est primum nomen Dei."
7 ETIENNE GILSON, *L'esprit de la philosophie médiévale*, Paris 1944, 31ff. u. 50ff.

Gestalt – dem Guten den Primat zugesteht, dem „christlichen Denken" gegenüber, das unter dem Einfluss der Exodusoffenbarung den Primat des Seins gelehrt und das Gute diesem untergeordnet habe.[8] Als Kronzeugen führt Gilson an dieser Stelle Bonaventura an. Der zitierte Ausschnitt aus der zehnten der *Collationes in Hexaemeron* scheint in der Tat an Eindeutigkeit kaum zu überbieten zu sein: „Der erste Name Gottes ist Sein *(esse)*; er ist der offenkundigste und vollkommenste, und daher der erste. Deshalb ist auch nichts offenkundiger, denn was immer von Gott gesagt wird, kann auf *Sein* zurückgeführt werden. Dies ist im eigentlichen Sinne der Eigenname Gottes. Gott hätte nämlich nicht dem Moses, dem Geber des Gesetzes, gesagt: ‚Ich bin, der ich bin', wenn er nicht der Erste wäre."[9]

Mit Bezug auf Gilsons Vorstellung einer „Exodusmetaphysik" als Urbild der christlichen Transformation des philosophischen Denkens und als Leitmodell einer christlichen Philosophie im Mittelalter hat Jan Adrianus Aertsen vor allem zwei Bedenken formuliert. Das philosophische Bedenken richtet sich gegen eine zu starke Bindung der Philosophie an die Theologie, die zu einer Bedrohung ihrer Autonomie führen und in der Konsequenz der Philosophie nurmehr eine instrumentelle Funktion im Dienst der christlichen Theologie zubilligen würde. Das historische Bedenken wendet sich gegen die uniformisierende Tendenz des Gilsonschen Paradigmas, die gegen die historische Evidenz einer Vielfalt unterschiedlicher metaphysischer Optionen im Mittelalter in der Konsequenz zu einem Ausschluss von solchen Entwürfen, die mit dem Ausgangspunkt der ‚Exodusmetaphysik' unvereinbar erscheinen, aus der ‚christlichen Philosophie' führt. Tatsächlich steht nach Gilsons Deutung der auch im lateinischen Abendland höchst einflussreiche Denkentwurf des Pseudo-Dionysius Areopagita, der in seiner Schrift *De divinis nominibus* das Gute als primären Gottesnamen

---

8   Ebd., 55.
9   *Collationes in Hexaemeron* X, 10 (V, 378b): „Primum nomen Dei est esse, quod est manifestissimum et perfectissimum, ideo primum; unde nihil manifestius, quia quidquid de Deo dicitur reducitur ad esse; hoc est proprie proprium nomen Dei. Deus non dixisset Moysi sive datori Legis: ‚Ego sum qui sum', nisi esset primus." Vgl. GILSON, *L'esprit de la philosophie médiévale*, 55.

bestimmt, außerhalb der christlichen Denktradition.¹⁰ Als mittelalterliche Gegenstimme und als Kronzeugen für seinen Einspruch benennt Aertsen ebenfalls Bonaventura und beruft sich dabei auf jene eingangs zitierte Aussage zu Beginn des fünften Kapitels des *Itinerarium mentis in Deum*, in der Bonaventura das Gute als den neutestamentlichen Gottesnamen affirmiert und dem alttestamentlichen Gottesnamen des Seienden gegenüberstellt.¹¹

Wie aber ist die Zuordnung des Seienden und des Guten, die doch beide in gewisser Hinsicht einen Primat zu besitzen scheinen, bei Bonaventura zu denken? Gilson selbst hatte in dieser Aussage – unter Bezugnahme auf die bereits genannte Belegstelle aus den *Collationes in Hexaemeron* – einen Versuch Bonaventuras gesehen, den platonischen Primat des Guten mit dem christlichen Primat des Seins unter Wahrung des Seinsprimats zu vermitteln.¹² Anders dagegen Werner Beierwaltes, der im Gegensatz zu Gilson nicht nur die platonischen und neuplatonischen Elemente, die sich im Denken Bonaventuras finden, affirmiert; diese bestimmen seiner Ansicht nach sogar maßgeblich die „Reflexionsstruktur" des bonaventuranischen Denkens, das seinem Grundzug nach neuplatonisch und theologisch ist. Diese Reflexionsstruktur finde sich exemplarisch im Denkweg des *Itinerarium mentis in Deum*. Dort entwickelt Bonaventura, so Beierwaltes, durch *Dionysius sequens Christum* geleitet den Begriff des zuhöchst Guten als den ersten göttlichen Namen, worin ein zeitlos bewegender Grundzug der trinitarischen Selbstentfaltung Gottes als ein auf die Welt bezogenes kreatives Prinzip zum Ausdruck kommt.¹³ Die Spannung zwischen den beiden Got-

---

10 JAN A. AERTSEN, *Gibt es eine mittelalterliche Philosophie?*, in: Philosophisches Jahrbuch 102 (1995) 161–176, zu Gilson vgl. 162–168, bes. 164–167. Die Vortragsfassung – gehalten auf dem Symposion zum 65. Geburtstag von Albert Zimmermann – wurde veröffentlicht in Heft 75 der Kölner Universitätsreden: ANDREAS SPEER (Hg.), *Philosophie und geistiges Erbe des Mittelalters*, Köln 1994, 13–30.
11 *Itinerarium mentis in Deum* V, 2 (V 308b); vgl. AERTSEN, *Gibt es eine mittelalterliche Philosophie?*, 166.
12 Vgl. unter Berufung auf *Itinerarium mentis in Deum* V, 2 GILSON, *L'esprit de la philosophie médiévale*, 55, Fußnote 1: „Saint Bonavenrure a essaye de concilier Je primat platonicien du Bien, affirme par Denys, avec Je primat chretien de l'Etre ..., mais il maintient integralement le primat de l'etre, comme on peut le voir aux textes *de l'In Hexaemeron*." Gilson verweist auf *Collationes in Hexaemeron* X, 10, vgl. Fußnote 9.
13 WERNER BEIERWALTES, *Aufstieg und Einung in Bonaventuras mystischer Schrift* Itinerarium mentis in Deum, in: DERS., *Denken des Einen. Studien zur neuplatonischen Philosophie und ihrer Wirkungsgeschichte*, Frankfurt a. M. 1985, 385–423, bes. 389 u. 423.

tesnamen löst Beierwaltes dergestalt auf, dass er den Begriff des absoluten Seins und den Begriff des höchsten Guten im Begriff des Einen vermittelt sieht: Das „Eine absolute Sein" ist die wesentliche „Voraussetzung" des anderen Gottes-Namens, des Guten als *diffusivum sui*, Gottes trinitarischem Sein als Gutheit schlechthin.[14] Auf diese Weise stellt Beierwaltes Bonaventura in den Zusammenhang der „veritablen Geschichte des Einheits-Begriffes" in der mittelalterlichen philosophischen Theologie von Eriugena bis Cusanus.[15] Der Einheitsgedanke erstreckt sich auch auf das Verhältnis von Philosophie und Theologie. Die philosophische Analyse hat daher den verdeckten philosophischen Implikationen theologischer Reflexion zu gelten, die „durch ihre christliche Form als solche unerkannt, vielfach noch bestimmender für die Innovation eines Gedankens"[16] sind. Ein „kryptogamer Platonismus", so Beierwaltes, sei daher unter Umständen bedeutsamer als ein offener und als aristotelische Texte, die Objekt einer theologischen Auseinandersetzung werden.[17] Doch folgt daraus mit Blick auf Bonaventuras Metaphysikverständnis auch ein zumindest „kryptogamer" Primat des Guten, wie Beierwaltes suggeriert, der an die Stelle des von Gilson behaupteten Seinsprimats tritt oder diesen zumindest modifiziert?

2. „conditio causae in quantum causa" – Die Grundbestimmungen des Guten

Ein erster Blick in das weitgespannte Werk Bonaventuras scheint dagegen zu sprechen. Denn dort sucht man – anders etwa als in der dem Alexander von Hales zugeschriebenen *Summa fratris Alexandri*, die im dritten Traktat des ersten Buches eine ausführliche Quaestio „De bonitate divinae naturae" enthält – vergeblich nach einer zusammenhängenden Darstellung des Guten. Noch deutlicher zeigt sich die auf den ersten Blick marginale Stellung des Guten bei Bonaventura im Vergleich mit jenen systematischen Denkent-

---

14 Werner Beierwaltes, *Neuplatonisches bei Bonaventura. Adnotatiunculae* zum *Itinerarium mentis in Deum*, V, 8, in: Linos G. Benakis (Hg.), *Néoplatonisme et philosophie médiévale*, Brepols 1997, 131–146, bes. 133f.
15 Beierwaltes, *Aufstieg und Einung*, 385 u. 409f.
16 Ebd., 385.
17 Ebd.

würfen in der ersten Hälfte des 13. Jahrhunderts, die das Gute zum Ausgangspunkt nehmen und ihre Gegenstände aus der Perspektive des Guten organisieren. Dies gilt für die *Summa de bono* Philipps des Kanzlers, die in der mittelalterlichen Geschichte der Transzendentalienlehre eine Initialstellung innehat, und für Albertus Magnus und seine beiden Frühschriften *De bono* und *De natura boni*.[18] Und doch redet Bonaventura in vielfachen Zusammenhängen vom Guten, vornehmlich in seinem Sentenzenkommentar. Dort können bereits die für das Verständnis des Guten bestimmenden Grundelemente aufgewiesen werden, die in der systematischen Entfaltung in den späteren Werken, so auch im *Itinerarium mentis in Deum*, maßgeblich werden.

(a) Bonaventura kennt verschiedene Einteilungen des Guten.[19] Grundlegend ist die Unterscheidung zwischen dem Guten schlechthin,[20] das nicht zu einer Gattung beschränkt ist,[21] und dem Guten durch Teilhabe, dem im Gegensatz zum höchsten Guten, dem wesenhaft Guten, ein *malum* entgegengesetzt ist.[22] Grundlegend ist ferner die Verhältnisbestimmung zwischen dem geschaffenen und dem ungeschaffenen Guten gemäß der Ordnung der Kausalität und der Erstheit. Bonaventura bestimmt dieses Verhältnis nach Art der Analogie.[23] Eine Einteilung anderer Art schließlich unterscheidet

---

18   Vgl. hierzu ausführlich das erste Kapitel in JAN A. AERTSEN, *Medieval Philosophy and the Transcendentals. The Case of Thomas Aquinas*, Leiden/New York/Köln 1996, 25–70.
19   *I Sent.*, d. 34, dub. 6 (I 596a): „in istis tribus consistit summum bonum, scilicet potentia, sapientia, bonitas ‚moris'". – *I Sent.*, d. 46, a. 1, q. 3, c. (I 826a): „ducere autem ad bonum tripliciter dicitur aliquid, scilicet per modum causae, vel per modum casus, vel per modum occasionis". – *IV Sent.*, d. 42, a. 2, q. 1 (IV 874): „Tria sunt in nobis bona: bonum naturae, bonum gratiae et bonum fortunae." – Ferner findet sich in *II Sent.*, d. 37, dub. 5 (II 858) die Einteilung: *bonum naturae – bonum in genere – bonum perfectum*.
20   *II Sent.*, d. 7, q. 2, a. 1, ad 5 (II 191ab): „Si loquimur de diffusione boni simpliciter, ad tot se extendit ratio boni, ad quot et veri, quia utrumque convertitur cum ente in omnibus." – *II Sent.*, d. 36, dub. 5 (II 858b): „Bonum autem huiusmodi habet considerari in se sive secundum se, et sic est bonum naturae."
21   *II Sent.*, d. 8, q. 2, a. 1, q. 4, ad 3 (I 174ab): „dicendum, quod hoc [i.e. quod est bonitatis] potest esse dupliciter: vel per diversitatem, et hoc facit esse in diversis generibus, vel secundum omnimodam unitatem, et hoc facit esse extra omne genus". – Vgl. *IV Sent.*, d. 49, q. 1, a. 1, q. 1, ad 3 (IV 1001a).
22   *II Sent.*, d. 34, a. 2, q. 1, ad I (II 811b): „Nam cum dicitur, quod bonum opponitur malo, accipitur hic bonum per participationem; cum vero infertur de summa bono, accipitur ibi bonum pro bono per essentiam, quod solum est summe bonum, et illi nihil opponitur."
23   *III Sent.*, d. 29, a. 1, q. 1, ad 2 (III 639b): „Si accipiatur large, ut dicatur proportio quaecumque habitudo, quae attenditur secundum convenientiam analogiae; hoc modo proportio est boni creati ad increatum, et etiam ordo secundum rationem causalitatis et primitatis."

das *bonum naturae* vom *bonum moris*. Erst das *bonum moris* begründet eine auf das Handeln bezogene moralische Differenz, nicht jedoch die wesensmäßige oder natürliche Gutheit, die mit dem Seienden konvertibel ist.[24]

(b) Wie Philipp und Alexander zählt Bonaventura das Gute zu den vortrefflichsten und allgemeinsten Seinsbestimmungen *(conditiones entis nobilissimae et generalissimae)*.[25] Als solches ist es mit dem Sein, aber auch mit dem Einen und Wahren vertauschbar.[26] Darüber hinaus fügen die Transzendentalien begrifflich „seiend" etwas hinzu. In *Breviloquium* I,6, wo sich erstmals eine vollständige Liste der *conditiones entis* findet, bezeichnet das Gute „seiend" als „mitteilbar" *(communicabile)* wegen seiner Unteilbarkeit von der eigenen Tätigkeit.[27] Entsprechend dem Modell der *indivisio*, das bereits Philipp der Kanzler favorisierte, besagt das Gute ferner die Ungeteiltheit des Seienden von seinem Akt, sofern dieser auf ein Ziel gerichtet ist *(indivisio entis ab actu ut in finem relato)*.[28] Das Gute schließt also die Zielbestimmtheit[29] und damit verbunden auch die Ordnung in seinen Begriff ein, besteht die Gutheit doch in der Hinordnung der Dinge auf das Ziel *(ordo rerum in finem)*.[30]

(c) In einem umfassenderen Sinne besagt das Gute schließlich Verursachung schlechthin. Das Gute ist die Bedingung für jede Form der Ursächlichkeit überhaupt, „conditio causae in quantum

---

24   *II Sent.*, d. 41, a. 1, q. 1, c. (II 938a): „sic enim bonum [prout dicicur a bonitate essentiali vel naturali] non est differentia actionis, immo convertitur cum ente et reperitur in omni actione. Prout autem dicitur a bonitate moris, sic est divisiva differentia actionis". Das *bonum moris* unterteilt Bonaventura im Folgenden in das *bonum in genere*, das *bonum ex circumstantia* und das *bonum simpliciter sive secundum se*. Zum *bonum naturae* vgl. Fußnote 19.
25   *Breviloquium* I,6 (V 215a).
26   *II Sent.*, d. 1, p. 1, a. 1, q. 1, ad 5 (II 15a): „Si enim bonum et ens convertuntur, ergo quod est se ipso ens se ipso est bonum; sed quod se ipso est bonum, non est propter aliquid aliud." Ferner *II Sent.*, d. 7, q. 2, a. 1, ad 5 (II 191ab); vgl. Fußnote 20.
27   *Breviloquium* I,6 (V 215a): „Hae sunt unum, verum, bonum, quae non contrahunt ens secundum supposita, sed secundum rationem. ... bonum ‚nominat ens' secundum quod communicabile et hoc habet per indivisionem sui a propria operatione." Vgl. JAN A. AERTSEN, ANDREAS SPEER, *Die Philosophie Bonaventuras und die Transzendentalienlehre*, in: Recherches de Théologie et Philosophie médiévales 64 (1997) 32–66, hier: 50f.
28   *IV Sent.*, d. 14, p. 2, a. 1, c. (IV 332a).
29   *II Sent.*, d. 38, a. 1, q. 2, c. (II 884b): „Bonum autem sub ratione boni simul tenet rationem finis et amabilis."
30   *I Sent.*, d. 8, q. 1, a. 1, q. 1, ad 4 et 7 (I 151b): „sicut enim dicitur bonum ratione ordinis ...". *I Sent.*, d. 44, a. l , q. 3, c. (I 786b): „ordo ad finem ‚ostendit' bonitatem".

causa"³¹. Die *ratio causandi* ist zweifach, sie umfasst die Wirk- und Zielursächlichkeit. Beide Aspekte, Hervorbringung und Zielbestimmtheit, müssen unterschieden werden. Bonaventura belegt diesen Doppelaspekt des Guten mit zwei Adagia aus dem *Corpus Dionysiacum:* „bonum est diffusivum sui" und „bonum est propter quod omnia". Gleichwohl sind Wirk- und Zielursache im Begriff des Guten miteinander verbunden. Denn nichts wird ohne ein Ziel hervorgebracht. Das Verbindungsglied ist der Wille, vorzüglich der göttliche Wille, der als schöpferischer Wille nicht nur Ursache der Hervorbringung ist, sondern zugleich das Bewirkte mit dem Ziel verbindet.³² Alles ist gut, sofern es von Gott hervorgebracht ist, um zu ihm zurückzukehren.³³ Daher, so unterstreicht Bonaventura mit einem Zitat aus dem vierten Kapitel von *De divinis nominibus,* „wird das Gute von allen als Zusammenhalt *(continentia),* als Ursprung *(principium)* und Ziel *(finis)* angestrebt, als Ursprung, von dem alles ist, als Zusammenhalt, durch den alles bewahrt wird, als Ziel, nach dem alles strebt"³⁴. Denn – so fährt Bonaventura mit Dionysius fort – „die göttliche Liebe ist ein ewiger Kreislauf vom Besten durch das Beste zum Besten"³⁵. Das dionysische Adagium bezeich-

---

31   *I Sent.,* d. 1, dub. 13 (I 44b).
32   *II Sent.,* d. 1, p. 2, dub. 1 (II 51b): „Quoniam ergo bonum dicit rationem duplicis causae, scilicet efficientis et finis, hinc est, quod bonum est ratio, quare voluntas est in actu, et ita potissima ratio productionis effectuum. Et ideo nostrum esse attribuitur bonitati, non per modum repraesentandi, vel appropriationis in rapraesentando, sed rationis in causando." *I Sent.,* d. 45, a. 2, q. 1, c. (I 804b): „Ratio autem, quare voluntati attribuitur causalitas, haec est, quia ratio causalis est bonitas et in ratione effectivi et in ratione finis. Nam ‚bonum dicitur diffusivum', et ‚bonum est propter quod omnia'." Für die beiden dionysischen Formeln wird gemeinhin auf Kap. 4 von *De caelesti hierarchia* und auf Kap. 4, § 31, von *De divinis nominibus* verwiesen. Jedoch scheint insbesondere das erste Adagium nicht verbatim auf eine entsprechende griechische Formel im *Corpus Dionysiacum* zurückzugehen, sondern Ergebnis eines verwickelten Prägevorgangs zu sein. Zum Stand der Forschung vgl. KLAUS KREMER, *Dionysius Pseudo-Areopagita oder Gregor von Nazianz? Zur Herkunft der Formel: „Bonum est diffusivum sui",* in: Theologie und Philosophie 63 (1988) 579–585.
33   *II Sent.,* d. 1, p. 2, a. 2, q. 1, ad 1 (II 44b): „in Deo bonum suum est bonum commune, nam ipse est ‚bonum omnis boni' ... Quoniam ergo utilitas creaturae tota attenditur in ordinatione ad bonum, quod Deus est; ideo caritas Dei omnia rectissime fecit et convertit ad se". Vgl. AUGUSTINUS, *De Trinitate* VIII, 3, 4.
34   *I Sent.,* d. 45, a. 2, q. 1, c. (I 804b): „Et hoc colligitur ex verbis Dionysii in quarto de Divinis Nominibus, ubi dicit, quod ‚bonitatem et ut principium et ut finem omnia appetunt: ut principium, a quo sunt; ut continentiam, per quam salvantur; ut finem, in quem tendunt'." Vgl. *De divinis nominibus* c. 4, § 4 (Dionysiaca, Bd. I, 167f.; PG 3, Sp. 699).
35   *I Sent.,* d. 45, a. 2, q. 1, c. (I 804b-805a): „Unde ‚divinus amor est quidam cyclus aeternus, ex optimo, per optimo et in optimum'." *De divinis nominibus* c. 4, § 4 (Dionysiaca, Bd. I,

net mithin die Struktur der göttlichen Kausalität. Diese muss als ein Kreislauf verstanden werden, der Ursprung und Ziel gleichermaßen umfasst.[36]
(d) Mit dem Begriff des höchsten und wesentlich Guten wird daher vorzüglich Gott bezeichnet;[37] er ist „bonum omnis boni"[38]. Die göttliche Gutheit ist die Ursache für unser Sein und Gutsein.[39] Denn wie Gott als der Eine den Geschöpfen die Einheit eindrückt *(imprimit)*, so auch als der Gute die Gutheit.[40] Die Gutheit ist daher auch in den Geschöpfen substanziell; sie bezeichnet die Beziehung *(relatio)* zur Wesens- und Zielursache. In diesem Sinne kann Bonaventura unter Berufung auf Augustinus von einer essentiellen Gutheit sprechen – „inquantum sumus, boni sumus" – und zugleich dem Einspruch des Boethius Rechnung tragen, dass nur das absolute Gute wesensmäßig gut ist, alles Übrige aber allein durch Teilhabe *(participatione)*.[41] Wenn aber alles, was ist, sofern es ist, gut ist, dann kann Sein *(esse)* nicht auf einfache Weise unter Absehung von der Gutheit *(abstracta bonitate)* erkannt werden, so lautet die epistemologische Schlussfolgerung, die Bonaventura auch nicht

---

223; PG 3, Sp. 711–714).
36 Das Kreislaufmotiv findet sich auch im *prooemium* des Sentenzenkommentars; die Inkarnation ist Mitte der *circulatio*, weil in ihr das Ende dem Anfang verbunden wird – *I Sent.*, prooem. (I 2a): „propter circulationem dicitur fluvius Filii Dei incarnatio, quoniam, sicut in circulo ultimum coniungitur principio, sic in incarnatione supremum coniungitur imo". Dagegen meldet Thomas von Aquin gegenüber der Applikation des dionysischen Axioms auf die trinitarischen Hervorgänge deutlich Vorbehalte an; vgl. THOMAS DE AQUINO, *I Sent.*, d. 34, q. 2, ad 4: „Bonum dicitur diffusivum per modum finis, secundum quod dicitur quod finis movet efficientem. Non autem sic Pater est principium divinitatis, sed magis per modum efficientis, ut dictum est." Siehe hierzu ausführlich GILLES EMERY, *La Trinité créatrice. Trinité et création dans les commentaires aux Sentences de Thomas d'Aquin et de ses précurseurs Albert le Grand et Bonaventure*, Paris 1995, bes. 176f. (zu Thomas) u. 218f. (zum Prolog des Sentenzenkommentars Bonaventuras).
37 *III Sent.*, d. 28, a. 1, q. 6, c. (III 630b): „Deus, qui est ipsa summa Bonitas per essentiam."
38 *II Sent.*, d. 1, p. 2, a. 2, q. 1, ad 1 (II 44b); vgl. Fußnote 33.
39 *I Sent.*, d. 1, dub. 13 (I 44b): „Bonitas divina est causa nostri esse et boni esse."
40 *I Sent.*, d. 1, dub. 14 (I 45a): „Unde sicut Deus unus imprimit unitatem, ita bonus bonitatem."
41 *II Sent.*, d. 1, p. 2, dub. 2 (II 5lb-52a): „Prima est bonitas substantialis, quae non addit supra formam novam essentiam, sed solum relationem ad finalem causam, ex qua comparatione omne aliud a Deo habet esse bonum. Et quia illa comparatio ad causam essentialem sive finalem est essentialis, nec esse relinquit nec potest relinquere; hinc est quod Augustinus dicit: ‚In quantum sumus, boni sumus'. Ad illud ergo quod obiicitur de Boethio, dicendum, quod ipse vocat bonum per essentiam illud bonum, quod est absolute bonum, non ex dependentia ad aliud. Hoc autem modo nulla creatura bona est, immo ex comparatione, et ideo ex participatione." Vgl. AUGUSTINUS, *De doctrina christiana* I, 32 , 35.

durch den Einwand entkräftet sieht, dass die Wahrheit „bonitate abstracta" erkannt wird. Vielmehr gilt: Will der Verstand nicht bei einem einfachen Erfassen der Erkenntnisgegenstände stehen bleiben oder diese unvollständig *(semiplene)* auflösen, dann muss er sich vollständig *(plene)* zu den Ursachen in Beziehung setzen, und zwar notwendigerweise zum Wahren und zum Guten.[42]

Die Bestimmung und Analyse zentraler Aspekte des Gutheitsbegriffes – Kausalität, Transzendentalität, Teilhabe – führt somit auf eine für Bonaventuras Metaphysikverständnis zentrale Thematik, die in der *resolutio*-Lehre des *Itinerarium* eine grundlegende Ausarbeitung erfährt. Zugleich sind die beiden Wege bezeichnet, von denen wir im Folgenden den einen, der über das Gute führt, beschreiten wollen.

3. „intellectus plene resolvens" – Bonaventuras resolutive Erkenntnisbegründung

(a) Zu Beginn seines *Itinerarium mentis in Deum* vergleicht Bonaventura die Gesamtheit der Dinge *(universitas rerum)* einschließlich der erkennenden Seele selbst mit einer Leiter, auf der wir zu Gott emporsteigen können.[43] Die „Jakobsleiter" des *Itinerarium* – „außer sich durch und in den Spuren, in sich durch und im Abbild, über sich durch Ähnlichkeit des göttlichen Lichts, das über uns aufleuchtet, und in dem Licht selbst, soweit es im Pilgerstande den Bemühungen unserer Seele möglich ist"[44] – artikuliert die menschliche Betrachtung der Wirklichkeit gemäß der Gegenwartsweise des Göttlichen im Geschaffenen *(penes modum repraesentandi)* in drei Stufen: als Spur *(vestigium)* verhält sich die Kreatur zu Gott wie zu

---

[42] *II Sent.*, d. 1, p. 2, dub. 2 (II 52a): „Ad illud quod obiicitur, quod non est intelligere esse etc. [i. e. abstracta bonitate] ... potest quidem intelligi intellectu apprehendente et intellectu semiplene resolvente; sed intellectu plene ad causas comparante non potest intelligi non intellecto illo, maxime cum illud dicit habitudinem necessariam et relationem ad causam, sicut verum et bonum."

[43] *Itinerarium mentis in Deum* I, 2 (V 297a): „Cum enim secundum statum conditionis nosuae ipsa rerum universitas sic scala ad ascendendum in Deum; et in rebus quaedam sint vestigium, quaedam imago ..."

[44] *Itinerarium mentis in Deum* VII, 1 (V 312a): „extra se per vestigia et in vestigiis, intra se per imaginem et in imagine, supra se per divinae lucis similitudinem super nos relucentem et in ipsa luce, secundum quod possibile est secundum statum viae et exercitium mentis nostrae".

einem Prinzip, sofern sie von ihm ist, als Abbild *(imago)* wie zu einem Objekt, wenn sie Gott erkennt, als Ähnlichkeitsbild *(similitudo)* schließlich wie zu einer eingegossenen Gnadengabe, sofern Gott in ihr wohnt.[45] Diese Unterscheidung hinsichtlich der Gegenwartsweise des Göttlichen im Geschaffenen ist grundlegend für die Erkenntnisanalyse des *Itinerarium*, bei der die Transzendentalien eine besondere, über die franziskanische Lehrtradition weit hinausreichende Bedeutung besitzen.[46] Wie wir im Folgenden sehen werden, arbeitet Bonaventura die Transzendentalienlehre zunächst in zwei Schritten analog zu den beiden Stufen *vestigium* und *imago* aus. Auf diese Weise aber erscheint die *scala ad ascendendum in Deum*, sofern sie über die Gesamtheit der extramentalen und intramentalen Dinge führt, zugleich auf die beiden ersten Stufen beschränkt. Die letzte Stufe, welche die *mens* über sich hinaus zur Betrachtung des ersten Prinzips gemäß den beiden primären göttlichen Namen des Seienden und des Guten führt, setzt dagegen eine unmittelbare und das heißt gnadenhafte Formung durch das Licht der ewigen Wahrheit selbst voraus.[47] Im Gegensatz zu Albertus Magnus und Thomas von Aquin, die in ihren Kommentaren zur pseudo-dionysischen Schrift *De divinis nominibus*, dem wichtigsten Referenztext zu dieser Frage, die durch die Tradition vorgegebene Diskussion um die Gottesnamen und ihre Priorität in die Transzendentalienlehre integrieren, markieren die *nomina propria* bei Bonaventura offenkundig die Grenze

---

45 *De scientia Christi*, q. 4, c. (V 24a): „Creatura enim comparatur ad Deum in ratione vestigii, imaginis et similitudinis. In quantum vestigium comparatur ad Deum ut ad principium; in quantum imago comparatur ad Deum ut obiectum; sed in quantum similitudo comparatur ad Deum ut ad donum infusum. Et ideo omnis creatura est vestigium, quae est a Deo; omnis est imago, quae cognoscit Deum; omnis et sola est similitudo, in qua habitat Deus." Vgl. auch *I Sent.*, d. 3, p. 1, a. 1, q. 2, ad 4 (I 73a): „Et ideo intelligendum, quod cum creatura ducat in cognitionem Dei per modum umbrae, per modum vestigii et per modum imaginis, differentia eorum notior, a qua etiam denominatur, accipitur penes modum repraesentandi."

46 Vgl. hierzu AERTSEN, SPEER, *Die Philosophie Bonaventuras und die Transzendentalienlehre*, 49–55.

47 *Itinerarium mentis in Deum* V, 1 (V 308a): „Quoniam autem contingit contemplari Deum non solum extra nos et intra nos, verum etiam supra nos: extra per vestigium, intra per imaginem et supra per lumen, quod est signatum supra mentem nostram, quod est lumen Veritatis aeternae, cum ‚ipsa mens nostra immediate ab ipsa Veritate formetur' ..." Vgl. *De scientia Christi*, q. 4, c. (V 24a): „in opere vero, quod est a creatura per modum similitudinis, sicut est opus meritorium et Deo placitum, cooperatur Deus per modum doni infusi".

der transzendentalen Erkenntnisbegründung, sofern diese in der Rückführung unserer Denkinhalte auf die *prima*, die ersten Begriffe in kognitiver Hinsicht im Bereich der natürlichen Vernunft besteht. Bonaventura hingegen verweist die Frage der Gottesnamen in den Bereich der Theologie, ohne ihren erkenntnisfundierenden Anspruch, der in der Architektonik des *Itinerarium* zum Ausdruck kommt, zu relativieren. Damit jedoch wird die strikte Unterscheidung von natürlicher und theologischer Vernunft unterlaufen. Wie gelangt Bonaventura zu diesem Ergebnis, das für das Metaphysikverständnis erhebliche Konsequenzen besitzt?

(b) Der erste Schritt in der Erkenntnisanalyse des *Itinerarium* gemäß dem ersten *aspectus principalis* erfolgt nach Art des Eintritts der Welt, des Makrokosmos, in unsere Seele, den Mikrokosmos. Dabei löst die erkennende Seele die zusammengesetzten Dinge, die nicht der Substanz nach, sondern durch ihre Wahrnehmungsbilder *(similitudines)* durch die Pforten der Sinne in die Seele eingehen,[48] in die einfachen Teile auf, um sie schließlich judikativ auf ihre Ursachen zurückzuführen. Denn das Beurteilen ist eine Tätigkeit, welche das sinnenfällige, vermittels der Sinne empfangene Erkenntnisbild *(species)* reinigt und ablöst und so in das Erkenntnisvermögen gelangen lässt. Auf diese Weise, so Bonaventura, tritt die ganze Welt durch die Tore der Sinne in die menschliche Seele ein.[49] Die erste vestigiale Stufe ist jedoch nicht allein auf die sinnlich wahrnehmbaren Dinge beschränkt, sondern umfasst auch die geistigen Dinge.[50]

Die Allgemeinheit des *vestigium* bezieht sich auf die schöpferische Kausalität und artikuliert jene Eigenschaft eines geschaffenen Dinges, die – in Entsprechung zu den *conditiones maxime universales et intelligibiles* Einheit, Wahrheit und Gutheit – auf die dreifache

---

48 *Itinerarium mentis in Deum* II, 4 (V 300b): „Intrat ... in animam humanam per apprehensionem totus iste sensibilis mundus. Haec autem sensibilia exteriora sunt quae primo ingrediuntur in animam per portas quinque sensuum; intrant, inquam, non per substantias, sed per similitudines suas ..."

49 *Itinerarium mentis in Deum* II, 6 (V 301a): „Post hanc apprehensionem et oblectationem fit diiudicatio. ... Diiudicatio igitur est actio, quae speciem sensibilem, sensibiliter per sensus acceptam introire facit depuradam et abstraham in potentiam intellectivam. Et sic totus iste mundus introire habet in animam humanam per porcas sensuum secundum tres operationes praedictas."

50 *I Sent.*, d. 3, p. 1, a. 1, q. 2, ad 4 (I 73a): „quidam assignant, quod vestigium est in sensibilibus, imago in spiritualibus. Sed ista distinctio et positio non valet, quia vestigium est etiam in spiritualibus".

178 VI. Die Lehre von den Transzendentalien i. d. mittelalterlichen Scholastik

Kausalität Gottes als Wirkursache, Exemplarursache und Zielursache verweist.⁵¹ Denn die Geschöpfe dieser sinnenfälligen Welt sind – so Bonaventura unter Anspielung auf Röm 1,20 – Zeichen für die unsichtbare Wirklichkeit Gottes, da Gott Ursprung, Urbild und Ziel jeglicher Kreatur ist und jede Wirkung auf die Ursache, jedes Abbild auf das Urbild und jeder Weg auf das Ziel hinweist.⁵² Demnach entspricht die vestigiale Aufstiegsbewegung vom Spursein zu Gott einer Rückführung der Dinge auf das erste Prinzip gemäß der von Bonaventura vom „wahren Metaphysiker" *(verus metaphysicus)* geforderten Aufgabe, sich von der Betrachtung des „Seins aus einem anderen, gemäß einem anderen und eines anderen wegen" *(esse ex alio et secundum aliud et propter aliud)* zu einem „Sein aus sich, gemäß seiner selbst und um seinetwillen" *(esse ex se et secundum se et propter se)* zu erheben, das den Sinngehalt von Ursprung, Urbild und Ziel hat.⁵³ Doch dieser Weg vom Geschaffenen zum Ungeschaffenen vermag die metaphysische Konstitution der Dinge nicht zureichend zu erschließen. Hierzu bedarf es eines weiteren Schritts.

(c) Die zweite Stufe der Aufstiegsbewegung zu Gott ist im Unterschied zur Allgemeinheit der vestigialen Betrachtungsweise allein der vernunftbegabten Kreatur vorbehalten; denn nur sie ist „capax Dei", vermag Gott nicht nur als Ursache, sondern auch als *obiectum* zu erfassen.⁵⁴ An ihrem Anfang steht die Hinwendung zu

---

51   *I Sent.*, d. 3, p. 1, a. 1, q. 2, ad 4 (I 73a): „Nam unitas, veritas, bonitas, in quibus consistit vestigium, sunt conditiones maxime universales et intelligibiles."; ebd. (I 73b): „Nam creaturae dicuntur [...] vestigium quantum ad proprietatem, quae respicit Deum sub ratione triplicis causae: efficientis, formalis et finalis, sicut sunt unum, verum et bonum."
52   *Itinerarium mentis in Deum* II, 12 (V 302b-303a): „Significant autem huiusmodi creaturae huius mundi sensibilis *invisibilia Dei*, partim quia Deus est omnis creature origo, exemplar et finis, et omnis effectus est signum causae, et exemplatum exemplaris, et via finis."
53   *Collationes in Hexaemeron* I, 12 (V 331ab): „Primum ergo medium est essentiae aeternali generatione primarium. Esse enim non est nisi dupliciter: vel esse, quod est ex se et secundum se et propter se, vel esse, quod est ex alio et secundum aliud et propter aliud. Necesse etiam est, ut esse, quod est ex se, sit secundum se et propter se. Esse ex se est in ratione originantis; esse secundum se in ratione exemplantis, et esse propter se in ratione finientis vel terminantis; id est in ratione principii, medii et finis seu termini." Zum Terminus „verus metaphysicus" vgl. *Collationes in Hexaemeron* I, 13 (V 331b) und I, 17 (V 332b).
54   *I Sent.*, d. 3, p. 1, a. 1, q. 2, ad 4 (I 73b): „Nam creaturae dicuntur [...] imago quantum ad conditiones, quae respiciunt Deum non tantum in ratione causae, sed et obiecti, quae sunt memoria, intelligentia et voluntas." Vgl. *Itinerarium mentis in Deum* III, 2 (V 304a): „quod ipsa anima est imago Dei et similitudo adeo sibi praesens et eum habens praesentem, quod eum actu capit et per potentiam ‚capax eius et et particeps esse potest'." Vgl. AUGUSTINUS, *De Trinitate* XIV, 8, 11.

sich selbst. „Kehre also bei dir ein und siehe", so fordert Bonaventura in augustinischer Tradition die *imago* auf, „dass dein Geist sich selbst ganz glühend liebt. Er könnte sich aber nicht lieben, wenn er sich nicht erkennte, und er würde sich nicht erkennen, wenn er sich nicht seiner erinnerte; denn wir erfassen mit dem Verstande nur, was in unserer Erinnerung gegenwärtig ist"[55]. Hinsichtlich dieser drei Grundvermögen der *memoria, intelligentia, voluntas* der *imago*-Natur, die der anthropologischen Ordnung der transzendentalen Seinsbestimmungen in der *Summa fratris Alexandri* entsprechen, tritt die Eigentümlichkeit der Transzendentalienlehre Bonaventuras am deutlichsten in den Ausführungen zu der auf Wahrheit ausgerichteten Erkenntniskraft *(virtus intellectiva)* zutage. Dies gilt insbesondere mit Blick auf das Erfassen der Begriffe *(termini)* durch den Verstand *(intellectus)*, der ersten und auch für das Erfassen der Sätze *(propositiones)* und Schlüsse *(illationes)* grundlegenden Denkoperation.[56]

Die nun einsetzende Erkenntnisanalyse nimmt ihren Ausgang von einer Begriffsanalyse. Das Modell für das Erfassen der Begriffe durch den Verstand ist die Definition. Jener nämlich versteht die Bedeutung der Begriffe, wenn er erkennt, was ein jedes Ding seiner Definition nach ist. Da aber eine Definition durch allgemeinere Begriffe gebildet werden muss, die wiederum durch höhere Begriffe definiert werden, wird ein Ding, welches etwa als Esel erkannt wird, zugleich auch implizit als Tier, Lebewesen, körperliche Substanz und als Seiendes erkannt. Demnach setzt jede „definitive" Erfassung eines Begriffs die Rückführung unserer Konzepte auf die schlechthin Höchsten *(suprema)* und Allgemeinsten *(generalissima)* voraus, die implizit in jedem Begriff miterfasst werden. Dies sind für Bo-

---

55 *Itinerarium mentis in Deum* III, 1 (V 303b): „Intra igitur ad te et vide, quoniam mens tua amat ferventissime semetipsam; nec se posset amare nisi se nosset; nec se nosset, nisi sui meminisset, quia nihil capimus per intelligentiam, quod non sit praesens apud nostram memoriam."

56 *Itinerarium mentis in Deum* III, 3 (V 304a): „Operatio autem virtutis intellectivae est in perceptione intellectus terminorum, propositionum et illationum." Vgl. ALEXANDER HALENSIS, *Summa theologica (Summa fratris Alexandri)*, pars 1, inq. 1, tract. 3, qu. 1, a. 2, c. – n. 73 (ed. Quaracchi I, 114): „Dicendum quod ens est primum intelligibile; primae autem entis determinationes sunt ,unum' et ,verum' et ,bonum': determinant enim ens secundum quod consideratur esse rerum in proprio genere, et etiam secundum relationem esse earum ad divinam causam, et secundum relationem rerum ad animam, quae est imago divinae essentiae." Zur Transzendentalienlehre der *Summa fratris Alexandri* vgl. AERTSEN, *Medieval Philosophy and the Transcendentals*, 40–48.

naventura „seiend" *(ens per se)* und seine *conditiones* „eins", „wahr" und „gut", mit denen „Seiendes" stets zusammen erkannt wird.[57] Doch verbleibt diese Analyse *(resolutio)*, die zu den transzendentalen Seinsbestimmungen führt, für Bonaventura innerhalb der Betrachtung der Dinge *in proprio genere*. Sie ist nicht zuletzt deshalb unvollständig *(semiplene)*, weil sie den Begriff des Seienden noch nicht hinreichend bestimmt hat. Denn der Esel wird in der Erkenntnisanalyse nicht nur als Seiendes, sondern einschlussweise auch als endliches, unvollkommenes und abhängiges Seiendes erfasst. Für eine vollkommene und vollständige *resolutio* bedarf es demnach eines weiteren Schrittes, denn „Seiendes" lässt sich als unvollständiges und vollständiges denken, als unvollkommenes und vollkommenes – und in der Folge weiterer derartiger disjunktiver Bestimmungen etwa als *per aliud* und *per se*, als früher und später, als veränderlich und unveränderlich, als zusammengesetzt und einfach. Die – insgesamt zwölf – disjunktiven Grundbestimmungen des Seienden[58] verweisen auf die Notwendigkeit einer weitergehenderen *resolutio*, da Privationen und Mängel nur durch positive Bestimmungen erkannt werden können, wie Bonaventura im Anschluss an Averroes feststellt. Deshalb kann unser Verstand im Zuge einer vollständigen Erkenntnisanalyse *(intellectus plene resolvens)* die Bedeutung irgendeines geschaffenen, endlichen und unvollkommenen Seienden nur erfassen, wenn er durch die Einsicht in das lauterste, wirklichste, vollendetste und absolute Sein unterstützt wird *(nisi iuvetur)*.[59]

---

57 *Itinerarium mentis in Deum* III, 3 (V 304a): „Capit autem intellectus terminorum significata, cum comprehendit, quid est unumquodque per definitionem. Sed definitio habet fieri per superiora, et illa per superiora definiri habent, usquequo veniatur ad suprema et generalissima, quibus ignoratis non possunt intelligi definitive inferiora. Nisi igitur cognoscatur, quid est ens per se, non potest plene sciri definitio alicuius specialis substantiae. Nec ens per se cognosci potest, nisi cognoscatur cum suis conditionibus, quae sunt: unum, verum, bonum."

58 Denselben Gedankengang mit Bezug auf die disjunktiven Transzendentalien entfaltet Bonaventura auch im ersten Artikel der ersten *Quaestio disputata de mysterio Trinitatis*. Der zweite Weg nämlich, der zeigt, dass die Existenz Gottes eine unbezweifelbare Wahrheit ist – „Jedes Geschöpf verkündet das Sein Gottes" –, gründet sich auf zehn disjunktive *conditiones* des Seins und *suppositiones per se notae*; vgl. *De mysterio Trinitatis*, q. 1, a. 1, f. 11–20 (V 46b-47b). Auch in den *Collationes in Hexaemeron* macht Bonaventura von diesem Beweisgang Gebrauch; vgl. *Collationes in Hexaemeron* V, 28–32 (V 358b-359b) und X, 11–17 (V 378b-379b). Vgl. hierzu AERTSEN, SPEER, *Die Philosophie Bonaventuras und die Transzendentalienlehre*, 41 u. 63.

59 *Itinerarium mentis in Deum* III, 3 (V 304a): „Ens autem, cum possit cogitari ut diminutum et ut completum, ut imperfectum et ut perfectum, ut ens in potentia et

Zu einem ähnlichen Ergebnis gelangt Bonaventura auch im Fortgang seiner Analyse hinsichtlich des Erfassens der Sätze und Schlüsse. Den Sinn der Sätze *(propositiones)* erfasst der Verstand nur dann wahrhaft, wenn er mit Sicherheit *(certitudinaliter)* weiß, dass die Sätze wahr sind. Gleiches gilt mit Bezug auf die Schlussfolgerungen *(illationes)* deren Sinn der Verstand nur dann wahrhaft erfasst, wenn er einsieht, dass der Schlusssatz mit Notwendigkeit aus den Prämissen folgt. Da aber das natürliche Erkenntnislicht nicht im Allgemeinen aufgrund seiner eigenen Kraft unfehlbar ist, bedarf es zur vollen Erkenntnis *(cognitio plena)* eines Rückgangs auf eine im Ganzen unveränderliche und feststehende Wahrheit, die dem Erkenntnisobjekt Unveränderlichkeit gibt, und auf ein im Ganzen unfehlbares Licht, das dem Erkenntnissubjekt Unfehlbarkeit verleiht. Der Verstand kann also nur deshalb etwas mit Gewissheit als wahr erfassen, weil er mit der ewigen Wahrheit verbunden ist.[60]

---

ut ens in actu, ut ens secundum quid et ut ens simpliciter, ut ens in parte et ut ens totaliter, ut ens transiens et ut ens manens, ut ens per aliud et ut ens per se, ut ens permixtum nonenti et ut ens purum, ut ens dependens et ut ens absolutum, ut ens posterius et ut ens prius, ut ens mutabile et ut ens immutabile, ut ens simplex et ut ens compositum: cum ‚privationes et defectus nullatenus possint cognosci nisi per positiones', non venit intellectus noster ut plene resolvens intellectum alicuius entium creatorum, nisi iuvetur ab intellectu entis purissimi, actualissimi, completissimi et absoluti; quod est ens simpliciter et aeternum, in quo sunt rationes omnium in sua puritate." Vgl. AVERROES, *In De anima* III, text. 25 (hg. v. FREDERICK STUART CRAWFORD, *Corpus Commentariorum Averrois in Aristotelem*, vers. lat. VI, l, 462). Dieses Argument findet sich in vergleichbarer Form bereits bei Guibert von Tournai; vgl. *Rudimentum doctrinae*, Pars I, Tract. III, Cap. II, n. 2 Vgl. CAMILLE BERUBÉ, SERVUS GIEBEN, *Guibert de Tournai et Robert Grosseteste sources inconnues de la doctrine de l'illumination, suivi de l'edition critique de trois chapitres du Rudimentum doctrinae de Guibert de Tournai*, in: JACQUES GUY BOUGEROL (Hg.), *S. Bonaventura 1274–1974*, Bd. II, Rom 1974, 627–654; hier: 648: „Non enim poteras iudicare illud esse verus illo, cum utrumque deficiat in essendo, nisi per ens quod est sine defectu essendi aliquo; ens scilicet quod numquam non fuit, et numquam non esse poterit, et non esse intelligi nec potest nec potuit nec poterit."

60 *Itinerarium mentis in Deum* III, 3 (V 304ab): „Intellectum autem propositionum tunc intellectus dicitur veraciter comprehendere, cum certitudinaliter scit illas veras esse; et hoc scire est scire, quoniam non potest falli in illa comprehensione. Scit enim, quod veritas illa non potest aliter se habere; scit igitur illam veritatem esse incommutabilem. Sed cum ipsa mens nostra sit commutabilis, illam sic incommutabiliter relucentem non potest videre nisi per aliquam lucem omnino incommutabiliter radiantem, quam impossibile est esse creaturam mutabilem. Scit igitur in illa luce, quae illuminat omnem hominem venientem in hunc mundum, quae est lux vera et Verbum in principio apud Deum." Vgl. *De scientia Christi*, q. 4, c. (V 23b-24a). Vgl. hierzu ANDREAS SPEER, *Bonaventure and the Question of a Medieval Philosophy*, in: Medieval Philosophy and Theology 6 (1997) 25–46, bes. 37–40.

(d) Die natürliche Erkenntnis scheint also etwas vorauszusetzen, dessen Begründung sie selbst nicht vollständig einzuholen vermag. Dies ist das Ergebnis der sich in zwei Schritten vollziehenden Erkenntnis*resolutio*, die nicht bei der Erkenntnis eines ersten, allgemeinen Begriffs des Seienden *(ens)* und seiner konvertiblen Grundbestimmungen *(conditiones)* haltmacht. Die vollständige *resolutio* setzt daher die Bezugnahme auf den Begriff eines lautersten, wirklichsten, vollendetsten und absoluten Seins voraus, dem nicht nur kognitive, sondern auch ontologische Priorität zukommen muss. Bonaventura scheint hier ein avicennisches mit einem augustinischen Grundmotiv zu verbinden. Denn, so fragt der Franziskanermagister im dritten Kapitel des *Itinerarium* am Ende seiner Begriffsanalyse, wie sollte der Intellekt ohne die Kenntnis eines solchen Seins ohne jeden Mangel überhaupt erkennen, dass dies, dieses *hoc*, ein mangelhaftes oder unvollständiges Seiendes ist?[61]

Im fünften Kapitel des *Itinerarium*, das allerdings schon der dritten Stufe der Erkenntnis-*scala* angehört, fasst Bonaventura seine Antwort noch einmal zusammen und präzisiert sie vor allem in Hinblick auf das Ersterkannte. „Wenn also das Nicht-Seiende nur durch das Seiende erkannt werden kann und das der Möglichkeit nach Seiende nur durch das In-Wirklichkeit-Seiende, und wenn Sein die reine Aktualität des Seienden bezeichnet: dann ist es also das Sein, das als Erstes in unseren Verstand einfällt, und dieses Sein ist reiner Akt." Dieses Sein aber, so fährt Bonaventura fort, ist nicht das partikuläre Sein – solcherart ist das Sein in den Dingen *extra nos* –, denn ein solches Sein wäre, da mit Potentialität vermengt, ein beschränktes Sein. Es ist auch nicht ein analoges Sein – wie das intramentale Sein *intra nos* –, weil dieses nur in einem geringen Maße Aktualität besitzt, da es kaum ist. „Also bleibt übrig, dass dieses Sein das göttliche Sein ist."[62] Dieses Sein aber, das, wie Bonaventura unter Rückgriff auf die

---

61   *Itinerarium mentis in Deum* III, 3 (V 304b): „Quomodo autem sciret intellectus, hoc esse ens defectivum et incompletum, si nullam haberet cognitionem entis absque omni defectu?"
62   *Itinerarium mentis in Deum* V, 3 (V 308b-309a): „Si igitur non ens non potest intelligi nisi per ens, et ens in potentia non nisi per ens in actu; et esse nominat ipsum purum actum entis: esse igitur est quod primo cadit in intellectu, et illud esse est quod est purus actus. Sed hoc non est esse particulare, quod est esse arctatum, quia permixtum est cum potencia, nec analogum, quia minime habet de actu, eo quod minime est. Restat igitur, quod illud esse est esse divinum."

via Anselmi zu zeigen versucht, unmöglich als nicht-seiend gedacht werden kann,⁶³ vermögen wir nur *supra nos* zu finden. Folglich kann, wenn der Verstand vollkommen auflöst, nichts erkannt werden, ohne dass das erste Seiende erkannt wird,⁶⁴ ohne dass der Verstand auf diese Weise auch die Beziehung zur Ursache, und das heißt zum Wahren und Guten miterfasst.⁶⁵ Hier nun gelangt die vollständige Erkenntnisanalyse *(plena resolutio)* an ihr Ziel, die im Ausgang von der Begriffsanalyse die metaphysische Konstitution der Dinge erschließt. Darin sieht Ludger Oeing-Hanhoff die Besonderheit der bonaventuranischen *resolutio*-Lehre⁶⁶. Dieses Ergebnis der Erkenntnisanalyse besitzt eine für das Metaphysikverständnis grundlegende Bedeutung, wie Bonventura selbst hervorhebt: Das Ersterkannte ist nicht das Sein im Allgemeinen, sondern das erste, das göttliche Sein.⁶⁷ Dieses wird nicht nur in seiner kognitiven Priorität, sondern auch in seiner ontologischen Erstheit erkannt und affirmiert. Gerade in dieser Identität von Seins- und Erkenntnisprinzip⁶⁸ erweist sich das *esse divinum* als das Ersterkannte.

---

63   *Itinerarium mentis in Deum* V, 3 (V 308b): „... et videat ipsum esse adeo in se certissimum, quod non potest cogitari non esse, quia ipsum esse purissimum non occurrit nisi in plena fuga non-esse". Auf Argumente nach Art der *via Amelmi* greift Bonaventura häufig zurück.
64   *I Sent.*, d. 28, dub. 1 (I 504ab): „Alio modo concingit aliquid intelligere praeter alterum intellectu resolvente; et iste intellectus considerat ea quae sunt rei essentialia, sicut potest intelligi subiectum sine propria passione. Et hoc potest esse dupliciter: aut intellectu resolvente plene et perfecte aut intellectu resolvente semiplene. Intellectu resolvente semiplene potest intelligi aliquid esse non intellecto primo ente. Intellectu autem resolvẹnte perfecte non potest intelligi aliquid primo ente non intellecto." Zur *resolutio* vgl. LUDGER OEING-HANHOFF, *Die Methoden der Metaphysik im Mittelalter*, in: PAUL WILPERT (Hg.), *Die Metaphysik im Mittelalter. Ihr Ursprung und ihre Bedeutung*, Berlin 1963, 71–91; zur *resolutio* bei Bonaventura siehe ferner ANDREAS SPEER, *Triplex veritas. Wahrheitsverständnis und philosophische Denkform Bonaventuras*, Werl 1987, 60–63.
65   *II Sent.*, d. 1, p. 2, dub. 2 (II 52a) – vgl. Fußnote 42.
66   Vgl. OEING-HANHOFF, *Die Methoden der Metaphysik*, 79–81 u. 89. Oeing-Hanhoff sieht die Besonderheit des bonaventuranischen *resolutio-Verständnisses* im Gegensatz zu Thomas von Aquin, bei dem die *resolutio secundum rationem* in den Bereich der Dialektik gehört und folglich nicht „Seiendes" als Gegenstand der Metaphysik, sondern nur als Gegenstand der Dialektik erreicht, als dialektisch probables Wissen von ‚Seiendem'. Diese Deutung ist nach Aertsen unzutreffend: vgl. JAN A. AERTSEN, *Method and Metaphysics. The via resolutionis in Thomas Aquinas*, in: The New Scholasticism 63 (1989) 405–418; DERS., *Was heißt Metaphysik bei Thomas von Aquin?*, in: INGRID CRAEMER-RUEGENBERG, ANDREAS SPEER (Hg.), *Scientia und ars im Hoch- und Spätmittelalter*, Berlin/New York 1994, 217–239, bes. 233–236.
67   *Collationes in Hexaemeron* X, 6 (V 378a): „esse enim divinum primum est, quod venit in mente".
68   *Collationes in Hexaemeron* I, 13 (V 331b): „idem est principium essendi et cognoscendi".

Allerdings wird in dieser Lösung die bereits bemerkte Grundspannung hinsichtlich der Zugänglichkeit dieses Gewissheitsfundaments unseres Erkennens für die natürliche Erkenntniskraft eher zugespitzt als entschärft. Damit führt Bonaventura, wie Wouter Goris gezeigt hat, die franziskanische Tradition fort, in der bereits früh, so bei Guibert von Tournai, die Unvereinbarkeit des analogen Seinsbegriffs, der eine Differenz in sich schließt und somit nicht die von einem ersten Begriff geforderte Einfachheit besitzt, mit einem Primat in der Erkenntnisordnung festgestellt wurde.[69] Als Folge der auch bei Bonaventura zu bemerkenden Verschärfung der Zurückführung auf ein Erstes in der zweifachen *resolutio* wird der analoge Seinsbegriff zugunsten des *esse divinum* überstiegen. Umso verwunderlicher erscheint Bonaventura die Blindheit des Verstandes, der nicht bedenkt, was er zuerst sieht und ohne das er nichts erkennen kann.[70] Wie ist die behauptete ontologische wie auch kognitive Priorität des göttlichen Seins *quoad nos* zu denken, wenn der Mensch erst durch eine Analyse seiner Erkenntnis – nach Art eines „itinerarium mentis in Deum" – zur Erfahrung *(experientia)* seiner apriorischen Erkenntnis des *esse primum* geführt werden muss?[71]

4. „ipsum bonum est principalissimum fundamentum" – Die Frage der Erkenntnis- und Seinspriorität

Die Frage, wie die kognitive und ontologische Priorität des ersten Prinzips zu denken ist, wird ausdrücklich in der dritten, gleichfalls gedoppelten Stufe des zugleich als Erkenntnis-*resolutio* gedeuteten geistigen Aufstiegs zu Gott behandelt. Gegenstand der Betrachtung sind, da die Seele Gott nicht *per essentiam* zu erblicken vermag, jene

---

69 Vgl. hierzu WOUTER GORIS, *Die Anfänge der Auseinandersetzung um das Ersterkannte im 13. Jahrhundert: Guibert von Tournai, Bonaventura und Thomas von Aquin*, in: Documenti e studi sulla tradizione filosofica medievale 10 (1999) 355–369, sowie DERS., *Das Gute als Ersterkanntes bei Berthold von Moosburg*, in: *Die Metaphysik und das Gute. Aufsätze zu ihrem Verhältnis in Antike und Mittelalter. Jan A. Aertsen zu Ehren*, hg. v. Wouter Goris, Löwen 1999, 139–175.
70 *Itinerarium mentis in Deum* V, 4 (V 309a): „Mira igitur est caecitas intellectus, qui non considerat illud quod prius videt et sine quo nihil potest cognoscere."
71 *Collationes in Hexaemeron* V, 30 (V 359a): „ergo necessario intelligentia experitur in se, quod habeat aliquod lumen, per quod cognoscat primum esse".

nomina propria „Sein" und „Gutes", die Gott selbst offenbart hat.[72] Ihre Ableitung aus der biblischen Tradition – Gott habe sich dem Mose unter dem Namen des *qui sum* offenbart (Ex 3,14) und es sei Christus selbst gewesen, der Gott allein gut genannt hat (Lk 18,19) –, ist ebenso vorgegeben wie die Diskussion um den Primat der beiden Gottesnamen, die durch ihre Verbindung mit den theologischen Autoritäten des Johannes Damascenus sowie mit Pseudo-Dionysius, die jeweils exklusiv – darin Moses beziehungsweise Christus folgend – einen der beiden Namen als den ersten Namen Gottes angenommen hätten, zum Ausdruck gebracht wird. Somit werden in den Gestalten des Johannes Damascenus und des Dionysius Areopagita zugleich die beiden archetypischen Denktraditionen einander gegenübergestellt: die auf dem Seinsbegriff aufruhende und die auf dem Begriff des Guten gegründete.

(a) Alexander von Hales spitzt im zweiten Teil seiner *Summa theologica* die Frage nach der Ordnung des Gottesnamen *qui est* zu den übrigen Gottesnamen sogleich auf das Ordnungsverhältnis von *qui est* und *bonum* zu. Dieses Verhältnis bezieht Alexander auf die Frage der ontologischen und kognitiven Priorität. Das *qui est*, so Alexander, ist schlechthin *(simpliciter)* der erste Name, *quoad nos* jedoch besitzt das Gute die Priorität. Das göttliche Sein nämlich könne gemäß seiner selbst als absolut betrachtet werden. In diesem Sinne ist es „das Meer und der Abgrund der göttlichen Wesenheit" *(pelagus et abyssus divinae essentialitatis)*. Das bezeichne im eigentlichen Sinne der Name *qui est*.[73] Darüber hinaus kann das göttliche Sein jedoch auch als Ursache betrachtet werden. Dann wird es unter der Maßgabe des Guten betrachtet. Das Gute aber bezeichnet Wirk- und Zielursächlichkeit; es hat daher die Bedeutung von Alpha und Omega, von Anfang und Ende. Die erste Überlegung besagt ein Früher

---

72 *I Sent.*, d. 22, a. 1, q. 3, c. (I 395b): „Si loquamur de nominibus, quae Deus sibi imposuit, cum ipse se proprie intelligat, huiusmodi nomina sunt propria; et talia dicuntur esse *bonum* et *qui est*."
73 ALEXANDER HALENSIS, *Summa theologica (Summa fratris Alexandri)*, pars II, inqu. II, tract. I, qu. 1, membr. 2, art. 2 – n. 352 (ed. Quaracchi I, 523): „Quod concedendum est et dicendum quod ‚qui est' simpliciter est primum nomen, quoad nos vero primum nomen est ‚bonum'. Divinum enim esse potest considerari secundum se ut absolute: et sie consideratur ut infinitum pelagus sive abyssus divinae essentialitatis; et hoc modo proprie significatur nomine ‚qui est'."

schlechthin, die zweite ein Früher, soweit es uns betrifft.[74] Damit scheint der Widerspruch hinsichtlich des Primats der Gottesnamen aufgehoben und zugunsten des Johannes Damascenus entschieden; so hat es jedenfalls Etienne Gilson gesehen.[75] Doch wie ist das Verhältnis zwischen Seinsprimat und Erkenntnisprimat zu denken?

Eine Antwort auf diese Frage findet sich im vierten Traktat des ersten Buches der *Summa Aurea* des Wilhelm von Auxerre. Alexander in dem soeben behandelten Artikel der *Summa* wie auch Bonaventura beziehen sich auf diesen Traktat. Wilhelm von Auxerre eröffnet seine *Solutio* mit der bei Alexander gelesenen Antwort, *qui est* sei wahrheitsgemäß und schlechthin der erste Gottesname, das Gute sei aber der erste *quoad nos*; er fügt jedoch die folgende Begründung hinzu: „weil wir es gemäß dem Ausfließen seiner Gutheit als Erstes erkennen"[76]. Damit verweist Alexander auf das zugrunde liegende Problem der Erkennbarkeit des *primum ens*, als das Gott durch das *qui est* bezeichnet wird. Denn nicht das erste, göttliche Sein ist das erste Erkennbare, das sich unserem Intellekt darbietet, sondern das einfache Seiende: *ens*. Erst durch die Hinzufügung einer privativen Bestimmung „non ab alio" gewinnt der Intellekt den Begriff eines ersten Seienden.[77]

Damit jedoch gerät Wilhelm seiner Ansicht nach in einen Widerspruch zur Tradition. Denn Gottesnamen – so der Einspruch des Johannes Damascenus – müssen stets positiv ausgesagt werden, ungeachtet der Tatsache, dass wir Gott nicht selbst ohne geschöpfliche Abbilder, Zeichen oder Spuren erkennen können.[78] Ein Ver-

---

74 *Summa theologica (Summa fratris Alexandri)*, pars II, inqu. II, tract. I, qu. 1, membr. 2, art. 2 – n. 352 (ed. Quaracchi I, 523): „Item, potest considerari divinum esse ut causa, et secundum hoc consideratur in ratione boni. ‚Bonum' enim dicit conditionem efficientis Bonum ergo dicit rationem ‚secundum quam est alpha et omega', hoc est principium et finis. Prima consideratio est prior simpliciter, secunda vero est prior quoad nos."
75 GILSON, *L'esprit de la philosophie médiévale*, 53.
76 GUILLELMUS ALTISSIODORENSIS, *Summa Aurea*, lib. I, tr. 4, cap. 2 (ed. JEAN RIBAILLIER, Spicilegium Bonaventurianum XVI, Grottaferrata 1980, 42): „Hoc nomen ‚qui est' secundum veritatem et simpliciter est primum nomen Dei, ‚bonum' autem primum est quoad nos, quia ipsum secundum fluxum sue bonitatis primum habemus cognoscere."
77 Ebd. (ed. Ribaillier, 42f.): „Hoc autem nomen ‚qui est' Deum significat ut primum ens, id est ens non ab alio. Cum autem ens sit primum intelligibile et per se offerens intellectui secundum quod nominat omnia, addita hac privatione ‚non ab alio' efficitur proprium nomen Dei, scilicet ens non ab alio sive vere ens."
78 Ebd. (ed. Ribaillier, 43): „Quod autem per privationem efficitur prius nomen Dei, non oportet quod ipse significet per ymaginem creature. Illa enim auctoritas Damasceni proprie intelligitur de nominibus Dei positivis. Vel potest dici quod, quamvis hoc no-

ständnis des *qui est* im Sinne des *ens per se* jenseits eines privativen oder übertragenen Gebrauchs eröffnet sich im Verhältnis zu dem zweiten Gottesnamen des Guten, welcher nicht der erste, sondern der vorzüglichere und würdigere ist. Denn kraft der göttlichen Gutheit hat die rationale Kreatur Anteil an seiner Gutheit; und es sind zuvörderst die Werke der göttlichen Gutheit, welche den Menschen bewegen, die göttliche Wesenheit zu erforschen. Wilhelm gibt also *quoad nos,* nämlich soweit es uns betrifft, der Ordnung des Guten den Vorrang, weil sich allein über die Wirkursächlichkeit das *qui est* als erster Name Gottes „secundum veritatem et simpliciter" erschließt.[79] Damit aber scheinen für Wilhelm Seins- und Erkenntnisordnung auseinanderzutreten. Denn das Ersterkannte für den Intellekt ist *ens* als der erste allgemeine Begriff, nicht jedoch das erste, göttliche Seiende, das als *ens non ab alio* sich in seiner ontologischen Erstheit erst über die Ordnung des Guten erschließt.

(b) Demgegenüber behauptet Bonaventura die kognitive und ontologische Priorität des *esse divinum.* Denn „seiend" wird wie „gut" im eigentlichen Sinne und vorzüglich ausgesagt; *qui est* bezeichnet eine Vollkommenheit im Sinne der Absolutheit *(absolutio), bonum* hingegen eine Vollkommenheit im Sinne der Vollendung *(perfectio).*[80] Folglich wird das lauterste, wirklichste, vollendetste und absolute Sein auch nicht privativ – gewissermaßen als Ergebnis einer doppelten Negation – als ein *ens non ab alio* erkannt. Bonaventura kehrt vielmehr gegenüber Wilhelm von Auxerre den Argumentationsgang um. Privationen und Mängel können nicht anders als durch positive Bestimmungen erkannt werden.[81] Dieses averroistische Diktum besitzt eine leitmotivische Bedeutung; es bezeichnet

---

men ‚qui est' non dicatur translative de Deo, tamen non intelligimus Deum per ipsum sine ymagine vel signo vel nota creature. Idem enim dicit ‚qui est' et ‚ens per se'. Hic autem intelligitur negatio, scilicet ens non per aliud. Unde non intelligitur ibi Deus sine nota vel distinctione aliqua, quia ipsa privatio est quasi quedam nota sive distinctio."

79 Ebd. (ed. Ribaillier, 42): „Opera enim bonitatis Dei primo movent hominem ad investigandum divinam essentiam. Vel dici potest quod ‚bonum' non est primum nomen Dei sed principalius et dignius, quia determinativum est nature secundum quam ipse est alpha et omega. Bonitas enim eius movit eum ut faceret creaturas rationales ad hoc ut essent participes suae bonitatis." – Vgl. Fußnote 76.

80 *I Sent.,* d. 22, a. 1, q. 3, c. (I 395b): „Unde Dionysius videtur velle, quod illud nomen ‚bonum' solum sic proprium et principale; Damascenus vero, quod illud nomen ‚qui est' solum est proprium et principale; et unus attendit in nomine perfectionem, alter absolutionem, uterque tamen proprietatem."

81 *Itinerarium mentis in Deum* III, 3 (V 304a) – vgl. Fußnote 59.

den Ausgangpunkt für die Notwendigkeit einer vollständigen Erkenntnisanalyse, die allein dem Anspruch, etwas mit Gewissheit erkennen zu können, genügen kann.[82]

Nichts ist daher gewisser als das Sein selbst, da es unmöglich als nicht seiend gedacht werden kann, und nichts ist reiner, da es in sich den kontradiktorischen Gegensatz zum Nicht-Sein enthält – ein für Bonaventura zentrales Argument, das er in der fünften *Collatio in Hexaemeron* noch einmal bestätigt.[83] Ferner bestimmt Bonaventura das Sein schlechthin, das reine und absolute Sein als das erste, ewige, einfachste, wirklichste, vollkommenste und zuhöchst eine Sein.[84] Und doch bleibt dieses erste, ewige, einfachste, wirklichste und vollkommenste Sein, als welches der erste Gottesname ausgelegt wird, in gewisser Hinsicht steril. Bonaventura zieht selbst Bilanz: Wird dies erkannt, so ist damit lediglich gezeigt, dass Gott unmöglich als nichtexistierend und als nicht einzig gedacht werden kann.[85] So mag die Blindheit des Intellekts, der, wie die Augen der Fledermaus das Licht, dasjenige nicht erkennt, was an sich das Offenbarste ist und ohne das nichts erkannt werden kann, weniger wundersam erscheinen.[86] Denn wie soll dieser sich aus dem Dunkel des Seienden und den Trugvorstellungen der Sinnendinge lösen können, wenn er nicht mehr zu erkennen vermag als das „dass" ei-

---

82 Auf die Bedeutung dieses averroistischen Diktums für Bonaventura weisen auch OEING-HANHOFF, *Die Methoden der Metaphysik*, 79, und CAMILLE BÉRUBÉ, *De la philosophie à la sagesse chez Saint Bonaventure et Roger Bacon*, Rom 1976, 244f., hin; vgl. etwa *III Sent.*, d. 36, a. 1, q. 5, sed contra 3 (III 802b) und *Collationes in Hexaemeron* V, 30 (V 359a).
83 *Itinerarium mentis in Deum* V, 3 (V 308b): „... et videat ipsum esse adeo in se certissimum, quod non potest cogitari non esse, quia ipsum esse purissimum non occurrit nisi in plena fuga non-esse, sicut et nihil in plena fuga esse". *Collatio in Hexaemeron* V, 31 (V359ab): „Sic igitur ... intellectus intelligit et dicit, primum esse est, et nulli vere esse convenit nisi primo esse, et ab ipso omnia habent esse, et nulli inest hoc praedicatum nisi primo esse." Vgl. BÉRUBÉ, *De la philsophie à la sagesse*, 245.
84 *Itinerarium mentis in Deum* V, 5 (V 309ab): „Esse igitur, quod est esse purum et esse simpliciter et esse absolutum, est esse primarium, aeternum, simplicissimum, actualissimum, perfectissimum et summe bonum."
85 *Itinerarium mentis in Deum* V, 6 (V 309b): „Unde si Deus nominat esse primarium, aeternum, simplicissimum, actualissimum, perfectissimum; impossibile est, ipsum cogitari non esse."
86 *Itinerarium mentis in Deum* V, 4 (V 309a): „Mira igitur est caecitas intellectur, qui non considerat illud quod prius videt et sine quo nihil potest cognoscere. ... Unde verissime apparet, quod ‚sicut oculus vespertilionis se habet ad lucem, ita se habet oculus mentis nostrae manifestissima naturae'; ... sicut, quando videt oculus puram lucem, videtur sibi nihil videre." – Hier liegt eine Anspielung auf *Met.* II (α 1, 993 b 9–11) vor.

nes *esse divinum* – und vor einer vollständigen Erkenntnisanalyse nicht einmal dies mit der erforderlichen Sicherheit?

(c) Einen ersten Weg eröffnet Bonaventura gegen Ende des fünften Kapitels, indem er den Begriff des Seins näher betrachtet, sofern er als das zuhöchst Eine erscheint. Als das zuhöchst Eine ist Sein das allgemeine Prinzip jeder Vielheit. Dadurch ist das eine Sein für alles die universale Wirk-, Exemplar- und Zielursache, ferner Seinsursache, Erkenntnismaßgabe und Lebensordnung. Gänzlich und auf jede Weise *(omnimodum)* ist daher das Sein, nicht sofern es die Wesenheit, sondern die hervorragendste, allgemeinste und hinreichendste Ursache von allem ist.[87]

Was sich bereits angedeutet hatte, tritt nun klar zutage. Mit Bezug auf das Seinsverständnis überschreitet Bonaventura den Gedanken einer prädikativen Allgemeinheit und verbindet mit dem ‚ipsum esse' die Vorstellung einer ursächlichen Allgemeinheit. Darin liegt der Schritt von der unvollkommenen zur vollkommenen *resolutio*. Doch bleibt auch dieser Kausalitätsbegriff für den erkennenden Intellekt formal; ebenso verbleibt der Seinsbegriff innerhalb der bereits bekannten Bestimmungen der Reinheit und Erstheit, Einfachheit, Aktualität und Vollkommenheit etc., die Bonaventura zum Abschluss des fünften Kapitels noch einmal in mitunter hymnischer Sprache zusammenfasst.[88] Gegenüber Werner Beierwaltes, der diese Passage im Lichte einer neuplatonischen Konzeption des absoluten Einen interpretiert hat, dergemäß das „Eine Sein" mit dem wesenhaft Guten wesensmäßig verbunden ist,[89] möchte ich an Bonaventuras Leseordnung festhalten, der das Eine als eine unter mehreren Seinsbestimmungen behandelt. Zwar besitzt das Eine, sofern es die Einheit des göttlichen Wesens thematisiert, eine gewisse Vorrangstellung, ohne jedoch selbst Gegenstand der Betrachtung zu werden.[90] Es geht Bonaventura im fünften Kapitel des *Iti*-

---

87 *Itinerarium mentis in Deum* V, 7 (V 310a): „Est igitur omnimodum non sicut omnium essentia, sed sicut cunctarum essentiarum superexcellentissima et universalissima et sufficientissima causa."
88 *Itinerarium mentis in Deum* V, 8 (V310ab).
89 BEIERWALTES, *Neuplatonisches bei Bonaventura*, 134f.
90 Ein solcher Eindruck kann am Ehesten am Ende von *Itinerarium mentis in Deum* V, 7 (V 310a) entstehen: „Ideo omnimodum, quia summe unum. Quod enim summe unum est, est omnis multitudinis universale principium." Doch nimmt die vermeintliche Einheitsspekulation ihren Ausgang von der Explikation des „omnimodum", das eingangs (V 309b) als eines von zehn Attributen des *ipsum esse* eingeführt worden ist.

nerarium um das Sein. Hierbei kommt dem *unum* eine signifikante Stellung im Hinblick auf die Kausalität des ersten Seins zu. Diese Frage aber wird primär durch den zweiten Gottesnamen artikuliert, auf den Bonaventura überleitend mit einem Mosewort hinweist: „ego ostendam tibi omne bonum"[91].

(d) Bonaventura bestimmt das Gute zum einen im Anschluss an Anselm von Canterbury als dasjenige, worüber hinaus schlechthin nichts Besseres und Vollkommeneres *(melius)* gedacht werden kann,[92] zum anderen durch das dionysische Adagium „bonum dicitur diffusivum sui"[93]. Dem dionysischen Axiom kommt hinsichtlich des zweiten, des neutestamentlichen Gottesnamens eine besondere Bedeutung zu, denn es artikuliert – gemäß der dritten der eingangs ausgearbeiteten Grundbestimmungen des Guten – die zweifache *ratio causandi* des Guten.[94] Beide Grundbestimmungen führt Bonaventura in der Aussage zusammen, das höchste Gute sei dasjenige, was sich im höchsten Maße ergießt und verströmt.

Hinsichtlich der zweifachen Bedeutung von *diffusio:* dem nach innen *(intra)*, das heißt auf die innergöttlichen Hervorgänge in der Einheit des Wesens gerichteten Sich-Verströmen Gottes, und dem nach außen *(extra)* gerichteten freien, kreativen Sich-Verströmen Gottes in die auf diese Weise konstituierte Welt nimmt Bonaventura im sechsten Kapitel des *Itinerarium* gegenüber dem ersten Buch des Sentenzenkommentars eine bemerkenswerte Akzentverschiebung vor. Während er im Sentenzenkommentar die *diffusio* im eigentlichen Sinne, sofern sie mit der *ratio boni* verbunden ist, auf das nach außen hin gerichtete Verströmen beschränkt und zugleich von der auf die innergöttlichen Hervorgänge gerichteten inneren *diffusio* unterscheidet, die gemäß der Einheit des göttlichen Wesens nicht

---

91 *Itinerarium mentis in Deum* V, 8 (V 310b).
92 Zu *maius* und *melius* in der anselmischen Formel vgl. GEORGI KAPRIEV, ... *ipsa vita et veritas. Der ‚ontologische Gottesbeweis' und die Ideenwelt Anselms von Canterbury*, Leiden/Boston/Köln 1998, 185–188.
93 Zur Frage der Herkunft des dionysischen Adagiums vgl. KREMER, *Dionysius Pseudo-Areopagita oder Gregor von Nazianz?* (Fußnote 32). Beierwaltes verweist dagegen in diesem Zusammenhang auch auf den *Liber de causis*, insbesondere auf prop. 21: „primum est dives propter seipsum" – dies jedoch sehr stark in Hinblick auf seine eigene Interpretationsrichtung; vgl. BEIERWALTES, *Aufstieg und Einung*, 411f.; DERS., *Dionysius und Bonaventura*, in: YSABEL DE ANDIA (Hg.), *Denys l'Areopagite et sa posterite en orient et en occident*, Paris 1997, 489–501, hier: 493.
94 Vgl. Fußnote 32.

auf eine äußere Wirkung ausgerichtet ist,[95] wird im *Itinerarium* die intrinsische Produktivität zum Modell und zur Bedingung für die nach außen gerichtete Produktivität, die sich im fünften Kapitel in der Verbindung des Seins mit dem Einen als Kausalität gezeigt hatte. Denn die höchste Form des Sich-Verströmens *(summa diffusio)* muss „wirklich und innerlich, wesensmäßig und personhaft, naturgemäß und willensmäßig, frei und notwendig, unablässig und vollkommen" sein. Nur auf diese Weise kann im höchsten Guten von einer wirklichen und wesensgleichen Hervorbringung von Ewigkeit her gesprochen werden, welche jedoch allein die innertrinitarischen Personen betrifft, gegenüber der die zeitliche *diffusio* im Geschöpf nur wie ein Punkt im Vergleich zur Unermesslichkeit der ewigen Güte ist.[96] Denn „weil Gott gut ist", so schließt Bonaventura im zweiten Buch seines Sentenzenkommentars, „will er sich verströmen; und weil er sich verströmen will, will er die Kreatur hervorbringen; und weil Gott die Kreatur hervorbringen will, will er, dass sie ist; somit sind wir, weil Gott gut ist"[97].

Dies alles begreift „das Auge des Geistes" *(oculus mentis)*, das die Reinheit der Gutheit *(puritas bonitatis)* erblickt, die nichts anderes besagt als reine Akthaftigkeit *(actus purus)* des sich selbstlos in geschenkter, geschuldeter Liebe liebenden Prinzips, vollkommenstes Sich-Verströmen *(plenissima diffusio)*, wesensmäßig und willentlich, nach Art des Wortes *(Verbum)*, und höchste Weise der Mitteilung des Guten *(summa boni communicabilitas)*, wie sie mit Notwendigkeit in der Trinität erkannt wird.[98] Denn – so beschließt

---

95 *I Sent.*, d. 19, p. 1, a. 1, q. 2, ad 3 (I 345b): „duplex est diffusio, scilicet intra vel extra. Diffusio intra est, quando persona procedit a persona in unitate naturae; et haec non est proprie diffusio, et haec non consequitur bonum quia bonum, sed bonum in hypostasi, quae aliam producere nata est ... Est alia diffusio extra, quae attenditur in productione effectus; et secundum hanc rationem attenditur diffusio proprie et ratio boni".

96 *Itinerarium mentis in Deum* VI, 2 (V 310b): „Summa autem diffusio non potest esse, nisi sit actualis et intrinseca, substantialis et hypostatica, naturalis et voluntaria, liberalis et necessaria, indeficiens et perfecta. Nisi igitur in summo bono aeternaliter esset productio actualis et consubstantialis, et hypostasis aeque nobilis ... Nam diffusio ex tempore in creatura non est nisi centralis vel punctalis respectu immensitatis bonitatis aeternae."

97 *II Sent.*, d. 1, p. 2, dub. 1 (II 51b): „quia bonus est Deus, vult se diffundere; et quia vult se diffundere, vult creaturam producere; et quia Deus vult creaturam producere, vult creaturam esse; et ita, quia bonus est, sumus". – Vgl. auch Fußnote 42.

98 *Itinerarium mentis in Deum* VI, 2 (V31Ia): „Si igitur potes mentis oculo contueri puritatem bonitatis, quae est actus purus principii caritative diligentis amore gratuito et debito et ex utroque premixto, quae est diffusio plenissima per modum naturae et voluntatis, quae est diffusio per modum Verbi, in quo omnia dicuntur, et per modum Doni, in quo

Bonaventura die Explikation weiterer Prädikate der höchsten Gutheit –, dass sich alles dieses in der heiligsten Trinität finde, erkennen wir mit der größten Gewissheit *(certissime)*, sobald wir unsere Augen zur alles überragenden Gutheit *(superexcellentissima bonitas)* erheben.[99] Somit ist das Gute *(ipsum bonum)* das „principalissimum fundamentum", die vorzüglichste Grundlage der Betrachtung der Hervorgänge, so wie das Sein *(ipsum esse)* Grundprinzip und Grundbegriff *(principium radicale et nomen)* für die Schau des Wesenhaften in Gott ist.[100]

(e) In dieser gedoppelten Prinzipienordnung, die sich am Anfang des sechsten Kapitel des *Itinerarium* findet, tritt erneut die Grundfrage nach dem Verhältnis der beiden primären Gottesnamen „Sein" und „Gutes" hervor, die Bonaventura zu Beginn des fünften Kapitels durch Verweis auf die entsprechenden Traditionen in Analogie zu den beiden Testamenten als zwei Weisen oder Stufen bestimmt hatte, das Unsichtbare und Ewige in Gott zu schauen: zum einen das Wesenhafte Gottes, zum anderen die Eigentümlichkeiten der Personen.[101] Hierbei bildet die Erkenntnis des Seins die Voraussetzung für die Erkenntnis des Guten, ohne dass, wie Etienne Gilson meinte, das Sein bereits das Geheimnis der Trinität implizit ausdrückt, da auch für Bonaventura das *qui sum* in Ex 3,14 den Gott Abrahams, Isaaks und Jakobs bezeichne,[102] und ohne dass, wie Werner Beierwaltes zu zeigen versuchte, die Gutheit mit der trinitarisch sich entfaltenden Einheit des „Einen Seins" identisch zu denken ist.[103]

Das Gute ist das *principalissimum fundamentum* nicht im Sinne kognitiver Priorität, wohl aber in ontologischer Hinsicht, sofern

---

cetera dona donantur; potes videre, per summam boni communicabilitatem necesse esse Trinitatem Patris et Filii et Spiritus Sancti."

99 *Itinerarium mentis in Deum* VI, 3 (V 311a): „Sed haec omnia certissime intelligimus esse in beatissima Trinitate, si levamus oculos ad superexcellentissimam bonitatem."

100 *Itinerarium mentis in Deum* VI, l (V 310b): „Sicut autem visionis essentialium ipsum esse est principium radicale et nomen, per quod cetera innotescunt; sic contemplationis emanationum ipsum bonum est principalissimum fundamentum."

101 *Itinerarium mentis in Deum* V, I (V308b): „... intelligimus duos modos seu gradus contemplandi Dei invisibilia et aeterna, quorum unus versatur circa essentialia Dei, alius vero circa propria personarum". Ferner *Itinerarium mentis in Deum* V, 2 (V 308b), vgl. Fußnote 6.

102 Vgl. GILSON, *L'esprit de la philosophie médiévale*, 55, und *Collationes in Hexaemeron* X, 10 (V, 378b), vgl. Fußnote 9.

103 Vgl. BEIERWALTES, *Dionysius und Bonaventura*, 492f.

das Gute den Sinngehalt von Sein im Hinblick auf das Moment der Ursächlichkeit extendiert und entfaltet, wobei es das *ipsum esse* als Ersterkanntes voraussetzt. Damit wird die seins- und erkenntnismäßige Priorität des *esse divinum* nicht infrage gestellt. Vielmehr wird erst durch das Hinzutreten des Guten zum Sein für Bonaventura die Identität von Seins- und Erkenntnisordnung vollends einsichtig. Indem mit dem Sein der Dinge und Formen zugleich auch ihr Verursachtsein mitbedacht wird, werden die Dinge und Formen stets in ihrer wesentlichen Beziehung zur göttlichen Ursache betrachtet, die gleichermaßen als das Sein selbst und das Gute selbst gedacht werden muss. Wird im Begriff eines ersten, ewigen, einfachsten, wirklichsten und vollkommensten Seins die Identität von kognitiver und ontologischer Erstheit behauptet, so wird erst durch das Gute die in der Verbindung des Seins mit dem Einen bereits affirmierte schöpferische Kausalität in ihrer Produktivität angemessen erfasst. Diese im Guten ausgesagte schöpferische Kausalität aber ist die Voraussetzung für den über die Schöpfungswirklichkeit – diese nämlich verdankt sich einem nach außen gerichteten Verströmen der göttlichen Gutheit – eröffneten Zugang zur Erkenntnis des göttlichen Seins;[104] dies ist der Weg, der in der vollständigen Erkenntnisanalyse schließlich zur Erkenntnis des diese fundierenden Erkenntnisprinzips führt.

5. Zum Abschluss

Mit dem Aufweis des göttlichen Seins als des Grundprinzips und des Grundbegriffs *(principium radicale et nomen)* sowie des göttlichen Guten als der vorzüglichsten Grundlage *(principalissimum fundamentum)* ist zwar die vollständige Erkenntnisanalyse abgeschlossen, nicht jedoch der geistige Aufstieg zu Gott. Dieser findet seinen Abschluss in einem *excessus mentis*, in dem die Geistseele einen Überstieg *(transitus)* zu Gott vollzieht.[105] Darin übersteigt und verlässt die *mens* sich selbst und damit alle intellektualen Fähigkeiten

---

104   *Collationes in Hexaemeron* XI, 11 (V 381): „in Deo est ratio productivae diffusionis sic. Illud esse est summe bonum, ergo summe diffundit se".
105   *Itinerarium mentis in Deum* VII, 3 (V 312b): „in Deum transit per contemplationis excessum".

und Tätigkeiten, deren sie sich auf ihrem Erkenntnisweg bewusst wurde und derer sie bedurfte.

Obgleich Bonaventura diesen letzten Schritt, die Realisierung der „Spitze des Geistes" *(apex mentis)*, im siebten Kapitel des *Itinerarium* – in dionysischer Tradition – als diskontinuierlich beschreibt, so sieht er in diesem *transitus* doch zugleich die äußerste Konsequenz der intensivierten Erkenntnisanalyse, die bei den ersten Begriffen und einem analogen Seinsbegriff nicht haltmacht, sondern bis zum göttlichen Sein und Guten fortschreitet; dieses ist nicht nur das Ersterkannte, sondern besitzt auch ontologische Priorität.

Die Erkenntnisdynamik des *Itinerarium* gründet auf der Einheit der Erkenntnis, die sich von der sinnenhaften Abstraktion über die intramentalen Begriffsinhalte bis zum göttlichen Sein und schließlich zum Außer-sich-Sein des Geistes erstreckt. Damit knüpft Bonaventura ersichtlich an die Grundintuition der augustinisch inspirierten spekulativen Mystik des 12. Jahrhunderts an. Dies zeigt auch die Nähe der Erkenntnisstufen im *Itinerarium* zu entsprechenden Einteilungen des pseudo-augustinischen *Liber de spiritu et anima* und zum *Benjamin maior* des Richard von St. Viktor.[106] Wie diese Einheit zu denken ist, führt Bonaventura in Gestalt seiner zweistufigen Erkenntnis-*resolutio* vor, welche die metaphysische Konstitution der Seinswirklichkeit erschließt. Hierbei steigt der Metaphysiker zunächst von der Betrachtung der Prinzipien der geschaffenen und partikulären Substanz empor zur Betrachtung der universalen und ungeschaffenen Substanz und zu jenem Sein, das den Sinngehalt und den Charakter des Prinzips, der Mitte und des Zieles *(ratio principii, medii et finis)* hat.[107] Dieser Weg vom Geschaffenen zum Ungeschaffenen wird jedoch als unzureichend entlarvt, wenn es um die Sicherstellung des Gewissheitsfundaments

---

106 Wie der dem Alcher von Clairvaux zugeschriebene *Liber de spiritu et anima* (bes. Kap. 4 und 11 [PL 40, 782 et 786]) und nach Art der *contemplatio-Analyse* des *Benjamin maior* (bes. lib. I, Kap. 6 [PL 196, 70B-72C]) parallelisiert Bonaventura zudem die Erkenntnisstufen mit ihnen entsprechenden Seelenvermögen; vgl. *Itinerarium mentis in Deum* I, 6 (V 297ab). Vgl. hierzu die Hinweise bei KURT RUH, *Geschichte der abendländischen Mystik*, 413f., sowie bei BERNARD MCGINN, *Ascension and Introversion in the „Itinerarium mentis in Deum"*, in: JACQUES GUY BOUGEROL (Hg.), *S. Bonaventura 1274–1974*, Bd. III, Rom 1974, 535–552, bes. 544–549.

107 *Collationes in Hexaemeron* I, 13 (V 331b): „Metaphysicus autem, licet assurgat ex consideratione principiorum substantiae creatae et particularis ad universalem et increatam et ad illud esse, ut habet rationem principii, medii et finis."

unserer Erkenntnis geht. Die Verschärfung der Fragestellung nach der Erkenntnisgewissheit – eine Grundthematik bei Bonaventura – geht mit einer fundamentalen Metaphysikkritik einher: Die Metaphysik nämlich vermag das Fundament der Gewissheit unserer Erkenntnis letztlich nicht auszuweisen. Dieses Fundament erschließt sich erst auf der dritten Stufe der Erkenntnisanalyse in der Aufdeckung des Ersterkannten; hierzu aber bedarf es, wie Bonaventura mit Nachdruck betont, einer besonderen Erleuchtung.

Die damit verbundene Limitierung der natürlichen Erkenntnis betrifft auch die Transzendentalienlehre. Bonaventura bedient sich dieses in der aristotelischen Denktradition entwickelten Lehrstücks zu einer Auseinandersetzung mit den Grundlagen der aristotelischen Ontologie. Als erste Konzepte bleiben die Transzendentalien auf die Stufe der unvollkommenen *resolutio* beschränkt, die nur bis zu einem analogen intramentalen Seinsbegriff führt, der das verursachte Sein wie dessen schöpferische Ursache gleichermaßen umfasst. Die Transzendentalien verweisen somit auf die Notwendigkeit einer weitergehenderen *resolutio,* die von der auf der prädikativen Allgemeinheit beruhenden „transzendentalen" Annäherung zu einer auf der kausalen Universalität beruhenden „theologischen" Annäherung fortschreitet. Die damit beabsichtigte Intensivierung der Erkenntnisanalyse erfolgt in Richtung auf das göttliche Sein und Gute. Doch diese *nomina propria* befinden sich – anders als bei Thomas von Aquin und Albert Magnus – gänzlich jenseits der natürlichen Erkenntnisordnung; sie gehören der theologischen Erkenntnisordnung an.

Hinsichtlich dieser eigentümlichen Verbindung der aristotelischen mit der augustinisch und dionysisch inspirierten platonischen Denktradition kann mit Bezug auf die Metaphysik vor allem in zweifacher Hinsicht von einer systematisch-kritischen Bedeutung des Guten gesprochen werden. Das Gute artikuliert die umfassende Dimension der Kausalität und verweist somit die Metaphysik auf die *via causalitatis* vom Geschaffenen zum Ungeschaffenen: Ihr Gegenstand ist das Seiende, „das sie auf ein Prinzip zurückführt, von dem es seinen idealen Gründen gemäß ausgegangen ist, nämlich auf Gott, sofern dieser Prinzip, Ziel und Urbild ist"[108]. Damit tritt deutlich die exemplaristische Gestalt von Bonaventuras Metaphysik hervor, ihre eigentliche „metaphysische Mitte" *(medium metaphysicum)*, wie dieser zu Beginn seiner ersten Collatio in Hexaemeron nachdrücklich betont.[109] Das im Begriff des Guten eingeschlossene kritische Potential zeigt sich vor allem in der Forderung, dass nichts unter Absehung von der Gutheit *(bonitate abstracta)* vollständig *(plene)* erkannt werden kann.[110] Diese Forderung führt schließlich zu der eingehend analysierten Verschärfung der Erkenntnis-*resolutio*, an deren Abschluss Gott als das Ersterkannte steht, dessen Wesen in den beiden primären Gottesnamen betrachtet wird.

Begreift man die Frage nach dem Ersterkannten zugleich als Frage nach der Zuständigkeit für die Aufdeckung des Ersterkannten, dann tritt der Primat der Theologie gegenüber der Metaphysik klar hervor. Dies bedeutet in der Konsequenz eine Einschränkung gegenüber dem in den Quaestiones disputatae de mysterio Trinitatis erhobenen Anspruch, der Glaube an die Dreifaltigkeit setze ein „fundamentum omnis cognitionis" voraus, ein gegenüber allem Zweifel für jegliche Gewissheit beanspruchende Erkenntnis gültiges Fundament, das durch die natürliche Vernunft eingesehen werden kann[111] – eine Einschränkung allerdings, die Bonaventura dort bereits selbst formuliert hat. Denn der Anspruch bezüglich der Notwendigkeit, Gewissheit und Bekanntheit des göttlichen Seins kann nur in Hinblick auf die Existenz Gottes *(Deum esse)* in vollem Umfang eingelöst werden; das göttliche Sein *(divinum esse)* hingegen bleibt uns – wie dem Nachtvogel das Licht – in seiner Klarheit verborgen, solange wir im irdischen Pilgerstande sind.[112] Die Philoso-

---

108   De reductione artium ad theologiam 4 (V 321a): „Metaphysica [consideratio est] circa cognitionem omnium entium, quae reducit ad unum principium, ex quo exierunt secundum rationes ideales, sive ad Deum in quantum principium, finis et exemplar."
109   Collationes in Hexaemeron I, 17 (V 332b). Vgl. hierzu SPEER, Bonaventure and the Question of a Medieval Philosophy, 29–32.
110   II Sent., d. 1, p. 2, dub. 2 (II 52a).
111   De mysterio Trinitatis, prol. (V 45ab): „Volentes circa mysterium Trinitatis aliquid indagare, divina praevia gratia, duo praemittimus tanquam praeambula: quorum primum est fundamentum omnis cognitionis certitudinalis; secundum est fundamentum omnis cognitionis fidelis. Primum est, utrum Deum esse sit verum indubitabile. Secundum est, utrum Deum esse trinum sit verum credibile." Vgl. hierzu AERTSEN, SPEER, Die Philosophie Bonaventuras und die Transzendentalienlehre, 40–42.
112   De mysterio Trinitatis, q. 7, a. 2, ad 8 (V 109b): „et ideo Philosophus dicit, quod ‚sicut se habet oculus noctuae ad lucem, sic oculus noster ad manifestissima naturae'. Nihilomi-

phie- und Metaphysikkritik in den späten *Collationes in Hexaemeron* artikuliert eben diese erkannte Beschränkung und die Unmöglichkeit der Philosophen, die Gewissheitsgrundlagen unseres Erkennens angemessen aufzudecken.[113] Die Philosophie verbleibt in den Grenzen der *imago*-Natur. Sie ist der Weg zu anderem Wissen, nicht das Ziel; „wer dort [das heißt bei der Philosophie] stehenzubleiben trachtet, fällt in die Finsternis"[114]. Eingeordnet – nicht aufgehoben – in eine theologisch bestimmte Synthese, die als Weisheit mit einem umfassenden theoretischen und praktischen Anspruch auftritt, behält die Philosophie ihre Gültigkeit. Darin unterscheidet sich Bonaventuras an Aristoteles kritisch geschärfter Augustinismus deutlich von früheren Denkentwürfen der augustinischen Tradition.

---

nus tamen, licet divinum esse secundum plenitudinem suae claritatis sit nobis occultum, quamdiu sumus in statu viatorum, certissimum nobis est et indubitabile Deum esse, secundum quod ex praecedentibus quaestionibus manifeste apparet". – Vgl. *Met.* II (α 1, 993 b 9–11) sowie Fußnote 86.
113 Vgl. etwa *Collationes in Hexaemeron* IV, 1 (V 349a) und V, 22 (V 357b).
114 *De septem donis Spiritus Sancti* IV, 12 (V 476a): „Philosophica scientia via est ad alias scientias, sed qui ibi vult stare cadit in tenebras."

‚Bonum est quod omnia appetunt'. Zur transzendentalen Grundlegung des sittlich Guten bei Thomas von Aquin

Berthold Wald

Einleitung

Was ist das Gute? Diese Frage dürfte schwerer zu beantworten sein als die Frage „Was ist Wahrheit?" Eine grundlegende Schwierigkeit ist die Vieldeutigkeit, mit der die Ausdrücke „wahr" und „gut" verwendet werden. Wir können sagen: „Diese Aussage ist wahr, weil der Sachverhalt so ist." Wir hätten dann über „Wahrheit" im Sinne von Aussagenwahrheit nachzudenken. Wir könnten auch sagen, weil der Sache selbst Wahrheit zukommt, darum kann es wahre Aussagen darüber geben. Das wäre dann „Wahrheit" in dem schon weniger vertrauten Sinn von „Wahrheit der Dinge". Wir hätten uns damit auf etwas bezogen, das ist und das – weil es ist – in dem, was es ist, erkannt werden kann. Im Fall von „gut" ist die Fragesituation um eine ganze Dimension komplexer. Auch hier machen wir Aussagen über das, was ist, etwa „Notleidenden zu helfen ist gut". Doch geht der Sinn der Aussage über eine bloße Feststellung hinaus: „ist gut" bedeutet, es *soll* so sein, was gleichermaßen gilt, ob wir Handlungen, Sachverhalte, Dinge oder Personen „gut" nennen. Immer ist da eine futurische Spannung auf das hin, was noch nicht ist, aber gut werden soll bzw. das zwar schon ist, aber gut bleiben soll.

Hier schließen sich eine Reihe weiterer Fragen an: Wie kann der Zusammenhang zwischen dem, was ist (worüber man wahre Aussagen machen kann), und dem, was sein soll (was dann gut zu nennen wäre), gedacht werden? Gibt es überhaupt einen Zusammenhang zwischen wahr und gut, zwischen Sein und Sollen? Das wäre der Bereich der sogenannten meta-ethischen Fragen zur Logik von „gut" als Prädikat in Aussagen bzw. als Attribut in Bestimmungen wie „guter Mensch". Zur Debatte steht hier die Frage, ob und inwiefern ethische Aussagen wahrheitsfähig sind oder nicht eher eine Sache des Gefühls, eine Folge gewohnheitsmäßig wirksamer Konventionen und rechtlicher Konstruktionen. Man könnte auch in erkenntnistheoretischer Absicht fragen, wie ich denn von etwas wissen kann, das sein soll, also von etwas, das gut wäre, aber noch nicht ist und erst durch sittliches Handeln sein wird? Schließlich könnte man in deontologischer Absicht fragen, warum ich mich an das halten soll, wovon ich weiß, dass es gut wäre, dass es sei? Kurz: Was ist der verbindliche Grund des Sollens – etwa das Sein, das moralische Gesetz, das Gewissen, die Gebote Gottes?

Auf diese und mögliche weitere Fragen werde ich keine direkte Antwort geben, sondern es auf dem Umweg über eine Thomas-Interpretation versuchen. Meine Absicht dabei ist nicht, die ohnehin zahlreichen Interpretationen durch eine weitere zu vermehren.[1] Beabsichtigt ist, von Thomas her das schwierige Feld der Frage nach dem Guten so zu beleuchten, dass Ansatzpunkte für mögliche Antworten auf die gestellten Fragen deutlich werden. Im Ganzen wird es darum gehen zu sehen, ob die neuzeitliche Trennung von Metaphysik und metaphysisch begründeter Anthropologie auf der einen und der Autonomie philosophischer Ethik auf der anderen Seite, die Wolfgang Kluxen[2] auch schon in Thomas hineingelesen hat, zu Recht besteht oder nicht und was daraus folgt für unser Verständnis des sittlich Guten. Ich werde dem in drei Punkten nachgehen, zuerst mit Bezug auf das Gute als einer transzendentalen Bestimmung des Seins. Es folgt zu der berühmten (für manche Interpreten berüchtigten) „omnia-Formel" im Lex-Traktat der *Summa theologiae* ein Abschnitt, der die Verbindung zwischen transzendental-meta-

---

[1] Dabei halte ich mich vor allem an JAN A. AERTSEN, *Medieval Philosophy & the Transcendentals – The case of Thomas Aquinas*, Leiden/New York/Köln 1996; RALPH MCINERNY, *Ethica Thomistica. The Moral Philosophy of Thomas Aquinas*, Washington 1982; JOSEF PIEPER, *Über das Gute und das Böse. Vier Vorlesungen (Thomas-Interpretationen)*, in: JOSEF PIEPER, *Darstellungen und Interpretationen. Thomas von Aquin und die Scholastik* (hg. v. Berthold Wald), Hamburg 2001, 1–57; im selben Band: *Wirklichkeit und Wahrheit. Interpretationen zu Thomas von Aquin: Quaestiones disputatae de veritate*, 58–111.

[2] Vgl. WOLFGANG KLUXEN, *Philosophische Ethik bei Thomas von Aquin*, Mainz 1964, Hamburg ²1980, 93–100, 184–186. Otto Hermann Pesch ist Kluxens Trennungsthese in seinem umfangreichen Kommentar zum „Lex-Traktat" der *Summa theologiae* gefolgt: *Die Deutsche Thomas-Ausgabe*, hg. v. der Philosophisch-Theologischen Hochschule Walberberg bei Köln, Band 13: THOMAS VON AQUIN, *Das Gesetz* (kommentiert von Otto Hermann Pesch), *Summa theologiae* I-II, 90–105, Heidelberg/Graz/Wien/Köln 1977, 531–743; hier besonders zur Frage 94 (Das natürliche Gesetz) die Seiten 568, 574–578.

physischer und metaphysisch-anthropologischer Perspektive auf das Gute ausleuchtet. In diesem Abschnitt wird es um die naturrechtliche Erfassung des sittlich Guten und ihre Deutung gehen, im dritten und letzten Abschnitt dann um die Frage, ob die transzendentalen Seinsbestimmungen ohne den bei Thomas selbst gegebenen Bezug auf Gott als Fundament tragfähig sind und aktuell.

1. Das Gute als transzendentale Bestimmung des Seins

1.1 Dimensionen des Seins und der Sinn transzendentaler Bestimmungen

Der systematische Ort des Lehrstücks von den transzendentalen Bestimmungen des Seins im Werk des Thomas von Aquin ist die Frage nach dem Wesen der Wahrheit. Josef Pieper hat in seiner Interpretation dieser Lehre darauf hingewiesen, dass ein unbefangener moderner Leser wohl kaum darauf gefasst sein wird, „dass die Frage, was Wahrheit sei, auf die Weise beantwortet wird, dass zunächst gar nicht von Wahrheit gesprochen wird, sondern vom Sein"[3]. Thomas nimmt als selbstverständlich an, dass die zu klärende Frage nach der Wahrheit zuerst eine ontologische Frage und erst in zweiter Hinsicht eine erkenntnistheoretische Frage ist. Auch die Logik wahrer Aussagen über die Wirklichkeit ist abhängig von den Eigenschaften des Seins. Vom Sein sagt Thomas, es sei das, was „der Geist zu allererst als das am meisten Bekannte erfasst"[4]. Alles weitere Begreifen von was auch immer hängt daran und ist im Erfassen des seinshaft Gegebenen zunächst noch unerkannt mit eingeschlossen. Das kann im Sinn von konzeptioneller Abhängigkeit verstanden werden – Sein ist in jedem Zuwachs an Erkenntnis stets mitgedacht –; es kann auch so gemeint sein, dass alles konkrete Erkennen zur Bedingung hat, das Seiende in seinem Sein als gegeben hinzunehmen, vor aller kritischen Prüfung und damit auf andere Weise, als im spekulativen Entwurf eines sich selbst begründenden

---

[3] PIEPER, *Wirklichkeit und Wahrheit*, 61.
[4] Ver. 1, 1.

Wissens.⁵ Man kann auch so sagen: Die „Seinswirklichkeit" ist das „Erstgegebene"⁶, weshalb alle Begriffe vom Wirklichen strukturell besagen: „seiend ‚und noch etwas dazu'"⁷. Was da als hinzukommend erfasst wird, liegt nicht außerhalb des Seins – was sollte das auch sein? Es kommt hinzu als nähere Bestimmung von Sein, welche einen Modus des Seins bezeichnet, der im Wort „Sein" noch unbenannt ist. Bei den Modi des Seins wiederum ist zu unterscheiden zwischen solchen, die nicht allem Seienden zukommen – nicht alles Seiende ist Substanz *(ens per se)*, es gibt auch akzidentell Wirkliches *(ens per accidens)* –, und solchen, die allem Seienden zukommen, sofern es ist. Sie übersteigen die kategorialen Unterschiede von Weisen zu sein *(per se oder per accidens)* und heißen darum trans-zendentale Bestimmungen des Seins. Thomas nennt sie auch generelle Modi des Seins, die zum Ausdruck bringen, was im Wort seiend *(ens)* unausgesprochen bleibt, aber sehr wohl zum Sinn von Sein gehört. Es sind gewissermaßen Synonyme für „seiend" *(ens)*, die sich gleichermaßen auf alles Seiende beziehen, es aber auf unterschiedliche Weise bezeichnen.⁸ Von sich her unbestimmtes bloßes Sein, das erst nachträglich durch weitere Eigenschaften zu formen wäre, gibt es nicht. Sein ist immer schon entweder in der Weise von Substanz *(ens per se)* oder von Akzidenz *(ens per aliud)* bestimmt und darüber hinausgehend in der Weise, die in den fünf transzendentalen Namen des Seins zum Ausdruck gelangt: Alles Seiende ist sachhaltig bestimmt *(res)*, in sich eines *(unum)*, von anderem Seienden verschieden *(aliquid)*, schließlich als Seiendes auch

---

5   JOSEPH SCHELLING, *Philosophie der Offenbarung (1841/42)*. Herausgegeben und eingeleitet von Manfred Frank, Frankfurt a. M. 1977. (Herv. im Original) hat mit seiner Unterscheidung von negativer und positiver Philosophie darauf hingewiesen, „dass die Vernunft, sofern sie sich selbst zum Prinzip nimmt, *keiner wirklichen Erkenntnis* fähig ist". (152) „Nicht mit dem wirklich Existierenden, sondern mit dem *Existierenkönnenden endet die negative Philosophie.*" (154) „Die positive kann ohne sie anfangen, als eine Wissenschaft, die an sich selbst ein Wollen ist. *Ihr Anfang ist der Art, dass er keiner Begründung fähig ist.*" (138) Am Anfang des Erkennens steht der „Wille zum Objekt", weil Seinserkenntnis nur hingenommen, aber nicht „kritisch" begründet werden kann. Schelling hat damit die Rückwendung zur Philosophie des Mittelalters entscheidend beeinflusst.
6   PIEPER, *Wirklichkeit und Wahrheit*, 68 (Hervorhebung Pieper).
7   Ebd., 69 (Herv. im Original).
8   Sie werden bei Thomas (Ver. 1, 1) aus grundlegend verschiedenen Hinsichten auf das Sein abgeleitet. Vgl. dazu PIEPER, *Wirklichkeit und Wahrheit*, 77ff.

gut *(bonum)* und wahr *(verum)*.⁹ „Man kann auch sagen: Wirklichsein ist kein simples, einschichtiges Faktum; es bedeutet mehr als bloße Vorhandenheit, Antreffbarkeit; man muss das Wirkliche, um es in seiner Buntheit und Vielgestaltigkeit in den Blick zu bekommen, mit mehreren Namen benennen, und das heißt ja: auf mehrere objektiv gegebene Strukturseiten hin ansehen."¹⁰

1.2 Alles Seiende ist gut

Nicht nur die Frage nach der Wahrheit, auch die Frage nach dem Guten fällt so in den Bereich der transzendentalen Bestimmungen des Seins. Der Kernaussage lautet hier: „omne ens est bonum"¹¹ – alles Seiende ist gut. Das bedeutet aber, wie wir sehen werden: Die Frage nach dem *sittlich* Guten ist in ähnlicher Weise sekundär wie die erkenntnistheoretische bzw. aussagenlogische Frage nach der Wahrheit. Primärer Grund der Wahrheit und des Guten ist das Sein, weil „es in der Natur des Seins selbst liegt, gut zu sein"¹². „Alles Seiende ist gut aus dem Grund, dass es Sein hat."¹³ Das ist ein Satz, der in seinem Wahrheitsanspruch beim Wort genommen werden will, in seiner Sinnhaftigkeit aber noch zu erschließen bleibt. Auf jeden Fall ist die von Thomas behauptete ontische Gutheit der Dinge nicht so zu verstehen, „dass da Dinge sind, die (zunächst einmal) etwas Bestimmtes sind – Baum oder Kristall oder Blume –, und [...] dann außerdem und zusätzlich auch noch gut [...] (etwa aufgrund einer besonderen Schönheit, Nützlichkeit, Tauglichkeit als Baum, Kristall oder Blume!) – nein: ‚Alles, was ist und sei es auf welche Weise immer – sofern es seiend ist, ist es gut!'¹⁴ Nicht durch ihr Blume-Sein

---

9   Josef Pieper merkt dazu an: „Wirklich-Sein ist kein simples, einschichtiges Faktum; es bedeutet mehr als bloße Vorhandenheit, Antreffbarkeit; man muss das Wirkliche, um es in seiner Buntheit und Vielgestaltigkeit in den Blick zu bekommen, mit mehreren Namen benennen, und das heißt ja: auf mehrere objektiv gegebene Strukturseiten hin ansehen." (*Wirklichkeit und Wahrheit*, 74).
10 Ebd., 74.
11 Ver. 21, 2. In der *Summa theologiae* ist ausdrücklich danach gefragt: „Utrum omne ens sit bonum." Die Antwort hebt den transzendentalen Charakter des Guten noch deutlicher hervor: „omne ens, *inquatum est ens*, est bonum" (Summa theologiae I, 5, 3; Herv. von mir).
12 Pieper, *Über das Gute*, 4.
13 Ver. 21, 2.
14 C. G. 3, 7.

oder Baum-Sein oder Kristall-Sein sind die Dinge gut, sondern durch ihr Wirklichsein."[15] „Es ist das Wirklichsein der Dinge selbst, das gewollt, bejaht, geliebt ist"[16] als gut.

Thomas wehrt damit alle Versuche ab, einen realen Unterschied zwischen dem Sein und dem Guten anzunehmen: die platonische Auffassung, wonach das Gute sich außerhalb des Seienden befindet, ebenso wie die manichäische Auffassung, wonach das Gute nicht allem Seiendem zukommt.[17] Gegen eine wie immer begründete Einschränkung der Gutheit des Seins wie auch gegen die Abtrennung des Guten vom Sein vertritt Thomas die Konvertibilität von „gut" und „sein". Wenn ich sage „etwas Wirkliches" oder wenn ich sage „etwas Gutes", dann habe ich zwar nicht dasselbe gesagt, wohl aber dasselbe auf verschiedene Weise benannt.[18] Anders gesagt: die Konvertibilität der allerallgemeinsten Bestimmungen des Seins ist eine direkte Folge ihrer Transzendentalität. Warum das so ist, wird noch deutlicher, wenn wir fragen, in welchem Sinn dem Begriff des Seins *(ratio entis)* begrifflich etwas hinzugefügt werden kann, in unserem Fall, wie sich der Begriff des Seins zum Begriff des Guten *(ratio boni)* verhält.

1.3 Unterschied in der Bedeutung von „gut" und „seiend"

Das bis hierher über das Gute als transzendentaler Bestimmung des Seins Gesagte lässt sich so zusammenfassen: das Seiende ist gut, weil es ist. Darum sind „seiend" und „gut" konvertible Bestimmungen, was wiederum heißt, sie beziehen sich auf denselben Gegenstand und sind umfanggleich. Die Begründung dafür, worum es gut ist zu sein, steht noch aus und wird später nachzuholen sein. Zunächst einmal muss etwas darüber gesagt werden, was denn der Ausdruck „gut" außerhalb der Konvertibilität mit „seiend" für sich genommen besagt. Die Frage lautet daher: Was heißt denn nun

---

15   PIEPER, *Über das Gute*, 7f.
16   Ebd., 8.
17   Vgl. zu den von Thomas abgewehrten Auffassung des Guten AERTSEN, *The Transcendentals*, 292ff., 297ff.
18   Vgl. Ver. 21, 2: *Utrum ens et bonum convertantur secundum suppositum.* „Dieser Satz des hl. Thomas ist in seiner Präzision etwas Radikaleres und Aggressiveres (sozusagen) als die Formulierung *omne ens est bonum.*" (PIEPER, *Über das Gute*, 7).

"gut" und worin unterscheidet sich "gut" von den übrigen Transzendentalien? Die Frage nach dem Sinn von "gut" *(ratio boni)* stellt sich zunächst noch mit Bezug auf die Frage nach dem Sinn von "seiend" *(ratio entis)*, später dann in Abgrenzung gegenüber dem Sinn von "wahr" *(ratio veri)*. Thomas verweist darauf, wie schon gesehen, dass "seiend" *(ens)* das Erstgegebene ist, während "gut" als Bestimmung des Seins das zuletzt Gegebene ist. "Gut" drückt ein Vollkommensein von etwas aus, das nicht immer schon besteht, sondern erst noch zu erreichen ist in der Aktualisierung des Seins. Der spezifische Sinn von "gut" bedeutet, vollendet zu sein in seinem Sein, während der spezifische Sinn von Sein hergenommen ist vom Wirklichsein der Dinge.[19] Das Vollendete nennen wir schlechthin gut und das Wirkliche nennen wir schlechthin seiend. Das schlechthin Wirkliche und das schlechthin Gute sind darum nicht bloß dem Sinn, sondern auch der Sache nach verschieden. Wenn nämlich der Ausdruck "seiend" sich strikten Sinnes auf das Wirklichsein *(esse in actu)* bezieht und dieses im substantialen Sein der Sache *(esse substantiale)* besteht, dann liegt genau hierin die Möglichkeit weiterer Bestimmungen des Seins. Das Gutsein eines Seienden ist eine solche hinzukommende Bestimmung, was bedeutet, Gutsein ist eine akzidentelle Bestimmung *(bonum secundum quid)* von dem, was schlechthin schon ist *(ens simpliciter)*. Umgekehrt gilt: Was seiner äußersten Möglichkeit nach im Sein vollendet ist, das nennen wir schlechthin gut *(bonum simpliciter)*, wobei dieser qualitativen Vollkommenheit bezogen auf das substantiale Sein eines Seienden der Status einer akzidentellen Bestimmung *(ens secundum quid)* zukommt. „So also wird bezogen auf das primäre Sein, welches das substantiale Sein ist, etwas schlechthin seiend genannt und gut nur in einer bestimmten Hinsicht, insofern es [Bestimmung des Seins] ist, während etwas bezogen seine äußerste Verwirklichung in bestimmtem Sinn seiend genannt wird, gut jedoch schlechthin. [...] Darum ist etwas gemäß dem primären Akt schlechthin seiend, und gemäß dem äußersten Akt schlechthin gut."[20] Das Gute hat also den

---

19   *Summa theologiae* I, 5, 1: „esse enim est actualitas omnis rei"; *Summa theologiae* I, 5, 3: „Omne enim ens, inquantum est ens, est in actu, et quoddam perfectum."
20   *Summa theologiae* I, 5, 1 ad 1: „Sic igitur secundum primum esse, quod est substantiale, dicitur aliquid ens simpliciter et bonum secundum quid, idest inquantum est ens; secundum vero ultimum actum dicitur aliquid ens secundum quid, et bonum simpliciter.

Sinn des Vollkommenen und das Sein den Sinn des primär Gegebenen, das erst in der Verwirklichung der darin angelegten Seinsmöglichkeiten zur Vollkommenheit gelangt. Darum hebt der Mangel an Gutem zwar die Vollkommenheit des Guten schlechthin auf, das Gute aber nicht in jeder Hinsicht, sofern das Sein selbst den Charakter des Guten hat. Thomas macht das an einem Beispiel klar. „Einen ungerechten Menschen nennen wir nicht schlechthin gut, wohl aber in bestimmter Hinsicht, nämlich sofern er Mensch ist."[21] Oder noch einmal anders gesagt: „To be a human being is a good, but this is not identical to being a good human being."[22]

Das Sein und das Gute sind also in ihrer sachhaltigen Verschiedenheit aufeinander bezogen. „In accidental acts each being completes the initial goodness of its substantial being."[23] Das Gute verstanden als Vervollkommnung des Seins hat damit den Charakter der „Fortsetzung", wie Josef Pieper sagt.[24] Thomas arbeitet den Unterschied und die Bezogenheit von „seiend" und „gut" nicht zuletzt darum sehr sorgfältig aus, weil hierauf die Verbindung zwischen dem ontisch Guten und dem sittlich Guten beruht, die wiederum grundlegend für seine Lehre von den Tugenden ist.

1.4 Aktualisierung des Seins im Bezogensein auf anderes Sein

Vollkommenheit eines Seienden ist also der primäre Sinn von gut. Doch lässt diese formale Bestimmung noch offen, auf welche Weise die Vervollkommnung eines Seienden geschieht, anders gesagt, wie das Gut-Werden zu denken ist. Hier kommt nun ein weiterer Unterschied zwischen den transzendentalen Bestimmungen des Seins ins Spiel, die zwar Synonyma sind für „seiend", aber nicht unterei-

---

[...] quia secundum primum actum est aliquid ens simpliciter; et secundum ultimum, bonum simpliciter."
21 Ver. 21, 5: „Unde hominem iniustum non dicimus bonum simpliciter, sed secundum quid, inquantum est homo." Thomas formuliert dann eine weitreichende Implikation: „Darum kann das vollkommene oder absolute Gutsein bei uns anders als bei Gott sowohl zunehmen wie abnehmen und auch vollkommen verschwinden, obwohl eine seinsmäßige Gutheit in uns immer bleibt." Das hat zur Folge, dass die Personwürde auch bei denen zu respektieren ist, die schwerste Verbrechen begangen haben.
22 AERTSEN, The Transcendentals, 317.
23 Ebd., 318.
24 PIEPER, Über das Gute, 34.

nander synonym. Der Unterschied ist folgender: Die Seinsnamen *res, unum aliquid* bezeichnen Seinsweisen, die jeglichem Seienden *durch sich selbst* zukommen, während *verum* und *bonum* das Seiende in seiner *Bezogenheit auf anderes* Seiendes benennen. „Wahr" und „gut" sind Beziehungsbegriffe, in denen sich das Übereinkommen des Seienden mit der Erkenntniskraft und der Kraft des Begehrens ausspricht. Seiendes wird „wahr" genannt durch seine Beziehung auf den erkennenden Geist, und es wird „gut" genannt durch seine Beziehung auf den Willen.[25] Dieses Bezogensein auf anderes Seiendes *(respectum ad alia)*[26] konstituiert wie das Vollendetsein im Sein den Sinn des Guten *(ratio boni)* und – in der Konvertibilität von seiend und gut – auch den Sinn von Sein *(ratio entis)*. Damit ist „etwas äußerst Weitreichendes gesagt. […] Zu sein – das würde also, kraft des vollen Begriffs von Wirklich-Sein selbst, bedeuten: mit – sein! ‚ordo ad aliud'"[27]. Mitgedacht und in einem letzten Schritt noch zu explizieren ist, dass in der Realisierung dieses Mit-Seins durch das erkennende und liebende Bezogen-Sein auf Seiendes dessen Verwirklichung und Vollendung geschieht: das Gutsein schlechthin.

Wie im Bezogen-Sein Verwirklichung geschieht, muss noch eigens mit Blick auf den strukturellen Unterschied der Bezugsweisen von „gut" und „wahr" bedacht werden. Zunächst fügen das Wahrsein und das Gutsein dem Begriff des Seienden die Bestimmung des zu Vervollkommenden hinzu.[28] Vollkommen ist etwas in dem Maß, wie es verwirklicht ist. Vollkommenheit aber hat selbst den Charakter des Begehrenswerten und des Guten.[29] Soweit kommen das Erkennen und Wollen überein: Bezugnahme auf das Seiende heißt Aktualisierung des jeweiligen Vermögens, Aktualisierung wiederum bedeutet Verwirklichung im Kontakt mit den Dingen und ist selbst als ein Gut gewollt. Doch ist da ein Unterschied in der Erfüllung oder Vollendung im Kontakt mit Realität: Wahrheit als Ziel der Erkenntnis meint: Seiendes aktualisiert die Erkenntnis-

---

25 Vgl. *Ver.* 1, 1. Den Willen versteht Thomas durchgehend als rationales Begehrungsvermögen *(appetitus rationalis)* und Lieben als die Grundform des Wollens (vgl. PIEPER, *Über das Gute*, 6ff.).
26 *Ver.* 21, 5: „Nam unumquodque dicitur *ens* inquantum *absolute* consideratur; *bonum* vero […] *secundum respectum ad alia.*"
27 PIEPER, *Wahrheit und Wirklichkeit*, 75.
28 *Ver.* 21, 1: „Verum et bonum super intellectum entis addant respectum perfectivi."
29 *Summa theologiae* I, 5, 3: „Perfectum autem habet rationem appetibilis et bonum."

kraft, insofern es als Erkanntes aufgenommen wird vom erkennenden Geist, während das Wollen des Guten meint, aus sich heraus zu gehen in der Hinwendung zum Wirklichsein der erkannten Dinge.[30] Das Sein der Dinge *(ens)* ist es, das in der Weise des Ziels ein anderes Seiendes zur Erfüllung bringt, indem es als ein Gut *(bonum)* begehrt und geliebt wird.[31] „In dem Maße nämlich, wie ein Seiendes gemäß seinem Sein einem anderen Sein Vollkommenheit verleiht und bewahrt, hat es den Charakter des Ziels für dasjenige Seiende, was vervollkommnet wird."[32] Die Vollkommenheit des Guten reicht daher weiter als die Vollkommenheit des Wahren. Wollen, Lieben und Begehren richten sich über das Erkannt-Sein hinaus auf die Existenz der Dinge. Und Seinsvollendung im Erkennen der Dinge findet sich auch nur bei solchen Wesen, die von Natur aus fähig sind, etwas Seiendes zu erkennen, was heißt, immateriell in sich aufzunehmen, während zur Vollkommenheit durch das Begehrte und Geliebte auch solche Wesen fähig sind, denen die Fähigkeit zu geistiger Erkenntnis fehlt. „Alle Wesen begehren nach dem, was für sie gut ist. Aber nicht alle Wesen erkennen, was wahr ist."[33] An der Universalität des Begehrens zeigt sich, dass das Gutsein den Charakter des Seienden tiefer prägt als das Wahrsein. Das Gutsein des Seienden bedeutet: Sein ist die grundlegende Gabe für alles Weitere, was sich daran zeigt, dass ausnahmslos alle Wesen danach begehren zu sein im Kontakt mit anderem Sein.

2. Bonum est quod omnia appetunt

2.1 Transzendentaler Sinn dieser Bestimmung

Viele Male findet sich im Werk des Thomas eine wie selbstverständlich ausgesprochene Feststellung, wonach das Gute das ist, was alle begehren. Damit ist einschlussweise gesagt, das Gute als transzendentale Seinsbestimmung übersteigt nicht bloß alle kate-

---

30 *Ver.* 21, 1: „Verum enim est in mente, [...] bonum enim in rebus est."
31 Ebd.: „Sic ergo *primo et principaliter* dicitur bonum ens perfectivum alterius per modum finis; sed *secundario* dicitur aliquid bonum, quod est ductivum in finem."
32 Ebd.: „In quantum autem unum ens secundum esse suum perfectivum alterius et conservativum, habet rationem finis respectu illius quod ab eo perficitur."
33 *Ver.* 21, 3: „Et ideo omnia appetunt bonum; sed non omnia cognoscunt verum."

gorialen Unterschiede im Sein, sondern auch die Verschiedenheit der Seienden, die fähig sind, das Gute zu begehren. Die erhebliche Tragweite der Transzendentalität des Guten lässt sich bei Thomas in drei Kontexten aufweisen: im *Kommentar zur Nikomachischen Ethik* des Aristoteles, dann in den Trakten über den Willen und das Gute, und schließlich in der systematischen Grundlegung der Ethik und Rechtsphilosophie. Werfen zuerst einen Blick auf die Kommentierung der Ethik, worin Thomas die eigene Sicht entwickelt im Hinausgehen über den aristotelischen Text.[34] Wie aus dem unmittelbaren Kontext bei Aristoteles hervorgeht, liegt der Ton seiner Bestimmung des Guten (gegen Platon) auf der kategorialen Verschiedenheit menschlicher Zielsetzungen – von technischen Fertigkeiten über wissenschaftliche Vorgehensweisen bis hin zum sittlichen Handeln. All das hat ein Gut zum Ziel, „weshalb man das Gute treffend als dasjenige bezeichnet hat, wonach alles strebt"[35]. Thomas versteht die von Aristoteles hervorgehobene Vielgestaltigkeit des Guten zunächst im Sinn der transzendentalen Konvertibilität des Guten mit dem Seienden.[36] Dann aber folgt ein Zusatz, der über die Textvorlage hinausgeht: Der Ausdruck „was alle erstreben" sei nicht bloß auf die erkennenden Wesen bezogen, sondern ebenso auf Wesen ohne Erkenntniskraft, sofern diese aus einer naturhaften Neigung heraus nach dem Guten streben, ohne darum zu wissen.[37] Und das wiederum bedeutet, dass es nicht ein einziges und selbiges Gutes sein kann, wonach alle streben. Vielmehr ist der Ausdruck „gut" hier in allgemeiner Bedeutung – und das heißt, im Sinn einer transzendentalen Bestimmung – genommen.[38] Das Gute hat immer den Charakter des Zieles bei aller Verschiedenheit der Ziele

---

34 Vgl. dazu AERTSEN, *The Transzendentals*, 299f.
35 ARISTOTELES, *Nikomachische Ethik*, I, 1; 1094a 1–4 (zitiert nach der Ausgabe von GÜNTHER BIEN, Hamburg 1972, 1).
36 *In Eth.* I, 1 (9): „Secundum *Platonicos*, bonum est prius ente. Sed secundum rei veritatem bonum cum ente convertitur."
37 In derselben Weise geht Thomas auch in seinem *Metaphysik-Kommentar* (*In Met.* V, 16 [1000]) über den Text hinaus im Anschluss an eine Stelle im V. Buch der *Metaphysik*, an der Aristoteles „gut" und „schlecht" bestimmt als „Qualität bei den beseelten Wesen und unter diesen am meisten bei den nach Vorsatz handelnden". (ARISTOTELES, *Metaphysik* V, 14; 1020b 23–25 in der Ausgabe von HORST SEIDL, Hamburg ²1982, 223).
38 Ebd. (11): „Quod autem dicit ‚Quod omnia appetunt' non est intelligendum solum de habentibus cognitionem, sed etiam de rebus carentibus cognitione, quae naturali appetitu tendunt in bonum. [...] Non autem est unum bonum in quod omnia tendunt [...] sed bonum communiter sumptum."

und der Wege zum Ziel. Das letzte Ziel *(finale bonum)*, wonach alles verlangt, ist die äußerste Verwirklichung *(ultima perfectio)* des eigenen Seins.[39] Derselbe Befund zeigt sich auch in den systematischen Texten über den Willen, vorzugsweise in der *Quaestio disputata De appetitu boni, et voluntate*.[40] Die Antwort beginnt gleich im ersten Satz mit der These, dass das Streben nach dem Guten allen Wesen zukommt, ob sie nun Erkenntnisfähigkeit besitzen oder nicht.[41] Der Grund dafür ist, dass Begehren nicht notwendigerweise geistig sein muss, wie im Fall des Willens, noch allein durch Einsicht sein Ziel erreicht, eben weil die Natur von Gott so eingerichtet ist, dass die nicht-geistigen Wesen naturhaft ihr Ziel erreichen, das ihrer Natur gemäß ist.[42] Das Gute muss also im analogen Sinn verstanden werden und ist jeweils in Gehalt und Form anders zu bestimmen. Bei aller Verschiedenheit des Erstrebten verhält es sich jedoch immer so, dass die volle Aktualisierung der eigenen Seinsmöglichkeiten, das *esse actu*, als Heraustreten aus der reinen Potentialität intendiert ist.[43]

Der Ertrag dieser sowohl interpretatorisch wie systematisch gesicherten Einsicht in den transzendentalen Charakter des Guten geht zweifellos ein in die Grundlegung der Ethik und Rechtsphilosophie des Thomas von Aquin. *Locus classicus* ist hier die Frage, ob das Naturgesetz ein einziges oder mehrere Gebote umfasst.[44] Diese Fragestellung ist ohne Parallele in seinem Werk.[45] Nirgendwo sonst hat Thomas mit so offenkundiger Sorgfalt die transzendentale Grundle-

---

39 Ebd. (12).
40 *Ver.* 22.
41 *Ver.* 22, 1: „Dicendum, quod omnia bonum appetunt, non solum habentia cognitionem, sed quae sunt cognitionis expertia."
42 *Ver.* 22, 1 ad 4: „Dicendum, quod cum dicitur: *omnia bonum appetunt*, non opportet bonum determinare ad hoc vel illud: sed in communitate accipi, quia unumquodque appetit bonum naturaliter sibi converniens."
43 Ebd.: „Si tamen ad aliquod unum determinetur, hoc unum erit esse. [...] appetunt enim eius continuationem; et quod habet esse in actu uno modo, habet esse in potentia alio modo; [...] et sic quod non habet esse actu, appetit esse actu."
44 *Summa theologiae* I-II, 94, 2: „Utrum lex naturalis contineat plura praecepta, vel unum tnatum." „His classic exposition of natural law in *Summa theologiae* I-II, 94, 2 has been often discussed, but little attention is paid to a number of aspects of this text that are of importance for his doctrine of the transcendentals and for the relation between transcendentality and morality." (AERTSEN, *The Transcendentals*, 326).
45 Vgl. MCINERNY, *Ethica Thomistica*, 40; Vgl. auch JAN AERTSEN, *Natural Law in the Light of the Doctrine of the Transcendentals*, in: LEO J. ELDERS, KLAUS HEDWIG (Hg.), *Lex et Libertas. Freedom and Law according to St. Thomas Aquinas*, Città del Vaticano 1987, 99.

gung der theoretischen und praktischen Vernunft in ihrer strukturellen Gleichheit herausgearbeitet. Sowohl das theoretische Wissen um das, was ist, als auch das praktische Wissen um das, was sein soll, hat seine Wurzel in den transzendentalen Bestimmungen des Seins und des Guten. Wie das Seiendsein *(ens)* das Ersterfasste im Bereich der theoretischen Vernunft, so ist das Gutsein *(bonum)* das Ersterfasste im Bereich der praktischen Vernunft. Und wie alles theoretische Wissen vom Erfassen des Seienden ausgeht, so alles praktische Wissen vom Erstreben des Guten. Der Charakter des „Ersterstrebten" gehört ebenso zur Natur des Guten wie der Charakter des „Ersterkannten" zur Natur des Seienden. Auch wenn das Gute wie das Seiende das Ersterfasste ist, findet sich die volle Wirklichkeit des Guten *(bonum simplicter)* nicht schon zu Beginn, sondern zuletzt, in der vollen Aktualisierung des Seienden als dem Ziel-Sinn von Sein. Im Anschluss an Aristoteles bezeichnet Thomas die in allem Seienden angelegte Perfektibilität mit Blick auf den Menschen als *ultimum potentiae*, als das „Äußerste dessen, was einer sein kann"[46].

2.2 Transzendentale Grundlegung des ersten Prinzips praktischer Vernunft

Der transzendentale Charakter des Guten als das, wonach alles strebt, ist unmittelbar konstitutiv für das Erfassen des ersten Prinzips praktischer Vernunft: „Das Gute ist das, wonach alles strebt. Und dies ist also *(ergo)* das erste Prinzip der praktischen Vernunft: das Gute ist zu tun und das Böse zu meiden."[47] Thomas scheint damit zu sagen, dass der Imperativ – „das Gute ist zu tun" – aus dem Indikativ – „das Gute ist das, wonach alles strebt" – abgeleitet ist. Schuld an diesem Missverständnis ist das *„ergo"*, das in den Zeiten nach Hume und Moore schon beinahe zwanghaft als Indikator für den naturalistischen Fehlschluss aufgefasst wird. Der zweite Satz ist nun aber gerade keine Ableitung aus einer Feststellung darüber, was alle Wesen

---

46   JOSEF PIEPER, *Die Aktualität der Kardinaltugenden: Klugheit, Gerechtigkeit, Tapferkeit, Maß*, in: JOSEF PIEPER, *Miszellen. Register und Gesamtbibliographie* (hg. v. Berthold Wald), Hamburg 2005, Bd. 8.1, 294.

47   *Summa theologiae* I-II, 94, 2: „Et ideo primum principium in ratione practica est quod fundatur supra rationem boni, quae est, bonum est quod omnia appetunt. Hoc ergo est primum principium legis, quod bonum est faciendum et malum vitandum."

naturhaft wollen, sowenig wie das Nicht-Widerspruchs-Prinzip aus dem Erfassen des Seins abgeleitet ist. Beide Prinzipien sind in allem mitgegeben, was immer die Vernunft als „seiend" und als „gut" erfasst. Die praktische Vernunft erfasst den Imperativ des Guten als durch sich selbst bekanntes erstes Prinzip des Sittlichen, weil das Verlangen nach dem Guten alles menschliche Handeln bestimmt. Das erste Prinzip praktischer Vernunft, „das Gute ist zu tun und das Böse zu unterlassen", ist so unmittelbar auf dem Begriff des Guten, der *ratio boni*, fundiert in dem Satz „das Gute ist das, wonach alles verlangt". Damit sollte klar sein, dass das verbindende „ergo" zwischen beiden Sätzen kein schlussfolgerndes, sondern ein explikatives „darum" meint. Es macht explizit, was in jeder Handlung eingeschlossen ist: das Urteil nämlich, es sei gut, gerade so und nicht anders zu handeln. Es gibt kein Handeln ohne Bezug auf das Gute, weil es kein rein faktisches oder „leeres" Begehren gibt. Vielmehr begehren wir zu tun, was immer wir jeweils tun, um eines Gutes willen, was eben heißt: *sub ratione boni*. Das gilt auch dann, wenn der Wille ein Gut begehrt, das in Wahrheit *(in rei veritate)* keines ist.[48]

Dass wir tun *sollen*, was wir begehren zu tun, ist nun keineswegs tautologisch. Es wäre nur dann eine Tautologie, wenn damit eine Identität zwischen dem, was wir faktisch begehren, und der Finalität des Begehrens behauptet wäre. Eine solche Identität ist weder behauptet noch stillschweigend vorausgesetzt. Ganz im Gegenteil: Gerade weil das faktische Begehren, das *per se,* immer auf ein Gut gerichtet ist, *per accidens* zu dem naturhaft intendierten Gut, der äußersten Verwirklichung der eigenen Existenz, im Widerspruch stehen kann, darum ist der Imperativ: „Du sollst, was du mit naturhafter Unabänderlichkeit willst!", keine sinnleere Tautologie, sowenig wie der Satz „Werde, was du bist!" Der Imperativ „Tue das Gute" zeigt an, dass sich unser faktisches Begehren mit dem, was wir in allem Begehren eigentlich meinen, in Übereinstimmung befinden soll, es aber nicht notwendigerweise ist, weil wir in den konkreten Entscheidungen frei sind und irren können. Die mögliche Disproportion zwischen dem jeweils Erstrebten zu der darin wirksamen

---

48 *Summa theologiae* I-II, 8, 1: „Ad hoc igitur quod voluntas in aliquid tendat, non requiritur quod sit bonum in rei veritate, sed quod apprehendatur in ratione boni. Et propter hoc Philosophus dicit, in II *Physic.*, quod *finis est bonum, vel apparens bonum.*"

Finalität des Guten ist erstmals im platonischen *Gorgias* aufgedeckt worden durch die Unterscheidung zwischen dem im Einzelfall Gewollten und dem letzten Ziel, um dessentwillen das Einzelne gewollt und für gut gehalten wird.[49] Ralph McInerny hat diese platonische Unterscheidung im Blick auf die transzendentale Fundierung des ersten Prinzips praktischer Vernunft in einer schlüssigen Form reformuliert. Er spricht nicht explizit von der Transzendentalität des Guten, sondern von der „formality under which it is desired" und schlägt vor, zwischen desirable1 und desirable2 zu unterscheiden.

„Let us speak of desirable1 to cover what we do in fact desire. [...] Nonetheless [...] desirable1 may involve a mistaken judgment, because what is desired as perfective of the desirer is not in truth perfective of him. [...] We ought to desire what we desire in the sense that the object of our desire ought to deserve the formality under which it is desired, viz. perfective and fullfilling. Let us use desirable2 to designate objects which truly save that formality, the *ratio boni*. To say that we ought to desire what is truly perfective of us is not to introduce something that is not already present in any given desire, some new motive, some factor coming from we know not where. Any action assumes that desirable1 is desirable2. If we learn that desirable1 is not desirable2 we already have a motive to desire what is truly desirable2. That does not mean that we will necessarily act on our corrected perception, of course; knowledge is not virtue."[50]

Es ist also weder tautologisch noch naturalistisch zu sagen, wir sollen das Gute tun, da wir ja das Gute begehren. Das erste Prinzip der praktischen Vernunft gründet unmittelbar auf dem Erfassen des Guten als Ziel-Sinn aller Handlungen, seien sie nun gut oder schlecht. Es ist das Gute und das zuerst, wonach alles strebt, wissend oder unwissentlich. „Das in allem Gesuchte" – so könnte man den transzendentalen Begriff des Guten definieren, analog zu „das in allem zuerst Erkannte" als transzendentalem Begriff des Seienden. Als Ersterfasstes ist das Gute das, wonach alles strebt, und als

---

[49] Vgl. PLATON, *Gorgias*, 467 c 5 ff.: „Wollen die Menschen in jedem einzelnen Fall das, was sie tun, oder vielmehr das, um des willen sie das tun, was sie tun?" Als Konsequenz dieser Unterscheidung muss Polos dem Sokrates zugestehen, dass, obwohl einer tut, was ihm beliebt, er damit nicht notwendigerweise tut, was er will. (PLATON, *Gorgias*, in: PLATON, *Sämtliche Dialoge* [hg. v. Otto Apelt], Hamburg 1988, Bd. 1, 61. Das Argument wird in den Kapiteln 23 und 24 entwickelt).

[50] MCINERNY, *Ethica Thomistica*, 37.

zu verwirklichendes Gutes ist es unmittelbar erfasst als das, was getan werden soll. Was die vernunftlosen Wesen naturhaft intendieren und verwirklichen, ihr volles Wirklichsein, das intendiert auch der Mensch nicht weniger naturhaft. Er intendiert es jedoch auf seine Weise, das heißt so, dass er es in seinem Anspruch erkennt und als Appell versteht, sich für das in Wahrheit Gute zu entscheiden. Das Sollen wird darum nicht abgeleitet aus einem Faktum, sondern es ist in der Erkenntnis der Natur des Guten mitgegeben. Damit ist nicht gesagt, dass das als gut Erkannte auch geschieht, gerade weil auch die schuldhafte Verfehlung des Guten dem Anspruch des Guten folgt und ihn zugleich pervertiert. Dass ich selbst auf etwas aus bin, das gut ist für mich, beruht auf Selbsterfahrung: ich weiß darum unmittelbar. Und ebenso unvermittelt weiß ich, dass unter dem wirklich Erstrebenswerten nichts Beliebiges zu verstehen ist, sondern das Gute, das getan werden und das Böse, das vermieden werden soll. Dass alle Wesen nach dem Guten streben, ist nur durch äußere Beobachtung vermittelt, das erste Prinzip der praktischen Vernunft. „Du sollst das Gute tun und das Böse meiden" ist dagegen in der Reflexion auf meine Selbsterfahrung unmittelbar erkannt.

2.3 Lex naturalis als elementare Konkretisierung des sittlich Guten

Fragen wir jetzt nach dem sittlich Guten, das den Anspruch des ersten Prinzips praktischer Vernunft an den sittlichen Willen der handelnden Person konkretisiert. Die elementare Formulierung dieses Anspruchs als natürliches Gesetz *(lex naturalis)* des Handelns basiert auf dem, was wir naturhaft wollen. Von dort her erschließt sich die Präzeptivität des Guten in grundlegenden Hinsichten durch die Reflexion auf die naturhafte Finalität des eigenen Tuns. Weil das Verlangen nach dem Guten *(appetitio boni)* von der noch unerfüllten Hinneigung auf das volle Wirklichsein seinen Ausgang nimmt, wird der Sinn des Guten *(ratio boni)* unmittelbar von den naturhaft gewollten Zielen her erfasst und spezifiziert. Die Spezifizierung des Guten erwächst aus der Erkenntnis einer objektiv gegebenen Struktur, die nur dort die Form eines Sollens annimmt, wo das Gute als universaler Ziel-Sinn zwar naturhaft vorgegeben ist, die Realisierung des Guten aber nicht gleichfalls naturhaft geschieht. Der

Grund für diese „Lücke" zwischen der vorgegebenen Finalität und ihrer konkreten Realisierung liegt in der Natur des menschlichen Willens, der beides ist: naturhaft determiniert im Begehren nach dem angemessenen Guten *(bonum conveniens)*, und frei, sich in der Erkenntnis des Guten dazu zu verhalten.

Dieses naturhafte Verlangen nach dem angemessenen Guten betrifft das ganze Sein des Menschen in den elementaren Vollzügen seines Daseins, sofern er da ist, lebt und erkennt.[51] Die durch die Natur des Menschen vorgegebenen elementaren Neigungen (der Wille zur Selbsterhaltung des eigenen Lebens, zum Leben in der Beziehung als Mann und Frau mit der Möglichkeit zur Weitergabe des Lebens, das Verlangen nach der Erkenntnis Gottes und der Entfaltung des geistigen Lebens) gehören zweifellos zum Kernbereich der menschlichen Existenz, der unmittelbar in den Regelungsbereich naturrechtlich geltender Gebote fällt. Thomas sieht ausdrücklich die Ordnung der Gebote des Naturgesetzes bezogen auf die Ordnung der naturhaften Antriebe im Menschen.[52] Das bedeutet nun keineswegs, dass die naturhaften Antriebe im Menschen schon von sich her Gesetzescharakter haben und also die von der Vernunft formulierte *lex naturalis* lediglich eine Verdoppelung der Naturordnung wäre. Vielmehr definiert Thomas, wie schon aus dem ersten Artikel des Lex-Traktats hervorgeht, den Terminus ‚lex' in zweifacher Hinsicht: an erster Stelle durch den Bezug auf die „zumessende und regelnde" Vernunft, und in einem weiten und abgeleiteten Sinn mit Bezug auf das, was in seiner naturhaften Hinneigung von anderswoher bereits „geregelt und bemessen" ist.[53]

Diese natürlichen Gesetzmäßigkeiten können nun deshalb nicht unmittelbar selbst schon als Gesetze für das sittliche Handeln

---

51 Vgl. *Summa theologiae* I-II, 10, 1. „Naturaliter homo vult non solum obiectum voluntatis, sed etiam alia quae conveniunt aliis potentiis, ut cognitionem veri quae convenit intellectui, et esse, et vivere, et alia huiusmodi quae respiciunt consistentiam naturalem: quae omnia comprehenduntur sub obiecto voluntatis sicut quaedam particularia bona."
52 *Summa theologiae* I-II, 94, 2. „Secundum igitur ordinem inclinationum naturalium est ordo praeceptorum legis naturae."
53 Vgl. *Summa theologiae* I-II, 90, 1 ad 1: „Cum lex sit regula quaedam et mensura, dicitur dupliciter esse in aliquo. Uno modo, sicut in mensurante et regulante. Et quia hoc est proprium rationis, ideo per hunc modum lex est in ratione sola. – Alio modo, sicut in regulato et mensurato. Et sic lex est in omnibus quae inclinantur in aliquid ex aliqua lege: ita quod quaelibet inclinatio proveniens ex aliqua lege, potest dici lex, non essentialiter, sed quasi participativae."

gelten, weil die einzelnen *inclinationes naturae* auf verschiedene Güter gerichtet und insofern mögliche Objekte des menschlichen Willens sind. Als verschiedenartige Teilgüter fallen sie jedoch unter ein einziges Objekt des Willens: das Gut der menschlichen Person.[54] Die naturhaft vorgegebenen Ziele der menschlichen Antriebsstruktur enthalten so für jeden einzelnen Menschen selbst noch einen gewissen Regelungsbedarf unter dem Gesichtspunkt ihrer Einheit in der handelnden Person.[55] Weder könnten sie alle stets zum selben Zeitpunkt verwirklicht sein noch verpflichten sie als unbedingtes Gebot. Jeder kann und sollte sogar unter besonderen Umständen sein Leben opfern, wenn dies von ihm im Kampf gegen das Unrecht oder aus Liebe zu Gott (z. B. im Martyrium) gefordert wäre. „Das Gesetz nun, das dem Menschen kraft göttlicher Anordnung seiner Wesensart gemäß gegeben ist, besteht darin, dass er mit Vernunft handelt."[56] Die Vernunft erfasst in der Reflexion auf das naturhaft wirksame Verlangen ebenso naturhaft, was die wesensgemäßen Ziele und Güter des Menschen sind. Weil es sich dabei um die fundamentalsten Verwirklichungsbedingungen des menschlichen Lebens handelt, müssen diese jedem Menschen mit sittlicher Notwendigkeit zugestanden werden. Das natürliche Gesetz betrifft darum alles, was sich auf diese naturhaften Neigungen bezieht. „In seinen ersten und allgemeinen Geboten *(prima principia communia)* ist es für alle Menschen dasselbe sowohl hinsichtlich seiner Rechtheit als auch hinsichtlich seiner Kenntnis."[57] Zu respektieren, was jeder Mensch naturhaft will, ist konstitutiv für eine natürliche Gerechtigkeits*pflicht*, die alle positive Gesetzgebung bindet. Unschuldige vorsätzlich zu töten, Menschen daran zu hindern, eine Ehe einzugehen und Kinder zu haben, ihnen die Freiheit zu nehmen, Gott

---

54 Vgl. Anm. 51, letzter Satz. Das verbreitete Missverständnis dieser Position, die präzeptive Struktur der *lex naturalis* unmittelbar aus den Naturtendenzen abzuleiten, hat Martin Rhonheimer zum Anlass genommen, „die personale Struktur des Naturgesetzes bei Thomas von Aquin" herauszuarbeiten. Vgl. MARTIN RHONHEIMER, *Natur als Grundlage der Moral*, Innsbruck/Wien 1987, 24–142, 241–268.

55 Die Verselbständigung der partikulären Antriebe im Menschen – außerhalb eines umfassenden Lebenszieles unter Leitung der Vernunft – ist für Thomas gerade das sichtbare Zeichen für den Zustand des gefallenen Menschen (Vgl. *Summa theologiae* I, 95, 1 und 2).

56 *Summa theologiae* I-II, 91, 6: „Hominis lex, quam sortitur ex ordinatione divina secundum propriam conditionem, ut secundum rationem operetur."

57 *Summa theologiae* 94, 4: „Lex naturae, quantum ad prima principia communia, est eadem apud omnes et secundum rectitudinem, et secundum notitiam."

zu verehren und die Wahrheit zu suchen, kann niemals Recht sein. Die Normen des staatlichen Rechts sind nur dann gerecht, wenn sie an der unwandelbaren Richtigkeit der obersten moralischen Grundsätze partizipieren. Mit Augustinus erinnert Thomas daran, dass ungerechte Gesetze überhaupt keine Gesetze sind, weil die Geltung eines Gesetzes an seiner Gerechtigkeit hängt. Darum kommt dem positiven Recht nur insoweit Rechtscharakter zu, als es vom natürlichen Recht abgeleitet ist. Solche „Ableitung" ist in zweifacher Hinsicht möglich: als Ableitung *(conclusio)* allgemeiner Rechtsnormen aus den obersten Grundsätzen des Naturrechts und als nähere Bestimmung *(determinatio)*, was in der Anwendung der allgemeinen Rechtsnormen geboten ist.[58] Eine systematisch vollständige Deduktion und Determination ist hier nicht möglich, eben weil jedes Gesetz in seiner Angemessenheit sich der ordnenden Vernunft verdankt. Auch sind diese Ableitungen und näheren Bestimmungen nur in der Mehrzahl der Fälle *(ut in pluribus)* für alle dieselben und darum nicht mit Notwendigkeit überall gleich und richtig, weil die Lebensverhältnisse der Menschen nicht bloß hinderlich, sondern auch vernunftwidrig sein können. Einen Beleg dafür sieht Thomas im Bericht Caesars über die klar naturrechtswidrige Erlaubnis des Diebstahls bei den Germanen.[59] Hieran könnte man unschwer anknüpfen unter Hinweis darauf, was die Nachfahren der Germanen sich heute an vernunftwidrigen Verstößen gegen das Naturrecht erlauben. Die höchstrichterliche Qualifizierung der Abtreibung als rechtswidrig, aber dennoch erlaubt, gehört zweifellos dazu.

---

58 *Summa theologiae* 95, 2: „Sicut Augustinus dixit [...] ,non videtur esse lex, quae iusta non fuerit.' Unde inquantum habet de iustitia, inquantum habet de virtute legis. [...] Unde omnis lex humanitus posita inquantum habet de ratione legis, inquantum a lege naturae derivatur, [...] uno modo sicut conclusiones ex principiis; alio modo, sicut determinationes quaedam aliquorum communium."

59 Vgl. *Summa theologiae* I-II, 94, 4: „[...] propter aliqua particularia impedimenta [...] et hoc propter hoc quod aliqui habent depravatam rationem ex passione, seu ex mala consuetudine, seu ex mala habitudine naturae; sicut apud Germanicos olim latrocinium non reputatabatur iniquum, cum tamen sit expresse contra legem naturae, ut refert Julius Caesar, in libro de Bello Gallico." Die einschränkende Bedingung für die universale Gültigkeit der später sogenannten „praecepta secunda" folgt aus der Kontingenz der Handlungsmaterie und nicht aus einer Unbestimmtheit im Wesen des Gesetzes, die zu seiner Veränderlichkeit führt. (Vgl. RHONHEIMER, *Natur als Grundlage*, 378–386).

2.4 Autonomie der praktischen Vernunft?

Die ontologische Gründung des sittlich Guten auf den transzendentalen Bestimmungen des Seins und des Guten wird grundsätzlich infrage gestellt vonseiten einer Thomas-Interpretation, die sachliche und interpretatorische Bedenken geltend macht bezüglich der Relation zwischen Transzendentalität und Moralität und schon bei Thomas von Aquin Ansatzpunkte für eine Autonomie der praktischen Vernunft sehen will. Beispielhaft sei hier auf den Kommentar von Otto Hermann Pesch zu den Quaestionen über das Gesetz in der *Summa theologiae* verwiesen, insbesondere zu der Frage, ob das natürliche Gesetz mehrere Gebote oder nur eines enthält.[60] Dieser Text ist ein Schlüsseltext der philosophischen Ethik und so auch in der neueren Thomasauslegung, die Peschs Kommentierung in der Deutschen Thomasausgabe maßgeblich bestimmt.[61]

Peschs Erklärung des Textes beginnt mit dem Hinweis auf die bloß „formale – ganz praktisch-pragmatische – Wesensbestimmung des Guten [...]: das Gute ist das, wonach alle streben"[62]. Die Bewertung dieser Bestimmung als „praktisch-pragmatisch" verkürzt jedoch den Sinn der Aussage auf den Bereich des menschlichen Handelns, während Thomas klarerweise den transzendentalen Charakter des Guten meint. Schon die Übersetzung von „quod omnia appetunt" mit „wonach alle streben" ist zwar grammatisch korrekt, aber semantisch irreführend. Wie schon in der Kommentierung dieser von Aristoteles übernommenen Bestimmung zu sehen war, ist „omnia" bei Thomas (anders als bei Aristoteles) nicht exklusiv, sondern inklusiv gemeint. Es bezieht sich gerade nicht nur auf alle Menschen, sondern auf alles Lebendige und ist eine Aussage über die transzendentale Natur des Guten. Semantisch korrekt

---

60 *Summa theologiae* I-II, 94, 2.
61 PESCH, *Kommentar*, 574–578. Eine fundierte Kritik der von Kluxen (*Philosophische Ethik*, 93–100, 184–186) vertretenen Autonomiethese findet sich in AERTSEN, *The Transcendentals*, Kap. 7, „Good as Transcendental", 290–334; insbesondere 322ff. Unabhängig von und teils schon vor Kluxen wurde die These von der Autonomie der praktischen Vernunft bei Thomas von Aquin von Germain Grisez, John Finnis und Theo Belmans vertreten. MCINERNY, *Ethica Thomistica*, 48–59 (zu Grisez und Finnis) hat diese Interpretationen einer gründlichen Kritik unterzogen und als unhaltbar erwiesen; zu Belmans siehe RALPH MCINERNY, *Aquinas on Human Action. A Theory of Practice*, Washington 1992, 220–239.
62 PESCH, *Kommentar*, 575.

wäre entweder eine Einfügung „wonach alle [Wesen] streben" oder eine grammatikalische Änderung „wonach *alles* strebt".

Willkürlich und unverständlich wird es, wenn das erste Prinzip der praktischen Vernunft „das Gute ist zu tun, und das Böse ist zu meiden" durch Ergänzung und Umformung abgeleitet wird: Zuerst „fügt man dem [gemeint ist das Gute, wonach alle streben] das Gegenteil hinzu: Das Böse ist das, was alle vermeiden", kehrt sodann die solchermaßen ergänzte, „vom handelnden Menschen auf sein Ziel hin getroffene Aussage um", und schon „nimmt diese die Gestalt eines obersten, natürlichen Gesetzes für das Handeln des Menschen an: Das Gute ist zu tun und das Böse ist zu meiden". Diese freie Spekulation soll eine Verständnishilfe für den Leser sein, den Zusammenhang zwischen dem (bereits pragmatisch missdeuteten) Charakter des Guten und dem ersten Prinzip der praktischen Vernunft zu verstehen, das „sich auf die Bewandtnis des Guten [gründet]"[63]. Mit dem sich anschließenden Referat der „spezieller" bestimmten „Bewandtnis des Guten" auf dem Weg über die „natürlichen Neigungen und Strebungen" endet die Erklärung des Textes, und es beginnt die „Beurteilung dieses Überlegungsganges [...] im Licht moderner empirisch-anthropologischer Erkenntnisse"[64]. „Nichts hindert", empirisch gewonnene Erkenntnisse über den Menschen „philosophisch zu explizieren" und in den „bewusst ganz ‚praktischen' Ansatz bei Thomas einzubringen", aber dann nur in „eine im Licht moderner Erkenntnisse transformierte und neu angeeignete thomasische Konzeption vom Naturgesetz"[65]. Eine Transformation hält Pesch schon darum für nötig, um das bei Thomas zu unterstellende „unterschwellige Hineinwirken *theologischer* Gewissheiten" in eine philosophisch begründete Konzeption vom Naturgesetz auszuschließen.

Dieses Hineinwirken zeigt sich für Pesch „erst recht" im Hinblick auf „den Begriff ‚das Gute'", worin die ungeklärte „Frage einer philosophischen Ethik bei Thomas zutage [tritt]". Weil Thomas nicht als Philosoph, sondern als Theologe argumentiert, hat er „den offenkundigen Zirkel des Gedankengangs" in der Bestimmung des

---

63   Ebd.
64   Ebd.
65   Ebd., 576.

Guten nicht bemerkt: „Das Streben *soll* sich auf das [Gute] richten, worauf es sich schon *von selbst* richtet? Diese Tautologie führt in der Tat mitten ins Problem."[66] Wie Pesch dann weiter ausführt, hat man für „gewöhnlich" das Problem gelöst, indem man die (praktisch-pragmatische!) Bestimmung des Guten in Beziehung setzt zu einem metaphysischen Begriff des Guten: „Alles Seiende ist, sofern es ist, gut". „So erfährt der phänomenologische, aus dem Blick auf die Tätigkeit der Vernunft gewonnene Satz: ‚das Gute ist das, was alle erstreben', seine metaphysische Gründung. Indem daraus der oberste Satz des Naturgesetzes abgeleitet wird, gründet die Ethik auf der Metaphysik."[67] Inwiefern die Gründung der Ethik auf der Metaphysik eine Auswirkung „unterschwelliger" theologischer Prämissen sein soll oder selbst eine Gestalt von Theologie, wird weder durch Interpretation belegt noch überhaupt sachlich begründet.

Gegen „diese verbreitete Lösung" einer metaphysischen Grundlegung der Ethik werden nun „sachliche und interpretatorische Bedenken"[68] geltend gemacht. *Sachlich* bedenklich erscheint Pesch, dass im Rekurs auf die naturhaft erstrebte Seinsvollendung das „untermenschlich Seiende" nicht klar vom Menschen unterschieden wird. Eine „rein metaphysische, für *alle* Seienden gültige Bestimmung des Guten" soll es nicht geben können, weil „der gerade *nicht* naturhaft zielgerichtet strebende, sondern sein *offenes* Sein vollenden wollende Mensch [...] in die Definition des Guten mit ein[tritt]"[69]. Der herkömmlichen Interpretation wird vorgehalten, „sowohl den *praktischen* Ansatz der thomasischen Begründung als auch den fundamentalen Unterschied zwischen der Seinsvollendung im Allgemeinen und der Vollendung des Menschen [zu] übersehen oder [zu] unterschätzen"[70]. Eine sachlich und dem Text angemessene Interpretation hat für Pesch jedoch davon auszugehen, dass die Ethik bei Thomas nicht anfängt „beim metaphysischen Wesen der Wirklichkeit oder auch nur des Menschen", sondern: „Am Anfang der Ethik steht der *Mensch selbst* mit der Offenheit seines

---

66 Ebd. (Hervorhebung Pesch) Weshalb der Tautologie-Einwand unbegründet ist, ist weiter oben in 2.2 schon dargelegt worden.
67 Ebd. Pesch verweist in einer Anmerkung auf die Thomas-Interpretation von Josef Pieper.
68 Ebd.
69 Ebd., 577 (Hervorhebung Pesch).
70 Ebd. (Hervorhebung Pesch).

Seinkönnens (Wolfgang Kluxen), das es zu erfüllen gilt."⁷¹ Wo bei Thomas tatsächlich „ein Weg von der metaphysischen Wirklichkeit des Menschen zur Ethik führt, [...] ist es ein theologischer"⁷².

Ob Peschs Thomasdeutung sachlich angemessen ist oder nicht, muss nach den vorangegangenen Darlegungen nicht weiter diskutiert werden. Anfragen über das bereits Gesagte hinaus ergeben sich vor allem bezüglich der Behauptung, nur das „untermenschlich Seiende" sei naturhaft zielgerichtet. Das steht klar im Widerspruch zur Meinung des Thomas von Aquin, der den menschlichen Willen als rationales Begehrungsvermögen *(appetitus rationalis)* definiert und das gerade wegen seiner naturhaften, nicht noch einmal frei wählbaren Ausrichtung auf die Seinsvollendung des Menschen.⁷³ Natürlich muss der Mensch diese Vollendung selber wollen, damit sie wirksam werden kann. Aber es ist höchst missverständlich und zweideutig, die noch ausstehende Seinsvollendung als „*offenes* Sein" zu bezeichnen. Nicht das Sein ist offen und steht in der Definitionsmacht des Menschen, sondern die Vollendung seines Seins, die er erreichen soll, aber auch behindern und verfehlen kann, wenn er sich gegen das naturhaft intendierte Gute stellt. Darum ist „die Verwirklichung des Sittlich-Guten [...] wesentlich *Nach*vollzug; sie ist das Weiterschreiten auf einem Wege, auf den gesetzt wir uns bereits vorfinden und auf dem wir uns *bereits bewegen*"⁷⁴.

Es ist unschwer zu erkennen, dass Peschs Einwände gegen die „gewöhnliche" Interpretation der modernen Auffassung von der Autonomie praktischer Vernunft folgen und diese in den Text hineinzulesen suchen. Von dorther gesehen sind Aussagen über das Sein des Menschen den Humanwissenschaften zu überlassen, während die praktische Vernunft mit Blick auf eine sich verändernde Faktenlage darüber entscheidet, was gut für den Menschen ist. Für den dabei in Anspruch genommenen Begriff des Guten ist eine metaphysische Begründung irrelevant. Ausschlaggebend ist „die faktische Erfahrung des Sittlichen", die hinzunehmen ist als „die unmittel-

---

71 Ebd. (Hervorhebung Pesch).
72 Ebd., 578.
73 Vgl. dazu PIEPER, *Über das Gute*, 24ff.
74 Ebd., 33 (Hervorhebung Pieper).

bar sich zeigende Besonderheit des moralisch Guten"⁷⁵. Eine solche Sicht hat klarerweise mehr gemein mit existentialphilosophischen und pragmatischen Auffassungen menschlicher Freiheit und Definitionsmacht als mit der transzendentalen Grundlegung des Guten bei Thomas von Aquin.

3. Transzendente Grundlegung des Transzendentalen?

3.1 Exposition der Fragestellung

Abschließend soll die Frage gestellt werden, ob der transzendentale Charakter der Gutheit des Seins nicht in analoger Weise wie der transzendentale Charakter der Wahrheit des Seins den Rückgriff auf eine transzendente Grundlegung verlangt. Wir hatten zu Anfang gesehen, dass „gut" und „wahr" als transzendentale Eigenschaften des Seins Relationsbegriffe sind. Sie können nicht gedacht werden ohne eine Beziehung auf den Intellekt und den Willen. Für den Begriff der Wahrheit des Seins sagt Thomas explizit, dass Seiendes wahr genannt wird mit Bezug auf den göttlichen und den menschlichen Intellekt.⁷⁶ Der göttliche Intellekt ist maßgebend für die Wahrheit der Dinge und der menschliche Intellekt empfängt von den Dingen sein Maß.⁷⁷ Weil alles Seiende *creatura* ist, darum ist alles Seiende „wahr" und in seiner Wahrheit erkennbar für uns. Müsste nicht dasselbe auch gelten für den transzendentalen Begriff des Guten? Auch das Gute ist ein Relationsbegriff durch seine Beziehung auf den Willen. Aber ist alles Seiende darum gut, weil es auf den Willen des Menschen bezogen ist? Die Frage ist also, ob der

---

75   KLUXEN, *Philosophische Ethik*, 169. Aertsen (*The Transcendentals*, 330) bemerkt dazu: „Our analysis of Thomas's account of natural law leads to a different conclusion from Kluxens [...] thesis. Metaphysics and Ethics are joined together and connected at a *philosophical* level by the doctrine of the transcendentals. [...] Ethics as *science* is not based on the ‚actual experience of the moral'; it requires a reflection on the foundations of praxis." (Hervorhebungen Aertsen).
76   *Ver.* 1, 2: „Res ergo naturalis inter duo intellectus constituta, secundum adaequationem ad utrumque vera dicitur."
77   Ebd.: „Intellectus divinus est mensurans non mensuratus; res autem naturalis, mensurans et mensurata; sed intellectus noster est mensuratus, non mensurans. [...] Prima autem ratio veritatis per prius inest rei quam secunda, quia prior est comparatio ad intellectum divinum quam humanum; unde etiam si intellectus humanus non esset, adhuc res dicerentur verae in ordine ad intellectum divinum."

Bezug auf den menschlichen Willen die Gutheit des Seienden konstituiert oder ob nicht die Gutheit des Seins der Grund dafür ist, dass das Seiende ein Gut für den Menschen sein kann, etwas Geliebtes und über alle Maßen Kostbares, wohin es ihn drängt, und zwar mit der ganzen Sehnsucht seines noch erfüllten Verlangens zu sein.

Es gibt für die Frage nach der transzendenten Begründung transzendentaler Gutheit bei Thomas keinen Text, der mit der systematischen Herleitung von Wahrheit als Eigenschaft des Seins aus dem transzendenten Ursprung des Seins vergleichbar wäre. Die Klärung dieser Frage hängt so an der Interpretation von Zusammenhängen, die für die Auffassung von der Gutheit des Seins von Bedeutung sind. Das Verlangen nach Sein kann nicht der Grund, sondern nur ein Zeichen sein für die Gutheit des Seins.[78] In der Auseinandersetzung mit dem Manichäismus ist schon von Augustinus her klar, dass die These von der Gutheit des Seins im Mittelalter und so auch bei Thomas von Aquin einen „religiösen Hintergrund" hat.[79] „Alles Seiende ist gut" bedeutet vor diesem Hintergrund, dass es nichts durch sich selbst Böses geben kann, das *als* Böses Sein hat. „Kein Seiendes kann böse genannt werden, sofern es ist, sondern sofern es ihm an Sein mangelt."[80] Das Böse hat kein „Wesen", weil es keine Wesenheit gibt, die für sich genommen böse sein könnte.[81] Wenn also „gut" als transzendentale Eigenschaft allem Seienden zukommt, dann ist zwingend mitgedacht, dass alles Böse, dessen furchtbare Realität damit nicht geleugnet ist, in einem Guten wurzelt: in etwas Seiendem, das als Seiendes von sich her gut ist.[82] Aber kann man das sagen und vor allem denken: Alles Seiende ist von sich her gut? Das müsste ja zugleich bedeuten, alles Seiende hat von

---

78 C. G. III, 107: „Esse autem, inquatum hiusmodi, est bonum: cuius signum est quod omnia esse appetunt."
79 „The medieval thesis of the transcendentality of the good was prepared philosophically by both Aristotle's critique of Plato's idea of the Good and Augustine's critique of the Manichaean doctrine. The thesis ‚every being is good' *also* has a religious background. It is the expression of the universality of God's act of creation." (AERTSEN, *The Transcendentals*, 298; Hervorhebung von mir). Es ist allerdings die Frage, ob da – zusätzlich zur philosophischen Begründung – *auch noch* ein theologischer Hintergrund anzunehmen ist oder ob dieser Hintergrund schlechthin konstitutiv für die These von der Gutheit des Seienden ist.
80 *Summa theologiae* I, 5, 3 ad 2: „Nullum ens dicitur malum inquantum est ens, sed inquantum caret quodam esse."
81 C. G. III, 7: „Nulla essentia est secundum se mala [...] malum non habet aliquam essentiam."
82 *Summa theologiae* I, 17, 4 ad 2: „Omne malum fundatur in aliquo bono."

sich her Sein. Hier wird nun doch unvermeidlich der theologische Kontext in den Blick kommen, der im Hintergrund der Transzendentalienlehre steht.[83]

3.2 Kreatürlichkeit des Seins

Die zentrale These, ohne welche auch der Satz von der Gutheit des Seins in letzter Hinsicht unbegründet wäre, bezieht sich auf das Sein Gottes: Gott allein *ist* wesenhaft seiend *(est suum esse)*, im Unterschied zu allem Seienden, das Sein *hat (habet esse)*, aber nicht sein Sein *ist*.[84] Was Sein *hat*, aber nicht selber wesenhaft Sein *ist*, dem kommt alles Übrige unter derselben Voraussetzung zu, und also auch die Gutheit, die mit dem Sein konvertibel ist. Der abgeleitete Status auch der Gutheit des Seins ist leicht zu erkennen, wenn nach der Gutheit Gottes gefragt wird. „Gott allein ist gut durch sein Wesen."[85] Und „gut" wird etwas genannt im Hinblick auf seine Vollkommenheit. Seiendes wie der Mensch ist aber weder vollkommen bezogen auf sein Sein – es kommt ihm nicht von sich her zu – noch hinsichtlich der Vollendung im Sein. Seiendes hat zwar eine anfangshafte Gutheit durch seine Wesensform, die vollendete Gutheit jedoch, nach welcher alles verlangt, hat es erst durch die Art seines Handelns *(per modum operationis)*,[86] während Gott allein jegliche Vollkommenheit zukommt durch sein Wesen *(per essentiam)*.

Darum stellt Thomas der Antwort auf die Frage, ob alles Seiende gut sei, den Hinweis voran, wonach alles Seiende, das nicht Gott ist, Kreatur ist und darum alles Geschaffene, weil von Gott

---

83 „Aquinas central meta-ethical thesis has a theological interpretation more fundamental than any of its other applications to ethics, and it is appropriate to end a consideration of his account of the metaphysics of goodness and the meta-ethical foundation of morality with this theological position." (ELEONORE STUMP, *Aquinas*, London/New York 2005, 90).
84 *Summa theologiae* I, 3, 4: „Illud quod habet esse et non est esse, est ens per participationem. Deus autem est sua essentia [...]. Si igitur non sit suum esse, erit ens per participationem, et non per essentiam. Non ergo primum ens: quod est absurdum dicere. Est igitur Deus suum esse, et non solum suum essentia."
85 *Summa theologiae* I, 6, 3.
86 *In Eth.* I, 1 (12): „Finale bonum in quod tendit appetitus unius cuilibet, est ultima perfectio. Prima autem perfectio se habet per modum formae. Secunda autem per modum operationis."

herkommend, auch gut.[87] Geschaffensein bedeutet: die Dinge sind und sie sind gut, weil Gott sie will. Der primäre Bezug des Seins auf den Willen, woher der Seinsname „gut" genommen ist, meint daher nicht den menschlichen, sondern den göttlichen Willen. Die Wahrheit des Satzes „alles Sein ist gut" hängt daran, dass alles Sein von Gott gewollt und geliebt ist, wie die Wahrheit des Satzes, „alles Seiende ist wahr" das Erkanntsein durch Gott zur Voraussetzung hat. „In diesem Gewolltsein, Bejahtsein, Geliebtsein *besteht* das Wirklichsein der Dinge!"[88]

Thomas hat den transzendenten Grund des Seins und der Gutheit des Seins vor allem in seiner Gotteslehre, in der Frage nach der Liebe Gottes, zur Sprache gebracht. In der *Summa theologiae* heißt es dazu:

„Insofern etwas Sein hat, insofern ist es gewollt von Gott [...]. *Unser* Wollen ist nicht die Ursache der Gutheit der Dinge, sondern es wird von ihr wie von ihrem Gegenstand bewegt; *unsere* Liebe, kraft deren *wir* einem anderen Gutes wollen, ist *nicht* die *Ursache* seines Gutseins, sondern umgekehrt, sein Gutsein – sei es nun wirkliches oder nur vermeintliches Gutsein – ruft unsere Liebe hervor [...] *[Sed amor Dei est infundens et creans bonitatem in rebus]*; die Liebe Gottes aber ist es, durch welche das Gutsein in den Dingen geschaffen wird und in sie einströmt."[89]

An einer Stelle in den *Quaestiones disputatae de bono* ist denn auch (analog zum Begriff des Wahren) der Begriff des Guten geradezu definiert aus der Beziehung auf seinen transzendenten Grund in Gott: „Das Gute kann von der Kreatur nicht ausgesagt werden, es sei denn, man setze voraus die Beziehung des *creator* zur *creatura*."[90] Wenn das so ist, dann hat Josef Pieper recht mit der vielleicht nur ungern akzeptierten Feststellung: „Die sogenannten ‚Transzendentalien' sind sinnvoll nur vollziehbar als auf die *creatura* bezogene Begriffe. Sonst sind sie sinnlos."[91]

---

87 *Summa theologiae* I, 5, 3 s.c.: „Omne ens quod non est Deus, est Dei creatura. Sed ‚omnis creatura Dei, bona est', ut dicitur 1 ad Timoth., cap. 4."
88 PIEPER, *Über das Gute*, 8 (Hervorhebung Pieper).
89 *Summa theologiae* I, 20, 2 (in der Übersetzung von PIEPER, *Über das Gute*, 9; Hervorhebung Pieper).
90 *Ver.* 21, 5: „bonum [...] non potest dici de creatura nisi praesupposito ordine creatoris ad creaturam." (übers. PIEPER, *Über das Gute*, 10).
91 PIEPER, *Über das Gute*, 14.

Der von der Kreatürlichkeit des Seins her erst fassbare volle Sinn des Gutseins der Dinge lässt sich in fünf Punkten zusammenfassen. Erstens: Es gibt kein neutrales Sein als bloßes gleichgültiges Vorhanden-Sein. Stattdessen wird man gewahr, „welche gar nicht ausdenkbare, geradezu ungeheuerliche Positivität dem Seinsbegriff *dadurch* zuwächst, dass das Sein als im strengen und vollen Sinn als *kreatürliches* Sein verstanden wird"[92]. Zweitens bedeutet „Kreatürlichkeit des Seins": „Das Sein wird, als ein Gut, gewollt *nicht* allein durch den *creator*, sondern (dem schöpferischen Wollen des *creator nach*geordnet, diesem Wollen buchstäblich ‚folgend') durch den Willen der *creatura* selbst."[93] Drittens ist zu sagen, dass „die Verwirklichung des Sittlich-Guten [...] wesentlich *Nach*vollzug [ist]; sie ist das Weiterschreiten auf einem Wege, auf den gesetzt wir uns bereits vorfinden und auf dem wir uns *bereits bewegen*"[94]. Viertens geschieht das Weiterschreiten in der Weise, dass die Tugenden fortsetzen und verwirklichen, worauf die naturhafte Neigung gerichtet ist. „‚Die Tugenden setzen uns in den Stand, unseren naturhaften Neigungen auf die gebührende Weise zu folgen'[95] – das ist *nicht so* gesagt, als sei das sozusagen ein Nebenerfolg – sondern *darin* liegt der Tugendcharakter, *dass* wir in den Stand gesetzt werden, der *inclinatio naturalis* zu folgen. Es ist *wesentlich* so."[96] Fünftens: Für die Grundlegung des sittlich Guten in der transzendentalen Gutheit des Seins bedeutet das, dass sich „die Lebenslehre als eine Folgerung aus der metaphysischen Seinslehre erweist. Und hierin eben unterscheidet sich die klassisch-abendländische Lebenslehre durchaus und radikal von fast der gesamten neuzeitlichen Ethik, deren Kennzeichen die Isolierung des Ethischen gegen das Ontische ist"[97].

---

92   Ebd., 27.
93   Ebd., 32f. (Hervorhebung Pieper).
94   Ebd., 33 (Hervorhebung Pieper).
95   *Summa theologiae* II-II, 108, 2.
96   Pieper, *Über das Gute*, 36 (Hervorhebung Pieper).
97   Ebd.

3.3 Aktualität einer transzendenten Grundlegung der Transzendentalität

Einige wenige abschließende Hinweise sollen hier genügen. Josef Pieper hat in seiner Auslegung der Transzendentalität des Guten Bezug genommen auf eine „existentialistische Ethik"[98], welche den Gedanken der Kreatürlichkeit verneint und die Folgen einer nihilistischen Einstellung zum Sein der Dinge in schonungsloser Offenheit benennt. Wenn das Sein nicht gut ist und es nicht gut ist zu sein, weil es keinen Gott gibt, der es erschaffen hat (Sartre), dann ist der Mensch sich selbst überlassen. Er ist zwar frei, aber in der Gefahr, an der sinnlosen Freiheit zu verzweifeln. Josef Pieper verweist auf Albert Camus, der seinen Essay *Der Mythos des Sisyphos* mit dem Satz beginnen lässt:

„Es gibt nur *ein* wirklich ernsthaftes philosophisches Problem, das ist der Selbstmord. Das Leben für lebenswert oder für nicht lebenswert halten, heißt auf die fundamentale Frage der Philosophie antworten. Alles Übrige, ob der Geist neun oder zwölf Kategorien hat, kommt erst danach. Das sind Spielereien; zuerst heißt es antworten."[99]

Dazu merkt Pieper an: „Diese Radikalität ist großartig, und sie trifft durchaus den Kern; die Fragestellung ist völlig richtig. Aber die Antwort, *omne ens est bonum;* das Sein selbst hat den Charakter des Guten, des Geliebten; es ist *gut* zu sein – *diese* Antwort auf eine so radikale Frage verlangt, dass gleichfalls zurückgegriffen werde auf die tiefste *radix,* Wurzel des Seins, auf den Ursprung des Seienden aus dem kreatorischen Wollen Gottes, auf die Kreatürlichkeit des Seienden überhaupt und des Menschen im Besonderen. Diese Antwort ist *nicht* möglich, wenn man sich weigert, das Seiende überhaupt und vor allem den Menschen zu verstehen als *creatura, ausdrücklich* und *formell* als Schöpfung."[100]

Der Ausfall der Gottesfrage heute muss in seinen Folgen nicht von dieser dramatischen Zuspitzung her verstanden werden. Man kann auch versuchen zu leben, und man tut es ja auch, indem man

---

98   Ebd., 12ff.
99   ALBERT CAMUS, *Le Mythe de Sisyphe,* Paris 1942, 15 (Übers. PIEPER, *Über das Gute,* 13).
100 PIEPER, *Über das Gute,* 13 (Hervorhebung Pieper).

sich freut an allem, was das Leben an Gutem bereithält. Vielleicht ist die Traurigkeit in einer sinnleeren Welt nur ein besonderes Leiden der Intellektuellen. Die moralischen Anstrengungen, die Welt in Ordnung zu bringen, die wiederum von Intellektuellen gefordert werden, sollten uns aber nicht darüber täuschen, dass die moralische Ordnung des Handelns an ihren Rändern an die Dunkelheit einer unvorhersehbaren Zukunft grenzt. In tragischen Situationen des Lebens erweist sich, das wir nicht Herr darüber sind, was geschieht.[101] Ob wir es auch dann noch fertigbringen zu sagen, es ist gut zu sein – alles Sein ist gut – wird ohne den Glauben an einen transzendenten Grund der Wirklichkeit kaum zu erwarten sein.

---

101   „The moral order [...] can seem a small area of illumination within the circumambient darkness. The moral order is not as wide as human life. [...] If Thomas sensibly concentrates on human action [...] he is fully aware that such actions do not tell the full story of our lives." (McInerny, *Ethica Thomistica*, 10).

Die Freiheit des Willens und die Transzendentalität des Guten

Rudi te Velde

Aus dem Englischen übersetzt von Daniel Schmidt

1. Einleitung

Schon oft musste ich im Hörsaal die Erfahrung machen, dass es keine leichte Aufgabe ist, Studenten von der Wahrheit der u. a. von Thomas von Aquin vertretenen These zu überzeugen, dass ausschließlich das Gute, als solches, im positiven Sinne gewollt werden kann. Es gibt eine gewisse Tendenz im modernen Denken, jede Einschränkung oder Bedingung, die dem Willen vonseiten des Objekts auferlegt wird, zurückzuweisen. Beim Versuch, die These vom Guten als dem (Formal-)Objekt des Willens zu erklären, wird man wahrscheinlich mit dem Einwand konfrontiert werden, dass wir wollen können, was auch immer wir wollen – mit anderen Worten, dass der Wille überhaupt kein ihm als solches zugeordnetes Objekt besitzt; vielmehr wählt der Wille sein Objekt und erweist sich genau darin als freie Kraft. Die klassische These hingegen geht davon aus, dass das Objekt des Willens das Gute ist, was bedeutet, dass etwas nur gewollt werden kann, insofern es unter dem allgemeinen Aspekt des Guten begriffen wird. So gesehen ist der Wille nicht so sehr eine spontane Kraft unter der Kontrolle des freien Selbst, sondern eher eine Fähigkeit, die im Akt des Wollens durch das Gute bewegt bzw. motiviert wird. Was böse oder schlecht ist, kann nicht positiv gewollt werden. Es wird immer Studenten geben, die gegen diese scheinbar unbegründete Präferenz des Willens für das Gute Einspruch erheben. Der menschliche Wille kann sich ihrer Meinung nach ebenso leicht dafür entscheiden, schlechte Dinge zu tun, wie er sich dafür entscheiden kann, gute Dinge zu tun. Freilich, gestehen sie ein, sollten die Menschen das Gute tun, aber im wirklichen Leben sehen wir oft, wie sie böse oder falsche Dinge tun und dies offenbar mit ihrer eigenen, freien Zustimmung. Für sie hat der Wille gleich große Kraft, sich für gute oder schlechte Dinge zu entscheiden. Der Wille wendet sich einem Objekt seiner eigenen Wahl zu; dass ein Objekt aufgrund seines ihm immanenten Gutseins den Willen bewegen kann, scheint demnach der angenommenen Autonomie des Willens entgegenzustehen. Offenbar neigen viele Studenten dazu, den Willen als eine neutrale Kraft zu denken; sie begreifen den Willen als grundsätzlich frei zu wählen, was immer er wünscht, ohne jede Beschränkung durch die Qualität des Guten auf Seiten des Objekts, insofern das Gute – und dies ist eine weitere verbreitete Annahme – keine inhärente Eigenschaft von Dingen ist, keine Qualität ihres Seins, sondern vielmehr aufgefasst wird als Ausdruck dessen, wie Dinge von uns erfahren und bewertet werden.

Es gibt etwas Zeitlos-Unzeitgemäßes im metaphysischen Denken des Thomas von Aquin, insbesondere in seiner Lehre von den Transzendentalien, dem Wahren, dem Guten und dem Einen. Jedes Seiende ist wahr, jedes Seiende ist gut, und jedes Seiende ist eines. Diese transzendentalen Werte sind Teil einer metaphysischen Weltsicht; sie sind Ausdruck der fundamentalen Harmonie zwischen der Welt und dem menschlichen Geist. Aus der Perspektive der Transzendentalien sehen wir, dass die Welt letztendlich nicht ein bedeutungsloses Chaos ist, dem wir ratlos gegenüberstehen. Die oft schmerzliche Erfahrung von Bösem und von Leiden kann den transzendentalen Primat des Guten nicht aufheben, andernfalls könnte diese Erfahrung nicht einmal als schmerzlich und abscheulich wahrgenommen werden. In diesem Essay möchte ich Thomas' Ansicht über die menschliche Fähigkeit des Willens und seine transzendentale Bezogenheit auf das Gute in den Blick nehmen. Die Möglichkeit, unseren freien Willen in dieser Welt in sinnvoller Weise auszuüben, setzt Thomas zufolge den transzendentalen Kontext des Guten voraus. Was ich im Speziellen untersuchen möchte ist die Frage nach der Freiheit des Willens sowie deren Begründung in der transzendentalen Bezogenheit des Willens auf die Wirklichkeit unter dem Aspekt des Guten.

In seiner klassischen Studie über die Transzendentalien machte Jan Aertsen eine faszinierende Anmerkung über das Gute und die Willensfreiheit. Das Objekt des Willens ist ihm zufolge „das

Gute unter dem allgemeinen Aspekt des Guten, und seine transzendentale Offenheit ist der Grund der Willensfreiheit"[1]. Insbesondere der zweite Teil dieses Satzes erregte meine Aufmerksamkeit. Hier wird gesagt, dass der menschliche Wille charakterisiert ist durch eine Offenheit für das Gute in seiner transzendentalen Dimension, und diese Offenheit ist, angeblich, der innere Grund für die Freiheit des menschlichen Willens. Aertsen erklärt in seinem Buch jedoch nicht, in welchem Sinn die transzendentale Offenheit des Willens der Grund für seine Freiheit sein soll.

Aertsens Hinweis nachgehend, möchte ich in diesem Artikel untersuchen, wie Thomas die Freiheit des Willens versteht und wie diese Freiheit in der apriorischen Bindung des Willens an das Gute begründet ist. Ich zögere ein wenig, in einem vielleicht zu emphatischen Sinn von der „Freiheit des Willens" zu sprechen. Der Ausdruck „Freiheit des Willens" steht im Zentrum der aktuellen Diskussion zwischen philosophischen Positionen, die im modernen Idealismus und Transzendentalismus verwurzelt sind, und Formen erfahrungswissenschaftlichen Naturalismus. Seit Descartes wird Freiheit verstanden im Sinne der eigenartigen Kraft des Subjekts, sich von der konkreten Verflechtung mit der objektiven Welt loszulösen; das Subjekt erfährt eine radikale Freiheit in seiner Fähigkeit, von jeder Determination, in welcher es sich vorfindet, zu abstrahieren und setzt sich selbst als reines Ich der faktischen Welt alles Existierenden gegenüber. Ich erwähne diese moderne Freiheit des Subjekts um des Kontrastes willen; denn bei Thomas findet man diesbezüglich etwas durchaus Verschiedenes, insofern die transzendentale Offenheit des Geistes (bzw. der Seele) in Beziehung zum Sein in seiner universalen Ausdehnung definiert wird. Für Thomas ist die Fähigkeit des Willens wirksam vor dem Horizont des universalen Guten; er entscheidet sich nicht etwa für das Gute, von einer vorgängigen Position als reine, indifferente Kraft aus; vielmehr ist der Wille für Thomas die Neigung zum universalen Guten. In welcher Weise nun dieser Wille, der von Natur aus nach dem Guten

---

[1]   „[...] the good under the general aspect of good, and its transcendental openness is the ground of the freedom of the will"; JAN AERTSEN, Medieval Philosophy and the Transcendentals. The Case of Thomas Aquinas, Leiden/New York/Köln 1996 (Studien und Texte zur Geistesgeschichte des Mittelalters, 52), 320; Übersetzung: D. S.

strebt und in allem, was er tatsächlich will, notwendigerweise das Gute will, Freiheit impliziert, möchte ich aufzeigen und erläutern.

2. Die Transzendentalität des Guten

Zunächst muss man sich darüber im Klaren sein, dass das Gute für Thomas in erster Linie eine „Seinsweise" ist. Das Gute ist nicht von vornherein beschränkt auf das moralisch Gute oder das menschlich Gute. Das Gute gehört zu den Transzendentalien und folgt somit aus dem Sein. Gemäß der klassischen Formel der Transzendentalität sind die Begriffe „Sein" und „Gutes" miteinander austauschbar, *convertuntur*. Jedes Seiende ist, als solches, gut, und umgekehrt kann etwas nur gut sein, insofern es ein Seiendes ist, und nichts ist gut, wenn es nicht ein Seiendes ist. Das Gute ist dasselbe wie das Sein, wenngleich es im Hinblick auf den Begriffsinhalt etwas zum Sein hinzufügt. Beide Ausdrücke, das Sein und das Gute, bezeichnen dieselbe Wirklichkeit *(idem secundum rem)* unter jeweils einem unterschiedlichen formalen Aspekt *(diversum secundum rationem)*. Der formale Aspekt des Guten besteht in der Qualität der Erstrebenswürdigkeit *(ratio appetibilis)*. Diesbezüglich greift Thomas zurück auf die Definition des Aristoteles am Beginn seiner *Ethik* (I,1): „*Das Gute ist das, wonach alle Dinge streben.*" Diese Formulierung wird dann verbunden mit einer Passage bei Pseudo-Dionysius, der in *De divinis nominibus* (4,7) sagt, dass „*alle Dinge nach dem Guten und dem Besten streben*"[2]. Thomas versteht die Formulierung des Aristoteles ausdrücklich in einem universalen Sinn, nicht unter der Einschränkung auf das bloß menschliche Streben nach dem Guten. Alle Dinge weisen ein Streben nach dem Guten auf; denn das Gute ist für jedes Seiende dasjenige, was seiner Natur entspricht und worin es seine je eigene Vollendung sucht. Das Menschenwesen ist hiervon nicht ausgenommen; das dem Menschen eigene Streben oder Ver-

---

[2] Siehe dazu ScG III,3: „*Hinc est quod philosophi definientes bonum dixerunt:* bonum est quod omnia appetunt. *Et Dionysius, 4 cap. De divinis nominibus, dixit quod* omnia bonum et optimum concupiscent." Hier ist anzumerken, dass die aristotelische Formulierung am Beginn der *Ethik* für Thomas den Status der von den Philosophen allgemein anerkannten Definition besitzt.

langen nach dem Guten nennt man „Wille" *(voluntas)*. Letzterer unterscheidet sich vom ontologischen Verlangen im allgemeinen Sinn darin, dass er mit Bewusstsein einhergeht *(appetitus rationalis)*. Das Gute wird, wie es scheint, als das Objekt des Strebens definiert. In seinem Kommentar zur aristotelischen *Ethik* stellt Thomas klar, dass dies nicht in dem Sinn zu verstehen ist, dass etwas gut ist, weil es erstrebt wird, sondern vielmehr umgekehrt: etwas wird erstrebt, weil es gut ist. Das Gute zeigt sich aus der Perspektive des aktuellen Strebens als erstrebenswert bzw. anziehend, und indem es erstrebenswert ist, erklärt es das aktuelle Streben, nicht umgekehrt. So können wir sagen – und dies ist für unser Thema von zentraler Bedeutung –, dass jede Form von Verlangen in den Dingen, insbesondere der menschliche Wille, auf den bezogen sich das Gute in seinem universalen Charakter offenbart, Antwort ist auf die dem Guten eigene Art von Kausalität: die Kausalität des Zieles. Der Wille aber ist insoweit in der Lage, etwas zu wollen, als er unter dem Einfluss des Guten steht. Und im Falle des Willens als rationalem Verlangen ist sich das wollende Subjekt dieses ‚Einflusses' des Guten bewusst und nimmt ihn als mit Absicht intendiertes Motiv seiner Handlung.

Warum aber ist das Gute, wie es Thomas denkt, eine Seinsweise? Worin besteht die Verbindung zwischen „dem Guten" und „dem Sein"? Das überzeugendste Argument, welches die erkennbare Verbindung zwischen diesen beiden aufzeigt, findet sich in der *Summa theologiae*. Thomas argumentiert hier, dass der Charakter der Erstrebenswürdigkeit in der Idee der Vollkommenheit gründet, da alle Dinge ihre eigene Vollkommenheit anstreben. Mit anderen Worten: Jedes Seiende strebt in allem, was es auch immer anstrebt, danach, vollkommen zu sein. Die Idee der Vollkommenheit verbindet nun das Gute mit dem Sein, da das Sein dasjenige ist, was die Vollkommenheit eines Seienden formal konstituiert. Was ein Seiendes in jeder Vollkommenheit, die es anstrebt, formal erstrebt, ist das größtmögliche „Im-Akt-Sein" der erstrebten Vollkommenheit; und Aktualität der dem Sein entsprechenden *ratio*.[3]

---

3   Siehe Thomas' Argument in *Summa theologiae* I, q. 5, a. 1, wo er die *ratio* des „Guten" über den Begriff der Vollkommenheit auf die dem „Sein" eigene *ratio* zurückführt, welche die Aktualität ist. Zur Analyse des Arguments siehe meinen Artikel „The concept of the Good according to Thomas Aquinas", in: WOUTER GORIS (Hg.), *Die Metaphysik und das Gute. Aufsätze zu ihrem Verhältnis in Antike und Mittelalter. Jan A. Aertsen zu Ehren*, Leuven 1999.

Im grundlegenden Text über die Transzendentalien, dem ersten Artikel von *De veritate* 1, präsentiert Thomas etwas, das ausschaut wie eine logische Ableitung der Transzendentalien aus dem ersten Begriff des Seins. Die hier von Thomas gestellte Frage könnte man auch so formulieren: Wie kann man sich erklären, dass das Wahre und die anderen Transzendentalien, unter ihnen das Gute, allgemeine Weisen des Seins sind und somit aus dem Sein folgen? Die Transzendentalien sind allgemeine Seinsweisen, die zu jedem Sein dazugehören, im Gegensatz zu den speziellen Seinsweisen, den Kategorien, wie z. B. Substanz und Qualität. Der Ausgangspunkt der Ableitung liegt im Begriff des Seins, dem ersten Verstandesbegriff *(primum quod cadit in intellectu est ens)*. Von diesem ersten Begriff können wir nun andere Begriffe ableiten, insofern als diese anderen Begriffe etwas ausdrücken, das nicht bereits durch den Begriff „Sein" selbst ausgedrückt ist. Die verschiedenen Seinsweisen stellen also, wie Thomas erklärt, verschiedene Möglichkeiten dar, Sein auszudrücken, entweder in sich selbst oder in Bezug auf etwas anderes. Zum Beispiel kann Sein in sich selbst ausgedrückt werden durch den Begriff „Einssein", denn „Einssein" bedeutet Sein als in sich selbst ungeteilt; „Einssein" fügt dem Sein die Negation von Geteiltheit hinzu.

Für unsere Fragestellung sind speziell die relativen Transzendentalien von Interesse, das Wahre und das Gute. Sein kann, gemäß einem allgemeinen Modus, der aus jedem Sein folgt, in Bezug auf etwas anderes ausgedrückt werden. Dies kann geschehen, wenn Sein verstanden werden kann als mit etwas anderem in einer Relation der Gleichförmigkeit zu stehen; dies ist nur möglich, wenn es etwas gibt, das in seiner Natur universal ist und geeignet, mit allen Dingen übereinzukommen. Dies trifft zu auf die Seele, die nach einem berühmten Wort von Aristoteles „in einem gewissen Sinne alles Seiende" ist, *quodammodo omnia*.[4] Dies ist die klassische Formulierung, die das ausdrückt, was gemeinhin die „transzendentale Offenheit" der Seele genannt wird. Die Kraft der Seele erstreckt sich

---

4 De ver. q. 1, a. 1: „*Si autem modus entis accipiatur secundo modo, scilicet secundum ordinem unius ad alterum, hoc potest esse dupliciter* [...]. *Alio modo secundum convenientiam unius entis ad aliud; et hoc quidem non potest esse nisi accipiatur aliquid quod natum sit convenire cum omni ente. Hoc autem est anima, quae quodammodo est omnia, sicut dicitur in III De anima.*" Vgl. ARISTOTELES, *De anima* III, c.8, 431b21.

über schlechthin alles, über jedes Seiende. Die Seele begreift nun in sich sowohl Wissen als auch Wollen, sie ist Sitz sowohl einer kognitiven als auch einer appetitiven Kraft, Intellekt und Wille. Das Übereinkommen *(convenientia)* des Seins mit dem Willen wird durch den Begriff des Guten ausgedrückt, während unter dem Begriff des Wahren sein Übereinkommen mit dem Intellekt verstanden wird.[5]

Was uns hier insbesondere interessiert ist der Begriff des menschlichen Willens als Teil der Seele in ihrer transzendentalen Offenheit. Es wird gezeigt, dass das Gute eine allgemeine Seinsweise ist, und das ist der Fall, weil Sein in Bezug auf etwas anderes ausgesagt werden kann, nämlich die appetitive Kraft der Seele, und indem es mit der appetitiven Kraft übereinkommt, versteht sich jedes Sein als gut. Diese Gedankenführung ist sicherlich nicht leicht zu verstehen. Thomas will nicht sagen, dass das Gutsein der Dinge in irgendeiner Weise abhängig ist von der Tatsache, dass sie Objekte des menschlichen Willens sind, so als ob die Dinge bloß aus der Perspektive unseres Wollens und Strebens als gut oder schlecht gelten würden. Dies ist nicht, was Thomas meint. Das Gute ist eine innere Qualität jedes Seienden, allein aufgrund seines Seins; es ist eine transzendentale Qualität. Insofern ein Seiendes ist, ist es also gut, wenngleich nicht in jedem Falle gut für uns bzw. gut aus äußerer Sicht. Dass etwa ein bestimmter Baum ein guter Baum ist, kann man nicht bloß in dem ausgeprägten Sinn sagen, dass der Baum wohl gedeiht, sondern selbst noch in dem minimalen Sinn, dass er ein Baum ist und ein Seiendes, und somit etwas, das in sich selbst die notwendigen Bedingungen für das erfüllt, was es ist, ein Baum zu sein. Es ist ein Baum, hat die Natur eines Baumes, und als ein solcher erweist es sich als etwas Gutes; es will der Baum sein, der es ist. Transzendentale Güte bedeutet, dass jedem Seienden allein aufgrund seines bloßen Seins in elementarer Weise die Qualität des Guten zu eigen ist; jedes Seiende existiert und ist auf sich selbst bezogen in dem Sinn, dass es sich selbst als etwas Gutes erweist und will.

---

5 Ebd.: „*In anima autem est vis cognitiva et appetitiva. Convenientiam ergo entis ad appetitum exprimit hoc nomen bonum, ut in principio Ethic. dicitur*: bonum est quod omnia appetunt. *Convenientiam vero entis ad intellectum exprimit hoc nomen verum.*"

Die Tatsache, dass das Gute eine relative Seinsweise darstellt – insofern nämlich das Sein in seiner Relation zum Willen begriffen ist –, bedeutet nicht, dass das Gute als Eigenschaft von der kontingenten Existenz einer menschlichen Seele abhängt. Es bedeutet vielmehr, dass Sein ausschließlich innerhalb des transzendentalen Raumes der Seele (im Sinne einer vernunftbegabten Natur) als wahr und gut verstanden werden kann. Die Relation zwischen dem Guten und dem Wahren ist ihrerseits transzendental; sie stellt die zwei Seiten der transzendentalen Relation der Identität bzw. Konformität zwischen Denken und Sein dar.

Die Seele (der Intellekt) begreift in sich, in gewissem Sinn, das Ganze des Seienden, worin sich daher die verschiedenen transzendentalen Aspekte des Seins in einer bestimmten Anordnung zeigen. Dies wird im folgenden Text sehr schön dargelegt:

> „Der Intellekt erfasst zuerst das Seiende selbst; dann erfasst er, dass er das Seiende versteht, und als Drittes, dass er das Seiende begehrt. Daher steht der Begriff des Seins an erster Stelle, der Begriff des Wahren an zweiter und der Begriff des Guten an dritter Stelle – auch wenn das Gute in den Dingen existiert."[6]

Dieser Text beschreibt eine kreisförmige Bewegung zwischen der geistigen Seele und der Wirklichkeit. Der Intellekt erfasst sein Objekt zuerst als seiend, dann begreift er denkend seine Beziehung zu diesem Objekt, und schließlich begreift er seine Bewegung auf dieses Objekt hin als etwas Gutes. So zeigen sich die drei höchsten Transzendentalien innerhalb des transzendentalen Raumes der Seele, der in einer gewissen Weise das Ganze der Wirklichkeit umfasst.

Der menschliche Wille entfaltet seine Tätigkeit vor dem Horizont des universalen Guten. Das heißt nicht, dass das universale Gute identisch ist mit dem menschlich Guten *(bonum humanum)*, also dem Guten als dem der menschlichen Natur Angemessenen. Aber aufgrund seiner universalen Dimension ist der menschliche Wille bezogen auf jedes mögliche Objekt im Hinblick auf das uni-

---

6   Summa theologiae I, q. 16, a. 4: „[...] Intellectus autem per prius apprehendit ipsum ens; et secundario apprehendit se intelligere ens; et tertio apprehendit se appetere ens. Unde primo est ratio entis, secundo ratio veri, tertio ratio boni, licet bonum sit in rebus"; hier in Anlehnung an die englische Übersetzung des Autors wiedergegeben.

versale Gute, das *bonum universale*, und kann daher im Licht des universalen Guten objektiv beurteilen, was gut ist im Hinblick auf die menschliche Natur.

3. Die Unendlichkeit der Seele

In diesem Abschnitt werden wir unsere Untersuchung über die Freiheit und die transzendentale Offenheit der Seele aus der Perspektive der praktischen Vernunft fortsetzen. Wir werden Thomas in seinen Überlegungen zur menschlichen Freiheit folgen, die er in dem wichtigen Text des 6. Artikels von *Über die Tugenden im Allgemeinen* entwickelt, welcher der Tugend des praktischen Intellekts gewidmet ist.[7] Hier, im Kontext der menschlichen Lebenspraxis, begegnen wir der unausweichlichen Realität der Freiheit, die bereits impliziert ist, wenn wir uns selbst die Frage stellen: „Was ist das Gute, das zu tun ist im Blick auf das Ziel unserer Handlungen?" Indem wir diese Art von Fragen stellen, sind wir in ein moralisches Gespräch mit uns selbst involviert, einen Akt der praktischen Vernunft, im Speziellen der Tugend der Klugheit *(prudentia)*. Das Ergebnis dieses Gesprächs ist freilich nicht immer und notwendigerweise das „beste Ding", aber zumindest ist es das, was wir, als mit Vernunft und freiem Willen begabte menschliche Akteure, in Abwägung der motivierenden Gründe zu tun entschieden haben. Die Normativität der praktischen Vernunft ist hier unverkennbar am Werk.

Wir wollen nun sehen, wie beim menschlichen Handeln die praktische Vernunft ins Spiel kommt und an welcher Stelle sie ihre Rolle der Überlegung und Beurteilung übernimmt. Wie zuvor gesagt, ist die Seele im Hinblick auf ihre Strebenskraft, d. h. ihren Willen, charakterisiert durch eine Offenheit für das universale Gute, das *bonum universale*. Was auch immer sie begehrt, wird notwendigerweise begehrt im Hinblick auf das Gute, weil als das Gute der Grund benannt wird, warum eine Sache wünschenswert oder begehrenswert ist, und somit überhaupt erst fähig wird, gewollt zu werden.

---

7 *De virtutibus in communi* q. un., a. 6 *(utrum in intellectu practico sit virtus sicut in subiecto?)*.

Das Wirken des Willens ist also nur möglich vor dem Horizont des Guten. Aber der Wille ist Teil des menschlichen Wesens. Mein Wille ist von Natur aus auf das Gute gerichtet, aber stets als das an die menschliche Natur angepasste Gute, somit das für mich richtige Gute, insofern es meiner Natur entspricht. Dieses menschlich Gute nun, sagt Thomas, ist *multiplex*, d. h. es hat in sich keinen feststehenden und determinierten Charakter; und daher kann der Wille nicht sozusagen durch die Natur „programmiert" sein (durch natürlichen Instinkt), sodass der Mensch das Gute – unfehlbar und automatisch – unter der richtigen Spezifikation will: dass es gut *für ihn* ist. Angesichts der großen Vielfalt dessen, was gut für den Menschen ist, reicht die natürliche Neigung des Willens nicht aus, um den Menschen zu veranlassen, gemäß jeweils aller Bedingungen hinsichtlich Personen, Zeiten, Orten etc. zu handeln und das entsprechend Gute zu verfolgen. Das Gute muss näherhin bestimmt werden nach Maßgabe der Vernunft, die nach ihrer Überlegung entscheidet, was der jeweils vernünftige und richtige Gang der Handlung ist. Was soll ich tun? Es gibt in mir nichts – etwa im Sinne einer Art von natürlichem Urteilsvermögen –, das mir spontan sagt, was ich tun soll, da das Gute, das ich natürlicherweise will (das größtmögliche Glück), zu allgemein ist und spezifiziert werden muss gemäß den Bedingungen, durch die es zu einem *für mich* Guten wird. Aufgabe der praktischen Vernunft ist somit, das Gute zu bestimmen, das jeweils hier und jetzt zu tun ist. Praktische Vernunft überlegt, was in einer gegebenen Situation, mit unseren jeweils gegebenen Zielen und Handlungsmöglichkeiten, am besten zu tun ist.

Diese Rolle der Vernunft bei der Bestimmung des Guten im Kontext menschlichen Handelns ist ein wichtiges Indiz für die Freiheit im spezifisch menschlichen Sinn. Freiheit ist eine wesentliche Bedingung dessen, wie die praktische Vernunft des Menschen funktioniert: überlegen, vergleichen und schließlich bestimmen, was sie für die beste Handlungsoption hält.[8] Die Vernunft bestimmt das jeweils Gute in Anbetracht aller Bedingungen, durch die es zu einem *für mich* Guten wird, in diesem spezifischen Handlungs-Kon-

---

8   Ebd.: „*[...] oportuit in homine per rationem, cuius est inter diversa conferre, invenire et diiudicare proprium bonum, secundum omnes conditiones determinatum, prout est nunc et hic quaerendum.*"

text. Dieser Sinn von Freiheit, das freie Selbst der Vernunft, gründet in der Tatsache, dass „Natur" in uns kein ausreichendes Handlungsprinzip mehr ist. Wenn die Natur – in der zweifachen Form natürlichen Verlangens und natürlichen Urteilens – uns nicht genau sagt, was wir hier und jetzt zu tun haben und wie wir im Einklang mit den Ansprüchen des menschlich Guten leben sollen, dann muss die Vernunft – unser „freies und reflektierendes Selbst" – die Rolle des bestimmenden Handlungsprinzips übernehmen. Während die Natur als Handlungsprinzip auf jeweils eine Option hin determiniert ist, ist die Vernunft auf verschiedene alternative Möglichkeiten hin offen und muss daher sich selbst bestimmen.[9]

Thomas entwirft einen Vergleichs-Kontrast zwischen der Rolle der praktischen Vernunft im menschlichen Leben und der Rolle des natürlichen Instinkts im tierischen Verhalten. Im Falle des Tierlebens ist es der natürliche Instinkt, der dem einzelnen Tier sagt, wie es handeln und wonach es streben soll, um das jeweils Gute für sich selbst zu verwirklichen. Thomas versteht den tierischen Instinkt als eine Art natürlicher Urteilskraft. Tiere weisen mehr oder weniger feststehende Verhaltensmuster auf, jeweils typisch für ihre Spezies und angepasst an das Gute im Hinblick auf ihre spezifische Lebensform. Es ist ihre Natur, die sie dazu bringt, in einer ihrer natürlichen Lebensform entsprechenden Weise zu handeln. Beispielsweise ist es ihr natürlicher Instinkt, der alle Schwalben dazu veranlasst, ein Nest nach derselben gleichförmigen Art zu bauen, und alle Spinnen, ein Netz nach derselben Art zu spinnen.[10] Die Natur sagt ihnen, wie sie ihre Nester oder ihr Netz zu bauen haben. Eine Schwalbe überlegt nicht, wie sie ihr Nest diesmal bauen könnte oder was in ihrer persönlichen Situation wohl die beste Lösung für den Bau eines Nestes wäre. Das Gut eines Nestes oder anderer für das Leben notwendiger Dinge kann für alle Schwalben denselben, einheitlichen Charakter haben aufgrund des, wie Thomas sagt, begrenzten Spielraumes ihrer instinktiven Handlungen.

Der Mensch indessen betreibt viele und unterschiedliche Aktivitäten, was auf der Vornehmheit seines Wirkprinzips beruht, der

---

9 Ebd.: „[...] naturalis virtus est determinata ad unum, virtus autem rationalis ad multa se habet."
10 Ebd.: „Et ex hoc naturali iudicio et naturali appetitu provenit quod omnis hirundo uniformiter facit nidum, et quod omnis aranea uniformiter facit telam; et sic est in omnibus aliis brutis considerare."

Seele, deren Wirkkraft sich auf eine gewisse Unendlichkeit oder auch auf eine unendliche Vielzahl von Objekten erstreckt.[11] Das hier von Thomas Gesagte steht in Verbindung mit der These von der transzendentalen Offenheit der Seele. Die menschliche Seele, hier namentlich ihre Wirkkraft, erstreckt sich auf eine gewisse Unendlichkeit *(ad infinita)*, d. h. sie ist nicht beschränkt auf ein feststehendes Repertoire von Handlungen; es gibt eine gewisse Endlosigkeit hinsichtlich der Weise, wie Menschen ihrem Leben Gestalt verleihen können, beschließen, bestimmte Dinge zu tun und eine kulturelle Lebensform entwickeln. Diese Endlosigkeit möglicher Alternativen, Entscheidungen zu treffen, etwas auf diese oder jene Art zu tun etc., erscheint vor dem Horizont des universalen Guten. Jede einzelne Handlung muss mit dem universalen Horizont des Guten vermittelt werden; und dieser Vermittlungsprozess ist das Werk der Vernunftüberlegung. Anders ausgedrückt: Im Licht dieses universalen Guten gibt es endlos viele mögliche Objekte, welchen der Wert des Guten zukommen kann, und zwar immer relativ und in einem besonderen Sinn, und die Tatsache dieser endlosen Vielfalt möglicher Objekte, die in der einen oder anderen Weise zum Guten – bezogen auf das menschliche Leben – beitragen, bedeutet, dass die natürliche Ausrichtung des Menschen auf das Gute nicht ausreicht, ihn zum richtigen Handeln zu befähigen. Menschen mögen zwar ein natürliches Verlangen nach Essen haben, aber dieses natürliche Verlangen sagt ihnen nicht, welche Art der Ernährung für sie gut ist und wie die soziale Aktivität des gemeinsamen Essens arrangiert werden soll, mit welcher Art von Regeln und Ritualen. In Anbetracht dieser Art von „Unendlichkeit" reicht die Natur nicht aus, menschliches Handeln in allen Einzelheiten zu bestimmen.

Im menschlichen Leben tritt die Natur als bestimmendes Prinzip des Handelns sozusagen zurück, und anstelle der Natur muss die Vernunft die Aufgabe erfüllen, das für den Menschen Gute in freier und reflektierender Weise zu bestimmen. Dies erinnert an den deutschen Philosophen und Soziologen Arnold Gehlen (1904–1976), der den Begriff der „Instinktarmut" einführte; aufgrund der relativ mangelhaften Spezialisation und der Schwäche seines natür-

---

11 Ebd.: „*Homo autem est multarum operationum et diversarum; et hoc propter nobilitatem sui principii activi, scilicet animae, cuius virtus ad infinita quodammodo se extendit.*"

lichen Instinkts, hat der Mensch nicht wie andere Lebewesen eine „Umwelt" im Sinne einer natürlichen, an die spezifischen Bedürfnisse eines lebenden Organismus angepassten Umgebung, sondern vielmehr eine „Welt" mit offenenem Horizont.[12]

Damit soll jedoch nicht gesagt sein, dass die natürliche Dimension in der freien und vernünftigen Weise menschlichen Handelns völlig verschwindet; es gibt gleichwohl eine natürliche Urteilskraft der praktischen Vernunft und ein natürliches Verlangen des Willens, nach dem für sich selbst Guten zu streben. Beispielsweise setzt das menschliche Streben danach, ein Haus zu bauen, und die Notwendigkeit des Nachdenkens darüber, *wie* ein Haus zu bauen sei, das natürliche Verlangen zu leben und gut zu leben voraus, den Wunsch nach einem guten und erfüllten menschlichen Leben. Hierbei geht es nicht um eine beliebige Auswahl, sondern vielmehr um das, was wir *sind:* rationale Wesen, die das für sie Gute in einer kulturellen und moralischen Lebensform verwirklichen. Die menschliche Form des Lebens, in ihrer ganzen historischen Mannigfaltigkeit, basiert auf etwas, das wir als Weltoffenheit bezeichnen können: keine feststehende und einheitliche Lebensweise, sondern offen für die unzählbar vielfältigen Arten und Differenzierungen, nach denen das für den Menschen Gute zu verwirklichen ist. Aus dieser Perspektive betrachtet, besteht Freiheit in der Fähigkeit der Vernunft, eine Unendlichkeit an Möglichkeiten, die vor dem offenen Horizont des universalen Guten erscheinen, zu bewältigen.

4. Eine Variante auf das Paradoxon von Buridans Esel

Wenn Vernunft die Kraft ist, nach entsprechender Überlegung zu bestimmen, was am besten zu tun ist, so folgt der Wille der Vernunft und macht dieses Beste zu seiner Wahl. Dies nennt Thomas die *electio* des Willens, den Akt der Auswahl.[13] Meine Wahlfreiheit betrifft die unterschiedlichen Optionen, die in den verfügbaren Mitteln hinsichtlich des Zieles bestehen. Nehmen wir beispielswei-

---

12   Arnold Gehlen ist insbesondere bekannt durch sein Buch *Der Mensch* (1940).
13   Zum Begriff der *electio* siehe *Summa theologiae* I-II, q. 13. Eine gute Analyse der komplexen Interaktion zwischen Intellekt und Wille sowie über den Stellenwert der *electio* in dieser Interaktion findet sich in Eleonore Stumps *Aquinas* (Routledge 2003), 278ff.

se das Gut der Gesundheit als Ziel an, als solches ein Objekt des Willens, dann stehen verschiedene Mittel zur Auswahl, um das gewünschte Ziel, die Gesundheit, zu erreichen. Bei gesundheitlichen Problemen kann ich zum Arzt gehen, um seinen Rat einzuholen, ich kann ein Medikament nehmen, oder ich kann sogar entscheiden, einfach gar nichts zu tun, weil mich die Erfahrung gelehrt hat, dass dies wahrscheinlich das Klügste ist, was man machen kann, wenn man krank ist. Die Auswahl ist ein Akt des Willens, aber dieser wirkt mit der praktischen Vernunft zusammen. Der Akt der Auswahl ist nicht irrational; der Wille als ein rationales Streben braucht Gründe für seine Auswahl und wählt das Gute, das jeweils zu tun ist, nach Überlegung und Urteil der Vernunft.

Dies stellt uns allerdings vor ein ernstes Problem. Wenn die Vernunft infolge ihrer Überlegung bestimmt, was am besten zu tun ist, ist der Wille dann noch immer frei, auch eine andere Option auszuwählen oder muss der Wille notwendig dem Diktat der Vernunft folgen, unfähig, anders zu entscheiden? In diesem Fall ist die Wahlfreiheit bedingt und hängt davon ab, was die Vernunft als die beste Option bestimmt. Wenn für die Bestimmung des Guten die Vernunft zuständig ist, stellt sich die Frage, ob es für so etwas wie die freie Wahl des Willens überhaupt noch Platz gibt.

Es gibt in der Philosophie ein berühmtes, klassisches Argument, welches die Freiheit der Wahl zu untergraben scheint. Dieses Argument ist bekannt unter dem Namen *Buridans Esel:* Es bezieht sich auf eine Situation, in der sich ein hungriger Esel exakt in der Mitte zwischen zwei gleichen Heuhaufen befindet. Beide Haufen sind von gleich großer Güte, beide sind gleichermaßen attraktiv, sodass eine rationale Entscheidung für den einen und gegen den andern nicht möglich ist. Es ist nicht möglich, eine rationale Wahl zu treffen, deshalb wird der Esel verhungern.[14]

---

14 Das Paradox ist benannt nach dem Philosophen Buridan aus dem 14. Jahrhundert, aber das Gleichnis findet sich nicht in seinen Werken. Der Gedanke wurde bereits vor ihm von Philosophen diskutiert, insbesondere von Aristoteles, der sich des Beispiels eines in gleichem Maße hungrigen und durstigen Menschen bediente, um die Idee (von Platon?) zu kritisieren, dass die Erde an ihrem Ort bleibt, weil die Kräfte, die auf sie wirken, in alle Richtungen gleich sein müssen: „[...] ein Mensch, ebenso hungrig wie durstig, der sich zwischen Speise und Trank befindet, muss notwendig dort bleiben, wo er ist und verhungern." (Über den Himmel 295b).

Bei einer Diskussion der Frage, ob der Mensch frei entscheidet oder aus Notwendigkeit, führt Thomas ein ähnliches Argument an. Das Argument ist ein wenig angepasst, insofern in der neuen Version der eine Heuhaufen größer und attraktiver beschaffen ist als der andere. Nun kann der Esel seine Wahl treffen; ohne jeden Zweifel geht er zum größten Heuhaufen, und er wird zufrieden sein. Kann man hier aber von einer freien Wahl sprechen? Oder sollte man vielmehr sagen, dass der Wille notwendig die bessere Option wählt, das heißt die Option, welche mehr an Qualität verkörpert als die andere Option? Scheinbar wählt ein rationaler Wille notwendig die beste Option aus einer Reihe von Alternativen, weil dies die rationale Weise zu handeln ist. Die Vernunft lässt den Willen ohne Alternative.[15]

Thomas' Antwort auf diesen Einwand ist wichtig, denn sie zeigt, dass menschliche Freiheit nicht so sehr eine Sache rationaler Kalkulation ist, sondern vielmehr von weiser Entscheidungsfindung, bei der es nicht eine einzige Lösung gibt. Das Problem des Einwands besteht darin, dass in der konkreten Praxis menschlichen Lebens nicht immer klar ist, was die beste Alternative ist. Jede Alternative verkörpert einen begrenzten Wert; sie ist etwas Gutes von einem bestimmten Standpunkt aus gesehen, aber nicht gut aus Sicht eines anderen Standpunkts. Die Objekte der Wahl sind besondere Güter, und besondere Güter sind niemals in jeder möglichen Hinsicht gut. Was in jeder möglichen Hinsicht gut ist, also gut im universalen Sinne, ist ein Angebot, das man nicht ablehnen kann; es befriedigt den Willen vollständig und ruft keinerlei Widerspruch hervor. Im Fall eines besonderen Gutes aber kann die Vernunft die Möglichkeit der Handlung beschreiben unter Hervorhebung der positiven Aspekte, somit als etwas insgesamt Attraktives, oder sie kann es so beschreiben, dass sie den negativen Aspekten mehr Beachtung schenkt, den Nachteilen dieser Alternative; letztendlich könnte es nicht gut sein, dies zu tun aufgrund zu erwartender nega-

---

15 *Summa theologiae* I-II, q. 13, a. 6, obj.3: „*si aliqua duo sunt penitus aequalia, non magis movetur homo ad unum quam ad aliud: sicut famelicus, si habet cibum aequaliter appetibilem in diversis partibus, et secundum aequalem distantiam, non magis movetur ad unum quam ad alterum, ut Plato dixit, assignans rationem quietis terrae in medio, sicut dicitur in II De Caelo. Sed multo minus potest eligi quod accipitur ut minus, quam quod accipitur ut aequale. Ergo si proponantur duo vel plura, inter quae unum maius appareat, impossibile est aliquod aliorum eligere. Ergo ex necessitate eligitur illud quod eminentius apparet. Sed omnis electio est de omni eo quod videtur aliquo modo melius. Ergo omnis electio est ex necessitate*".

tiver Auswirkungen oder weil es etwas Gutes ausschließt, das man wirklich will. So ist es eine Sache der Überlegung, des Vergleichs der Optionen miteinander, des Nachdenkens darüber, was man für wirklich wichtig und was man für weniger wichtig erachtet. Anders als die Anwendung einer Art Algorithmus, eines Satzes von Entscheidungsregeln, die notwendig zum optimalen Ergebnis führt, ist es eine Sache der „Politik", des Treffens von Entscheidungen, die nicht jeden in jeder Hinsicht zufrieden stellen werden. Menschliche Überlegung und Entscheidung erfolgen vor dem Horizont des universalen Guten. Im Licht des universalen Guten als dem formalen Objekt des Willens erscheinen die verschiedenen Güter der praktischen Vernunft als besondere Güter, erstrebenswert nach der einen Beschreibung, weniger erstrebenswert nach einer anderen Beschreibung. Wichtig ist hier, dass die Vernunft ein bestimmtes, besonderes Gut dem Willen auf verschiedene Weise präsentieren kann; sie kann zeigen, wie dieses besondere Gut tatsächlich verbunden ist mit dem letzten Ziel menschlichen Lebens, das der Wille notwendig anstrebt bzw. zu diesem hinführt; im Lichte dieser Verbindung wird ein besonderes Gut für den Willen erstrebenswert um des Zieles willen. Die Vernunft kann aber auch zeigen, wie dieses besondere Gut ein anderes Gut ausschließt. Es ist daher eine Sache der Vernunftüberlegung mit Rücksicht auf die verschiedenen Optionen als Mittel zum Ziel und des folgenden Aktes des Willens, der sich dazu bewegt, diese Option als zu dem Ziel führend zu wollen, aber nicht notwendigerweise so, als ob das Ziel nur durch das Wollen dieses Mittels gewollt werden könnte.

5. Die Selbst-Bewegung des Willens

Bei der Suche nach dem genauen Stellenwert der Freiheit im Rahmen von Thomas' Konzeption der Grundlagen menschlichen Handelns erscheint Freiheit in einem zweifachen Fokus, insofern sie zum einen Teil in der Vernunft angesiedelt ist, die das Gute als Objekt des Willens näherhin zu bestimmen hat, und zum anderen Teil im Willen selbst, der die Fähigkeit hat, sich selbst frei zu vollziehen im Hinblick auf das durch die Vernunft vorgestellte Gute. Freiheit ist also nicht bloß eine Angelegenheit der praktischen Vernunft, ein

Überlegen und Bestimmen des Guten, das dem Willen dann vorgelegt wird; auch der Wille seinerseits bewegt sich selbst im Hinblick auf den Vollzug der Handlung.[16]

Diese Selbst-Bewegung des Willens möchte ich untersuchen mit Rücksicht auf die Offenheit des Willens für das universale Gute. Thomas zufolge ist die Selbst-Bewegung des Willens nicht unbedingt und absolut; der Wille ist nicht in einem absoluten Sinn *causa sui*, d. h. spontane Bewegung aus dem Innern. Um sich selbst bewegen zu können, muss der Wille aktiv sein; in Thomas' Sichtweise aber ist der Wille nicht als solcher und immer aktiv, bereit zu wollen, was immer er will, wie es der Fall ist bei Spinozas *Conatus* oder bei Schopenhauers *Wille*. Der *Conatus* beispielsweise ist eine aktive Kraft, die mit dem wirklichen Wesen einer Sache zusammenfällt, durch die jedes Seiende danach strebt, in seinem Sein zu beharren; er muss nicht zuerst durch ein anderes Prinzip aktualisiert werden, er ist eine aktive Kraft, die ihren Weg geht. Für Thomas hingegen ist Selbst-Bewegung des Willens in dem Sinn zu verstehen, dass sich der Wille soweit bewegt, dass er durch das Wollen eines Zieles sich selbst dazu bringt, die Mittel zu diesem Ziel zu wollen. Er bewegt sich selbst dazu, etwas zu wollen im Hinblick auf etwas anderes, das er bereits tatsächlich will. Wenn zum Beispiel jemand gesund werden will, beginnt er darüber nachzudenken, wie dieses Ziel zu erreichen ist, und durch diese Überlegung gelangt er zu dem Schluss, dass er durch einen Arzt geheilt werden kann, und dann will er dies als Mittel zu einem Ziel. Er entscheidet sich für die Konsultation des Arztes als etwas, dessen Erstrebenswürdigkeit bzw. dessen Güte sich herleitet von dem um seiner selbst willen erstrebten Ziel der Gesundheit.

Angesichts der Tatsache, dass dieser Prozess der Überlegung über die Mittel und der Selbst-Bewegung des Willens zum Wollen der Mittel notwendig ein vorgängiges Ziel voraussetzt und letztendlich ein Ziel, welches nicht seinerseits durch den sich selbst bewegenden Willen ausgewählt wurde, muss es eine erste Bewegung geben, durch die der Wille als solcher in Aktion versetzt wird. Es gibt im letzten Innern des Willens eine fundamentale Passivität

---

16 Siehe in diesem Zusammenhang den berühmten Artikel *De malo*, a. 6, über die Entscheidungsfreiheit.

in dem Sinn, dass er ein „bewegter Selbst-Beweger" ist. Der Wille hat, nach Thomas' Meinung, die Fähigkeit, sich selbst zu bewegen nur insofern, als er auf einer fundamentaleren Ebene durch ein äußeres Prinzip bewegt wird. Der Wille wird erst in Bewegung versetzt sozusagen durch den Impuls eines äußeren Bewegers *(ex instinctu alicuius exterioris moventis)*. Thomas bezieht sich hierbei auf eine berühmte Passage in der *Eudemischen Ethik*,[17] wo Aristoteles argumentiert, dass es notwendig ist, einen Anfangspunkt aller Vernunft-Überlegung in der Seele vorauszusetzen; ein solcher Anfangspunkt, sagt er, sowohl im Universum als einem Ganzen als auch in der Seele, muss Gott sein. „*Denn in gewissem Sinn bewegt das göttliche Element alles in uns.*"

Für Thomas ist dies von fundamentaler Bedeutung. Gott bewegt den Willen in dem Sinn, dass er ihn befähigt, sich selbst zu bewegen. Die Selbst-Bewegung des Willens ist nicht unbedingt. Der Wille muss einen Impuls erhalten, durch den er zu einem ersten Akt bewegt wird, und erst dann, dadurch, dass er *im Akt* ist, kann er sich selbst bewegen infolge von Überlegung und Entscheidung. Für Thomas geht dieser erste Impuls von Gott aus. Dies wirft eine schwierige Frage auf. Wie kann Freiheit, die freie Bewegung des Willens, die aus dem Innern hervorgeht, in Einklang gebracht werden mit einem Impuls von außen, selbst wenn dieser Impuls von Gott kommt? Wenn Freiheit wesenhaft in einer freien Bewegung des Willens aus dem Innern besteht, wie soll das dann kompatibel sein mit einem determinierenden Einfluss durch ein äußeres Prinzip? Solch ein Einfluss von außen wird häufig in Zusammenhang gebracht mit Zufall und Schicksal: Der Wille als Prinzip menschlicher Handlung wird dann nämlich in einer Weise bewegt, die seiner eigenen Kon-

---

17   Siehe *Summa theologiae* I-II, q. 9, a. 4: „*Unde necesse est ponere quod in primum motum voluntatis voluntas prodeat ex instinctu alicuius exterioris moventis, ut Aristoteles concludit in quoddam capitulo* Ethicae Eudemicae." Man beachte, dass Thomas diesen „äußeren Beweger" noch nicht als Gott bestimmt; in Artikel 5 diskutiert und verwirft er die Möglichkeit, dass der menschliche Wille letzten Endes von einem kosmischen Beweger abhängt. Nur in Artikel 6 identifiziert er den äußeren Beweger des Willens mit Gott. Die Passage in der *Eudemischen Ethik* über die göttliche Inspiration war Thomas bekannt als ein Teil der Abhandlung *Liber de Bona Fortuna*, die Wilhelm von Moerbeke um 1270 übersetzt und ihm übermittelt hat. Siehe VALÉRIE CORDONIER, CARLOS STEEL, *Guillaume de Moerbeke Traducteur du* Liber de bona fortuna *et de l'Éthique à Eudème*, in: AAFKE M. I. VAN OPPENRAAY, RESIANNE FONTAINE (Hg.), *The Letter before the Spirit: The Importance of Text Editions for the Study of the Reception of Aristotle*, Leiden 2012.

trolle entzogen ist; er erfährt einen Einfluss von außen, welcher dem Willen in gewisser Weise zustößt, und zwar als *meinem* Willen. So scheint mein Wille nicht mehr länger *mein* Wille zu sein.

Solch ein äußerer Einfluss, wie ihn Thomas diskutiert und zurückweist, kann veranschaulicht werden durch die Sterne am Himmel. Manche Leute glauben, dass unser Schicksal sozusagen in den Sternen geschrieben steht. Die Weise, wie wir unser Leben verbringen, wäre dann abhängig von kosmischen Kräften, die irgendwie den Willen beeinflussen und seine Entscheidungen bestimmen. Für Thomas ist es indessen undenkbar, dass diese Himmelskörper, ein Teil des materiellen Universums, einen direkten Einfluss auf den menschlichen Willen ausüben, weil der menschliche Wille eine immaterielle Kraft ist und als eine solche immun gegenüber materiellen Kräften. Wenn aber ein äußerer Einfluss durch die Himmelskörper nicht annehmbar ist, so fragen wir uns immer noch: Wie kann dann der äußere Beweger, welcher Gott ist, die notwendige Bedingung der Möglichkeit menschlicher Freiheit sein? Mit anderen Worten: Wie ist die Aussage des heiligen Paulus im Brief an die Philipper (2,13) zu verstehen, der gemäß *„Gott es ist, der in uns wirkt, zu wollen und zu vollbringen"*?[18]

Für Thomas ist klar, dass nichts anderes die äußere Ursache des Willens sein kann als Gott.[19] Nun ist Gott in einem zweifachen Sinn die Ursache des Willens. Erstens als Schöpfer; der Wille ist eine Kraft der vernunftbegabten Seele, die allein von Gott durch die Schöpfung verursacht wird. Das bedeutet, dass der Wille des Menschen nicht durch natürliche Ursachen (seine Eltern) erzeugt wird und somit nicht von einer natürlichen Ursache außerhalb seiner selbst abhängig ist. Zweitens kann von Gott auch gesagt werden, dass er die Ursache des Willens ist *„insofern als der Wille hingeordnet ist auf das universale Gute; und daher kann nichts eine Ursache des Willens sein außer Gott selbst, der das universale Gute ist"*[20]. Alles dreht

---

18   Zitiert im *sed contra* von *Summa theologiae* I, q. 9, a. 6.
19   Der Ausdruck „äußere" kann hier irreführend sein. Gott wirkt, indem er etwas *ex nihilo* schafft, d. h. ohne ein materielles Substrat vorauszusetzen. Wenn von Gott gesagt wird, dass er in uns wirkt, dann nicht in einer äußeren Weise wie ein Handwerker, der den Stoff in eine Form bringt; Gott wirkt vielmehr von innen, indem er etwas im Ganzen seines Seins erschafft.
20   Ebd., a. 6: *„Voluntatis autem causa nihil aliud esse potest quam Deus. Et hoc patet dupliciter. [...] Secundo vero ex hoc patet, quod voluntas habet ordinem ad universale bonum."*

sich um diese Formulierung, die den Kern dessen enthält, wie Thomas die aristotelische Idee interpretieren will, dass Gott der äußere Beweger des Willens ist.

Der Wille ist gemäß dieser Sichtweise charakterisiert durch die Neigung zum universalen Guten; mehr noch: Der Wille *ist* eine solche universale Neigung, die sich über den gesamten Bereich der Gegenstände erstreckt, die in gewissem Maß den Wert des Guten veranschaulichen. Dank dieser Neigung, diesem Offensein für das Gute in seiner universalen Dimension, vollzieht der Wille sein ihm gemäßes Wirken mit Rücksicht auf die besonderen Güter, auf alles, was durch Partizipation gut ist. So öffnet sich der Wille, aufgrund seiner universalen Neigung, für das gesamte Feld aller möglichen besonderen Güter, über die er im Licht des universalen Guten entscheiden kann, sie zu wollen oder nicht zu wollen.

Der Begriff des universalen Guten *(bonum universale)*, wie er im oben zitierten Text (*Summa theologiae* I-II, 9, 6) verwendet wird, hat eine charakteristische Doppelbedeutung: Er bezeichnet an erster Stelle das Formalobjekt des Willens, das Gute in seiner universalen bzw. transzendentalen Dimension, aber er wird auch benutzt in Bezug auf jenes Wesen, in dem der universale Charakter des Guten als solchem vollkommen verwirklicht ist, und das ist Gott. So wird von Gott als dem „universalen Guten" gesprochen, und als dieses kann nur Gott den Willen in seiner Neigung zum universalen Guten konstituieren. Nur Gott kann den menschlichen Willen zum universalen Guten hin bewegen. In anderen Worten: Der Wille kann nicht aus sich selbst heraus entscheiden, das Gute als solches zu wollen, weil jeder mögliche Willensakt schon voraussetzt, dass der Wille auf das universale Gute als solches hin offen ist; der Wille muss zu allererst von Gott sozusagen hingezogen werden zum Guten in seiner universalen Dimension, damit er fähig ist, sich selbst dazu zu bringen, ein besonderes Gut in Freiheit zu wollen (gemäß dem Urteil der Vernunft). In genau diesem Sinn, dass er nämlich dem Willen seinen ersten Impuls zum Guten gibt, kann Gott als das äußere Prinzip des Willens angesehen werden.

Im folgenden Text fasst Thomas seine Sichtweise über den ersten Impuls des Willens vonseiten eines äußeren Prinzips – und darüber, wie diese erste Bewegung durch Gott Voraussetzung der nachfolgenden freien Selbst-Bewegung des Willens ist – zusammen:

> „Ein Mensch ist der Herr seiner Handlungen, seines Wollens sowie seines Nicht-Wollens, aufgrund der Vernunft-Überlegung, die sowohl zur einen als auch zur andern Seite [eines Gegensatzes] hin den Ausschlag geben kann. Wenn er nun aber gleichermaßen Herr darüber ist, ob er überlegt oder nicht, muss dies auf einer vorausgehenden Überlegung beruhen. Und da hier kein infiniter Regress möglich ist, muss man schließlich zu dem Punkt gelangen, an welchem die freie Entscheidung des Menschen durch ein äußeres Prinzip bewegt wird, das über dem menschlichen Verstand angesiedelt ist, nämlich Gott. Der Philosoph beweist dies ebenso in *De Bona Fortuna*. Daher hat auch der Verstand eines gesunden Menschen nicht in dem Sinne die Herrschaft über seine Handlungen, dass er nicht von Gott bewegt werden müsste."[21]

Die allgemeine Tendenz in der modernen Philosophie geht dahin, den menschlichen Willen bzw. die Innerlichkeit des menschlichen Subjekts von jedem äußeren physischen Einfluss abzuschirmen. Der Wille hat *mein* Wille und nur meiner zu sein, nicht der Wille der Sterne noch der Wille Gottes. Für Thomas gilt, wie für die christliche Tradition überhaupt, dass es Gott ist, der in uns wirkt, aber nicht im Sinne einer Kraft, die das menschliche Selbst ersetzt oder verletzt, sozusagen wie eine fremde Kraft, durch die der innere Raum des Selbst okkupiert wird. Man könnte sagen, dass Gott den menschlichen Willen bewegt als ein äußeres Prinzip, indem er ihn mit der Neigung zum universalen Gut ausstattet. In diesem Sinne wird Gott als die Ursache des Willens bezeichnet. Hierzu bezieht sich Thomas auf die bekannte Aussage des heiligen Paulus: *„Denn Gott ist es, der in uns wirkt, zu wollen und zu vollbringen"* (Phil 2,13). Thomas versteht diese Aussage in einem metaphysischen Sinn: Es ist keineswegs so, dass es Gott ist anstelle von uns selbst, der tat-

---

21   *Summa theologiae* I-II, q. 109, a. 2, ad 1. Der Kontext dieser Diskussion ist die These, dass der Mensch aufgrund der Sünde das Gute nicht ohne Gnade wollen und tun kann. In *ad 1* argumentiert Thomas, dass selbst abgesehen von der Tatsache der Sünde, die Autonomie des Menschen *(dominus suorum actuum)* nicht in dem Maße absolut ist, dass der Wille nicht durch Gott bewegt werden müsste.

sächlich in uns will. Vielmehr befähigt uns Gott zu wollen, indem er unseren Willen auf den universalen Horizont des Guten als solchem hin öffnet; und ausschließlich innerhalb dieses Horizontes kann der Wille frei wirken in Bezug auf die Vielzahl besonderer Güter. Mit Thomas' Worten:

> „Gott bewegt den menschlichen Willen als ein universaler Beweger in Bezug auf ein universales Objekt, das Gute. Ohne diese universale Bewegung wäre ein Mensch unfähig, überhaupt irgend etwas zu wollen. Aber durch seine Vernunft bestimmt ein Mensch sich selbst, dies oder jenes zu wollen, entweder ein wirkliches oder ein bloß scheinbares Gut."[22]

Mit anderen Worten: Auf der metaphysischen Ebene wird der Wille konstituiert durch seine Relation zum universalen Guten; Gott, der das universale Gute selbst ist, bewegt den Willen, indem er ihn sozusagen die Anziehungskraft des Guten spüren lässt. Der Wille wird geboren im transzendentalen Raum des Guten. Das heißt aber nicht, dass der Wille ausschließlich das Gute wollen kann, dass er sich niemals dem Bösen zuwenden kann. Durch die Vernunft bestimmt der Mensch sich selbst dazu, etwas Konkretes zu wollen, das auch ein bloß scheinbares Gut sein kann, in Wahrheit also etwas Schlechtes.

Abschließend ist der Wille nach Thomas also definiert durch seine Relation zum universalen Guten. Das heißt, er kann nur funktionieren vor dem Horizont des Guten als Bedingung der Möglichkeit des Willens, frei zu wirken. Von einem a priori neutralen Standpunkt aus kann man sich nicht entscheiden, das Gute zu wollen, weil es von einem solchen neutralen Standpunkt aus keinerlei mögliche Motivation gibt, überhaupt irgendetwas zu wollen. Der Wille kann seine erste Bewegung nicht aus dem Nichts heraus schaffen, *ex nihilo*; er muss bereits zum Guten hin bewegt worden sein. Erst dann kann er – nach Überlegung der Vernunft, dieses oder jenes besondere Gut zu wollen – sich selbst bewegen.

---

22   *Summa theologiae* I-II, q. 9, a. 6, ad 3: „*Deus movet voluntatem hominis, sicut universalis motor, ad universale obiectum voluntatis, quod est bonum. Et sine hac universali motione homo non potest aliquid velle. Sed homo per rationem determinat se ad volendum hoc vel illud, quod est vere bonum vel apparens bonum.*"

Wie verhalten sich Seinswahrheit und Erkenntniswahrheit zueinander? Francisco Suárez versus Thomas von Aquin und Thomas Cajetan

Rolf Darge

„Fake News", „Alternative Fakten", „Abgaslüge", „Filterblase", „gefühlte Wahrheit", „Lügenpresse", „Klimaleugner" – eine Reihe neuer Wortbildungen der letzten Jahre und deren Verwendung im gesellschaftlichen Diskurs zeigen an, dass der Umgang mit dem Wahren im öffentlichen Raum gegenwärtig eine besondere Aufmerksamkeit findet. Sie hat, wie die begleitenden Erregungen anzeigen, nicht nur eine sachliche, sondern auch eine praktische Zielrichtung; es geht auch um das, was wir als Menschen sein können und wie wir leben und miteinander umgehen wollen.

Daraus ergeben sich Fragen an die Philosophie, die sich selbst seit ihren Anfängen dem Thema „Wahrheit" besonders verpflichtet sieht. Aristoteles nennt ihre theoretische Hauptdisziplin im zweiten Buch seiner *Metaphysik* geradewegs „Wissenschaft von der Wahrheit"[1]. Für ihn steht der Mensch durch die Offenheit seines Geistes für die Wirklichkeit im Ganzen und durch sein wesenseigenes, natürliches Verlangen nach Wissen[2] immer schon in einer fundamentalen Beziehung zum Wahren.

Aber was ist das Wahre als Wahres und worin besteht seine anthropologische und ethische Bedeutung? Solche Fragen, die sich aus aktuellem Anlass stellen, treffen die gegenwärtige Philosophie etwas unvorbereitet. Wie es scheint, haben 2.500 Jahre Philosophie dazu geführt, dass Pilatus mit seiner Scheinfrage „Was ist Wahrheit?" (Joh 18,38) Recht bekommen hat. Friedrich Nietzsche betrachtet sie als das einzige Wort des Neuen Testaments, das noch Wert

---

1 ARISTOTELES, *Metaphysik* II, Kap. 1, 993 b 20.
2 ARISTOTELES, *Metaphysik* I, Kap. 1, 980 a 21: „Alle Menschen streben von Natur nach Wissen", in: *Aristoteles' Metaphysik*, griech.-dt., in der Übersetzung von Hermann Bonitz, neu bearbeitet und kommentiert von HORST SEIDL, Hamburg ²1982.

hat; denn es bringt die eigentümliche Denkhaltung auf den Punkt, die er – Nietzsche – als die jetzt und in Zukunft maßgebliche versteht: „Das Neue unserer jetzigen Stellung zur Philosophie ist eine Überzeugung, die noch kein Zeitalter hatte: *dass wir die Wahrheit nicht haben.* Alle früheren Menschen ‚haben die Wahrheit': selbst die Skeptiker."[3] Am Ende des 20. Jahrhunderts hat das postmoderne Denken Nietzsches Dekonstruktion des Wahrheitsbegriffs fortgesetzt und ohne dessen Pathos vollendet. Für die Philosophie scheint die Zeit der Wahrheit vorüber zu sein. Es bleibt ihr nur eine Pluralität von Standpunkten, Identitäten, Kontexten, Narrativen und Diskursen, die sich nicht mehr in eine Ganzheit integrieren lassen. Danach kann es höchstens einen Sinn-für-mich, eine Stimmigkeit- oder Identität-für-mich oder für die jeweilige Gruppe geben, die einem bestimmten Narrativ anhängt.

Wahrheit und ihre Bedeutung für den Menschen wird daher im öffentlichen Diskurs eher außerhalb der Philosophie thematisiert – etwa in Reflexionen über die neuesten Twitter-Verlautbarungen des gegenwärtigen Präsidenten der Vereinigten Staaten oder in Debatten über die Rechtmäßigkeit der Ehrung bestimmter Schriftstellern und Journalisten. Dabei wird trotz aller philosophischer Dekonstruktion offenbar immer noch angenommen, dass Menschen ihre Entscheidungen über das, was sie sagen und tun, in einem Horizont treffen und zu verantworten haben, den Begriffe wie der des Wahren und des Wirklichen eröffnen. So löste etwa die Vergabe des Deutschen Buchpreises 2017 an den Wiener Schriftsteller Robert Menasse für seinen Brüssel-Roman *Die Hauptstadt* öffentliche Entrüstung und Diskussionen aus, als bekannt wurde, dass die Antrittsrede in Auschwitz, die Menasse Walter Hallstein, dem ersten Kommissionspräsidenten der EWG, in jenem Roman und in mehreren öffentlichen Auftritten zugeschrieben hatte, bloß ausgedacht war. Menasses Selbstrechtfertigung, durch das höhere moralische Ziel einer Wiederholung des Holocaust durch die Propagierung der Aufhebung der europäischen Nationalstaaten in eine „Europäische Republik" entgegenzuwirken, wurde nicht angenommen. Es blieb ihm nichts anderes übrig, als sich öffentlich zu entschuldigen. In seiner gemeinsamen Erklärung

---

3   FRIEDRICH NIETZSCHE, *Nachgelassene Fragmente* 1, 3, in: FRIEDRICH NIETZSCHE, *Werke. Kritische Gesamtausgabe* V, 1, Berlin u. a. 1971, 19.

mit der Landesregierung des Bundeslandes Rheinland-Pfalz im Januar 2019 heißt es dann: „Wir sind davon überzeugt, dass die vorbehaltlose Anerkennung von Fakten zum Wertefundament unserer liberalen Öffentlichkeit gehört. Die Bereitschaft, ja die Notwendigkeit, Gewissheiten von Annahmen und Fakten von Meinungen zu trennen, ist für das Gelingen einer demokratischen Debatte unerlässlich."[4] Dramatischer gestalteten sich die Vorgänge um den SPIEGEL-Redakteur Claas Relotius, der zahlreiche angesehene Reporterpreise (u. a. den Peter-Scholl-Latour-Preis, den Konrad-Duden-Preis, den Kindernothilfe-Preis, den Katholischen Medienpreis, den Coburger Medienpreis) erhalten hatte und von CNN gleich zweimal als „Journalist of the Year" ausgezeichnet worden war. Kurz vor Weihnachten 2018 wurde bekannt, dass Relotius seit vielen Jahren Reportagen gefälscht und seine Berichte immer wieder mit frei erfundenen Sachverhalten unterlegt hatte. Die Erfindungen steigerten die Eindringlichkeit seiner Erzählungen. Sie wurden selbst von professionellen Instanzen nicht hinterfragt, weil ihre Tendenz den Erwartungen des intellektuellen Milieus und der vorherrschenden Ansicht der Zunft entsprach, die sich in der Vergabe von Journalistenpreisen in der Öffentlichkeit selbst darstellt. Als der Verdacht aufkam, dass der Fall Relotius etwas Systemisches hat, geriet die ganze Medienbranche unter Druck. Dies veranlasste den Präsidenten des Bundesverbands Deutscher Zeitungsverleger und Miteigentümer des Axel Springer Verlags, Mathias Döpfner, an das Berufsethos des Journalisten zu erinnern, um Schaden für das Ansehen der Branche abzuwenden. In einem Interview, das am 10. Februar 2019 in der *Neuen Züricher Zeitung* erschienen ist, erklärt Döpfner: „Journalisten sind Wahrheitssucher. Sie befinden sich auf der Suche nach Wahrheit, aber sie kennen sie nicht. Ein möglichst wahrheitsgetreues Bild kann nur im Wettbewerb möglichst vieler Erkenntnisse und Ansichten entstehen. Die Gesamtheit dieser Darstellungen, kritischen Fragen, investigativen Rechercheergebnisse und Kommentare kommt im besten Fall der Wirklichkeit nahe."[5] Im Sinne dieser

---

4   Pressemitteilung der Landesregierung Rheinland-Pfalz vom 07.01.2019 („Carl-Zuckmeyer-Preis/Staatskanzlei").
5   BENEDICT NEFF, RENÉ SCHEU, Interview mit Mathias Döpfner: *„Springer-CEO Mathias Döpfner: ,Viele Journalisten verhalten sich zutiefst unjournalistisch'"*, in: Neue Züricher Zeitung vom 10.02.2019.

Stellungnahme verliert Wahrheit ihre Verbindlichkeit als Ziel der Erkenntnissuche nicht dadurch, dass der Erkenntnisprozess sie nie mit Genauigkeit, sondern immer nur annäherungsweise erreicht; durch dieses gemeinsame Ziel wird der in den Medien ausgetragene Wettbewerb der Ansichten überhaupt erst möglich und sinnvoll. Aber was ist Wahrheit?

Nach Döpfners Erklärung, die keinen philosophischen Anspruch erhebt, ist sie der Sache nach nichts anderes als die Wirklichkeit selbst; deshalb heißt es, dass ein „möglichst *wahrheitsgetreues* Bild" entstehen soll; „wahrheitsgetreu" ist ein Bild, das – wie anschließend ausgeführt wird – „der Wirklichkeit nahe [...] kommt". Das Wirkliche ist das Wahre. Dementsprechend antwortet Döpfner auf die Frage, an welchen Werten sich die Ausbildung der Journalisten, also der „Wahrheitssucher", in seinem Haus orientiere: „Neugier auf die Wirklichkeit ist der wichtigste Leitsatz in unserer Ausbildung".

Damit ist ein klassisches metaphysisches Thema angesprochen: der innere Zusammenhang von Sein und Wahrheit, oder konkret gesagt: von Seiendem und Wahrem.

Aristoteles verweist im zweiten Buch seiner *Metaphysik* auf diesen Zusammenhang, um zu erklären, warum die Erste Philosophie oder Metaphysik zu Recht „Wissenschaft von der Wahrheit" genannt wird: „jedes verhält sich zur Wahrheit so, wie es sich zum Sein verhält"[6].

Diese Annahme bildet eine gemeinsame Grundlage der Entwürfe zur Theorie des ontischen oder transzendentalen Wahren – des Wahren als einer Eigentümlichkeit des Seienden als Seienden –, um die sich scholastische Denker im Zuge der Neubegründung der Metaphysik als Wissenschaft vom Seienden als solchen bemühen. In ihrer Folge stimmen sie in der Auffassung überein, dass Seiendes und Wahres begrifflich verschieden, jedoch der Sache nach identisch und daher in der Aussage miteinander vertauschbar (konvertibel) sind.

Dabei stellt sich ihnen jedoch ein Problem. Nach einer Aussage des Aristoteles im sechsten Buch der *Metaphysik* „liegt das Wahre und das Falsche nicht in den Dingen, [...] sondern im Den-

---

6   ARISTOTELES, *Metaphysik* II, Kap. 1, 993b 30f.

ken"⁷. Im Verständnis jener Autoren bestimmt Aristoteles hier den urteilenden Verstand als den eigentlichen und alleinigen Träger von Wahrheit. Dies entspricht weitgehend der heute von Logikern und Sprachanalytikern vertretenen Auffassung, dass der Term „wahr" ausschließlich oder zumindest in erster Linie auf Urteile, Aussagen oder Behauptungen über Sachverhalte anzuwenden ist.⁸

Wie kann dann aber Seiendes als Wahres aufgefasst werden? Aristoteles entwickelt dazu keine systematischen Überlegungen. Er stellt diese Frage gar nicht. Um sie zu lösen muss gezeigt werden, wie den Dingen und wie allein dem Verstand Wahrheit zugesprochen werden kann – und wie die beiden Verwendungsweisen des Ausdrucks „Wahres" miteinander zusammenhängen. Dass sie gar nichts miteinander zu tun haben, der Ausdruck also rein zufällig in mehrfachem Sinne (aequivok) verwendet wird, erscheint ausgeschlossen. Dann bleibt nur übrig, anzunehmen, dass „Wahres" von den Dingen einerseits und vom Verstand andererseits in verschiedenen Bedeutungen, dabei doch in irgendeiner Ordnung ausgesagt wird. Aber worin bestehen diese Bedeutungen und die betreffende Ordnung der Prädikation?

Durch den Einfluss des Thomas verbreitet sich im 13. Jh. ein Lösungsansatz, in dessen Mittelpunkt die allgemeine Definition der Wahrheit als „Angleichung von Ding und Verstand" *(adaequatio rei et intellectus)* steht⁹; sie geht wahrscheinlich auf aristotelisch inspi-

---

7   ARISTOTELES, *Metaphysik* VI, Kap. 4, 1027 b 25–27.
8   Siehe dazu PETRA KOLMER, Art. *Wahrheit*, in: PETRA KOLMER, ARMIN WILDFEUER (Hg.), *Neues Handbuch philosophischer Grundbegriffe*, Bd. 3, Freiburg i. Br. 2011, 2397–2415; WOLFGANG KÜNNE, *Conceptions of Truth*, Oxford 2003; DERS., Art. *Wahrheit VI. 20. Jahrhundert*, in: JOACHIM RITTER, KARLFRIED GRÜNDER, GOTTFRIED GABRIEL (Hg.), *Historisches Wörterbuch der Philosophie*, Bd. 12, 104–123; PETER JANICH, *Was ist Wahrheit? Eine philosophische Einführung*, München ³2005; LORENZ BRUNO PUNTEL, *Wahrheitstheorien in der neueren Philosophie. Eine kritisch-systematische Darstellung*, Darmstadt ³1993; JÜRGEN MITTELSTRA, *Die Wahrheit des Irrtums*, Konstanz 1989; JÜRGEN HABERMAS, *Wahrheitstheorien*, in: HELMUT FAHRENBACH (Hg.), *Wirklichkeit und Reflexion. Zum sechzigsten Geburtstag für Walter Schulz*, Pfullingen 1973, 211–265.
9   WALTER SENNER, *Wahrheit bei Albertus Magnus und Thomas von Aquin*, in: MARKUS ENDERS, JAN SZAIF (Hg.), *Die Geschichte des philosophischen Begriffs der Wahrheit*, Berlin u. a. 2006, 103–148; THEO KOBUSCH, *Adaequatio rei et intellectus. Die Erläuterung der Korrespondenztheorie der Wahrheit in der Zeit nach Thomas von Aquin*, in: MARKUS ENDERS, JAN SZAIF (Hg.), *Die Geschichte des philosophischen Begriffs der Wahrheit*, Berlin 2006, 149–166; JAN AERTSEN, *Medieval Philosophy and the Transcendentals. The Case of Thomas Aquinas*, Leiden u. a. 1996, bes. 243–289; CHRISTOPH KANN, *Wahrheit als Adaequatio: Bedeutung, Deutung, Klassifikation*, in: *Recherches de Théologie et Philosophie Médiévales* 66 (1999) 209–224.

rierte arabische Philosophen – Avicenna oder Averroes – zurück.[10] Transzendentaltheoretiker bevorzugen sie unter den verschiedenen überlieferten Wahrheitsdefinitionen, weil sie Ding und Verstand ausdrücklich in ihrem wechselseitigen Verhältnis fasst, ohne aber dieses Verhältnis über das allgemeine Merkmal „Angleichung" hinaus näher zu charakterisieren. In ihr bleibt offen, was Ausgangspunkt und was Zielpunkt der Angleichung ist und ob es sich bei der Angleichung um einen Vorgang oder einen Zustand, eine Art Beziehung oder ein bloßes Konnotat handelt. Auf diese Weise eröffnet sie der Wahrheitsbetrachtung den erforderlichen weiten Horizont und Rahmen, innerhalb dessen die Sinngehalte der Dingwahrheit und der Verstandeswahrheit voneinander abgegrenzt und die Ordnung ihrer Prädikation näher bestimmt werden kann.

Bei den Diskussionen, die sich im Anschluss an die Erklärung des Thomas entwickeln, entsteht unter den scholastischen Autoren ein Kontroverspunkt, der auch heute noch bedenkenswert erscheint. Ich möchte ihn im Folgenden genauer betrachten. Dazu gehe ich (1.) kurz auf die Erklärung des Thomas ein, zeige dann (2.) anhand der Deutung Cajetans das Problem und skizziere schließlich (3.) den historisch wirkmächtigen Lösungsansatz des Francisco Suárez, der innerhalb der scholastischen Denktradition in gewissem Sinne das Ende der originellen Beiträge zur ontologischen Deutung des Wahren markiert.

1. Die Erklärung des Thomas

Thomas' Überlegungen zu der Frage, in welcher Ordnung „Wahres" vom Ding und vom Verstand ausgesagt wird, setzen bei der Erkenntnisbewegung an, die zur wirklichen Angleichung von Verstand und Ding führt. Sie findet ihren vollendenden Abschluss *(terminus)* im Verstand; denn hier wird die Angleichung eigentlich vollzogen. Deshalb findet sich Wahres in den Dingen nachgeordnet,

---

10 Siehe dazu GUDRUN SCHULZ, *Veritas est adaequatio intellectus et rei. Untersuchungen zur Wahrheitslehre des Thomas von Aquin und zur Kritik Kants an einem überlieferten Wahrheitsbegriff*, Leiden 1993, bes. 37–39.

vorrangig aber und dem vollen Sinngehalt nach im Verstand."[11] Um die entsprechende begriffliche Ordnung verständlich zu machen, in der „Wahres" ausgesagt wird, greift Thomas auf ein Modell der analogen Prädikation zurück, dass Aristoteles im vierten Buch seiner *Metaphysik* entwickelt, um die Vielheit der Bedeutungen, in denen „Seiendes" ausgesagt wird, durch ihre Zurückführung auf eine Grundbedeutung zur Einheit zu bringen. Dabei geht es ihm darum, die Einheit der Ersten Philosophie als Wissenschaft zu sichern: Wenn „seiend" oder „Seiendes" einfachhin mehrdeutig ist, kann der eigentümliche Gegenstandsbereich der Ersten Philosophie, den Aristoteles in *Metaphysik* IV, Kap. 1 als das „Seiende als Seiendes" bestimmt, nicht als einheitlich gelten. Nun erhält aber gemäß der aristotelischen Wissenschaftslehre eine Wissenschaft ihre Einheit und Differenz gegenüber anderen Wissenschaften durch ihren eigentümlichen Gegenstandsbereich *(genus subiectum)*.[12] Das Prädikationsmodell, das dabei zum Einsatz kommt, nennt Aristoteles noch nicht „Analogie", sondern Aussagen „auf-Eines-hin" *(pros hen)*.[13]

Was damit gemeint ist, erläutert er am Beispiel des vieldeutigen Ausdrucks „gesund"/„Gesundes" *(sanum)*. „Gesund" wird in verschiedenem Sinne – etwa von einem Heilmittel, Urin oder einem Organismus – gesagt. Zwischen den verschiedenen Verwendungsweisen des Ausdrucks besteht aber eine gewisse Ordnung durch die gemeinsame Beziehung „auf-Eines-hin": „Gesund" wird primär und seiner eigentlichen Bedeutung nach von einem Organismus gesagt. Nur nachgeordnet – in einem abgeleiteten Sinn, der eine Beziehung zum primär Gemeinten ausdrückt – wird „gesund" von einem Heilmittel oder von Urin gesagt. Das Heilmittel wird „gesund" genannt, insofern es die Gesundheit eines Organismus bewirkt, Urin wird „gesund" genannt, insoweit er die Gesundheit des betreffenden Organismus anzeigt. Ähnlich wird „wahr"/„Wahres" *(verum)* in erster Linie und im eigentlichen Sinne vom Verstand

---

[11] Thomas von Aquin, *De veritate*, q. 1, a. 2c: „Res [...] non dicitur vera nisi secundum quod est intellectui adaequata, unde per posterius invenitur verum in rebus, per prius autem in intellectu."

[12] Aristoteles, *Analytica Posteriora* I, Kap. 28, 87 a 38; siehe dazu Albert Zimmermann, *Ontologie oder Metaphysik? Die Diskussion über den Gegenstand der Metaphysik im 13. und 14. Jahrhundert. Texte und Untersuchungen*, Leuven 1998, bes. 130f.

[13] Aristoteles, *Metaphysik* IV, Kap. 2, 1003 a 33–1005 a 18.

gesagt – und nur nachgeordnet, in einem davon abgeleiteten Sinne, der eine Beziehung zur Wahrheit des Verstandes ausdrückt, von den Dingen.[14]

Im Hinblick auf das Primäranalogat von „Wahres" nimmt Thomas weitere Einteilungen vor. Grundlegend ist zu unterscheiden zwischen dem göttlichen Verstand und dem diesem untergeordneten menschlichen Verstand. Den verschiedenen „Wahrheitsorten" und ihrer Ordnung entspricht eine entsprechend differenzierte Ordnung der Prädikation von „Wahrheit" oder „Wahres". Thomas beschreibt sie wie folgt: „Wahrheit ist also in erster Linie und im eigentlichen Sinne *(primo et proprie)* im göttlichen Verstand, im eigentlichen Sinne und nachgeordnet *(proprie et secundario)* im menschlichen Verstand; in den Dingen aber ist sie uneigentlich und in zweiter Linie *(improprie et secundario)*, da sie hier nur aufgrund der Rücksicht auf eine der beiden anderen Wahrheiten [d. h. im Hinblick auf die Wahrheit des göttlichen und des menschlichen Verstandes] ist."[15] In beiden Rücksichten wird „Wahrheit"/„Wahres" von den Dingen aufgrund einer Kausalbeziehung zwischen Ding und Verstand gesagt. Thomas beschreibt diese reale Abhängigkeitsbeziehung mithilfe des aristotelischen Schemas von Maß und Gemessenem: 1. Der göttliche schöpferische Verstand bildet die Exemplarursache des Geschaffenen, also das Maß, von dem her die geschaffenen Dinge bemessen werden; Geschaffenes wird daher in erster Linie aufgrund seiner Gleichförmigkeit mit dem Maß des göttlichen Verstandes „wahr" genannt, also „insofern es das erfüllt, wozu es durch den göttlichen Verstand bestimmt ist". – 2. Andererseits verhalten sich die Naturdinge zum menschlichen theoretischen Verstand als Maß zum Gemessenen; denn den Inhalt unseres theoretischen

---

14 THOMAS VON AQUIN, *De veritate*, q. 1, a. 2c: „sicut sanum per prius dicitur de animali, in quo primo perfecta ratio sanitatis invenitur, quamvis medicina dicitur sana ut effectiva sanitatis; et ideo [...] oportet quod [verum] de illo per prius dicatur in quo primo invenitur completa ratio veritatis. [...] per posterius invenitur verum in rebus, per prius autem in intellectu". – *Summa theologiae* I, q. 16, a. 6c: „Sed quando aliquid dicitur analogice de multis, illud invenitur secundum propriam rationem in uno eorum tantum, a quo alia denominantur. Sicut sanum dicitur de animali et urina et medicina [...]. Dictum est autem, quod veritas per prius est in intellectu, per posterius in rebus, secundum quod ordinantur ad intellectum divinum." – Ebd., a. 7c: „res denominantur verae a veritate intellectus".

15 THOMAS VON AQUIN, *De veritate*, q. 1, a. 4c: „Est ergo veritas in intellectu divino quidem primo et proprie, in intellectu vero humano proprie quidem et secundario, in rebus autem improprie et secundario, quia nonnisi per respectum ad alteram duarum veritatum."

Wissens von Realem produzieren wir nicht, sondern empfangen ihn von diesem; „wahr" heißt ein Ding also gemäß der Angleichung an den menschlichen Verstand, „insofern es imstande ist, eine wahre Einschätzung seiner zu bewirken"[16].

Mit diesen Überlegungen fordert Thomas seine Kommentatoren heraus. Seine Erklärung der Analogie des Wahren findet in der Thomistenschule besondere Aufmerksamkeit, seit die Analogielehre, und besonders die Lehre von der „Analogie des Seienden" *(analogia entis)*, zu ihrem identitätsbildenden Merkmal und Kriterium ihrer Abgrenzung gegenüber anderen konkurrierenden Schulen – insbesondere der Scotistenschule – wird. In der Auslegung des scharfsinnigen Thomas-Kommentators Thomas Cajetan gewinnt Thomas' Konzeption der Analogie des Wahren die Gestalt, in der sie die weiteren Lösungsentwürfe innerhalb der thomistischen Lehrtradition bestimmt.

2. Cajetans Deutung der Analogie des Wahren

Seiner Deutung legt Cajetan eine von ihm selbst entwickelte Systematik der Analogietypen zugrunde.[17] Darin erscheint das Analogiemodell, das Thomas bei seiner Wahrheitsbetrachtung verwendet – also die am Beispiel von „Gesundes" erläuterte Aussageweise „auf-Eines-hin" – als ein eigener Typ unter dem Namen „Attributionsanalogie" *(analogia attributionis)*. Charakteristisch für diese Analogieform ist, dass der Sinn-gehalt des gemeinsamen Prädikats – also des Analogons – allein dem Primäranalogat formal und innerlich zukommt, den Sekundäranalogaten aber nur aufgrund einer Beziehung, die nichts über ihr Sein sagt. Die Sekundäranalogate werden durch das gemeinsame Prädikat nur äußerlich benannt – so wie im Fall von „gesund" nur der Organismus, der die

---

16   Ebd., a. 2c: „res naturales a quibus intellectus noster scientiam accipit, mensurant intellectum nostrum [...] sed sunt mensuratae ab intellectu divino. [...] Res ergo naturalis inter duos intellectus constituta, secundum adaequationem ad utrumque vera dicitur: secundum adaequationem ad intellectum divinum dicitur vera in quantum implet hoc ad quod est ordinata per intellectum divinum. [...] Secundum autem adaequationem ad intellectum ‚humanum' dicitur vera in quantum est nata de se facere veram aestimationem."
17   Siehe dazu Rolf Darge, *Die Transformation der aristotelischen Analogielehre bei Cajetan und Suárez*, in: Rolf Darge, Emmanuel J. Bauer, Günher Frank (Hg.), *Der Aristotelismus an den europäischen Universitäten der frühen Neuzeit*, Stuttgart 2010, 57–81.

Gesundheit innerlich besitzt, formal „gesund" genannt wird, nicht aber das Heilmittel oder der Urin; diese werden „gesund" nur in der Weise einer äußeren Benennung *(denominatio extrinseca)* von der Gesundheit des Organismus her genannt, da und insoweit sie diese bewirken bzw. anzeigen.[18]

Danach sind, so nimmt Cajetan an, Thomas' Ausführungen zur analogen Prädikation von „Wahres" so zu verstehen, dass „Wahres" von den Dingen nicht formal, sondern lediglich in der Weise einer äußeren Benennung von der Wahrheit des Verstandes her gesagt wird: Mit Rücksicht auf den göttlichen Verstand erfolge die Benennung aufgrund eines Verhältnisses der Nachahmung *(imitatio)* – also darum, weil die Dinge dem Wahren im göttlichen Verstand als ihrer Norm angeglichen sind –, mit Rücksicht auf den menschlichen theoretischen Verstand erfolge sie aufgrund einer ursächlichen Beziehung, also deshalb, weil die Dinge in gewisser Weise Ursache des Wahren im Verstand sind oder zumindest sein können.

Diese Deutung erlangt durch die Autorität Cajetans den Rang einer thomistischen Standardlehre. Durch die Aufnahme von Cajetans Kommentar in die kritische Ausgabe der *Summa theologiae* (ed. Leonina) prägt sie die Rezeption von Thomas' Lehre über die Wahrheit bis in die Gegenwart. Aber sie verfehlt die Auffassung des Thomas von der Wahrheit der Dinge an einem entscheidenden Punkt. Thomas hebt ausdrücklich hervor, dass „Wahrheit" einem Ding nicht lediglich im Sinne einer äußeren Benennung, sondern innerlich und formal zugesprochen wird, nämlich aufgrund seiner inneren Seiendheit, insofern diese dem göttlichen Verstand angeglichen ist und sich dem menschlichen Verstand angleichen kann: „Von der Wahrheit [...], die in einem Ding ist und die nichts anderes ist, als seine dem Verstand angeglichene und oder sich einen Verstand angleichende Seiendheit, wird ein Ding wie von einer ihm innewohnenden Form her ‚wahr' genannt; so wie man eine Speise

---

18 CAJETAN, *De nominum analogia*, Kap. 2, Nr. 10, hg. v. BRUNO PINCHARD, Paris 1987, 116: „Attribuuntur autem huic analogiae multae conditiones [...]: scilicet quod analogia ista sit secundum denominationem extrinsecam tantum; ita quod primum analogatorum tantum est tale formaliter, caetera autem denominantur talia extrinsece. Sanum enim ipsum animal formaliter est; urina vero, medicina et alia huiusmodi, sana denominantur non a sanitate eis inhaerente sed extrinsece, ab illa animalis sanitate, significative vel causaliter, vel alio modo."

‚gesund' nennt, von derjenigen [inneren] Beschaffenheit her, von der her sie ‚gesund' genannt wird."[19]

Offenbar verschiebt Thomas in dieser Erklärung den Gesichtspunkt der analogen Prädikation: Als Grundlage der analogen Prädikation dient nun nicht mehr das Primäranalogat – der Organismus, der im eigentlichen Sinn „gesund" ist –, sondern die innere Beschaffenheit des Sekundäranalogats, der Speise. Das aristotelische Modell der Aussageweise „auf-Eines-hin", das Thomas verwendet, orientiert sich jedoch am Primäranalogat; danach wird eine Speise formal nicht im Hinblick auf ihre innere Beschaffenheit, sondern aufgrund ihrer äußeren, kausalen Beziehung zur Gesundheit des Organismus „gesund" genannt.

Damit entsteht die Frage, ob das aristotelische Modell der Aussageweise „auf-Eines-hin" überhaupt das geeignete Analogiemodell ist, um Seinswahrheit und Erkenntniswahrheit aufeinander zu beziehen und die Ordnung zu erklären, in der „wahr" einerseits vom Verstand, andererseits als transzendentale Eigenschaft vom Ding ausgesagt wird. Es gibt zu verstehen, dass „wahr" primär und eigentlich vom Verstand und in einem abgeleiteten Sinne vom Ding ausgesagt wird, bringt dabei aber das Wahrsein als eine innere seinsmäßige Bestimmung der Dinge nicht ausdrücklich in den Blick; „wahr" wird ein Ding ihm zufolge gerade nicht im Hinblick auf sein eigenes inneres Sein genannt, sondern im Hinblick auf den Verstand – nämlich insofern es die Erkenntniswahrheit auf Seiten des Verstandes verursacht.

Ein Denker, der diese Schwierigkeit gesehen und eine scharfsinnige vermittelnde Lösung vorgeschlagen hat, die dem von Aristoteles und Thomas her überkommenen Wahrheitsverständnis Rechnung trägt, ist der spanische Jesuit Francisco Suárez. Er entwickelt seine Lösung im Rahmen seiner systematischen Gesamtdarstellung der Ersten Philosophie in den *Disputationes metaphysicae* (1597); das Werk wird Grundlage des Metaphysikunterrichts an ka-

---

19   THOMAS VON AQUIN, *De veritate*, q. 1, a. 4c: „a veritate quae est in ipsa re, quae nihil aliud est quam entitas intellectui adaequata vel intellectum sibi adaequans, denominatur sicut a forma inhaerente, sicut cibus denominatur sanus a qualitate sua, a qua sanus dicitur". – *Summa theologiae* I, q. 16, a. 6: „Et quamvis sanitas non sit in medicina neque in urina, tamen in utroque est aliquid per quod hoc quod quidem facit, illud autem significat sanitatem."

tholischen wie auch an lutherischen und reformierten Universitäten Europas und nimmt einen starken Einfluss auf die Entwicklung der Hochschulphilosophie bis hin zu Christian Wolff und darüber hinaus bis zum Neuthomismus des 20. Jh. (Joseph Gredt; Emerich Coreth).[20] Es enthält eine umfassende Theorie der Transzendentalien. Unter den scholastischen Metaphysikentwürfen bietet keiner eine so umfangreiche und eingehend in ihren historischen Grundlagen, ihrer systematischen Ordnung und ihren philosophischen Konsequenzen erwogene Theorie der Transzendentalien wie derjenige des Francisco Suárez.[21] Deswegen verdient dieses Werk auf einer Tagung zur Transzendentalienlehre Erwähnung.

Die Überlegungen zur Analogizität des Wahren finden sich hier in der achten Sektion der achten Disputation. Die Erörterung sucht zu klären, „ob ‚Wahrheit' früher von der Wahrheit der Erkenntnis als von der Wahrheit der Sache ausgesagt wird – und (falls ja) auf welche Weise"[22].

Seine Antwort umfasst zwei Thesen: Die eine bestätigt die Auffassung der aristotelischen Lehrtradition; ihr zufolge meint „Wahrheit" in der ursprünglichen Verwendung des Wortes die Wahrheit der Erkenntnis und insbesondere die Wahrheit des Verstandesurteils.[23]

Die andere These bezieht sich auf die Folgerungen, die Cajetan im Hinblick auf die Benennung von Dingen als „wahr" zieht.

---

20 Siehe dazu ERNST LEWALTER, *Spanisch-jesuitische und deutsch-lutherische Metaphysik des 17. Jahrhunderts. Ein Beitrag zur Geschichte der iberisch-deutschen Kulturbeziehungen und zur Vorgeschichte des deutschen Idealismus*, Hamburg 1935; ULRICH LEINSLE, *Das Ding und die Methode. Methodische Konstitution und Gegenstand der frühen protestantischen Metaphysik*, Augsburg 1985; CHARLES LOHR, Metaphysics, in: CHARLES B. SCHMITT, QUENTIN SKINNER, ECKHARD KESSLER, JILL KRAYE (Hg.), *The Cambridge History of Renaissance Philosophy*, Cambridge 1988, Kap. 10, 537–638; JORGE GRACIA, Suárez (and later scholasticism), in: JOHN MARENBON (Hg.), *Routledge History of Philosophy*, Bd. 3, London/New York 1998, 452–474; LUDGER HONNEFELDER, *Scientia transcendens. Die formale Bestimmung der Seiendheit und Realität in der Metaphysik des Mittelalters und der Neuzeit*, Hamburg 1990, bes. 200–295.

21 Siehe dazu ROLF DARGE, *Suárez' transzendentale Seinsauslegung und die Metaphysiktradition*, Leiden 2004; JAN AERTSEN, *Medieval Philosophy as Transcendental Thought. From Philip the Chancellor (ca. 1225) to Francisco Suárez*, Leiden u. a. 2012, bes. 587–634.

22 Die *Disputationes metaphysicae* werden im Folgenden unter der Abkürzung „DM" in üblicher Weise nach der Vivès-Ausgabe zitiert (*Opera omnia*, hg. v. CAROLO BERTON, Bde. 25 und 26, Paris 1877). SUÁREZ, DM 8, 8: „An veritas per prius dicatur de veritate cognitionis quam de veritate rei, et quo modo."

23 SUÁREZ, DM 8, 8, 9: „censeo [...] veritatem in primaeva significatione dictam esse de veritate cognitionis, quae in compositione ac divisione specialiter reperitur".

Ihr zufolge können Dinge durchaus *äußerlich* von der Wahrheit der Erkenntnis her „wahr" genannt werden – insoweit sie nämlich Gegenstand, Ursache oder Ausdruck eines wahren Urteils sind. Eine solche äußere Benennung *(denominatio extrinseca)* bringt aber nicht die transzendentale Wahrheit zum Ausdruck, die den Dingen formal und innerlich – nämlich in ihrer realen Seiendheit – eignet; denn im Sinne einer äußeren Benennung kann auch solches „wahr" genannt werden, das gar kein reales Seiendes ist: So kann etwa von der Wahrheit der Aussage her, dass eine Chimäre ein fiktives Seiendes ist, eine Chimäre ein „wahres erdichtetes Seiendes" *(verum ens fictum)* genannt werden, ohne dass ihr durch den Ausdruck „wahr" reales Sein zuerkannt würde.[24]

Wie aber ist es möglich, dass Wahrheit den Dingen nicht nur durch äußere Benennung von der Wahrheit des Verstandes her, sondern auch formal und innerlich zugesprochen wird, wenn doch – wie die ersten These behauptet – „Wahrheit" ursprünglich und eigentlich die Verstandeswahrheit besagt?

---

[24] SUÁREZ, DM 8, 8, 10: „censeo, res cognitas posse ab hac veritate cognitionis per extrinsecam analogiam ac denominationem dici veras, non tamen secundum hanc rationem aut denominationem sumi verum, cum dicitur esse passio entis". – 8, 7, 23: „haec denominatio veri etiam non entibus convenit; sic enim verum esse dicimus et chymeram esse ens fictum, et hominem non esse equum. Atque hinc patet posterior pars, quod haec denominatio non sit veritas, quae est passio entis".
Der Ausdruck „erdichtetes Seiendes" *(ens fictum)* ist in sich nicht widersprüchlich, da „Seiendes" hier nicht das meint, was denkunabhängig ist oder sein kann: Das Wort „Seiendes" *(ens)* wird von scholastischen Autoren in mehrfacher Bedeutung verwendet. Es kann einmal das denkunabhängig gegebene Seiende *(ens reale)* meinen; es kann aber auch – wie hier – das bloße Gedankending *(ens rationis)* meinen, dem keine denkunabhängige Existenz zukommt; zu den bloßen Gedankendingen gehören etwa logische Bestimmungen wie „Gattung" und „Art" oder dichterische, logisch inkohärente Vermischungen von Wesensbestimmungen (wie „hircocervus"/„Bockhirsch"). Die Frage, wie sich die verschiedenen Begriffe des Seienden zueinander verhalten und ob sie vielleicht auf einen ihnen noch übergeordneten, noch allgemeineren Begriff des Seienden, des Dings oder der Sache *(res)* zurückgeführt werden können, der sowohl die realen Seienden wie auch die bloßen Gedankendinge umfasst, wird von spätscholastischen Autoren diskutiert und unterschiedlich beantwortet. Ihnen geht es dabei nicht nur um begriffslogische Klärung, sondern auch um die ontologisch grundlegende Frage, was eigentlich der Gegenstand der Wissenschaft vom Seienden als solchem ist – ob Erste Philosophie oder Metaphysik Transzendentalwissenschaft vom realen Seienden oder „Supertranszendentalwissenschaft" vom „Ding" oder „Etwas" *(aliquid)* im Sinne des Denkbaren *(cogitabile)* überhaupt ist. Siehe dazu JOHN DOYLE, Art. *Supertranszendent*, in: JOACHIM RITTER, KARLFRIED GRÜNDER, GOTTFRIED GABRIEL (Hg.), *Historisches Wörterbuch der Philosophie*, Bd. 10, Darmstadt 1998, Sp. 644–649; ROLF DARGE, *Erste Philosophie als Transzendentalwissenschaft gemäß Duns Scotus: Seinswissenschaft oder ‚Onto-Logik'*, in: Philosophisches Jahrbuch 111 (2004) 43–61; AERTSEN, *Medieval Philosophy as Transcendental Thought*, 635–656.

3. Äquivozität

Zur Lösung dieser Frage muss angenommen werden, dass die transzendentale Wahrheit eine seinsmäßige Bestimmung der Dinge bildet, deren Sinngehalt nicht auf denjenigen der Verstandeswahrheit oder Erkenntniswahrheit zurückgeführt werden kann. Die wesentliche Differenz und Unabhängigkeit der transzendentalen Wahrheit gegenüber der Erkenntniswahrheit lässt sich am Beispiel des Urteilsaktes einsehen: Als realer Vollzug des Verstandes ist er ein Seiendes und kann daher „wahr" im Sinne der transzendentalen oder seinsmäßigen Wahrheit genannt werden. Zugleich kann er aber auch „wahr" im Sinne der Erkenntniswahrheit genannt werden, nämlich dann, wenn er den Sachverhalt so bestimmt, wie dieser sich in Wirklichkeit verhält. Nun kann ein wahres Urteil allein aufgrund einer Änderung des Sachverhalts, auf den es sich bezieht, zu einem falschen Urteil werden. Dabei bleibt es aber, ontologisch betrachtet, ein wahres Urteil; denn das Sein, in dem es der Wesensdefinition des Urteils entspricht, hat es auch dann, wenn seine Gleichförmigkeit mit dem beurteilten Sachverhalt, also seine Erkenntniswahrheit, nicht mehr besteht.[25]

Offenbar ist der Begriff der Dingwahrheit von demjenigen der Erkenntniswahrheit verschieden und kann nicht auf diesen als seine Kernbedeutung zurückgeführt werden. Das bedeutet zugleich, dass das von Thomas verwendete aristotelische Modell der analogen Prädikation „auf-Eines-hin" nicht dazu geeignet ist, das Verhältnis von Erkenntniswahrheit und Dingwahrheit angemessen zu bestimmen; denn darin erscheint „Wahres" im Sinne der Dingwahrheit als eine abgeleitete Bestimmung, die auf „Wahres" im Sinne der Erkenntniswahrheit als ihre Kernbedeutung oder „focal meaning" zurückzuführen ist. Wenn aber der Sinngehalt, in dem „Wahres" von den Dingen ausgesagt wird, ein anderer ist, als derjenige, in dem „Wahres" vom Verstandesurteil ausgesagt wird und nicht auf diesen als seine Kernbestimmung zurückgeführt werden kann,

---

25 SUÁREZ, DM 8, 8, 8: „iudicium quod de vero in falsum mutatur, manet nihilominus reale iudicium et reale ens; ergo necesse est ut verum etiam maneat transcendentali veritate. Quae in hoc consistit, quod in ratione iudicii intellectus ille actus habet veram essentiam, et speciem iudicii, et conformitatem cum proprio conceptu seu idea intellectualis iudicii".

muss man sagen, dass „Wahres" vom Ding und vom Verstand nicht analog, sondern äquivok ausgesagt wird.[26]

Eine reine Äquivokation wäre anzunehmen, wenn zwischen dem jeweils Bezeichneten gar kein Zusammenhang bestünde; so wie etwa im Fall des Wortes „Ton", wenn es einerseits zur Bezeichnung von Lehm, andererseits zur Bezeichnung eines Klangs verwendet wird. Eine solche reine Vieldeutigkeit erscheint jedoch im Fall des Ausdrucks „Wahres" nicht wirklich plausibel. Um das Verhältnis richtig zu fassen, ist zunächst genauer zu analysieren, was „Wahres" im Sinne der Dingwahrheit und „Wahres" im Sinne der Erkenntniswahrheit meint. Suárez führt diese Analyse in ausgedehnten Untersuchungen der achten Disputation. Dabei legt er das allgemeine Verständnis der Wahrheit als Angleichung oder Gleichförmigkeit von Ding und Verstand zugrunde.[27]

Es genügt hier, das wichtigste Ergebnis dieser Analysen hervorzuheben: Es bestimmt und unterscheidet die beiden Begriffe der Wahrheit mithilfe der von mittelalterlichen Logikern entwickelten Lehre von den konnotativen Termini; sie wurde insbesondere durch Wilhelm von Ockham († 1347) verbreitet. Termini werden darin in absolute und konnotative eingeteilt. *Absolute* Termini, wie z. B. „Mensch", verweisen direkt auf ihren Gegenstand, ohne etwas anderes mitzubezeichnen. *Konnotative* Termini bezeichnen dagegen ihren Gegenstand direkt und in erster Linie – und nachgeordnet noch etwas anderes. In ihrer Erläuterung erscheint das primär Bezeichnete im Nominativ oder *in recto,* das Mitbezeichnete oder Konnotierte aber in einem anderen Kasus, *in obliquo*.[28] „Wahres" bildet einen solchen konnotativen Terminus. Er bezeichnet in jeder seiner Verwendungsweisen etwas direkt – und konnotiert dann noch etwas anderes; dabei

---

26 Zur scholastischen Verwendung des Ausdrucks „Äquivokation" siehe EARLINE J. ASHWORTH, *Equivocation and Analogy in Fourteenth Century Logic: Ockham, Burley and Buridan,* in: BURKHARD MOJSISCH, OLAF PLUTA (Hg.), *Historia philosophiae medii aevi: Studien zur Geschichte der Philosophie des Mittelalters. Festschrift für Kurt Flasch zu seinem 60. Geburtstag,* Amsterdam 1991, Bd. I, 23–43, und EARLINE J. ASHWORTH, *Analogy and Equivocation in Thirteenth-Century Logic: Aquinas in Context,* in: Mediaeval Studies 54 (1992) 94–135.
27 SUÁREZ, DM 8, prol.: „supponimus ex communi omnium consensu veritatem realem consistere in adaequatione quadam seu conformitate inter rem et intellectum".
28 Vgl. WILHELM VON OCKHAM, *Summa logicae* I, Kap. 10 (ed. St. Bonaventure New York 1974, Opera philos. I, 36–38). Siehe dazu PAUL VINCENT SPADE, *Ockham's Distinctions between Absolute and Connotative Terms,* in: Vivarium 13 (1975) 55–76.

wird jeweils etwas anderes primär bezeichnet und konnotiert –, je nachdem, ob er auf das Wahre im Sinne der Dingwahrheit oder auf das Wahre im Sinne der Erkenntniswahrheit verweist. „Wahres" im Sinne der Erkenntniswahrheit bezeichnet in erster Linie den betreffenden Erkenntnisakt, also den Urteilsakt des Verstandes – und konnotiert dazu ein diesem Akt äußeres Moment, nämlich den betreffenden Sachverhalt, der wirklich so besteht, wie der Erkenntnisakt ihn repräsentiert. Durch dieses Moment der *concomitantia obiecti* – die eben darin besteht, dass sich die Sache so verhält, wie es das Urteil besagt – konstituiert sich nicht die Erkenntniswahrheit überhaupt, da diese eben auch den Erkenntnisakt einschließt, wohl aber das, was der Erkenntniswahrheit als solcher eigentümlich ist.[29]

„Wahres" im Sinne der seinsmäßigen oder transzendentalen Wahrheit bezeichnet dagegen in erster Linie und unmittelbar das Seiende – also das jeweilige Ding in seiner Seiendheit oder realen Wesenheit – „und konnotiert dazu die Erkenntnis oder den eigentümlichen Begriff der Sache auf Seiten des Verstandes, dem die betreffende Seiendheit gleichförmig ist, oder in dem das betreffende Ding repräsentiert wird oder werden kann, wie es ist.[30]

Gleichlautende Kennzeichnungen mit unterschiedlichem Primärsignifikat können aber nur als äquivok gelten. Die konnotierte Gleichförmigkeit bedeutet in beiden Fällen – auch hier deutet Suárez Dingwahrheit und Erkenntniswahrheit anders als Thomas – keine seinsmäßige Abhängigkeitsbeziehung, keine ursächliche Beziehung des Maßes zum Gemessenen, sondern lediglich ein

---

29 SUÁREZ, DM 8, 2, 19: „Concedo [...] veritatem, de qua agimus [...] praeter entitatem et intrinsecam perfectionem actus connotare aliquid aliud extrinsecum, sine quo veritatis ratio non subsistit." – Ebd., Nr. 12: „concludo, veritatem cognitionis includere talem repaesentationem cognitionis, quae habeat coniunctam concomitantiam obiecti ita se habentis, sicut per cognitionem repraesentatur [...] neque concomitantia obiecti potest sufficere ad denominationem veritatis, nisi praesupposita praedicta repraesentatione, vel potius includendo illam; quia veritas non est sola illa denominatio extrinseca, sed includit intrinsecam habitudinem actus terminatam ad obiectum taliter se habens." – Ebd., Nr. 14: „Denominatio [...] veri [...] partim est a forma intrinseca, partim connotat coexistentiam obiectivam, seu concomitantiam obiecti ita se habentis, sicut per cognitionem iudicatur" – Ebd., Nr. 18: „respondetur, [...] recte probari, veritatem praeter totam perfectionem realem et intrinsecam cognitionis connotare et consignificare concomitantiam obiecti".

30 SUÁREZ, DM 8, 7, 25: „Dico [...] veritatem transcendentalem significare entitatem rei connotando cognitionem seu conceptum intellectus, cui talis entitas conformatur, vel in quo talis res repraesentatur vel repraesentari potest prout est."

Verhältnis der intentionalen Repräsentation. Dies ist später genauer zu betrachten.

Nun gilt aber doch, dass „Wahres" in erster Linie und einfachhin vom Verstandesurteil gesagt wird, und zwar nicht im Hinblick auf sein reales Sein als Verstandesakt – in dem ihm, wie jedem anderen Seienden auch, Seinswahrheit zukommt –, sondern gerade im Hinblick auf seine Gleichförmigkeit mit dem behaupteten Sachverhalt, also auf seine Erkenntniswahrheit. Dinge werden nicht einfachhin „wahr" genannt, sondern unter Hinzufügung einer bestimmten Hinsicht – etwa wenn etwas als ein „wahres Seiendes" bezeichnet wird, um es vom bloßen Gedankending *(ens rationis, ens fictum)* zu unterscheiden, oder als „wahres Gold", um es von Falschgold zu unterscheiden. „Wahres" wird also durchaus, wie es die durch Thomas vermittelte aristotelische Lehrtradition annimmt, „zuerst" vom Verstand und „später" von Dingen gesagt.[31] Diese Ordnung des „Früher und Später" kann dann aber, wenn gilt, dass „Wahres" von Verstand und Ding äquivok ausgesagt wird, nicht mehr nach dem Modell von „Gesundes" als eine Form der analogen Aussage „auf-Eines-hin" gedeutet werden.

Suárez entwickelt deshalb eine neue Erklärung.[32] Sie umfasst drei Thesen:

1. „Wahres" oder „Wahrheit" drückt in der anfänglichen, ursprünglichen – „früheren" – Verwendung des Ausdrucks die Erkenntniswahrheit aus und nicht die Wahrheit als transzendentale Bestimmung des Seienden als solchem.

2. Von dorther aber wurde der Ausdruck übertragen *(translatum)*, um die transzendentale Wahrheit des Seienden zu bezeichnen.

3. Diese Übertragung hat einen sachlichen Grund. Er besteht darin, dass Erkenntniswahrheit und Seinswahrheit zueinander in einem realen Verhältnis der Proportion oder Verhältnisgleichheit – d. h. „Analogie" im ursprünglichen Sinne des Wortes[33] – stehen.

---

31 Suárez, DM 8, 8, 9: „censeo [...] veritatem in primaeva significatione dictam esse de veritate cognitionis, quae in compositione ac divisione specialiter reperitur".
32 Vgl. zum Folgenden: DM 8, 8, Nr. 10–12.
33 Siehe dazu Rolf Darge, *Analogie*, in: Petra Kolmer, Armin G. Wildfeuer (Hg.), *Neues Handbuch philosophischer Grundbegriffe*, Bd. 1, Freiburg i. Br. 2011, 101–112, bes. 101f.

Zur ersten These: Ein starkes Indiz dafür, dass „Wahres"/„Wahrheit" anfänglich die Erkenntniswahrheit bezeichnet, bildet der übliche Sprachgebrauch. Danach wird ein Urteil gerade unter dem Aspekt seiner Erkenntniswahrheit einfachhin „wahr" – im Falle seiner Nichtübereinstimmung mit dem beurteilten Sachverhalt aber trotz seiner ontischen Wahrheit einfachhin „falsch" genannt.[34] Außerdem erscheint jene Annahme im Hinblick auf die subjektiven Bedingungen der Begriffsbildung plausibel: Ihrem formalen Gehalt nach ist die Erkenntniswahrheit – weil die Angleichung von Ding und Verstand, in der sie besteht, durch den Verstand vollzogen wird – dem menschlichen Verstehen als intentionalem Vollzug innerlicher verbunden als die ontische Wahrheit. Infolgedessen wird sie in der Ordnung der Akte, die das immer schon Miterfasste explizit bestimmen, leichter und eher erfasst als die Dingwahrheit.[35]

Zur zweiten These: Von der „Wahrheit des Seienden" wird demnach in einer „späteren", nachgeordneten Verwendungsweise des Ausdrucks „Wahrheit" gesprochen. Da diese Verwendungsweise nicht mehr nach dem Muster von „Gesundes" als ein abgeleiteter Gebrauch „auf-Eines-hin" erklärt werden kann, bleibt nur die Annahme, dass der Ausdruck „Wahres"/„Wahrheit" von der Wahrheit des Erkenntnisakts auf die transzendentale Wahrheit übertragen wurde – und zwar nicht in der Weise einer begrifflichen oder metaphorischen Übertragung, nach der Seiendes nur in einem uneigentlichen Sinne als „wahr" zu bezeichnen wäre, sondern so, dass der Ausdruck „Wahres" eine zusätzliche, eigenständige Bezeichnungsfunktion erhalten hat, nach der er primär nicht auf den Erkenntnisakt, sondern auf die innere Seiendheit des Dings verweist.

Diese Übertragung bedeutet keine metaphorische Übertragung oder begriffliche Ableitung *(denominatio)*, wonach „Wahres" von Seiendem außerhalb des Verstandes nur in einem uneigentlichen Sinne ausgesagt werden könnte – so wie etwa „Gesundes"/„gesund" von einem Heilmittel nur in einem abgeleiteten, uneigentli-

---

34 SUÁREZ, DM 8, 9, 9: „iudicium habens hanc veritatem [cognitionis] simpliciter verum dicitur. Si autem illa careat, dicitur simpliciter falsum, etiamsi veritatem transcendentalem [...] habeat".

35 SUÁREZ, DM 8, 8, 5: „Priori modo est quidem verum, per eam vocem [‚veritas'] primo significatam esse veritatem cognitionis, seu compositionis et divisionis, quia illa est nobis notior."; – 8, 8, 10: „ratio esse videtur, quia huiusmodi veritas nobis est notior, magisque formaliter est in cognitione nostra".

chen Sinne ausgesagt wird, nämlich im Hinblick auf die Gesundheit des Organismus, die es bewirkt. Vielmehr bedeutet diese *translatio nominis*, dass „Wahres" mit einem zweiten, eigenständigen Begriff verbunden wird. Sein Gebrauch wird also erweitert: vom ursprünglichen Gebrauch zur Bezeichnung der Erkenntniswahrheit zum Gebrauch auch zur Bezeichnung der Wahrheit der Dinge. „Wahres" wird danach auch von den Dingen/Seiendem *im vollen und eigentlichen* Sinne gesagt.[36] Suárez' Position unterscheidet sich insofern von der Auffassung, zu der Thomas am Ende seiner am Modell von „Gesundes" orientierten Analyse gelangt; dieser zufolge „ist Wahrheit [...] in den Dingen uneigentlich und in zweiter Linie *(improprie et secundario)*, weil nur aufgrund der Rücksicht auf eine der beiden Verstandeswahrheiten [d. h. die Wahrheit des göttlichen Verstandes oder die Wahrheit des menschlichen Verstandes]"[37].

4. Analogie

Der Rückweis der am Modell von „Gesundes" orientierten Deutung der Analogie von „Wahres" führt dennoch nicht in das Extrem der Annahme einer reinen Äquivozität. Im Anschluss an die durch Boethius' *Kategorien*-Kommentar vermittelte porphyrianische Erklärung des *homónymon* wird traditionell zwischen der rein zufälligen *(a casu)* und der geregelten oder bedachten *(a consilio)* Äquivozität, die auch „Analogie" genannt wird, unterschieden.[38] Die Mehrdeutigkeit von „Wahres" fällt unter den zweiten Äquivozitätstyp; denn die Übertragung des Namens vom Erkenntniswahren auf das Seinswahre erfolgte eben nicht zufällig, sondern aus einem objektiv-sachlichen Grund auf der Seite des jeweils Bezeichneten: Die beiden Gestalten des Wahren verhalten sich nämlich ähnlich – analog – zueinander im Hinblick auf das in ihnen jeweils gegebene reale Verhältnis der Gleichförmigkeit von Verstand und Ding: Wie das Erkenntniswahre eine reale Gleichförmigkeit zwischen Verstan-

---

36   SUÁREZ, DM 8, 8, 5: „Est [...] verum [...], vocem illam extensam esse non per metaphoricam translationem, sed per proprietatem ad significandam veritatem rerum."
37   Vgl. THOMAS VON AQUIN, *De veritate*, q. 1, a. 4c: „Est ergo veritas [...] in rebus [...] improprie et secundario, quia nonnisi per respectum ad alteram duarum veritatum."
38   Siehe dazu ASHWORTH, *Equivocation and Analogy in Fourteenth Century Logic*, 30ff. und ASHWORTH *Analogy and Equivocation in Thirteenth-Century Logic*, 97–105.

desurteil und Sache einschließt, so schließt das seinsmäßige Wahre eine reale Gleichförmigkeit zwischen der Seiendheit des Dings und dem entsprechenden Begriff, der Idee oder intellektuellen Repräsentation eines solchen Wesens im Verstand ein.[39] Wenn der Ausdruck „Wahres" aufgrund dieser realen Verhältnisähnlichkeit oder Proportionalitätsanalogie übertragen wurde oder übertragen werden kann, lässt sich wohl sagen, dass „Wahres" in Bezug auf Erkenntniswahres und Seinswahres nicht rein äquivok, sondern in bedachter Mehrdeutigkeit verwendet wird.

Suárez bringt in dieser Erklärung somit auch eine Art von Analogie in Geltung. Sie unterscheidet sich fundamental von der thomistischen Konzeption: Zum einen bestimmt sie die Analogie von „Wahres" nicht als eine Beziehung der Analogate „auf-Eines-hin" (in Cajetans Terminologie: als „Attributionsanalogie"), sondern als Proportionalität oder Gleichheit der Verhältnisse, die jeweils auf Seiten der Analogate bestehen. Zum anderen – und hier liegt der bedeutendere Unterschied – bestimmt sie die Rolle der Analogie in diesem Zusammenhang anders. Thomas und Cajetan deuten die Analogie primär als eine interne Leistung des Verstandes: Durch begriffliche Ableitung aus dem Sinngehalt oder Begriff des Erkenntniswahren erzeugt der Verstand denjenigen des transzendentalen Wahren, der vom Seienden ausgesagt werden kann. Suárez zufolge wird dagegen die Proportionalität, in der die Analogie wesentlich besteht, nicht vom Verstand hervorgebracht, sondern vorgefunden. Sie hat den Status eines realen Grundes, der nicht den Sinngehalt des seinsmäßigen Wahren bedingt, sondern nur die Übertragung des Namens „Wahres" zu dessen Bezeichnung erklärt. Der Sinngehalt des ontischen Wahren ist dabei vorausgesetzt. In diesem Verständnis – und nur so – vermag die Analogie im Sinne des Suárez wesentlich zu einer Deutung der Ordnung des „Früher" und „Später" der Prädikation von „Wahres" in Bezug auf Verstand und Ding beizutragen, bei der der Charakter der ontischen Wahrheit als Eigentümlichkeit des Seienden als solchem nicht aus dem Blick gerät. Um ein Missverständnis auszuschließen, in des-

---

39   SUÁREZ, DM 8, 8, 12: „sicut veritas compositionis requirit illam conformitatem inter esse rei et iudicium, ita veritas transcendentalis requirit talem rei entitatem, quae adaequari possit proprio conceptui, seu idea, aut intellectuali repraesentationi talis rei".

sen Folge die neue Erklärung in die cajetanische Interpretationslinie zurückgelenkt würde, hebt Suárez hervor, dass diese Analogie tatsächlich nur als der Grund der Namensübertragung und nicht als dasjenige zu verstehen ist, was „Wahrheit" in ihrer Folge bezeichnet: In der Bedeutung, die der Ausdruck durch die Übertragung hinzugewinnt, bringt er nicht jene Proportionalität zum Ausdruck, sondern die betreffende Eigentümlichkeit des Seienden als solchem, die ihr zugrunde liegt, und in der jene Proportionalität aufgesucht und betrachtet werden kann.[40] Suárez' Verständnis dieses Zusammenhangs versuche ich in folgendem Schema zusammenzufassen:

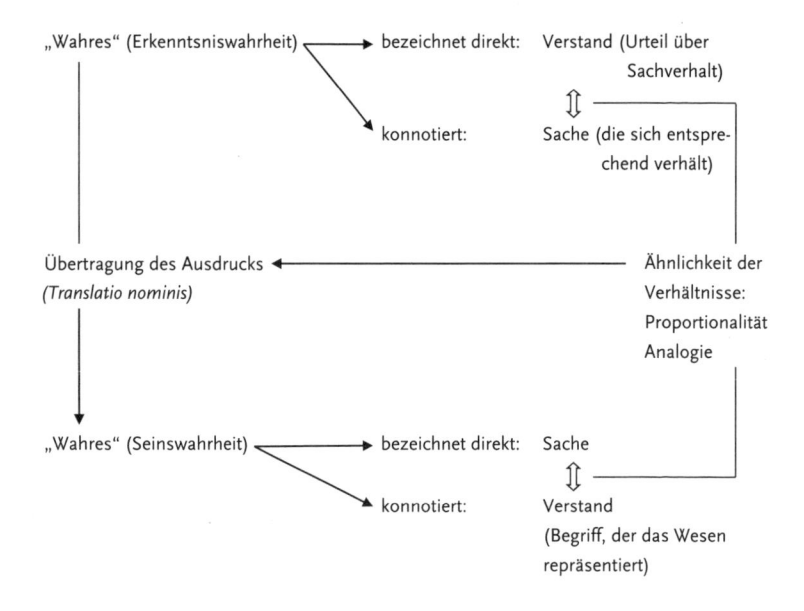

„Wahres" (Erkenntsniswahrheit) ⟶ bezeichnet direkt: Verstand (Urteil über Sachverhalt)
⇕
konnotiert: Sache (die sich entsprechend verhält)

Übertragung des Ausdrucks ⟵ Ähnlichkeit der Verhältnisse:
(Translatio nominis) Proportionalität
Analogie

„Wahres" (Seinswahrheit) ⟶ bezeichnet direkt: Sache
⇕
konnotiert: Verstand
(Begriff, der das Wesen repräsentiert)

5. Ontologische Deutung

Sein Verständnis der Analogie des Wahren entwickelt Suárez im Rahmen eines Metaphysikentwurfs, der verschiedene Traditionslinien der Metaphysik als „transzendierender Wissenschaft" *(sciencia*

---

40   Ebd.: „licet translatio nominis ex illa proportionalitate sumpta sit, non tamen formaliter significat illam, sed proprietatem, in qua illa considerari potest".

transcendens) von Seienden als solchen zusammenführt. Ziel dieser Wissenschaft ist es, das Seiende als solches auszulegen. Die Bedeutung der transzendentalen (d. h. die aristotelischen Kategorien überschreitenden) Attribute des Seienden für die Metaphysik besteht darin, dass sie dem Sinngehalt des Seienden, den jede von ihnen zugrunde legt und einschließt, eine begriffliche Bestimmung hinzufügen, durch die sie eine positive reale Vollkommenheit explizieren, die jedem Seienden von sich her durch seine Seiendheit immer schon eignet. Diese Explikation geschieht somit nicht durch oder im Hinblick auf etwas Reales, das dem Seienden hinzugefügt würde, sondern „gemäß eben dem formalen oder wesenhaften Sinngehalt des Seienden selbst"[41]. Insoweit jene Attribute nichts anderes sind als das Seiende selbst unter einem bestimmten Aspekt der ihm als solchem eigenen Vollkommenheit, schließen sie den Sinngehalt des Seienden wesenhaft ein. So besagt auch das transzendentale Attribut „Wahres" oder die „transzendentale Wahrheit" in erster Linie „Seiendes" bzw. die Seiendheit des Dings, das „wahr" genannt wird.[42] Suárez' knüpft darin an die vorscotischen Transzendentalienlehren – und insbesondere an diejenige des Thomas – an.[43]

Andererseits weicht er in einer fundamentalen Hinsicht von dieser ab und folgt der scotischen Tradition, indem er den Sinngehalt des Seienden mit dem des Dings *(res a ratitudo)* identifiziert und im Sinne desjenigen expliziert, was eine reale – der denkunabhängigen Existenz fähige – Wesenheit besitzt.[44] In diesem Sinngehalt kommt, wie Suárez im Unterschied zu Thomas annimmt, das

---

[41] SUÁREZ, DM 3, 1, 11: „per ea [...] explicatur realis positiva perfectio entis, non secundum aliquid reale superadditum ipsi enti, sed secundum ipsammet formam seu essentialem rationem entis".

[42] SUÁREZ, DM 3, 1, 12: „secundum rem [...] essentialiter dicitur [,ens'] de illis, quia illa nihil aliud explicant quam ipsam entis naturam" – 8, 7, 24: „dico primo, veritatem transcendentalem intrinsece dicere entitatem realem ipsius rei, quae vera denominatur".

[43] Siehe hierzu ROLF DARGE, *Die Grundlegung einer allgemeinen Theorie der transzendentalen Eigenschaften des Seienden* bei F. Suárez, in: *Zeitschrift für philosophische Forschung* 54 (2000) 341–364.

[44] SUÁREZ, DM 2, 4, 15: „res dicitur a quidditate quatenus est aliquid firmum et ratum, id est non fictum, qua ratione dicitur quidditas realis; ens vero in praedicta significatione dicit id, quod habet essentiam realem: eamdem ergo omnino rem seu rationem realem important". Siehe hierzu ROLF DARGE, *Suárez' Analyse der Transzendentalien ,Ding' und ,Etwas' im Kontext der scholastischen Metaphysiktradition*, in: *Theologie und Philosophie* 75 (2000) 339–358.

endliche, geschaffene Seiende mit dem unendlichen, göttlichen Seienden überein.⁴⁵ Aufgrund dieses Begriffs des Seienden als solchem gelangt Suárez in der Auslegung des transzendentalen Wahren – das eben zuerst einmal „Seiendes" besagt – zu anderen Folgerungen als Thomas. Thomas schließt Gott aus dem Umfang der transzendentalen Termini aus. Diese beziehen sich seiner Auffassung nach nur auf das endliche, geschaffene Seiende – womit nicht ausgeschlossen ist, dass sie in Gottesnamen („Sein", „Einheit", „Wahrheit", „Gutheit") gewendet werden können; als Gottesnamen sind sie jedoch keine Transzendentalien, da sie eben nur von einem einzigen „Gegenstand" ausgesagt werden können.⁴⁶ Das, was „Wahres" über „Seiendes" hinaus besagt, deutet Thomas als eine begriffliche Beziehung, die sich durch eine reale Abhängigkeitsrelation zwischen Verstand und Ding konstituiert. Sie hat, wie bereits hervorgehoben wurde, im Hinblick auf das Verhältnis des Seienden zum schöpferischen Verstand den Charakter einer Beziehung des Gemessenen zum Maß, im Hinblick auf das Verhältnis des (Natur-)Seienden zum menschlichen theoretischen Verstand den Charakter einer Beziehung des Maßes zum Gemessenen.⁴⁷

Suárez dagegen bestreitet auf der Grundlage des neuen Seinsbegriffs, der das ungeschaffene Seiende mitumfasst, dass sich der eigentümliche Sinngehalt des transzendentalen Wahren durch eine reale Relation konstituiert: Gott besitzt, insoweit er seinem Wesen nach der eine wahre Gott ist, weder eine reale Beziehung zu etwas außerhalb seiner – da jedes Bezogensein einen Endterminus der Beziehung erfordert, das göttliche Sein aber vollkommen unbedingt ist – noch auch eine reale Beziehung zu etwas innerhalb von sich. Denn eine reale Beziehung erfordert Relata, die der Sache nach verschieden sind. In Gott gibt es aber nichts, wovon die göttliche

---

45 SUÁREZ, DM 28. Prol.: „Diximus [...] primam et maxime essentialem divisionem entis esse in finitum et infinitum secundum essentiam seu in ratione entis." – 28, 1, 14: „solet haec divisio sub his terminis tradi *ens vel increatum est, vel creatum*".
46 Siehe dazu ROLF DARGE, *Vom Transzendentalen zum Transzendenten. Der transzendentaltheologische Weg der Metaphysik nach Thomas von Aquin*, in: Philosophisches Jahrbuch (2016) 385–409.
47 Vgl. THOMAS VON AQUIN, *De veritate*, q. 1, a. 2c.

Wesenheit der Sache nach verschieden wäre.⁴⁸ – Außerdem müsste eine solche innere Beziehung, durch die sich das göttliche Seiende als Wahres konstituiert, eine Beziehung der göttlichen Wesenheit zum göttlichen Verstand sein – und zwar zu diesem entweder als ihrer (Exemplar-)Ursache oder als bloß Verstehendem. Das Erste kann nicht angenommen werden, da die göttliche Wesenheit keinerlei Ursache hat. In der anderen Hinsicht aber kommt keine reale Beziehung zustande, da in Gott Wesenheit und Verstand der Sache nach identisch sind. Wenn aber das unendliche Seiende unabhängig von einer realen Beziehung im transzendentalen Sinne Wahres ist, kann die Wahrheit des Seienden als solchem, dessen Sinngehalt von den Modi des endlichen und des unendlichen Seienden absieht, keine reale Beziehung erfordern.⁴⁹

Ein Verständnis, wonach „Wahres" zu „Seiendes" eine bloße begriffliche Beziehung hinzufügt, weist Suárez ebenfalls mit Blick auf den Fall des unendlichen Seienden zurück: „Gott ist von Ewigkeit her im transzendentalen Sinne wahr gemäß dem vollständigen und genauen Sinngehalt der Wahrheit; und dennoch gibt er weder begriffliche Beziehungen vor noch kann er diese benötigen, um ‚wahrer Gott' zu sein oder genannt zu werden."⁵⁰ Die Begründung geht davon aus, dass begriffliche Beziehungen ihrem ontologischen Status nach bloße Gedankendinge *(entia rationis)* sind, die nur „sind" insoweit sie gedacht werden.⁵¹

Aber wie ist die Gleichförmigkeit zum Verstand, durch die sich Seiendes als Wahres auszeichnet, dann zu verstehen?

(a) Erkenntniswahrheit

---

48   Suárez, DM 8, 7, 12: „Deus nullam habet relationem realem, quia neque ad aliquid extra se, ut constat, neque ad aliquid intra se, quia vera divinitas nullam in re distinctionem habet ab his omnibus quae intra Deum sunt."
49   Ebd.: „illa relatio, si quae est, debet esse ad intellectum; vel ergo est ad intellectum ut causam, et haec non habet locum in vera divinitate, quae causam non habet; vel est ad intellectum ut intelligentem, et haec non potest esse relatio realis ad intra, cum sit eiusdem ad seipsum". [...] „et consequenter nec veritas entis, ut abstrahit a creato et increato potest hanc relationem realem requirere".
50   Ebd.: „Deus ab aeterno est verus transcendentaliter secundum completam et exactam rationem veritatis, et tamen nec fingit relationes rationis, nec illas requirere potest, ut verus Deus sit et dicatur."
51   Ebd., 54, 1, 4: „relatio rationis ens rationis est". – Ebd., Nr. 6: „recte definiri solet, ens rationis esse illud, quod habet esse obiective tantum in intellectu, seu esse id, quod a ratione cogitatur ut ens, cum tamen in se entitatem non habeat".

Eine Antwort auf diese Frage ergibt sich nach Suárez aus einer Analyse der Erkenntniswahrheit, die dem menschlichen Verstehen aus dem genannten Grund (s. o. im 3. Abschnitt „zur ersten These") leichter zugänglich ist als die transzendentale Wahrheit. Darin zeigt sich, dass die Gleichförmigkeit zwischen Verstand und Ding, durch die sich der eigentümliche Sinngehalt der Erkenntniswahrheit konstituiert, weder eine begriffliche noch eine reale – kategoriale oder transzendentale – Beziehung ist:

1. Sie kann keine begriffliche Beziehung sein, die – wie Suárez voraussetzt – nur besteht, insoweit sie als Beziehung gedacht wird; denn sie liegt der Reflexion, durch die der Verstand die Wahrheit des Erkenntnisakts ausdrücklich erfasst, voraus und zugrunde.[52]

2. Sie kann auch keine reale kategoriale Relation sein; denn eine solche Relation erfordert stets einen realen Terminus; wahr kann aber auch ein Urteil über ein bloßes Gedankending sein.[53] Außerdem ist eine solche Relation eine von ihrem Fundament und Terminus real verschiedene Entität; der Erkenntnisakt ist jedoch nicht durch eine zusätzliche Entität wahr, die wie ein Mittleres zwischen ihm und dem Gegenstand entsteht; er ist vielmehr unmittelbar dadurch wahr, dass er als ein repräsentierender Akt mit dem entsprechenden Terminus zustande kommt.[54]

3. Sie lässt sich schließlich auch nicht als transzendentale Relation verstehen. Die transzendentale Relation, wie Suárez sie versteht, bildet eine reale Hinordnung eines Wesens auf eine bestimmte Form der Kausalität oder auch der Teilhabe an anderem; sie wohnt einem Seienden als wesenhafter Modus oder wesenhafte Bestimmung inne. „Transzendental" wird sie genannt, weil diese Hinordnung in allen kategorialen

---

52 SUÁREZ, DM 8, 2, 8: „Haec [relatio rationis] eo modo quo esse potest, non est actu, nisi intellectu actu cogitante vel comparante unum ad aliud; sed absque huiusmodi comparationem actus est simpliciter verus [...]; ergo talis relatio non intrat formaliter conceptum veritatis; ergo nec veritas habet talem relationem supra ipsum actum."
53 Ebd., 8, 2, 2: „veritas eiusdem rationis debet esse in omnibus; in hoc autem iudicio ‚Chymera est ens fictum', est veritas realis absque relatione reali; ergo idem est in omnibus".
54 Ebd., 8, 2, 7: „Haec [relatio praedicamentalis] dicitur consurgere posito fundamento et termino; actus autem formalissime verus est, hoc ipso quod ponitur tale fundamentum et terminus."

Seinsgestalten vorkommen kann.[55] Nun lässt sich allerdings die Hinordnung des Erkenntnisakts auf den Gegenstand als transzendentale Relation verstehen; denn sie eignet diesem als intentional-repräsentierendem Vollzug innerlich und wesenhaft. Wenn so die Erkenntniswahrheit auch eine transzendentale Relation erfordert[56], so ist sie ihrer *eigentümlichen* Struktur nach – wie gegenüber Hans Seigfrieds Deutung hervorzuheben ist[57] – doch keine transzendentale Relation; denn ihrer eigentümlichen Struktur nach (also in dem, wodurch sie sich formal als Erkenntniswahrheit konstituiert) bildet sie kein wesenhaftes Moment des Erkenntnisakts. Dies leuchtet ein; denn ein wahres Urteil kann ja durch bloße Veränderung des beurteilten Sachverhalts ohne wesentliche Veränderung des Urteilsvollzugs zu einem falschen Urteil werden.[58]

Das eigentümliche Moment der Erkenntniswahrheit – das Konnotat des betreffenden Begriffs des Wahren – wird Suárez zufolge zureichend verstanden, wenn es als „Begleitung" *(concomitantia)* des Erkenntnisakts durch einen Gegenstand ausgelegt wird, der (und insofern er) sich seinem eigenen Sein nach so verhält, wie ihn der Erkenntnisakt repräsentiert. Diese *concomitantia obiecti* ist keine Beziehung, sondern eben nur ein Mit- und Zugleichsein. Von diesem her wird aber der Erkenntnisakt jedoch im Hinblick auf seine Erkenntniswahrheit als „wahr" bezeichnet und charakterisiert, *als ob* eine Beziehung vorläge; so kann der eigentümliche Sinngehalt des (Erkenntnis-)Wahren eine „Beziehung gemäß dem Gesagtwer-

---

55 Ebd., 47, 3, 10: „esse alias habitudines veras etiam et reales [...] quae propterea transcendentales dicuntur, quia ad certum aliquod praedicamentum non pertinent, sed per omnia vagantur". – 47, 4, 15: „Respectus autem transcendentalis [...] est essentialis modus, seu differentia alicuius formae seu entitatis, quatenus ad causandum aliquo modo vel operandum circa alia per se primo instituta est, vel e converso, quatenus ab alia essentialiter pendet."
56 Ebd., 8, 2, 15: „supponit vel requirit [veritas cognitionis] in ipso actu repraesentationem seu habitudinem realem ad obiectum".
57 Hans Seigfried nimmt die transzendentale Relation des Erkenntnisakts irrtümlich für das Moment, wodurch sich die Erkenntniswahrheit als solche konstituiert; HANS SEIGFRIED, *Wahrheit und Metaphysik*, Phil. Diss. Bonn 1967, 20: „Sie [die Wahrheit der Erkenntnis] kann deshalb nur eine transzendentale Relation der Erkenntnis zum erkannten Ding sein. Die transzendentale Relation ist auch ohne die Voraussetzungen möglich, die unerlässlich sind für die prädikamentale reale Relation."
58 SUÁREZ, DM 8, 2, 6: „Actus ex se idem et eodem modo repraesentat, solumque mutatur eius veritas, quia res non eodem modo se habet."

den" *(respectus secundum dici)* genannt werden.[59] Die Überlegungen nehmen eine Lehrtradition auf, die sich im 13. Jahrhundert auf der Grundlage von Boethius' Kommentar zur Definition des *prós ti* in Aristoteles' *Kategorien* bildet; im Anschluss an diese Tradition bestimmt Suárez die „sogenannte Beziehung" in seiner Kategorienlehre im zweiten Teil der *Disputationes* als unmittelbaren Gegensatz zur ‚Beziehung gemäß dem Sein' *(relatio secundum esse):* Während diese ein Ding ist, das in Wirklichkeit ein eigentümliches Sein mit Verhältnis zu etwas anderem hat, ist jene ein Ding *(res)*, das lediglich nach Art und Weise einer Beziehung aufgefasst, erläutert oder ausgesagt wird, tatsächlich aber keine Beziehung besitzt.[60] Von der begrifflichen Beziehung unterscheidet sich die *relatio secundum dici* dadurch, dass sie nicht einmal als Beziehung gedacht wird: Sie bedeutet nur eine Weise, in der wir über etwas, das der Sache nach kein *esse ad*, sondern ein absolutes Sein besitzt – und so auch verstanden ist –, *in Analogie* zu einem Relatum *sprechen*.[61] Obwohl diese Redeweise die Dinge weder darstellt, wie sie sind, noch wie sie wir sie verstehen, ist sie wissenschaftlich von Bedeutung: Sie ist methodisch sinnvoll, wenn es – wie etwa bei der Auslegung göttlicher

---

59   Ebd., Nr. 13: „illa denominatio sumpta ex concomitantia obiecti non incongrue potest respectus secundum dici appellari".

60   Suárez, DM 47, 3, 6: „Relatio [...] secundum dici definiri solet, quod sit res quae concipitur et explicatur seu dicitur per modum respectus, cum in re ipsa verum respectum non habeat; relatio autem secundum esse dicitur, quae revera habet proprium esse cum habitudine ad aliud." – Zum historischen Hintergrund der Unterscheidung siehe die bis heute maßgebliche Untersuchung von Anton J. Krempel, *La doctrine de la relation chez Saint Thomas*, Paris 1952, bes. 394–417. Der Korrektur bedürfen allerdings Krempels Bemerkungen zum suarezianischen Verständnis der *relatio secundum dici*. Diesen zufolge deutet Suárez die *relatio secundum dici* zur transzendentalen Relation um; vgl. ebd., 413: „Suarez exclut des catégories la *relatio secundum dici*, pour en faire une relation transcendentale."; ebd., 417: „Jean de saint Thomas et les thomistes suivants, ainsi que Suarez [...] feront de cette ‚relation' la relation transcendentale." – Tatsächlich unterscheidet Suárez jedoch streng zwischen transzendentaler Relation und *relatio secundum dici*. Wie oben dargelegt wurde, bildet die transzendentale Relation im suarezianischen Verständnis eine innere wesenhafte Ausrichtung oder Hinordnung eines Dings; sie gehört deshalb in die Klasse der realen seinsmäßigen Relationen, zu der auch die kategoriale Relation gehört, vgl. DM 47, 3, 10: „dividitur relatio realis et secundum esse in transcendentalem et praedicamentalem". Zur *relatio secundum esse* verhält sich aber die *relatio secundum dici* im Verständnis des Suárez als Gegensatz; vgl. DM 47, 3, 6: „divisio relationis est in relationem secundum esse et secundum dici".

61   Suárez, DM 47, 3, 8: „non attribuitur ipsi obiecto cognito habitudo ulla nec realis nec rationis sed solum ex parte concipientis fit conceptus per quandam imitationem et analogiam ad conceptus rerum respectivarum".

Attribute oder der transzendentalen Attribute des Seienden – aufgrund der Begrenztheit des menschlichen Verstands nicht gelingt, die Sache so zu begreifen, wie sie in sich selbst ist.[62]

(b) Dingwahrheit

Nach dem Modell der Erkenntniswahrheit expliziert Suárez das Konnotat der seinsmäßigen oder transzendentalen Wahrheit als einen Zusammenhang von Verstand und Ding, der nur *secundum dici* eine Beziehung ist. Zur Seiendheit konnotiert wird der Erkenntnisakt oder formale Begriff des Verstandes, in dem das so und so beschaffene Ding repräsentiert wird oder werden kann, wie es ist. Das Verhältnis schließt keine Beziehung ein, wenn es auch – wie Suárez mit Rücksicht auf die thomistische Schultradition vermerkt – gewöhnlich eine „begriffliche Relation" genannt wird. Tatsächlich ist es nicht mehr als ein Beieinandersein *(consortium)* von mehrerem, wovon das eine so beschaffen ist, wie es vom anderen repräsentiert wird oder zumindest werden kann.[63] Indem die Erläuterung die besondere Weise des Zusammenhangs über das Minimalmoment des *consortium* von Repräsentierendem und Repräsentiertem offenlässt, gewinnt sie die Umfangsweite des Subjekts der transzendentalen Seinsauslegung; sie gilt für das ontische Wahrsein des geschaffenen wie auch des ungeschaffenen Seienden.[64]

In seiner weiteren Auslegung (DM 8, 7, 26–33) nimmt Suárez Überlegungen des Thomas auf, wonach Seiendes als Wahres in erster Linie und *per se* auf den göttlichen Verstand hingeordnet ist und nachgeordnet und gewissermaßen beiläufig auf den menschlichen Verstand, dem es nicht notwendig wirklich angeglichen ist, wohl

---

62 Suárez, DM 47, 3, 9: „id saepe provenire ex nostro modo imperfecto concipiendi, quia non valemus concipere res prout ipsae sunt".
63 Suárez, DM 8, 7, 25: „Dico [...] veritatem transcendentalem significare entitatem rei connotando cognitionem seu conceptum intellectus, cui talis entitas conformatur, vel in quo talis res repraesentatur vel repraesentari potest prout est." – Ebd.: „Hoc [...] non est intelligendum de relatione propria et actuali, sed de illa mutua connexione rei et conceptu, et connotatione unius ut correspondentis alteri, quae [...] relatio rationis dici solet. [...] Illa enim conformitas non intelligitur esse relatio aliqua, ut supra in veritate cognitionis explicatum est, sed denominatio sumpta ex consortio plurium ita se habentium, ut tale unum sit, quale ab alio repraesentatur."
64 Ebd., Nr. 35: „intelligitur [...] quomodo esse verum conveniat omni enti reali, sive creato, sive increato".

aber aufgrund seiner Seiendheit angeglichen sein kann.[65] Dabei unterzieht Suárez das thomasische Lehrstück jedoch vom Standpunkt seines scotisch geprägten Seinsverständnisses aus einer weitreichenden Transformation.

Ein charakteristischer Zug dieser Transformation zeigt sich in der Begründung, warum geschaffenes Seiendes in erster Linie im Hinblick auf seine Gleichförmigkeit mit dem göttlichen Verstand „wahr" zu nennen ist. In ihrem Zentrum steht nicht, wie in der Erklärung des Thomas, die Annahme eines seinsmäßigen Abhängigkeitsverhältnisses (des Gemessenen vom Maß des Urbilds im göttlichen Verstand), sondern der Repräsentationsgedanke: Der göttliche Verstand repräsentiert ein jedes Ding auf vollendete Weise in dem ihm eigentümlichen Begriff. Infolgedessen wird ein Ding in erster Linie „wahr" genannt, weil es dem Begriff, den Gott von einem derartigen Wesen hat, gleichförmig ist oder sein kann. Diesen Begriff bezeichnet Suárez hier als „*conceptus*", „*ratio*" oder „*repraesentatio*", nicht aber als „Idee" *(idea, forma)* oder „Urbild" *(exemplar)*, da diese letzteren Ausdrücke den Gedanken eines exemplarursächlichen Zusammenhangs evozieren.[66] Damit ist nicht ausgeschlossen, dass Gott das Geschaffene exemplarursächlich begründet – und auch nicht gesagt, dass dasjenige, worin der göttliche Verstand das Geschaffene repräsentiert, etwas anderes sei, als dasjenige, wodurch er es exemplarursächlich begründet. Kausale Urbildfunktion und intentionale Repräsentation der washeitlichen Struktur des Hervorzubringenden schließen einander nicht aus; sie bilden verschiedene Aspekte desselben praktisch-schöpferischen Erkennens, das deshalb nicht nur als „wirksam", sondern auch als „wahr" im Sinne der Erkenntniswahrheit zu qualifizieren ist.[67] Insoweit es den Ge-

---

65 Vgl. THOMAS VON AQUIN, *De veritate*, q. 1, a. 3c: „verum [...] dicitur [...] de rebus secundum quod adaequantur intellectui divino vel aptae natae sunt adaequari intellectui humano"; – Ebd., a. 4c: „Veritas autem, quae dicitur de rebus in comparatione ad intellectum humanum, est rebus quodam modo accidentalis [...] sed veritas quae de eis dicitur in comparatione ad intellectum divinum, eis inseparabiliter comitatur, cum nec subsistere possint nisi per intellectum divinum eas in esse producentem. Per prius etiam inest rei veritas in comparatione ad intellectum divinum quam humanum [...]."

66 Ebd.: „in divino intellectu est [...] perfectissima rerum omnium ratio seu repraesentatio; ergo tunc res maxime dicitur vera, quando conformari potest conceptui, quem de tali re Deus habet".

67 SUÁREZ, DM 8, 7, 31: „res [...] ut possibiles sint per se requirunt exemplaria, et ideas in primo artifice, quae unumquodque tale esse repraesentent, quale esse potest, aut natura fieri postulat". – 8, 5, 3: „Respondetur [...] cognitionem practicam dupliciter posse com-

genstand seiner washeitlichen Struktur nach – welche die aktuale Existenz und deren eigentümliche Bedingungen nicht einschließt – repräsentiert, erscheint dieser nicht als Produkt, sondern eher als ein Bestimmungsgrund der Erkenntnis, sodass sich von einem Ding sagen lässt, es sei seiner Wesenheit nach nicht deshalb so beschaffen, weil es als so beschaffen von Gott erkannt wird; es werde vielmehr von Gott als von einer solchen Wesenheit erkannt, weil es wesenhaft so beschaffen ist.[68]

Eine reale Abhängigkeit des schöpferischen Erkennens braucht dabei nicht angenommen zu werden. Der Zusammenhang erschließt sich aus der sachlichen Identität des göttlichen Erkennens mit dem unendlichen göttlichen Wesen, das alle Vollkommenheiten des Geschaffenen virtuell einschließt: Deshalb empfängt Gott jene Erkenntnis nicht von den Gegenständen, sondern besitzt sie unmittelbar durch sich selbst. Kraft seiner unendlichen wesenhaften Vollkommenheit ist die betreffende intentionale Repräsentation erschöpfend und wahr.[69] Im Übrigen betrifft dieses Erkennen das Geschaffene auch nur nachgeordnet und indirekt. Aufgrund jener Identität richtet es sich unmittelbar auf die göttliche Wesenheit selbst. Gott erfasst jegliches Geschaffene auf eine überragende Weise dadurch, dass er sich selbst vollkommen begreift.[70] Suárez weicht an diesem Punkt deutlich von der Position des Thomas ab, indem er die für das transzendentale Wahre konstitutive Gleichförmigkeit zum göttlichen Verstand nicht als seinsmäßige Abhängigkeit vom göttlichen Exemplar, sondern nur als ein *consortium* von Repräsentierendem und Repräsentiertem ohne eigentliche Beziehung bestimmt.

---

parari ad obiectum, uno modo in ratione cognitionis, alio modo in ratione causae, aut efficientis aut exemplaris [...] priori autem modo cognitio practica est vera; [...] quia sub ea consideratione praecisa non est causa illius, sed mera cognitio, quae ut sic solum est repraesentatio intentionalis obiecti."

68   SUÁREZ, DM 8, 5: „non ideo res est talis essentiae, quia talis a Deo cognoscitur, sed e converso ideo talis cognoscitur, quia talis essentiae est".
69   Ebd., Nr. 6: „Deus ita habet scientiam horum obiectorum, ut ab eis illam non accipiat, sed ex se illam habeat, et ab intrinseco, et ex vi suae essentialis perfectionis habeat omnem rectitudinem et infallibilitatem eius."
70   Ebd.: „illa scientia ita attingit haec secundaria obiecta, ut nullam veram relationem seu habitudinem realem habeat ad illa, sed eminentiori modo illa omnia attingit Deus per hoc quod seipsum comprehendit".

Damit hängt eine weiterer Unterschied der Konzeptionen zusammen: Thomas zufolge muss jene Gleichförmigkeit eine wirkliche sein.[71] Diese Auffassung ergibt sich aus dem zugrunde gelegten Begriff des Seienden durch die Auslegung der Gleichförmigkeit als einer seinsmäßigen Abhängigkeitsbeziehung. Wenn „Seiendes" einfachhin dasjenige besagt, was Sein im Sinne des Seinsakts *(actus essendi)* hat[72], muss die Gleichförmigkeit des Seienden mit dem göttlichen Verstand eine wirkliche sein; denn die seinsmäßige Abhängigkeit von der schöpferischen Ursache kann dann nicht nur eine mögliche, sondern muss eine wirkliche sein.

Suárez vertritt eine andere Auffassung. Sie zeigt sich an einer Stelle, in der er ein bekanntes Gedankenexperiment des Thomas in *De veritate* q. 1, a. 2 aufnimmt, in dem Thomas die Hinordnung auf den Verstand als notwendige Bedingung der Wahrheit der Dinge zur Geltung bringt: Die Dinge würden, falls es keinen menschlichen Verstand gäbe, dennoch „wahr" genannt – nämlich in ihrer Hinordnung auf den göttlichen Verstand. Nur unter der fiktiven Annahme, beide Verstandeskräfte seien aufgehoben und die Dinge existierten weiter, könnten sie nicht mehr sinnvoll „wahr" genannt werden.[73] Suárez bejaht den Grundgedanken[74], führt das Gedankenexperiment aber weiter zu der Auffassung, dass das Wahrsein der Dinge *nicht* davon abhängt, dass irgendein Verstand sie *wirklich* begreift; seine Folgerung ist der Position des Thomas entgegengesetzt: „Auch dann wäre immer noch Wahrheit in den Dingen, falls jeglicher Verstand, auch der göttliche, mit dem aktualen Begreifen der Dinge aufhörte."[75] „Wahres" besagt also in Bezug auf jegliche Verstandeskraft, auch die göttliche, nur die innere, wesenseigentümliche Hinordnung oder „Eignung" *(aptitudo)* eines Seienden, durch den eigen-

---

[71] THOMAS VON AQUIN, De veritate, q. 1, a. 2, ad 4: „in definitione rei verae potest poni visio in actu intellectus divini, non autem visio intellectus humani nisi in potentia".
[72] Vgl. THOMAS VON AQUIN, Summa theologiae I-II, q. 26, a. 4c.: „ens simpliciter est quod habet esse" – De potentia q. 7, a. 2, ad 9: „hoc quod habet esse, efficitur actu existens".
[73] THOMAS VON AQUIN, De veritate, q. 1, a. 2c.: „etiam si intellectus humanus non esset, adhuc res verae dicerentur in ordine ad intellectum divinum; sed si uterque intellectus, rebus remanentibus per impossibile, intelligeretur auferri, nullo modo ratio veritatis remaneret".
[74] SUÁREZ, DM 8, 7, 27: „tunc non esset possibilis veritas cognitionis, et consequenter omnis veri denominatio cessaret".
[75] Ebd.: „etiamsi intellectus apprehendat illam hypothesim impossibilem in re positam, nimirum quod omnis intellectus, etiam divinus, cessaret ab actuali rerum conceptione, nihilominus adhuc esset in rebus veritas".

tümlichen Begriff des betreffenden Wesens repräsentiert zu werden. Damit ist auch eine Deutung des transzendentalen Wahren im Sinne einer bloßen äußeren Benennung des Seienden – insbesondere etwa von dessen Urbild im göttlichen Verstand her – ausgeschlossen.

6. Schluss

Während einerseits das Seiende durch den Aufweis des Wahren und der anderen transzendentalen Attribute ausgelegt werden soll, hängt – andererseits – das Verständnis dieser Eigentümlichkeiten des Seienden als solchem von dem zugrunde liegenden Verständnis des Seienden als solchem ab. Hier verschiebt sich die ontologische Perspektive von Thomas zu Suárez in einem zentralen Punkt: Während Thomas das Seiende vom Seinsakt her versteht – als „dasjenige, was den Seinsakt hat" – und deshalb auch das Wahre und die anderen transzendentalen Attribute des Seienden auf den Seinsakt bezieht[76], versteht Suárez das Seiende von seiner Wesenheit her als dasjenige, was eine reale – d. h. aus sich zur denkunabhängigen Existenz geeignete – Wesenheit hat.[77] Dementsprechend bezieht er „Wahres" und die anderen transzendentalen Attribute in erster Linie nicht auf den Seinsakt, sondern auf die reale Wesenheit. Deshalb besteht für ihn die Wahrheit des Seienden nicht – wie für Thomas – in der Intelligibilität, die ihm durch den Seinsakt zukommt, sondern darin, dass es tatsächlich, wirklich – „real" – die Wesenheit besitzt, die im Wesensbegriff eines derartigen Seienden repräsentiert wird oder werden kann. „So pflegen wir etwa von Gold zu sagen, es sei ‚wahres Gold', um es von scheinbarem zu unterscheiden."[78] Jegliches, das Seiendheit – d. h. eine reale Wesenheit – besitzt, kann in diesem Sinne „Wahres" genannt werden, und umgekehrt kann jeglichem, das in diesem Sinne „Wahres" zu nennen ist, Seiendheit zugesprochen werden.

---

76   THOMAS VON AQUIN, *De veritate*, q. 1, a. 1c: „ens sumitur ab actu essendi". Siehe dazu JAN AERTSEN, *Medieval Philosophy and the Transcendentals*, bes. 185–193 („4.4. The ‚ratio' of being: Actuality").

77   Siehe dazu ROLF DARGE, „*Ens in quantum ens*": Die Erklärung des Subjekts der Metaphysik bei F. Suárez", in: Recherches de Théologie et Philosophie Médiévales 66 (1999) 335–361.

78   SUÁREZ, DM 8, 7, 4: „Sic enim dicere solemus esse verum aurum, ut illud ab apparenti distinguamus."

Gerade in diesem Sinne erläutert später auch Martin Heidegger in seiner Abhandlung „Vom Wesen der Wahrheit" die Wahrheit der Dinge: „Das Wahre ist das Wirkliche. Demgemäß sprechen wir vom wahren Gold im Unterschied zum falschen. Das falsche Gold ist nicht wirklich das, als was es erscheint. Es ist nur ein ‚Schein' und deshalb unwirklich. Das Unwirkliche gilt als das Gegenteil des Wirklichen. Aber Scheingold ist doch auch etwas Wirkliches. Demgemäß sagen wir deutlicher: das wirkliche Gold ist das echte Gold. ‚Wirklich' ist aber doch beides, das echte Gold nicht minder als das umlaufende unechte. Das Wahre des echten Goldes kann also nicht schon durch seine Wirklichkeit bewährt sein. Die Frage kehrt wieder: Was heißt hier echt und wahr? Echtes Gold ist jenes Wirkliche, dessen Wirklichkeit in der Übereinstimmung steht mit dem, was wir mit Gold ‚eigentlich' im Voraus und stets meinen."[79]

---

[79] MARTIN HEIDEGGER, *Vom Wesen der Wahrheit*, in: MARTIN HEIDEGGER: *Wegmarken*, Frankfurt a. M. o. J., 73–97, bes. 74f.

VII.
ZUR NEUZEITLICHEN WENDE IM VERSTÄNDNIS DER TRANSZENDENTALIEN

Ein *Missing Link* in der Geschichte der Transzendentalphilosophie. Die *Longue Durée* des akademischen Aristotelismus bei Kant[*]

Francesco Valerio Tommasi

Ein wichtiges und umstrittenes Kapitel der Kant-Interpretation war und ist noch immer die Frage nach den Beziehungen seiner transzendentalen Philosophie zur Metaphysik der vorausgehenden Tradition.[1]

Es ist wohlbekannt, dass Kant durch Autoren wie Wolff und Baumgarten mit einem Denken vertraut war, das noch als „scholastisch" beschrieben werden kann: Wenn auch mit nicht wenigen cartesianischen Elementen bedienen sich diese zwei Denker aller wichtigeren Begriffe der ins Lateinische übersetzten platonischen und vor allem aristotelischen Tradition wie ens, substantia, categoria, accidens usw., und sie gründen darauf weitere Teile ihrer theoretischen Bauten. Dass Kant aber die Gelegenheit hatte, sogar direkt in Kontakt mit einer älteren und deshalb in strengerem Sinne scholastischen Tradition zu kommen – nämlich derjenigen des sogenannten deutschen Schularistotelismus, die immer noch an die Melanchthonsche Lehre und auch an jesuitische und mittelalterliche Autoren anknüpfte –, war bis jetzt zumindest umstritten.

Die hier eingeführte Unterscheidung zwischen der Wolff'schen Tradition und der Tradition des deutschen Schularistotelismus ist durchaus nicht unwichtig. Zuallererst ist sie von einem historischen Gesichtspunkt her und an sich nicht unwichtig, weil es sich bei dem deutschen Aristotelismus um eine Tradition handelt, die die Philosophie der sogenannten „lutherischen Orthodoxie" kon-

---

1 [*] Den Herren Wolfgang Dickhut und Thomas Jeschke gilt mein Dank für die Ratschläge und die Hilfe bei der sprachlichen Korrektur dieses Textes. Es waren vor allem die bekannten Studien von M. Wundt, N. Hartmann und H. Heimsoeth sowie die Thesen von Heidegger, die seit den Zwanzigerjahren des letzten Jahrhunderts ein neues Licht auf die Abhängigkeit Kants von der scholastischen Tradition geworfen haben und sich dem auf die Erkenntnistheorie gerichteten Bild des Neukantianismus entgegengesetzt haben.

stituiert und eine erhebliche Rolle in den deutschen Hochschulen des 16. und vor allem des 17. Jahrhunderts spielt, bevor sie dann im 18. Jahrhundert aus Deutschland praktisch verschwindet. Wichtige Merkmale dieser theoretischen Richtung sind die allgemeine Ablehnung – oft auch mit kämpferischen Tönen – der ramistischen und cartesianischen „Neuheiten" und eine Betonung der – wenn auch begrenzten – Notwendigkeit der Philosophie sowie der Autorität des Aristoteles; eine Betonung, die sehr nah zu den Stellungnahmen der katholischen Autoren steht und dadurch auch zu denen der Meister des Mittelalters.

Aber die Wichtigkeit der Unterscheidung zwischen dem deutschen Schularistotelismus und der Wolff'schen Tradition muss auch in direktem Bezug auf Kant unterstrichen werden. Wie Giorgio Tonelli zeigte, benutzt Kant in den kritischen Schriften, und in besonderer Weise in der „Kritik der reinen Vernunft", eine Reihe von Wörtern, die nur in aristotelischen Autoren – und nicht mehr bei Wolff und den Wolffianern – zu finden sind. Aus diesem Grund behauptete Tonelli, dass Kant mit hoher Wahrscheinlichkeit die Strömung des deutschen Aristotelismus überhaupt nicht fremd gewesen sein dürfte und dass er sogar diese Tradition im Rahmen seiner transzendentalen Wende neu entdeckte.

Nach 1770 taucht bei Kant eine ganze Reihe aristotelischer Termini wieder auf, Termini, die im 17. Jh. in Deutschland sehr verbreitet gewesen waren, wie „Kategorie", „transzendental", „Analytik und Dialektik". Außerdem trifft man Termini fast ausschließlich griechischer Abstammung, die zwar im 17. Jh. teilweise bekannt, aber doch verhältnismäßig selten waren, wie „Kanon", „Antinomie", „Antithesis", „Paralogismus", „Amphibolie" und die drei Urteilsformen „problematisch, assertorisch, apodiktisch".[2]

Trotz dieser mehrfachen wichtigen Indizien und Spuren fehlte Tonelli aber die Möglichkeit, einen direkten relevanten Link zwischen Kant und der deutschen Scholastik zu finden, wie Norbert Hinske mit direktem Bezug auf den Titelbegriff der kritischen Philosophie – nämlich „transzendental" – bemerkte:

---

[2] GIORGIO TONELLI, *Das Wiederaufleben der deutsch-aristotelischen Terminologie bei Kant während der Entstehung der KrV*, in: Archiv für Begriffsgeschichte 9 (1964) 233–242, hier: 236.

Ob Kant mit der bisher erörterten transzendentalphilosophischen Tradition [sc. derjenigen des deutschen Schularistotelismus] noch unmittelbar in Berührung gekommen ist, ist zum Mindesten zweifelhaft. Weder in den Druckschriften noch im Nachlass oder in den Briefen findet irgendeiner der genannten Autoren [sc. Alsted, Scharf und Aepinus] Erwähnung. Aber auch stillschweigende Bezugnahmen und Anspielungen, wie Kant sie liebte, dürfen sich schwerlich nachweisen lassen. Die Vermutung Tonellis, „dass Kant im Sinn gehabt hat, die große Bedeutung, die dieser Terminus bei den Aristotelikern hatte, in seiner Philosophie wieder aufleben zu lassen", ist schon allein aus diesem Grunde wenig wahrscheinlich.[3]

In Anknüpfung an die These Tonellis und mit Rücksicht auf die grundlegenden Arbeiten Hinskes werden wir hier zu zeigen versuchen, dass (1) eine direkte Beziehung zwischen Kant und dem deutschen Schularistotelismus jetzt historisch beweisbar ist und (2) dieser Beweis sehr wichtig ist vor allem in Bezug auf das in beiden theoretischen Gebieten entscheidende Wort „transzendental".

Ein in der Forschung oft gesuchtes *Missing Link* zwischen der scholastischen und der kantischen Tradition der Transzendentalphilosophie steht also jetzt dadurch zur Verfügung.

Schließlich werde ich aufgrund der Wichtigkeit dieses Terminus bei Kant und auch in der scholastischen Tradition und vor allem anhand einer Analyse architektonischer Strukturelemente der „Kritik der reinen Vernunft" die These vorschlagen, (3) dass trotz der evidenten semantischen Änderung des Begriffs „transzendental" in der kritischen Philosophie die kantische Transzendentalphilosophie als Antwort auf ein strukturelles Problem der scholastischen Transzendentalphilosophie betrachtet werden kann. Meines Erachtens vermag diese Auslegung sowohl der Kontinuität als auch dem Bruch zwischen Kant und der vorhergehenden Metaphysik viel besser Rechnung zu tragen als die übliche Gegenüberstellung von „Ontologie" und „Erkenntnistheorie" – die immer noch, wenn auch implizit, verwendet wird, z. B. auch in der Betonung der Rolle der supertranszendentalen Begriffe.

---

3   NORBERT HINSKE, *Die historischen Vorlagen der kantischen Transzendentalphilosophie*, in: Archiv für Begriffsgeschichte 12 (1968) 86–113, hier: 95.

1. Der Aristotelismus an der Universität Königsberg zur Zeit Kants

In der Tat konnte Tonelli, wie gesagt, kein effektives Bindeglied zwischen dem Aristotelismus und Kant finden. Wie ich schon anderswo zu zeigen versucht habe, kann man dagegen in den vor wenigen Jahren wiederentdeckten und von Michael Oberhausen und Riccardo Pozzo veröffentlichten Vorlesungsverzeichnissen der Universität Königsberg zur Zeit Kants lesen, dass es in Königsberg in den Vierzigerjahren des 18. Jahrhunderts zumindest noch einen Professor gab, der Texte und Lehren des deutschen Schularistotelismus verbreitet hat.[4] Dort tauchen Franz Albert Aepinus und seine „Introductio in philosophiam in VI partes distributa" (1714 in Rostock ediert) auf, ein Autor und ein Werk, die sich sehr klar auf die Strömung des deutschen Aristotelismus zurückführen lassen.[5] Als Handbuch für

---

[4] Vgl. FRANCESCO VALERI TOMMASI, *Philosophia transcendentalis. La questione antepredicativa e l'analogia tra la Scolastica e Kant*, Florenz 2008, und DERS., *Franz Albert Aepinus, l'aristotelismo tedesco e Kant. Un contributo per la comprensione della filosofia critica tra metafisica ed epistemologia*, in: Archivio di filosofia 71 (2003) 333–358. Die Vorlesungsverzeichnisse stehen jetzt in der folgenden Ausgabe zur Verfügung: MICHAEL OBERHAUSEN, RICCARDO POZZO (Hg.), *Vorlesungsverzeichnisse der Universität Königsberg (1720–1804)*, Stuttgart-Bad Cannstatt 1999. Wie schon einige Forscher zu merken angefangen haben (vgl. z. B. JAMES JAKOB FEHR, *„Ein wunderlicher nexus rerum". Aufklärung und Pietismus in Königsberg unter Franz Albert Schultz*, Hildesheim/Zürich/New York 2005), ändert sich durch die Entdeckung dieser Vorlesungsverzeichnisse wesentlich das Bild der Albertina, die z. B. auch Tonelli beschrieben hat (vgl. GIORGIO TONELLI, *Conditions in Königsberg and the Making of Kant's Philosophy*, in: ALEXIUS J. BUCHER, HERMANN DRÜE, THOMAS M. SEEHOM (Hg.), *Bewußt Sein. Gerhard Funke zu eigen*, Bonn 1975, 126–144). Die Bedeutung des neuen Bilds in Bezug auf Kant wurde aber noch nicht genug unterstrichen.

[5] Franz Albert Aepinus (1673–1750) gehörte zu einer der traditionellen protestantischen akademischen Familien: Ein Vorfahre von ihm, Johannes Hoch, war der erste protestantische Promovierte in Wittenberg und verbreitete die Reformation in Hamburg. Um sich den Verfolgungen der Papisten zu entziehen, musste Hoch seinen Namen gräzisieren – daher die klassisch-humanistische Form „Aepinus". Franz Albert ist seinerseits Professor der Theologie an der Universität Rostock während der ersten Hälfte des 18. Jahrhunderts gewesen; in jenem Milieu spielte er eine sehr wichtige Rolle. Zu Beginn des 18. Jahrhunderts befand sich Rostock noch ganz in der Tradition der lutherischen Orthodoxie und unter der starken Prägung von sehr traditionellen Figuren wie z. B. Fecht. Als Zeugnis des damaligen Rufes von Aepinus kann die Tatsache gelten, dass er neunmal Rektor der Universität und einundzwanzigmal Dekan der theologischen Fakultät wurde. Was seine Thesen angeht, so muss man sagen, dass er in seinen Werken sehr scharf Descartes, Ramus und Calvin kritisiert, sich dagegen auf einige Klassiker der Scholastik wie Soto, Suárez und manchmal sogar auf Thomas von Aquin bezieht. Seine direkten Gegner waren einerseits jene Bewegungen, die man generell als „pietistisch" bestimmen kann (so wie z. B. die „Dargunischen"), und andererseits die Wolffianer.

die Vorlesungen wurde das Werk von Thomas Burckhard benutzt, der zwischen dem SS 1720 und dem WS 1743/44 Professor für Poesie in Königsberg gewesen ist.

Hier in diesem Paragraphen kann ich nur kurz die Ergebnisse einer genaueren Analyse zusammenfassen, die die Möglichkeit in Betracht gezogen haben, eine Vertrautheit Kants mit Aepinus und daher mit einem Vertreter des deutschen Aristotelismus über Burckhard anzunehmen.[6]

Burckhard, der zuständig für die Lehre des Lateinischen und der Rhetorik war, erwähnt Aepinus ausdrücklich in den Ankündigungen seiner Programme zwischen dem SS 1724 und dem SS 1727. Kant kam erst 1740 als Student an die Universität; auf den ersten Blick könnte es also auch in diesem Fall zumindest schwierig erscheinen, dadurch eine Brücke vom Philosophen der drei Kritiken zur alten scholastischen Tradition zu schlagen.

Was aber in den Ankündigungen der Vorlesungen Burckhards in dieser Zeit sofort auffällt, ist eine strenge Treue zum eigenen theoretischen Horizont. Der Professor der Poesie spricht oft von *consuetis collegis philosophicis*,[7] und kein anderer Autor über Aepinus hinaus findet Erwähnung. Außerdem bot Burckhard bis in die letzten Jahre Lehrveranstaltungen über die Autoren des Altertums, über das *collegium dialectico-analyticum* und über das *collegium disputatorium* an. In besonderer Weise waren diese zwei letzten Themen mit der aristotelischen und scholastischen Philosophie so eng verbunden, dass Begrenzungen und Klassifikationen in der Universitätsgeschichte aufgrund genau der Anwesenheit dieser alten traditionellen Methoden vorgenommen werden.

Und vor allem erweist sich als ein entscheidendes Argument, dass Burckhard in seinen letzten Semestern seinen Studenten explizit das Erlernen der *universa philosophia non sectaria sed vere ecclectica* verspricht.[8] Die *philosophia non sectaria sed vere ecclectica* wird von ihm ausdrücklich als Synonym für die aristotelische Philosophie benutzt.[9]

---

6   Für eine genauere Darstellung verweise ich auf die oben erwähnten Beiträge (vgl. Fußnote 4).
7   Vgl. OBERHAUSEN, POZZO (Hg.), *Vorlesungsverzeichnisse*, Bd. I, 89 und 92.
8   Vgl. ebd., 98 und 110.
9   Vgl. ebd., 146.

Es ist also ohne Weiteres möglich zu sagen, dass man auch in den allerletzten Aktivitäten Burckhards in Berührung mit den Thesen und der Terminologie von Aepinus – oder zumindest mit denen des deutschen Aristotelismus – kommen konnte. Mit einem hohen Grad an Wahrscheinlichkeit kann auch behauptet werden, dass Kant während seiner Studienjahre Burckhard hörte und dadurch mit Aepinus oder mit der Terminologie und den Stellungnahmen der Aristoteliker bekannt wurde. In der Tat war für die Studenten der philosophischen Fakultät Latein ein Pflichtfach, und deswegen mussten sie die Vorlesungen des Rhetorik- und Poesieprofessors besuchen. Darüber hinaus darf man auch nicht aus dem Auge verlieren, wie sehr Kant die lateinischen Klassiker liebte, sodass er sich anfangs sogar der Philologie statt der Philosophie widmen wollte.[10] Gerne und nicht als bloße Pflicht wird er wohl an den Vorlesungen von Burckhard teilgenommen haben.

2. Philosophia transcendentalis

Tonelli stellte fest, dass die oben erwähnten Wörter der aristotelischen Tradition, die sich in der „Kritik der reinen Vernunft" wiederfinden, fast nie in den vorkritischen Schriften auftauchen; aus diesem Grund nahm er an, dass Kant für seine neue kritische Philosophie eine in der Wissenschaft schon etablierte Sprache gebrauchen wollte, die aber zugleich nicht diejenige des Wolffismus hatte sein dürfen: In der Tat – soweit die Meinung von Tonelli – war es die kantische Absicht, gerade von dieser seinerzeit dominanten Philosophie Abstand zu nehmen. Und das kann sehr gut auch mit der Tatsache belegt werden, dass die aristotelischen Spuren in der „Kritik der reinen Vernunft" sich nicht nur auf einzelne Wörter beschränken, sondern oft sehr wichtige Titelbegriffe oder Schlüsselwörter sind. Der wichtigste unter diesen Titelbegriffen ist sicher das Wort „transzendental" und der darauf aufbauende Ausdruck „Transzendentalphilosophie".

---

10 Vgl. RUDOLF REICKE, *Kantiana. Beiträge zu Immanuel Kants Leben und Schriften*, Königsberg 1860, 41 ad 8; FRIEDRICH THEODOR RINK, *Ansichten aus Immanuel Kant's Leben*, Königsberg 1805, 20f.

Der der Metaphysik gewidmete Teil der oben erwähnten „Introductio in philosophiam in VI partes distributa" von Franz Albert Aepinus trägt in der Tat und bezeichnenderweise genau den Titel „Philosophia transcendentalis". Dabei handelt es sich um einen Ausdruck, der gerade im Rahmen des deutschen Aristotelismus der lutherischen Orthodoxie seinen Ursprung hat – er kann weder vorher in der scholastischen Tradition noch später in der mit der Scholastik für die deutsche Philosophie verschwundenen lateinischen Sprache aufgespürt werden – und gemäß dem das Wort „transzendental" als Adjektiv benutzt wird, um einem Teil der Philosophie den Vorrang zuzuweisen. Unter *philosophia transcendentalis* versteht man in der Tat so viel wie „erste Philosophie". Schon der vielleicht besser bekannte Johannes Scharf bedient sich im Titel eines der ersten der Philosophie gewidmeten Werke eines ganz ähnlichen Ausdrucks, nämlich *theoria transcendentalis*.[11]

Aus diesem Grund hat Norbert Hinske betont, dass die Tradition des deutschen Schularistotelismus die geeignetste ist, die quellengeschichtlich Kants Entschluss erklären kann, von „Transzendentalphilosophie" zu sprechen und diesen Ausdruck sogar als Titel für seine neue kritische Philosophie zu benutzen – auch wenn er dann gemäß dem damaligen Stand der Forschung wie gesagt feststellen musste, dass Kant keine Gelegenheit hatte, mit der deutschen aristotelischen Tradition in Verbindung zu kommen.

„Transzendental" figuriert also bereits an dieser Stelle [sc. in der *theoria transcendentalis* Johannes Scharfs], hundertfünfzig Jahre vor Erscheinen der Kritik der reinen Vernunft, als Titelbegriff.[12]

Bei Wolff und seiner Schule handelt es sich bei den Transzendentalien dagegen nur um einen marginalen Teil des ganzen metaphysischen Systems, der aber nicht mehr die außerordentliche Bedeutung hat, die dieselben Begriffe im scholastischen Denken, zumindest seit dem 13. Jahrhundert, gespielt haben, wo – wie wir gleich andeuten werden – sie die allerersten und wichtigsten Begriffe waren. In der Benutzung des Ausdrucks „Transzendentalphilo-

---

11 JOHANNES SCHARF, *Theoria transcendentalis Primae Philosophiae, quam vocant Metaphysicam*, Wittenberg ²1630 (EA 1624).

12 HINSKE, *Die historischen Vorlagen*, 93, und DERS., *Kants Weg zur Transzendentalphilosophie. Der dreißigjährige Kant*, Stuttgart u. a. 1970 (was die Quellen angeht, vgl. insbesondere die Seiten 40–55).

sophie" als Synonym für erste Philosophie klingt diese Bedeutung – wenn auch in der adjektivischen Form – noch ganz deutlich mit.

Bei Baumgarten spielen zwar die transzendentalen Begriffe keine unwichtige architektonische Rolle im Gebäude der Metaphysik, nirgendwo in seinem Werk findet sich jedoch die Verwendung von „transzendental" als Adjektiv und damit dann als Titelbegriff; vielmehr ist die Bedeutung des Wortes bei ihm so vage, dass der Terminus so viel wie *essentialis* aussagt.[13]

Eine Spur der Bedeutung von „transzendental" als Titelbegriff hat man dagegen in einer anderen Wolff'schen Benutzung, nämlich der *Cosmologia transcendentalis*; es handelt sich um die Wissenschaft, die der Naturphilosophie die *notiones directrices* geben soll. Die *Cosmologia transcendentalis* ist eine originelle Wolff'sche Erfindung, die höchstwahrscheinlich aus den Polemiken resultiert, die im Zusammenhang des Spinozismus-Vorwurfs der Pietisten gegen Wolff entstanden sind; auch in diesem Fall scheint man einem Erbe der Wolff gut bekannten aristotelischen Tradition gegenüberzustehen, insbesondere vielleicht dem schon erwähnten und Wolff nicht fremden Johann Scharf. Es ist aber schwer zu sagen, ob Kant den Titelbegriff seiner neuen Philosophie nur aufgrund dieser Benutzung in einer Nebenwissenschaft gewählt hat; die Wichtigkeit des Terminus kommt in der Tat ganz von seinem scholastischen Hintergrund, der in der *Cosmologia transcendentalis* nur eine spätere Widerspiegelung findet.

Soweit also zusammengefasst das Bild der kantischen Quellen des Begriffs „transzendental", wie es in der Forschung – und vor allem in den in diesem Feld nach wie vor gültigen Studien von Norbert Hinske – beschrieben ist.[14]

---

13 Von der allgemeinen und unklaren Bedeutung des Wortes überhaupt im 18. Jahrhundert kann eine sehr interessante Stelle bei Lambert zeugen: JOHANN HEINRICH LAMBERT, *Anlage zur Architektonik, oder Theorie des Einfachen und des Ersten in der philosophischen und in der mathematischen Erkenntnis*, Riga 1771, Bd. 1, 292.
14 Vgl. oben, Anmerkung 12.

3. Die kantische Transzendentalphilosophie als Radikalisierung der scholastischen Transzendentalphilosophie

Das Wort „transzendental" spielt eine sehr wichtige Rolle für die architektonische Struktur der „Kritik der reinen Vernunft". Hinske hat aber auch bemerkt, dass diese Struktur ihrerseits auf traditionellen Elementen aufgebaut ist (teils der Logik: nämlich die Unterteilungen in Elementar- und Methodenlehre, Ästhetik und Logik, Analytik und Dialektik; teils der Metaphysik: nämlich die Unterteilung der transzendentalen Dialektik in Psychologie, Kosmologie, Theologie).[15] Solche Elemente sind wahrscheinlich kein direktes Erbe des Aristotelismus, weil die dreifache Unterteilung der sogenannten speziellen Metaphysik in Psychologie, Kosmologie und Theologie, wie bekannt, deutlich bei Wolff zu finden ist sowie der Unterschied zwischen Analytik und Dialektik bei Georg Friedrich Meier, also bei dem Autor, dessen Compendium der Logik Kant für die Vorlesungen benutzt hat.[16]

Wenn aber die „Kritik der reinen Vernunft" strukturell auf einem so wichtigen indirekten Erbe des scholastischen Aristotelismus und wörtlich auf dem von Tonelli beschriebenen direkten Erbe gegründet ist und wenn jetzt sogar der Ausdruck *philosophia transcendentalis*, also der Haupttitel des neuen kantischen theoretischen Versuchs direkt auf die scholastische Tradition zurückgeführt werden kann und muss, dann kann man es nicht als Überinterpretation betrachten, was wir hier genau aufgrund einiger Bemerkungen über die architektonische Struktur der ersten „Kritik" und der theoretischen Rolle des Wortes „transzendental" im scholastischen Denken und bei Kant als These vorschlagen werden: Die kantische Transzendentalphilosophie ist eine Antwort auf die grundlegende

---

15   Vgl. NORBERT HINSKE, Art. *Transzendental. Kant,* in: JOACHIM RITTER, KARLFRIED GRÜNDER (Hg,), *Historisches Wörterbuch der Philosophie,* Bd. 10, Basel/Stuttgart 1998, 1358–1388, hier: 1381.
16   Tonelli meinte, es handele sich auch im Fall von Analytik und Dialektik um eine direkte Abhängigkeit Kants von der scholastischen Tradition [vgl. GIORGIO TONELLI, *Der historische Ursprung der kantischen Termini „Analytik" und „Dialektik",* in: Archiv für Begriffsgeschichte 7 (1962) 120–139]. Hinske hat aber bemerkt, dass die Unterscheidung von Analytik und Dialektik eben bei Meier zu finden sei [vgl. NORBERT HINSKE (Hg.), *Kant-Index,* Stuttgart-Bad Cannstatt 1986, XII].

Struktur und zugleich auf das grundlegende Problem der scholastischen „Transzendentalphilosophie", und zwar der sogenannten Transzendentalienlehre.

Ein auffallender Unterschied besteht in der Tat zwischen den Wortbedeutungen bei Kant und in der klassischen scholastischen Philosophie. Man konnte aber zunächst nicht klären, warum das Wort „transzendental" sich in dieser Weise entwickelte. Wie bekannt, war sich Kant bewusst, dass es eine „Transzendentalphilosophie der Alten" gab, ohne jedoch viel mehr zu wissen, als dass diese Lehre die These der Konvertibilität von *ens, unum, verum* und *bonum* besagte.[17]

Erst am Ende des 19. und Anfang des 20. Jahrhunderts gab es die ersten Pionierarbeiten – vonseiten Schmidts, Knittermeyers und Leisegangs –, die den Sinn, den das Wort in der kritischen Philosophie besitzt, mit demjenigen zu konfrontieren suchten, der ihm früher in der scholastischen Tradition zugewiesen wurde.[18] Es handelte sich dabei aber um Versuche, die Lehre z. B. des Thomas von Aquin oder Duns Scotus derjenigen Kants unmittelbar gegenüberzustellen, ohne Berücksichtigung dessen, was in der Geschichte des Denkens dazwischen passierte. Zugleich nahmen die transzendentalen Begriffe eine immer auffallendere Rolle in den Rekonstruktionen der mittelalterlichen Philosophie ein, sodass sie

---

17   Vgl. B 113f.
18   Vgl. FERDINAND SCHMIDT, *De origine termini Kantiani „transcendens"* (philosophische Dissertation), Marburg 1873; HINRICH KNITTERMEYER, *Der Terminus „transzendental" in seiner historischen Entwicklung bis Kant* (philosophische Dissertation), Marburg 1920; und DERS., *Von der klassischen zur kritischen Transzendentalphilosophie*, in: Kant-Studien 45 (1953/54) 113–131; HANS LEISEGANG, *Über die Behandlung des scholastischen Satzes: „Quodlibet ens est unum, verum, bonum seu perfectum" und seine Bedeutung in Kants Kritik der reinen Vernunft*, in: Kant-Studien 20 (1915) 403–421 – wieder gedruckt und erweitertet in DERS., *Denkformen*, Berlin ²1951, 258–275; eine ähnliche Tendenz, wenn auch nicht ohne Verdienste um die Klärung des allgemeinen Bilds der Zeit, kann auch in den folgenden Arbeiten bemerkt werden: RUPERT LAY, *Passiones entis disiunctae. Ein Beitrag zur Problemgeschichte der Transzendentalienlehre*, in: Theologie und Philosophie 42 (1967) 51–78 und 359–389; GOTTFRIED MARTIN, *Immanuel Kant. Ontologie und Wissenschaftstheorie*, Berlin ⁴1969; KARL BÄRTHLEIN, *Von der „Transzendentalphilosophie der Alten" zu der Kants*, in: Archiv für Geschichte der Philosophie 58 (1976) 353–392; GIOVANNI B. SALA, *Die Transzendentale Logik Kants und die Ontologie der deutschen Schulphilosophie*, in: Philosophisches Jahrbuch 95 (1988) 18–53; LUDGER HONNEFELDER, *Die „Transzendentalphilosophie der Alten": Zur mittelalterlichen Vorgeschichte von Kants Begriff der Transzendentalphilosophie*, in: HOKE ROBINSON (Hg.), *Proceedings of the Eighth International Kant Congress*, Milwaukee 1995, 393–407; MARIO GAETANO LOMBARDO, *La forma che dà l'essere alle cose. Enti di ragione e bene trascendentale in Suárez, Leibniz, Kant*, Milano 1995; JEAN ÉCOLE, *Contribution à l'histoire des propriétés trascendentales de l'être*, in: Filosofia oggi 19 (1996) 367–394.

in den letzten Jahren sogar als die für die Philosophie des 13. und 14. Jahrhunderts wichtigsten und als der Kernpunkt der damaligen theoretischen Diskussion beschrieben wurden. Man hat versucht, die scholastische Philosophie als eine transzendentale Philosophie – oder zumindest als eine Philosophie der Transzendentalien – zu beschreiben; gemeint sind hier natürlich die Studien von Ludger Honnefelder und vor allem von Jan Aertsen.[19]

In seinen vielen Beiträgen zum Thema hat Aertsen erklärt, wie die sogenannte Transzendentalienlehre im Rahmen des 13. Jahrhunderts eine immer stärkere Bedeutung gewinnt. Im Rahmen der mit dem Wiederaufleben wesentlicher aristotelischer Werke im lateinischen Westen während des 13. Jahrhunderts entstandenen Debatte handelte es sich bei den *nomina transcendentia* (erst später *transcendentalia* genannt) um diejenigen Begriffe, welche die Kategorien überstiegen *(transcendunt)* und die die allerersten und allgemeinsten Begriffe *(prima et communissima)* sind. Philipp der Kanzler drückt sich beispielsweise so aus:

Communissima autem haec sunt: ens, unum, verum, bonum.[20] [...] Ens et unum et verum et bonum sunt prima. [...] Primae intentiones dicuntur, quia non est ante ipsas in quae fiat resolutio.[21]

Deswegen dürfen die Transzendentalien als ein Vermittlungsversuch verstanden werden zwischen einer intensiven Bedeutung von Erstheit – gemäß der sie an erster Stelle qualitativ gefasst sind – und einer extensiven von Gemeinsamkeit, nämlich derjenigen der *communissima*.[22]

Die Spannung zwischen diesen beiden Elementen gründet aber auf derjenigen zwischen Prädikation und Vorprädikation. Die erst im Laufe der Jahrhunderte und eben durch die entscheidende Rückkehr der aristotelischen Werke im lateinischen Westen als autonomes Lehrstück etablierte Reflexion über die Transzendentalien

---

19 Vgl. unter anderem: LUDGER HONNEFELDER, *Scientia transcendens. Die formale Bestimmung der Seiendheit und Realität in der Metaphysik des Mittelalters und der Neuzeit (Duns Scotus – Suárez – Wolff – Kant – Peirce)*, Hamburg 1990; JAN ADRIANUS AERTSEN, *Medieval Philosophy and the Trascendentals. The case of Thomas Aquinas*, Leiden/New York/Köln 1996.
20 PHILIPPUS CANCELLARIUS (Philipp der Kanzler), *Summa de bono*, prologus, hg. v. N. Wicki, Bern 1985, 4.
21 Ebd., q. 9, 30.
22 Vgl. dazu z. B. die Erörterung von Gracias These über Suárez in ROLF DARGE, *Suárez' Transzendentale Seinsauslegung und die Metaphysiktradition*, Leiden 2004, 65.

hat in der Tat einen wichtigen textlichen Ursprung in den Kommentaren zu den sogenannten *antepraedicamenta* der Kategorienschrift und in der dieser gewidmeten „Isagoge" des Porphyrius. Und schon vor dem 13. Jahrhundert lässt sich das Wort *transcendens* im Rahmen der in der sogenannten *logica moderna* debattierten Frage über den Unterschied zwischen synkategorematischen und kategorischen Termini ausfindig machen.[23]

Das ursprüngliche prädikative Gebiet gewann aber danach eine erhebliche metaphysische Relevanz, sodass aus der Frage nach den ersten Begriffen diejenige wurde, was unter „erster Philosophie" zu verstehen sei. Die aristotelischen Werke – insbesondere natürlich die „Metaphysik" – übermittelten eine erste Wissenschaft, die als Subjekt auch das Seiende als Seiendes hatte; diese Position stellte eine Herausforderung für das klassische neuplatonische und augustinische Modell dar, das auf die Theologie gegründet war und nur Gott als Subjekt hatte. Albert der Große sprach deswegen von der Gegenüberstellung zwischen *sancti* und *philosophi*.[24] In gewisser Weise stellten, wie Aertsen ganz deutlich beschrieben hat, die Transzendentalien eine Art Konziliation dar zwischen der Tradition des Vorrangs des Guten und derjenigen, in der das Sein der erste Begriff ist.[25] In der Formulierung von Duns Scotus ist die Metaphysik direkt an das *transcendens* gebunden:

---

23 Vgl. LAMBERTUS MARIE DE RIJK, *The Aristotelian Background of Medieval transcendentia*, in: MARTIN PICKAVÉ (Hg.), *Die Logik des Transzendentalen. Festschrift für J. A. Aertsen zum 65.Geburtstag*, Berlin/New York 2003, 3–22; KLAUS JACOBI, *Nomina transcendentia. Untersuchungen von Logikern des 12. Jahrhunderts über transkategoriale Terme*, in: PICKAVÉ, *Die Logik des Transzendentalen*, 23–36; JAN ADRIANUS AERTSEN, *Transcendens – transcendentalis. The Genealogy of a philosophical term*, in: JACQUELINE HAMESSE, CARLOS STEEL (Hg.), *L´élaboration du vocabulaire philosophique au Moyen Âge*, Turnhout 2000, 241–255; LUISA VALENTE, „*Illa quae transcendunt generalissima": elementi per una storia latina dei termini trascendentali (XII secolo)*, in: Quaestio 5 (2005) 217–239.
24 Vgl. ALBERTUS MAGNUS, *Super Dionysium. De Divinis Nominibus*, hg. v. S. Peter (Opera omnia, ed. coloniensis 37/1), Münster 1972, 303–326.
25 Vgl. unter anderen: JAN ADRIANUS AERTSEN, *What is First and Most Fundamental? The Beginnings of Transcendental Philosophy*, in: JAN ADRIANUS AERTSEN, ANDREAS SPEER, *Was ist Philosophie im Mittelalter?*, Berlin/New York 1998, 177–192; AERTSEN, *Transcendens – transcendentalis*; DERS., „*Transcendens" im Mittelalter: Das Jenseitige und das Gemeinsame*, in: Recherches de théologie et philosophie médiévales 73 (2006) 291–310.

„Et hanc scientiam vocamus metaphysicam, quae dicitur a ‚meta', quod est ‚trans', et ‚ycos' ‚scientia', quasi transcendens scientia, quia est de transcendentibus."[26]

Es ist kein Zufall, dass auch die für die Frage nach der Metaphysik als strenger Wissenschaft entscheidende Debatte um die analoge Fassung des Seins einen wichtigen Ursprung in der Frage der *antepraededicamenta* hat. Die erste Wissenschaft braucht einen univoken und universellen Begriff, dank dessen sie eine allgemeine Wissenschaft *(metaphysica generalis)* sein kann; sie muss aber zugleich Wissenschaft einer dem Denken sich strukturell entziehenden Realität sein, und deswegen muss sie auch die speziellen Merkmale jedes Seienden – vor allem diejenigen des ersten Seienden, nämlich Gottes – in ihren Differenzen betrachten. In der prägnanten Zusammenfassung von Armandus de Bellovisu liest man:

De hoc nomine „transcendens" sciendum quod „transcendens" dicitur quasi „trans omne ens" vel „transiens omne ens". Hoc autem contingit tripliciter. Primo entitate; et hoc modo Deus dicitur transcendens, quia nobilitate actualitatis transcendit omne ens. Et sic non est communis usu vocabuli. Alio modo accipitur „transcendens" non ab entitatis nobilitate sed a praedicationis communitate, et sic illud quod potest praedicari de omni ente, dicitur transcendens. Sed est duplex praedicatio: una formalis [...], alia denominativa. Illud ergo quod praedicatione formali praedicatur de omni ente, eo modo quo cuilibet enti convenit, transcendens vocatur [...]. Et sic transcendens dicitur proprie de illis sex, scilicet ente, uno, vero, bono, re, aliquid. Et hic est communis usus vocabuli.[27]

Die Unterteilung in generelle und spezielle Metaphysik sowie die Frage nach der ersten Philosophie – nämlich die Frage der aepinischen *philosophia transcendentalis* – kann also auf diese Debatte zurückgeführt werden. Es handelt sich stets um den Versuch, einen Begriff zu haben, der jedem Seienden gemeinsam sein kann, zugleich aber nicht in der Weise, dass die realen Differenzen dadurch verschwinden müssen.

---

26 Johannes Duns Scotus, *Quaestiones super libros Metaph.*, hg. v. Robert Andrews (Opera philosophica, St. Bonaventure [N. Y.] 1997, I prol., n. 18, 9).
27 Armandus de Bellovisu, *Declaratio difficilium terminorum theologiae, philosophiae et logicae*, Venedig 1586, II, cap. 274, 319.

Illud autem quod primo intellectus concipit quasi notissimum et in quod omnes conceptiones resolvit, est ens [...]. Unde oportet quod omnes aliae conceptiones intellectus accipiantur ex additione ad ens. Unde etiam probat philosophus in III Metaphys. quod ens non potest esse genus. Sed secundum hoc aliqua dicuntur addere supra ens inquantum exprimunt ipsius modum, qui nomine ipsius „entis" non exprimitur.[28]

Bei der scholastischen Transzendentalienlehre überhaupt und bei der *philosophia transcendentalis* des deutschen Schularistotelismus handelt es sich also um die Frage nach der Metaphysik als Wissenschaft des Seins; und sie hat ihre Wurzel in der Spannung zwischen einer intensionalen und einer extensionalen Fassung des Seins selbst, zwischen Prädikation und Vorprädikation.

Wohlbekannt ist, dass die vorkritische kantische Arbeit die These entwickelt, dass das Sein kein Prädikat ist. Seit der *Beweisgrund*-Schrift handelt es sich für Kant um einen unerklärlichen und deswegen synkategorematischen Begriff und nicht um eine Kategorie.[29]

Man erwarte nicht, dass ich mit einer förmlichen Erklärung des Daseins den Anfang machen werde. Es wäre zu wünschen, dass man dieses niemals täte, wo es so unsicher ist, richtig erklärt zu haben, und dieses ist es öfter, als man wohl denkt.[30]

Das Sein hat keine Intension und ist eine bloße Funktion.[31] Diese These ist ein nie abgelehnter Gewinn im kantischen Denken,

---

28 Thomas de Aquino, *Quaestiones disputatae de veritate* (ed. Leonina, XXII) q. I, a. 1, resp., 5.
29 Vgl. II, 70f. Die unerklärlichen Begriffe werden in einer kantischen Reflexion genau den Synkategoremen gleichgestellt, weil sie keine Intension besitzen. In dieser Reflexion erwähnt Kant auch einen anderen wichtigen Exponenten der deutschen aristotelischen Philosophie, nämlich Michael Piccart (vgl. XVII, 438–439, N. 4160). Kant wird hier gemäß der Edition der Königlich Preußische Akademie der Wissenschaften und Nachfolgern zitiert (Band- und Seitennummer). „Die Kritik der reinen Vernunft" wird gemäß der Seitennummer der ersten = A und der zweiten = B Ausgabe zitiert).
30 II, 71.
31 Wichtige Spuren der These, die in der dem *Beweisgrund* gewidmeten Schrift vertreten wird, lassen sich auch schon in der „Nova dilucidatio" finden, in der Kant meint, es sei unmöglich, in der Philosophie ein einziges universelles Prinzip zu haben: Der Unterschied zwischen Affirmation und Negation ist seines Erachtens irreduzibel: *est* und *non* sind primitive Funktoren, sodass das Urteil auf keinen einzigen ursprünglichen Begriff zurückgeführt werden kann und die syntaktische Funktion unhintergehbar ist. Vgl. I, 388 und 389.

und zwar bis in die „Kritik der reinen Vernunft", wo sie zur These der Unhintergehbarkeit des Urteils wird. Wie gesagt ist das Werk auf klassischen scholastischen Elementen aufgebaut. Auch die traditionelle Unterteilung in Logik der Begriffe, Logik der Urteile und Logik der Syllogismen wird in der Unterteilung in Kategorien, Prinzipien und Schlüsse beibehalten, jedoch mit der Inkohärenz, dass die Begriffe von den Urteilen abhängen und nicht umgekehrt: Die Kategorien werden aufgrund des Leitfadens der Urteile deduziert.[32] Darüber hinaus werden der Analyse der Urteile – und deren Unterscheidung in analytische und synthetische – sehr wichtige Seiten gerade am Anfang der „Kritik der reinen Vernunft" gewidmet. Vor allem aber wird in diesem Werk das Vermögen zu denken mit dem Vermögen zu urteilen ausdrücklich identifiziert.

„Wir können aber alle Handlungen des Verstandes auf Urteile zurückführen, sodass der *Verstand* überhaupt als ein *Vermögen zu urteilen* vorgestellt werden kann."[33]

Der Intellekt ist immer schon diskursiv. Seine strukturelle Endlichkeit besteht gerade darin, dass er nie einen direkten Zugang zu den Dingen hat, sondern dieser immer schon syntaktisch vermittelt ist. Deswegen ist die transzendentale Urteilskraft diejenige, die den Begriffen eine objektive Realität geben kann, und deswegen konstituiert sie den Ort, an dem die Vermittlung zwischen der Erkenntnis und den Dingen zustande kommt. In der Thematik der Urteilskraft stecken die aus einem theoretischen und strukturellen Gesichtspunkt entscheidenden Fragen des Schematismus und der transzendentalen Deduktion der Kategorien – und es ist kein Zufall, dass Kant ihr eine völlig neue Kritik hat widmen müssen. Die Urteilskraft darf also ohne Übertreibung als das Herz der kantischen Arbeit in der „Kritik der reinen Vernunft" beschrieben werden.[34]

---

32   Vgl. IV, 623.
33   A 69/B 94. Vgl. auch A 81/B 106.
34   Diese Meinung habe ich ausführlicher in dem oben erwähnten Werk „Philosophia transcendentalis ..." vertreten. Sie steht aber auch den mehrfachen Versuchen nahe, das kantische Werk in einer semantischen und sprachtheoretischen Richtung zu deuten, man vergleiche vor allem die bekannten Studien von Josef Simon. Siehe aber auch ROBERT E. BUTTS, *Kant's Schemata as Semantical Rules*, in: LEWIS WHITE BECK (Hg.), *Kant Studies Today*, La Salle 1969, 290–300; WOLFRAM HOGREBE, *Kant und das Problem einer transzendentalen Semantik*, Freiburg/München 1974; GERHARD SCHÖNRICH, *Kategorien und transzendentale Argumentation. Kant und die Idee einer transzendentalen*

Und gerade als Folge der These der Unhintergehbarkeit des Urteils kann man den berühmten Satz interpretieren, gemäß dem die Analytik des Verstandes (nämlich des Urteils) die alte und berühmte, aber jetzt unmögliche Ontologie ersetzt.

Seine [sc. des Verstandes] Grundsätze sind bloß Prinzipien der Exposition der Erscheinungen, und der stolze Name einer Ontologie, welche sich anmaßt, von Dingen überhaupt synthetische Erkenntnisse a priori in einer systematischen Doktrin zu geben (z. E. den Grundsatz der Kausalität), muss dem bescheidenen, einer bloßen Analytik des reinen Verstandes, Platz machen.[35]

Die Ontologie als Wissenschaft des Seins ist unmöglich, eben weil das Sein sich nie unmittelbar gibt, sondern immer nur durch eine syntaktische Vermittlung, die aber zugleich in ihrer Formalität nie allein und selbständig sein darf; sie ist immer von einer vorprädikativen Ebene abhängig, die notwendig für die Sinngebung ist.[36] Deutlicher als je zuvor wird in dem kantischen Werk gezeigt, dass das Problem der Metaphysik als objektive Wissenschaft des Seins in der Struktur des Urteils ursprünglich verwurzelt ist, und diese Struktur selbst wird in ihrer konstitutiven Spannung radikalisiert.

Die Spannung zwischen Erkenntnistheorie und Ontologie, auf die sich – wie oben angedeutet – mehr oder weniger alle Versuche stützen, die Beziehungen zwischen der scholastischen und der kantischen Transzendentalphilosophie zu klären, kann mit guten Gründen auf diejenige zwischen den unhintergehbaren prädikativen und den trotzdem notwendigen vorprädikativen – transzendentalen – Elementen zurückgeführt werden, die in der aristotelischen Theorie der Kategorien ihre Wurzeln hat und die deswegen als ge-

---

Semiotik, Frankfurt a. M. 1981; MANFRED RIEDEL, *Kritik der reinen Vernunft und Sprache: Zum Kategorienproblem bei Kant*, in: Allgemeine Zeitschrift für Philosophie 7 (1982) 1–15; DONATELLA DI CESARE, *Hat Kant über die Sprache geschwiegen?*, in: DANIELE GAMBARARA, *Philosophies and Sciences of Language*, Münster 1996, 193–212; CLAUDIO LA ROCCA, *Esistenza e giudizio. Linguaggio e ontologia in Kant*, Pisa 1999; RICCARDO POZZO, *La scienza della conoscenza e del linguaggio. Kant sul rapporto tra grammatica, logica e retorica*, in: CINZIA FERRINI, *Eredità kantiane (1804–2004)*, Neapel 2004, 321–332.

35 A 247/B 303.
36 Das wird in mehrfacher Weise und an mehreren Stellen von Kant zum Ausdruck gebracht. Als berühmtes Beispiel darf die These gelten: „Gedanken ohne Inhalt sind leer, Anschauungen ohne Begriffe sind blind" (A 51/ B 75). Aber die Intuition selbst hat ihrerseits einen materiellen und einen formellen Teil. Die Unterscheidung in Phänomena und Noumena wiederholt auch diese Struktur usw.

meinsamer Leitfaden der ganzen Tradition der Transzendentalphilosophie angesehen werden kann.

Als ungeeignet erweisen sich also auch die Versuche, ein *Missing Link* in der Geschichte der Transzendentalphilosophie zwischen der Scholastik und Kant in der Theorie der Supertranszendentalien zu suchen: und das sowohl von einem historischen als auch von einem interpretatorischen Gesichtspunkt aus.[37] In dem intellektuellen Milieu, mit dem Kant in Kontakt gekommen ist, lässt sich eigentlich überhaupt keine Spur supertranszendentaler Begriffe finden; und die Spannung zwischen Ding und Intellekt scheint eigentlich nur ein von der Frage der Urteilstheorie abhängiges Problem zu sein, sowohl in der scholastischen als auch in der kantischen Transzendentalphilosophie.

In beiden theoretischen Gebieten muss also das Herz der Transzendentalphilosophie in der paradoxalen gleichzeitigen Notwendigkeit und Unerreichbarkeit einer vorprädikativen Ebene gesehen werden. Die kantische Transzendentalphilosophie radikalisiert dieses Paradox, in dem sich auch die vorausgehende „Transzendentalphilosophie" bewegt, sodass die synkategorematische und syntaktische Fassung des Seins unhintergehbar wird. Seine intensive Bedeutung wird also als wirklich und definitiv vorprädikativ verstanden, bleibt aber umso mehr unverzichtbar für die Konstitution jedes Urteils und jeder Bedeutung. Wie genau sie nach Kant in ei-

---

[37] Über diese Begriffe vgl. vor allem die Studien von JOHN P. DOYLE, *Between Transcendental and Transcendental: The Missing Link?*, in: The Review of Metaphysics 50 (1997) 783–815; DERS., *Supertranscendental Being: On the Verge of Modern Philosophy*, in: STEPHEN F. BROWN (Hg.), *Meeting of the Minds. The Relations between Medieval and Classical Modern European Philosophy*, Turnhout 1998, 297–316. Vgl. aber auch LUDGER OEING-HANHOFF, *„Res" comme concept transcendental et sur-transcendental*, in: MARTA FATTORI, MASSIMO BIANCHI, *Res. III Colloquio Internazionale del Lessico Intellettuale Europeo*, Rom 1982, 285–296; THEO KOBUSCH, *Das Seiende als transzendentaler oder supertranszendentaler Begriff*, in: LUDGER HONNEFELDER, REGA WOOD, MECHTHILD DREYER (Hg.), *John Duns Scotus. Metaphysics and Ethics*, Leiden 1996, 345–366. Auch Jean-François Courtine liest die kantische Philosophie als Ergebnis der Entwicklung einer supertranszendentalen Wissenschaft (vgl. JEAN-FRANÇOIS COURTINE, *Suárez et le système de la métaphysique*, Paris 1990). Dass solche Begriffe keine Erfindung der Spätscholastik sind, sondern schon in Autoren wie Nikolas Bonetus, Johannes Bacontthorpe oder Franziskus de Marchia zu finden sind, hat die neuere Forschung gezeigt. Zu Franziskus siehe die Dissertation von SABINE FOLGER-FONFARA, *Das „Super"-Transzendentale und die Spaltung der Metaphysik. Der Entwurf des Franziskus von Marchia* (Studien und Texte zur Geistesgeschichte des Mittelalters 96), Leiden 2008.

ner Philosophie des Subjekts zu verstehen ist, das bleibt zum großen Teil noch eine offene Frage.

Die Lehre von den Transzendentalien: ihre philosophiehistorische Krise und ihre bleibende Aktualität

Richard Schaeffler

1. Ein Blick in die Problemgeschichte

1.1 Problemgeschichte

Die Transzendentalienlehre mittelalterlicher Aristoteliker, die Immanuel Kant die „Transzendentalphilosophie der Alten"[1] genannt hat, versuchte, Aussagen zu gewinnen, die von jedem Seienden gelten, beispielsweise ‚Omne ens est unum, verum, bonum'. Zugleich zeigte sie: Nur Gott ist das uneingeschränkt Eine, Wahre und Gute. Das endliche Seiende ist nur ‚per participationem' das, was die transzendentalen Prädikate besagen. Und über Jahrhunderte hinweg waren und sind bis heute viele Theologen überzeugt: Gerade dies ist diejenige Philosophie, die die Theologie ‚braucht'. Denn diese Philosophie kann zeigen: Der Glaube ist nicht gezwungen, von Gott um seiner Transzendenz willen zu schweigen; er muss auch nicht, um von Gott zu reden, Begriffe metaphorisch auf Gott übertragen, die in ihrem strengen Sinne auf intramundane Wirklichkeiten zutreffen. Stattdessen kann der Theologe von der philosophischen Onto-Theologie lernen, dass alle positiven Prädikate, die wir von innerweltlichen Wesen gebrauchen, auf diese nur analog, nämlich im Sinne einer Attributions-Analogie, zutreffen, in ihrem strengen Sinne aber Gottesprädikate sind. Wer mit diesen Prädikaten von unserer Erfahrungswelt spricht, hat immer schon, meist ohne es zu bemerken, von Gott gesprochen, der etwas von seiner Einheit, Wahrheit und Güte seinen Kreaturen ‚attribuiert'. Und wer

---

[1] Immanuel Kant, *Kritik der reinen Vernunft*, Riga 1781, B 113.

als Verkünder des Glaubens von Gott spricht, hat immer schon, meist ohne es zu beachten, von der Bedingung gesprochen, die alle unsere Aussagen über unsere Erfahrungswelt möglich macht.

1.2 Die Transzendentalphilosophie Kants

Kant hat, wie oben schon bemerkt, die Transzendentalienlehre der Aristoteliker die „Transzendentalphilosophie der Alten" genannt und damit seine eigene Philosophie durch Abgrenzung von ihr und Anknüpfung an sie in ein Verhältnis zu ihr gesetzt. Wie „die Alten", so wollte auch er Sätze formulieren, die von allem gelten, was überhaupt zum Gegenstand des theoretischen oder auch praktischen Erkennens werden kann. Aber im Unterschied zur „Transzendentalphilosophie der Alten" beschreibt die Transzendentalphilosophie Kants nicht die ‚passiones generales entis', sondern die im Subjekt selber liegenden Bedingungen dafür, dass uns etwas als Gegenstand gegenübertritt. Nun findet Kant diese Möglichkeitsbedingungen des Gegenstandsbezugs in den Formen unseres Anschauens und Denkens. Unabhängig von Kant und mit einer gewissen Vereinfachung kann man deshalb die Leitfrage der so verstandenen Transzendentalphilosophie so formulieren: In welchen Formen müssen wir unser Anschauen und Denken vollziehen, wenn wir nicht in unseren subjektiven Ansichten und Absichten befangen bleiben, sondern Gegenstände entdecken wollen?

Diese ‚Gegenstände' haben ihren Namen davon, dass sie uns so ‚entgegenstehen', dass wir unsere subjektiven Ansichten und Absichten an ihnen selbstkritisch messen können. Nur wenn unsere theoretischen und praktischen Urteile dieser kritischen Selbstprüfung standhalten, können sie objektive Geltung beanspruchen. Die Frage nach den Bedingungen objektiver Geltung wird so zur Zentralfrage der kantischen Transzendentalphilosophie.

1.3 Die ‚kopernikanische Wendung' Kants ist unumkehrbar

Kant hat seine eigene Philosophie als den philosophischen Nachvollzug der ‚kopernikanischen Wendung' beschrieben, die sich zu Beginn der Neuzeit auf dem Felde der Astronomie ereignet hatte. Nikolaus Kopernikus hat für den optischen Raum und die beobachtbaren Bewegungen, die sich in diesem Raum vollziehen, nachgewiesen, dass das betrachtende Subjekt selber konstitutiv ist für den Aufbau dieser optischen Welt. Die Welt, die wir mit den Augen sehen, kommt zustande durch die Weise, wie wir sie anschauen. Daher kommt die vermeintliche Zentralstellung des betrachtenden Subjekts im Kosmos. Wir stehen im Mittelpunkt der Welt, die wir anschauen. Die Sterne umkreisen diesen unseren Standort. Die Welt, die wir sehen, gewinnt ihre Gestalt durch die Perspektive, in der wir sie sehen.

Kant hat das Gleiche für den ‚logischen Raum' nachgewiesen, der durch Urteilsfunktionen (Kategorien) und Zielvorstellungen der Vernunfttätigkeit (Ideen) eröffnet wird. Die zunächst unerkannte Perspektivität der Welt, sowohl der optischen als auch der logischen, ist der Ursprung dessen, was Kant den ‚transzendentalen Schein' genannt hat.

Die Entdeckung des Kopernikus bedeutet: Jenen ‚Himmel', von dem und von dessen Umschwung Aristoteles gesprochen hat, den wir täglich zu sehen meinen und dessen Umschwung um den Erdmittelpunkt wir beobachten, gibt es nicht. Genauer gesagt: Es gibt ihn nicht ohne Beziehung auf das Auge, das die Gesamtheit aller optischen Gegenstände von diesem Himmel umfasst sieht. Die Himmelskuppel ist eine perspektivische Täuschung.

Entsprechendes sagt Kant von der Welt: ‚Die Welt', das heißt jenes Ganze, innerhalb dessen alle Gegenstände beobachtet werden, jene ‚Welt', nach deren Ursache die klassische Metaphysik suchte, gibt es nicht. Genauer gesagt: Es gibt das Ganze, als dessen Teile alle Erfahrungsgegenstände gedacht werden, nicht ohne Beziehung auf ein Subjekt, das aus der Fülle dessen, was es beobachtet, immer umfassendere Zusammenhänge aufbaut und dabei von der Zielvorstellung geleitet ist, auf diesem Wege schließlich das Allumfassende eines universalen Zusammenhangs zu erreichen. Die Meinung, es ‚gebe' einen Himmel unabhängig vom Auge; die Meinung, das Ganze des universalen Zusammenhangs aller Gegenstände sei irgendwo ‚gegeben' – unabhängig von dem geistigen Hinblick, der solche Zusammenhänge aufbaut –, ist ein perspektivischer Schein.

Wir können diesen Schein nicht vermeiden, aber sobald wir ihn durchschaut haben, hört er auf, uns zu täuschen. Wir können nicht vermeiden, die Himmelskuppel zu sehen, an der die Sonne und alle Sterne scheinbar ‚festgemacht' sind; aber wenn wir durchschauen, dass dieser Eindruck durch die Art unseres Sehens verursacht ist, hört der Schein auf, uns zu täuschen. Das Gleiche gilt für die ‚Welt': Wir können nicht vermeiden, alle Dinge und Ereignisse, die wir erfahren, als Teile eines allumfassenden Zusammenhangs zu denken. Und weil dieser Gedanke für uns unvermeidlich ist, entsteht der Anschein, diese ‚Welt' sei eine existierende Wirklichkeit, die unabhängig vom denkenden Subjekt besteht. Aber wenn wir durchschauen, dass auch dieser Eindruck durch die Art unserer Verstandesoperationen verursacht wird, die sich an einem notwendig gedachten Ziel orientieren müssen, hört auch dieser Schein auf, uns zu täuschen. Nur wenn das Subjekt vergisst, dass es am Aufbau seiner optischen und logischen Welt selber konstitutiv beteiligt ist, wird die Perspektivität dieser Welt zu einer Verführung. Erinnern wir uns an die Eigentätigkeit, die wir anschauend und denkend vollziehen, dann endet die Verführung durch den transzendentalen Schein. ‚Welt' ist die Zielvorstellung eines Ganzen, das wir sukzessive aufbauen, nicht eine Gegebenheit, die irgendwo vorkäme. Was gegeben ist, sind immer Gegenstände ‚in' der Welt, nicht diese selbst.

1.4 Kants Folgerung: das Ende der Ontologie

Kant hat das transzendentale Problem als die Frage verstanden: Wie bauen wir aus dem rohen Stoff subjektiver Erlebnisse die Welt der Erfahrungsgegenstände auf, an denen sich unsere Ansichten und Absichten als wahr bewähren müssen? Und er hat die Folgerung für unabweislich gehalten: Die Metaphysik, also die Lehre von den allgemeinsten Gesetzen, die für jeden möglichen Gegenstand gelten, muss alle ihre Sätze aus den Regeln ableiten, nach denen wir selbst durch die Tätigkeit des Verstandes und der Vernunft aus dem Rohstoff unserer zunächst nur subjektiven Erlebnisse diese Gegenstände aufbauen. Die Sätze der so verstandenen Metaphysik gelten schlechthin allgemein für jeden wirklichen oder auch nur möglichen Gegenstand, weil es ohne diese Tätigkeit des Verstandes und der Vernunft gar keine Gegenstände gäbe.

Am Rande sei an dieser Stelle angemerkt: Kant nimmt auf diese Weise, vermutlich ohne es zu wissen, die mittelalterliche Lehre vom ‚tätigen Verstand' – intellectus agens – wieder auf, aus dessen Tätigkeit die ‚Cognoscibilia' – die Gegenstände möglicher Erkenntnis – erst hervorgehen.

Eine im Sinne Kants verstandene Metaphysik hört dann freilich auf, Ontologie im traditionellen Sinne zu sein, Lehre von den ‚passiones generales entis', den obersten Eigenschaften alles Seienden, wie es unabhängig von unserer Verstandestätigkeit ‚an sich' besteht: „[...] der stolze Name einer Ontologie [...] muss dem bescheidenen, einer bloßen Analytik des reinen Verstandes, Platz machen."[2]

Die Frage ist freilich: Ist diese Folgerung, die Kant aus der ‚kopernikanischen Wendung' gezogen hat, ebenso unumkehrbar wie diese Wendung selbst? Oder gibt es eine Möglichkeit, nach dieser Wendung die Ontologie und mit ihr die Lehre von den Transzendentalien auf neue Weise wiederzugewinnen?[3]

1.5 Ein Wort zur Methode

An dieser Stelle sei eine Bemerkung zur Methode gestattet. Einen philosophischen Satz verstehen, besagt: die Frage mitfragen, die der Autor beantworten wollte. Das aber besagt zugleich: Wer – wie Kant – die Antwort verwirft, die die behandelten Autoren – die Aristoteliker – auf seine Frage gegeben haben, hat damit die gestellte Frage nicht aus der Welt geschafft. Es bleibt zu prüfen, ob die Transzendentalphilosophie Kants wirklich eine bessere Antwort auf das Problem gefunden hat, das die „Transzendentalphilosophie der Alten" sich gestellt hatte, oder ob wichtige Aspekte des Problems

---

2   Ebd., A 247.
3   Vgl. dazu vertiefend RICHARD SCHAEFFLER, *Ontologie im nachmetaphysischen Zeitalter. Geschichte und Gestalt einer Frage*, Freiburg i. Br./München 2008.

auch nach der neuen Antwort, die Kant gegeben hat, offengeblieben sind. Sollte dies der Fall sein, dann bestünde in diesem Problemüberschuss die fortdauernde Aktualität der „Transzendentalphilosophie der Alten", auch wenn deren Antworten heute nicht ohne wesentliche Veränderungen übernommen werden können.

1.6 Ein Überschuss an offengebliebenen Problemen

Kant hat, wie die „Transzendentalphilosophie der Alten", den Anspruch erhoben, Sätze zu formulieren, die von allem gelten, was für uns zum Gegenstand werden kann. Und damit meinte er nicht nur ‚analytische Sätze', die in ihrem Prädikat nur entfalten, was im Subjektsbegriff enthalten ist, sondern ‚synthetische Sätze', deren Prädikat dem Subjektsbegriff etwas hinzufügt. Und er hat, ebenfalls wie die Alten, gefragt, worauf die Möglichkeit solcher Sätze beruht. Aber es scheint, dass damit die Probleme der Transzendentalienlehre noch nicht erschöpfend beschrieben sind.

Dafür sei an dieser Stelle nur ein Hinweis gegeben. Die klassische Transzendentalienlehre stellt und beantwortet die Frage: Woher kommt der Unterschied, aber auch der Zusammenhang der Erfahrungen, die wir machen: der wissenschaftlichen Empirie, der ästhetischen, der ethischen und der religiösen Erfahrung? Die Antwort lautet: Der Unterschied kommt daher, dass das Seiende zu uns in einer vielfältigen Beziehung steht. Aus seiner Beziehung zu unserem Verstand ergibt sich, dass wir das Seiende als ‚wahr' erfahren. In seiner Beziehung zum Willen erfahren wir es als ‚gut', in seiner Beziehung zum Gefühl als ‚schön'. Der Zusammenhang dieser Arten der Erfahrung aber beruht darauf, dass es immer das gleiche Seiende ist, das unser Denken, Wollen und Fühlen auf je besondere Weise in Anspruch nimmt.

Kants Grundsatz ‚Es ist nur *eine* Erfahrung'[4] ließ weder für die Beobachtung der Vielfalt noch für die Frage nach der Beziehung Raum. Die nächste Frage lautet daher: Woher kommt es, dass Kant diese Fragen nicht sah und daher auch nicht beantworten konnte?

---

4 Vgl. KANT, *Kritik der reinen Vernunft*, A 110; Hervorhebung im Original.

2. Die ‚Lücke' im kantischen System und die Frage, wie sie geschlossen werden kann

Einen Hinweis zur Beantwortung dieser Fragen enthält der Begriff der Emergenz, den ich in meinem Versuch einer Weiterentwicklung der Transzendentalphilosophie verwendet habe. Wesentliche Momente dieses Versuches kommen in folgenden Thesen zum Ausdruck: „Der Gegenstand antwortet auf unseren Versuch, seinen Anspruch zur Sprache zu bringen, indem er sich immer wieder aus den von uns vorgezeichneten Kontexten befreit und so unserem Anschauen und Denken in widerständigem Eigenstand gegenübertritt. [...] Aus dem geordneten Gefüge dessen, was wir anschauen und denken, taucht der Gegenstand immer wieder in jener ‚Dichte und Fremdartigkeit' auf, durch die er anzeigt: Sein Anspruch ist ‚immer größer' als unsere Antwort, obgleich er immer nur in dieser unserer Antwort zur Sprache kommen kann: als das in unserer Antwort wirksame, geschichtlich vorantreibende Moment des Anspruchs, den wir vernehmen."[5]

Die Transzendentalphilosophie Kants bot keinen Kontext, innerhalb dessen dieses vorantreibende Moment, das in jeder Erfahrung enthalten ist, auf angemessene Weise hätte beschrieben werden können. Darum ist das Thema einer „Geschichte der reinen Vernunft" bei ihm nur als „eine Stelle [...], die im System übrig bleibt," zu finden, deren Ausfüllung ihm innerhalb seines Systems nicht gelingen konnte, obwohl er sich darüber im Klaren war, dass sie „künftig ausgefüllt werden muss."[6] Die hier vorgeschlagene Theorie der Erfahrung als eines Dialogs mit der Wirklichkeit scheint geeignet, diese Lücke auszufüllen.[7]

Mit der soeben vorgeschlagenen Ausfüllung der Lücke öffnet sich zugleich eine Möglichkeit, die Ontologie und mit ihr die Lehre

---

5   Vgl. dazu meinen bisher unveröffentlichten Aufsatz *Transzendentale Theologie – Zur Neufassung eines Programms*, Manuskript 7f.; erscheint demnächst posthum unter dem Titel *Transzendentale Theologie. Gott als Möglichkeitsgrund der Erfahrung*, hg. v. Markus Enders, Freiburg/München 2020.
6   KANT, *Kritik der reinen Vernunft*, A 852.
7   Vgl. dazu meinen Vortrag *La religion et l'histoire de la raison pure – ou: la lacune dans le système de Kant peut-elle etre comblée?*, in: *L'Idéalisme allemand et la religion*, hg. v. Philippe Soual u. Miklós Vetö, Paris 2008, 11–24.

von den ‚passiones generales entis' wiederzugewinnen. Im Rahmen einer Theorie der Erfahrung lautet die erste These einer erneuerten Ontologie: Seiend ist, was uns in ‚widerständigem Eigenstand' begegnet, um uns unter seinen Anspruch zu stellen. Eine solche Theorie kann zeigen, dass jener Kontext, innerhalb dessen die einzelnen Inhalte ‚Bedeutung' besitzen – möge dieser Kontext nun ‚das Leben' oder ‚die Gesellschaft' heißen –, nicht unveränderlich vorgegeben ist, sondern durch die Auseinandersetzung mit konkreten Inhalten der Erfahrung immer neu aufgebaut und umgestaltet wird. Insofern hat jede einzelne Erfahrung in ihrer konkreten Unverwechselbarkeit immer schon Bedeutung für das Ganze, nicht nur als besonderer Inhalt in einem unverändert bleibenden Zusammenhang, sondern zugleich als vorantreibendes Moment seiner Umgestaltung.

Und zweitens kann eine Theorie der Erfahrung als eines Dialogs mit der Wirklichkeit die spezifische Bedeutung religiöser Erfahrung und des Zeugnisses von ihr deutlich machen: Die Unverwechselbarkeit der spezifisch religiösen Erfahrung besteht darin, dass sie den, der sie macht, einerseits an die Grenze seiner Erfahrungsfähigkeit im Ganzen führt und ihn andererseits unter den Anspruch und die Zusage jener unverfügbar freien Willensmacht stellt, deren Wirklichkeit in einer allgemeinen Theorie der Erfahrung nur postuliert werden kann. Die angemessene Antwort, in der diese Begegnung vollzogen wird, ist freilich nicht der Begriff, sondern der Name. Dessen Anrufung ist stets – im religiösen wie im außerreligiösen Zusammenhang – diejenige Sprachhandlung, durch die der Eintritt in eine Korrelation mit dem Angerufenen vollzogen wird. Da es sich aber in diesem speziellen Fall um den Eintritt in jene Korrelation handelt, die die menschliche Erfahrungsfähigkeit im Ganzen vor ihrer sonst drohenden Selbstauflösung bewahrt, ist damit die universelle Bedeutung dieser speziellen Sprachhandlung erwiesen. Denn wenn die Offenbarung primär als ‚revelatio nominis' verstanden werden kann, dann wird zugleich deutlich: Sie teilt ihrem Hörer nicht nur neue Inhalte mit, sondern macht ihn zugleich zu einer neuen Weise des Denkens fähig. Diese kann man mit Martin Heidegger als „andenkendes Sich-Verdanken" beschreiben.⁸ Im Bewusstsein seiner Kontingenz weiß dieses Denken sich durch diejenige Wirklichkeit ermöglicht, auf die es sich, sie beim Namen rufend, bezieht.

Aber dieses Denken beschränkt sich nicht darauf, den Gott, dem es sich verdankt, zu seinem Thema zu machen. Es verdankt diesem Gott seine Fähigkeit, sich überhaupt auf etwas zu beziehen. Darum wird sie das Wirken dieses Gottes überall dort wiedererkennen, wo es ihm gelingt, einen theoretischen oder praktischen Gegenstandsbezug aufzubauen, statt nur in seinen eigenen Ansichten und Absichten befangen zu bleiben. Als solche Fundstelle des göttlichen Wirkens wird für dieses Denken jeder Gegenstand zum Bilde Gottes, das heißt: zu der Gestalt, in der das Wirken Gottes für uns Menschen erfahrbar wird. In diesem Sinne lässt sich sagen ‚Omne ens est repräsentativum Dei et ideo sanctum'. Darin besteht für das Bewusstsein, das sich andenkend Gott verdankt, die wichtigste ‚passio generalis entis'. Und in ihrem Lichte sind auch alle anderen Transzendentalien neu zu verstehen: Die Maßgeblichkeit der Gegenstände für unser theoretisches und praktisches Urteil, ihr Wahrsein (‚Omne ens est verum') und Gutsein (‚Omne ens est bonum') und ihre Einheit in der Verschiedenheit ihres Erscheinens (‚Omne ens est unum').

Von hier aus ist zurückzukehren zu jenem ‚Überschuss' an offengebliebenen Problemen, von dem an früherer Stelle die Rede war und der uns hindert, uns mit dem vermeintlichen Ende der Transzendentalienlehre abzufinden. Es handelte sich um die Fragen: ‚Woher stammt die Vielfalt unserer Erfahrungs-Arten?' und: ‚Worauf beruht ihr Zusammenhang?'. Kehrt man, um diese Fragen zu beantworten, nicht zu einer vor-kantischen Ontologie zurück, sondern sucht man die Antwort in einer über Kant hinaus weiterentwickelten Transzendentalphilosophie, dann wird diese Antwort lauten:

---

8   Vgl. Martin Heideggers Frage ‚Von welcher Art ist das Denken, mit dem der Glaube denkt?' und meinen, diese Frage erläuternden, in dieser Erläuterung freilich über Heidegger hinausgehenden Aufsatz *Auf welche Weise denkt der Glaube? Von der eigenen Rationalität des Glaubens und vom hermeneutisch-kritischen Dienst der Philosophie und der Theologie*, in: Theologie und Glaube 99 (2009) 2–26; zur ‚Überlieferung' der Frage Heideggers nach der Art, wie der Glaube denkt, vgl. ebd., 2.

Die Vielfalt der Erfahrungsarten stammt nicht, wie die klassische Transzendentalienlehre meinte, aus der Vielfalt unserer Vermögen, an die das Seiende seinen Anspruch richtet – also aus seiner ‚ordinatio ad intellectum, voluntatem et intuitionem' –, sondern daraus, dass jede Art der Erfahrung Fragen aufwirft, die nur durch Erfahrungen der jeweils anderen Art beantwortet werden können. Das Erkennen des Wahren wirft Fragen auf, die nur durch die sittliche Erfahrung beantwortet werden können.[9] Die religiöse Erfahrung des Heiligen hat ihre eigene ästhetische Qualität und wirft die Frage auf, ob und wie sich der schöne Schein von objektiv gültiger ästhetischer Erfahrung unterscheidet.[10] Die Erfahrung des Schönen hat ihr eigenes ‚Licht', durch das sie das Wirkliche auch unserer theoretischen Erkenntnis erschließt – so konnte Friedrich Wilhelm Joseph Schelling in seiner berühmt gewordenen Rede zur Eröffnung der Bayerischen Akademie der schönen Künste die Kunst als das ‚Organon der Philosophie' bezeichnen. Das wirft die Frage auf, unter welchen Bedingungen das Schöne blind macht, unter welchen Bedingungen es uns eine neue Erfahrung des Wahren aufschließt.

Auf dieser wechselseitigen Implikation von Momenten der jeweils einen Erfahrungsart in der anderen beruht der Zusammenhang der Transzendentalien. Und wenn die klassische Transzendentalienlehre diesen Zusammenhang darauf zurückführte, dass alle Transzendentalien ‚passiones' des identischen Seienden sind, dann ist sie damit gewiss im Recht. Aber erst eine weiterentwickelte Transzendentalphilosophie kann zeigen, worauf das Recht dieser Annahme beruht. Erst die wechselseitige Implikation der Erfahrungsarten macht uns dessen gewiss, dass in jeder von ihnen jedes Transzendentale seine Erscheinung findet – auch das Seiende.

Abschließend sei noch einmal ein Hinweis auf Kant gestattet: An jener Stelle, an der er in der *Kritik der reinen Vernunft* die Transzendentalienlehre als die „Transzendentalphilosophie der Alten" bezeichnet, fügt er hinzu: Ein „Gedanke, der sich so lange Zeit erhalten hat, so leer er auch zu sein scheint," verdient „immer eine

---

9   Vgl. RICHARD SCHAEFFLER, *Zum Ethos des Erkennens*, in: DERS., *Unbedingte Wahrheit und endliche Vernunft. Möglichkeiten und Grenzen menschlicher Erkenntnis*, hg. v. Christoph Böhr, Wiesbaden 2017, 181ff.
10 Vgl. dazu RICHARD SCHAEFFLER, *Das Gute, das Schöne und das Heilige: Eigenart und Bedingungen der ethischen, der ästhetischen und der religiösen Erfahrung*, Freiburg/München 2019.

Untersuchung seines Ursprungs, und berechtigt zur Vermutung, dass er in irgendeiner Verstandesregel seinen Grund habe, der nur, wie es oft geschieht, falsch gedolmetscht worden"[11]. Die Aufgabe, sie neu zu dolmetschen, ist in den hier vorgelegten Überlegungen aufgegriffen worden, da Kants eigener Versuch des Dolmetschens, auf den an dieser Stelle nicht eingegangen werden kann, seinerseits nicht befriedigen kann. So versuche ich, nicht nur gegenüber der klassischen Transzendentalienlehre, sondern auch gegenüber deren Neufassung durch Kant die bleibende Aktualität der Aufgabe gerade durch die Kritik der bisher vorliegenden Lösungsversuche nachzuweisen.

---

11   KANT, *Kritik der reinen Vernunft*, B 113.

VIII.
DIE LEHRE VON DEN TRANSZENDENTALIEN IN DER GEGENWART

Vom Sein zum Bewusstsein – zum Sein. Eine phänomenologische Perspektive auf die Lehre von den Transzendentalien: Thomas von Aquin in der Deutung Edith Steins

Anna Varga-Jani

Erkenntnis, Wahrheit und Sein: Methodologische Problematisierung

In einer kleinen Schrift über „Erkenntnis, Wahrheit, Sein" schrieb Edith Stein im Jahr 1932, dass das Sein nicht definiert werden kann, „weil es von jeder Definition vorausgesetzt wird, weil es in jedem Wort und in jedem Sinn eines Wortes enthalten ist. Es wird mit allem erfasst, was erfasst wird, und ist im Erfassen selbst enthalten. Man kann nur Differenzen des Seins und des Seienden angeben"[1]. Diese kleine Schrift ist die anschauliche Beweisführung dafür, dass ihre streng verstandene phänomenologische Position sich allmählich zur scholastischen Philosophie hinwendet und diese Hinwendung eine methodische Wende gefordert hat. Dass Stein sich für die Phänomenologie schon von Anfang an methodologisch interessiert hat und dieses Interesse ganz früh von der scholastischen Philosophie inspiriert wurde, beweist ihre briefliche Auseinandersetzung mit der phänomenologischen und scholastischen Problemstellung im Jahr 1922: „Was Sie über das Manko der phänomenologischen Methode schreiben, dem kann ich ziemlich zustimmen. Ähnliches fällt mir auf, wenn ich jetzt gelegentlich mit scholastisch erzogenen Leuten zusammenkomme. Dort ist der präzise, durchgebildete Begriffsapparat, der uns fehlt. Dafür fehlt freilich meist die unmit-

---

[1] EDITH STEIN, *„Freiheit und Gnade" und weitere Beiträge zu Phänomenologie und Ontologie*, bearbeitet und eingeführt von Beate Beckmann-Zöller und Hans Reiner Sepp = ESGA 9, Freiburg i. Br. 2014, 169.

telbare Berührung mit den Sachen, die uns Lebenslust ist, der Begriffsapparat sperrt einen so leicht gegen die Aufnahme von Neuem ab."² Der scholastische Einfluss in Edith Steins Gedankengang spiegelt eine alte Erwartung an die scholastische Seinsauffassung wider, der zufolge es das Versäumnis der phänomenologischen Methode ist, nicht auf die Seinsfrage einzugehen, sondern allein der Beschreibung der Einzeldinge dient. In diesem Sinn bedeutet die Scholastik für Edith Stein das „Manko" zur Seinsanalysis, und sie versucht mittels der methodischen Auseinandersetzung mit den beiden durch die scholastische Erkenntnistheorie eine phänomenologische Beschreibung zu schaffen.

Die Gesamtheit dieser Einflüsse formte auch ihr phänomenologisches Konzept hinsichtlich der Möglichkeit einer christlichen Philosophie. Der erste Anfang des – Schritt für Schritt – sich allmählich entwickelnden und endlich in dem Opus *Endliches und ewiges Sein* und in den mystischen Schriften vollendeten Projekts war die Übersetzung Thomas von Aquins *Questiones disputatae de veritate*. Stein hat den Text während der Übersetzung mit Notizen und Studien versehen, obwohl sie während der Übersetzung noch überhaupt „nicht absehen konnte", ob „was dabei herauskommen wird"[3]. In der Einleitung zu ihrer Übersetzung behauptete Stein, dass es außerordentlich schwierig ist, sich von der Phänomenologie her der scholastischen Philosophie zu nähern und die zwei Erkenntnisformen in einer gemeinsamen Methodologie zu synthetisieren, „geschweige denn zur kritischen Würdigung der thomistischen Erkenntnislehre zu gelangen"[4]. Ihr einleitender erster Satz zur Übersetzung *De veritate* zeigt, dass sie von Anfang an im Horizont der *philosophia perennis* denkt und dass die Übersetzung von den gemeinsamen Problemkreisen der Phänomenologie und der Thomas'schen Philosophie inspiriert und diese schließlich methodologisch problematisiert wurde. Der Ausgangspunkt in der methodologischen Fragestellung bietet sich ihr in der Frage nach der Wahrheit, die, sogar in unterschiedlicher Weise, in beiden Denkrichtungen

---

2 Vgl. ebd., Brief vom 01.08.1922.
3 *Briefe an Roman Ingarden* (ESGA 4), Brief vom 08.08.1925.
4 EDITH STEIN, *Übersetzung: Des Hl. Thomas von Aquino Untersuchung über die Wahrheit.* Quaestiones disputatae de veritate 1, eingeführt und bearbeitet von Andreas Speer und Francesco Valerio Tommasi = ESGA 23, Freiburg i. Br. 2008, 3.

eine zentrale Position einnimmt. Ob wir hier und dort über die gleiche Wahrheit reden können und ob die Wahrheit als eine von den Transzendentalien her betrachtete phänomenologisch begreifbare wäre, ist die Hauptfrage Edith Steins: „Scheint es nicht, als gäbe es nur 2 Wege: entweder dem Heiligen auf seinen Boden zu folgen und die modernen Fragen ganz fallen zu lassen oder diesen Fragen nach unserer Weise nachzugehen, ohne uns um diese fernliegenden Untersuchungen zu kümmern? Ich glaube, dass man sich dabei nicht beruhigen darf. Wenn nur ein Kern von Wahrheit hier und dort ist, so muss es auch eine Brücke geben. Gewiss müssen wir den Wegen des Heiligen nachgehen, wenn wir von ihm etwas für unsere Probleme gewinnen wollen. Aber eben dies Ziel brauchen wir nicht aus den Augen zu verlieren."[5]

Der zweite Teil der Einleitung zu *De veritate* konzentriert sich auf die Erkenntnisweise, die sowohl in der Phänomenologie als auch in Thomas' Denken zur Erkenntnis der Wahrheit führt und beweist, dass die phänomenologische Erkenntnis in der *adaequatio rei et intellectus* besteht, während für Thomas die Wahrheit diejenige ist, woran alle Erkenntnis gemessen wird: „Wahres gibt es vieles. Die Wahrheit aber, an der alles gemessen wird – und das ist die Übereinstimmung mit dem göttlichen Geist – ist nur eine. Und da uns durch den göttlichen Geist die Kenntnis der ersten Prinzipien gegeben ist, ist diese erste Wahrheit das, wonach wir alles beurteilen. Die Wahrheit als Übereinstimmung des menschlichen Geistes mit den Dingen verstanden – die *veritas creata* im Unterschied zur *veritas aeterna* – scheint vielfältig, so als wären hier viele ‚Spiegelbilder' und darum viele Wahrheiten (Augustin). Im Grunde aber ist jede Wahrheit nur sofern wahr, als sie mit dem einen Maßstab übereinstimmt, d. h. durch Übereinstimmung mit dem göttlichen Geist."[6]

Den gemeinsamen Punkt zwischen scholastischem Gedankengang und moderner Phänomenologie fand Edith Stein in dem Akt der Erkenntnis. Wenn Stein die Erkenntnis in der modernen Philosophie als „Wesensschau" charakterisiert, als solche „Fragen, die für den modernen Erkenntnistheoretiker im Mittelpunkt ste-

---

5 STEIN, *Übersetzung: Des Hl. Thomas von Aquino Untersuchung über die Wahrheit* = ESGA 23, 4.
6 ESGA 23, 4.

hen – etwa die phänomenologische Frage, ‚Was ist Erkenntnis ihres Wesens nach?'"[7], dann steht nach der Stein'schen Auffassung die Erkenntnis im Zusammenhang mit der Erkenntnistheorie von Thomas. Die erkenntnistheoretische Einstellung bei Thomas wird für Edith Stein in dem Zusammenhang mit der phänomenologischen Methode eine ontologische Einstellung ergeben. „Will man die Erkenntnis näher bestimmen, so kann man es nur, indem man zunächst dem Sein nachgeht."[8] Was Thomas in der ersten Questio über die Differenzierung innerhalb der realen Welt schrieb, versteht Stein als eine Differenzierung der Erkenntnis. „Dieser Differenzierung innerhalb der realen Welt entspricht einer Differenzierung der Erkenntnis. Es ist gar keine allgemeine Definition einer ‚Erkenntnis überhaupt' möglich. Alle Erkenntnis ist entweder eine göttliche oder geschöpfliche, und beide lassen sich nicht restlos unter dieselben Bestimmungen fassen."[9]

Mit der Differenzierung der Erkenntnis zeigt sich nach Stein keine epistemologische Auffassung der Welt, sondern unter diesem Primat der Erkenntnis wird das Verständnis in ontologischer Hinsicht verstanden. Wenn der Gegenstand der Erkenntnis in beiden Sinnen das Seiende ist, dann ist in ontologischer Hinsicht eine weitere Gemeinsamkeit gegeben und zwar in beiden Fällen das Wahrheitskriterium der Erkenntnis selbst. „Das Wahre ... ist das Seiende in Hinblick auf die Erkenntnis, die Wahrheit die Übereinstimmung der Erkenntnis und des Seienden ... Die Erkenntnis hat ihr Maß an den Dingen, diese aber am göttlichen Geist ... Wahres gibt es vieles. Die Wahrheit aber, an der alles gemessen wird – und das ist die Übereinstimmung mit dem göttlichen Geist – ist nur eine. Und da uns durch den göttlichen Geist die Kenntnis der ersten Prinzipien gegeben ist, ist diese erste Wahrheit das, wonach wir alles beurteilen."[10] Die Erkenntnis der Wahrheit des Seienden schafft im scholastischen Sinn den Zusammenhang mit der göttlichen Wahrheit. Im Hauptwerk *Endliches und ewiges Sein* begründet eben diese Wahrheitstheorie die Möglichkeit für die gemeinsame „Wesensschau" der modernen und christlichen Philosophie. Das Wahre als

---
7 ESGA 23, 3.
8 STEIN, „*Was ist Erkenntnis?*", in: ESGA 23, 5.
9 ESGA 23, 41.
10 ESGA 23, „*Was ist Erkenntnis?*", 4.

eine der Transzendentalien kommt in weiteren Analysen im fünften Kapitel des Werks *Endliches und ewiges Sein* vor. Das Begreifen der Wahrheit beginnt für Stein mit der gedanklichen Beziehung zum Gegenstand: Das Wissen über den Gegenstand schöpft seinen Realitätscharakter von dem Gegenstand selbst aus.

Die dreifache Stufe der Wahrheit – das Wahre in den Dingen, in der Erkenntnis und die Wahrheit Gottes – spiegelt sich auch in Steins Seins-Interpretation, die den unterschiedlichen Wahrheitskriterien einen unterschiedliche Seinsbesitz zuschreibt. Diese Abstufungen der Wahrheit übernimmt Stein eindeutig vom heiligen Thomas, der am Anfang der ersten Quaestio von *De veritate* die gleichen Abstufungen der Wahrheitserkenntnis vornahm.[11] Wenn im scholastischen Sinn bei den endlichen Seienden von dem getrennten Wesen und Sein und bei dem göttlichen Sein über die Gemeinsamkeit von Wesen und Sein die Rede sein kann, dann gibt es eben in der Erkenntnis den Übergang vom Wesen zum Sein.[12] Stein setzt eine zu der Erkenntnis gehörige Intention voraus, die die Beziehung zum Gegenstand in ihrer Richtung bestimmt. „Dieses Meinen (die ‚Intention') ist ja ein wesentliches Bestandstück des Wissenserlebnisses und hat an dessen Sein Anteil."[13] Diese Ausrichtung des Meinens auf den Gegenstand begründet die Übereinstimmung von Wissen über den Gegenstand und dem Gegenstand selbst. Die

---

11 Vgl. ESGA 23, I. Questio, Die Wahrheit, 9.: „Das erste Verhältnis *(comparatio)* des Seienden zum erkennenden Geist besteht also darin, dass das Seiende dem erkennenden Geist entspricht: dies Entsprechen aber wird als Übereinstimmung der Sache und der Erkenntnis *(adaequatio rei et intellectus)* bezeichnet; und darin bestimmt sich formaliter die Idee des Wahren *(in hoc formaitae ratio veri perficitur)*. Das also ist es, was das Wahre noch zum Seienden hinzufügt, nämlich die Gleichförmigkeit, *(conformitas)* oder Übereinstimmung der Sache und des erkennenden Geistes; auf diese Gleichförmigkeit folgt, wie gesagt, das Erkennen der Sache. So geht also der Seinsbestand der Sache dem Bereich der Wahrheit voraus *(entitas rei praecedit rationem veritatis)*, das Erkennen *(cogito)* ist aber Auswirkung der Wahrheit *(quidam veritatis effectus)*. Dementsprechend findet sich eine dreifache Definition der Wahrheit und des Wahren. Einmal nach dem, was der Wahrheit ordnungsgemäß vorausgeht und worin das Wahre begründet ist; [...] Auf die zweite Weise wird entsprechend dem definiert, was die Idee des Wahren formaliter abschließt *(rationem veri perficit)*; [...] Und auf die dritte Weise wird das Wahre entsprechend der nachfolgenden Auswirkung definiert."

12 ESGA 23, 40.: „Man kann die ewige Wahrheit, die Maßstab aller Wahrheit ist, als göttliche Wahrheit auch in sich selbst fassen; dann ist sie Übereinstimmung des göttlichen Wesens und der göttlichen Erkenntnis. Dies beides ist aber in Gott nicht real unterschieden; da Person und Wesen eins wird, muss die Wahrheit sowohl personhaft als auch wesenhaft verstanden werden."

13 ESGA 11/12, 254f.

Übereinstimmung zwischen Erkenntnis und Gegenstand besteht aber nicht nur aufgrund der „logischen Wahrheit", die im intentionalen Akt gegeben ist, sondern hat immer schon eine Grundlage im Seienden selbst. „Aufgrund dessen, was es ist, ist es geeignet, von einem erkennenden Geist erfasst zu werden; das, was es ist, ist in gewisser Weise auch Grundlage für die vermeintliche Erkenntnis und ihre Enttäuschung. Das Seiende als solches, wie es in sich ist, ist Bedingung der Möglichkeit für die Übereinstimmung oder Nichtübereinstimmung mit dem erkennenden Geist, die ‚logische' Wahrheit und Falschheit. Und *als* Grundlage der logischen Wahrheit wird das Seiende selbst – in transzendentalem Sinne – wahr genannt."[14] Die Erfassung der Wahrheit ist also eine wechselseitige Beziehung zwischen Erkenntnisakt und Gegenstand, die auf eine grundsätzliche phänomenologische Stellungnahme zurückgeführt werden kann. Im phänomenologischen Sinn besteht die Intention aus den noetischen und noematischen Seiten, die einerseits den gedanklich-sachlichen, andererseits den inhaltlich-formalen Teil der Wahrnehmung mitteilen. Stein behielt diese phänomenologische Einstellung als sie über die Erkenntnis des Gegenstandes schrieb, aber sie ergänzt diese mit der Anerkennung des gemeinsamen Anteils an dem göttlichen Geist. In diesem Sinn besteht Steins Wahrnehmungsintention aus zwei Schichten: zuerst aus der phänomenologischen Intention, die nach der Koinzidenz von Erwartung und Erfahrung das gemeinsame Erlebnis konstituiert, im zweiten Schritt aber erkennt Stein die Unabhängigkeit des Gegenstandes vom intendierten Gegenstand in seiner Washeit an und baut die ontologische Gemeinsamkeit auf der transzendentalen Wahrheit auf.[15] Die Intentionalität der Erkenntnis besitzt eine Vorkenntnis des Gegenstandes, die nach Stein analog zur Erkenntnis Gottes verstanden werden kann. Die verschiedenen Arten der Erkenntnis machen

---

14 ESGA 11/12, 256.
15 ESGA 11/12, 264.: „Die transzendentale Wahrheit kommt dem Seienden als solchem zu, und zwar vorzüglich dem Sein, zu dem das Offenbarsein gehört. Das Seiende ‚teilt' sich inhaltlich und formal unterschiedene Gattungen und Arten; damit besondert sich auch das Sein und mit ihm auch das Offenbarsein oder die Zuordnung zum Geist. Naturgebilde und Menschenwerke haben eine verschiedene Zuordnung zum Menschengeist und die Werke wiederum eine verschiedene Zuordnung zum schaffenden und zum nachträglich hinzutretenden (‚nachschaffenden' oder ‚verstehenden') Geist. Dem entsprechen verschiedene Arten der Erkenntnis und der logischen Wahrheit."

nach Stein unterschiedliche Wege in Richtung der transzendentalen Wahrheit frei.

Die Bedeutung der Transzendentalien in der temporalen Bestimmtheit

Diese Analyse der Wahrheit wird in *Endliches und ewiges Sein* durch die Erkenntnis der Wahrheit in ihrer temporalen Bestimmtheit fortgesetzt.[16] Anfänglich beschäftigt sich Edith Stein mit dem Seienden als solchem durch die Problematik des endlichen und ewigen Seins, aber die Zielsetzung des Werkes umfasst die Frage nach der Möglichkeit der christlichen Philosophie, die Stein als *philosophia perennis* des Philosophierens verwirklichen will. Im Mittelpunkt der Untersuchung steht das eigene Sein als aktuelles und potenzielles, das phänomenologisch in der Zeitlichkeit bestimmt wird. Das individuelle Sein des erfahrenden Subjekts ist in seinem Verhältnis zu den Erfahrungsgegenständen ein ewiges, unwandelbares Sein, was Stein „reines Ich" nennt und was durch die Erkenntnis an dem Schöpfungsakt teilnimmt. Andererseits ist das reine Ich in der Relation zum ewigen Sein Gottes ein endliches und begrenztes Sein, das in der Schöpfungsgeschichte eine zeitbestimmte Rolle spielt. In diesem Sinn beruft sich Edith Stein auf Hedwig Conrad-Martius' Werk *Die Zeit* und beschreibt die temporale Bestimmtheit der Erfahrung von dem zeitlosen Bestand des Ichs her. „Das Sein, dessen ich als meines Seins inne bin, ist von Zeitlichkeit nicht zu trennen. Es ist als ‚aktuelles' Sein – d. h. als gegenwärtig-wirkliches – punktuell: ein ‚Jetzt' zwischen einem ‚Nicht mehr' und einem ‚Noch nicht'. Aber indem es sich in seinem fließenden Charakter in Sein und Nichtsein spaltet, enthüllt sich uns die *Idee des reinen* Seins, das nichts von Nichtsein in sich hat, bei dem es kein ‚Nicht mehr' und kein ‚Noch nicht' gibt, das nicht zeitlich ist, sondern *ewig*."[17] Was die Sache hinsichtlich des endlichen und ewigen Seins phänomenolo-

---

16   Vgl. ESGA 11/12, III. Wesenhaftes und wirkliches Sein, 62–113.
17   EDITH STEIN, *Endliches und ewiges Sein. Versuch eines Aufstiegs zum Sinn des Seins* = ESGA 11/12, Freiburg i. Br. 2010, 42.

gisch noch komplizierter macht, ist die sowohl der endlichen als auch der unendlichen Seinsentitäten zugeschriebene ideale Seinsform, deren Sein Stein auch eine Unendlichkeit zuschreibt.

Der fünfte Teil des Werkes *Endliches und ewiges Sein* erhält seine besondere Bedeutung dadurch, dass Stein unter den unterschiedlichen Erkenntnisweisen der Phänomenologie und der Theologie ihren unterschiedlichen Wahrheitskriterien nach unterscheidet und diese in der Bestimmtheit der Transzendentalien synthetisiert. Nach Steins Erklärung hat uns die Frage nach dem Sein und dessen unterschiedlichen Formen und Gattungen in den Seienden zum Sinn des Seins geführt, dessen Beantwortung sich durch das Seiende als solches erklärt. Der Titel „Seiendes als solches, die Transzendentalien" definiert die wesentliche Bestimmtheit des Seienden nach Thomas von Aquins *De veritate:* „Sie drücken das aus, was ‚jedem Seienden zugehört'."[18] Die transzendentalen Bestimmungen wie das Wahre, Gute, Etwas, Eines, Seiendes und Washeit charakterisieren das Seiende unabhängig von seiner Scheidung nach unterschiedlichen Formen und Seinsweisen: Das Seiende in sich bezeichnet seine Washeit, das das Seiende zum Ausdruck bringt mit Rücksicht auf das, was es ist. Wenn man das Seiende ein *unum* (Eines) nennt, dann besagt es, dass das Seiende ungeteilt ist.[19] Die anderen drei transzendentalen Bestimmungen setzen das Seiende in Beziehung zu anderen. Nennt man das Seiende Etwas, so setzt man es in Gegensatz zu einem anderen Seienden, und zwar rein formal als „ein Anderes". Das Seiende als Gegenstand des Strebens heißt das Gute, als Gegenstand des Erkennens das Wahre.[20]

Im Folgenden analysiert Stein detailliert, wie die unterschiedlichen Transzendentalien das Seiende „als solches" bestimmen und wie diese Bestimmtheit – in Thomasschen Sinn – den Sinn des Seins in phänomenologischem Verständnis erklärt. Bemerkenswert ist in dieser Hinsicht, dass Stein die aristotelischen-thomasischen Kategorien jeweils in zweifachem Sinn interpretiert und darunter einerseits die formalen Kriterien der Seinswesen versteht, andererseits die Kategorien in ihrer materialen Manifestation des Seienden.

---

18 ESGA 11/12, 245.
19 Vgl. ESGA 11/12, 245.
20 Vgl. ESGA 11/12, 245.

Als grundlegenden Transzendentalbegriff bestimmt Stein das „ens ut ens", wonach das Seiende als solches betrachtet wird. Das „ens" zielt auf zwei Bedeutungen, wonach es einerseits jedem Existierenden unabhängig von der Existenzform zukommt: „ens" „als Prinzip bezeichne das Seiende als das, was ist, d. h. es lege das Gewicht auf das *Sein*", andererseits bezeichne das „ens" als Name des „res" „in der allgemeinsten Weise *das, was* ist."[21] In dem ersten Sinn wird unter „ens" das wirkliche Sein Gottes verstanden, weil alle anderen Seienden ein hinzukommendes Sein besitzen, während im zweiten Sinne „jedes Seiende *wesenhaft* ein Seiendes genannt"[22] wird. Mit Recht behandelt Stein nicht zwei verschiedene Bedeutungen des Seienden als solche, sondern auf die individuelle Bestimmtheit des Subjekts hinweisend argumentiert sie dafür, dass das Seiende als solches eben durch seine Trägerschaft als Seiendes genannt wird: „Subjekt setzt er = essentia = das, wodurch das Ding das ist, was es ist, oder wodurch es artmäßig bestimmt ist (‚id quo res est id, quod est, seu quo constituitur in specie'). Darin ist das ‚id quod' (das, was) als Eines genommen. Wir haben hier früher noch unterschieden: ‚das' als den ‚Träger' der Wesensbestimmtheit und ‚was' als die Wesensbestimmtheit selbst."[23] Den radikalen Unterschied zwischen den zwei Auffassungen des „ens" verfeinert Edith Stein durch die Einführung des Begriffs „res" bezüglich des wirklichen Seins, das auf die erfüllte Gegenständlichkeit hinweist. Das „res" ist der allgemeine Name für das Was, und damit ist ausgesagt, dass jedes Seiende einen Inhalt oder Fülle habe, aber es gibt selbst keinen Inhalt, sondern ist die Form der Fülle.[24] Der Träger ist in diesem Sinn die erfüllte Leerform, die durch das Was des Seienden erfüllt und als Etwas benannt wird. „Träger des *Seins* ist erst die erfüllte Leerform. Als ‚Fülle' ist aber noch nicht das ‚was' aufzufassen, wie es in der allgemeinen Beziehung ‚das, was es ist' steht, sondern das *bestimmte* des jeweiligen einzelnen Seienden. Das Was in der allgemeinen Bezeichnung ist nur die Leerform der Fülle. Danach wird die Frage, ob ‚ens' als der Name des Seienden etwas Inhaltliches bezeichne, auf die andere Frage zurückgeführt, ob das *Sein* etwas Inhaltliches

---

21 Ebd., 246.
22 Ebd.
23 Ebd., 247.
24 Vgl. ebd.

oder etwas Formales besage."²⁵ Diesen Unterschied zwischen dem formalen und inhaltlichen Sein charakterisiert wesentlich die Beziehung der Transzendentalien zum Seienden, die zum Seienden nichts Reales hinzufügen, sondern nur etwas „Gedankliches". „Sie bestünden in dem Seienden selbst, so wie es Grundlage dieser Beziehung sei. Ich kann diese beiden Sätze miteinander in Einklang bringen, wenn ich unter dem ‚Realen' nicht etwas ‚Wirkliches' oder ‚Existierendes' (im Gegensatz zum bloß ‚Gedachten') verstehe, sondern – im Sinne der Deutung von *res* als ‚Was' – etwas *Inhaltliches*."²⁶ Demnach wird der Gegensatz etwas Formales sein, der die Grundlage der Transzendentalien in dem Seienden ausweist.

Die Einheit des Seienden – im Sinn der Transzendentalien, dass das Seiende Eines *(unum)* ist – kennzeichnet sich in dem von der Washeit erfüllten Seienden dadurch, dass es durch diejenige Washeit mit seinem Sein in Einheit bestimmt wird. „Das Sein der Rose als solcher und das Sein ihrer roten Farbe gehören beide zum *einen* Sein dieser roten Rose. Noch deutlicher ist es vielleicht, wenn wir etwas nehmen, was aus selbständigen Einheiten zusammengesetzt ist: eine Familie hat als solche *ein* Sein, obgleich jedes Glied sein eigenes Sein hat."²⁷ Aus der Einheit des Seins folgt, dass es eine formale Beziehung zu seinem eigenen Sein hat und dass diese Beziehung von außen her an seiner Erscheinung gemessen wird. Dass das Seiende einheitlich ist, resultiert aus seiner Erscheinungsform als Etwas, das das Seiende in einen Gegensatz zum Nichtsein setzt. Der Sinn des Seins in der transzendentalen Bestimmtheit des Seienden als Etwas realisiert sich in dem Schöpfungsakt, „die Auseinanderlegung des ‚ens' in aliquid, res und esse (Gegenstand, Was, und Sein) ist die ursprünglichste. Der Gegenstand als solcher und als seiender ist *einer* und aufgrund davon im Verhältnis zu anderen ‚ein anderer'."²⁸ Aliquid, bonum und verum setzen das Seiende in Beziehung zu anderem. Schließlich kann das Sein in seiner *Übereinstimmung* mit einem anderen Seienden betrachtet werden. Als eine transzendentale Bestimmung – folgert Stein – kann nur in Betracht kommen, wenn es ein Seiendes gibt, dem es eigen ist, mit

---
25 Ebd., 247f.
26 Ebd., 249.
27 Ebd., 250.
28 Ebd., 251.

allen Seienden in Übereinstimmung zu kommen.[29] In diesem Sinn werden die Transzendentalien Wahr, Gut, und Schön letzten Endes in Relation zur göttlichen Wahrheit, Gutheit und Schönheit als Zielsetzung der Seienden verstanden. Stein macht eine Unterscheidung zwischen der logischen, ontologischen und transzendentalen Wahrheit und behauptet, dass das Wissen sich auf den wirklich existierenden Gegenstand gründet – „es gibt kein Wissen ohne Gegenstand" –, woraus folgt, dass die Wahrheit in der Beziehung zwischen dem Gegensand und dem Wissen besteht. „Demnach bedeutet die ‚Realität' der Beziehung ein Doppeltes: die Beziehung zum Gegenstand hilft das *Was* des Wissens aufzubauen und ist Bedingung seines Wirklichseins (Wissen als ‚Potenz' des Verstandes, als seelische Fähigkeit, wird durch einen Gegenstand in den ‚Akt', d. h. in lebendiges geistiges Tun überführt)."[30] Rein phänomenologisch erklärt Stein, wie das Wissen sich durch den Verständnisakt konstituiert, und welche Übereinstimmungen zwischen dem Gegenstand und dem Wissen die Qualität der Wahrheit beeinflussen: die logische Wahrheit setzt das Seiende in Beziehung zum Denken, das sich ihm in einem zeitlichen Verlauf angleicht. Das Gleiche bezieht sich auf die Wahrheit des Urteils, wo die Übereinstimmung zwischen dem Wahrheitssinn und dem Sachverhalt besteht, während in der transzendentalen oder ontologischen Wahrheit die Übereinstimmung zwischen dem erkennenden Seienden und der Erkenntnis besteht: immer hat die Übereinstimmung des Seienden mit einem so oder so gearteten Denken eine Grundlage im Seienden selbst.[31] Die transzendentale Wahrheit ist dadurch für den erkennenden Geist „offenbar" geworden, dass der erkennende Geist sich als Seiendes dem Sein zugeordnet versteht. Phänomenologisch betrachtet erscheint die transzendentale Wahrheit in der existentialen Reflexion des Seienden auf sein eigenes Sein als „geordnetes Ganzes", wo jedes einzelne Seiende darin seinen Platz und seine geregelten Beziehungen zu allem anderen

---

29 Vgl. ebd., 246.
30 Ebd., 254.
31 Vgl. ebd., 255.

hat.³² In diesem Sinn bedeutet „offenbar sein" das „Offenbarsein für den erkennenden Geist"³³.

Die Analyse der göttlichen Wahrheit führt Edith Stein mit der künstlerischen Wahrheit ein, die in dem Schöpfungsakt durch das Verständnis der künstlerischen Wahrheit realisiert wird. Die künstlerische Wahrheit offenbart sich nach Stein durch den erkennenden Geist, der während der Erkenntnis des Kunstwerks in dem Kunstwerk auf das ewige Sein reflektiert. Sowohl die künstlerische Wahrheit als auch die göttliche Wahrheit verwirklicht sich durch den schöpferischen Akt, in dem Sein und Wahrheit zusammenfallen. „Wir haben als den eigentlichen Sinn der transzendentalen Wahrheit das ‚Offenbarsein' oder die Zuordnung zum erkennenden Geist verstanden, die zum Sein selbst und damit auch zum Seienden als solchem gehört. Denken wir an das erste Seiende, wie es für sich selbst offenbar ist, so fallen Sein und Wahrheit hier zusammen. (Darum wird ja Gott selbst auch ‚die Wahrheit' genannt.)"³⁴ Stein untersucht parallel den menschlichen Erfahrungsakt, den sie als den intelligiblen Schöpfungsakt des menschlichen Steins interpretiert, und den göttlichen Schöpfungsakt im theologischen Sinn der Offenbarung, die sich ebenso in der geschichtlichen, temporalen Welt verwirklicht und legt fest, dass die offenbarte Wahrheit nur schrittweise, in den Momenten der Aktualität der Erkenntnis erkennbar ist. „Das Ich kann nicht nur von dem Werden und Vergehen seiner Erlebnisgehalte her, sondern auch von der Eigentümlichkeit seines nur von Augenblick zu Augenblick gefristeten Seins her zur Idee des ewigen Seins gelangen: es schrickt zurück vor dem Nichts und verlangt nicht nur nach endloser Fortsetzung seines Seins, sondern nach dem Vollbesitz des Seins: einem Sein, das seinen gesamten Gehalt in wandelloser Gegenwart umfassen könne, statt das eben zum Leben emporgestiegene sich immer wieder entschwinden zu sehen. So kommt es zur *Idee der Fülle*, in dem es an seinem eigenen Sein das durchstreicht, was ihm selbst als Mangel bewusst ist."³⁵ Gemessen an der Verwirklichung des Seins in der Schöpfung spricht Stein über die Wesensentfaltung des Seins, die sich allmählich in der Zeit

32 Vgl. ebd., 257.
33 Ebd.
34 Ebd., 267.
35 Ebd., 58.

verwirklicht. Die göttliche Wahrheit wird von den endlichen Seienden in dem Streben nach dem Guten und in dem Höchstmaß seines Seins erreicht. In diesem Sinn ist das Streben nach dem Guten der Temporalität ausgesetzt, in der es seine Verwirklichung erreicht. „In dem Namen ‚wahres Gut' kommt diese Verbindung zum Ausdruck; nur wenn die Erkenntnis des Seienden als gut wahr ist, ist es ‚in Wahrheit' ein Gut; dann ist es nicht nur in Übereinstimmung mit dem Streben eines Geschöpfes, sondern auch mit dem Willen des Schöpfers und damit zugleich – weil in Gott Erkenntnis und Wollen eins ist – im Einklang mit seinem ‚Urbild' im göttlichen Geist, d. h. ‚wahr' im Sinne der Wesenswahrheit."[36]

Die Möglichkeit des phänomenologischen Verständnisses der Transzendentalien bestehe darin, dass die Transzendentalien die Abbildungen und Wesenszüge der Erkenntnisgegenstände sind und demnach die Beweise der Zugehörigkeit zur göttlichen Idee der Schöpfung. „*Zeitlich-wirkliches Sein* ist nicht vollendete Wirklichkeit (= reiner Akt), sondern *beginnende und fortschreitende Verwirklichung* von Wesensmöglichkeiten. Dazu gehört der Gegensatz des *selbständigen* und *unselbständigen Seins:* Beginn der Verwirklichung ist der Übergang von der Wesensmöglichkeit zur zeitlichen Wirklichkeit oder Eintritt ins zeitliche Dasein; zur fortschreitenden Verwirklichung gehört ein Seiendes, das in sich selbst unverwirklichte Möglichkeiten trägt: etwas, was noch nicht ist, was es sein soll, was aber schon als das bestimmt ist, was es sein soll, und dadurch einen vorgezeichneten Werdegang hat."[37] Nach der Erklärung des Verhältnisses des endlichen und ewigen Seins durch die temporale Eröffnung der Wirklichkeit, die in sich die wesentlichen Züge der Wahrheit trägt, beweist Stein, dass das Abbild der Dreifaltigkeit in der Schöpfung durch die philosophiegeschichtliche Analyse des Zusammenhangs zwischen der Person und der Hypostase erleuchtet werden kann. Analogerweise, indem die Person sich als Person anerkennt und ihre Persönlichkeit in der Zeit entfaltet, ist der menschgewordene Sohn als die zweite göttliche Person der göttlichen Hypostasis in der Schöpfungsgeschichte entfaltet. „Damit war etwas Wesentliches nicht nur für das Verständnis der Offenbarung der Dreiper-

---

36   Ebd., 270.
37   Ebd., 302.

sönlichkeit Gottes, sondern auch für das Verständnis des menschlichen Seins und des Dinglich-Wirklichen überhaupt gewonnen."[38] Das philosophische Verständnis der Schöpfung ist das allmähliche Verständnis der Erlösungsgeschichte in ihrem faktischen Dasein in der Welterfahrung. „Denn die Menschheit ist die Pforte, durch die das Wort Gottes in die Schöpfung eingegangen ist, die menschliche Natur hat es angenommen, und nur mit den Menschen, nicht mit der niederen Natur und nicht mit den Engeln verbindet es die Einheit eines Abstammungszusammenhangs. Als Haupt der Menschheit, die selbst Höheres und Niederes in sich verbindet, ist Christus das Haupt der ganzen Schöpfung."[39] Damit erhellt Stein, dass in der Zeitlichkeit entfaltende Erkenntnis sich im phänomenologischen Sinn durch die Welterfahrung vollzieht, während das erfahrene Ich in der Wesensbestimmtheit der göttlichen Wahrheit gesetzt wird.

---

38 Ebd., 303.
39 Ebd., 441.

„Die Seele ist in gewisser Weise alles." Die Lehre von der Wahrheit der Dinge als Aussage über das Wesen des Menschen bei Josef Pieper

Hanns-Gregor Nissing

„Wahrheit der Dinge" *(veritas rerum)* – dieser Begriff benennt das Leitmotiv, unter dem Josef Pieper (1904–1997) die mittelalterliche Lehre von den sog. „Transzendentalien" rezipiert und für die Gegenwart fruchtbar macht. Ja, es lässt sich sagen, dass es die Lehre von der Wahrheit der Dinge ist, in der das Denken Piepers im Ganzen seinen Mittelpunkt und Nukleus besitzt.[1] Der Münsteraner Philosoph steht damit in unmittelbarer Verwandtschaft zu seinem großen „Lehrer" Thomas von Aquin (1224/5–1274), für den das Thema Wahrheit sozusagen sein „Lebensthema" war und der seine „klassische" Ableitung der Transzendentalbegriffe in den *Quaestiones disputatae de veritate* 1,1 gezielt mit Blick auf das Transzendentale des *verum* hin entworfen hat.[2] In der Thomas-Interpretation besitzt die Position Piepers daher auch ihre eigentlichen Wurzeln und ihren Ursprung.

Die Überlegungen Piepers kristallisieren sich in der Schrift *Wahrheit der Dinge. Eine Untersuchung zur Anthropologie des Hochmittelalters* (1944).[3] Es handelt sich um seine Münsteraner Habilitation, die während des Zweiten Weltkriegs entstanden ist. Pieper hat sie selbst als „das gelehrteste [Buch] meiner ganzen Produktion"[4]

---

[1] Vgl. HANNS-GREGOR NISSING, *In Aquino veritas. Josef Pieper als Leser und Schüler des hl. Thomas*, in: THOMAS MÖLLENBECK, BERTHOLD WALD (Hg.), *Die Wahrheit bekennen. Josef Pieper im Dialog*, München 2017, 68–115.

[2] Vgl. THOMAS VON AQUIN, *Quaestiones disputatae de veritate* 1,1 c. – Dazu die ausführliche Interpretation in HANNS-GREGOR NISSING, *Sprache als Akt bei Thomas von Aquin*, Leiden/New York 2006, 257–288.

[3] Vgl. JOSEF PIEPER, *Wahrheit der Dinge. Eine Untersuchung zur Anthropologie des Hochmittelalters* (1944), in: DERS., *Werke in acht Bänden*, hg. v. Berthold Wald, Hamburg 2000–2008, Bd. 5, 99–179.

[4] JOSEF PIEPER, *Noch wusste es niemand. Autobiografische Aufzeichnungen 1904–1945* (1976), in: *Werke*, Bd. 10, 26–231, hier: 173.

bezeichnet. Daneben finden sich Aktualisierungen und Entfaltungen der Thematik im dazugehörigen Habilitationsvortrag, der sich mit „Heideggers Wahrheitsbegriff"[5] beschäftigt, sowie in den Aufsätzen „Welt und Umwelt"[6], „Wahrheit der Dinge – ein verschollener Begriff"[7] sowie im Vorlesungsmanuskript „Wirklichkeit und Wahrheit. Interpretationen zu Thomas von Aquin: *Quaestiones disputatae de veritate*", das eine minutiöse interpretatorische Herausarbeitung der Transzendentalienlehre enthält.[8]

Pieper ist sich bewusst, mit der Lehre von der Wahrheit der Dinge „vergessene Dimensionen des Wahrheitsbegriffs"[9] zutage zu fördern, die in der „klassischen" Philosophie von den Pythagoreern und Platon über Aristoteles, Augustin bis zu Thomas von Aquin eigentlich selbstverständlich waren, deren Verschwinden jedoch „das Resultat eines langen Prozesses der Unterdrückung und der Unterschlagung oder, um es zunächst einmal weniger aggressiv zu sagen: der Ausscheidung"[10] sind. Als Gründe dafür macht er einerseits (1) die ausdrückliche polemische Ablehnung dieses Begriffs durch den Humanismus und später durch Bacon, Hobbes, Descartes und Spinoza als „leer und kindisch" aus, anderseits (2) – als „das Schlimmere und Gefährlichere" – die äußerliche Bewahrung des Begriffs bei innerlicher Verfälschung durch die Schulphilosophie des 17. und die Aufklärungsphilosophie des 18. Jahrhunderts, „sodass er schließlich durch Kant als steriler und tautologischer Terminus, um den es sich nicht weiter lohnt, aus dem philosophischem Vokabular ausgeschieden wurde"[11].

---

5   JOSEF PIEPER, *Heideggers Wahrheitsbegriff* (1947), in: *Werke*, Bd. 3, 186–198.
6   JOSEF PIEPER, *Welt und Umwelt* (1950), in: *Werke*, Bd. 5, 180–206.
7   Vgl. JOSEF PIEPER, *Wahrheit der Dinge – ein verschollener Begriff* (1969), in *Werke*, Bd. 8.1, 381–395.
8   Vgl. JOSEF PIEPER, *Wirklichkeit und Wahrheit. Interpretationen zu Thomas von Aquin: Quaestiones disputatae de veritate* (1950/51), in: *Werke*, Bd. 2, 58–111.
9   PIEPER, *Wahrheit der Dinge*, 100f.
10 PIEPER, *Wahrheit der Dinge – ein verschollener Begriff*, 381.
11 Ebd., 382f. – Auch für die neuscholastische Tradition mag die Feststellung von JOHANNES B. LOTZ: „Die Lehre von den transzendentalen Bestimmungen des Seins ist das Kernstück der scholastischen Ontologie und Metaphysik" [*Zur Konstitution der transzendentalen Bestimmungen des Seins nach Thomas von Aquin*, in: PAUL WILDERT (Hg.), *Die Metaphysik im Mittelalter, ihr Ursprung und ihre Bedeutung* (Miscellanea Mediaevalia, 2, Berlin 1963 , 334–340, hier: 334] eher ein singuläres Zeugnis der Einsicht in die Bedeutung der Transzendentalien sein.

Die eigentliche Sinnspitze der Lehre von der Wahrheit der Dinge erkennt Pieper dabei – wie bereits der Untertitel seines Buchs („Eine Untersuchung zur Anthropologie des Hochmittelalters") zeigt – darin, dass sie eine Aussage über *das Wesen des Menschen* enthält, dass sie mithin vor allem von *anthropologischer Relevanz* ist. Mit Blick auf die Diskussion um die Wiederentdeckung der Transzendentalien durch die jüngere philosophische Mittelalterforschung[12] scheint mir dies ein origineller und bisher kaum beachteter Gedanke zu sein, den ich im Folgenden in seinen zentralen Gesichtspunkten entfalten möchte.

Ich werde daher zunächst (1) kurz werkbiografisch den Weg skizzieren, auf dem Pieper zur Thematik von der „Wahrheit der Dinge" gelangt ist, um sodann (2) die wesentlichen Elemente ihrer inhaltlichen Entfaltung darzustellen – wobei es vor allem um die anthropologischen Dimensionen, d. h. den leitenden Gesichtspunkt Piepers, geht –, ehe ich (3) auf die Folgen eingehe, die sich daraus ergeben und die der Lehre von der Wahrheit der Dinge ihre bleibende Relevanz und besondere Aktualität für die Gegenwart verleihen.

1. Josef Piepers Weg zur Thematik von der Wahrheit der Dinge

(1) Vor jeder inhaltlichen Fragestellung ist es bereits *methodisch* die Erkenntnishaltung, die sich der „Thomas-Leser" Josef Pieper von seinem Lehrer zu eigen gemacht hat, die ihn auf die Thematik von der Wahrheit der Dinge hinweist: In einem seiner Aristoteles-Kommentare prägt Thomas die Sentenz, nach der das Studium der Philosophie nicht darauf ausgerichtet sei, zu erfahren, was andere gedacht haben, sondern wie es sich mit der Wahrheit der Dinge verhält: „*Studium philosophiae non est ad hoc quod sciatur quid homines senserint, sed quomodo se habet veritas rerum.*"[13]

---

12 Vgl. insbesondere JAN A. AERTSEN, *Medieval Philosophy and the Transcendentals. The Case of Thomas Aquinas*, Leiden/New York/Köln 1996, DERS., *Medieval Philosophy as Transcendental Thought. From Philip the Chancellor (ca. 1225) to Francisco Suárez*, Leiden 2012. – Als Summe und Überblick vgl. die Beiträge in MARTIN PICKAVÉ (Hg.), *Die Logik des Transzendentalen. Festschrift für Jan A. Aertsen zum 65. Geburtstag* (Miscellanea Mediaevalia, 30), Berlin/New York 2003.

13 THOMAS VON AQUIN, *In libros Aristotelis De caelo et mundo expositio* I 22 (n. 228).

Das damit formulierte *Prinzip philosophischer Sachlichkeit und Wahrheitsliebe* wird von hier aus für die Thomas-Lektüre Piepers von Grund auf prägend und weist ihm den Weg zu einer ursprünglichen und genuinen Thomas-Interpretation, deren Blick nicht durch Anfragen und Gegenpositionen, durch Defensive, Apologetik und Polemik verstellt ist (wie im Falle der Neuscholastik, die sich die Thematik häufig von ihren Gegnern hat vorgeben lassen und in ihrer Interpretation das thomanische Anliegen mitunter in ihr Gegenteil verkehrt hat), sondern die aus dem Bewusstsein einer grundlegenden Affirmativität des thomanischen Denkens lebt und gerade deshalb den denkerischen Beitrag des Thomas in seiner eigentümlichen Originalität wahrnehmen und zutage fördern kann.[14] Von daher erklärt sich der *besondere Charakter der Thomas-Interpretation Piepers*, die angereichert ist (a) durch weitreichende *historische* und *biografische* Kenntnisse, zugleich aber auch (b) durch eine Unbefangenheit gegenüber den Auskünften der *Theologie*, der es mithin weniger um eine ausschnitthafte Wahrnehmung der „Philosophie des Thomas von Aquin"[15] geht, sondern deren Grundgepräge eher im Konzept einer „theologisch gegründete Weltlichkeit"[16] erkennt.

(2) *Inhaltlich* führt der Weg bei Pieper zum Thema der Wahrheit der Dinge von praktisch-ethischen Fragen her, die er selbst seine „ursprüngliche Thematik"[17] genannt hat und die die zentrale

---

14   Wobei „Originalität" – wie Pieper unterstreicht – nicht eigentlich das angemessene Kriterium ist, um Thomas und sein Denken zu verstehen: „Vollendung und Originalität scheinen einander in gewissem Sinn auszuschließen; das Klassische ist nicht eigentlich originell. [...] Eben dies nun ist das Auszeichnende an Thomas von Aquin. Das Besondere an seiner Weltaussage ist gerade, dass sie nicht etwas Besonderes sein will; Thomas weigert sich gerade, etwas ‚auszuwählen'; er unternimmt den ungeheuren Versuch, ‚alles zu wählen' – weil er überzeugt ist: alles, was ist, ‚gehört dazu'! (JOSEF PIEPER, *Das Zeugnis des Thomas von Aquin* (1959), in: *Werke*, Bd. 8.1, 66–72, hier: 67).
15   Vgl. JOSEF PIEPER, *Das negative Element in der Weltansicht des Thomas von Aquin* (1963, zuerst: *Philosophia negativa*, 1953), in: *Werke*, Bd. 2, 112–152, hier: 145: „Thomas hat zweifellos *unterschieden* zwischen Wissen und Glauben, Philosophie und Theologie; diese Unterscheidung begründet und verteidigt zu haben ist sogar, wie man weiß, seine besondere Leistung gewesen. Dennoch gibt es keine ‚Philosophie des heiligen Thomas', die abgetrennt von seiner Theologie dargestellt werden könnte".
16   Vgl. PIEPER, *Das Zeugnis des Thomas von Aquin*, 72: „Dies ist mehr und anderes als ‚Aristotelismus', dies ist überhaupt nicht ‚Philosophie', genau genommen auch nicht ‚Theologie' (als Wissenschaft) – sondern dies ist das Glaubenszeugnis des hl. Thomas von Aquin, der die Radikalität des Lebens nach dem Evangelium und die nichts ausschließende Bejahung der Weltwirklichkeit miteinander zu verknüpfen vermocht hat, nicht nur im Denken, sondern im Dasein selbst."
17   JOSEF PIEPER, *Philosophie in Selbstdarstellungen* (1975), in: *Werke*, Bd. 10, 1–25, hier: 9.

Fragestellung seiner Dissertation *Die ontische Grundlage des Sittlichen nach Thomas von Aquin* (1928, später: *Die Wirklichkeit und das Gute*)[18] motiviert haben: es ist die Rückfrage nach der Gründung des Guten in der Wahrheit und im Sein. Pieper hat in diesem Zusammenhang rückblickend wiederholt von der „bedeutenden Fördernis durch ein einziges Wort"[19] gesprochen, die er durch Romano Guardini (1885–1969) empfangen hat, namentlich durch einen Vortrag zu Goethes 175. Geburtstag am 28. August 1924 auf Burg Rothenfels über „das Klassische" bei Thomas von Aquin und Goethe.[20] – Der von Pieper daraufhin unternommene Nachweis einer Grundlegung des Guten in der Wirklichkeit, der These, dass „alles Sollen im Sein gründet", ist von zwei Voraussetzungen abhängig: (1) davon, „dass unser Erkennen die Wahrheit der wirklichen Dinge erreicht, dass es ‚zum Objekt kommt'"[21], und (2) davon, „dass unser Wollen und Wirken bestimmt ist durch die Erkenntnis. [...] Dies Miteinander von realistischer Erkenntnislehre und ‚intellektualistischer' Ethik ist der Boden aller Argumente für die These von der Wirklichkeitsgemäßheit des Guten"[22]. Geht es von daher in der Dissertation zentral um eine Darstellung „der Durchformung des Wollens durch die Wirklichkeitserkenntnis"[23], darum, wie der „Stromlauf Wirklichkeit-Erkennen-Handeln" beschaffen ist, m. a. W.: um eine Rekonstruktion der Handlungstheorie des Thomas, so ist noch zuvor eine „Rückführung des Sittlichen auf die Wahrheit, ja: auf die Wirklichkeit"[24] zu leisten. – Eine weitergehende

---

18 Vgl. JOSEF PIEPER, *Die Wirklichkeit und das Gute* (1928/31), in: DERS., *Werke*, Bd. 5, 48–98.
19 Vgl. JOSEF PIEPER, „*Bedeutende Förderung durch ein einziges Wort*". *Romano Guardini zum 70. Geburtstag* (1955), in: *Werke*, Bd. 8.2, 658–660.
20 Vgl. PIEPER, *Noch wusste es niemand*, 77f.: „Mit einem Mal vermochte ich nun auch das verworren Geahnte ins deutliche Wort zu fassen: „Alles Sollen gründet im Sein; das Gute ist das Wirklichkeitsgemäße. Wer das Gute wissen und tun will, der muss seinen Blick nicht auf die eigene ‚Gesinnung' richten, nicht auf das ‚Gewissen', nicht auf ‚die Werte', nicht auf eigenmächtig gesetzte ‚Ideale' und ‚Vorbilder'; er muss absehen von seinem eigenen Akt und hinblicken auf die Wirklichkeit."
21 PIEPER, *Die Wirklichkeit und das Gute*, 52.
22 Ebd., 52f.
23 Ebd., 54.
24 Ebd., 50. – In beiden Richtungen erscheint „*Sachlichkeit*" als das entscheidende Schlüsselwort: (2) als „ethische Wesenshaltung" (93f.), zuvor aber noch (1) als Erkenntnishaltung: sie ist, „wenn man darunter ‚Seinsgerechtheit' versteht, die gemäße Wesenshaltung des Menschen" (ebd., 52).

Begründung des ethischen Konzepts ist mithin auf die Klärung der Frage nach der Wahrheit verwiesen.

(3) Der unmittelbare Impuls zur Beschäftigung mit der Wahrheitsthematik geht indessen auf einen anderen der großen Lehrer jener Zeit zurück: auf Erich Przywara (1889–1972). In seiner Autobiografie *Noch wusste es niemand* (1976) berichtet Pieper:

„Przywara hatte mir in einem seiner Ferien-Seminare die Aufgabe gestellt, den ersten Artikel der *Quaestiones disputatae de veritate* des heiligen Thomas zu interpretieren; und damit war ich noch immer nicht zu Ende. Was zum Beispiel sollte es besagen, die Erkenntnis sei eine Frucht der Wahrheit? War nicht, umgekehrt, die Wahrheit das Resultat von Erkennen? Irgendwo hatte ich auch den Satz des Anselm von Canterbury gelesen: ‚Die Wahrheit, die im Sein der Dinge gelegen ist, bedenken nur wenige.'"[25]

Das Thema wirkte „als eine Art Ferment" stetig weiter, ehe es, wie bereits erwähnt, seine endgültige Gestalt während des Zweiten Weltkriegs in der Habilitationsschrift *Wahrheit der Dinge* erhalten sollte:

„Vor allem wurde mir allmählich klar, dass der alte Satz *omne ens est verum* beileibe nicht eine bloß abstrakte Doktrin scholastischer Metaphysik sei, sondern eine ganz und gar aktuelle Aussage über das Wesen des Menschen."[26]

2. Dimensionen der Lehre von der „Wahrheit der Dinge"

Dieser Grundeinsicht entsprechend ordnet Pieper die Darstellung in seiner Habilitationsschrift um drei Schwerpunkte: den *theologischen*, den *metaphysischen* und schließlich den *anthropologischen* Sinn der Lehre von der Wahrheit der Dinge.

---

[25] PIEPER, *Noch wusste es niemand*, 149.
[26] Ebd., 171.

2.1 Theologischer Sinn

Den Ausgangspunkt seiner Interpretation markiert dabei die Lehre von den „Transzendentalien", jenen „Ur-Worten des Seins"[27], die im Unterschied zu den kategorialen Begriffen (Substanz, die Akzidenzien) das Seiende nicht unterscheiden und einteilen, sondern mit diesem koextensiv sind und dabei doch zugleich einen Aspekt zum Ausdruck bringen, der im Begriff des „Seienden", dem Erstbegriff unserer Wirklichkeitserkenntnis, selbst nicht enthalten ist. Als solche sind sie dazu angetan, die Weltsicht des Thomas in einer grundlegenden Weise erkennbar zu machen.

Bemerkenswert ist dabei, dass Pieper, wenn er den Kreis dieser „Ur-Worte" kurz erklärend abschreitet, ihren Bedeutungsgehalt offenbar vor allem in einer *anthropologischen* Sinngebung wahrnimmt und damit bereits auf den eigentlichen Zielsinn seiner Überlegungen in der Auslegung der Wahrheit der Dinge vorgreift:

„*Res:* dies Wort ist eigentlich unübersetzbar. Es ist gesagt worden, *res* sei ein ‚Herzwort' der lateinischen Sprache, das der Römer der Welt geschenkt habe.[28] Seine Bedeutung umgreift den ganzen Umkreis der ‚Dinge'. Besitzgut, Rechtssache, Geschichte, Gemeinwesen, Staat – und eben Gegenstand, Sache, Wesen. Von *res* hat das ‚Reale' und ‚Reelle' seinen Namen. Es gibt in der Tat nichts, das nicht *res* genannt werden könnte. Dagegen will das deutsche Wort ‚Ding' nicht so zwanglos zu jedem denkbaren Seienden als Name passen und stimmen. Umfänglicher und allgemeiner erscheint, als Entsprechungswort zu *res,* das deutsche ‚Was'; doch fehlt diesem Wort wiederum die scharfe Kontur von *res*. Thomas will mit *res* den Träger des Seiens benennen. Der Name *ens*-seiend ist Partizip, sich herleitend von eben diesem *Akt* des Seiens, während *res* genauer das *Subjekt* dieses Aktes benennt und aussagt.[29]

Unum: Alles ist ‚eins' oder ‚einig'. Thomas versteht unter der transzendentalen Einheit die Ungeteiltheit des Seienden. ‚Das Sein eines jeglichen Dinges beruht in der Ungeteiltheit. Und daher rührt

---

27 Pieper, *Wahrheit der Dinge,* 121; andernorts spricht er auch von einem „Sternbild verwandter Begriffe" (*Wahrheit der Dinge – ein verschollener Begriff,* 383)
28 Theodor Haecker, *Vergil, Vater des Abendlandes,* Leipzig 1931, 117ff.
29 „Ens sumitur ab actu essendi, sed nomen rei exprimit quidditatem sive essentiam entis." (*Quaestiones disputatae de veritate* 1,1 c.).

es, dass jegliches Seiende, wie es sein Sein hütet, so auch seine Einheit hütet.'[30] Diesen Gedanken in seiner eigentlichen Intention nachzuvollziehen und ihn in seiner Bedeutung zu erfassen, fällt uns besonders schwer. Es muss hier jedoch der Hinweis genügen, dass Thomas in der geringeren oder größeren Einheit – das ist: des In-sich-Seins – das Kriterium für den Seinsrang eines Wesens erblickt. Der Pflanze kommt eine höhere Einheit zu als dem Stein; das Tier ist mehr ‚eins' als die Pflanze; die oberste Stufe des In-sich-Seins aber stellt die geistige Person dar; [...].

Aliquid: jegliches Seiende ist ein *aliquid*. Der Sinn dieses Satzes ist nicht so eindeutig und vor allem nicht so flach, wie es dem ersten Blicke scheinen mag. Die naheliegende Übersetzung von *aliquid* durch ‚etwas' würde hier zu einer Fehldeutung führen. *Aliquid* besagt, wie schon das Mittelalter (man darf wohl sagen: ausnahmsweise) richtig etymologisiert hat,[31] so viel wie *aliud quid*. Jegliches Seiende ist ‚etwas anderes'. Das will sagen: Alles, was ist, hat eine Grenze gegen das andere und ist von ihm abgetrennt.[32] Auch von diesem transzendentalen Begriff aus, der in der späteren Tradition kaum noch Erwähnung findet, öffnet sich also ein in die Breite und in die Tiefe gleich aufgehellter Ausblick in die Wirklichkeit: Alles Seiende ist Gestalt; alle Gestalt aber hat Dasein kraft ihrer Grenze."[33]

Die in dieser Erläuterung verwendeten Begriffe „Subjekt", „In-sich-Sein", „Person", „Gestalt" deuten darauf hin, dass Pieper sein Verständnis der Transzendentalbegriffe offenbar am Paradigma menschlichen Seins entwickelt, d. h. auf eine prinzipiell anthropomorphe Wahrnehmung der Wirklichkeit. Deren Evidenz und Notwendigkeit hat Robert Spaemann in anderen Zusammenhängen plausibel gemacht: Wir können die Wirklichkeit nicht anders als anthropomorph betrachten: „Nur im Ausgang von bewusstem Leben, das wir selbst sind, können wir adäquat sprechen von nicht bewusstem Leben, von außermenschlichem Leben. Wir haben zu diesem Leben keinen direkten Zugang. Wir können es nur wie be-

---

30 „Unde manifestum est quod esse cujuslibet rei consistit in indivisione. Et inde est quod unumquodque sicut custodit suum esse, ita custodit suam unitatem." (*Summa theologiae* I 11,1 c.)
31 „Diditur enim aliquid quasi aliud quid." (*Quaestiones disputatae de veritate* 1,1 c.).
32 „Sicut ens dicitur unum, inquantum est indivisum in se, ita dicitur aliquid, inquantum est ab aliis divisum." (*Quaestiones disputatae de veritate* 1,1 c.).
33 PIEPER, *Wahrheit der Dinge*, 36ff.

wusstes Leben abzüglich des Bewusstseins betrachten. [...] Und so ist es richtig und die einzige Möglichkeit, über wirkliches, nicht menschliches, nicht bewusstes Leben anthropomorph zu sprechen und sich dieses Anthropomorphismus zugleich bewusst zu sein."[34] Mithin kann daher wie im Hinblick auf den aristotelisch-thomanischen Grundbegriff der „Substanz" und einen diesbezüglich immer wieder geäußerten Verdacht der „Verdinglichung" auch für die Transzendentalbegriffe festgehalten werden, dass ihr Sinngehalt am Paradigma des Lebendigen, des Menschen (oder zumindest nicht ohne dieses), gewonnen ist.[35]

Im Unterschied zu den anderen Transzendentalbegriffen – *ens, res, unum, aliquid* – sind die beiden Transzendentalien des Wahren *(verum)* und des Guten *(bonum)* nun darüber hinaus dadurch ausgezeichnet, dass sie eine besondere *Relationalität* beinhalten: Nur aufgrund einer Beziehung zum Geist kann alles Seiende „gut" oder „wahr" genannt werden: „Denn dieses ist der Sinn der Sätze von der Wahrheit und Gutheit [...] aller seienden Dinge: dass alles Seiende bezogen sei auf den erkennenden und den liebenden (wollenden) Geist."[36] – „Vom Ganzen her kommt dann vielleicht auch in den Blick, worauf die Frage, die in den ‚Transzendentalien' ihre Antwort erfahren hat, eigentlich zielt."[37]

Für den für das Transzendentale des Wahren besagten Bezug zur *Erkenntnis* arbeitet Pieper im Folgenden dessen besondere Aktstruktur heraus: (a) Erkenntnis besagt stets eine Angleichung (man beachte das *nomen actionis!*), eine Teilhabe am anderen, das Aufnehmen der Form eines anderen (und nicht nur etwa eines Bildes von ihm): „Alles Seiende ist ‚geistig' (oder kann es sein), sofern es mit dem Kern seines Wesens dem erkennenden Geiste als dessen Eigentum inne ist (oder inne sein kann)."[38]

Dabei kann es in der Bestimmung des Verhältnisses zwischen den Dingen und dem erkennenden Geist unterschiedliche Priorität-

---

34   ROBERT SPAEMANN, *Wirklichkeit als Anthropomorphismus*, in: Hanns-Gregor Nissing (Hg.), *Grundvollzüge der Person. Dimensionen des Menschseins bei Robert Spaemann*, München 2008, 13–35, hier: 22f.
35   Vgl. ROBERT SPAEMANN, *Personen. Versuche über den Unterschied zwischen ‚etwas' und ‚jemand'*, Stuttgart 1996, 42.
36   PIEPER, *Wahrheit der Dinge*, 121.
37   Ebd., 118.
38   Ebd., 124.

ten geben: (1) während das Dass (der Akt) des Erkennens stets vom Geist her gesetzt ist, bedarf es (2) im Hinblick auf das Was (den Inhalt) der Erkenntnis einer zusätzlichen Unterscheidung: (2.1) während der Geist als betrachtender *(intellectus speculativus)* sein Maß von den Dingen empfängt, verhält er sich (2.2) als praktischer, schöpferischer *(intellectus practicus)* seinerseits maßgebend gegenüber den Dingen.

Pieper akzentuiert dabei, dass diese letzte, schöpferische Beziehung, wie sie sich etwa im Denken und Verhalten des Künstlers findet, die *eigentliche* Erkenntnisbeziehung des Geistes zu den Dingen ist: „Nichts erkennen wir so sehr ‚durch und durch' wie das Werk unseres Geistes und unserer Hände – soweit dieses Werk wirklich von uns geschaffen ist."[39] Ihre Wahrheit empfangen die Dinge daher v. a. in Abhängigkeit vom schöpferischen Geist: „‚Schlechthin [absolut] wahr ist ein jegliches Ding kraft seiner Hinordnung auf den erkennenden Geist, von dem es abhängt.' [*S. th.* I 16,1 c.] Wahrheit im eigentlichsten Sinn also kann von einem dinglich Wirklichen insofern ausgesagt werden, als die innere Gestalt dieses Wirklichen einer Ur-Form nachgebildet ist, die in einem schöpferisch erkennenden Geiste wohnt."[40] – Da nun aber die natürlichen Dinge zum *menschlichen* Geist nicht in einem Verhältnis des Geschaffenseins stehen, kommt mit der Frage nach ihrer Wahrheit ihre Bezogenheit auf einen schöpferischen *göttlichen* Geist in den Blick:

(a) Alle Dinge sind wahr, weil sie durch Gott *erkannt* sind (wobei Pieper eine moralistische Engführung dieses Satzes im Sinne einer umfassenden und allwissenden Kontrollinstanz menschlichen Verhaltens ausdrücklich abgewehrt wissen will[41]);

(b) und das Erkennen Gottes ist selbst *schöpferisch*. Durch sein bloßes Erkennen und Sprechen werden die Dinge erschaffen. Und in ihm selbst sind sie „Licht und Leben", wie sich mit den Begriffen des Johannes-Prologes sagen lässt (vgl. Joh 1,4). Dessen Kommentierung durch Thomas war für Pieper als Gymnasiast der „Erstkontakt" mit seinem großen Lehrer gewesen. Mit Blick auf den Eindruck von dessen Lektüre hat er von einer „Lebenswende" und

---

39 Ebd., 127.
40 Ebd., 128.
41 Vgl. ebd., 129f.

der „Entdeckung eines Kontinents"[42] gesprochen. Und in der Tat war Pieper mit der *Lectura super Ioannem* einer jener „Schlüsseltexte" zum Denken des Thomas zugefallen, der all jene wesentlichen Elemente enthält, die in seinen späteren Thomas-Interpretationen ihre Entfaltung finden sollten[43] – nicht zuletzt auch der Sinn für jene unmittelbare Berührung von christlicher Logos- und platonischer Ideenlehre, auf die Pieper ausdrücklich hinweist.[44] – Weil die Schöpfung in Verbindung von göttlichem Erkennen und Wollen hervorgebracht wird, ist hier zugleich der Ort, an dem auch der Sinngehalt des Transzendentale *bonum* sichtbar werden kann:

„Gottes Erkennen *macht*, dass die Dinge *sind;* Gottes Erkennen ist *schöpferisch* (im vollen und absoluten Sinn!); das heißt Gott ‚erdenkt' das Sein, die Dinge werden von Gott auf solche Weise erkannt, dass sie dadurch Sein gewinnen – genauer gesprochen: die Dinge gewinnen ihr *Wesen,* ihr *Was*-Sein, durch Gottes kreatorisches Erkennen. Die ‚erdachten' Wesenheiten aber ins wirkliche Dasein, in die Existenz hervorzubringen – *das* ist es, was durch schöpferisches, kreatorisches Wollen und Lieben zustande gebracht wird – sodass (man darf und muss dies sehr genau nehmen!) in einem völlig präzisen Sinn gilt: *ens et bonum convertuntur:* es ist dasselbe, wodurch die Dinge Sein haben und wodurch sie gut sind, das heißt gewollt, geliebt. Wie das *Erkennen* Gottes, als ‚Erdenken', Sein-schaffend, Was-sein-schaffend ist (die Dinge sind ein Was, *dadurch* dass Gott sie sieht!), so ist das Wollen und Lieben des Creator *Dasein*-schaffend. [...] *Omne ens est bonum,* alles Seiende ist gut – das besagt primär [...]: alles Seiende ist geliebt, und zwar schöpferisch, kreatorisch geliebt, das heißt alles Seiende hat zugleich mit dem Geliebtsein auch das Wirklichsein empfangen, sodass es in der Tat, ganz präzis gesprochen, *dasselbe* ist, wodurch die Dinge seiend sind und wodurch sie geliebt sind; ihr Sein besteht in Geliebtsein! Und:

---

42 JOSEF PIEPER, *Über Lesen und Vorlesen* (1993), in: Werke, Bd. 8,2, 686–690, hier: 687. – Etwa fünfzehn Jahre nach dieser ersten Begegnung sollte er eine deutsche Übersetzung veröffentlichen; vgl. jetzt in einer Neuausgabe: THOMAS VON AQUIN, *Das Wort. Kommentar zum Prolog des Johannes-Evangeliums. Übersetzt von Josef Pieper (Einführende Schriften,* 1), München 2017.

43 Vgl. hierzu NISSING, *In Aquino veritas,* 71–74. – Zur grundlegenden Bedeutung des Kommentars zum Johannes-Prolog im Werk des Thomas von Aquin vgl. HANNS-GREGOR NISSING, *Zeuge des Wortes. Thomas von Aquin und sein Kommentar zum Prolog des Johannes-Evangeliums,* in: THOMAS VON AQUIN, *Das Wort,* XIII-LXXIII.

44 Vgl. ebd., 120f.

es ist mitgedacht, dass der Liebende, von dem hier gesprochen wird, ein im absoluten Sinn schöpferisch, kreatorisch Liebender ist: der *creator* selbst!"[45]

(c) Neben dem umfassenden *Erkanntsein* der Dinge durch Gott und der *schöpferischen Qualität* dieses Erkennens besagt die Lehre von der Wahrheit der Dinge für das Gottesverständnis schließlich bei einer grundsätzlichen Nicht-Identität von Schöpfung und Schöpfung die *Anwesenheit Gottes* in allen Dingen, die nicht zuletzt gegenüber der neuzeitlichen Aufklärungsphilosophie und ihrer Lehre vom *Deus extramundaneus*, eine deistisch-aufklärerische Vorstellung, eigens zu betonen ist.[46] Pieper hat diesen Gedanken später unter dem Grundmotiv der „*Kreatürlichkeit*" zusammengefasst, das ihm zugleich als „Notenschlüssel" gilt, der vor dem Denken des Thomas im Ganzen steht.[47] Seine Essenz bringt kurz und bündig das Diktum aus den *Confessiones* des Augustinus (354–430) auf den Punkt: „Wir sehen die Dinge, weil sie sind; sie aber sind, weil du sie siehst."[48]

2.2 Metaphysischer Sinn

Was aber besagt die Wahrheit der Dinge nun neben ihren theologischen Implikationen für diese selbst? – Hier ist es Thomas, der die entscheidende Formulierung prägt: *Res naturales inter duos intellectus constituta sunt* – „Die natürlichen Dinge sind zwischen zwei Erkenntnisvermögen gestellt"[49]: den kreatorisch Göttlichen und den rezeptiv-produktiv menschlichen. Das heißt: (1) Die innere Gestalt der Dinge bildet die Kunst Gottes ab, und „die Wahrheit, die den Dingen zukommt im Hinblick auf den göttlichen Geist, ist der Ursprung und die Wurzel ihrer Wahrheit im Hinblick auf des

---

45 JOSEF PIEPER, *Über das Gute und das Böse. Vier Vorlesungen (Thomas-Interpretationen)*, in: *Werke*, Bd. 2, 1–57, hier: 8f. und 14.
46 Vgl. ebd., 133ff.
47 Vgl. JOSEF PIEPER, *Kreatürlichkeit. Bemerkungen über die Elemente eines Grundbegriffs* (1974), in: *Werke*, Bd. 2, 441–464, hier: 441.
48 AUGUSTINUS, *Confessiones* XIII 38. – Analog formuliert Pieper für das Transzendentale *bonum*: „Wir lieben die Dinge aufgrund dessen, dass sie gut sind; sie sind aber gut aufgrund dessen, dass Gott sie liebt, bejaht, will, ins Dasein hervorbringt." (*Über das Gute und das Böse*, 14).
49 THOMAS VON AQUIN, *Quaestiones disputatae de veritate* 1,2 c.

Menschen erkennenden Geist"[50]. – Besagt die Wahrheit der Dinge mithin ihre *Erkanntheit* durch Gott und ihre *Erkennbarkeit* durch den Menschen, so heißt dies zugleich: (2) „[E]rkennbar [...] sind die Dinge für den Menschen *kraft* ihrer Erkanntheit durch Gott."[51] Ihre Offenbarkeit, Unverborgenheit und Gewahrbarkeit für den Menschen wiederum ist begründet durch das schöpferische Sehen Gottes: „Das Wirklichsein der Dinge selbst ist sozusagen ihr Licht" *(actualitas rei est quoddam lumen ipsius).*[52]

Gegen mögliche Missverständnisse hebt Pieper (a) mit der *Nach*geordnetheit der menschlichen gegenüber der göttlichen Erkenntnis („ihre Erkanntheit durch den *menschlichen* Geist konstituiert nicht das Wesen der Dinge; ihre Erkanntheit oder Nicht-Erkanntheit durch *Gott* dagegen ist gleichbedeutend mit ihrem Sein oder Nicht-Sein"[53]) zugleich die *Zu*geordnetheit von Geist und Dingen hervor: die Möglichkeit, die Dinge zu erkennen, ist für den Menschen nicht zufällig und die Erkennbarkeit der Dinge nicht äußerlich: die Wahrheit der Dinge besagt ihre Aufschließbarkeit für den menschlichen Geist. (b) Dabei ist Erkennbarkeit nicht gleichbedeutend mit Fasslichkeit, sofern Erkennen heißt: etwas begreifen, wie es in sich selbst erkennbar ist. Wenn unserem Erkennen daher Grenzen gesetzt sind, so freilich nicht aufgrund der objektiven *Dunkelheit* der Wirklichkeit (diese ist vielmehr „überhell"), sondern aufgrund des Versagens *unserer* Erkenntniskraft.

Vor allem aber besagt die Lehre von der Wahrheit der Dinge in ihrem metaphysischen Sinn: „[D]as Seiende ist geistartig in seinem innersten Kern. Geist und Sein gehören zueinander."[54] – Pieper ist sich bewusst, dass er mit dieser Interdependenz eine Sichtweise zur Sprache bringt, die in deutlicher Distanz zu Grundannahmen der Moderne steht[55]: Entgegen einem Subjekt-Objekt-Dualismus besagt sie (a) für die Dinge, dass sie eben nicht in beziehungsloser Isolation – gewissermaßen „stumm" – als *facta bruta* – einfach nur „da" sind, dass sie sich vielmehr kraft ihrer inneren Geistbezogenheit

---

50 Pieper, *Wahrheit der Dinge*, 136.
51 Ebd.
52 Thomas von Aquin, *In Librum de Causis expositio* I 6 (n. 168).
53 Pieper, *Wahrheit der Dinge*, 139.
54 Ebd., 143.
55 Vgl. ebd., 143ff.

dem menschlichen Erkennen anbieten, sich manifestieren, offenbaren, ja: sich ihm aufdrängen. – Hier findet nicht nur Guardinis Rede vom „Wort"-Charakter der Dinge ihren Ort[56], sondern auch der Eichendorffsche Vers: „Schläft ein Lied in allen Dingen". – (b) Für den Geist aber besagt die genannte Interdependenz, dass er nicht kraft eigener (konstruktiver) Setzung Träger des Weltverhältnisses ist, dass es vielmehr eine natürliche Ausrichtung ist, in der er zu den Dingen steht.

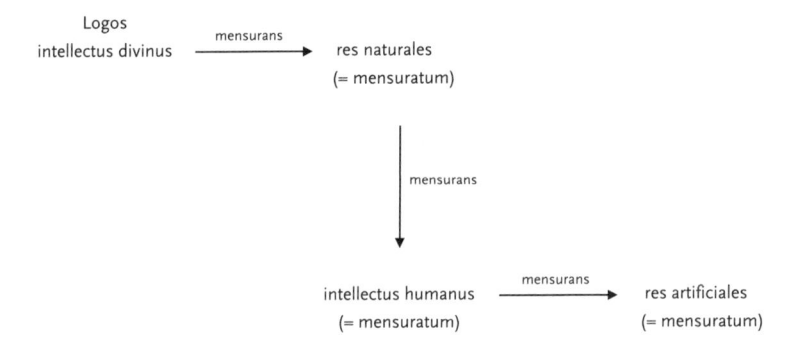

```
Logos
intellectus divinus   ──mensurans──▶   res naturales
                                       (= mensuratum)

                                              │
                                              │ mensurans
                                              ▼

                      intellectus humanus   ──mensurans──▶   res artificiales
                      (= mensuratum)                         (= mensuratum)
```

Abb.: Von Josef Pieper entworfenes Schema zu Q. de ver. 1,2: „Res naturales constituta sunt inter duos intellectus."

2.3 Anthropologischer Sinn

Ihre eigentliche Sinnspitze hat die Lehre von der Wahrheit der Dinge daher auch in der Lehre vom Menschen. Denn, so Pieper: „Der Satz von der Wahrheit der Dinge ist also nur die eine Seite eines wesenhaft doppelgesichtigen Sachverhalts, dessen andere Seite diese ist: der [menschliche] Geist ist ‚darauf angelegt, übereinzukommen mit allem, was Sein hat'."[57] Eben in dieser Verknüpfung beider Elemente erkennt Pieper die völlige Originalität, „das geistige Eigen-

---

56   Vgl. ROMANO GUARDINI, Welt und Person. Versuch zur christlichen Lehre vom Menschen, Mainz/Paderborn ⁶1988, 139–142. – Auch Heideggers Gedanke von der Wahrheit als „Unverborgenheit" geht in diese Richtung.
57   PIEPER, Wahrheit der Dinge, 159.

tum des Thomas von Aquin"[58]: „Hierin [...] hat er nicht nur keinen Vorgänger gehabt; sondern er hat, wie es scheint, auch keinen Nachfolger gefunden."[59] Und was an diesem Punkte von Thomas gilt, gilt nicht minder für seinen Interpreten Pieper: mit der Lehre von der thomanischen Wahrheit der Dinge hat er nicht nur „vergessene Dimensionen des Wahrheitsbegriffs" neu zutage gefördert. Seine Entdeckung ist in der Diskussion um den thomanischen Wahrheitsbegriff unter den Thomas-Interpreten bisher auch fast vollkommen unberücksichtigt geblieben – und dies gerade angesichts der reichen Debatte, die im 20. Jahrhundert um den thomanischen Wahrheitsbegriff nicht zuletzt im Zusammenhang der Analytischen Philosophie geführt worden ist.[60]

Was Pieper überdies im 5. und letzten Kapitel von *Wahrheit der Dinge* nach der anthropologischen Seite hin entfaltet, darf als nicht mehr und nicht weniger bezeichnet werden als *die elementarste Grundlegung der Lehre vom Menschen* und als *die eigentliche Erschließung menschlicher Personalität nach Thomas von Aquin.*

Anknüpfungspunkt ist dabei die Überlegung, dass nur dann „dem Seienden als Seiendem und also allem, was Sein hat, Wahrheit, das ist: Gegenstand-Sein, zugesprochen werden" kann, wenn ihm als korrespondierendes *Erkenntnissubjekt* bereits auf weltlicher Ebene ein erkennender Geist gegenübersteht, der in der Lage ist, „von sich aus die Gesamtheit der Dinge zu erkennen". – Schon die Erschließung der besonderen Bedeutung des Transzendentale *verum* in den *Quaestiones disputatae de veritate* 1,1 c. geschah ja bemerkenswerterweise nicht mit Bezug auf den göttlichen, sondern auf den menschlichen Verstand, genauer gesagt: mit Bezug auf die Geist-

---

58 Ebd., 160.
59 Ebd.
60 Vgl. hierzu zusammenfassend CHRISTOPH KANN, *Wahrheit als „adaequatio": Bedeutung, Deutung, Klassifikation*, in: Recherches de Théologie et Philosophie Médiévales 66 (1999) 209–224. Zur Lehre von der Wahrheit der Dinge vgl. lediglich RUDOLF B. SCHMITZ, *Sein – Wahrheit – Wort. Thomas von Aquin und die Lehre von der Wahrheit der Dinge*, Münster 1984, sowie RUEDI IMBACH, *Deus est intelligere. Das Verhältnis von Sein und Denken in seiner Bedeutung für das Gottesverständnis bei Thomas von Aquin und in den Pariser Quaestionen Meister Eckharts*, Fribourg 1976; DERS., *Prétendue primauté de l' être sur le connaître. Perspectives cavalières sur Thomas d'Aquin et l'école dominicaine allemande*, in: DERS., *Quodlibeta. Ausgewählte Artikel*, Fribourg 1996, 351–363, der sie immerhin als „la doctrine très révélatrice de l'univers thomasien" (356) kennzeichnet.

seele, die darauf angelegt ist, „übereinzukommen mit allem, was Sein hat" *(natum sit convenire cum omni ente).*
Es geht mithin darum, dieses Vermögen in den Blick zu nehmen, das in der Lage ist, „gewissermaßen alles zu werden" – und zwar nicht nur *quantitativ,* indem es das Allgesamt der Dinge erfassen kann, sondern auch *qualitativ,* indem es zu seinem Wesen vorzudringen vermag. Um die besondere *Weise* herauszuarbeiten, in der die Dinge in das Beziehungsfeld des menschlichen Geistes gestellt sind und der Geist als „aktive Mitte dieses Beziehungsfeldes" erscheint, knüpft Pieper an den bekannten Thomas-Text aus der *Summa contra Gentiles* IV 11 an, in dem dieser einen groß angelegten Durchgang durch die verschiedenen Stufen der Schöpfung skizziert, der bei den unbelebten Körpern ansetzt und im innergöttlichen Leben, bei der Zeugung des Ewigen göttlichen Wortes, endet. Den Leitfaden der Aufführungen bildet dabei der Nachweis, dass der höheren Komplexität eines Wesens (die in der Regel an der Komplexität ihres organischen Körperaufbaus ablesbar ist) eine größere Innerlichkeit des in ihr geschehenden Hervorgangs entspricht, dass – anders gesagt – ein Wesen von umso größerem Seinsrang ist, je mehr sich die Äußerung seiner selbst in seinem Inneren vollzieht.

Worum es Pieper dabei geht, ist die Einsicht: „Je höher das Innen, desto höher die Form der Wirklichkeitsbeziehung, desto weiter und höher dimensioniert das Beziehungsfeld, das ist: die Welt."[61] Die Begriffe „ein Innen haben" und „beziehungsfähig sein" entsprechen folglich einander:

„Der Begriff des Innen meint jene dynamische Mitte eines Wirklichen, aus der alles Wirken entspringt und auf die alles passive Erleiden und Empfangen gesammelt bezogen ist. Die mit einem Innen begabten Wesen haben die Seinsweise des ‚Subjekts', der auf sich selbst bezogenen Ganzheit.

Wenn jegliches Seiende ‚eines' ist, so besagt das Innen eine Potenzierung der Einheit; das Innen-Wesen ist ein auf sich selbst bezogenes ‚Eines'. Die anorganischen Dinge haben kein Innen; der Stein hat höchstens im Sinne der räumlichen Lage seiner Teile und also in einem nur uneigentlichen Sinne ein Innen – wenn auch die bloße Substantialität der anorganischen Dinge, ihr Dingsein selbst,

---

61 PIEPER, *Wahrheit der Dinge,* 163.

eine Art Vorform des eigentlichen Innen heißen kann. Die Pflanze hat ein echtes Innen, in höherem Maße das Tier. Die eigentliche und höchste Form des Innen ist das geistige Selbst. Nun aber: Mit dem Begriff des Innen ist der Begriff der ‚Welt' (als Umwelt und Außenwelt) unmittelbar gegeben. Erst von einem Innen her kann es ein Außen geben; ohne den ‚Eigenstand' des Innen kein ‚Gegenstand'. Beziehung, Einbeziehung, Bezogenheit – all das setzt ein Innen voraus."[62]

Daher gilt:

„[A]uf die höchste Weise in sich selber zu wohnen und zugleich *capax universi* zu sein – beides zusammen macht geradezu das Wesen des Geistes aus. In einer Definition des Geistes werden diese beiden Aussagen das mittelste Bestandstück sein müssen."[63]

Mit den Begriffen „Innen", „Subjekt", „Eigenstand" aber erschließt Pieper hier die *Personalität des Menschen* mit Bezug auf *die eigene Selbsterfahrung*. Der bekanntlich von Boethius definierte Begriff der Person als „individuelle Substanz vernunftbegabter Natur *(individua substantia rationabilis naturae)*[64] wird dadurch gewissermaßen „von innen her" zugänglich: Ich bin es, der erkennend der Welt gegenübersteht, der gerade darin seines Innen gewahr wird und seines Subjektseins im Gegenüber zu den Dingen.

Fragt man nun weiter, *auf welche Weise* dem menschlichen Geist diese Erkenntnis zugänglich wird, so ist man auf das Feld der *Urteilslehre* des Thomas von Aquin verwiesen. An diesem Punkt habe ich selbst versucht, den Pieperschen Impuls weiterzudenken.[65]

Denn nicht schon in der begrifflichen Erfassung, sondern erst im Akt des Urteilens, im Vergleichen, Zusammenschauen, im Verbinden und Trennen besitzt der Mensch Wahrheit oder Falschheit: *in compositione vel divisione veritas falsitasque*.[66] Und gerade

---

62 Ebd., 162.
63 Ebd., 164.
64 BOETHIUS, *Liber de persona et duabus naturis contra Eutychen et Nestorium*, in: DERS., *Die Theologischen Traktate*, lat.-dt., hg. v. Michael Elsässer (*Philosophische Bibliothek*, 397), Hamburg 1988, c. 4 (Z. 8–9).
65 Vgl. NISSING, *Sprache als Akt bei Thomas von Aquin*, 248–340. – Den Unterschied, den Thomas ausdrücklich zwischen der im Erkenntnisakt bestehenden *Identität* zwischen Erkenntnisgegenstand und Erkenntnissubjekt und der durch den Urteilsakt hergestellten *Adäquation* macht (vgl. *Quaestiones disputatae de veritate* 1,3 c.), beachtet Pieper nicht: vgl. PIEPER, *Wahrheit der Dinge – ein verschollener Begriff*, 385ff.
66 ARISTOTELES, *Peri hermeneias* 1 (16a12f.).

in der thomanischen Urteilsanalyse kann noch einmal die unvertretbare und singuläre Position des Denkenden oder Sprechenden zu Gesicht kommen: Das Urteil ist jener Modus, in dem *ich* eine Erkenntnis der Wirklichkeit *als etwas Eigenes (aliquid proprium)*[67] besitze – doch ich besitze sie gerade so, dass ich mir etwas ‚zum *Gegenstand* mache' und mich auf diesen beziehe. So kann Thomas die Urteilstätigkeit des Menschen im Rekurs auf die „Innenperspektive" des Sprechers als notwendige und formale Voraussetzung all unseres Denkens und Sprechens erschließen: Meine Fähigkeit, mir im Urteil etwas zum Gegenstand zu machen, ist schließlich auch die notwendige formale Bedingung dafür, mir auch mein Urteil selbst und seine Wahrheit zum Gegenstand machen zu können, d. h. die Wahrheitsfrage überhaupt stellen zu können. Werden im Rückgang auf die Selbsterfahrung die Urteilstätigkeit und ihr Wahrheitsgehalt so *einerseits* elementar an die individuelle Sprecherperspektive gebunden, so bleibt *andererseits* die Überprüfung dieses Wahrheitsgehalts zugleich auf eine Bestimmung angewiesen, in der gewissermaßen „von außen" in der Selbstdistanzierung Geist und Wirklichkeit zueinander in Beziehung gesetzt werden – so in der klassischen Definition der Wahrheit als „adaequatio rei et intellectus"[68].

Mit dem gewählten Zugang zur Erkenntnisproblematik über den Wahrheitsbegriff setzt sich Josef Pieper im Übrigen merklich von all jenen innerthomistischen und allgemeinscholastischen Diskussionen ab, die sich mit dem Anliegen, die epistemologische Position des Thomas als eine realistische auszuweisen, bis in die neusten Debatten um die Intentionalitätsproblematik mehr oder weniger krampfhaft an der Lehre von der *conversio ad phantasmata* orientieren.[69] Demgegenüber erlauben der Ansatz beim Wahrheitsbegriff und zumal das Bewusstsein der Tatsache, dass die Dinge zwischen zwei Erkenntnisvermögen gestellt sind, einen vergleichsweise „entspannten" und souveränen Umgang mit der Tatsache, dass Thomas die Erkenntnistätigkeit gerade im Sinne der Individualität und „Subjektivität" der Erkenntnis besonders akzentuiert – ohne damit einem Relativismus zu verfallen. Thomas' historische

---

67 Vgl. THOMAS VON AQUIN, *Quaestiones disputatae de veritate* 1,3 c.
68 Ebd., 1,1 c.
69 Vgl. u. a. DOMINIK PERLER, *Theorien der Intentionalität im Mittelalter* (Philosophische Abhandlungen, 83), Frankfurt a. M. ²2004.

Position im Kampf gegen den lateinischen Averroismus ist ja gerade dadurch bestimmt, gegen die postulierte Überindividualität eines einzigen Intellekts (von dem aus eine Objektivität der Erkenntnis leicht zugänglich wäre), die Individualität und Personalität der Erkenntnistätigkeit des einzelnen Menschen zu akzentuieren: „Manifestum est enim quod hic homo intelligit"[70], lautet die stehende Formulierung, auf die er in diesen Auseinandersetzungen immer wieder rekurriert.[71]

Seiner anthropologischen Grundperspektive entsprechend trifft Pieper selbst die weiteren Profilierungen der in *Wahrheit der Dinge* erarbeiteten Position im Gegenüber zu den Vertretern der zeitgenössischen „Philosophischen Anthropologie des 20. Jahrhunderts", und hier insbesondere zu Arnold Gehlen (1904–1976) – wobei die Diskussionen vor allem in ungewöhnlich langen und umfassenden Fußnoten geführt werden und um die Begriffe „Welt" und „Umwelt" kreisen. Gegen von Uexkülls Versuch, die Welt des Menschen auf eine Stufe mit der Umwelt des Tieres zu stellen, hatte Gehlen (und vor ihm bereits Max Scheler, 1874–1928) die These vertreten, „›der Mensch allein‹ habe ‚keine Umwelt, sondern ›Welt‹'; das Tier lebe in ein ‚Ausschnitt-Milieu' eingepasst, aber auch eingeschränkt, des Menschen Milieu dagegen sei die Gesamtwirklichkeit; der Mensch sei wesenhaft ‚weltoffen'"[72]. „Doch bringt Gehlen sich selbst sogleich um die Frucht dieses richtigen Ansatzes, indem er, einem antimetaphysischen ‚anthropo-biologischen' Dogmatismus verhaftet, die Weltoffenheit des Menschen als Ausdruck, ja geradezu als Folge seiner organischen Mangelhaftigkeit und ‚Mittellosigkeit' und also als eine eigentlich ‚negative Tatsache' missdeutet."[73].

Wieder zeigt sich Pieper an dieser Stelle als guter Thomas-Kenner, denn die These Gehlens vom Menschen als „*Mängelwesen*" hat-

---

70   Vgl. z. B. THOMAS VON AQUIN, *Sentencia libri De anima* III 1 (Z. 281). – Zum Ganzen vgl. NISSING, *Sprache als Akt*, 193–247.
71   Vgl. dazu NISSING, *Sprache als Akt bei Thomas von Aquin*, 222–231. – Von daher war es im Übrigen auch echt „thomanisch", wenn PAPST JOHANNES PAUL II. in seiner Enzyklika *Fides et ratio* (1998) mit Bezug auf den je eigenen Erkenntnisvollzug der verschiedenen Erkenntnissubjekte von „Wahrheiten" im Plural gesprochen hat (vgl. Nr. 5; Nr. 31f.; Nr. 33 etc.).
72   PIEPER, *Wahrheit der Dinge*, 166.
73   Ebd. – Zur Auseinandersetzung mit Gehlen vgl. ferner JOSEF PIEPER, „*Anthropo-Biologie*". *Über Arnold Gehlens ‚Der Mensch'* (1946), in: *Werke*, Bd. 8.2, 604–612.

te ihre philosophiehistorischen Vorläufer im Ausgang von Platon[74] und Aristoteles[75], v. a. in der arabischen Aristoteles-Rezeption bei Avicenna[76], an den Thomas anknüpft. Und Thomas selbst akzentuiert gerade die im Vergleich zu anderen Lebewesen mangelhafte instinkthafte natürliche Ausstattung eben nicht als eine negative, sondern als eine – im Sinne seines am Wahrheitsbegriff gebildeten Personalitätsverständnisses – *positive* Ausstattung des Menschen:

„Die geistige Seele hat, da sie das Universale zu fassen vermag, die Kraft zum Unendlichen. Und darum konnte es nicht sein, dass ihr von der Natur festgesetzt würden eindeutig bestimmte instinkthafte ‚Meinungen' oder auch bestimmte Hilfen, sei's zur Verteidigung, sei's zum Schutz, wie sie den übrigen Sinnenwesen festgesetzt sind, deren Seele nur für gewisse festgesetzte Teilwirklichkeiten die Fassungskraft und das Vermögen hat. Vielmehr besitzt der Mensch anstelle all dieser Dinge von Natur die Vernunft und die Hände, welche die Werkzeuge der Werkzeuge sind, weil sich der Mensch mit ihrer Hilfe Werkzeuge herzustellen vermag von unbegrenzt vielfältiger Art und zu unbegrenzt vielfältigen Zwecken."[77]

Und es ist dabei der Begriff und das Konzept des *universale*, der (wie Pieper gegen P. Buchners Verkürzung präzisiert) sowohl quantitativ das Allgesamt als auch qualitativ das Wesen der Dinge umfasst und das aristotelische Diktum: *anima est quodammodo omnia* – „Die Seele ist in gewisser Weise alles"[78] präzisiert.

3. „Unaustrinkbares Licht", philosophia und theologia negativa und die weiteren Folgerungen aus der Lehre von der Wahrheit der Dinge

Ist die geistige Seele dergestalt durch eine „Kraft zum Unendlichen" ausgezeichnet, so ist diese Einsicht des Thomas für Pieper freilich zugleich begleitet von einer zweiten: „Niemals wird der Mensch

---

74 Vgl. PLATON, *Politeia* 369b–372c.
75 Vgl. ARISTOTELES, *De partibus animalium* IV 10 (687a6 ff.).
76 Vgl. AVICENNA, *De anima* V 1.
77 THOMAS VON AQUIN, *Summa theologiae* I 76,5 ad 4.
78 ARISTOTELES, *De anima* III 8 (431b20f.). – Die Auseinandersetzung mit der Philosophischen Anthropologie des 20. Jahrhunderts führt Pieper noch einmal ausführlicher in: *Welt und Umwelt* (1950).

das Wesen der Dinge begreifen, das heißt: zu Ende erkennen. Und niemals wird er die Totalität des Alls ausmessen."[79] Von hier aus öffnen sich die Überlegungen zur Wahrheit der Dinge auf jenes Thema hin, mit dem Pieper im Kreis der Fachkollegen für Diskussionen und Unverständnis gesorgt hat und das ihm den Ruf eines „unorthodoxen Thomismus"[80] eingebracht hat: das Thema der *philosophia negativa*, d. h. des sog. „negativen Elements" im Denken des Thomas von Aquin. Angefangen mit seinem Vortrag 1949 in Frankfurt/M. auf Einladung von T. W. Adorno und M. Horkheimer[81] hat Pieper auf seinen Reisen immer wieder die Gelegenheit genutzt, seine Überlegungen zu präsentieren und ins Gespräch zu bringen – und dies mit recht unterschiedlicher Resonanz.[82] Zentraler Bezugspunkt war ihm dabei eine Wahrnehmung des Thomas, in der dessen Denken „allzu rational, ja: geradezu rationalistisch" erscheint und die allzu sehr dazu neigt, „für alle Fragen eine ohne Rest aufgehende, gar zu glatte Erklärung und ‚Lösung' bereit zu haben"[83]. – Dagegen lautet Piepers im Ausgang von der thomanischen Wahrheitslehre formulierte These: „Menschliches Erkennen ist zugleich wahr *und* unvollständig (inadäquat)."[84] Und dies deshalb, weil die Objekte dieses Erkennens, die Dinge, gleichermaßen erkennbar und unergründlich sind:

„Weil die Dinge aus dem Auge Gottes hervorgegangen sind, darum sind sie selbst ganz und gar logos-artig, das heißt licht und luzid bis in den Grund. Es ist die Logos-Herkunft, wodurch die Dinge erkennbar sind für den Menschen.

---

79   PIEPER, *Wahrheit der Dinge*, 174.
80   PIEPER, *Philosophie in Selbstdarstellungen*, 19.
81   JOSEF PIEPER, *Noch nicht aller Tage Abend. Autobiographische Aufzeichnungen 1945–1964* (1979), in: *Werke* 10, 232–496, hier: 261.
82   Vgl. summarisch ebd., 410: „Der gelehrte Josef Koch zum Beispiel, Leiter des Kölner Thomas-Instituts, schüttelte, nicht anders als ehedem die orthodoxen Schulthomisten der Universität *Notre Dame*, nur freundlich den Kopf über meine ihn allzu sehr befremdende Behauptung, Thomas von Aquin habe die Wesenheiten der Dinge für etwas uns Unbegreifliches erklärt. Geraume Zeit später freilich, in einer Sitzungspause der Düsseldorfer Akademie, nahm er mich beiseite, um mir einzugestehen, inzwischen glaube er selbst, ich sei im Recht."
83   JOSEF PIEPER, *Über Thomas von Aquin* (1940), in: THOMAS VON AQUIN, *Sentenzen über Gott und die Welt*, lat.-dt., zusammengestellt, verdeutscht und eingeleitet von Josef Pieper (*Christliche Meister*, 33), Einsiedeln/Trier ²1987, 9–40, hier: 36.
84   PIEPER, *Unaustrinkbares Licht*, 151.

Weil sie aber anderseits, aufgrund ebendieser gleichen Herkunft, ein schlechthin *unendliches* Licht spiegeln, darum sind die Dinge unbegreiflich. Es ist nicht Chaos und Dunkel, was die Dinge unbegreiflich macht.

Wer also, philosophierend, nach dem Wesen der Dinge fragt, der gerät, gerade indem er seinen Gegenstand erreicht, in einen unauslotbaren Abgrund, aber es ist ein Abgrund von Licht; er betritt, weil er, nach dem Wesen der Dinge fragend, zugleich nach ihrem Entwurf und Urbild fragt, einen prinzipiell unbeendlichen Weg."[85]

Für Thomas sieht Pieper diesen Gesichtspunkt, den er unter das Bild vom *„unaustrinkbaren Licht"* gefasst hat, v. a. durch eine verstärkte Ausnahme des Denkens des Ps.-Dionysius Areopagita bezeugt, dieses rätselhaften neuplatonischen Autors vermutlich aus dem 6. Jahrhundert, der sich das Pseudonym des auf dem Areopag von Paulus bekehrten Apostelschülers (vgl. Apg 17,34) zu eigen gemacht hat und in der christlichen Tradition überdies mit dem Pariser Märtyrerbischof des 3. Jahrhunderts identifiziert worden ist.[86] Diesen Ps.-Dionysius, der in seinen Schriften von Gott als dem „Über-Wesentlichen", „Über-Göttlichen", „Über-Guten" und „Über-Erkennbaren" spricht, kennzeichnet Pieper als „östliches Korrektiv" zum westlichen Rationalismus, der die Scholastik insbesondere durch die Rezeption des Aristoteles und seiner Logik bestimmt hat. Die verstärkte Aufnahme ps.-dionysianischen Denkens gerade im Spätwerk des Thomas, in dem sich parallel zur Aristoteles-Rezeption eine vermehrte Anzahl von Ps.-Dionysius-Zitaten finden lässt, gilt Pieper als einer der entscheidenden Belege für sein Anliegen, in Thomas eben *keinen Systemdenker* zu sehen.[87] Das Interesse für Ps.-Dionysius teilt Pieper dabei durchaus mit neueren Entwicklungen in der philosophischen Mediävistenzunft, die gerade dem Einfluss des griechischen Neuplatonikers auf die Werke des Thomas wie die des Albertus Magnus verstärkt Aufmerksamkeit geschenkt haben.[88]

---

85 Ebd., 143.
86 Vgl. hierzu JOSEF PIEPER, *Scholastik. Gestalten und Probleme der mittelalterlichen Philosophie* (1960), in: Werke, Bd. 2, 299–440, hier: 330–339.
87 Ebd., 337ff.
88 Vgl. u. a. JAN A. AERTSEN, *The Platonic Tendency of Thomism and the Foundations of Aquinas's Philosophy*, in: Medioevo 18 (1992) 53–70; CARLOS STEEL, *Der Adler und die Nachteule. Thomas und Albert über die Möglichkeit der Metaphysik*, Münster 2001.

350   VIII. Die Lehre von den Transzendentalien in der Gegenwart

In einem weiterreichenden Ausgriff kann Pieper Thomas auf dieser Grundlage dann freilich auch mit jenen *modernen Philosophen und Strömungen* ins Gespräch bringen, deren Denken gleichfalls von einer mehr oder weniger expliziten Abneigung gegen jede Systemphilosophie lebt und die dementsprechend ihre bevorzugte Darstellungsform im dichterischen Essay oder im philosophischen Journal gefunden haben: mit Sören Kierkegaard (1813–1855) oder Jean-Paul Sartre (1905–1980), mit dessen Namen nicht nur die philosophische Strömung des Existentialismus, sondern das allgemeine Lebensgefühl einer Epoche angesprochen ist. Hierauf zielt die Aktualisierung der Wahrheitsthematik des Thomas letztlich.[89] – So entdeckt Pieper

„zwischen Sartre und Thomas von Aquin eine sehr fundamentale Übereinstimmung: [...] sie beginnen mit genau dem gleichen Prinzip: dass nämlich die Dinge Natur und Wesenheit nur haben können, wenn sie entworfen sind, d. h. gebildet nach einem Urbild, das seinen Ort in einem schöpferisch erkennenden Geiste hat. [...] Allerdings kommt dann die entscheidende Nicht-Übereinstimmung und der klare Gegensatz. Sartre fährt fort: weil es keinen schöpferisch erkennenden Geist gibt, von dessen Entwurf her die Dinge ihr Was haben könnten, darum gibt es keine Natur des Menschen und der Dinge. Während Thomas natürlich seinerseits fortfährt: weil und insofern Gott die Dinge schöpferisch erkannt, erdacht und entworfen hat, eben darum, aus genau diesem Grunde haben sie auch eine Natur. [...] Und ebendies, dass die Dinge schöpferisch erkannt seien durch den *Creator,* ist gemeint, wenn die Alten von der Wahrheit sprechen, die in den Dingen selbst wohne, in allem, was ist. Sartre [...] sagt ausdrücklich, sein Existentialismus bedeute nichts anderes als den Versuch, alle Schlussfolgerungen zu ziehen aus einer radikal atheistischen Position."[90]

Und Pieper erkennt deutlich:

„Diese Konsequenz führt geradewegs in den Nihilismus – was wiederum Sartre selber beweist. Wenn es nämlich wirklich so etwas wie eine menschliche Natur *nicht* gibt, wie soll es dann möglich sein, die Konsequenz zu vermeiden: Mach aus dir selbst, was

---

89   Pieper, *Unaustrinkbares Licht,* 136f.
90   Pieper, *Wahrheit der Dinge – ein verschollener Begriff,* 394f.

dir beliebt; und: Macht mit dem Menschen, was euch gutdünkt? Was könnte es dann heißen, ‚menschlich' und ‚wie ein Mensch' zu leben? Wie sollte es zu vermeiden sein, menschliche Freiheit als völlige Orientierungslosigkeit zu verstehen? Denn dies ist genau das, was der existentialistische Freiheitsbegriff besagt: Du kannst schlechterdings tun, was immer dir in den Sinn kommt; allerdings: glaube nicht, dies sei eine angenehme Sache; Freiheit beginnt jenseits der Verzweiflung!"[91]

Damit ist bereits angedeutet, was der Sinn für das „unaustrinkbare Licht" der zu erkennenden Wirklichkeit für den heutigen Menschen, für die philosophierende Person und den philosophischen Akt, *positiv* besagen kann. – Pieper nennt drei Gesichtspunkte:

(1) Zunächst deutet er auf die prinzipielle *„Hoffnungsstruktur des menschlichen Erkennens"* hin: „[J]egliche Erkenntnisbemühung wird zwar positives Ausschreiten auf dem Wege sein, ohne prinzipielle Vergeblichkeit; aber sie wird auch stets ein neues Noch-nicht zur Frucht haben. [...] [D]ie ‚Grenze', in der zweifachen Bedeutung objektiver Ausschöpfung des Wirklichen und subjektiver Sättigung, wird nicht erreicht."[92] Gerade darin aber, dass der Mensch von Natur aus ein stets höher vollendbares Wesen ist, zeigt sich, dass der Mensch „ein Wesen [...] unendlicher Glücksmöglichkeiten [ist], die jedoch, kaum realisiert, schon wieder über sich hinaus weisen"[93].

(2) Dieses emphatische Verständnis menschlichen Philosophierens kann dabei durchaus begleitet sein von einem *Alltags-Realismus:* „[Der Mensch] kann nicht allein ‚unter den Sternen' hausen, er braucht das Dach über dem Kopf"[94] – freilich zugleich mit dem Bewusstsein dafür, dass diese Welt alltäglicher Verrichtungen und Funktionalitäten kein für den Menschen gemäßer Lebenshorizont sein kann: „[I]n einem wahrhaft menschlichen Leben wird immer wieder einmal die Arbeitswelt der genutzten Dinge erschüttert und auf das rechte Maß gebracht werden müssen durch den fruchtbar beunruhigenden Anruf der totalen ‚Welt', des Allgesamt

---

91   Ebd., 395. – In eine ähnliche Richtung zielt bereits die Kritik an Heideggers Bestimmung „Wahrheit ist Freiheit": vgl. PIEPER, *Heideggers Wahrheitsbegriff*, 186f. – Zur Auseinandersetzung mit Sartre vgl. ferner JOSEF PIEPER, *Kreatürlichkeit und menschliche Natur. Anmerkungen zum philosophischen Ansatz von Jean-Paul Sartre*, in: Werke, Bd. 3, 173–185.
92   PIEPER, *Wahrheit der Dinge*, 174.
93   Ebd., 175.
94   Ebd., 176.

der die ewigen Urbilder spiegelnden Wesenheiten."⁹⁵ – Es ist eben diese Einsicht, in der Piepers kulturphilosophische Überlegungen ihre Wurzeln haben: zu „Arbeit, Freizeit und Muße", zu „Glück und Kontemplation", zu einer „Theorie des Festes", aber auch zum „Begriff des Akademischen", zum Sinn der Universität, oder zum Verständnis von Philosophie als zweckfreier *theoria*.⁹⁶

(3) *Ethisch-praktisch* ergibt sich angesichts des großen Horizonts, der damit aufgerissen ist und vor dem sich der Alltag als gleichwohl zu bestehende Kontrastfolie abzeichnet, der realistische Verweis auf die *Tugend der Klugheit*:

„Die Verwirklichung der großen Ziele des menschlichen Lebens und die sittliche Selbstverwirklichung des Menschen vollzieht sich aber nicht anders denn in der jeweils gemäßen Antwort auf die Wirklichkeit, deren Totalität wir nicht ein für alle Mal auszumessen vermögen und deren Wesen die unbegrenzte Wandlungsvielfalt ist. Der Sinn der Tugend der Klugheit ist vielmehr, die gemäße Verwirklichung jener Ziele und Grundausrichtungen hier und jetzt zu finden."⁹⁷

Epilog

Rührt bereits alles weltliche Erkennen beständig an die Unergründlichkeit der Wirklichkeit, an das Geheimnis des Seins, so gilt dies in noch viel größerem Maße im Hinblick auf jenen Gegenstand, auf den die menschliche Erkenntnis in der Dynamik ihrer Hoffnungsstruktur letzten Endes ausgerichtet ist: auf Gott. „Das [...] ist das Äußerste der menschlichen Gotteserkenntnis: zu wissen, dass wir Gott nicht wissen", heißt es in den *Quaestiones disputatae de veritate* 7, 5 ad 14. Und einer der ersten Sätze der Gotteslehre der *Summa theologiae* des Thomas, auf den Pieper wiederholt hinweist,

---

95 Ebd., 176f.
96 Vgl. hierzu Josef Pieper, *Muße und Kult* (1948), in: Ders., *Werke*, Bd. 6, 1–44; *Was heißt akademisch? Zwei Versuche über die Chance der Universität heute* (1952), in: Ebd., 72–131; *Glück und Kontemplation* (1962), in: Ebd., 152–216; *Zustimmung zur Welt. Eine Theorie des Festes* (1963), in: ebd., 217–285.
97 Pieper, *Wahrheit der Dinge*, 178.

lautet: „Weil wir nicht vermögen, von Gott zu wissen, was er sei, sondern nur, was er nicht sei, darum können wir nicht betrachten, wie Gott sei, sondern vielmehr, wie er nicht sei"[98].

„Im Werke des heiligen Thomas münden alle Wege geschöpflichen Erkennens in das Geheimnis. Aber diese Wege werden zu Ende gegangen eben bis an die Grenze des Geheimnisses. Und wer diese Wege bis zu diesem Ende mitgeht, der erfährt das Geheimnis nur als eine umso dunklere und umso wirklichere Wirklichkeit."[99]

Nicht von ungefähr steht daher am Ende des Nachdenkens Josef Piepers über die Wahrheit der Dinge ein Gebet. Verschiedentlich hat er selbst auf die besondere Bedeutung hingewiesen, die der Hymnus „Adoro te devote" des Thomas von Aquin für ihn auf seinem Lebensweg gehabt hat. Auch Piepers Totenzettel, den wir Mitfeiernden beim Requiem 1997 in der Münsteraner Überwasserkirche erhalten haben, trägt den ersten Vers dieses Hymnus, der übrigens nicht zum Fronleichnamsoffizium gehört, sondern separat entstanden ist und den Thomas selbst auf dem Totenbett gebetet haben soll.

Vermutlich war Josef Pieper eine Tatsache nicht bekannt, die jedoch mehr ist als ein *complementum* oder Ausrufezeichen zu jenem Fragen nach der Wahrheit, das Thomas selbst wie seinen Schüler und Leser Josef Pieper beseelte: dass nämlich die älteste und ursprüngliche Fassung des ersten Verses dieses Hymnus nicht „Adoro te devote, latens Deitas" lautet, sondern „Adoro te devote, latens *veritas*" – „*Wahrheit*, tief verborgen, betend nah ich dir."[100]

---

98 THOMAS VON AQUIN, *Summa theologiae* I 3, prol.
99 PIEPER, *Über Thomas von Aquin*, 37.
100 ROBERT WIELOCKX, *Poetry and Theology in the* Adoro te devote: *Thomas Aquinas on the Eucharist and Christ's Uniqueness*, in: KENT EMERY JR., JOSEPH WAWRYKOW (Hg.), *Christ among the Medieval Dominicans*, Notre Dame o. J., 157–174.

Die Transzendentalie ‚Das Heilige' bei Johann Baptist Lotz und seine Implikationen

Marian Gruber OCist

„Der entwickelte Zusammenhang ‚ens–unum–verum–bonum–pulchrum' schöpft jedoch weder die transzendentalen Bestimmungen des Seins noch die transzendentale Erfahrung ganz aus. Im Laufe der Jahre wurde ich nämlich über die klassischen Transzendentalien hinausgeführt."[1] Dabei übte die Reflexion von Heidegger einen bestimmenden Einfluss aus. Darin wird alles Seiende zunächst ins ‚sacrum'[2] entfaltet, durch das sich das Sein erst ganz als es selbst zeigt. Namentlich bereitet das Heilige den Raum – sprich Liturgie – für den Aufstieg zu Gottheit und Gott.

Geschaffenes findet sich im Schöpfenden wieder in seinem Glanz und Heilig-Sein. Die Kunst war vor allem Ausdruck des Heiligen und Ausdruck des schlechthinnigen Heiligen. Die Heiligkeit des Absoluten verinnerlichte sich im Schönen und Guten. Hildebrand drückt es folgendermaßen aus: „Denn alle Werte, die Güte, die Schönheit, der Zauber des Lebens, der erhabene Glanz der Wahrheit, ja die Würde des Seienden als solchen gegenüber dem Nichts, sind Strahl von Gottes Wesen, das ganz Heiligkeit ist. Alles Gute und Schöne – wie alles Wertvolle überhaupt – ist ein Abglanz seines ewigen Lichtes. Es bildet Gott in besonderer Weise ab. [...] den Werten ist ein objektiver Gestus der Verherrlichung Gottes eigen. Alles Seiende lobt Gott durch seinen Wert, durch seine innere Kostbarkeit und Schönheit, durch die es aus der Indifferenz herausgehoben ist."[3]

Dem Seienden ist eine absteigende und integrative Dimension des Heiligen eigen, was auf die Äquivozität verweist.

---

1 JOHANNES BAPTIST LOTZ, *Il Sacro come Condizione fondamentale dell' esistenza umana*, in: Fondamenti 48 (1986) 67–84.
2 Vgl. MARTIN HEIDEGGER, *Wegmarken*, Frankfurt a. M. 1971, 339f.
3 DIETRICH VON HILDEBRAND, *Idolkult und Gotteskult*, Regensburg 1974, 201.

„So kommen wir zur formellen oder substanziellen Identität zwischen dem Sein und dem Heiligen, das also nicht zum Sein hinzutritt, sondern mit ihm und in ihm gegeben ist. Erst im Heiligen und als das Heilige ist das Sein es selbst oder als es selbst ausgeprägt."[4] Wir müssen differenzieren zwischen „sanctum" und sacrum". Das „sacrum" substituiert sich im „sanctum" und benötigt einen Träger.

„Dieser tritt nämlich erst dadurch hervor, dass der Rückgang vom sanctum auf das sacrum vollzogen wird. Genauer gesprochen ist jedes Seiende ein sacrum, obwohl nicht jedes ein sanctum ist."[5]

„Zur Verdeutlichung von ‚heilig' gehen wir von dem Zusammenhang zwischen ‚heilig' und ‚heil' aus, den die deutsche Sprache uns darbietet. Danach besagt ‚heil' dasselbe wie ‚unversehrt'."[6] „Heil" generiert sich aus der Nicht-Defizienz des Seins. Unversehrtheit widerstreitet dieser Unversehrtheit, die originär ins Sein hineingelegt ist und das Heilig-sein ausmacht. Lotz entwickelt via Unversehrtheit die Unversehrtheit der Wahrheit: „[...] durch das Heilen gelangen wir zum Heiligen, wenn wir von dem faktisch Unversehrten das grundsätzlich Unversehrbare abheben. Kurz gesagt ist versehrbar das Seiende, unversehrbar aber die Wahrheit; während nämlich die Wahrheit von sich aus die einfache, also nicht aus Teilelementen bestehende Fülle ist, stellt sich das Seiende stets als das Zusammengesetzte dar. Daher kann das Seiende durch Verlust von mehr oder weniger ihm zugehörenden Teilelementen versehrt werden; das Sein hingegen enthält wegen einer Einfachheit keine Teilelemente und ist folglich dem Versehren nicht zugänglich. Insofern jedoch die Wahrheit dem Seienden als dem an ihm teilhabenden innewohnt, wird auch die Wahrheit der Möglichkeit des Versehrens unterworfen, was freilich nicht die Wahrheit als Wahrheit, sondern lediglich als partizipiertes betrifft."[7] Umgekehrt strahlt die Unversehrbarkeit der Wahrheit auch am Seienden in dem Maße auf, wie aus dem Seienden die Wahrheit hervortritt. Unversehrbarkeit der Liturgie strahlt die Unversehrbarkeit der Wahrheit aus. Nirgendwo

---

4   Johannes Baptist Lotz, *Die Grundbestimmungen des Seins. Vollzogen als transzendentale Erfahrung, Einheit, Wahrheit, Gutheit, Heiligkeit, Schönheit*, Wien 1988, 62.
5   Ebd.
6   Ebd., 63.
7   Ebd.

substantialisiert Wahrheit im Tun und Tun in der Wahrheit, muss Orthodoxie Orthopraxie sein und Orthopraxie Orthodoxie werden. „Des schönen Seele ist die Wahrheit."[8] „Schöngeisterei ist im Tiefsten schamlos. Alle wahre Schönheit ist keusch."[9] „Die Liturgie ist Kunst gewordenes Leben."[10]

Die „Unversehrtheit" des Seins generiert nicht nur Wahrheit, sondern auch Heiligkeit: „Die Wahrheit spielt nicht nur implizit oder verborgenerweise im Seienden mit, sondern zeigt sich auch explizit oder unverborgen. Der hier angedeutete Unterschied führt vom faktisch Unversehrten zum grundsätzlich Unversehrbaren oder vom Heilen zum Heiligen hin."[11]

„Weil in jedem Seienden die Wahrheit am Werke ist, liegt dem faktisch Unversehrten stets und wesentlich das grundsätzlich Unversehrbare zugrunde."[12] Diese Konnotation ist dem Dinge eigen und personifiziert sich nochmals im Mensch-Sein. Unversehrtheit widerstreitet dem Dinge, der Person entbirgt es seine Schuldhaftigkeit.

„Indem wir im Unversehrten das Unversehrbare entdecken, werden wir vom Heilen zum Heiligen geführt."[13] Das Maß der Wahrheit ist auch das Maß der Heiligkeit. Wie kein Sein ohne Wahrheit, so kann kein Sein ohne Heiligkeit sein. Seiendes ohne Heiligkeit degeneriere zum Nichts. Darin ist der „Primat des Willens" begründet, der nihilistisch ist.

Das Heilige entbirgt Transzendenz als Transzendentalie des Seins, die bereits der Wahrheit inne ist. Sein ist sakralisiert in seiner Unversehrtheit und Verehrungwürdigkeit.

„Wer dem Seienden die ihm gemäße Verehrung verweigert, geht mit ihm ohne Ehrfurcht um, wodurch es sich ihm verschließt oder sich für ihn folgerichtig in nichts auflöst, was mit dem Dahinschwinden auch des Guten und des Wahren gleichbedeutend ist."[14]

Die Kunst des Schönen und die Wirklichkeit des Wahren verwirklichen sich in der Liturgie. Kunst wird zum Spiel und Liturgie zur Kunst: „[...] es ist frei vom Zweck, dafür aber voll tiefsten Sin-

---

8   ROMANO GUARDINI, *Vom Geist der Liturgie*, Freiburg i. Br. 1983, 117.
9   Ebd., 118.
10 Ebd., 109.
11 LOTZ, *Grundbestimmungen*, 63.
12 Ebd., 64.
13 Ebd.
14 Ebd., 64f.

nes. Es ist keine Arbeit, sondern Spiel."¹⁵ „Das Kunstwerk hat keinen Zweck, wohl aber einen Sinn, nämlich den, ‚ut sit', dass es da sei, dass in ihm das Wesen der Dinge und das innere Leben der Künstlerseele wahrhaftige, lautere Gestalt gewinne. Es soll ‚splendor veritatis' sein, der Wahrheit Schönheitsglanz."¹⁶ Analog will die Liturgie, „splendor sanctitatis", Abglanz des Heiligen sein.

Transzendente Erkenntnis weiß um den Konnex vom „Wahren", „Guten", „Einen" und „Heiligen" als Existential und jedem Nihilismus zu begegnen:

„Wie dem **Wahren das Wissen** und dem **Guten das Lieben, dem Schönen die Kunst** zugeordnet ist, so erweist sich das **Verehren als die vom Heiligen** geforderte Antwort, worin sich das Wissen und das Lieben durchdringen und die gesamtmenschliche Haltung zum Sein sich abzeichnet."¹⁷

„Das Heilige gehört dazu, dass das Sein ganz es selbst sei (Identität), wie auch das Verehren in die Einheit des Menschen mit dem Sein gehört."¹⁸ Das Heilige präsumptiert Eins-Sein und Einheit: „Es ist ein spezifischer Irrtum des Horizontalismus, zu glauben, je peripherer etwas sei, je mehr führe es in die Gemeinschaftssphäre, je tiefer hingegen etwas uns berühre, je höher der infrage kommende Wert sei, umso mehr führe er uns in die Einsamkeit. Umgekehrt: die Sphäre des bloß für mich Befriedigenden, auf meine Lust Relativen isoliert – die Welt der Werte vereinigt"¹⁹, weil das „bonum" auch das „unum" impliziert und „sacrum" zusammenführt. Die Ineinsbildung in der Liturgie findet ihre Apotheose im unblutigen Opfer der Messe, wo wahres Eins-Sein objektiviert und jede Trennung objektiv aufgelöst wird.

In der Liturgie präsentiert sich Gott als „coincidentia oppositorum", wo alle Transzendentalien und Werte „per eminentiam" unüberholbar einfließen.

Wenn sich das Latreutische verflüchtigt, relativiert sich auch Wissen und Liebe:

---

15 GUARDINI, *Vom Geist der Liturgie*, 102.
16 Ebd., 93f.
17 LOTZ, *Grundbestimmungen*, 65.
18 Ebd.
19 VON HILDEBRAND, *Idolkult und Gotteskult*, 219.

VIII. Die Lehre von den Transzendentalien in der Gegenwart

„[…] auch das Umgekehrte gilt; in dem Maße, wie das Wissen und das Lieben ihre volle Entfaltung finden, wird das Verehren angebahnt und ausgeprägt."[20] Die Liturgie führt nicht nur Heiligkeit des Gläubigen, sondern ist auch deren Folge wie es in der Schrift bezeugt wird: „Daran werden alle erkennen, dass ihr meine Jünger seid: wenn ihr einander liebt." (Joh 13,35) „Weil die drei Bestimmungen mit dem Sein identisch sind, sind sie auch miteinander identisch; ebenso sind die drei Haltungen miteinander identisch, weil sie mit dem Sein identisch sind."[21]

„Hier stellt sich eine Einsicht des Aristoteles allseitig dar; danach zeigt sich die Identität zwischen der Haltung und dem Gehalt dadurch, dass sie aktuell verwirklicht sind, was nicht nur für den Bereich des Wissens, sondern auch für den des Guten und des Heiligen gilt."[22] In der aktuellen Identität ist deren potenzielle Vorzeichnung enthalten. **So liegt dem Erkannten das Erkennbare (intelligibile), dem Erstrebten das Erstrebbare und ebenso dem Verehrten das Verehrbare zugrunde.** Zugleich verlangt das Verehrbare, dass es auch tatsächlich verehrt werde; ein Umgang mit ihm, der die Verehrung vernachlässigt oder gar als Verunehrung geschieht, widerstreitet der Eigenart oder „Würde des Heiligen"[23]. Aufgrund der Wesensschau und der damit verbundenen Sicht auf die Werte tritt uns eine Hierarchie der Werte, die sich aus der Dinglichkeit der Sache bis hin zum Absoluten herausfaltet, entgegen. Die Antwort auf den absoluten Wert ist die Ehrfurcht, weil sie die wahre Erkenntnis ermöglicht. Erst die Ehrfurcht befähigt mich zu wahrer Freude, zu wahrer Liebe und zu wahrem Gehorsam. Der Pietätlose verwehrt sich in Blindheit den Werten und ist unfähig auf die Wertantwort. Der Ehrfurchtslose agiert (1) präpotent und in arroganter Scheindominanz. In hybrider Egozentriertheit versieht vergreift sich eine 2. Sorte der 2. Typ am „Sein", die die Werte (bonum) und das Mysterium (sanctum) entbergen wollen. Es kommt nicht von ungefähr, dass der Anfang aller Weisheit die Gottesfurcht ist (initium sapientiae timor Domini). Der Geist der Liturgie ist der Geist der Gottesfurcht.

---

20 Lotz, Grundbestimmungen, 65.
21 Ebd.
22 Ebd.; vgl. Thomas v. Aquin, Summa theologiae I, q. 85. A 2 ad 1. („Intellectus in actu est intellectum in actu").
23 Lotz, Grundbestimmungen, 65f.

Die Liturgie durchschallt die Majestät Gottes und weiß um dessen Echo. Wenn der Priester an den Altar tritt, weiß er von seiner Nähe: „Introibo ad altare Dei, ad Deum, qui laetificat iuventutem meam."[24] „Beim Dinglichen haben wir nicht nur mit dem Heilen, sondern auch mit dem Heiligen zu rechnen. Daher ist dessen Versehren nur insoweit berechtigt oder legitim, wie die ihm eigene Unversehrbarkeit be- und geachtet wird. **Hieraus erwachsen die Normen**, die den zügellosen Missbrauch der menschlichen Natur von deren geordnetem Gebrauchen unterscheiden."[25]

Die Ordnung der Liturgie ergibt sich aus der Norm, die eine angemessene Achtung fordern und Komponente der Heiligung und der Pietät einschließen. Dieses Geformt-Sein divergiert mit einer Nonchalance und Anarchie in der Liturgie. Die Person muss durchtönt (personare) sein von der Beziehung zu Gott. „Selbst wenn es sich um Seinsgebiete handelt, die die Liturgie nicht ausdrücklich erwähnt, so soll uns die richtige Haltung Gott gegenüber bewusst zur ‚causa exemplaris', zum ‚Vor- und Urbild' für die Stellung zu allen Werten werden."[26]

Utiliaristische Erwägungen sind in Hinblick auf das „Heilige" absolut obsolet, weil dessen Unantastbarkeit deren Maß ist. Maßgebend ist der Ding-Mensch-Bezug, daher ist das Ding nicht Zweck per se, sondern nur Mittel Zweck hin. „Das tritt daran deutlich hervor, dass Pflanzen und Tiere zur Nahrung für den Menschen und auch für andere Tiere bestimmt sind. Darin liegt eine Sinnerfüllung jener Dinge, die sich entschieden von ihrer sinnlosen Zerstörung abhebt. Hierbei wird die den Dingen gemäße Heiligkeit und Verehrung gewahrt, die lediglich den Grenzen unterworfen wird, die mit der ihnen eigenen Mitteilung des Seins gegeben sind."[27]

Das Heilige durchtönt das Personale, weil die Transzendentale aus dem Sein ins Seiende tritt. Darin zeigt sich das „vestigium" der Transzendenz und das „imago" der Ebendbildlichkeit des Menschen: „[...] der Mensch allein kann und soll die Antwort auf Gottes unendliche Herrlichkeit und Heiligkeit vollziehen, er soll den Wert als Abglanz Gottes angemessen beantworten: in der Freude über

---
24 Eingangsgebet der hl. Messe.
25 Lotz, *Grundbestimmungen*, 66.
26 von Hildebrand, *Idolkult und Gotteskult*, 230.
27 Lotz, *Grundbestimmungen*, 66.

das Wertvolle und er soll vor allem Gott, den Inbegriff aller Werte, anbetend lieben und liebend anbeten."[28] Die absolute Antwort auf das Absolute ist der Sinn und die ultimative Bestimmung des Menschen und Potenz zur „reintegratio pro Christo". Der Akt der Umgestaltung verwirklicht sich im Akt der Anbetung. Per ipsum et cum ipso et in ipso ... inkarniert das Anbetungswürdige im Anbeter. Der heilige Augustinus bringt es zum Ausdruck: „Vacabimus et videbimus, videbimus et amabimus, amabimus et laudabimus, quod erit in fine sine fine." Nur der Gottmensch Jesus Christus kann auf angemessene Weise anbetend lieben. Er allein ist ganz heilig, nur er verherrlicht in ganz angemessener Weise durch seine Heiligkeit Gott, und nur er allein kann endlich Gott angemessen loben und preisen. Der letzte Sinn – surnaturel – des Menschen ist darum die „reintegratio" in Christo.[29] Dass Christus in uns nachgebildet wird und durch uns angebetet, ist das Wesen der sanctification.

„Der Zweck der Liturgie ist an sich, weshalb er nie als bloßes Mittel zum Zweck verwendet werden darf."[30] Liturgie ist vollkommen unverzweckt. Der Zweck des Betens ist das Beten. Liturgie schafft den Raum, in denen sich Gott entfaltet. Sie ist kein Mittel, sondern Selbstzweck. Damit ist auch immer problematisch, Liturgie zu instrumentalisieren, sei es als „Spielfeld" oder anderen Verzweckungen. Sie will in erster Linie nicht anthropozentrisch eingerichtet sein, sondern theozentrisch, damit es nicht egozentrisch wird.[31] „Der Sinn der Liturgie ist der, dass die Seele vor Gott sei, sich vor ihm ausströme, dass sie in seinem Leben, in der heiligen Welt göttlicher Wirklichkeiten, Wahrheiten, Geheimnisse und Zeichen lebe, und zwar ihr wahres eigentliches, wirkliches Leben habe."[32]

Liturgie ist im Ganzen implementiert, wo Person vor Gott steht, sie unverzweckt, aber in der Mission am Menschen stehend, aber niemals als bloßes Mittel[33] verfälscht werden darf. Der Aktor der Liturgie muss als dieses „Alter Ego" in Heiligkeit den charak-

---

28 VON HILDEBRAND, *Idolkult und Gotteskult*, 201.
29 Vgl. ebd., 202–204.
30 LOTZ, *Grundbestimmungen*, 66.
31 Siehe auch VON HILDEBRAND, *Idolkult und Gotteskult*, 234–240: Der Geist der Wertantwort in der Liturgie.
32 GUARDINI, *Vom Geist der Liturgie*, 96f.
33 Vgl. THEODOR A. SCHMITT, *Das Subsidiaritätsprinzip. Ein Beitrag zur Problematik der Begründung und Verwirklichung*, Würzburg 1979.

terisieren, den er verkörpert. In der Person gründet jene Dignität, die zur Heiligkeit anspornt. Die Aureole der Heiligkeit verpflichtet zum Tun. Jeder Aktionismus diskreditiert Liturgie. Hier liegt der hermeneutische Schlüssel unserer Zeit. Die Liturgie fordert das apollonische „Am Anfang war das Wort ..." und steht antithetisch dem dionysischen „Am Anfang war die Tat ..." gegenüber. Guardini schreibt dementsprechend: „Indem der Schwerpunkt des Lebens aus der Erkenntnis in den Willen, aus dem Logos in das Ethos überging, wurde das Leben immer haltloser. Es wurde vom Menschen verlangt, dass er in sich selber stehe. Das kann aber nur ein Wille, der wirklich schöpferisch im unbedingten Sinn des Wortes ist, und das ist nur der göttliche. So wird dem Menschen eine Haltung zugemutet, die voraussetzt, er sei Gott."[34] „Damit ist der Primat des Willens" begründet. Der Wille samt der ihm zugehörigen Wertordnung des Sittlich-Guten hat den Vorrang vor der Erkenntnis und der ihr entsprechenden Wertordnung: Das Ethos hat den Primat erhalten vor dem Logos."[35] In der Liturgie führt es zur Hyper-Aktivität und zur Häresie der Tat.

Heiligkeit durchwirkt das personale Sein und zeigt die transzendentale Intention auf. Gewissermaßen substituiert sich Heiligkeit im Sein. Lotz weist darauf hin: „[d]as subsistierende Sein ist das absolut Verehrungswürdige oder jener höchsten Verehrung würdig, die Anbetung heißt. Es versammelt in sich alle Heiligkeit, weshalb das Seiende in dem **Maße** heilig oder ein Heiliges ist, wie es an der Wahrheit teilnimmt oder dem subsistierenden Sein nahesteht"[36].

Die Heiligkeit findet ihre Überhöhung in der Person des Heiligen. Hierin liegt die wahre Ebenbildlichkeit Gottes. So muss sich Heiligkeit personalisieren wie auch Gott personal ist. Im Umkehrschluss ist jede Desavouierung des Menschen und auch eine Diskreditierung Gottes.

---

34 GUARDINI, *Vom Geist der Liturgie*, 136f.
35 Ebd., 133.
36 Ebd., 67f.

Die Transzendentalien als trinitarisches Strukturprinzip in der Trilogie Hans Urs von Balthasars?[1]

Karl Wallner OCist

Zur Bedeutung der Transzendentalien in der Trilogie Balthasars

Immer schon war es Überzeugung der Theologie, was der heilige Thomas formuliert hat: „*Fides christiana principaliter consistit in confessione sanctae Trinitatis* – Der christliche Glaube besteht zuerst einmal in dem Bekenntnis der heiligsten Dreifaltigkeit!" „*Principaliter*": also grundlegend und prinzipiell, von Anfang, Fundament und Wurzel her bedeutet Christ-Sein den Glauben an die Dreifaltigkeit Gottes"[2]. Bei Hans Urs von Balthasar (1905–1988) ist die innere dreifaltige Dramatik Gottes das Herzstück und Fundament seiner ganzen Theologie, Trinität gibt dem Gesamtwerk Balthasars ein faszinierendes Gepräge.

In der Mitte des Schaffens Balthasars steht seine „Trilogie" und damit die magische Zahl „Drei". Daher habe ich die These vertreten – und wiederhole sie hier unter veränderten Vorzeichen –, dass der „Herrlichkeit", „Theodramatik" und „Theologik" ein trinitarisches Strukturprinzip zugrunde liegt.[3] Die Frage ist dabei freilich, was unter „trinitarisch" zu verstehen ist. Gibt es doch dutzende Wege, das eigene Schaffen unter das Zeichen der Trinität zu stellen oder es gar als „trinitarisch" zu bezeichnen, was ja im Letzten das

---

[1] Die Erstveröffentlichung unter dem Titel *Ein trinitarisches Strukturprinzip in der Trilogie Hans Urs von Balthasars?* erfolgte in: Theologie und Philosophie 71 (1996) 532–546. Ich danke Frau Gabriela Wozniak für ihre umsichtige Bearbeitung inklusive der Aktualisierung der Sekundärliteratur.

[2] THOMAS VON AQUIN, *Opusculum: De rationibus fidei contra Saracenos, Graecos et Armenos*, proem. (949); zitiert nach GISBERT GRESHAKE, *Der dreieine Gott. Eine trinitarische Theologie*, Freiburg/Basel/Wien 1997, 14.

[3] Vgl. PETER HENRICI, *Die Struktur der Trilogie von Hans Urs von Balthasar*, in: DERS., *Hans Urs von Balthasar. Aspekte seiner Sendung*, Einsiedeln 2008, 121–132.

Werk eines jeden Theologen kennzeichnen sollte. Balthasar wählt den Weg über die Trias der Transzendentalien *pulchrum – bonum – verum*. Das erscheint auf der geistesgeschichtlichen Karte der katholischen Theologie als durchaus bemerkenswert, ja originell. Das Denken Balthasars ist so sehr von „Trinität" bzw. von „Triaden" und „Dreischritten" geprägt, dass sich alles aufeinander bezieht und ineinander verfließt: das dogmatische Konzept von Trinität, die hegelsche Dialektik und die Trias der klassischen Transzendentalien!

Peter Henrici hat in seiner kritischen Würdigung meiner Deutung der Struktur der balthasarschen Triologie darauf verwiesen, dass es noch eine weitere „Trias" gibt, die bei Balthasar mit den anderen konvergiert: das „Wahre, Gute und Schöne" der deutschen Klassik.[4] Tatsache ist, dass sich, wie wir nachfolgend auch zeigen werden, Balthasar gegen Interpretationen verwehrt hat, die die Trinität als Matrix des Aufbaus seiner Trilogie verstehen wollten. Dies ist aber meines Erachtens so zu verstehen, dass Balthasar das Mysterium der Trinität immer davor schützen wollte, zu einem philosophischen Strukturprinzip degradiert zu werden, wie er es Hegel zum wiederholten Malen vorgeworfen hat. Wie ich nachfolgend darstellen werde, müssen wir also einerseits Balthasar ernst nehmen, wenn er mit Nachdruck, besonders im Epilog, darauf beharrt, dass die Transzendentalien die Trilogie strukturieren: Das *pulchrum* entspricht der „Herrlichkeit", die oft auch „Theo-Ästhetik" genannt wird; das *bonum* der Theodramatik, das *verum* der Theologik. Andererseits können die Transzendentalien bei ihm nicht losgelöst von der Trinität bzw. der trinitarischen Dynamik verstanden werden. Wollte man das Denken Balthasars in ein neo-scholastisches Axiom fassen, so müsste man formulieren: „*trinitas et transcendentalia convertuntur*"!

Dass man zu Zeiten Balthasars auf die Transzendentalien selbst verwies und über sie versuchte, sich zumindest auf der ontisch-transkategorialen Ebene Gott zu nähern, mag noch kein wesentliches Spezifikum des Schweizer Theologen sein – die neuscholastische Forschung seiner Zeit und ein dementsprechender Lehrbetrieb stand in der langen Tradition einer dynamischen Entwicklung dieser Begriffe. Zur Zeit Balthasars nahmen sie eine

---

[4] Henrici, *Die Struktur der Trilogie*, 123.

eher kognitiv-methodische Prägung an, die vor allem die Logik der Offenbarung und der Ordnung der bereits solid aufgestellten neuscholastischen Theologie bekräftigen sollte. Deshalb hielt sich auch der damalige neuscholastische Lehrbetrieb streng an der traditionellen Reihenfolge: *ens – unum – verum – bonum*.[5] Diese Aufstellung sollte auch den pragmatischen Grund haben, sich gegen den Subjektivismus der protestantischen Theologie zu stellen: Indem man auf Gott, auf das *ens*, das höchste Sein verwies, meinte man, ein „Universalmittel" gegen die Phantasien des menschlichen Subjektivismus gefunden zu haben. Das, was uns aufgrund der heutigen theologischen Reflexion womöglich inakzeptabel scheint, bot also noch zur Zeit Balthasars den Grund, die Lehre voranzutreiben: Das kategorial-systematische Verständnis der offenbarten Wahrheit war nicht ein sich langsam enthüllendes Ergebnis, sondern die Voraussetzung der Offenbarung, die erst die Grundlage für die nachkommende Reflexion bot.[6]

Dementgegen scheint deshalb der Ansatz Balthasar in gewissem Sinne revolutionär zu sein. Balthasar, der sich sehr wohl dem klassischen, ontisch-transkategorialen Verständnis der Transzendentalien verpflichtet wusste, machte einen großen Schritt hin zum phänomenologischen Verständnis der offenbarten Gestalt. Darin blieb er den Begriffen selber ganz treu, lehnte jedoch dabei – wohl im Sinne einer fortschreitenden Führung in die immer tiefere Wahrheit – ein geschlossenes, in sich kohärentes, aber dem menschlichen Geiste immer noch befremdend erscheinendes Gottesbild ab. Wie in seiner gesamten Struktur der Theologie, wollte er auch hier die Lebendigkeit Gottes durchstrahlen sehen – umso mehr, dass die Transzendentalien in besonderer Weise das Wesen Gottes wiedergeben sollen.

Ein erster, vorläufiger und noch sehr spontaner Entwurf Balthasars über Transzendentalien findet sich in seinen Frühschriften (1936–1941). Dort stehen sie noch unter unmittelbarem Einfluss sei-

---

5 Diese Art der Aufzählung geht auf Aristoteles zurück und wird von Thomas von Aquin übernommen (de ver. q. 1), was ihre unbestreitbare Stellung bis in die Neuscholastik des frühen 20. Jahrhunderts begründet.
6 Eine kompakte Zusammenfassung zum Thema bietet: EMERICH CORETH (Hg.), *Christliche Philosophie im katholischen Denken des 19. und 20. Jahrhunderts, Bd. 2: Rückgriff auf scholastisches Erbe*, Graz/Wien/Köln 1988.

nes großen Lehrers und Mentors, Erich Przywara. Dieser betrachtete die Tranzendentalien innerhalb seines Entwurfes der *Analogia entis*. Er ordnete die Schönheit der Subjektivität, die Wahrheit der Objektivität und ließ die Gutheit das analoge Moment darstellen, das beide zusammenbringt (von ihm genannt „Verhältnis-Schwebe" bzw. „All-Rhythmus").[7] Balthasar übernahm diese Grundaufteilung und behielt die veränderte Reihenfolge der Transzendentalien bei. Er ordnete sie darüber hinaus den frühchristlichen Schriftsteller zu, mit denen er sich so gerne beschäftigte: Origenes *(verum)*, Gregor von Nyssa *(pulchrum)* und Maximus Confessor *(bonum)*.[8] Auch wenn sich die Aufteilung noch innerhalb seines Schrifttums änderte, scheint hier die Grundausrichtung seiner Theologie – die phänomenologische Betrachtungsweise – unübersehbar zu sein.

Diese Ausrichtung lässt ihn – der (neu-)scholastischen Gepflogenheit entgegen – seine große Trilogie zwar an den Transzendentalien orientieren, diese aber erstmals als Wegweiser und Wegbegleiter hin zur phänomenalen Gestalt Gottes selbst einsetzen. Balthasar entscheidet sich also schließlich für die Reihenfolge: *pulchrum – bonum – verum*. Diese wird bis heute sein Alleinstellungsmerkmal bleiben sowie seine – bis heute rezipierte, aber nie davor und nie danach wiederholte – Antwort auf das philosophische Problem der Verhältnisbestimmung von Meta-Ontik und Meta-Noëtik, wo Balthasar die Phänomenalität als Grundlage für die Evidenz schon in seiner Grundoption verankert.[9]

Der strukturelle Ansatz bei den Transzendentalien – verstanden auch als Grundqualitäten des Seins – ermöglicht Balthasar aber noch einen großen phänomenologischen Schritt: Er verankert seine Theologie nicht in einem von außen kommenden Gliederungsprinzip, wie etwa die durchdachte Aufstellung der theologischen Traktate. Die Form seiner Theologie ist die dem Sein selber eigene

---

7   Vgl. ERICH PRZYWARA, *Schriften*, Bd. 3: *Metaphysik*, Einsiedeln 1962, 28; 97.
8   Genauer wird der Einfluss Przywaras auf diese Aufteilung Balthasars gezeigt von: DAVID CHRISTOPHER SCHINDLER, *Hans Urs von Balthasar and the Dramatic Structure of Truth. A philosophical Investigation*, New York 2004, 361; PETER HENRICI, *Die Trilogie Hans Urs von Balthasars. Eine Theologie der europäischen Kultur*, in: IKaZ 34 (2005) 117–137.
9   Zur Problematik siehe: THOMAS MÖLLENBECK, *Endliche Freiheit unendlich zu sein. Zum metaphysischen Anknüpfungspunkt der Theologie mit Rahner, von Balthasar und Duns Scotus*, Paderborn 2012, 185–227; GERHARD POLLMEIER, *Das Wahrheitsverständnis Martin Heideggers und Hans Urs von Balthasars*, Frankfurt a. M. 2015, 59–67.

Struktur in der Weise, wie sie uns erscheint und zu vernehmen ist. In der Balthasar-Forschung wird oft gerade diese Umkehrung der alten Denkrichtung und die Einsetzung der Transzendentalien als ein Meilenstein in der theoretischen Begründung einer existenziellen Theologie angesehen.[10] Darüber hinaus erweist sich gerade die in den Transzendentalien sichtbare Selbstauslegung des Seins auf phänomenologischer Ebene als Ausdruck seiner Einheit in der ihm eigenen Vielfältigkeit.[11] Die Transzendentalien bleiben dabei ständig perichoretisch, also voneinander untrennbar, sich gegenseitig aber durchwaltend und durchdringend, wofür Balthasar auch tatsächlich den trinitarischen Begriff *circuminsessio* verwendet.[12] Das transzendentale *unum* ist für ihn derart fundamental, dass es erst in einem Nachgang überhaupt thematisiert werden kann, nachdem davor andere Transzendentalien behandelt wurden.[13] Daher resultiert das Konzept des großen Werkes Balthasars, was er selber als „Triptychon" bezeichnet[14] und auf den Transzendentalien *pulchrum – bonum – verum* aufbaut. Das *unum* wird erstmals implizit mitgegenwärtig sein und erst im letzten Teil nachbesprochen. Jeder Teil der Trilogie – Herrlichkeit, Theodramatik und Theologik – zeigt somit auf eigene Weise die ganze Wirklichkeit. In jeder von ihnen aber wird auch auf eine ihr eigene Weise das besondere Entsprechungsverhältnis zwischen der göttlichen und der menschlichen Sphäre ausgearbeitet.[15]

Auf diese Weise werden gerade die Transzendentalien zum „Schlüssel zum Verständnis" der Theologie des großen Schweizer Theologen,[16] durch den „die unendliche Wahrheit Gottes und seines Logos imstande sein kann, sich in dem engen Gefäß menschli-

---

10   Siehe z. B. MANFRED LOCHBRUNNER, *Analogia caritatis. Darstellung und Deutung der Theologie Hans Urs von Balthasars*, Freiburg/Basel/Wien 1981, 134f.
11   Vgl. HANS URS VON BALTHASAR, *Epilog*, Einsiedeln/Trier 1987, 64.
12   HANS URS VON BALTHASAR, *Theologik, Bd. 1: Wahrheit der Welt*, Einsiedeln 1985, VIII, zur Erläuterung des Begriffs siehe: PETER BLÄTTLER, *Pneumatologia crucis. Das Kreuz in der Logik von Wahrheit und Freiheit. Ein phänomenologischer Zugang zur Theologik Hans Urs von Balthasars*, Würzburg 2004, 406.
13   VON BALTHASAR, *Theologik, Bd. 1*, VIII; vgl. ebd., 169–175.
14   HANS URS VON BALTHASAR, *Theodramatik, Bd. 1: Prolegomena*, Einsiedeln 1973, 15.
15   Vgl. VON BALTHASAR, *Theologik, Bd. 1*, VII.
16   Vgl. AIDAN NICHOLS, *A Key to Balthasar. Hans Urs von Balthasar on Beauty, Goodness and Truth*, Michigan 2011.

cher Logik nicht nur vage und annähernd, sondern adäquat auszudrücken"¹⁷.

1. Auf der Suche nach einem Strukturprinzip

1.1 Christologie als Angelpunkt der Strukturfrage

Eine Untersuchung der Struktur der balthasarschen Trilogie – Theo-Ästhetik, Theo-Dramatik, Theo-Logik – muss bei jenem Punkt einsetzen, an dem sich für Balthasar die ganze „Fülle" theologisch manifestiert und verdichtet: das ist die Gestalt Christi. Balthasar vollzieht in der Nachfolge Karl Barths dessen christologische Konzentration mit, sodass im ganzen Werk, und vor allem in der Trilogie, „Christologie" auftaucht. Dies ist in der Balthasar-Rezeption allgemein erkannt und akzeptiert, und es mangelt nicht der Versuche, die christologische Thematik in sich aufzuarbeiten, sie aus der Trilogie querschnittartig als in sich geschlossenes Ganzes, quasi als Traktat, zu destillieren. Es fällt aber auf, dass auch dabei die Strukturfrage viel seltener gestellt wird.¹⁸

Wenn in einer klassischen Studie die balthasarsche Theologie als „*ereignishafte Strukturtheologie*"¹⁹ qualifiziert wird, dann soll dem hier Rechnung getragen werden. Im Folgenden soll versucht werden, die Struktur der balthasarschen Trilogie anhand der jeweiligen Form der Christologie aufzuarbeiten. Es wird sich zeigen, dass die Christologie in der Trilogie – gemäß ihrem jeweiligen Ort in der Ästhetik, der Dramatik oder der Logik – eine je unterschiedliche

---

17 VON BALTHASAR, *Theologik, Bd. 1*, XXI.
18 Die Versuche, die Struktur der großen Trilogie Balthasars zu entschlüsseln, stammen grundsätzlich eher aus dem angloamerikanischen Raum, während sich die deutschsprachige Forschung mehr auf die „Einzelelemente" seiner Theologie konzentriert. Beispielsweise orientiert sich die deutsche gängige Einführung zu Balthasar an Stichworten, während die amerikanische seine Theologie von Transzendentalien her zu erklären versucht. Siehe dazu: WERNER LÖSER, *Kleine Einführung zu Hans Urs von Balthasar*, Freiburg i. Br. 2005, in Abgrenzung zu NICHOLS, *A Key to Balthasar*.
19 HANS OTMAR MEUFFELS, *Einbergung des Menschen in das Mysterium der dreieinigen Liebe. Eine trinitarische Anthropologie nach Hans Urs von Balthasar*, Würzburg 1991, 224. Schon HANSPETER HEINZ, *Der Gott des Je-Mehr. Der christologische Ansatz Hans Urs von Balthasars*, Frankfurt a. M. 1975, 39, nennt Balthasars Theologie „Strukturtheologie". Ebenso HENRI DE LUBAC, *Ein Zeuge in der Kirche Christi: Hans Urs von Balthasar*, in: IkaZ 4 (1975) 390–409, hier: 408.

Färbung und somit eine Funktion in Bezug auf die Gesamtstruktur der Theologie hat. Deshalb ist gerade das christologische Thema geeignet, die synthetisierende Denkform Balthasars zu entflechten und das Ordnungsprinzip zu entbergen, das der balthasarschen Trilogie zugrunde liegt.

Es geht also um die Struktur der Trilogie und die spezifische Prägung der Christologie in deren Teilen. Das, was freilich primär an der Theologie Balthasars fasziniert, ist ihre inhaltliche Wucht, ihr anschaulicher Gehalt, ihre geistvolle Kraft. Die Schönheit der Sprache und die Flüssigkeit der Gedanken bergen freilich den Nachteil in sich, dass das Systematische und Strukturelle an Balthasar übersehen bzw. zu wenig bedacht wird. Ein Indiz für die Richtigkeit dieser Behauptung liegt auch in den Themen, welche die zahlreichen Studien über Balthasar aufgreifen. Während dort – meist qualitativ brillant – vereinzelte, partikuläre inhaltliche Aspekte aus dem Gesamt des Werkes analysiert und destilliert werden (z. B. Stellvertretung, Eucharistie, Passiologie, Kenose, Evangelische Räte usw.), wurde bislang nur von wenigen eine Analyse der Gesamtstruktur gewagt.[20]

Sieht man von Balthasars eigenem „Epilog" ab, der meines Erachtens eher die Funktion hat, nachträglich zu verdunkeln, was vielleicht allzu (hegelisch) „durchschaut" wirken könnte, gibt es meines Wissens nur vereinzelte und ansatzhafte Versuche, die Struktur der Trilogie aufzuschlüsseln.[21] Dies ist insofern entschuldbar, da von einem solchen Unternehmen ja schier Unglaubliches verlangt wird. Eine Betrachtung der Werkstruktur setzt ja einen gewissen „Überblick" voraus, und wer wollte von sich behaupten – angesichts eines Werkes, das nach dem Urteil von Eugen Biser „wie ein erratischer Block, inkommensurabel und unkoordinierbar, im Feld der

---

20 Einen Durchblick durch die balthasarsche(n) Denkform(en) gibt WOLFGANG KLAGHOFER-TREITLER, *Gotteswort in Menschenwort. Inhalt und Form der Theologie nach Hans Urs von Balthasar*, Innsbruck/Wien 1992. Zu ähnlichen Ergebnissen, wohl aus einer ganz anderen Perspektive, gelangt auch ILKAMARINA KUHR, *Gabe und Gestalt. Theologische Phänomenologie bei Hans Urs von Balthasar*, Regensburg 2012.

21 Diese werden großteils im Rahmen einer größeren Untersuchung durchgeführt und haben eher eine einführend-erklärende Funktion, siehe z. B. ISABELLA GUANZINI, *Anfang und Ursprung. Massimo Cacciari und Hans Urs von Balthasar*, Regensburg 2016, 127–163; THOMAS SCHUHMACHER, *Perichorein. Zur Konvergenz von Pneumatologik und Christologik in Hans Urs von Balthasars theodramatischem Entwurf einer Theologik*, München 2007, 116–137 u. v. a.

Gegenwartstheologie"²² steht –, auch nur annähernd einen solchen Überblick erreicht zu haben?

Die eigentliche Schwierigkeit einer Strukturanalyse ergibt sich aber immanent daraus, dass Balthasar wie kein anderer neuzeitlicher Theologe nicht nur eine „Theologie des Absoluten" betreibt, sondern noch mehr eine in sich „absolute Theologie", die vom Ganzen ausgeht und zum Ganzen zurückkehrt. Balthasar hat zum wiederholten Male seine Absicht vorgebracht, eine Theologie des „Ganzen" zu entwerfen.²³ Theologie ist für ihn der „Blick auf das strukturierte Ganze"²⁴. Das „Ganze" oder die „Fülle"²⁵ ist nicht nur im quantitativen Sinn zu verstehen, sofern es Balthasar gelingt, global die europäische Geistesgeschichte einzubeziehen und gleichsam zur Synthese zu bringen. Primär bedeutet „Fülle" für Balthasar die lebendige Einheit von Gott und Welt. Balthasar nennt diese Einheit das „Miteinander" oder „Innerhalb" – jedenfalls eine derart absolute Kategorie, dass sich auch der Theologe von ihr nicht eigentlich distanzieren, aus ihr davonstehen kann. Hier hat er vom deutschen Idealismus, dem sein studentisches Interesse galt, von Plotin und den von ihm inspirierten Vätern und zweifellos auch von Karl Barth gelernt.²⁶

Eine dem Mysterium entsprechende Theologie darf niemals den Eindruck erwecken, mit der „Fülle" „fertiggeworden zu sein"²⁷. Man beachte die ingrimmige Wut, mit der Balthasar diesen Vorwurf gegen Hegel schleudert – mit dem er doch zugleich die Prämisse der Einheit von Gott und Welt teilt. Die Folge dieser antihegelianischen Option ist, dass sich Balthasar mit geflissentlichem

---

22 EUGEN BISER, *Das göttliche Spiel. Zum Aufbau von Hans Urs von Balthasars „Theodramatik"*, in: Theologische Revue 76 (1981) 265–276, hier: 267.
23 Vgl. HANS URS VON BALTHASAR, *Rechenschaft 1965*. Mit einer Bibliographie der Veröffentlichungen Hans Urs von Balthasars zusammengestellt von Bertha Widmer, Einsiedeln o. J., 26.
24 HEINZ, *Der Gott des Je-Mehr*, 62.
25 VON BALTHASAR, *Theologik*, Bd. 1, VIII: „... anders als in umkreisenden Wiederholungen des Je-Ganzen lässt sich ja Theologie überhaupt nicht betreiben." Vgl. KARL WALLNER, *„Auf's Ganze gehen"*. Bekenntnis zu Hans Urs von Balthasar, in: Sancta Crux 54 (1993) 28–42.
26 Zur Beeinflussung Balthasars siehe z. B. THOMAS KRENSKI, *„Er schleppt II/1 in seiner Mappe herum wie eine Katze ihr Junges"*. Ein biographisches Panorama zu Hans Urs von Balthasars Barthbuch, in: WOLFGANG MÜLLER (Hg.), *Karl Barth – Hans Urs von Balthasar. Eine theologische Zwiesprache*, Zürich 2006, 27–71.
27 HANS URS VON BALTHASAR, *Geist und Feuer. Ein Gespräch mit Hans Urs von Balthasar, geführt von M. Albus*, in: Herder Korrespondenz 30 (1976) 72–82, hier: 75.

Eifer um eine Art systemloser Systematik bemüht, ja mehr noch: Die Systemlosigkeit scheint zum System gemacht zu werden, um der göttlichen Fülle ihr Recht zu lassen. Daraus folgt, dass das lebendige Ganze des Miteinanders selbst dort, wo entlegene Themen behandelt werden, anwesend ist, dass überall vom Ganzen her gedacht und auf das Ganze hin argumentiert wird. Um das Bild vom „Dom", das Balthasar im Epilog verwendet, abzuwandeln: Selbst dort, wo Balthasar mit akribischer Schärfe nebensächliche Details der Theologie betrachtet, sieht er doch in den Augenwinkeln zugleich die Mächtigkeit des Domes, der sich über jedem Detail wölbt und als dessen integriertes Moment jedes partikuläre Element erwiesen werden muss.

1.2 Trinität als Form des Ganzen

Wie kommen wir bei einer von der Fülle eingeforderten Systemlosigkeit dann doch noch zu einer Art „Struktur" in dieser Komplexität? Meines Erachtens bietet sich als Prinzip und möglicher Schlüssel für die ganzheitliche Betrachtung der balthasarschen Theologieform nur eines an: die Trinität.[28] Der Rückgriff auf die Trinität ist die Matrix der Theologie Balthasars. „Trinität" steht als Synonym, besser: als eigentlicher „Begriff", für die Totalität Gottes in sich und das darin ermöglichte Miteinander von Gott und Welt. Meines Erachtens folgen auch Herrlichkeit, Theo-Dramatik und Theo-Logik einem Ordnungsprinzip, das sich von der Trinität her erhellt. Es scheint mir sogar mehr *Bild* denn Erklärung, wenn Balthasar die Transzendentalien des Seins *(pulchrum – bonum – verum)* zum formellen Aufbauprinzip der Trilogie erhebt.[29] Im Kern beschreibt das *pulchrum* die Sphäre des Vaters, das *bonum* die Sphäre des Sohnes und das *verum* die Sphäre des Geistes.

---

28 Vgl. KARL JOSEF WALLNER, *Gott als Eschaton. Trinitarische Dramatik als Voraussetzung göttlicher Universalität bei Hans Urs von Balthasar*, Heiligenkreuz 1992.

29 Es wäre interessant, der Frage nachzugehen, ob Balthasar seine Theologie nicht auch problemlos mit einem anderen Transzendentale – nicht dem pulchrum – hätte beginnen können, ohne dass sich damit inhaltlich Wesentliches geändert hätte. So konnte der 1947 verfasste Band „Wahrheit" ohne Änderungen als erster Band der Theo-Logik genommen werden. – Balthasar stellt sich den Fragen einer immanenten Struktur selbst ausführlich: VON BALTHASAR, *Theologik*, Bd. 1, XIXf. – Der Einsatz mit dem Begriff des pulchrum scheint vorwiegend zeitgeschichtlich bedingt. In der Konfrontation mit dem

Wenn diese These einer trinitarischen Gesamtstruktur für die Trilogie plausibilisert werden soll, so ist kurz auf die Trinitätsauffassung Balthasars selbst einzugehen. Trinität ist, wie gesagt, Synonym für Ganzheit. Trinität steht für die strukturelle Veranschaulichung der Ganzheit oder Umfassendheit oder Erfülltheit, in der sich die absolute Theologie Balthasars bewegt. Balthasar denkt die Fülle Gottes als „trinitarische Ereigniswirklichkeit"[30], was ihm erlaubt, bis in die inneren Möglichkeiten des Gottseins Gottes gegenüber – und mit der Welt –hineinzudenken. Jenseits des klassischen Substanzdenkens (was Heidegger als Onto-Theo-Logie bezeichnet hat)[31], aber auch ohne einer völligen Prozessualität verfallen zu wollen[32], wird Trinität radikal als ein inneres Sich-Verhalten göttlicher Hypostasen, als freies Sich-Ereignen von Vater, Sohn und Geist veranschaulicht. Die Trinität als sich selbst konstituierendes „Liebesspiel"[33] ist „das umgreifende, die Möglichkeit menschlicher Freiheit und Geschichte begründende Ereignis"[34]. Das Wesen Gottes, das nach 1 Joh 4,8.16 den Namen Liebe trägt, *ist* das Sich-Ereignen der Hypostasen. Die grundlegende Kategorie für die balthasarsche Trinitätsauffassung scheint mir demnach der Begriff des Ereignisses zu sein: Trinität ist ein Ereignis, ein „Vorgang [...], der im unnahbaren, glühenden Kern des Seins die ‚Hervorbringung' Gottes selbst ist"[35].

Gott *ist wesenhaft* Liebe in Form einer „Selbstauszeugung"[36] aus einem umfassenden Sich-Verhalten und je-aktuellen Sich-Ereignen dessen, was die klassische Theologie „Personen" genannt hat. Der Personbegriff wäre bei Balthasar am korrektesten mit „Er-

---

Subjektivismus ist dieser Einstieg zwar „ungewohnt", doch „der einzig sachgerechte" (VON BALTHASAR, *Rechenschaft 1965*, 28). Im Begriff der „Herrlichkeit" ist die Zwecklosigkeit – und damit die erste Grundbestimmung des göttlichen Seins – am besten zum Ausdruck gebracht.

30 HANS URS VON BALTHASAR, *Theodramatik, Bd. 4: Das Endspiel*, Einsiedeln 1983, 373; vgl. ebd., 475.
31 VON BALTHASAR, *Epilog*, 72; HANS URS VON BALTHASAR, *Verbum Caro. Skizzen zur Theologie I*, Einsiedeln ²1965, 127; HANS URS VON BALTHASAR, *Spiritus Creator. Skizzen zur Theologie III*, Einsiedeln 1967, 40; HANS URS VON BALTHASAR, *Theologik, Bd. 2: Wahrheit Gottes*, Einsiedeln 1985, 129.
32 VON BALTHASAR, *Theodramatik, Bd. 4: Das Endspiel*, 66f.; HANS URS VON BALTHASAR, *Theodramatik, Bd. 2: Die Personen des Spiels, Teil 2: Die Personen in Christus*, Einsiedeln 1978, 484: „Das Drama ... ist nicht sein eigener Prozess."
33 MEUFFELS, *Einbergung des Menschen*, 284ff.
34 HANS URS VON BALTHASAR, *Klarstellungen. Zur Prüfung der Geister*, Einsiedeln ⁴1978, 55.
35 VON BALTHASAR, *Spiritus Creator. Skizzen zur Theologie III*, 95; ebd., 40.
36 HANS URS VON BALTHASAR, *Homo Creatus est. Skizzen zur Theologie V*, Einsiedeln 1986, 291.

eignisdimensionen" wiederzugeben. Das göttliche Wesen, das als eine Art „Resultat" von Verhaltensweisen dargestellt wird, besitzt jedenfalls für Balthasar eine anschauliche „Konkretheit"[37]. Welche konkreten Bestimmungen kommen den göttlichen Personen in der Konstituierung der göttlichen Fülle oder Wesenheit somit zu? Der *Vater,* so die klassische substanzontologische Formulierung, „besitzt" die Totalität des Wesens Gottes. Nach Balthasar „besitzt" er aber nur so, indem er verschenkt, und zwar indem er sich selbst restlos verschenkt, sich selbst in Form einer innertrinitarischen Urkenose ausgießt. Das Besitzen des Vaters ist also seine „Selbstlosigkeit"[38] im Sich-Verschenken. Man könnte sagen: Der Vater hat sein allgemeines Gottsein nur durch sein konkretes Sich-Verschenken, und dieses Schenken ist im innersten Kern *grundlose* Liebe. Innertrinitarisch steht an der Spitze der veranschaulichten Selbstauszeugung Gottes eine vorsichtslose, ja risikohafte „Urkenosis"[39]. Die Selbstausgießung des Vaters erfolgt in die (absolute) Andersheit seiner Selbst, sodass sich hierin eine absolute Differenz eröffnet. Doch steht als deren Resultat nicht der Selbstverlust Gottes, sondern die Annahme der Hingabe des Vaters durch die Rückverdankung des *Sohnes.* Dieser ist so sehr das Andere des Vaters, dass Balthasar – freilich wie ich meine mehr in abgrenzender Rhetorik gegen Hegel als in fundierter Sachlichkeit – von einer innergöttlichen „Trennung" sprechen kann. Es gibt keine größere Andersheit gegenüber dem Vater als die des Sohnes. Insofern der Sohn seine Andersheit aber in Form grundlos liebender Rückverdankung vollzieht, ist er somit das unendlich positive Paradigma

---

[37] VON BALTHASAR, *Theodramatik,* Bd. 4: *Das Endspiel,* 57; VON BALTHASAR, *Theologik,* Bd. 2, 127; vgl. VON BALTHASAR, *Theodramatik,* Bd. 4: *Das Endspiel,* 86 [mit Verweis auf Adrienne v. Speyr]: „Die Unendlichkeit dieses Lebens schließt nicht aus, dass Gott immer ‚bestimmt' ist, dass in ihm nichts ‚zerfließend' ist, sondern ‚im Höchsten unterschieden, entschieden und geschieden ...'; vgl. HANS URS VON BALTHASAR, *Das betrachtende Gebet,* Einsiedeln ⁴1976, 133.

[38] Die „Selbst-losigkeit" des Vaters ist in einem dialektischen Zugleich seine eigentliche Identität. Vgl. LOCHBRUNNER, *Analogia Caritatis,* 220, der in dieser Identität von Haben und Weggeben die „medulla Balthasarscher Theologie" sieht.

[39] Diese Urkenosis ist nach Balthasar radikale Selbstlosigkeit. Gegen Hegel wird betont, dass der Vater sein Verschenken nicht im Hinblick darauf vollzieht, dass er aus dem Gebeakt je allererst ein väterliches Sein empfängt, es darin hat, sondern dass es sich um eine *grundlose* „Unvorsichtigkeit" handelt: VON BALTHASAR, *Theodramatik,* Bd. 3: *Die Handlung,* 305; HANS URS VON BALTHASAR, *Du krönst das Jahr mit deiner Huld. Radiopredigten,* Einsiedeln 1982, 156.

jeder Differenz.⁴⁰ Schließlich *sind* Vater und Sohn in der Grundlosigkeit ihres Liebens ebenso immer schon ein *Liebesgeist*, wie sie es je-neu kraft der Aktualität ihres Tuns werden und darin nie zu einer Übersättigung, zu einem toten Ende gelangen. Der Geist ist das Je-Mehr, die Identität in ihrer beständigen Aufsteigerung.

Man tut Balthasar wohl nicht unrecht, wenn man die Struktur des Trinitätsgedankens durch die Brille Hegels liest. Kurz zusammengefasst: Des Vaters ist die Grundlosigkeit des allgemeinen Seins an sich; des Sohnes ist die partikuläre, das Allgemeine „auf den Punkt" bringende Besonderheit; des Geistes ist der stete Überstieg, die Einheit von Abstraktheit und Konkretheit in einer je-neuen, je-konkreten Allgemeinheit.

2. Die trinitarische Struktur der Trilogie

2.1 „Herrlichkeit": Das „Pulchrum" als die Sphäre des Vaters

2.1.1 Intuition des Schönen als Sphäre des Vaters

Der erste Teil der Trilogie ist die „Erblickungslehre"⁴¹. Uns beschäftigt hier zunächst die Frage, warum die Herrlichkeit innerhalb der Trilogie als „Sphäre des Vaters" bezeichnet werden kann. Balthasar nennt als Grund für den Einsatz in der Ästhetik den „Protest gegen eine rationalisierende Theologie"⁴². Nach der klassischen Erkenntnislehre gibt es ein uneinholbares Gegenüber zwischen dem erblickenden Subjekt und dem erkannten Objekt. Dieser Differenz gilt das nicht zuletzt apologetische Interesse Balthasars: Eine Einholung dieses Gegenüberseins von theologischem Subjekt und theologischem Objekt – wie dies die anthropozentrisch gewendete Theologie versucht – ist nicht möglich. Der Einfluss Barths auf Bal-

---

40 Die Liebe der Rückgabe ist nicht geringer als die der Zeugung: VON BALTHASAR, *Epilog*, 73.
41 Z. B. HANS URS VON BALTHASAR, *Herrlichkeit. Eine theologische Ästhetik*, Bd. 1: *Schau der Gestalt*, Einsiedeln ²1969, 118; HANS URS VON BALTHASAR, *Herrlichkeit. Eine theologische Ästhetik*, Bd. 3/2: *Theologie*, Teil 2: *Neuer Bund*, Einsiedeln 1969, 25; VON BALTHASAR, *Epilog*, 7.
42 VON BALTHASAR, *Theodramatik*, Bd. 1: *Prolegomena*, 16.

thasar ist in dieser Frontstellung unverkennbar.[43] Dennoch ist das Gegenüber von erkennendem Subjekt und sich offenbarendem Gott keine platte Differenz, sondern eine dialektische. Die Herrlichkeit der Offenbarung sagt sich zwar – um einen barthschen Ausdruck zu verwenden – „senkrecht von oben" zu. Doch dieses Einbrechen göttlicher Schönheit hat ein Voraus und Zugrunde. Der Akt der Wahrnehmung des göttlich Schönen gründet in einer kreatürlichen Disposition, sodass es auf der Seite des Subjektes eine Art ästhetischen Vorbegriff, einen allgemeinen Zugang, einen „Inchoativ" zur letzten Schönheit gibt. Dieses allgemeinmenschliche Fundament meint Balthasar, wenn er die Herrlichkeit der „Fundamentaltheologie"[44] zuordnet. In trinitarischer Begrifflichkeit ausgedrückt: Die Frage nach dem Ob von Schönheit stellt sich gar ebenso wenig wie die Frage nach dem Ob des Vaters: Schönheit ist ihrem innersten Grunde nach grundlos. Wie der Vater grundlos ist, so ist Schönheit grundlos. In dem „Faktum" von intuitiver Schönheitswahrnehmung (Mutter – Kind[45]) liegt aber bereits eine ganz allgemeine Ahnung von einer letzten Herrlichkeit, einer letzten Schönheit.

Diese Allgemeinheit der Hinordnung auf einen letzten Horizont könnte man in Anlehnung an Rahners berühmten Begriff der Transzendentalität bei Balthasar ebenso gut „Doxalität" oder „Glorialität" nennen. Es gibt im Epilog Passagen, wo Balthasar es mühelos versteht, das Erbe der Transzendentaltheologie als integratives Moment seiner eigenen Theologie aufzuweisen.[46] Dass es ein „übernatürlich-existenziales" Datum im Menschen gibt, demonstriert Balthasar freilich nicht – wie etwa Rahner – anhand einer abstrakten Metaphysik des menschlichen Geistes. Balthasars Methode ist hier konkreter (oder auch: literarischer), indem sie konkrete „Gestalten" solch allgemeiner Herrlichkeitswahrnehmung zitiert. Was in „Fächer der Stile" betrieben wird, ist eine Art essayistischer „Theologia

---

43 Siehe dazu z. B. HANS-ANTON DREWES, *Karl Barth und Hans Urs von Balthasar – ein Basler Zwiegespräch*, in: MAGNUS STRIER, JAN-HEINER TÜCK, *Die Kunst Gottes verstehen. Hans Urs von Balthasars theologische Provokation*, Freiburg i. Br. 2005, 367–384.
44 VON BALTHASAR, *Theologik*, Bd. 1, XX; VON BALTHASAR, *Theodramatik*, Bd. 1: *Prolegomena*, 15 usw.
45 Vgl. Hans Urs von Balthasar, *Herrlichkeit. Eine theologische Ästhetik*, Bd. 3/1: *Im Raum der Metaphysik, Teil 2: Neuzeit*, Einsiedeln ²1975, 943–983.
46 VON BALTHASAR, *Epilog*, 35–66.

naturalis", eine anhand der europäischen Geistesgeschichte durchgeführte Entfaltung dessen, was Thomas von Aquin „desiderium naturale" genannt hätte und was der eben genannte Karl Rahner unter dem Begriff der Transzendentalität abgehandelt hat. In diesem Denkschritt konvergieren Balthasar und Rahner[47], wenngleich die formelle Ausführung unterschiedlicher nicht hätte ausfallen können: hier der scharf thomistisch-scholastisch formulierende Metaphysiker, dort der Interpret, der mit der „Mentalität eines Literaturkritikers"[48] die europäische Geistesgeschichte zur Synthese zu bringen versucht.

Der Aufbau der siebenbändigen Herrlichkeit bestätigt diese These[49]: Die Bände 2 und 3/1 – sie umfassen jeweils zwei Bücher – behandeln eben dieses Sich-Nähern des Menschen an die Herrlichkeit Gottes. Es ist eine abstrakte allgemeine Göttlichkeit, die hier erahnt und erdacht wird; eine horizonthaft-schöne Göttlichkeit aber, die nicht erahnt werden könnte, wenn das Subjekt nicht immer schon bestimmt wäre von dem, was sich in der konkreten Schönheit der Offenbarung als konkrete Gestalt zur Schau gibt. Ich glaube, dass es daher gerechtfertigt ist, die Ästhetik insgesamt der Sphäre des Vaters zuzuordnen. Nicht zuletzt auch deshalb, weil hier der letzte Grund für die Möglichkeit von Theologie angegeben wird: er liegt in der Grundlosigkeit des Gegebenen, in der Intuition des Sich-Zeigenden, in der Wahrnehmung der Offenbarung als Erscheinung eines dahinterliegenden Größeren.

2.1.2 Die Funktion der Christologie in der Erblickungslehre

Es gibt also eine allgemeine geschöpfliche Ahnung von „Herrlichkeit" und eine unaufarbeitbare Grundlosigkeit, die sich im Schönen zusagt. Dieser geschöpfliche Vorbegriff, dieses inchoative Moment, diese allgemeine Ahnung eines letzten unverfüglichen Grundes ist aber nicht schon die Herrlichkeit selbst. Gerade dort, wo die Urahnung sich als Gestalt gebärdet, in den Religionen, verfehlt sie die

---

47   Vgl. LOCHBRUNNER, Analogia Caritatis, 243–280; WERNER LÖSER, Das Sein – ausgelegt als Liebe. Überlegungen zur Theologie Hans Urs von Balthasars, in: KARL LEHMANN, WALTER KASPER (Hg.), Hans Urs von Balthasar. Gestalt und Werk, Köln 1989, 410–424.
48   GIOVANNI MARCHESI, La Cristologia de Hans Urs von Balthasar. La figura di Gesù Christo espressione visibile di Dio, Rom 1977, 402.
49   Vgl. Balthasars Selbstinterpretation in VON BALTHASAR, Theologik, Bd. 1, XX.

letzte Herrlichkeit. Von sich aus kann der Mensch die Gestalt göttlicher Herrlichkeit nicht erreichen, er muss sie sich geben lassen. Sie trägt „den Namen Jesus Christus"[50]. Was Balthasar in der Ästhetik vor allem betont, ist die Differenz zwischen dem Vorbegriff und seinen kategorialen Ausprägungen (dem Vorchristlichen, dem bloß Religiösen) und der tatsächlich sich gebenden Herrlichkeit in der Gestalt Christi (der Offenbarung).[51] In diesem Aspekt ist Balthasar Barthianer. Die Offenbarung „setzt nun gerade nicht dort ein, wo der suchende Mensch sie erwartet hätte"[52]. Die Theo-Ästhetik gipfelt nach ihrem langen Anweg im Band 3/2 (3/2/1: AT; 3/2/2: NT), den Balthasar selbst „dogmatisch"[53] nennt, da hier das biblische Zeugnis gesichtet wird: das ist die Weise, wie Gott von sich her seine Herrlichkeit gibt. Der welthafte „Aufstieg"[54] aus der „Runenkunde der Welt"[55] erreicht seinen Gipfel nicht von selbst, sondern durch die Selbstgabe Gottes.

Damit sind wir endlich bei der Christologie. In der Ästhetik ist Christus die konkrete und analogielose Gestalt der letzten Herrlichkeit Gottes. Die Herrlichkeits-Christologie hat zwei Dimensionen: Zum einen wird gezeigt, dass das allgemeine Suchen nach Herrlichkeit und das grundlose Sich-Zeigen des Schönen immer schon ermöglicht war dadurch, dass die Schöpfung eine christologische Prägung besitzt. Zum anderen aber prallt die konkrete Gestalt Christi mit „Wucht" und „Imposanz" und „Gewalt" auf die Schönheitsvorstellungen dieser Welt; die Absolutheit der Herrlichkeit offenbart sich im Kreuz in einem *„sub contrario"*.

Zum Ersten: Die intuitive Wahrnehmung ist durch den Logos ermöglicht: Alle vor- und außerchristliche Ästhetik ist auf Christus zugebildet und findet in ihm erst Erfüllung. Erfüllung bedeutet, dass „nichts von der Schöpfungswelt [...] in der Erlösungswelt ver-

---

50 VON BALTHASAR, *Herrlichkeit. Eine theologische Ästhetik*, Bd. 3/2, 25.
51 Die Schärfe, mit der hier argumentiert wird, mag zeitbedingt sein. Der „anthropologischen Wende", die zur Zeit der Abfassung von Herrlichkeit im Schwange war, konnte Balthasar nur Einseitigkeit vorwerfen, da sie eine von der Geschöpflichkeit unterscheidbare und somit konkret-freie Zuwendung Gottes im Letzten nicht gelten lassen wollte (vgl. die Polemik in *Cordula*).
52 VON BALTHASAR, *Verbum Caro. Skizzen zur Theologie I*, 187.
53 VON BALTHASAR, *Rechenschaft 1965*, 32.
54 VON BALTHASAR, *Herrlichkeit. Eine theologische Ästhetik*, Bd. 3/2, 11.
55 HANS URS VON BALTHASAR, *Vom immerwährenden Gebet*, in: IkaZ Communio 4 (1975) 206–217, hier:209.

leugnet"[56] wird. Die Ahnung Gottes, die in der Schöpfung an sich aufgerichtet ist, zielt auf eine letzte Größe und Erhabenheit. In diesem Gedankengang widerspricht Balthasar mit großer Heftigkeit dem Offenbarungsverständnis Karl Barths, für den die Offenbarung „nur" senkrecht von oben einfällt und sich von diesem Punkt erst alles entwirft. Für Balthasar ist das allgemein Religiöse und Philosophische durchaus schon „Vorhalle" zum Heiligtum. Dennoch ist bei Balthasar von der barthschen Imposanz des Christusereignisses nichts geleugnet; jedoch ergibt sich eben diese Imposanz gerade erst aus der bereits geschöpflich angelegten Herrlichkeitssehnsucht des Menschen.

Zum Zweiten: Der Aufprall und die Qualität der Herrlichkeit Gottes, die sich in Christus Gestalt gibt, ist dennoch ein unvermuteter: Es ist der Aufprall der Gestalt des Erniedrigten und Gekreuzigten auf die erhabenen Gottheitsvermutungen der Religionen und Philosophien, der Aufprall der Herrlichkeit des Kreuzes auf die jüdische Vorstellung von der Kabod Gottes. Der Gekreuzigte ist das „Ecce Deus"[57] so und nicht anders. Die Schönheit, die diese Ungestalt aussagt, ist die absolute Schönheit der Liebe. Nachchristlich ist somit alles Maß für welthafte Schönheit an eben dieser Gestalt des Gekreuzigten zu nehmen[58], so wie vorchristlich alles Maß auf eben diese Gestalt zugebildet war.

Wir fassen zusammen: Die Christologie hat in der Ästhetik die Funktion, die väterliche Allgemeinheit und Grundlosigkeit der göttlichen Herrlichkeit zu bestätigen (ganz im Gegensatz zu Karl Barth) und diese Herrlichkeitsintuition zugleich anhand der analogielosen Gestalt des Gekreuzigten zu ihrer Erfüllung über sich selbst hinauszuführen.

---

56   HANS URS VON BALTHASAR, Christlich meditieren, Freiburg/Basel/Wien 1984, 15.
57   VON BALTHASAR, Verbum Caro. Skizzen zur Theologie I, 98.
58   Vgl. PETER EICHER, Offenbarung. Prinzip neuzeitlicher Theologie, München 1977, 328, über „subjektive" und „objektive Evidenz".

2.2 „Theo-Dramatik": Das „Bonum" als die Sphäre des Sohnes

In der Ästhetik geht es um das „Ob" von göttlicher Herrlichkeit und den Grund für die Möglichkeit ihrer Wahrnehmung. Der Akt der ästhetischen Wahrnehmung bliebe im Raum der Offenbarung aber einer Statik verhaftet, „die dem Phänomen nicht gerecht werden kann"[59]. Die Ahnung von einem letzten Horizont, die sich in den Schönheitsgestalten der Welt, in den kulturgeschichtlichen Zeugnissen menschlicher Sehnsüchte und philosophisch-religiöser Annäherungsversuche äußert, bliebe in einer abstrakten geschichtslosen Transzendentalität ewig unbefriedigt, schon deshalb, da die christlich wahrgenommene „Doxa" anders ist als alle anderen Schönheiten: Es ist die „Doxa" des Gekreuzigten; es ist eine Herrlichkeit, die „sub contrario" erscheint. Und entscheidend: Es ist nicht die Herrlichkeit eines Bildes, sondern eines Ereignisses, einer Tat. Die Frage der Dramatik lautet: Wie kommt es zu dieser Gestalt. Wie ereignet sich die absolute Liebe, die im Bild des Gekreuzigten erblickt wird? Und: Warum kann die Dramatik insgesamt als Sphäre des Sohnes bezeichnet werden?

Die letztgültige Gestalt, welche die Ästhetik schaut, ist bereits eine dramatische Gestalt. Dies gilt, wie gesagt, auch für den äußeren Aufbau der „Herrlichkeit", die im letzten Band (3/2/2) die Gestalt Christi schildert. Das ana-logische Hinaufschauen nach einer letzten Schönheit wird plötzlich mit der lebendigen Bewegtheit dieses letzten Schönen konfrontiert. So formuliert Balthasar (pointiert gegen Rahner): „Der Horizont antwortet als Ereignis."[60] Die Ästhetik macht an ihrer Spitze von selbst den Übergang zur Dramatik, die Ana-logie (das Von-unten-nach-oben) begegnet der Kata-logie (dem Von-oben-nach-unten) Gottes.[61] In der Ästhetik ging es um das Er-blicken, die Wahr-nehmung. Die Dramatik hat nun „vor-

---

[59] VON BALTHASAR, Theodramatik, Bd. 1: Prolegomena, 16.
[60] Ebd., 21.
[61] VON BALTHASAR, Theologik, Bd. 2, 155, Anm. 45; vgl. VON BALTHASAR, Homo Creatus est, 20. 26; HANS URS VON BALTHASAR, Herrlichkeit. Eine theologische Ästhetik, Bd. 2: Fächer der Stile, Teil 2: Laikale Stile, Einsiedeln ²1969, 615; HANS URS VON BALTHASAR, Pneuma und Institution. Skizzen zur Theologie IV, Einsiedeln 1974, 107; VON BALTHASAR, Theodramatik, Bd. 1: Prolegomena, 15. Insgesamt zum Begriff der „Katalogie" bei Balthasar vgl. WALLNER, Gott als Eschaton, 56f.; 73–76; 262–279. Treffend hat KLAGHOFER-TREITLER, Gotteswort in Menschenwort, 399–428 und passim, die Denkform Balthasars als „analogische Katalogik" interpretiert.

nehmlich den Inhalt dieser Wahrnehmung, das göttliche Handeln mit dem Menschen"[62] zum Gegenstand.

Die Kategorie des *Handelns Gottes* – als Inhalt der Wahrnehmung – ist für Balthasar insofern entscheidend, als sie ihm die Möglichkeit gibt, überaus spekulativ das Christusereignis als die *Konkretisierung* eines ewigen trinitarischen Ereignisses zu betrachten (VON BALTHASAR, *Theodramatik, Bd. 4: Das Endspiel*). Und dies scheint der springende Punkt für die Dramatik zu sein: Dass sich die göttliche Fülle an einem partikulären Punkt gibt, dass im Fragment das Ganze anwesend ist, dass in der Konkretheit das Absolute gegenwärtig ist, dass in einer einzigen Individualität alle umfasst sind. Im Drama partikularisiert sich die allgemeine Fülle in der Person Jesu Christi, die in ihrer Spitze das konkrete Miteinander von göttlicher und endlicher Freiheit ist. Die Kategorie des geschichtlichen Handelns ist die eigentliche Kategorie, welche dem Sohn zukommt. Die Dramatik ist eindeutig die Sphäre des Sohnes.

Die Geschichte Christi ist die geschichtliche Konkretion dessen, was Gott ist. In der theodramatischen Christologie (d. h. die Theodramatik ist ja die eigentliche Christologie) ist jedem substanzontologischen Denken abgeschworen, die Universalität oder Göttlichkeit Christi ist nicht ein ontisches Etwas, sondern die Umfassendheit seiner Person ergibt sich konkret aus seinem Tun, aus seiner Geschichte. Balthasar nennt Christus das „Concretissimum"[63], das „universale in re" bzw. das „universale concretum"[64]. Die Betonung liegt auf „res" und „concretum". Die „res" ist Träger des „universale", das Fragment ist Träger des Ganzen. Und diese „res" ist die konkrete Geschichte Christi.

Die Theodramatik ist die Veranschaulichung des universalen Charakters des „Fragmentes", welches den Namen Christus trägt. In einer Methode, die Balthasar frei nach Hegel die „Dialektik des Definierens des Mysteriums"[65] nennt, wird in dramatischen Katego-

---

62 VON BALTHASAR, *Herrlichkeit, Bd. 1*, 11.
63 VON BALTHASAR, *Theodramatik, Bd. 2*, 12. Vgl. HERBERT VORGRIMLER, *Hans Urs von Balthasar*, in: HERBERT VORGRIMLER, ROBERT VANDER GUCHT (Hg.), *Bilanz der Theologie im 20. Jahrhundert. Bahnbrechende Theologen*, Freiburg/Basel/Wien 1970, 122–142, hier: 131ff.
64 HANS URS VON BALTHASAR, *Theologie der Geschichte. Ein Grundriß*, Einsiedeln ²1954, 69.
65 HANS URS VON BALTHASAR, *Theodramatik, Bd. 3: Die Handlung*, Einsiedeln 1980, 401, Anm. 3.

rien die Person Christi als Mittelpunkt, ja als eigentlicher Ort eines rhythmischen Ringens zwischen der göttlich-trinitarischen Freiheit und der menschlich-endlichen Freiheit geschildert. Hier sei auf das spezifische Vokabular hingewiesen, das Balthasar beizieht, um die sich aktualisierende Einheit von absoluter Freiheit und partikularer Freiheit in der Person Christi zu beschreiben: unterwandern, unterfassen, untergreifen, umgreifen, durchdringen, verflüssigen, eröffnen usw. Es wäre lohnend, einmal eine Untersuchung zu dieser Begrifflichkeit anzustellen.

Die Theodramatik entwirft ein gigantisches Schauspiel und vor allem ein anschauliches Schauspiel. Wer den Vorwurf gnostischer Zuvielwisserei gegen Balthasar erhebt, möge bedenken, dass an diesem Punkt von der Struktur der Theologie her die Anschaulichkeit geradezu verlangt wird. Die Veranschaulichung ist programmatisch, denn nur konkrete geschichtliche Tat kann im eigentlichen Sinne angeschaut werden. Und das Christusdrama ist geschichtliche Konkretheit. Schon lange vor dem zweiten Teil der Trilogie hat Balthasar in seinem Artikel „Mysterium Paschale"[66] einen Einblick in seine Vorgangsweise gewährt: Die geschichtliche Gestalt Christi, sein spezifisches dramatisches Handeln, wie Balthasar es der konkreten biblischen Geschichte abliest[67], wird so dargestellt, dass das Christusdrama sowohl als die Manifestation der immer schon gemeinten väterlichen Liebeszuwendung als auch als die Aufsprengung der sich-verabsolutieren wollenden Partikularität zu gelten vermag. Balthasar nennt es die Einbergung der widergött-

---

[66] HANS URS VON BALTHASAR, *Mysterium Paschale*, in: Mysterium Salutis 3/2, 133–326 (DERS., *Theologie der Drei Tage*, Einsiedeln 1969); HANS URS VON BALTHASAR, *Theologie der Geschichte. Neue Fassung*, Einsiedeln ⁶1979.

[67] Freilich muss hier auch Kritisches angemerkt werden: Von Bertold Brecht stammt das Zitat, dass die Wahrheit „konkret" ist, und ein Buchtitel von Dorothee Sölle hat dies als Programm für eine Theologie „nach Auschwitz" aufgenommen. Auch bei Balthasar begegnen wir – zumindest in der Dramatik – geradezu einer Beschwörung der „Konkretheit". Während bei Sölle und anderen das „Konkret-Menschliche" immerdar als Widerspruch gegen jede Form göttlicher Erhabenheit gesehen wird, droht bei Balthasar die andere Gefahr: dass das Konkrete – auch die menschliche Passionsgeschichte – nur mehr als Agieren Gottes gesehen wird, dass alles Menschliche zu einer bloßen Manifestationsgestalt der göttlichen Liebe verschlungen wird. – Vgl. DIETRICH WIEDERKEHR, *Mysterium paschale und die Leidensgeschichte der Menschheit*, in: Mysterium Salutis Ergänzungsband. Arbeitshilfen und Weiterführungen, Einsiedeln 1981, 243–246, hier: 245f., der Balthasar eine „theologia crucis gloriosa" vorhält. Auch: JOHANN BAPTIST METZ, *Theologie als Theodizee?*, in: WILLI OELMÜLLER (Hg.), *Theodizee – Gott vor Gericht?*, München 1990, 103–118, hier: 116f.

lich aufgespreizten Mächte in Welt und Mensch in die umfassende Beziehung des Vaters zum Sohn im Geist. Die Theodramatik schildert die Mysterien des einen Christus als die eschatologischen Mysterien der ganzen Welt.

Der Christologie kommt in der Theodramatik also die Funktion zu, das einmalige Christusereignis als Konkretisierung des ewigen, allmaligen Verhältnisses von Vater und Sohn zu denken; zum anderen zu zeigen, welche Geltung das Agieren des einen Christus für alle hat. So entsteht eine dialektische Rhythmik, in der die konkrete Tat Christi immer zugleich als Offenbarung des Allgemeinen (der Liebe des Vaters) als auch als Überwindung des Nur-Besonderen (der Sünde) dargestellt wird. In balthasarscher Terminologie: Christus ist der letzte und eigentliche Erweis der Liebe des Vaters, indem er das Anderssein der väterlichen Schöpfung göttlich unterwandert.

2.3 „Theo-Logik": Das „Verum" als die Sphäre des Geistes

Schließlich bleibt noch die Theo-Logik, welche nur unschwer der Sphäre des Geistes zuzuordnen ist; ebenso eindeutig scheint mir die Funktion der Christologie in dieser dritten Sphäre zu sein. Die Sache des Geistes ist es, das „verum" als „Innerlichwerden der Tat des Sohnes"[68] zu wirken. Der Geist ist nach Balthasar rückverwiesen an das Konkrete, Dramatische, Geschichtliche und Reale. Der christliche Heilige Geist ist keine beliebige Abstraktheit, sondern die Universalisierung des einmalig Konkreten. Wurde in der Dramatik der Akzent auf die Partikularisierung und Konkretisierung gelegt, so bleibt der Geist eben diesem verpflichtet: „Geist gibt es in allen anderen Religionen und Weltanschauungen genug." Das „unterscheidend Christliche" ist gerade das „Leiblich-Sinnenhafte", in dem Gott erscheint und gehört, gesehen, betastet werden will.[69] Von diesem „Leiblich-Sinnenhaften" ist der Geist der Wahrheit nicht zu lösen.

---

68 HANS URS VON BALTHASAR, Das Ganze im Fragment. Aspekte der Geschichtstheologie, Einsiedeln 1963, 91.
69 VON BALTHASAR, Herrlichkeit, Bd. 1, 30.

Die Sache des Geistes ist es demnach, die partikulare Einzelgestalt Christi in die Universalgestalt zu überführen: Aus dem verzeitlichten Ewigen wird ein verewigter Zeitlicher, aus der partikularisierten Fülle wird die erfüllte Partikularität.[70] Diese Dynamik des Universalisierens nennt Balthasar „verflüssigen". Hatte die Dramatik alle Mühe darauf gewandt, die Konkretheit Christi als Trägerin der göttlichen Fülle darzustellen, so ist es jetzt die Aufgabe „des Heiligen Geistes Christi, seine geschichtliche und auferstandene Wirklichkeit als das *Universale Concretum* so zu universalisieren, dass ihre Strahlen ‚bis an die Grenzen der Erde' zu dringen vermögen"[71]. In der Theologik geschieht also die Universalisierung des *Universale Concretum*, die Verflüssigung Christi zur „absoluten Universalität"[72]. In der Herrlichkeit ging es um die Grundlosigkeit des Sich-Zeigens Gottes; in der Dramatik ging es um die anschauliche Konkretheit des Sich-Gebens Gottes; in der Logik geht es um die universale Gültigkeit des Sich-Sagens Gottes.

Es fällt auf, dass Balthasar an keinem anderen Punkt seiner Trilogie so scharf gegen Hegel formuliert und argumentiert wie in der Logik, in der Sphäre des Geistes.[73] Im System Hegels kann der absolute Geist, der sich mittels seiner Gegenübersetzung selbst gewinnt, das partikular Konkrete, die historische Geschichte nicht dulden und muss es abstreifen. Der historische Jesus von Nazareth ist für Hegel nichts anderes denn der „Anlass"[74], über den hinaus der hegelsche Geist ins Allgemeine und Subjektive des absoluten Systems weiterdrängen muss. Bei Hegel liegt die Auffassung von Christus in dem *Gedanken,* dass hier „ein *Absolutes* die Erfahrung des Sterbens machen muss". Die Auferstehung ist folglich „nie das historische, von den Evangelien erzählte Geschehnis, sondern das

---

70 Vgl. VON BALTHASAR, *Theologie der Geschichte. Neue Fassung,* 69.
71 VON BALTHASAR, *Theologik, Bd. 1,* XIII.
72 Vgl. JAMES NADUVILEKUT, *Christus der Heilsweg. Soteria als Theodrama im Werk Hans Urs von Balthasars,* St. Ottilien 1987, 249.
73 Schon die Tatsache, dass Balthasar die Logik an den Schluss stellt, zeugt für diese Frontstellung gegen Hegel: Darin soll festgehalten sein, dass die Logik nicht menschliche Vorgabe ist, sondern das Resultat aus der christologischen Gestalt und ihrer Qualität. Die Thematisierung der Logik am Ende der Trilogie macht somit methodisch deutlich, dass es sich um Theo-Logik handelt, die Selbstauswortung Gottes im Heiligen Geist, die aus der Intuition des Theodramas sich dem endlichen Verstand übergibt.
74 VON BALTHASAR, *Klarstellungen. Zur Prüfung der Geister,* 34.

lebendige Bewusstsein der Gemeinde, der (Heilige) Geist, das konkrete Wissen des Geistes um sich selbst"[75].

Aus der balthasarschen Ablehnung Hegels lässt sich eine entscheidende Funktion für die Christologie innerhalb der Logik, also der Sphäre des Geistes, erkennen: Während der hegelsche Weltgeist vom geschichtlichen Christusereignis abstrahiert[76] und somit die sich im Überschwang gebende Wirklichkeit Gottes entkategorialisiert,[77] bleibt der Heilige Geist immerdar an die Realität Christi gebunden. Der in der Wahrheit des Geistes Glaubende kann sich nie von jenem objektiven und unauflöslichen Punkt, der Realität Christi, zurückziehen. Die historische Einmaligkeit und geschichtliche Faktizität Jesu sperrt sich immerdar gegen eine Auflösung ins rein Subjektive, gegen eine Vereinnahmung durch die gläubige Gemeinde, gegen ein wissendes Habhaftwerden der Wahrheit, wie Balthasar dies Hegel vorwirft.[78] Christus wird nur so „zum Universalen", dass er nie aufhört, der „Partikulär-Einmalige zu sein"[79].

Der Geist entfaltet die absolute Wahrheit, indem er in die Person Christi „einfaltet"[80]. Die Einfältigkeit ist die Wahrheit des Pneumas. Es ist die Konsequenz dieser christologischen Emphase, dass Balthasar – wie kein anderer Theologe der Neuzeit – das Pneumatische *im* Kirchlich-Pragmatischen und Sakramental-Institutionellen betont.[81] Der Geist ist nicht Feind, sondern Träger des Institutionellen, Sinnenhaften und Hierarchischen (vgl. „objektiver Geist").

---

[75] VON BALTHASAR, *Theodramatik, Bd. 4: Das Endspiel*, 204. Im Original ohne Kursivsetzung. Vgl. VON BALTHASAR, *Herrlichkeit. Eine theologische Ästhetik, Bd. 1*, 226; HANS URS VON BALTHASAR, *Theodramatik, Bd. 2: Die Personen des Spiels, Teil 1: Der Mensch in Gott*, Einsiedeln 1976, 388.

[76] Vgl. VON BALTHASAR, *Pneuma und Institution*, 56.

[77] JOSEF RÖMELT, *Personales Gottesverständnis in heutiger Moraltheologie auf dem Hintergrund der Theologien von K. Rahner und H. U. v. Balthasar*, Innsbruck/Wien 1988, 107.

[78] Vgl. VON BALTHASAR, *Theodramatik, Bd. 4: Das Endspiel*, 204; ebenso: PETER HENRICI, *Hegel und die Theologie. Ein kritischer Bericht*, in: Gregorianum 48 (1967) 706–746, hier: 729: „Weil Hegel die vollkommene ‚Versöhnung' von Gott und Mensch sucht, versucht er diese historische Einmaligkeit Jesu durch seinen Tod (der folglich auch als das Zugrundegehen des konkret Einzelnen gesehen werden muss) beiseitezuschieben; die christliche Dogmatik dagegen, die von der Versöhnung jedes ‚Verschwinden' abhalten möchte, muss eben deshalb an der historischen Konkretheit Jesu festhalten."

[79] VON BALTHASAR, *Epilog*, 89.

[80] HANS URS VON BALTHASAR, *Theologik, Bd. 3: Geist der Wahrheit*, Einsiedeln 1987, 17.

[81] Ebd., 282ff. MEDARD KEHL, *Kirche als Institution. Zur theologischen Begründung des institutionellen Charakters der Kirche in der neueren deutschsprachigen katholischen Ekklesiologie*, Frankfurt a. M. 1976, 239–311.

Dennoch ist der intimste Ort des Geistes die Subjektivität des Einzelnen. Das Ankommen des Geistes vollzieht sich im Glaubensakt und in der Glaubenshaltung. Die Wahrheit des Geistes gestaltet zu „Söhnen im Sohn"[82], worin sich für Gott erweist, dass er „wie er in sich selbst mit den Andern eins sein kann, er es ebenso vermag, außer sich selbst mit dem Anderen eins zu werden"[83]. Dieses Einswerden Gottes mit den Anderen außerhalb seiner selbst ist die letzte Wahrheit Gottes, ist der letzte Punkt der Theo-Logik.

3. Trinitarische Logik als Vertiefung des Mysteriums

Die vorgetragene These lautete, dass die Trilogie einem trinitarischen Strukturkonzept folgt. Das bedeutet aber nicht, dass jeder Teil der Trilogie einer konkreten trinitarischen Person und nur dieser zuzuordnen wäre. Balthasar selbst hat einer solchen Auffassung widersprochen, da von der Trinität in allen drei Teilen die Rede sei.[84] Vielmehr ging es um die Gesamtform der Trilogie, von der sich sagen lässt, dass ihre Teile sich analog den trinitarischen Personen zueinander verhalten. In dieser Struktur lässt sich das Thema der Herrlichkeit ausmachen als die Grundlosigkeit der erscheinenden göttlichen Schönheit an sich (Vater)[85]; Thema der Dramatik ist die geschichtliche Konkretion dieser Grundlosigkeit in der ein- und allmaligen Tatgestalt Christi (Sohn); schließlich rundet sich dies in der Theologik zur dritten Sphäre, worin die Theologie die in der Sohnestat erscheinende göttliche Grundlosigkeit als ihre eigene Form und Wahrheit annimmt und zum Ausdruck bringt (Geist). Abgesehen von dieser Gesamtstruktur wäre es auch nicht schwer nachzuweisen, dass die Teile der Trilogie in sich wiederum trinitarisch

---

82   VON BALTHASAR, Theologik, Bd. 3, 14.
83   VON BALTHASAR, Epilog, 66.
84   VON BALTHASAR, Theologik, Bd. 1, XX.
85   Eben diese Zuordnung der Grundlosigkeit des Pulchrum zu Gott dem Vater sieht Peter Henrici kritisch: HENRICI, Die Struktur der Trilogie, 122f: „Doch wenn es auch relativ leicht und überzeugend ist, in der ‚Dramatik' einen Traktat über Christus (oder, besser gesagt, über christologische Theologumena) zu sehen und in der ‚Theologik' eine Pneumatologie, so scheint doch die Zuordnung der ‚Ästhetik', der Abhandlung über die Offenbarung der göttlichen Herrlichkeit, zu Gott dem Vater viel weniger einsichtig – auch wenn man, mit P. Wallner, hier in hegelscher Manier das ‚Reich des Vaters' sieht."

strukturiert sind.⁸⁶ Manfred Lochbrunner hat ja schon zu einem Zeitpunkt, da die Theodramatik noch nicht fertiggeschrieben war, festgestellt, dass die Trilogie einem „mehrdimensionalen Strukturprinzip"⁸⁷ folgt. Es wäre reizvoll, diese Mehrdimensionalität auf ihre jeweilige trinitarische Grundstruktur zu durchsuchen.

Der allgegenwärtigen Thematisierung des Christusereignisses kommt in den Teilen der Trilogie je eine besondere Funktion zu: zuerst Bestätigung und Übererfüllung der väterlichen Herrlichkeit; sodann Offenbarung der göttlichen Fülle in der endlichen Konkretheit und zugleich dramatische Einbergung aller Versuche, sich Gott gegenüber zu verweigern; und schließlich die Ausgießung eben dieses Ereignisses.

Ist Balthasar hier zum System gekommen? Hat die Trilogie hier eine systematische Ganzheit geschaffen? Fast hat es den Anschein, als wäre hier ein zweiter Hegel auferstanden, der alles über das Verhältnis von Gott und Welt, von Absolutem und Endlichem zu wissen scheint:⁸⁸ „Das, was seine Feder zum Vorschein bringt, gibt manchmal den Eindruck, sehr wohl ‚sitzende Theologie' zu sein, direkt von Gott angeraten zu sein, fast als ob er mit ihm auf gleicher Ebene Konversation führte – ohne sich in irgendeiner Weise von den Skrupeln der Analogie beeindrucken zu lassen."⁸⁹ Doch hier muss ein Wort der Verteidigung gesprochen werden: Balthasar in die Nähe des idealistischen Denkens zu stellen, ist sicher nicht ganz falsch. Formell kann man den Duktus Balthasars – aus der Sphäre der Abstraktion vermittels der Konkretion in die Sphäre der verinnerlichten Allgemeinheit – als eine Frucht betrachten, die Balthasar mit Hegel gemeinsam vom Baum der Erkenntnis gepflückt hat. Nach dem Urteil Balthasars gereicht diese Frucht Hegel zum

---

86 So behandeln z. B. jeweils die ersten Bände das allgemeine Phänomen: H I (VON BALTHASAR, *Herrlichkeit. Eine theologische Ästhetik, Bd. 1*) die Herrlichkeitswahrnehmung, TD I (VON BALTHASAR, *Theodramatik, Bd. 1: Prolegomena*) das Drama an sich und TL I (VON BALTHASAR, *Theologik, Bd. 1: Wahrheit der Welt*) die philosophische, allgemeine Möglichkeit von Wahrheitserkenntnis. Der Einstieg wird also jeweils in der Sphäre der Allgemeinheit, des Vorverständnisses, des Abstrakten, eben des Vaters genommen. Der Duktus führt dann jeweils über die sohnliche Konkretisierung hinein in den Raum des Geistes, der Kirche.
87 LOCHBRUNNER, *Analogia Caritatis*, 138.
88 Vgl. WALLNER, *Gott als Eschaton*, 233–241.
89 RAYMOND MENGUS, *L'„Épilogue" de Hans Urs von Balthasar (1905–1988)*, in: Revue des sciences religieuses 62 (1988) 252–264, hier: 260. Aus dem Französischen übersetzt.

VIII. Die Lehre von den Transzendentalien in der Gegenwart

Tode, da er im Alleswissen das Entscheidende vergessen hat: dass der letzte Grund des Ganzen die grundlose Liebe Gottes ist.

Nach Balthasar lässt sich diese grundlose Liebe – trotz ihres sehr anschaulichen Sich-Zeigens, Sich-Gebens und Sich-Sagens – niemals aufarbeiten. Ja im Gegenteil: Je tiefer die Theologie schaut und in ihren Veranschaulichungen enthüllt, desto tiefer wird das Mysterium Gottes erscheinen. Balthasar möchte eine Theologie machen, die verhüllt, indem sie anschaulich enthüllt, was unanschaulich verhüllt war.[90] Das entspricht der Dialektik des Heiligen Geistes. Am Ende des Theologisierens steht immer „die im Erfassen fassbar gewordene Unfasslichkeit Gottes"[91].

Die Logik, die sich hier als pneumatisches Resultat durchsetzt, entspricht nur dann ihrem Ursprung, wenn sie sich in die Unlogik zurücknimmt. Trinitarisch gesprochen: Der Geist ist das Je-Mehr der Grundlosigkeit und Intuition, von der alles ihren Anfang nahm. Das letzte Kapitel der Theologik trägt deshalb konsequent den Titel „Auf zum Vater!". Balthasar biegt die Trilogie in die Unsichtbarkeit und Undenkbarkeit Gottes zurück. Der Durchgang durch die Trilogie, der sich vom Christusereignis her macht, hat das staunende Ahnen in ein ahnendes Schauen überführt. Darin hat Gott seinen Sieg, seine Fülle durchgesetzt, da als Resultat der balthasarschen Logik aus dem theologischen Subjekt selbst ein Zeuge und Verherrlicher der göttlichen Liebe geworden ist.[92]

---

90   VON BALTHASAR, *Theodramatik*, Bd. 4: *Das Endspiel*, 452.
91   VON BALTHASAR, *Herrlichkeit. Eine theologische Ästhetik*, Bd. 1, 444. Vgl. VON BALTHASAR, *Spiritus Creator. Skizzen zur Theologie III*, 38f.
92   So der Schlusssatz der Theo-Logik: VON BALTHASAR, *Theologik*, Bd. 3, 410.

Die theologische Unbegreifbarkeit der Transzendentalien – Gott und Mensch: zwei verschiedene Sichtweisen

William J. Hoye

Ist wirklich jede Realität immer etwas Gutes, wie die klassische Lehre über die Transzendentalien unterstellt? Man denke an den Vater, der am Bett seines Kindes steht, das mit großen Schmerzen im Sterben liegt – ein kurzes Leben. Wahr und wirklich ist das allerdings, aber kann der Vater einsehen, dass diese Realität gut ist, auch wenn man seine negative Reaktion letztlich auf das Gute der Gesundheit oder des Lebens zurückführt?

Mein Gegner ist aber nicht etwa ein Philosoph, sondern Gott selbst: „Gott sah alles an, was er gemacht hatte: Es war sehr gut." (Gen 1,31) Ich kann aber nicht die Schmerzen eines Kindes für etwas Gutes halten. Genauer gesagt: Ich kann sie nicht *als* gut sehen. Das wäre unmoralisch, unmenschlich. Da herrscht ein Unterschied zwischen mir und Gott, d. h. Gottes Sicht. Aber was ist es denn, das Gott sieht? Oder: *Wie* schaut denn Gott? Ein stärkerer Glaube hilft hier nicht. Natürlich kann man die Lehre glauben, da es zur Offenbarung gehört. Ich kann es *sagen*, aber Glaube ohne Einsicht ist meiner Meinung nach nicht überlebensfähig.

Meine These ist also: Gott ist unbegreiflich und so ist alles, was religiös, *sub ratione Dei*, betrachtet wird, auch letzten Endes unbegreiflich. Ich behaupte nun: Die göttliche Sicht begründet die *In*konvertibilität des Guten mit Sein und Wahrheit *für uns*. Das ist die Hypothese meines Vortrags.

Wir können also die Konvertibilität aller Transzendentalien nicht ausnahmslos begreifen; allerdings können wir eine Ahnung davon haben, und zwar durch unser Lachen über das Komische – vielleicht ohne Einsicht, aber zumindest mit einer Ahnung. Wir kennen dieses Lachen aus Erfahrung. Und es ist grundsätzlich gut, über etwas Komisches, das heißt etwas, das an sich schlecht sein kann, zu lachen. Worauf es ankommt: Anders als Philosophie und rationale Theologie, die es nicht schaffen, subsumiert Lachen über das Komische, wenn es geschieht, auf schwer begreifliche, geheimnisvolle Weise Schlechtes in Gutes. Meine These, die ich nicht beweisen kann, die aber hoffentlich bedenkenswert ist, will da ansetzen. Ich stehe allerdings nicht allein; auf einige Gewährsleute werde ich mich berufen.

Mir geht es hier um das Lachen über das Komische, nicht also um andere Formen des Lachens, zum Beispiel Verlachen, Auslachen. Man kennt die vernichtende Wirkung des Auslachens der Gegner in einem akademischen Disput. Gelingt es einem, den Gegner auszulachen, braucht man keine Argumente. Man kennt außerdem unter anderem den ‚risus dentium‘: ein lautes, das Gesicht zur Grimasse verzerrendes Lachen des Körpers, ein freudloses, schmerzhaftes Grimassieren.

Dante Alighieris Eschatologie des Lachens

Ich kenne keine tiefgründigere und schönere Theologie des Lachens als die in Dantes *Göttlicher Komödie* (1307 bis 1321) – von Jorge Luis Borges „das beste Buch, das die Literatur jemals gezeugt hat"[1] genannt. Sie stellt sogar eine Eschatologie des Lachens im himmlischen Paradies dar, auch wenn der Autor die Unzulänglichkeit seiner Sprache bekennt. Was alles im Lachen impliziert ist, besonders das Theologische, wird durch diese Darstellung besser nachvollziehbar. Um die Gedanken in dem Gedicht klar zu sehen, benutze ich meistens die Prosaübersetzung von Hartmut Köhler[2]. Die Aufmerksamkeit wird dadurch noch erhöht, dass das Wort ‚Lachen‘ in der italienischen Sprache vor der *Göttlichen Komödie* kaum vorkommt. Vergleichsweise explodieren Semantik und Lexik des ‚Lächelns‘ und des ‚Lachens‘ geradezu in der *Komödie* – hier wird an 70

---

[1] JORGE LUIS BORGES, *Beatrices letztes Lächeln*, in: *Die letzte Reise des Odysseus. Vorträge und Essays 1978–1982*, hg. v. Gisbert Haefs, München 1992, 249–253, hier: 250.

[2] HARTMUT KÖHLER, *La Commedia/Die Göttliche Komödie*, von Dante Alighieri (Autor), Hartmut Köhler (Übersetzer), Stuttgart 2012.

Stellen gelacht, gelächelt oder über das Lachen gesprochen.³ Überdies wird die Wichtigkeit des Begriffs dadurch verdeutlicht, dass das Wort ‚Lachen' – ‚riso' – gerade neunmal als Reim vorkommt, was es in innere Verbindung mit Beatrice setzt, zumal in Dantes *Vita nova* die Neun die allegorische Zahl Beatrices ist.⁴ Das Lachen wird mit Beatrice also gleichsam identifiziert und fungiert – so könnte man sagen – als der Eintrittsschlüssel zum glückseligen Paradies. Dadurch wird eine göttliche Pädagogik realisiert.

Als Dante in dem Gedicht das Paradies endlich erreicht, nach seinem Gang durch die Hölle und das Fegefeuer, ist er noch weit davon entfernt, Gott schauen zu können und somit restlos glücklich zu sein. Beatrice, etymologisch die Seligmachende, bringt ihm diese Fähigkeit schrittweise bei, und zwar besonders durch die Schönheit ihres Lachens. Das pädagogische Prinzip ist einfach: „Beatrice blickte hinauf, ich auf sie."⁵ Sie ist die Vermittlerin. Die himmlische Fähigkeit, Gott selbst schließlich anzuschauen, erwächst aus der wachsenden Fähigkeit, Beatrices Schönheit wahrzunehmen.

Bei jeder Vertiefung der Glücksfähigkeit wird Dante zuerst von der neu erscheinenden Schönheit überwältigt und geblendet. Erst darauf folgt die erhöhte Fähigkeit. Durch die Kraft ihrer stets wachsenden Schönheit, insbesondere in ihrem Lachen und Lächeln, zieht Beatrice Dante immer höher und mit ihrer Einsicht und Erkenntnis erleuchtet sie ihn. Nach und nach nähert er sich der göttlichen Sicht. Um glückselig zu werden, bedarf ein Mensch einer allmählichen Erziehung. Beatrices Lachen ist wohlwollend wie das Lachen der Eltern über die Komik der ersten Gehversuche ihres Kleinkindes. Dass der Aufstieg zur Glückseligkeit durch eine Frau, und zwar eine bestimmte Frau, also nicht etwa durch das ewig Weibliche erfolgt – auch übrigens bemerkenswerterweise nicht durch Christus –, ist ein ungewöhnlicher Ansatz. In der Lehre der

---

3   Vgl. MARC FÖCKING, ‚*Qui habitat in caelis irridebit eos.*' *Paradiesisches und irdisches Lachen in Dantes ‚Divina Commedia'*, in: CLAUDIA BENTHIEN, MANUELA GERLOF (Hg.), *Paradies. Topografien der Sehnsucht*, Köln/Weimar/Wien 2010, 77–96, hier: 87.
4   Vgl. ebd., 92: „Dass schließlich *riso* im *Paradiso* neunmal als Reim erscheint und damit die Neun als allegorische Zahl Beatrices aus der *Vita Nova* (‚ella era uno nove') noch einmal auf makrotextueller Ebene des *Paradiso* mit dem Wort *riso* verknüpft wird, passt zu gut in Dantes Denk-Universum, um zufällig sein zu können."
5   *Paradies*, Canto II, 22.

Kirche zum Beispiel ist das alles andere als üblich. Bei Dante kann man von einer Laientheologie sprechen. Eine Andeutung, wie überwältigend jede Stufe im Vergleich zur vorherigen ist, wird dem Leser dadurch vermittelt, dass schon am Anfang, bevor er in die erste Himmelssphäre aufsteigt, Dante die Fähigkeit bekommt, in die Mittagssonne zu schauen. Das ist etwas, was unsereins verstehen kann. Damit hat man einen analogen Anhaltspunkt, um schließlich die viel größere Helligkeit des Paradieses ein wenig nachzuvollziehen. – Beatrice erscheint Dante und blickt zur Sonne, und dann kann auch Dantes Blick die Sonne verkraften: „Da sah ich Beatrice. Sie wandte sich zur linken Seite und schaute in die Sonne. Kein Adler blickte die je so fest an. Und wie oft aus einem ersten Strahl ein zweiter entsteht und gespiegelt nach oben zurückkommt – wie ein Pilger, der umkehrt –, so ergab ihr Tun, das durch die Augen mir in den Sinn kam, das meine: Ich starrte in die Sonne, weit mehr, als wir hier das können. Dort ist vieles möglich, was unseren Kräften versagt ist, denn dieser Ort ist eigens geschaffen für die Natur des Menschen."[6] (Wie Thomas von Aquin legt auch Dante seiner Eschatologie die menschliche Natur zugrunde.)

Der Text fährt fort: „Sehr lange ertrug ich es nicht, aber auch nicht so kurz, dass ich nicht hätte ringsum Feuer sprühen sehen, wie bei Eisen, das glühend aus der Esse kommt; und unversehens schien es, als sei dem Tageslicht noch ein weiteres hinzugefügt, als hätte ER, der alles vermag, den Himmel noch mit einer zweiten Sonne ausgestattet. Beatrice hatte nun die Augen ganz und gar auf die ewigen Sphären gerichtet; und ich, der ich die meinen nun doch wieder von dort oben zurücklenken musste, sah fest auf sie. Als ich sie so anblickte, wurde mir innerlich zumute wie Glaucus, nachdem er von dem Kraut gekostet hatte, das ihn den Göttern im Meer gleich werden ließ. Das *Übermenschliche* mit Worten kundzutun vermag doch keiner; doch wem einst die Gnade zuteilwird, es zu erleben, dem mag das Beispiel genügen. Ob ich dabei nur der Teil von mir war, den du, LIEBE, Lenkerin des Himmels, zuletzt erschufst, du weißt es, du hast mich mit deinem Licht erhoben. Als mich die Drehung fesselte, die du den Himmeln als ewiges Streben

---

6   *Paradies*, I, 47–57 (Übers. Kurt Flasch, *Commedia*, Frankfurt a. M. 2013).

zu dir hineingegeben hast, mit der Harmonie, wie du sie stimmst und ordnest, schien mir der Himmel von der Glut der Sonne so weit übergossen, wie nie durch Regen oder Überschwemmungen sich ein See ausbreitet. Woraufhin sie nach einem mitleidvollen Seufzer die Augen auf mich richtete, mit dem Ausdruck einer Mutter, deren Kind im Fieber redet." – Und das ist nur der erste Schritt. Es stehen noch 9 himmlische Sphären bevor.

Von Beatrice bekommt Dante die Erklärung dieser Verfahrensweise. „Mir schien, als glühte ihr Gesicht, und ihre Augen waren so erfüllt von Freude, dass ich ohne Worte darüber hinweggehen muss. [...] O Beatrice, du Freundliche, wie liebevoll du mich geleitest! Sie sagte nur zu mir: ‚Was dich jetzt übermannt, ist eine Kraft, vor der sich keiner schützen kann. Dort drinnen ist die Weisheit und die Stärke, die die Wege aufgetan hat zwischen dem Himmel und der Erde und die schon so lange ersehnt war.' [...] Mir schien, als glühte ihr Gesicht, und ihre Augen waren so erfüllt von Freude, dass ich ohne Worte darüber hinweggehen muss. [...] O Beatrice, du Freundliche, wie liebevoll du mich geleitest! Sie sagte nur zu mir: ‚Was dich jetzt übermannt, ist eine Kraft, vor der sich keiner schützen kann. Dort drinnen ist die Weisheit und die Stärke, die die Wege aufgetan hat zwischen dem Himmel und der Erde und die schon so lange ersehnt war. [...] Mach nur die Augen wieder auf und schau jetzt, wie ich bin! Was du gesehen hast, hat dich so stark gemacht, dass du mein Lachen [‚lo riso mio'] nunmehr aushältst.'"[7] Die angeschaute Schönheit vermittelt eine starke Kraft, glücklich zu sein, das heißt, Gott zu schauen.

Mit dem weiteren schrittweisen Aufstieg wächst Beatrices Schönheit und somit Dantes Fähigkeit, sie zu betrachten und somit glücklich zu sein. Die Gefahr nennt Beatrice auch. Bevor man sich daran gewöhnt hat, ist ihr Lachen nämlich vernichtend. Als sie einmal nicht lacht, erklärt sie, dass ihr Anblick Dante jetzt, wo er die angemessene Fähigkeit noch nicht besitzt, vernichten würde; zerschmettert; zur Asche geworden wie ein vom Blitz getroffener Ast.[8] Seligkeit ist zunächst unfassbar und überfordernd. In Beatrices Augen liegt nämlich die Kraft Gottes selbst.

---

[7] Paradies, XXIII, 26ff.
[8] Paradies, XXI, 1–13.

Die naheliegende verführerische Versuchung dabei besteht in der voreiligen Zufriedenheit, das heißt, bei der jeweiligen Betrachtungsstufe stehen zu bleiben. Kurzsichtigkeit. Anders ausgedrückt: Der Irrtum liegt darin, Beatrices Schönheit für die göttliche Schönheit zu halten. „In ihren Augen erglühte ein solches Lachen, dass mir war, als berührten meine Augen den Grund meiner Gnade und meines Glücks."[9] Aber in Wirklichkeit verkörpert ihre gewaltige Schönheit eine Partizipation. Trotz der Überzeugungskraft ihrer Schönheit ist Beatrice nicht selbst das Paradies, doch repräsentiert sie die Befähigung dazu. „Mein von Liebe durchdrungener Sinn, der ja ständig auf meine Herrin sann, brannte nun wieder mehr denn je darauf, die Augen zu ihr zurückzuwenden; und wenn je Natur in lebenden oder Kunst in gemalten menschlichen Körpern Weiden schufen, die die Blicke auf sich ziehen, um den Verstand zu rauben – sie waren alle zusammen nichts gegen die göttliche Lust, die sie mir entgegenstrahlte, als ich mich ihrem lachenden Antlitz zuwandte. Und mit der Kraft, die ihr Blick mir schenkte, riss es mich hinaus aus Ledas schönem Nest und schoss mich hinauf in den schnellsten aller Himmel. [...] Sie [Beatrice] aber, als sie mein Begehren *ersah*, sprach sogleich – und sie hatte dabei ein so frohes Lachen, dass es war, als spräche alle Freude Gottes aus ihrem Antlitz."[10] „Sie bezwang mich mit dem blendenden Licht eines Lächelns und sagte zu mir: ‚Dreh dich nur um und hör zu; nicht nur in meinen Augen ist Paradies.'"[11]

Am Schluss des Aufstiegs hat Beatrices Schönheit sich tatsächlich entbehrlich gemacht; sie wendet mit einem letzten Lächeln ihren Blick zu Gott, dem Grund und der Quelle der Schönheit, an der sie teilnimmt: „So flehte ich; und sie, so weit entfernt sie schien, sah mich und lächelte; dann wandte sie sich hin zur ewigen Quelle."[12] Zu diesen Versen macht Borges die bedenkenswerte Bemerkung: „Ich möchte die bewegendsten Verse kommentieren, die jemals der Literatur gelungen sind."[13]

---

9   Vgl. *Paradies*, XV, 34–36.
10 *Paradies*, XXVII, 88–105.
11 *Paradies*, XVIII, 19–21.
12 *Paradies*, XXXI, 91–93.
13 BORGES, *Beatrices letztes Lächeln*, 249.

*

Im Lachen über das Komische scheint sich eine verborgene Theologie anzudeuten. Jedenfalls ist es angemessen, zu fragen, wozu schließlich Menschen die Fähigkeit zu lachen haben; eine natürliche Fähigkeit, die bis zum höchsten Himmel anhält. Es ist zwar sehr schwierig, das Lachen über das Komische zu analysieren – und nur wenig Autoren haben sich mit der Frage befasst –, aber es gibt gute Gründe für die Ansicht, dass ein Glaube an Gott die Bedingung der Möglichkeit für das Lachen ist. Diese Deutung möchte ich im Folgenden verteidigen.

Die Fähigkeit zu lachen – ‚risus capax' – wird als eine Grundeigenschaft des Menschen bezeichnet. Immanuel Kant kann als Zeuge genannt werden: „Ein Mensch ist ein thier, das lacht."[14] Ebenfalls Henri Bergson: „Es gibt keine Komik außerhalb dessen, was wahrhaft menschlich ist."[15] Thomas von Aquin begründet die Ansicht, dass der Mensch auch im Himmel lachen wird, mit der Tatsache, dass Lachen zur Natur des Menschen gehört und deshalb zum auferstandenen Körper gehören muss, zumal die Fähigkeit zu lachen zur Natur des Menschen gehört. So weit geht Thomas mit der Voraussetzung der menschlichen Natur im Jenseits, dass er behauptet, dass sogar die Sterblichkeit in der Ewigkeit bleibt: „Obwohl er unsterblich auferstehen wird", stellt er einmal fest, „wird die wahre Sterblichkeit nicht aufgehoben, weil die menschliche Natur da sein wird, von der er es hat, dass er sterblich ist."[16]

Das Komische

Was ist denn das Komische überhaupt? Unsere Fähigkeit, das Komische wahrzunehmen, ist natürlich begrenzt und individuell. Worüber ein Engländer lacht, kann ein Deutscher verdutzt sein. Der

---

14   IMMANUEL KANT, Reflexionen zur Logik, zu L, § 279, in: Akademieausgabe, Bd. 26. Vgl. DERS., Vorlesungen über Logik (Blomberg), Der fünfte Abschnitt: Von der Klahrheit der Gelahrten Erkenntnis, in: Akademieausgabe, Bd. 24, § 119, 113.
15   HENRI BERGSON, Das Lachen. Ein Essay über die Bedeutung des Komischen, hg. v. Roswitha Plancherei-Walter, Zürich 1972, frz. Original: Le rire. Essai sur la signification du comique, Paris 1900, 12.
16   THOMAS VON AQUIN, Quodlibet XI, q. 6 ad 1.

Sinn für Humor kann außerdem weitergebildet werden und gehört ja selbst zur Bildung. Wortspiele bzw. Wortwitze genießen kann nicht jeder. Man könnte das beim Lachen vorkommende Komische als eine Einheit in der Inkongruenz charakterisieren. Eine Doppelwahrnehmung wird vorausgesetzt. Der Stoff des Komischen ist nicht selbst komisch. Schluckauf ist nicht an sich komisch, aber wenn er dem Präsidenten bei einer feierlichen Rede widerfährt, dann sind wir geneigt zu lachen – handelt es sich aber um einen Herzinfarkt, finden wir es natürlich nicht komisch. Die Inkongruenz zwischen dem Schluckauf und dem Präsidenten wird als Einheit gesehen und in solcher Einheit der Inkongruenz besteht das Komische. Die Gegensätzlichkeit bildet in der Sicht des Betrachters ein einziges Geschehen.

Die Kongruenz in der Inkongruenz scheint alle Formen des Komischen zu kennzeichnen. Bergson beschreibt das Komische als jeden Vorgang, der unsere Aufmerksamkeit auf die physische Natur des Menschen lenkt, und zwar dort und wann, wenn seine geistige spricht. Was sich im Komischen geltend macht, ist das Mechanische, das Stoffliche und Dingliche. Bergson erläutert den Vorgang folgendermaßen: „Das Komische an einem Menschen ist das, was an ein Ding erinnert. Es ist das, was an einen starren Mechanismus oder Automatismus, einen seelenlosen Rhythmus denken lässt. Die menschliche Komik verkörpert also eine individuelle oder kollektive Unvollkommenheit, die nach einer unmittelbaren Korrektur verlangt. Und diese Korrektur wird durch das Lachen besorgt. Das Lachen ist eine bestimmte soziale Geste, die eine bestimmte Art des Abweichens vom Lauf des Lebens und der Ereignisse sichtbar macht und gleichzeitig verurteilt."[17]

Søren Kierkegaard verallgemeinert die Einsicht: „[...] überall, wo Leben ist, ist Widerspruch, und wo Widerspruch ist, ist das Komische anwesend."[18] Er hat es wie folgt formuliert: „Das Tragische ist der leidende Widerspruch, das Komische der schmerzlose Widerspruch."[19] Auch Helmuth Plessner sieht eine Gegensätzlichkeit

---

17 BERGSON, *Das Lachen*, 63.
18 SØREN KIERKEGAARD, *Abschließende unwissenschaftliche Nachschrift zu den philosophischen Brocken*, Gütersloh 1994, 2. Teil, 223.
19 Ebd.

in Einheit. Konstitutiv für das Komische ist nach ihm „Gegensinnigkeit, die gleichwohl als Einheit sich vorstellt und hingenommen werden will."[20] Der amerikanische Soziologe Peter L. Berger hebt die Doppelbödigkeit des Komischen hervor: „Das Komische lehrt, dass alles, was man im gewöhnlichen Leben als selbstverständlich und eindeutig voraussetzt, tatsächlich diesen Charakter der Doppelbödigkeit hat. Aus diesem Grund ist das Komische immer potentiell gefährlich; es kann unterminierend sein." Er fügt hinzu: „Wie Kierkegaard klar gesehen hat, begründet dies die Affinität des Komischen mit der religiösen Erfahrung."[21]

Dem Lachen liegt also eine positive, wenn auch ambivalente Wahrnehmung der Vernunft zugrunde. Es besteht nicht bloß in einem Gefühl, sondern ist vernünftig. Der kognitive Charakter, das heißt die kognitive Komponente des Komischen hat ein Potential, zu tieferen Einsichten zu führen. Lachen enthält nämlich gewissermaßen eine Relativierung der Wahrheit.

Für Kant ist das Komische eine besondere Art der Wirklichkeitswahrnehmung. Dem Lachen kommt nach ihm – was auch für mich wichtig ist – eine Erkenntnisleistung zu, die Denkhorizonte aufreißt und zusammenbringt, was scheinbar nicht zusammenfindet. Die Vernunft kann verbinden, wie Kant lehrt: „Der Witz paart (assimilirt) heterogene Vorstellungen, die oft nach dem Gesetze der Einbildungskraft (der Association) weit auseinander liegen, und ist ein eigenthümliches Verähnlichungsvermögen, welches dem Verstande (als dem Vermögen der Erkenntniß des Allgemeinen), sofern er die Gegenstände unter Gattungen bringt, angehört."[22]

Der Transzendenzbezug

Obwohl das Komische das Negative in sich beinhaltet, bleibt der positive Aspekt stärker. Er überlagert das Negative und trägt einen Transzendenzbezug. So bewirkt das Lachen über das Komische

---

20 HELMUTH PLESSNER, *Lachen und Weinen. Eine Untersuchung nach den Grenzen menschlichen Verhaltens*, München ²1950, 111.
21 PETER L. BERGER, *Erlösendes Lachen. Das Komische in der menschlichen Erfahrung*, hg. v. Joachim Kalka, Berlin 1998, 45.
22 IMMANUEL KANT, *Anthropologie in pragmatischer Hinsicht*, BA 153F., AA VII 220. Hervorhebung im Original.

eine Befreiung aus den normalen Realitäten, aus dem Alltag. Aber wohlgemerkt ohne Trennung davon. Es vollzieht einen Durchbruch, wenn auch nur kurz und flüchtig. Die Wirklichkeit löst Lachen aus, manchmal zwingt sie es geradezu. Manchmal ist man außerstande, es zu unterdrücken. Friedemann Richert macht auf diesen Aspekt aufmerksam: „Im Lachen werden wir auf eine unfassbare Weise frei und leicht von uns selbst und den Dingen, von der Situation und den Gegebenheiten, von der gespannten Wirklichkeit. Lachen befreit und erlöst. Wir erleben im Lachen eine besondere Freiheit."[23]

Man ahnt, wenn auch vage und eher in der Gestalt eines Quasi-Versprechens, eine bessere Wirklichkeit. Berger drückt es wie folgt aus: „Die harten Fakten der empirischen Welt werden nun, wenn nicht als Illusion, so doch als eine nur zeitweilige Wirklichkeit gesehen, die schließlich aufgehoben wird. Umgekehrt kann man jetzt die schmerzlose Welt der Komik als eine Andeutung einer Welt jenseits dieser Welt sehen. Das Erlösungsversprechen ist in der einen oder anderen Form immer das Versprechen einer Welt ohne Schmerz."[24]

Möglicherweise empfindet man die höhere Realität als die realere. Der Lachende, wenn er richtig verstanden wird, hat nicht mit einer Illusion, sondern eher mit einer Vision zu tun. Man könnte sagen, er erlebt eine Ahnung von einer wirklicheren Wirklichkeit. Berger spricht „von Signalen der Transzendenz – oder, wenn man so will, von kurzen, plötzlich erhaschten Blicken auf Ihn, der mit uns das kosmische Versteckspiel spielt"[25]. Ein Spalt in der Wolkendecke öffnet sich, und die Sonne blitzt augenblicklich durch. Man fühlt sich dabei zu Hause in der Wirklichkeit. „So lange es andauert", sagt Berger, „statuiert das Komische eine andere Realität, die sich wie eine Insel in den Ozean der Alltagserfahrung schiebt."[26] Man erfährt sozusagen das Wohlwollen der Realität schlechthin.

Lachen setzt also eine grundsätzliche Gutheißung voraus. Diese besteht in der Aufnahme des Komischen in ein Wohlwollen. Das Negative wird gleichsam gerettet, geheilt. Vielleicht am deutlichsten kennt man das, wenn man angesichts eines Kleinkindes lacht. Man

---

23 FRIEDEMANN RICHERT, *Kleine Geistesgeschichte des Lachens*, Darmstadt 2009, 155.
24 BERGER, *Erlösendes Lachen*, 248.
25 Ebd., 253.
26 Ebd., 242.

fühlt ein umfassendes Wohlsein, eine Harmonie. Nicht nur kognitiv, sondern auch, und vor allem, affektiv. Vielleicht kann man von einer affektiven Wahrnehmung sprechen. Eventuell handelt es sich um eine Art Vorfreude. Dies geschieht fast unfreiwillig; das Lachen zu unterdrücken fällt uns mehr oder weniger schwer. Es kann eine Bejahung des Lebens, der Wirklichkeit überhaupt enthalten. Die Bejahung ist manchmal fast ein Zwang; der Mensch *muss* religiös sein. Bekanntlich fühlt man sich lachenden Menschen zugewandt. Marie Collins Swabey schreibt: „Die durch Humor angeregte Stimmung ist freundlich, mitfühlend und einschließend."[27] Die Frage stellt sich, ob es Komisches in der Welt geben könnte, wenn die Welt ohne Sinn und Wert wäre.

Ein ausgesprochen kopflastiger Theologe wie Karl Rahner geht so weit zu behaupten: „Wir meinen hier das lösende Lachen, das aus einem kindlichen und heiteren Herzen kommt. Es kann nur in dem sein, der kein ‚Heide' ist, sondern einer von denen, die durch die Liebe zu allem und jedem die freie, gelöste ‚Sympathie' haben [...] [wie Christus: Hebr 4,15; vgl. 1 Petr 3, 8], die alles nehmen und sehen kann, wie es ist: das Große groß und das Kleine klein, das Ernste ernst, das Lächerliche lachend. Weil es alles dies gibt, weil es Großes und Kleines, Hohes und Niedriges, Erhabenes und Lächerliches, Ernstes und Komisches gibt, von Gott gewollt gibt, darum soll es so anerkannt werden, soll nicht alles gleich genommen werden, soll das Komische und Lächerliche belacht werden. Das aber kann eben nur der, der nicht alles an sich misst, der von sich frei ist, der ‚mitleiden' kann wie Christus mit allem, der jene geheime Sympathie besitzt, mit allem und jedem, in und vor der jedes zu seinem eigenen Wort kommen darf. Das aber hat nur der Liebende. Und so ist das Lachen ein Zeichen der Liebe. Unsympathische Menschen (das heißt Menschen, die aktiv nicht sympathisieren können und so auch passiv unsympathisch werden), können nicht wahrhaft lachen. Sie können nicht zugeben, dass nicht alles wichtig ist und bedeutend."[28]

Mehrere Autoren haben einen Transzendenzbezug erkannt. Berger beschreibt ihn wie folgt: „Der Philosoph sieht gen Himmel

---

27 MARIE COLLINS SWABEY, *Comic Laughter*, New Haven 1961, 93.
28 KARL RAHNER, *Vom Lachen und Weinen des Christen*, in: GuL 24 (1951) 11–17, hier: 12.

und fällt in ein Loch. Dieser Unfall enthüllt den Philosophen als komische Figur. Doch ist sein grotesker Sturz eine Metapher für die menschliche Existenz. In der komischen Erfahrung drückt sich der Geist aus, der in eine anscheinend geistlose Welt geworfen ist. Gleichzeitig deutet das Komische darauf hin, dass die Welt vielleicht doch nicht geistlos ist."²⁹

Ironischerweise verkörpert Lachen ein grundsätzliches Festhalten an der Rationalität der Welt. Um lachen zu können, wird eine Logik des Universums vorausgesetzt. Diesen Aspekt hat der Münsteraner Philosoph Joachim Ritter hervorgehoben: „Was mit dem Lachen ausgespielt und ergriffen wird, ist diese geheime Zugehörigkeit des Nichtigen zum Dasein; sie wird ergriffen und ausgespielt, nicht in der Weise des ausgrenzenden Ernstes, der es nur als das Nichtige von sich weghalten kann, sondern so, dass es in der es ausgrenzenden Ordnung selbst gleichsam als zu ihr gehörig sichtbar und lautbar wird."³⁰

Lachen bewirkt eine Aufhebung der Grenzen sowohl der Vernunft als auch der Welt: „Lachen hat immer die Kraft", schreibt Richert, „eine vorfindbare Situation unerwartet aufzubrechen und neue Horizonte aufzureißen. Im Lachen übersteigt der Mensch – für einen Augenblick – sozusagen sich selbst und findet sich in einer anderen Ordnung des Denkens und Begreifens vor. Lachen führt den Menschen somit an die Grenzen seiner Vernunft und Welterschließung."³¹

Berger bestätigt diese Einsicht: „Auch beschwört das Komische *eine eigene Welt* herauf, die sich von der Welt der gewöhnlichen Realität unterscheidet und anderen Regeln folgt. In der Welt des Komischen sind die Begrenzungen der menschlichen Existenz auf wunderbare Weise aufgehoben."³² Mit anderen Worten: Lachen impliziert, erstaunlicherweise, eine Metaphysik. Das Ganze, die Wirklichkeit selbst, wird als rational und gut vorausgesetzt. Jenseits der Vernunft erhascht der Humor das eigentliche und wahre Wesen des Seins. So erscheint alles Sein letzten Endes gut.

---

29 BERGER, *Erlösendes Lachen*, 45.
30 JOACHIM RITTER, *Über das Lachen*, in: DERS., *Subjektivität*, Frankfurt a. M. 1974, 62–92, hier: 76. Vgl. ebenfalls SWABEY, *Comic Laughter*, 21.
31 RICHERT, *Kleine Geistesgeschichte des Lachens*, 151.
32 BERGER, *Erlösendes Lachen*, XI. Hervorhebung im Original.

Religion

Es ist infolgedessen naheliegend, eine Verwandtschaft mit Religion zu vermuten. Kierkegaard sieht den „Humor als Inkognito der Religiosität"[33]. Lachen scheint also eine Zustimmung zum Ganzen zu vollziehen, was eine solche Verwandtschaft mit Religion aufweist. Es ist also angemessen, wenn Gilbert Keith Chesterton behauptet: „Die Probe einer guten Religion besteht darin, ob man über sie scherzen kann oder nicht."[34] Natürlich heißt das nicht, dass das Negative als solches bejaht wird; aus einer höheren Betrachtungsebene wird es vielmehr in die umfassende Harmonie integriert.

Wenn man Religion sehr rudimentär beschreibt, stellt sie eine Beziehung zu Gott dar, und zwar sogar eine bewusste Beziehung. Alle Wesen haben zwar eine Beziehung zu Gott, aber nur der Mensch bezieht sich reflektiert auf Gott. In dieser Reflexion, in deren verschiedenen Formen und Varianten, besteht Religion. Um religiös zu sein, muss man die Welt, das heißt die Schöpfung, und Gott, auf irgendeine Weise jenseits der Welt, denken. In einem einzigen ‚Blick', im Lichte Gottes, ‚sub ratione Dei', nimmt man Gott und das Universum wahr.

Das Bewusstsein sieht Gott dabei nicht als Gegenstand des Bewusstseins, also nicht als eine Gotteserfahrung, sondern vielmehr – wie Thomas von Aquin einmal sagt[35] – als eine Gottesahnung. Der gläubige Mensch *hat* also Gott nicht, vielmehr *strebt* er nach ihm. Religion besteht in einer Hinordnung auf Gott; die Welt ist der Anlass dazu. [Auch wenn es stimmte, dass wir nicht in einer religiös geprägten Gesellschaft leben;] wir leben in einer religiösen *Welt*. Ihr kann man nicht entrinnen. Durch Lachen wird dies realisiert. Rahner bezeugt diesen Grundzug in einer bedenkenswerten und explizit theologischen Weise: „Lacht! Denn dieses Lachen ist ein Bekenntnis, dass ihr Menschen seid. Ein Bekenntnis, das selber schon

---

33 KIERKEGAARD, *Abschließende unwissenschaftliche Nachschrift*, 138. Vgl. ebd., 211: „Humor ist das Grenzgebiet zwischen dem Ethischen und dem Religiösen." Ebd., 209 u. 159: „Humor ist nicht Religiosität, sondern deren Grenzgebiet (Confinium)", kann aber „eine täuschende Ähnlichkeit mit dem Religiösen im weiteren Sinne annehmen."
34 „It is the test of a good religion whether you can joke about it." (GILBERT KEITH CHESTERTON, *All Things Considered*, London 1908, 203.)
35 „Die Religion richtet den Menschen auf Gott aus, nicht wie auf ihr Objekt, sondern wie auf ihr Ziel." *Summa theologiae* II–II, q. 81, a. 5, zu 2.

der Anfang des Bekennens Gottes ist. Denn wie soll der Mensch anders Gott bekennen, als dadurch, dass er in seinem Leben und durch sein Leben bekennt, dass er selber nicht Gott ist, sondern ein Geschöpf, das seine Zeiten hat, von denen die eine nicht die andere ist. Ein Rühmen Gottes ist das Lachen, weil es den Menschen – Mensch sein lässt. [...] Darum liegt auch in jedem Lachen, dem harmlosen und friedlichen unseres Alltags, ein Geheimnis der Ewigkeit, tief verborgen, aber wirklich. Darum kündet das Lachen des Alltags, das zeigt, dass ein Mensch einverstanden ist mit der Wirklichkeit, auch jenes allgewaltige und ewige Einverständnis voraus, in dem die Geretteten einst Gott ihr Amen sagen werden zu allem, was er wirkte und geschehen ließ. Ein Rühmen Gottes ist das Lachen, weil es vorhersagt die ewige Rühmung Gottes am Ende der Zeiten, da die lachen werden, die hier weinen mussten."[36]

Es handelt sich nicht um ein Durchschauen, sondern eher um eine affektive Ahnung in einem kurzen Augenblick. Diese Ahnung ist nicht Theologie, sondern nur eine Andeutung, ein Gefühl. In Dantes Darstellung des Paradieses ermahnt Beatrice Dante, ihre Schönheit nicht als das himmlische Glück anzunehmen: „nicht nur in meinen Augen ist Paradies"[37]. Zum Schluss dreht sie ihr Auge zu Gott. Ihre Aufgabe ist vollendet.

Der christliche Begriff der Erlösung entspricht der Situation. „Die Erfahrung des Komischen ist schließlich ein Versprechen von Erlösung", konstatiert Berger. „Religiöser Glaube ist die Intuition – einige zu beglückwünschende Menschen würden sagen: die Überzeugung –, dass das Versprechen gehalten werden wird."[38]

Lachen vermittelt also eine flüchtige Erscheinung einer Welt, die geheilt und in der das Elend der menschlichen Existenz ausgelöscht worden ist. Insofern verkörpert es gewissermaßen eine Alternative zum Theodizeevorwurf. Der evangelische Theologe Helmut Thielicke nennt es eine Vorausschattung: „Der Humor, so scheint mir", konstatiert er, „ist nun nichts Geringeres als eine Vorwegnahme, eine Vorausschattung, eine erste, bescheidene Rate dessen, was

---

[36] RAHNER, *Vom Lachen und Weinen des Christen*, 12ff.
[37] *Paradies*, XVIII, 21.
[38] BERGER, *Erlösendes Lachen*, XI.

das Eschaton als Erfüllung bringt."³⁹ Der Lachende erlangt eine welt- und selbstüberwindende Distanz: „Die Überwindung besteht darin, dass er die Welt relativiert, ohne sie zu verachten, dass er sie nämlich in heiterem Verstehen relativiert. Dadurch ist der Humor eine Erscheinung auf Dauer. Der Augenblick, oft genug ein Augenblick der Schmerzen, ist nur die Zeitform seiner Bewährung, vielleicht auch seiner Äußerung."⁴⁰ Das Komische transzendiert die Wirklichkeit der normalen Existenz. „Es stellt, wenn auch meist nur ganz kurz, eine andere Realität vor uns hin, in der die Annahmen und Regeln des gewöhnlichen Lebens aufgehoben werden."⁴¹

Romano Guardini stellt ähnlicherweise die Frage, ob das Lachen nur im Raum der Erlösung möglich ist, ob seine Möglichkeit sogar daher stammt: „Der humorvolle Mensch traut dem Schicksal Gutes zu, wundert sich aber auch nicht über das Gegenteil; und das nicht mit Verachtung, sondern indem er mit seltsamer Weitherzigkeit feststellt, so sei es eben."⁴²

Wenn dem so ist, dann stellt das Lachen sowohl einen Nachvollzug der Religion als auch einen Zugang zu ihr dar. Dann hat Chesterton recht, wenn er Pater Brown meditieren lässt: „Humor ist eine Erscheinungsform der Religion – denn nur der, der über den Dingen steht, kann sie belächeln. Mir hat es immer vor den humorlosen und den zum Lachen unfähigen Menschen gegraut."⁴³ Denn der Humor nimmt die Dinge dieser Welt nicht übermäßig ernst. Der Glaube weiß: Nichts ist so ernst, dass Gott es nicht letztlich zum Guten wenden könnte. Das Komische schließt Schuld und

---

39 THIELICKE, Das Lachen der Heiligen und Narren. Nachdenkliches über Witz und Humor, Freiburg i. Br. ²1975, 76. Vgl. ebd., 73: „Die Botschaft, die im Humor steckt und von der er selber lebt, ist das Kerygma der Weltüberwindung."
40 Ebd., 72. Hervorhebung im Original. Vgl. ebd., 62f.: „Der Humor ist eine zeichenhafte, eine höchst fragmentarische Vorwegnahme, eine ‚Antizipation' dieser Weltüberwindung." Vgl. SWABEY, Comic Laughter, 241: „Obwohl ihr einen starken Sinn für die Kontrolle der Vorhersehung und für den moralischen Sinn fehlen, wird die komische Idee zwischen Freude an die überall begegnenden Inkongruenzen und einem Sinn für die Herausforderung, diese aufzulösen, zerrissen. In der komischen Erfahrung wie in der religiösen gibt es eine momentane Befreiung des Gefangenen vom Leben; er steht außerhalb wie in der Ewigkeit."
41 BERGER, Erlösendes Lachen, 241.
42 ROMANO GUARDINI, Freiheit – Gnade – Schicksal. Drei Kapitel zur Deutung des Daseins, Mainz/Paderborn 1994, 187.
43 Zitiert bei THIELICKE, Das Lachen der Heiligen und Narren. Nachdenkliches über Witz und Humor, 73.

Leid ein.⁴⁴ Die Seligpreisung Christi heißt ja: „Selig seid ihr, die ihr hier weinet; denn ihr werdet lachen" (Lk 6,23).

Humor und Religion haben die gleiche Einstellung. Sie erlauben uns, vom Alltag Abstand zu nehmen und das normale Leben aus einer anderen Perspektive zu betrachten. Daraus gehen wir gestärkt hervor. (Nebenbei bemerkt: Man wundert sich nicht, dass Humorlosigkeit sogar ein Laster sein kann.⁴⁵)

Wenn Dante in der *Göttlichen Komödie* den siebten Himmel erreicht, schaut er auf die Welt zurück und lacht: „‚Du bist nun dem letzten Heil schon so viel näher', sagte jetzt Beatrice, ‚dass deine Augen klar und scharf sehen müssen; darum schau, bevor du weiter darin eingehst, noch einmal hinunter und sieh, wie viel Welt ich schon unter deine Füße gebracht habe, damit dein Herz, sosehr es nur kann, sich fröhlich der jubelnden Schar darbietet, die freudig durch dies Ätherrund herannaht.' Ich schaute also noch einmal zurück, durch sämtliche sieben Sphären hinab, und da sah ich doch diesen Erdball hier so winzig, dass ich lachen musste bei dem kläglichen Anblick."⁴⁶

Wenn Dante schließlich, nachdem er alle Stufen des Leids der Hölle und des Fegefeuers erlebt hat, die neunte oberste himmlische Sphäre, die Grenze des Universums, die Quelle aller lebendigen Bewegung und zugleich die Quelle der Zeit erreicht, wo der unbewegte Beweger sich befindet, das heißt aus einer noch höheren Perspektive, die auch das Negative umfasst, sieht er ausgerechnet „ein Lachen des Universums"⁴⁷. Mit dem göttlichen Überblick schaut nun Dante. „Was ich sah, schien mir wie ein Lachen des Universums; und so kam die Trunkenheit über die Ohren und auch über die Augen in mich. O Freude! O unsagbare Lust! O Leben, ganz und gar in Liebe und in Frieden! O reicher Besitz, sicher und frei von Begierde!"⁴⁸

---

44 „Humor has this close kinship with the religious outlook, not simply because it achieves (like irony) a transcendental standpoint, but because it includes awareness of what Kierkegaard calls human guilt – of man's responsibility yet inadequacy to measure up to the absolute Idea – so that in consequence *suffering* is of the very nature of his existence." SWABEY, *Comic Laughter*, 94.
45 Vgl. THOMAS VON AQUIN, *Summa theologiae* II-II, q. 168, a. 4.
46 *Paradies*, XXII, 124–135.
47 *Paradies*, XXVII, 4.
48 *Paradies*, XXVII, 4–9.

Zum Schluss ist es die Schönheit selbst, die über die Lieder und Spiele der Engel lacht: „Ich sah in ihren Tänzen und ihren Gesängen lachende Schönheit, die in den Augen all der anderen Heiligen Freude wurde."[49] Das Übel wird betrachtet, mit anderen Worten, aus der Perspektive des Lachens, das heißt aus der göttlichen Perspektive. Karl Rahner meint, dass sogar Gott selbst lacht.[50] Selbstverständlich ist die Sicht Gottes weit entfernt von meiner Sicht, das heißt meiner jetzigen Sicht. Daher ist die Gleichsetzung der Wahrheit mit dem Guten hier, auf Erden, nicht immer möglich. Wir sind jetzt nicht im neunten Himmel. Diese Einsicht ist nur aus göttlicher Perspektive möglich. Jetzt kann ich dieses Wahrnehmen nicht nachvollziehen, sondern nur erahnen. Mit anderen Worten: Ich habe *jetzt* nicht die Fähigkeit, jedes Leid als gut zu sehen; die Konvertibilität des Guten mit dem Sein und der Wahrheit kann ich *jetzt* nicht denken. Die Transzendentalie ‚Gut' ist letztlich göttlich begründet und bleibt für uns jetzt unbegreifbar.

---

49 *Paradies*, XXXI, 133–135.
50 „Unser Gott lacht. Lacht gelassen, fast möchte man sagen: unberührt, mitleidig und wissend über das tränenvolle Schauspiel dieser Erde." RAHNER, *Vom Lachen und Weinen des Christen*, in: GuL 24 (1951) 11–17, hier: 13.

404

IX.
DIE ANTHROPOLOGISCHE DIMENSION

Von der Hoffnung, Person zu sein

Richard Schenk

Wird in einer pluralistischen Gesellschaft die Frage nach Quellen, Sinn und Gültigkeit des Personbegriffs unausweichlich, so lässt die hier gestellte Rückfrage nach der theologischen Entfaltung des Begriffs bereits im mittelalterlichen und reformatorischen Zugang zum Personsein Unterschiede erkennen, die wiederum den unterschiedlichen Verhältnisbestimmungen zwischen göttlicher Versprechung bzw. Verheißung und menschlichem Vertrauen entsprechen. Wo das Selbstvertrauen metaphysischer oder moralischer Art jede Fremdverheißung zunächst überflüssig macht, gehen doch auch Bedeutung und Haltbarkeit des Personbegriffs allmählich zurück. Wo hingegen pneumatologisch vermittelte Verheißung oder Bestimmung (*ordinatio*) zur neuen Evidenz wird, droht die Privatisierung jeder noch so betonten Personenwürde. Wo aber die bleibende Diskontinuität von Verheißung und Selbsterfahrung programmatisch wird, lässt sich ein gemeinsamer Horizont selbstzweifelnder Hoffnung auf vollendetes Personsein denken, der auch in stark verunsicherten Zeiten narrativen Theorien des Selbst und der Gesellschaft zugänglich bleibt.

Als die Jungfrau von Orléans vor Gericht gefragt wurde, ob sie glaube, in der Gnade zu sein, gab sie die berühmte Antwort: „Wenn ich in der Gnade bin, möge Gott mich darin behalten; wenn ich nicht darin bin, möge Gott mich hineinlassen." Diese Antwort stellt das richtige Verhältnis zur Idee der Gnade dar, sie trifft auch – wie ich meine – auf das Menschsein zu. Wenn man jemanden fragt: „Bist Du ein Mensch?", oder wenn man sich selbst diese Frage stellt (was viel seltener geschieht), so lässt sich darauf nicht einfach antworten: „Ich bin ein Mensch", denn damit bezeichnet man ja nur eine zoologische Gattung. Versteht man aber das Menschsein nicht als Zugehörigkeit zu einer zoologischen Gattung, dann ist es etwas, das man nicht einfach als Tatsache feststellen kann. Man ist nicht einfach Mensch; man kann nur hoffen, Mensch zu werden.[1]

1. Konfigurationen der Frage[2]

Die Aussage des Grundgesetzes, die Würde der Person sei derart unantastbar, dass die Verpflichtung aller staatlichen Gewalt darin bestehe, diese Würde zu achten und zu schützen[3], kann verbal auch von denen angeeignet werden, die zur Freigabe einer größeren Disponibilität der Menschen deutlicher als bisher zwischen Mensch und Person unterscheiden wollen[4]. Menschen nur dann als in ihrer Würde unantastbare Personen anzuerkennen, wenn und solange sie über ausgeprägte Formen von Erkenntnis und Freiheit aktuell verfügen, mag zwar zunächst das legoumenon über die Verbindung von Person und Würde retten. Durch die Leugnung der Personenhaftigkeit von selbst gesunden Säuglingen sowie von debilen oder komatösen Erwachsenen wird aber sachlich die entscheidende Frage nur verschoben, wie es überhaupt zur Überzeugung einer unantastbaren Würde von gesunden, erwachsenen Menschen komme bzw. wie diese Überzeugung dann aufrechtzuerhalten sei, wenn sie einmal massiv infrage gestellt wird. Selbst wo die Verbindung von Personsein und unantastbarer Würde zunächst verbal weiter bejaht wird, drängt sich die Frage auf, ob die Überzeugung von ei-

---

[1] JEANNE HERSCH, Von der Hoffnung, Mensch zu sein, in: DIES., Die Hoffnung, Mensch zu sein. Essays, übersetzt von Helmut Kossodo und Elisabeth Tschopp, Zürich ⁶1991, 61–72, hier: 61.
[2] Zur Trias Konfiguration – Präfiguration – Refiguration vgl. PAUL RICŒUR, Temps et récit, Paris 1983–1985; und PETER KEMP, Ethics and Narrativity, in: LEWIS EDWIN HAHN (Hg.), The Philosophy of Paul Ricœur (Library of Living Philosophers XXII), Chicago 1995, 371–394, sowie PAUL RICŒUR, Reply to Peter Kemp, in: HAHN, The Philosophy of Paul Ricœur, 395–398.
[3] Art. 1 Abs. 1 und 2 GG.
[4] Zum Diskussionsstand vgl. ROBERT SPAEMANN, Is Every Human Being a Person?, in: The Thomist 60 (1996) 463–474; DERS., Personen. Versuche über den Unterschied zwischen „etwas" und „jemand", Stuttgart 1996.

ner derartigen Würde von Personen überhaupt noch lang zu halten sei. Gemäß einem einleuchtenden, freilich etwas unter der eigenen Bekanntheit leidenden Wort heißt es: „Es gehört zur Struktur des freiheitlichen Rechtsstaates, dass er von Voraussetzungen lebt, die er selbst nicht garantieren kann, ohne seine Freiheitlichkeit infrage zu stellen."[5] Welche Voraussetzungen hat nun die unter Druck geratene Überzeugung von der unantastbaren Würde menschlicher Personhaftigkeit? Inwiefern hängen solche Voraussetzungen mit den Phänomenen ‚Versprechen' und ‚Vertrauen' zusammen? Im Kontext theologischer Reflexion gefragt: Inwiefern hängt die angefochtene Überzeugung menschlicher Würde von der Fähigkeit ab, einer religiös bezeugten Verheißung Vertrauen schenken zu können? Geht dieses Fundierungsverhältnis so weit, um sagen zu können oder sagen zu müssen: „Fides facit personam"[6]?

Die unter verschiedenen Termini bekannten Begriffe ‚Versprechen' und ‚Vertrauen' haben von alters her und in sehr verschiedenen Kulturkontexten eine religiöse Färbung erhalten. Das dürfte nicht zuletzt mit der Unsicherheit der damit angedeuteten Bezugsfelder zusammenhängen; denn „Versprechen" und „Vertrauen" haben ihren „Sitz im Leben" notwendigerweise im Bereich gesuchter und somit zunächst fehlender Sicherheit. Wo eine einst für selbstverständlich gehaltene Sicherheit vermisst wird, beginnt die Suche nach der Vergewisserung durch ein vertrauenswürdiges Versprechen. Wo es sich z. B. um jene zwischenmenschlichen Beziehungen handelt, die u. a. mit den abgeleiteten Formulierungen „Treu und Glaube", Vertrauensperson und Vertrauenswürdigkeit, Trauung, Treuhand, Vertrustung oder Treubesitz zum Ausdruck kommen, steht das Bedürfnis nach religiös erhöhten Versicherungen durch eideskräftiges Versprechen oder durch Segensformel (einst auch durch Verwünschung und Fluch) im umgekehrten Verhältnis zur Selbstverständlichkeit und Gleichgültigkeit der angestrebten Sicherheit. Religion zeigt sich hier in dem Maße vonnöten,

---

5   ERNST-WOLFGANG BÖCKENFÖRDE, Das Grundrecht der Gewissensfreiheit, in: DERS., Staat – Gesellschaft – Freiheit. Studien zur Staatstheorie und zum Verfassungsrecht, Frankfurt a. M. 1976, 253–317, hier: 284; vgl. DERS., Werden und Wandel des Rechtsstaatsbegriffs, in: HORST EHMKE (Hg.), Festschrift für Adolf Arndt, Frankfurt a. M. 1969, 75f.
6   MARTIN LUTHER, Die Zirkeldisputation de veste nuptiali (15.6.1537), in: WA 39/1, 266–333, gleich dreimal: 282, l. 16; 283, l. 1 und l. 18f.

Richard Schenk 409

wie Unerlässliches und Ungesichertes (Nicht-Garantiertes) eine Einheit bilden⁷. So lässt gerade die von „Vertrauen" und „Versprechen" vorausgesetzte Unsicherheit die beiden Begriffe als geeignet erscheinen, das Wesen der Religion selbst auszudrücken. In ihrem explizit religiösen Kontext sind Glaube und Hoffnung wie auch Verheißung und das auf sie antwortende Vertrauen nur insofern verständlich, als in Bezug auf das Verhältnis des Menschen zu Gott die Sicherheit von Erfahrungsevidenz und Selbstevidenz von vornherein fehlen. Inwiefern verweist nun auch der Personbegriff auf zunächst Ungesichertes oder zumindest Nichtevidentes, gleichwohl Unerlässliches, das aber nun mit der Anerkennung als Person doch entschieden bejaht werden soll? Inwiefern impliziert der Personbegriff eine Hoffnung, von der auch die Bejahung des zwar schon gegebenen, aber noch unvollendeten Personseins qualifiziert wird? Inwiefern bedingen sich gegenseitig die Anerkennung jedes mir begegnenden Menschen als Person einerseits und die im gleichen Maße mögliche Zuversicht in Bezug auf die eigene Würde andererseits, sodass der Verlust des einen notwendig zur Einschränkung des anderen führt? Wie wirkt sich die Zugangsart zur Feststellung von Personhaftigkeit auf deren Vorstellung aus?

2. Präfigurationen der Frage

Neben der bekannten boethianischen Definition („rationalis naturae individua substantia"⁸), die dann von Richard von St. Viktor († 1173) umsichtig erweitert wurde, um auch der das Relationsmoment stärker hervorkehrenden, göttlichen Personhaftigkeit besser gerecht zu werden („intellectualis naturae incommunicabilis exis-

---

7 Einen Hinweis darauf liefert die scholastische Begründung für ihre gemeinsame Gruppierung von den bedingten und daher durch verbleibende Unsicherheit gekennzeichneten Weissagungen bedrohender wie verheißender Art unter dem einen Titel „prophetia comminationis": vgl. THOMAS VON AQUIN, De ver. XII 10 und Summa theologiae II-II 174, 1; zu den Quellen, dem Sinn und der Verbreitung dieser Zuordnung von Verheißung zur Bedrohung vgl. den Kommentar von HANS URS VON BALTHASAR, Besondere Gnadengaben und die zwei Wege menschlichen Lebens (Die Deutsche Thomas-Ausgabe, Bd. 23), Heidelberg/Graz 1954, 353f.
8 BOETHIUS († 524), Contra Eutychen et Nestorium, c. 3, in: Die theologischen Traktate (PhB 397), hg. v. Michael Elsässer, Hamburg 1988, 74.

tentia"⁹), gewann eine bei Alexander von Hales († 1245) begegnende Definition der Person¹⁰ derart an Popularität, dass sie zum Gemeingut der *magistri* der Pariser Theologenfakultät gegen Mitte des 13. Jahrhunderts werden konnte: „hypostasis distincta proprietate ad dignitatem pertinente". Aus diesen drei Definitionen sowie aus ihrem trinitarischen und christologischen Kontext wurden allmählich auch Merkmale der menschlichen Person thematisiert: ein auf Vernunft und Freiheit angelegtes Wesen; die Substantialität oder Selbständigkeit bzw. eine „distinktive" oder „diskrete" Seinshabe; näherhin die Selbstreferenz einer bestimmten Art der „Unmitteilbarkeit"; zugleich aber auch die Relationalität¹¹ und in der Spannungseinheit beider eben eine hohe Würde.¹² Während zum vollen Personbegriff alle Merkmale zusammentreffen müssen, wurde eingeräumt, dass unter dieser Ebene einige der Merkmale ohne andere gegeben sein könnten, ohne die Person im vollen Sinn zu konstituieren; am deutlichsten wurde dies angesichts des Todes. So leugnete beispielsweise Bonaventura († 1274) wie die *opinio communis* des 13. Jahrhunderts, dass die *anima separata* den Namen „Person" im vollständigen Sinn verdient. Während „singularitas, incommunicabilitas et supereminens dignitas"¹³ konstitutiv zur Personhaftigkeit gehören, behält nach allgemeiner Auffassung auch eine weiterexistierende, aber leibberaubte Seele nur das erste und das letzte dieser Personenmerkmale, während die Person im Vollsinn verloren geht. Eine solche Seele bleibt als Teil des verlorenen Ganzen von ihrem Wesen

---

9 Vgl. RICHARD VON ST. VIKTOR, *De trinitate* IV 22, hg. v. Jean Ribaillier, Paris 1958, 187.
10 ALEXANDER VON HALES, *Glossa* I 23, 9 (ed. Quaracchi 1951, Bd. I, 226).
11 Zum allgemeinen Begriff der Relation auch in der Scholastik vor dem 14. Jahrhundert vgl. ROLF SCHÖNBERGER, *Relation als Vergleich. Die Relationslehre des Johannes Buridan im Kontext seines Denkens und der Scholastik*, Leiden 1994.
12 Zur mittelalterlichen Personenlehre vgl. BRIGITTE KIBLE, *Person II. Hoch- und Spätscholastik; Meister Eckhart; Luther*, in: *Historisches Wörterbuch der Philosophie*, Bd. 7, Darmstadt 1989, Sp. 283–300; DIES., *Substanz und Person bei Thomas von Aquin*, in: PETER KOSLOWSKI, REINHARD LÖW, RICHARD SCHENK (Hg.), *Jahrbuch des Forschungsinstituts für Philosophie Hannover 1992/1993*, Hildesheim 1993, 102–120; sowie EDOUARD-HENRI WÉBER, *La personne humaine au XIIIe siècle* (Bibliothèque thomiste 46), Paris 1991.
13 Vgl. BONAVENTURA, *In III Sent.* 5, 2, 2 ad 1 s. c. (ed. Quaracchi 1887, 133 B); 5, 2, 3 co. (136 B). Zur Fortsetzung der Linie von Bonaventuras Gedanken zur Personalität vgl. ELISABETH GÖSSMANNS „Einleitung" zu ihrer kritischen Textedition von ROBERT KILWARDBY, *Quaestiones in librum tertium Sententiarum. Teil 1: Christologie* (Veröffentlichungen der Kommission für die Herausgabe ungedruckter Texte aus der mittelalterlichen Geisteswelt, Bd. 10), München 1982, 11*–64*, besonders 49*–64*.

her daraufhin angelegt, ihr Sein dem Leib mitzuteilen, selbst wo sie dies von sich aus nicht realisieren kann: als Teilprinzip ist sie also nach wie vor auf das größere Ganze, das sein sollte, verwiesen; in diesem Sinne ist sie daher prinzipiell *communicabilis*. Erst das leibseelische Ganze realisiert die Person im vollen Umfang. Der mögliche Eindruck, der aus dieser Gegenüberstellung von bleibenden und verlorenen Personenmerkmalen getrennter Seelen entstehen könnte, die genannten Merkmale würden hier als nicht näher untereinander verbunden gedacht, wird daher bereits von Bonaventura korrigiert. Er hält fest, dass aus der fehlenden Inkommunikabilität der Seele als eines wesentlich auf diese Seinskommunikation angelegten Teilprinzips „quaedam indigentia et defectus a completione dignissima"[14] im Vergleich zum leibseelischen Ganzen bestehen. Wie Thomas von Aquin († 1274) ungefähr zur gleichen Zeit und in demselben Kontext – wenn auch ungleich programmatischer und kontroverser[15] – festhält: das leibseelische Ganze „quodammodo est dignius anima inquantum est completius"[16]. Die Hoffnung darauf, wieder im vollständigen Sinn Person zu werden, gründet in der Trauer über das, was der personalen Würde menschlicher Existenz sonst ewig entgegenstehen müsste[17].

Die Verschränkung der Dignität der Person mit den weiteren Personenmerkmalen wurde bereits innerhalb der christologischen Problematik sichtbar. Im Rückgriff auf die rechtliche Verwendung des Personbegriffs konnte verdeutlicht werden, warum die christologische Tradition nur von der einen, göttlichen Person Christi spricht: wie es üblich ist, bei der Ausübung zweier Ämter durch eine Person beispielsweise zu sagen, der Abt sei zugleich Prokurator der Abtei, nicht aber (zumindest nicht ohne Ironie), dass der Prokurator zugleich auch Abt sei, so nun ähnlich in Bezug auf Christus. Diese auf die je höhere Würde und Vollmacht zurückgeführte Personbenennung ließ sich aber im Fall Christi mit dem ontologischen Hinweis auf den selbständigen Träger des Seins verbinden.[18] Auch

---

14   BONAVENTURA, *In III Sent.* 5, 2, 3 ad 3 (ed. Quaracchi 1887, 137 A).
15   Vgl. THEODOR SCHNEIDER, *Die Einheit des Menschen* (BGPhThMA, N. F. 8), Münster 1973.
16   THOMAS VON AQUIN, *In III Sent.* 5, 3, 2 ad 5.
17   Vgl. RICHARD SCHENK, Tod und Theodizee. Ansätze zu einer Theologie der Trauer bei Thomas von Aquin, in: Forum Katholische Theologie 10 (1994) 161–178.
18   Vgl. THOMAS VON AQUIN, *In III Sent.* 5, 2, 1 ad 2: „Triplex incommunicabilitas est de ratione personae: scilicet partis, secundum quod est completum; et universalis, secundum

dort, wo es um eine generelle Ontologie menschlicher Personen ging, wurde die Person als das angesehen, was zugleich „completissimum", „perfectissimum" und „dignissimum" im Universum ist. Dieses Höchstmaß an Würde wird auch mit der Seinsweise der Person in Verbindung gebracht, insofern diese ein „per se existens" besagt.[19] Mehr als bei anderen Substanzen ist die personale Art, durch sich selbst zu existieren, auch darauf angelegt, mit Vernunft und Freiheit durch sich selbst zu handeln und in diesem Sinn „per se potestativum" zu sein.[20] Die Inkommunikabilität der Person übertrifft in ihrer Art des *per se existere* auch die Singularität oder Selbstidentität *(non multa)*, die Individualität *(non aliud,* so sehr diese Negation bereits auch das *ad aliud* andeutet), die Eigenzwecklichkeit und die Subsistenz sonstiger Substanzen. Die „perseitas" personaler Inkommunikabilität will eine Lebensweise benennen, „solitarie, discrete et distincte" zu existieren.[21] Für Johannes Duns Scotus zeichnet sich daher die Inkommunikabilität der Person durch eine in ihrer Würde unübertroffene Unabhängigkeit aus.[22] Zugleich setzt jene zwischenpersonale Art der *communicatio,* welche die freie und gegenseitige Relationalität des freundschaftlichen Wohlwol-

---

quod est subsistens; et assumptibilis, secundum quod id quod assumitur transit in personalitatem alterius et non habet personalitatem propriam"; zum Begriff der Inkommunikabilität vgl. auch THOMAS VON AQUIN, *In I Sent.* 25, 1, 1 ad 7, wo Thomas die Ansicht referiert: „[...] et cum de ratione personae sit triplex incommunicabilitas, scilicet qua privatur communitas universalis, et qua privatur communitas particularis quam habet in constitutione totius, et qua privatur communitas assumptibilis coniuncti rei digniori, prout dicimus, quod humana natura non est persona in Christo."

19   Vgl. THOMAS VON AQUIN, *De potentia* IX 4 co.: „Similiter etiam modus existendi quem importat persona est dignissimus, ut scilicet aliquid sit per se existens."
20   Vgl. THOMAS VON AQUIN, *De potentia* IX 1 ad 3: „Sicut substantia individua proprium habet quod per se existat, ita proprium habet quod per se agat; [...]. Hoc autem quod est per se agere, excellentiori modo convenit substantiis rationalis naturae quam aliis. Nam solae substantiae rationales habent dominium sui actus, ita quod in eis est agere et non agere; aliae vero substantiae magis aguntur quam agant."
21   Vgl. PETRUS AUREOLI, *In I Sent.* 2, 2 (Rom 1596, 152); 25, 3 (572); zitiert nach KIBLE, *Person II. Hoch- und Spätscholastik,* Sp. 295.
22   Vgl. HADRIANUS BORAK, ‚*Ultima solitudo*' *personae,* in: Laurentianum 1 (1960) 484–489; HERIBERT MÜHLEN, *Sein und Person nach Johannes Duns Scotus. Beitrag zur Grundlegung einer Metaphysik der Person* (Franziskanische Forschungen 11), Werl/Westf. 1954; HANS-JOACHIM WERNER, *Unmitteilbarkeit und Unabhängigkeit. Zur anthropologischen Bedeutung zweier personaler Bestimmungen nach Duns Scotus,* in: JAN A. AERTSEN, ANDREAS SPEER (Hg.), *Individuum und Individualität im Mittelalter,* Berlin/New York 1996, 389–405, sowie MARIA BURGER, *Zwischen Trinitätslehre und Christologie. Der Personbegriff bei Johannes Duns Scotus,* in: AERTSEN, SPEER (Hg.), *Individuum und Individualität,* 406–415.

lens ermöglicht, je diese Art inkommunikabler Selbstbezüglichkeit voraus.[23] In der Verschränkung personaler Würde mit den anderen Bestimmungen der Person liegt ein offenkundiger Grund, warum die Einsicht in die Unantastbarkeit der menschlichen Person sich nur in dem Maße erhält, wie sich auch die Überzeugung vom ausgezeichneten Modus der anderen Bestimmungen menschlicher Personhaftigkeit halten lässt. Die Überzeugung von der unantastbaren Würde des Menschen, dem daher das Recht auf Achtung zusteht, bildet eine Einheit mit der Überzeugung von einer ausgezeichneten Form der Einmaligkeit und Unvertretbarkeit jeder menschlichen Person. In der heutigen Diskussion fällt auf, dass vor allem dort, wo zuerst die Bestimmung des Menschen zu einer ausgezeichneten Form des Erkennens und der Freiheit geleugnet und somit auch dessen eminente Selbstzwecklichkeit bzw. seine Selbständigkeit nivelliert wird, dann erst für Tier und Mensch das Gegebensein oder Fehlen ihrer nun für vergleichbar gehaltenen Akte als gemeinsamer Maßstab ihrer Würde in den Vordergrund der Debatte gerückt wird; der erste, ungleich prinzipiellere Schritt, selbst wenn dessen Nachweis unvollendet bleibt, soll den zweiten Schritt vorbereiten.[24] Wo das z. B. durch Krankheit bedingte Fehlen solcher über das für jedes sonstige Tierleben Charakteristische hinausgehender Eigenschaften nicht einmal mehr bedauert werden könnte, ist die Frage bereits vorentschieden; eine Unfähigkeit zu trauern ist eins hier mit der Unfähigkeit zu hoffen. Durch die genannte Nivellierung verblasst aber die Personenwürde selbst dann, wenn kognitive und voluntative Vollzüge unbehindert sind. Aber auch wo eine solche ontische und ontologische Nivellierung noch nicht als ausgemacht gilt, bleibt doch noch zu fragen: Inwiefern müssen die konstitutiven Merkmale der Person – wie etwa die Vernunftnatur, die Individualität, die Nicht-Mitteilbarkeit, die Substantialität, die Relationalität und eben die ihnen entsprechende Würde – in den Rahmen einer axiologisch, bisweilen auch narrativ gestalteten Hoffnung eingeschrieben werden? Was entstammt hier dem Indikativ, was dem Imperativ oder

---

23   Vgl. THOMAS VON AQUIN, Summa theologiae II-II 23, 1 co.: „Talis benevolentia fundatur super aliqua communicatione Amor autem super hac communicatione fundatus est caritas."
24   Zum heutigen Problemstand vgl. PETER SINGER, Praktische Ethik, Stuttgart ²1994.

Optativ? Ist für die angefochtene Würde von Personen eine jederzeit verfügbare Wahrnehmung zu erwarten, die sie durch apodiktische Aussagen überzeugend zu verteidigen vermöchte? Muss ein narrativer Rahmen der Bejahung personaler Würde zugleich auch als fideistischer oder als partikular-religiöser Rückzug aus der allgemein zugänglichen Bejahung personaler Würde zugunsten einer weniger universalisierbaren Solidarität verstanden werden?[25]

Die Überzeugung von einer Bestimmung der menschlichen Person zur Entfaltung all der genannten Personenmerkmale konnte sich bisweilen auch dort halten, wo mit ihrem aktuellen Besitz grundsätzlich noch nicht gerechnet wurde. In Bezug auf den gegenwärtig erreichbaren Vollzug von Erkenntnis, Freiheit oder Vollendung könnten Beschränkungen gedacht werden, die der inkommunikablen Würde des Menschen keinen endgültigen Abbruch tun müssten. Das zeigt nicht zuletzt der kontroverstheologische Streit über die *Imago-Dei*-Lehre. Die scholastische Theologie hatte den Menschen gewöhnlich als Ebenbild Gottes im Sinne eines umfassenden, auch nach wie vor gegebenen bzw. bereits möglichen *per se potestativum* verstanden: die Lehre vom Menschen als Ebenbild Gottes galt der Art, „wie der Mensch selbst Quelle seiner Handlungen ist und sozusagen Wahlfreiheit und die Macht eigener Handlungen hat"[26]. Nach der Darstellung W. Pannenbergs[27] war die ursprüngliche reformatorische Theologie, welche die Gottebenbildlichkeit in erster Linie als aktuelle Gottesbeziehung aufgefasst hatte, vom Verlust dieser relationalen Art der geschichtlichen Gottebenbildlichkeit nach einem historisch verstandenen Sündenfall überzeugt. Zumindest in der Relation zu Gott besitze der Mensch nicht mehr das ursprüngliche *dominium sui actus*[28]. War diese verloren geglaubte Gottesebenbildlichkeit zunächst noch im zeitlichen Horizont der Vergangenheit gedacht, so wurde seit Herder mehr und mehr vom reinen Zukunftscharakter eines erst zu erhoffenden,

---

25 Vgl. u. a. STANLEY HAUERWAS, *Must a Patient be a Person to be a Patient? Or, My Uncle Charlie is not much of a Person but he is still my Uncle Charlie*, in: STANLEY HAUERWAS, RICHARD BONDI, DAVID B. BURRELL, *Truthfulness and Tragedy. Further Investigations in Christian Ethics*, Notre Dame 1977, 127–131, sowie grundsätzlich: *Part One: Rationality and the Christian Story*, 13–98.
26 THOMAS VON AQUIN, *Summa theologiae* I-II, Prol.
27 WOLFHART PANNENBERG, *Anthropologie in theologischer Perspektive*, Göttingen 1983, 40ff.
28 Für das Mittelalter vgl. RICHARD SCHENK, *Verdienst*, in: LexMA VIII (1997) 1501–1504.

allenfalls schon im allmählichen Werden begriffenen Bildes Gottes im Menschen ausgegangen. Dagegen orientiert sich die römisch-katholische Theologie an der von Irenäus bis ins Mittelalter dominierenden Unterscheidung zwischen der infralapsarisch noch erhaltenen Ebenbildlichkeit Gottes im Menschen einerseits (*imago Dei* als die bleibende Grundstruktur des Menschen) und der sündhaft eingeschränkten Gottähnlichkeit samt aktueller Gottesbeziehung andererseits, welche es noch wiederherzustellen gilt (*similitudo* als eine erst bzw. wieder zu entfaltende Gottesbeziehung). Die enge Beziehung der *Imago-Dei*-Vorstellung zur Lehre von der menschlichen Person legt daher die Frage nahe, ob der Mensch deshalb als Person mit unantastbarer Würde anzusehen sei, weil auf eine allmähliche Entfaltung (Herder) bzw. die Wiederherstellung (Reformation) vertraut oder aber am bleibenden Erhalt (Scholastik) des *dominium sui actus* festgehalten werde.

Nach W. Pannenberg lässt sich indes zeigen, dass diese so unterschiedlichen Auffassungen doch nicht ganz so weit auseinanderliegen, wie es auf den ersten Blick aussehen mag; größtenteils sprechen sie kompatible Dimensionen an. Selbst wo dieses nicht der Fall zu sein scheint, fehlt die eschatologische Dimension in der einen Tradition so wenig wie die gegenwärtige Bestimmung zum Ebenbild Gottes in der anderen. Beide leben aus der Spannung zwischen einer schon gegebenen Personenwürde einerseits und andererseits der Hoffnung auf deren noch ausstehende volle Entfaltung. Vor diesem konfessionsgeschichtlichen Hintergrund sind dann wohl auch M. Theunissens „Skeptische Betrachtungen über den anthropologischen Personbegriff"[29] zu verstehen. Beim Vergleich einer absolut-substantialistischen mit einer relational-endlichen Personenvorstellung geht es um den Nachweis, wie (allerdings schon vor jeder theologischen Rede von der Person) die heute primäre Stellung des auf Werden angelegten, relationalen Personbegriffs nach wie vor

---

29 So der Titel seines Beitrags zu HEINRICH ROMBACH (Hg.), *Die Frage nach dem Menschen. Aufriß einer philosophischen Anthropologie. Festschrift für Max Müller zum 60. Geburtstag*, Freiburg/München 1966, 461–490. Vgl. den konfessionsgeschichtlichen Hintergrund auch bei Stanley Hauerwas' Kritik der Versuche, Natur-Gesetz-Theorien neu zu entwickeln: STANLEY HAUERWAS, *Natural Law, Tragedy and Theological Ethics*, in: HAUERWAS, BONDI, BURRELL, *Truthfulness and Tragedy*, 57–70.

doch so etwas wie eine gewisse Autarkie und vorgängige Selbstbezüglichkeit der Person impliziert.

Längst vor der Konfessionalisierung des westlichen Christentums wurden kontrovers diskutierte Unterschiede zur Frage nach der Würde menschlicher Personen deutlich, welche ebenso unterschiedliche Zugänge zur Feststellung dieser Würde empfehlen. Eine größere Zuversicht in Bezug auf die personale Eigenständigkeit des Menschen sowie auf dessen eigentümliche Erkenntnisfähigkeit und Entscheidungsfreiheit entspricht erwartungsgemäß auch dem stärkeren Rückgriff auf die biblischen Erzählungen göttlicher Verheißung. Das wird zu Beginn des 14. Jahrhunderts am Kontrast zweier gleichzeitig in Paris lehrenden Dominikaner deutlich: Durandus de S. Porciano (1303 nachweislich in Paris, 1312/1313 dort als Magister, † 1334) und Meister Eckhart (nach 1302 wieder 1311–1313 als Magister in Paris; † vor 1329). Während den Zeitgenossen von Durandus seine Distanzierung vom psychologischen, die Einheit des Wesens betonenden Modell der Trinität auffiel,[30] argumentiert Eckhart, dass aus der Lehre einer Dreipersonalität Gottes nur wenig zu gewinnen sei.[31] Durandus ist mit der „realen" Unterscheidung jeder göttlichen Person vom göttlichen Wesen und der Behauptung einer nicht gleich zu negierenden Prädikation numerischer Einheit und Vielfalt auf die Trinität bis an die Grenze des Tritheismus zu gehen bereit, um die Erkenntnis und insbesondere die Freiheit jeder göttlichen Person zu sichern; die streng von der Einheit her gedachte

---

30 Vgl. JOSEF KOCH, Die Magister-Jahre des Durandus de S. Porciano O.P. und der Konflikt mit seinem Orden (Kleine Schriften II. Storia e Letteratura 128), Rom 1973, 7–118, besonders 54ff. (art. 3–6, 9–13), 77 (art. 26).
31 Vgl. MEISTER ECKHART, Expositio libri Sapientiae, hg. und übersetzt von Heribert Fischer, Josef Koch, Konrad Weiss, in: Die lateinischen Werke II, Stuttgart 1992, 449: „Propter quod in ipso nec est numerus nec multitudo; propter quod tres personae non sunt multi, sed unus deus, etiam si essent mille personae"; ähnlich auch „In diebus suis", Predigt 10, hg. und übersetzt von Josef Quint, in: Deutsche Werke I, Stuttgart 1986, 173, l. 5f.; vgl. die Artikel 23 und 24 in der i. J. 1329 veröffentlichten Bulle „In agro dominico". Neuartig ist hier aber weder die Negierung der eigentlichen Zählbarkeit der Personen noch die Negierung einer realen Unterschiedenheit von Person und Wesen, sondern das dabei betonte Desinteresse an der trinitarischen Interpersonalität selbst, ein Desinteresse also an jeder uneigentlichen Vorstellung von Zählbarkeit und an der realen Unterschiedenheit der Personen; zu Eckharts Überwindung des geschichtlich verstrickten und individuierten Selbst zugunsten eines reinen, am Leitfaden der Personenmerkmale thematisierten Ich vgl. UDO KERN, Ich ‚ist die Bezeugung eines Seienden'. Meister Eckharts theoontologische Wertung des Ichs, in: JAN A. AERTSEN, ANDREAS SPEER (Hg.), Individuum und Individualität im Mittelalter, Berlin/New York 1996, 612–621.

Intellektualitätsvorstellung Eckharts mindert sein Interesse an Personen als Quellen eigener Subjektivität oder autonomen Handelns. Diese Unterschiede in der Gotteslehre entsprechen den Unterschieden zwischen Durandus und Eckhart auch in der Anthropologie, wie das an den anthropologischen Einzelfragen nach dem Wissenkönnen, Handelnsollen und Hoffendürfen des Menschen deutlich wird. Während Eckhart geschichtlich wachsende Subjektivität im Vergleich zu deren Ursprung in zumindest quasi-göttlicher, jedenfalls nicht nur je individuell gedachter Spontaneität des transsubjektiven *intellectus agens* zurücktreten lässt, leugnet Durandus vollends einen noch so begrenzten *intellectus agens*, um die Rezeptivität und in eins mit ihr die entscheidende Würde geschichtlicher Subjektivität umso stärker zu betonen.[32] Ihren Kritikern fielen entgegengesetzte Stellungnahmen auch zur menschlichen Willensfreiheit auf: während Eckhart eine zu weitgehende Identifizierung des menschlichen Willens mit dem unveränderlichen Willen Gottes zu empfehlen schien,[33] wurde bei Durandus beanstandet, dass Gott keine innere Ursächlichkeit beim Vollzug der menschlichen Wahlfreiheit ausübt und dass Fehlentscheidungen menschlicher Wahlfreiheit letztendlich in voller Autonomie, nicht etwa in ihrer Herkunft aus dem Nichts begründet sind[34]. Auch im eschatologischen Kontext der Verdienstlehre besteht Durandus auf der Freiheit der *potentia Dei absoluta*, Menschen ohne *caritas* zu ihrer Vollendung zu führen sowie auch umgekehrt.

Während Durandus – in seiner Meinung hier wohl nicht zuletzt durch die Theologie des Johannes Duns Scotus (1302/03 und 1305/06 in Paris) bestärkt – die faktischen Beschlüsse der Freiheit Gottes durch keine spekulativen Konvenienzargumente aus dem

---

32   Vgl. MARTIN GRABMANN, *Gesammelte Akademieabhandlungen*, Paderborn 1979, 1021–1122.
33   Die posthum veröffentlichte Bulle von 1329 tadelt Eckhart für diese Empfehlung (art. 14f.) sowie für die, nach nichts zu verlangen (art. 8) und keine Rangunterschiede der Liebe (selbst zwischen Gott und Welt) aufzustellen (art. 25), damit unterschiedliche personale Identitäten soweit wie möglich überwunden werden können (art. 10). Zu Eckharts Ablehnung narrativer Vorstellungen von der Freiheit Gottes vgl. die Beanstandungen zur Erschaffung der Welt (art. 1–3).
34   Vgl. KOCH, *Die Magister-Jahre des Durandus de S. Porciano O.P.*, 7–118, insbesondere art. 17, 32 und 36 aus der „Irrtumsliste" des Jahres 1314 (57 und 60). Zu den unterschiedlichen Positionen von Durandus und Eckhart bezüglich der für beide zentralen Relationslehre vgl. SCHÖNBERGER, *Relation als Vergleich*, 117–131. Dem Verfasser dieser Monografie sei hier auch für zahlreiche mündliche Hinweise herzlich gedankt.

Gedanken eines notwendigerweise sapientiell handelnden Gottes als absolut notwendige Entscheidungen festlegen will, vermeidet er auch die zu seiner Zeit immer beliebter werdende Rede von einer Selbstbindung Gottes, der sich durch sein einst souveränes Versprechen nun in Treue zu seiner Verheißung faktisch festgelegt habe.[35] Doch teilt Durandus mit den Vertretern der Selbstbindungsvorstellung die Aufmerksamkeit auf die Freiheit göttlicher Verheißungen, welche das Schicksal menschlicher Personen von einer weder apriorisch noch experimentell voraussagbaren Entscheidung Gottes abhängig machen, sei diese in bleibender Liberalität zu gewähren oder in einem bereits verkündeten Bund beschlossen.

Bei aller Neuheit der theologischen Fragestellung des 14. Jahrhunderts, die sich am Paradigmenwechsel vom traditionellen, durch Anselm geprägten Begriffspaar *potentia absoluta/potentia congruitatis*[36] hin zu dem ungleich schwerer abzuschätzenden Begriffspaar *potentia absoluta/potentia ordinata* zeigt, steht auch diese Entwicklung in einer gewissen Kontinuität mit der Theologiegeschichte vorausgegangener Jahrhunderte. Die notwendig aposteriorisch, narrativ strukturierte Theologie, die sich von Augustinus und seinen Überlegungen zum Versprechen Gottes[37] bis zu dem

---

[35] Vgl. die reichlich dokumentierte Studie von BERNDT HAMM, *Promissio, pactum, ordinatio: Freiheit und Selbstbindung Gottes in der scholastischen Gnadenlehre*, Tübingen 1977; dazu noch WILLIAM J. COURTENAY, *Covenant and Causality in Medieval Thought*, London 1984; WILLIAM J. COURTENAY, *Capacity and Volition: A History of the Distinction of Absolute and Ordained Power*, Bergamo 1990; HEIKO AUGUSTINUS OBERMAN, *The harvest of medieval theology: Gabriel Biel and late medieval nominalism*, Durman/North Carolina ³1983.

[36] Obwohl Robert Kilwardby zu den konsequentesten Anhängern der *pactum*-Theorie der Sakramente im 13. Jahrhundert zählt, vermeidet er durch den anselmischen Konvenienz-Gedanken den Anschein göttlicher Willkür – zumindest im negativen Sinn: Gott schließt höchstens die Verträge, die er schließen darf; er vermeidet alle, die seinem Wesen konträr erscheinen. Allenfalls aus dem Bereich passender Möglichkeiten kann Gott mehr oder minder willkürlich seine Verordnungen treffen; hier ist der Satz vom Grund im leibnitianischen Sinn nicht anzuwenden. Von den offenkundig unpassenden Entscheidungen heißt es aber wiederholt: „Unde de potentia absoluta possent, de potentia congruentiae non": ROBERT KILWARDBY, *Quaestiones in librum tertium Sententiarum, Teil I: Christologie*, hg. v. Elisabeth Gössmann, München 1982, 22, l. 235f.; vgl. 34, l. 75f. und l. 87ff. sowie 43, l. 10. Die Ersetzung der *potentia congruitatis* durch die weniger wertende *potentia ordinata* als paradigmatisches Gegenüber zur *potentia absoluta* reflektiert u. a. das gewachsene Bewusstsein von den Grenzen solcher Konvenienz-Argumente. Zum Personbegriff Kilwardbys vgl. ebd., 49*–64*.

[37] Vgl. HAMM, *Promissio, pactum, ordinatio*, 8–19, 410–414.

Neo-Augustinismus[38] und zu den Anfängen einer scholastischen Form der Föderaltheologie im 13. Jahrhundert entwickelt,[39] betonte in der Regel die Fähigkeiten des gnadenhaft mit Gott verbundenen Menschen zu einer neuartigen Welterfahrung, zur eigenständigen Wahlfreiheit und zum postmortalen Leben zwischenpersonaler Art. Hingegen betont die stärker auf eine unmittelbare Selbstreflexion rekurrierende theologische Linie, die von Dionysius dem Pseudo-Areopagiten bis zu der auch proklisches und averroistisches Gedankengut rezipierenden „Deutschen Albert-Schule" zu verfolgen ist[40], vielmehr die unüberwindbaren Grenzen menschlicher Subjektivität, die erkenntnismäßigen Bedingungen des Willens und die „transpersonalen", erst im Überstieg über individuelle Subjekthaftigkeit zu partizipierenden Aspekte des vollendeten Lebens. Während den beiden genannten Richtungen zunächst gemeinsam ist, dass eine möglichst enge Annäherung von der Behauptung personaler Würde und der Erfahrung derselben suggeriert wird, unterscheiden sie sich von Anfang an darin, dass die augustinische Linie auf eine aposteriorische, im Lichte biblisch fundierter Offenbarung zu empfangende Evidenz vertraut, während die dionysische Tradition auf immer schon gegebene, apriorische, nur neu zu reflektierende Evidenz zurückgreift. So sehr die spätere Rede von einer quasi-göttlichen *scintilla animae* als Quelle menschlicher Geistigkeit eine hö-

---

38   Vgl. FERNAND VAN STEENBERGHEN, *Die Philosophie im 13. Jahrhundert*, Paderborn 1977, 429ff., 434ff., 463ff.
39   Vgl. RICHARD SCHENK, *Covenant Initiation. Thomas Aquinas and Robert Kilwardby on the Sacrament of Circumcision*, in: CARLOS-JOSAPHAT PINTO DE OLIVEIRA (Hg.), *Ordo sapientiae et amoris. Hommage au Professeur J.-P. Torrell*, Fribourg 1993, 555–593.-Während Durandus der mit Wilhelm von Auvergne einsetzenden *pactum*-Theorie der Sakramente zu folgen bereit ist, welche gegenüber den Theorien einer innewohnenden Wirksamkeit der Sakramente oder auch der selbstgenügsamen Religiosität der Menschen den freien Beschluss Gottes erneut betont, lehnt Durandus (anders als Wilhelm mit seiner Rede vom biblischen Gott, der se obligavit/se astrinxit: vgl. HAMM, *Promissio, pactum, ordinatio*, 147, 160) die Ausweitung der *pactum*-Theorie auf die Vorsehungslehre ab; statt deren insistiert er auf der bleibend ungebundenen „Liberalität" göttlicher Begnadung: eine Deutungsmöglichkeit, die ebenfalls im Bereich der Sakramentenlehre vor allem in Bezug auf vorchristliche Sakramente ihre Anhänger fand; vgl. HAMM, *Promissio, pactum, ordinatio*, 419ff., und KOCH, *Die Magister-Jahre des Durandus de S. Porciano O.P.*, 106f. (art. 172–174).
40   Vgl. RUEDI IMBACH, CHRISTOPH FLÜELER (Hg.), *Albert der Große und die deutsche Dominikanerschule. Philosophische Perspektiven*, in: Freiburger Zeitschrift für Philosophie und Theologie 32 (1985) 1–271, und ALOIS M. HAAS, *Nim Din selbes war. Studien zur Lehre von der Selbsterkenntnis bei Meister Eckhart, Johannes Tauler und Heinrich Seuse*, Fribourg 1971.

here Selbsteinschätzung personaler Würde vermuten lassen könnte, so sind im anthropologischen Entwurf der dionysischen Tradition auch resignative Züge von Anfang an nicht zu übersehen. Das vergleichsweise größere Desinteresse an der narrativen Begründung der Hoffnung auf das vollendete Personsein schränkt auch das Vertrauen auf diese Vollgestalt ein.

Mit einem neuen Pluralismus, der sich nicht zuletzt durch die verstärkte Konfrontation mit nichtchristlichen Kulturen ab der Mitte des 13. Jahrhunderts zunehmend ins Bewusstsein drängt, wird auch immer deutlicher infrage gestellt, inwiefern die Rezeption biblischer Erzählung zu einem neuen, einheitlichen Erfahrungshorizont führen könne. Die miteinander verbundenen Krisen des Menschenbildes und des Verhältnisses von Philosophie und Theologie an den Universitäten Paris und Oxford im letzten Drittel des 13. Jahrhunderts[41] sind genauso ein Ausdruck dieses neuen Selbstzweifels wie der kurz zuvor gestartete Versuch der *Summa contra gentiles*, „eine argumentative Untersuchung menschlichen Schicksals in eine narrative Geschichte göttlicher Vorsehung einzuschreiben"[42]. Die Unzulänglichkeit reflektierter Selbsterfahrung, auf die Frage nach dem personalen Schicksal des Menschen eine letzte Antwort geben zu können, wird zunehmend bewusst; zugleich sind aber auch narrativ fundierte Deutungen menschlicher Existenz miteinander in Konflikt geraten. Infolgedessen wird hier eine Methode bewusst partieller Bestätigung bzw. Falsifizierung entwickelt, welche die gegenseitige Stimmigkeit von narrativ erhöhter Hoffnung personaler Vollendung und überkommenen Interpretationen erfahrener Wirklichkeit untersucht;[43] dabei kann die Diastase von Hoffnung und Erfahrung zwar verringert, aber nicht gänzlich überbrückt werden.[44] Der programmatische Charakter dieser

---

41 Vgl. JOHN F. WIPPEL, *Medieval Reactions to the Encounter between Faith and Reason*, Milwaukee 1995; THEODOR SCHNEIDER, *Die Einheit des Menschen* (BGPhThMA, N. F. 8), Münster 1973.
42 Vgl. THOMAS S. HIBBS, *Dialectic and Narrative in Aquinas. An Interpretation of the Summa contra Gentiles*, Notre Dame 1995, 33.
43 Vgl. PAMELA HALL, *Narrative and the Natural Law. An Interpretation of Thomistic Ethics*, Notre Dame 1994, besonders 94, 99. Hall stellt ihre Untersuchung u. a. in den Rahmen einer breiteren Wiederbesinnung auf den aristotelischen Begriff der *phronesis*.
44 Vgl. MARK JORDAN, *The Protreptic Structure of the Summa contra gentiles*, in: The Thomist 50 (1986) 173–209; zur Wiedergewinnung der *Rhetorik* als philosophischer Quelle vgl. AMÉLIE OKSENBERG RORTY (Hg.), *Aristotle's Rhetoric*, Berkeley/Los Angeles 1996.

reflektierten Diastase zwischen Glauben und Evidenz wurde den damaligen Zeitgenossen vor allem an der kontrovers diskutierten Frage nach der verbleibenden Möglichkeit oder gar philosophischen Plausibilität der Anfangslosigkeit der Welt deutlich: trotz heftigem Widerspruch aus dem Bereich des Neoaugustinismus[45], am deutlichsten wohl von Johannes Peckham artikuliert, hielt Thomas von Aquin daran fest, dass der „sola fide"[46] zu glaubende Anfang der geschaffenen Welt auch im Lichte dieses Glaubens nie evident werde; vielmehr bleibe die Frage nach Anfang oder Anfangslosigkeit der Welt eine Antinomie der Vernunft.[47] Eine ähnliche Antinomie trifft für die Hoffnung auf personale Vollendung zu: wie die Sterblichkeit der menschlichen Person teils natürlich, teils widernatürlich sei, so ist die basale Hoffnung auf so etwas wie Auferstehung immer von einem ebenso fundamentalen Selbstzweifel begleitet.[48] Die theologische Hoffnung auf personale Vollendung soll zwar diesen antinomischen Horizont in Richtung einer festeren Zuversicht überschreiten; den vorgegebenen Horizont wird sie aber bei aller zu ermittelnden Stimmigkeit ihrer selbst doch als ständigen, antinomischen Ausgangspunkt nicht ablegen können.[49]

Lag damit bereits so etwas wie ein gewisses *discrimen legis (naturalis) et evangelii* vor Augen, das für das Verhältnis von Vertrauen zum Versprechen maßgeblich war, so wurde die Unterscheidung von Gesetz und Evangelium erstmals mit der beginnenden Reformation durch ihre Radikalisierung als durchgehendes Programm thematisiert: sie gilt nun als „die höchste kunst jnn der Christenheit"[50]. Diesem *discrimen* korrespondiert jene Heilsgewissheit, die

---

45 Vgl. VAN STEENBERGHEN, *Die Philosophie im 13. Jahrhundert*.
46 THOMAS VON AQUIN, *Summa theologiae* I 46, 2.
47 Vgl. JEAN-PIERRE TORRELL, *Magister Thomas*, Freiburg i. Br. 1995, 200–203; RICHARD C. DALES, *Medieval Discussions of the Eternity of the World*, Leiden 1990.
48 Vgl. THOMAS VON AQUIN, *Summa contra gentiles* II 68; IV 89, 1; und die ihm erst vor Kurzem zugeschriebene *Quaestio disputata:* LEONARD A. KENNEDY, *A New Disputed Question of St. Thomas Aquinas on the Immortality of the Soul*, in: Archives d'histoire doctrinale et littéraire du moyen âge 45 (1978) 205–223, hier: 213 (aus dem *corpus articuli*): „... unde non irrationabiliter de immortalitate ipsius dubitatur."
49 Vgl. ANTON C. PEGIS, *St. Thomas and the Problem of the Soul in the Thirteenth Century*, Toronto 1934; HERMANN J. WEBER, *Die Lehre von der Auferstehung der Toten in den Haupttraktaten der scholastischen Theologie von Alexander von Hales zu Duns Scotus* (FThSt 91), Freiburg i. Br. 1973.
50 MARTIN LUTHER, *Wie das Gesetz und Evangelium recht gründlich zu unterscheiden sind*, in: WA 36, 8–79, hier: 9; zitiert nach OTTO HERMANN PESCH, *Theologie der Rechtferti-*

nur im Vertrauen auf die Verheißung einer *iustitia aliena*, der Gerechtigkeit Christi, zu halten ist. Die Erwartung einer bereits erreichbaren *iustitia formalis*, so sehr sie die personale Existenz zunächst mit höheren Fähigkeiten und der erfahrbaren Bestätigung der Gnadenerweise Gottes auszustatten scheint, müsste diese Art von Verheißungsgewissheit wieder einschränken. An ihrem jeweiligen Verhältnis zur Verheißung und Erfüllung unterschieden sich auch reformatorische Theologien voneinander – trotz der veränderten Fragestellung hier doch ähnlich wie bereits in der Scholastik; denn auch hier variiert mit der Einstellung zur *promissio* wiederum auch die Einschätzung menschlicher Personhaftigkeit. Das wurde nicht allein in der Konfessionalisierung reformatorischer Grundströmungen deutlich, sondern zeigte sich auch in den innerlutherischen Auseinandersetzungen des 16. Jahrhunderts: insbesondere in den „antinomistischen" Streitigkeiten um Agricola und den mit einem Erwartungshorizont des Gesetzes stärker rechnenden Melanchthon sowie in den Auseinandersetzungen philippistischer und gnesiolutherischer Schulen in den 25 Jahren vor der *Formula concordiae* von 1577.[51] Je stärker auf die aus dem Evangelium resultierende Erfahrung des Gesetzes und damit auch auf die erfahrbare Verwandlung menschlicher Existenz Wert gelegt, je stärker also mit der spürbaren Erfüllung der Verheißung gerechnet wurde, umso stärker trat der programmatische Charakter der Unterscheidung von Gesetz und Evangelium zurück. Wo Philipp Melanchthon seit 1540 die Formulierung vom *tertius usus legis* verwendet, mit der ein im Lichte des Evangeliums neu zu begreifendes und zu befolgendes Gesetz bezeichnet wird, so erheben gnesiolutherische Theologen im Rahmen der maioristischen (zur Heilsnotwendigkeit guter Werke), interimistischen (vor allem zu Fragen liturgischer Erwartungen) und osiandristischen (zum heiligenden oder gar vergöttlichenden Charakter der Rechtfertigung) Streitigkeiten den Vorwurf des „Cryptocalvinismus" gegen eine breite Front philippistischer Theologie. Der konvergenzökumenische Erfolg der Konkordienformel, mit der die Konfessionalisierung des Luthertums vermie-

---

gung bei *Martin Luther und Thomas von Aquin*, Mainz 1967, 31–76, hier: 31.
51 Vgl. BENNO VON BUNDSCHUH, *Das Wormser Religionsgespräch von 1557* (Reformationsgeschichtliche Studien und Texte 124), Münster 1988.

den werden konnte, lobte zwar noch einmal den Unterschied von Gesetz und Evangelium als „ein besonder herrlich Licht"[52], bejahte aber gleich anschließend auch den dritten Gebrauch des Gesetzes, welcher sich aus dem Evangelium ergeben sollte.[53] Dadurch wurde zwar dem Sachverhalt Rechnung getragen, dass beide Parteien sich durchaus auf – sogar frühe – Äußerungen von M. Luther berufen konnten;[54] doch mit diesem Burgfrieden „... begann das Bewusstsein der dynamischen Antithetik von Gesetz und Evangelium fortan zu schwinden"[55]. Im römisch-lutherischen Dialog des 17. Jahrhunderts spielt die Unterscheidung so wenig eine entscheidende Rolle wie im innerlutherischen Streit zwischen Orthodoxie und Pietismus: eine Entwicklung, die in der Lutherforschung bis heute ihre Spuren hinterlässt.[56]

Calvin hatte ja „neben" einer zunächst lutherisch anmutenden Rechtfertigungslehre die Erwartung einer dort ansetzenden Existenzverwandlung thematisiert, welche in den Augen der in Weimar vorherrschenden lutherischen Theologie die Rechtfertigungslehre, die Unterscheidung von Gesetz und Evangelium und somit auch die mit dem Glauben gleichzusetzende Heilsgewissheit wieder nivelliert. Calvins Abneigung gegen die Diastase von Gesetz und Evangelium zeigt sich ebenfalls in seiner von Luther abweichenden Christologie mit der stärker betonten Möglichkeit einer theologischen Reflexion über die soteriologische (existenzverwandelnde) Bedeutung der Göttlichkeit Christi und in der für Calvin charakteristischen Potenzierung der Pneumatologie. Der Geist, der zur Neugestaltung personaler Existenz führt, ermöglicht bisweilen zugleich einen weniger extern bleibenden, weniger vom eschatologischen Vorbehalt eingeschränkten Zugang zur göttlichen

---

52 *Epitome* V (Bekenntnisschriften der evangelisch-lutherischen Kirche [= BSLK]), Göttingen 1986, 791, und *Solida Declaratio* V (BSLK 951).
53 BSLK 793ff. und 962ff.
54 So konnte danach auch Spener und die pietistische Theologie auf Luthers „Vorrede zum Römerbrief" von 1522 verweisen, WA DB 7, 11, 6ff.: „Aber glawb ist eyn gotlich werck ynn uns, das vns wandelt vnd new gepirt aus Gott, Johan 1 vnd todtet den alten Adam, macht vns gantz ander menschen von hertz, mut, synn, vnd allen krefften, vnd bringet den heyligen geyst mit sich ..."
55 RUDOLF MAU, *Gesetz V. Reformationszeit*, in: TRE 13 (1984) 82–90, hier: 87.
56 Vgl. OSWALD BAYER, *Promissio. Geschichte der reformatorischen Wende in Luthers Theologie*, Göttingen 1971, mit WOLFHART PANNENBERG, ARTHUR KAUFMANN, *Gesetz und Evangelium* (Bayerische Akademie der Wissenschaften, Philosophisch-historische Klasse. Sitzungsberichte), München 1986, Heft 2.

Verheißung, die nun personaler Aneignung offener gegenübersteht. Daher überrascht auch kaum, wenn der Gedanke des Versprechens am meisten in der reformierten Theologie systembildend und gesellschaftsbezogen gewirkt hat, wie bereits in der Föderaltheologie des 16. und besonders des 17. Jahrhunderts. Schon seit Zwingli und Bullinger wurde die Verheißung als *pactum* und *foedus* in nicht nur terminologischer Kontinuität mit der mittelalterlichen Bundestheologie[57] – wenn freilich in verstärkt pneumatologischer Auslegung und mit anderen ekklesiologischen Folgerungen – programmatisch ausgelegt. Hier wie dort ging es um den Nachweis einer annähernd einheitlichen Einwirkung des einen Bundesgottes im Neueren und Älteren Bund (in beiden Fällen auch zur Begründung der Kindertaufe, da die Kinder des jüngeren Bundes gegenüber denen des älteren Testaments nicht benachteiligt werden sollten[58]). Die Betonung des wohl seit Adam tätigen, die menschliche Existenz verwandelnden Geistes führte dazu, dass auf diesem narrativen Weg bisweilen die bereits bei Melanchthon sich abzeichnende Wiedergewinnung des Naturgesetzes sich durchsetzen konnte. Die Föderaltheologie erreicht ihren Höhepunkt mit Iohannes Coccejus († 1669), der mit der Annäherung von Welt- und Heilsgeschichte die Epochen zusammenfassen kann. Die Periodisierung der Geschichte durch zwei, drei oder jetzt schließlich fünf Bundesverhältnisse, die bezeichnenderweise durch den Abschwur Gottes *(abrogatio)* von auf der Menschheit lastenden Flüchen konstituiert wird, greift *iustificatio* und *sanctificatio* als sukzessive Bundesmomente auf. Das auf Vertrauen stoßende, ja dieses ermöglichende Versprechen des Bundes habe von Anfang an die menschliche Person zu zeitlicher Verantwortung und letzter Vollendung befähigt; in allen Fällen gestaltet sich gesellschaftliche und personale Wirklichkeit nach den Maßgaben göttlicher Verheißung. „Für die reformierten Dogmati-

---

57 Vgl. HEINRICH BULLINGER, *De testamento seu foedere Dei unico et aeterno*, Zürich 1534; zu den patristischen und mittelalterlichen Vorläufern der *pactum*-Theorie vgl. auch HAMM, *Promissio, pactum, ordinatio*, und RICHARD SCHENK, *Christ, Christianity, and Non-christian Religions. The Intertextuality of their Reflections in the Theology of Robert Kilwardby*, in: PETER KOSLOWSKI, RICHARD SCHENK (Hg.), *Jahrbuch für Philosophie des Forschungsinstituts für Philosophie Hannover Band 8, 1997*, Wien 1996, 203–230.

58 Zu diesem Argument, das sich auch Calvin aneignen wird, vgl. bereits ROBERT KILWARDBY, *Quaestiones in librum quartum Sententiarum*, q. 18, hg. v. Richard Schenk, München 1993, 68–78.

ker trat das Problem von Gesetz und Evangelium hinter ihre Distinktion von *foedus operum* und *foedus gratiae* zurück".⁵⁹ Obwohl das Denken Thomas Müntzers mit der Theologie der vom frühreformierten Bundesgedanken bekämpften Täufer verwandt ist, setzt auch Müntzers Einspruch gegen Luthers „fiktiven Glauben", jene der extern bleibenden Gerechtigkeit korrespondierende Heilsgewissheit, doch ebenfalls mit der Erwartung an, dass erfahrbare Veränderungen personaler und gesellschaftlicher Existenz stattfinden müssten, so sehr sie sich zunächst als eine „unmögliche Möglichkeit" darstellen können. Paradigmatisch gelten nach Müntzers lutherkritischer Magnifikatauslegung die Frage Marias im *Lukasevangelium*, wie nun ein solcher Glaube denn möglich sein sollte, und die Antwort des Engels, dass für Gott nichts unmöglich sei. Der angestrebte revolutionäre Umsturz ist daher eine nicht unwesentliche, wohl aber eine abgeleitete Dimension der Botschaft Müntzers. Die primäre „Unmöglichkeit", deren Ermöglichung doch erwartet werden soll, ist der Sieg des Glaubens im Widerstreit mit dem Unglauben. Gläubiggewordene „... haben sich in der forcht Gottes entsetzt, biß das der glaub des senffkorns den unglauben ueberwunden hat, welches denn mit grossem zittern und bekuemernuß erfunden wirt"⁶⁰. Zwar ist der Selbstzweifel (zugleich auch die Pflicht, „argwenig" zu sein) auch hier derart ausgeprägt, dass die „Unmöglichkeit" der erwarteten inneren und äußeren Evidenz nur durch ein dramatisches Eingreifen bzw. eine „umbschetigung" des Geistes denkbar sei, die nur in der Paradoxie einer gewissen Leidensmystik zum Durchbruch kommen kann; und dennoch ist dieser Selbstzweifel insofern weniger absolut als der Selbstzweifel lutherischer Heilsgewissheit, weil noch – gerade noch – mit der Möglichkeit geschenkter Evidenz gerechnet wird. In dem Grad, in dem mit dieser Möglichkeit zeitlicher Verwandlung nicht mehr gerechnet wird, so wie in der utopischen Anknüpfung an das Denken Müntzers, tritt die Diskontinuität von der Hoffnung auf Personsein und der Erfahrung empirischer Existenz wieder verstärkt in den Vordergrund, sodass erst in diesem neuen *discrimen*

---

59 HANS-MARTIN BARTH, *Gesetz und Evangelium I. Systematisch-theologisch*, in: TRE 13 (1984) 126–142, hier: 127.
60 Vgl. RICHARD SCHENK, *Thomas Müntzer*, in: LEO SCHEFFCZYK, REMIGIUS BÄUMER (Hg.), *Marienlexikon* IV, St. Ottilien 1992, 534–536.

der Horizont gewonnen wird, in dem der faktische Umgang des Menschen mit seinesgleichen eventuell als Ungerechtigkeit identifiziert werden kann.

Während den reformatorischen Theologen des *discrimen* und der Existenzverwandlung das Vertrauen auf göttliche Verheißung gemeinsam war, wurde mit der zunehmenden Moralisierung und Subjektivierung des Glaubensbegriffs in der Aufklärung eine programmatische Distanz davon erzielt.[61] Wie bereits in mittelalterlichen Entwürfen apriorischer Reflexion, so wurde auch diese Entwicklung zunächst dadurch begünstigt, dass auf vorreflexiver Ebene ein grundlegendes Vertrauen in Eigenart und Würde menschlicher Subjektivität vorausgesetzt werden konnte, welches das Bedürfnis nach externer Rechtfertigung personaler Hoffnung zurücktreten ließ. Doch hier wie dort musste das Desinteresse an der Verheißung allmählich auch zur Einschränkung der Hoffnung auf die Vollendung personaler Würde führen. Bereits in seinen frühen Überlegungen zu „Glauben und Wissen" sagte Hegel dem derzeit noch selbstverständlichen Vertrauen in die moralische Eigenart des Menschen eine schwere Krise voraus: eine Krise, die umso gravierender sein würde, als der Weg zum Vertrauen auf externe Verheißung vielfach verbaut erschien.[62] Trotz seiner Vorkehrungen bestimmt sie nun verbreitet auch als Krise der Personenwürde die Zeit vom Ersten Weltkrieg bis heute.

3. Refigurationen der Frage

Während Übereinstimmung darüber besteht, dass die gegenwärtige Zeit eine im zu hohen Maße verunsicherte sei, um das Vertrauen auf personale Vollendung weiterhin als Selbstverständlichkeit zu nehmen,[63] verläuft diese intensivierte Verunsicherung keines-

---

61 Vgl. REINHARD SLENCZKA, *Glaube VI. Reformation/Neuzeit. Systematisch-theologisch*, in: TRE 13 (1984) 318–365, besonders 336ff.
62 GEORG WILHELM FRIEDRICH HEGEL, *Glaube und Wissen oder die Reflexionsphilosophie der Subjektivität in der Vollständigkeit ihrer Formen als Kantische, Jacobische und Fichtesche Philosophie*, zuerst in: Kritisches Journal der Philosophie, Bd. II, Stück I, 1802, hier nach der Theorie Werkausgabe 2, Jenaer Schriften 1801–1807, Frankfurt a. M. 1970, 287–433.
63 Vgl. dazu PAUL RICŒUR, *Das Selbst als ein Anderer*, übersetzt von Jean Greisch (Übergänge 26), München 1996, 9–54.

wegs eindeutig; die Reaktionen auf die beiden, dieses Jahrhundert vielfach bestimmenden Weltkriege sind in manchem geradezu gegensätzlich. Wo der Erste Weltkrieg einen verbreiteten Vertrauensverlust gegenüber geltenden Kulturwerten insgesamt auslöste, so wurde angesichts der Ereignisse im Umfeld des Zweiten Weltkrieges zunächst die Not sichtbar, überhaupt noch gültige Maßstäbe zu finden, von denen aus nicht nur pauschale Kritik, sondern die differenzierende Kritik bestimmter Entwicklungen zu denken wäre. Das „Absolute" zeigt sich im 20. Jahrhundert diesseits und jenseits der Fähigkeit zum Glauben in dem Bedürfnis, Fälle der Ungerechtigkeit unterschiedlichen Grades als ungerecht zu nennen, ohne z. B. solche Ereignisse als nur das empirisch hinzunehmende Verhalten der Spezies Mensch zu neutralisieren. In diesem Gewissen-haben-Wollen zeigt sich die Hoffnung auf Personsein.

Im theologischen Bereich lässt sich dieser Wandel am Vergleich zwischen den drei Denkphasen von Karl Barth verdeutlichen, die – ohne die inneren Verbindungen und die zum Teil nur allmählichen Übergänge leugnen zu wollen – doch unterschiedliche Verhältnisbestimmungen zwischen Vertrauen und Verheißung erkennen lassen. Die frühe Begegnung mit der Liberalen Theologie, welche der Sozialen Frage noch beachtlichen Raum bereitstellen konnte, verlor in den Erfahrungen des Ersten Weltkriegs ihr konstitutives Selbstvertrauen. Die Dialektische Theologie, die in der zweiten Auflage von Barths Römerbriefkommentar (1922) eines ihrer Gründungsdokumente erkannte, betonte als eine radikale Besinnung auf das *discrimen* die grundsätzliche Unangemessenheit menschlicher, auch kirchlicher, Erwartungen, Vorstellungen und Institutionen; die uns verkündeten Verheißungen dienen höchstens dazu, die Gottwidrigkeit unseres Vertrauens zu verdeutlichen. Ein später Reflex dieser Gegensätzlichkeit von Erwartung und Verheißung kam angesichts der kirchlich-politischen Verwicklungen der 30er-Jahre in Barths Antwort an Emil Brunner (1934) zur Sprache, indem jedes Postulat eines natürlichen/völkischen Anknüpfungspunktes oder Analogieansatzes für den Glauben zurückgewiesen wird. Indes hatte Barth in seinen Vorschlägen zur „Barmer Erklärung" reformierte Ansätze verstärkt aufgegriffen, um vom Evangelium her Maßstäbe zur Beurteilung bestimmter Gesetze zu gewinnen; nur so gibt es jenseits grundsätzlicher Kulturkritik einen Ansatz, zwischen Gesetz und Gesetz unterscheiden zu wollen. Im revidierten Programm der *Kirchlichen Dogmatik* wird biblische Verheißung als – einzig – legitime Quelle konkreter Verantwortung, aktueller Erwartung sowie eines dogmatisch fassbaren Denkens entfaltet. Ohne sich mit dem terminologisch fixierten Personbegriff anfreunden zu können,[64] sieht Barth die durch Responsorialität vom Bundesgott her und auf ihn hin konstituierte, volle Aktualität des Menschseins erst darin, dass sich der Mensch des mit der Schöpfung begonnenen Bundes besinnt, kraft dessen er in der Verantwortung vor Gott steht.[65] Noch in Auseinandersetzung mit E. Brunner argumentiert Barth, dass jedes andere Gegenüber allenfalls ein *abstractum*, den „Schattenmenschen", begründen könnte.[66] Von einem aus göttlicher Verheißung gewonnenen Vertrauen heraus kann sich Barth erneut sozialen und politischen Fragen auch der Nachkriegszeit zuwenden, wenn freilich nur unter den von ihm genannten, nicht generalisierbaren Voraussetzungen.

Die wohl prominentesten Vertreter römisch-katholischer Theologie in den 20 Jahren nach dem Ende des Zweiten Vatikanischen Konzils, Karl Rahner und Hans Urs von Balthasar, waren sich bereits 1939 einig,[67] dass eine Alternative zur herkömmlichen Neuscholastik gesucht werden müsste. Diese im modernistischen Streit formierte Schulrichtung litt unter anderem daran, dass einerseits ein *discrimen* zwischen Erfahrung und Glauben festgehalten wurde, das den Glauben im Urteil der allgemeinen Erfahrung als kaum erstrebenswert erscheinen ließ, während andererseits die Beweisbarkeit weitreichender Vorgaben des Glaubens – einschließlich der personalen Würde des Menschen – vorausgesetzt wurde. Wäh-

---

64 KARL BARTH, *Kirchliche Dogmatik* III, 2, Zürich 1948, 109f., 150.
65 Ebd., 424: „In diesem Ereignis wird es möglich, dass ‚der Mensch' der Person Gottes als Person begegnen, Genosse seines Bundes – wenn Gott diesen Bund will und aufrichtet – werden kann"; und 474: „Dass der Mensch Geist hat und durch den Geist die Seele seines Leibes ist, das bedeutet jedenfalls dies, dass er aufgrund seines geschöpflichen Wesens in der Lage ist, Gott zu begegnen, für Gott und in der Beziehung zu ihm eine Person zu sein, Einer wie Gott Einer ist. Er ist in der Lage, sich seiner selbst als von Gott, aber auch als von der übrigen Geschöpfwelt Verschiedener – und wiederum: als mit Gott, aber auch mit der übrigen Geschöpfwelt Verbundener bewusst zu sein. Er ist in der Lage, sich selbst zu erkennen, und er ist in der Lage, sich selbst zu verantworten."
66 Ebd., 150–157.
67 Vgl. MANFRED LOCHBRUNNER, *Hans Urs von Balthasars Trilogie der Liebe. Vom Dogmatikentwurf zur theologischen Summe*, Forum Katholische Theologie 11 (1995) 161–181.

rend sich Rahner und Balthasar gemeinsam gegen die „Bewusstseinsjenseitigkeit" der Gnade (diese Gnade allerdings in größter Nähe zur *iustitia formalis*) stellten, trennten sich auch ihre Wege an der Verhältnisbestimmung von Vertrauen und Verheißung. Karl Rahners Transzendentaltheologie versucht, in der allgemeinen Selbsterfahrung Gründe zum Vertrauen und zum kritischen Maßstab eines theologischen Verständnisses der christlichen Botschaft zu identifizieren. Um die Annäherung christlicher Botschaft und allgemeiner Erfahrung plausibel zu machen, müssen aber gerade die krisenhaften Momente des heutigen Selbstzweifels auf ein Minimum reduziert werden. Das Transzendentale dieses transzendentalen Ansatzes besteht in der neuen Bejahung einer erfahrbar gelingenden Transzendenz menschlichen Erkennens und Wollens sowie auch der auf Vergöttlichung hin tendierenden Evolution insgesamt: eine universale Transzendenz, wie sie zumindest in einer Linie von Kant bis zum frühen Heidegger infrage gestellt worden war.[68] Erst unter dieser Vorgabe ließen sich getrost die *specifica* der christlichen Botschaft wieder ins allgemeine Denken zurückholen.[69] Der Übergang zur Post-Rahner'schen Ära fällt deshalb verständlicherweise mit dem Wiederanstieg neuer Selbstzweifel zusammen, die sich u. a. im Bereich der politischen Theologie artikulieren.[70]

In der Nähe zum späten Barth ging Balthasar in eine dem Denken Rahners entgegengesetzte Richtung, welche Vertrauen erst aus dem unmittelbar werdenden Licht der Verheißung schöpfen wollte. So erhalte auch „der Begriff Person zunächst in der Trinitätslehre, dann in der Christologie einen ganz neuen Sinn. [...] Nun ist es in der christlichen Ära einerseits so, dass der allgemeine (oder philosophische) Begriff schon da sein muss, wenn er seinen besonderen theologischen Gehalt bekommen soll, andererseits aber so, dass der

---

68 Zur Kritik Rahners an der Verendlichung menschlicher Transzendenz vgl. RICHARD SCHENK, *Die Gnade vollendeter Endlichkeit. Zur transzendentalen Auslegung der thomanischen Anthropologie* (FThSt 135), Freiburg i. Br. 1989, 17–69, 432–498.
69 Zu den verschiedenen „Schritten" im Denken Rahners vgl. PETER EICHER, *Offenbarung. Prinzip neuzeitlicher Theologie*, München 1977, 356.
70 Vgl. GERD NEUHAUS, *Transzendentale Erfahrung als Geschichtsverlust? Der Vorwurf der Subjektlosigkeit an Rahners Begriff geschichtlicher Existenz und eine weiterführende Perspektive transzendentaler Theologie*, Düsseldorf 1982; DERS., *Theodizee – Abbruch oder Anstoß des Glaubens*, Freiburg i. Br. 1994, 165–206.

einmalige trinitarische oder christologische Gehalt, den der Begriff in der Theologie erhält, zurückstrahlt auf das allgemeine (oder philosophische) Verständnis, ohne dass dieses deshalb den Bereich des Allgemeinmenschlichen verlassen müsste. Stimmt das, dann kann vorweg und noch ohne Beweis die Behauptung aufgestellt werden, dass der Begriff der Person im menschlichen Sinn (und im Unterschied zu bloßer Individualität) dann in der Geschichte seine besondere Dignität bekommt, wenn er vom einmaligen theologischen Sinn angeleuchtet wird, während dort, wo das nicht der Fall ist, menschliche Person in die Sphäre bloßer Individualität zurücksinkt"[71].

So sehr dieser Entwurf sich der Krise des heutigen Selbstvertrauens bewusst zeigt, so eignet ihm doch der Nachteil des privilegierten und insofern privaten Erfahrungshorizonts. Als eine Alternative zu den beiden prominenten Entwürfen, die imstande wäre, eine Neubesinnung auf die Diskontinuität von Verheißung und Erfahrung zu ermöglichen, bietet sich die bereits genannte Politische Theologie an, insofern es ihr gelänge, „die Zukunft aus dem Gedächtnis des Leidens" als die Hoffnung auf Personsein zu verdeutlichen. Denn sie setzt als Horizont das Bewusstsein voraus, dass menschliche Vollendung von kontingenten Entwicklungen abhängt, deren Eintreten als noch ungesichert erscheinen muss. Im Gegensatz zur bewussten Utopie, deren „Idee des Glücks" entschieden kontrafaktisch ist, setzt die Fähigkeit zu trauern voraus, dass das, dessen Verhinderung beklagt wird, möglich, ja ersehnt ist.[72] Die Bejahung der Würde des Menschen als Person, sowenig sie völlig evident zu machen ist, gründet im Optativen: das, was uns an personalem Vollzug und personaler Würde bereits zugänglich

---

71 HANS URS VON BALTHASAR, Zum Begriff der Person, in: DERS., Homo creatus est (Skizzen zur Theologie V), Einsiedeln 1986, 93–102, hier: 94.
72 Vgl. NEUHAUS, Transzendentale Erfahrung als Geschichtsverlust?, 303–333, mit einem Neuansatz zur transzendentaltheologischen Deutung von Walter Benjamins „Idee des Glücks" anhand der zutreffenden Beobachtung Benjamins zum Phänomen der Trauer: „Im Eingedenken machen wir eine Erfahrung, die uns verbietet, die Geschichte grundsätzlich atheologisch zu begreifen, so wenig wir sie in unmittelbar theologischen Begriffen zu schreiben versuchen dürfen" (nach WALTER BENJAMIN, Gesammelte Schriften V, 589). Gerade in einer Idee des Glücks, die noch nicht mit der Sicherheit ihrer Erfüllung rechnen kann, sieht Neuhaus die Grundlage für eine modifizierte Form der Transzendentaltheologie: im Gegensatz zu Karl Rahner hier bei einer Struktur ansetzend, die das von ihr ersehnte Ereignis nicht bereits in sich miteinschließt.

ist, verlangt von uns, die Verunmöglichung jener Möglichkeiten zu bedauern, die zur Vollendung einer Person zu zählen sind. Im Fall vorsätzlicher Verunmöglichung verlangt sie nach Kritik und Anklage. Sowenig einerseits die theologische Hoffnung auf solche Vollendung bereits selbstverständlich ist, sowenig kann sie andererseits zur (auch noch so privaten) Sicherheit gebracht werden; daher bleiben gläubige Narrative göttlicher Verheißung „eine ihrerseits gebrochene Bezeugung"⁷³, die aber zu hören uns und den Mitbürgern des freiheitlichen Rechtsstaates die bessere Chance gibt, die eigene Hoffnung, Personen zu sein, glaubhaft offenzuhalten.

---

73 RICŒUR, *Das Selbst als ein Anderer*, 383; vgl. JEAN GREISCH, „*Versprechen dürfen*": *unterwegs zu einer phänomenologischen Hermeneutik des Versprechens*, in: RICHARD SCHENK (Hg.), *Kontinuität der Person. Zum Versprechen und Vertrauen*, Stuttgart-Bad Cannstatt 1998, 241–270, vor allem zu Anm. 12.

„Die Freude am Herrn ist eure Stärke." Biblische, liturgische und praktische Betrachtungen über die Freude

Johannes Paul Chavanne OCist

Die Zukunft gehört dem, der die größere Freude hat – warum der Glaube Freude macht. Dieses Thema der ‚Freude' ist kein nebensächliches Thema ... es betrifft die Herzmitte unseres Lebens und des Lebens der Kirche.[1]

1. Haben wir Freude in der Kirche?

Wenn ich als Priester herumkomme – sei es zur Sonntagsmesse in einer Pfarrei oder auch zu manchen Besprechungen in größerem Kreis –, dann ist das, was ich erlebe und sehe, selten Freude. Das beginnt bei der sonntäglichen Liturgie. Die Feier der Eucharistie am Sonntag sollte eigentlich für uns Christen der wöchentliche Höhepunkt und die Kraftquelle für die folgenden Tage sein. Eigentlich müsste die Kirche immer voll mit Menschen sein, die in Vorfreude darauf warten, das Wort Gottes zu hören, gemeinsam Gott zu loben und zu preisen und Jesus Christus in der Eucharistie zu begegnen. Eigentlich müsste die Heilige Messe eine Quelle der Freude sein, in der wir immer wieder die frohe (!) Botschaft hören und den Sieg Jesu über die Traurigkeit feiern (!).

Aber stattdessen hat man manchmal eher den Eindruck, dass die Messe nicht gefeiert wird, sondern abgewartet. Das beginnt schon bei der Körperhaltung, geht weiter zu den Antworten im Gebet – ich denke da besonders auch an das Halleluja, das ja ein Jubelruf, ein Aufjauchzen darüber ist, dass Gott sich uns offenbart – und geht hin bis zum Ende der Messe ...

Ich frage mich manchmal: Wenn ein Mensch, der noch nie etwas vom Christentum gehört hat, sich einmal aus Interesse auf-

---

[1] Der Artikel ist in manchem inspiriert von: WALTER KASPER, *Die Freude des Christen*, Ostfildern 2018.

macht, um bei einer Eucharistiefeier in einer durchschnittlichen Pfarrei in unseren Breiten dabei zu sein, was für einen Eindruck bekommt der von unserem Glauben? Spürt der da etwas von Überzeugung? Fühlt der da eine Kraft? Erfährt der da eine Freude, die ausstrahlt und ansteckt? Die innere Haltung, mit der wir unseren Glauben leben oder eben nicht leben, macht es aus, ob andere an diesem Glauben Interesse finden können und angezogen werden.

Aber auch jenseits der heiligen Messe haben sich in vielen Christen heute Resignation, Überdruss, Trägheit, Erschöpfung, Frust und Lauheit breitgemacht. Das hat viele Gründe – manche sind, wie wir wissen, auch echte, schwerwiegende Skandale, die Vertreter der Kirche verursacht haben. Das führt zu einer Krise der Identität als Christen und auch dazu, dass die Kirche keine Ausstrahlung mehr hat, keine kreativen Ideen, keinen Zug mehr hin zu den Menschen ...

Und selbst in der kleiner und kleiner werdenden kirchlichen Öffentlichkeit im deutschen Sprachraum mit ihren medial ausgetragenen Scharmützeln und Machtkämpfen, in die manche scheinbar ihre ganze Kraft stecken, findet sich – ich sage es als junger Priester, dessen Herz für die Seelsorge und die Evangelisierung brennt – selten Anlass zur Freude! Nein, es ist manchmal wirklich zum Davonlaufen: Die Menschen haben kein Interesse an der öffentlich ausgetragenen innerkirchlichen Nabelschau. Und die Kirche schuldet den Menschen von heute auch etwas anderes als die Vermessung von Einflusszonen. Die Kirche schuldet den Menschen unserer Tage und aller Tage das lebendige und glaubwürdige Zeugnis für Jesus Christus.

2. Die Traurigkeit der Welt

Diese Freudlosigkeit ist aber nicht nur ein Phänomen der Kirche. Ist die Freude insgesamt seltener geworden? Ein Freund von mir, der Apotheker ist, hat mir erzählt, dass sich der Bedarf an Psychopharmaka und Antidepressiva in den letzten 25 Jahren versiebenfacht hat – Tendenz steigend. Das mag viele Ursachen haben ... auch, dass solche Medikamente heute eher verschrieben werden. Fakt ist aber, dass Depression, psychische Probleme, Burnout und Traumata verschiedener Art Volkskrankheiten geworden sind. Die Welt ist in vielen Krisen – von der Wirtschaftskrise über die Europakrise, von der Klimakrise bis zu den vielen politischen Krisen in den eigenen Ländern und global. Dazu noch die persönlichen Krisen in der Familie, in der Partnerschaft, im Beruf und mit sich selbst ... da passt die Kirchenkrise ja gut dazu. Unsicherheit, Angst und Einsamkeit sind Begleiterscheinungen des Lebens vieler unserer Zeitgenossen. Das ist aber nicht nur ein Phänomen unserer Zeit. Es gibt immer jemanden, der weint. Es gab immer jemanden, der weint. Wenn auch nicht immer mit Tränen ... viele Menschen weinen innerlich – im Herzen. Sie werden von innen her traurig, hart und bitter. Die Traurigkeit ist ein Zeichen dieser Welt. So sehr, dass im ‚Salve Regina', einem der ältesten Mariengebete, die Welt poetisch ein „lacrimarum valle", ein „Tal der Tränen", genannt wurde.

Die „Traurigkeit dieser Zeit" (praesenti tristitia) ist ein Motiv, das im Gegensatz zur „ewigen Freude" (aeterna laetitia) immer wieder in liturgischen Gebeten auftaucht.[2]

„Wie willkommen sind auf den Bergen die Schritte des Freudenboten, der Frieden ankündigt, der eine frohe Botschaft bringt und Heil verheißt, [...]." (Jes 52,7)

Wie wichtig ist für unsere Zeit eine frohe Botschaft!? Wie lebensnotwendig ist für unsere Zeit eine Botschaft, die Hoffnung gibt!? Wie entscheidend ist es, dass heute Menschen Freude und Hoffnung in die Welt tragen!?

Jeder Mensch trägt in seinem Herzen eine tiefe Sehnsucht nach Freude, nach Glück und nach einem schönen und gelungenen Leben. Eine millionenschwere Unterhaltungs- und Spaßindustrie lebt heute von der Sehnsucht der Menschen nach Freude. Aber Spaß, Zerstreuung, Abwechslung und Unterhaltung – so sehr das alles auch seine Bedeutung haben mag – können den Hunger und den Durst der Seelen nach Freude nicht stillen.

---

2 Vgl. das Tagesgebet für eine Marienmesse, wo es heißt: „Nimm von uns die Traurigkeit dieser Zeit und führe uns zur ewigen Freude.", in: *Messbuch. Die Feier der heiligen Messe. Für die Bistümer des deutschen Sprachgebietes. Authentische Ausgabe für den liturgischen Gebrauch. Teil II: Das Messbuch deutsch für alle Tage des Jahres außer der Karwoche.* Herausgegeben im Auftrag der Bischofskonferenzen Deutschlands, Österreichs und der Schweiz sowie der Bischöfe von Luxemburg, Bozen-Brixen und Lüttich, Freiburg i. Br. 1975, 886.

Dafür ist die Kirche da: alle Menschen bekannt zu machen mit Dem, der gesagt hat, dass Er gekommen ist, damit die Menschen „das Leben haben und es in Fülle haben" (Joh 10,10) – Jesus Christus!

Die Kirche ist nicht dafür da, dass sie sich mit sich selbst beschäftigt und dass ihre Mitglieder miteinander streiten und gegeneinander arbeiten, sondern dafür, dass sie den Auftrag Jesu erfüllt: „Geht hinaus in die ganze Welt und verkündet das Evangelium der ganzen Schöpfung (Mk 16,15)

3. Fehlen der Freude – nur ein Symptom für tiefere Leere?

Wenn in der Kirche die Freude fehlt, dann ist das keine Nebensächlichkeit, sondern dann ist das ein Alarmsignal!

Im Brief an die Galater stellt der Apostel Paulus den Menschen, der vom „Fleisch bestimmt" ist, der also nur diesseitig, materiell und weltlich denkt, dem Menschen gegenüber, der vom Heiligen Geist bestimmt und geprägt ist. Und er wendet sozusagen ein Wort Jesu an: „Jeden Baum erkennt man an seinen Früchten." (Lk 6,44) An den Früchten erkennt man also den Menschen ...

„Die Frucht des Geistes aber ist Liebe, Freude, Friede, Langmut, Freundlichkeit, Güte, Treue, Sanftmut und Enthaltsamkeit." (Gal 5,22f.) Im Tagesgebet von Pfingsten betet die Kirche darum, dass Gott die ganze Welt mit diesen Gaben des Heiligen Geistes erfülle. Die Freude ist eine Frucht des Heiligen Geistes. Die Freude ist ein Merkmal des Heiligen Geistes. Die Freude stellt sich ein, wo ein Mensch im Heiligen Geist ist. Quelle echter Freude ist der Heilige Geist. In der Apostelgeschichte heißt es sogar einmal, nachdem Paulus und Barnabas von Antiochia nach Ikonion weiterzogen: „[...] die Jünger wurden mit Freude und Heiligem Geist erfüllt." (Apg 13,52) Mit dem Heiligen Geist zieht auch die Freude in das Leben ein.

Das Fehlen von Freude könnte auf ein viel tieferes Fehlen hindeuten – auf das Fehlen des Heiligen Geistes. Und wenn der Kirche der Heilige Geist ausgehen sollte, dann stirbt sie ...

Im Katechismus der Katholischen Kirche ist noch eine weitere Quelle der Freude angegeben: „Die Frucht der Liebe sind Freude,

Friede und Barmherzigkeit." (KKK 1829) Freude stellt sich also ein, wo Liebe ist. So sagt es auch der heilige Thomas von Aquin: „Auf die heilige Liebe folgt mit Notwendigkeit die Freude. Denn der Liebende freut sich über die Verbindung mit dem Geliebten. [...] Daher ist die Gefolgschaft der Liebe die Freude."[3]

Ist also das Fehlen von Freude in der Kirche vielleicht nur ein Symptom einer viel ernsteren Krankheit? Ist das Fehlen von Freude vielleicht ein Zeichen dafür, dass in Wahrheit die Liebe und der Heilige Geist fehlen?

4. Freude im Neuen Testament

Freude kann man nicht befehlen. Freude braucht einen Grund. Freude braucht einen Anlass und ein Warum. Die Heilige Schrift berichtet uns von vielen Ereignissen, die Freude auslösen.

Evangelium heißt „Frohe Botschaft"! Das Evangelium ist voller Freude: Als der Engel Gabriel zu Maria, der Jungfrau, kommt, um ihre Zustimmung zu erbitten, Mutter Jesu – Mutter Gottes – zu werden, da grüßt der Engel sie mit dem Wort: „χαῖρε, κεχαριτωμέν ὁ κύριος μετὰ σοῦ." (Lk 1,28) Wir übersetzen meist mit: „Sei gegrüßt, du Begnadete, der Herr ist mit dir." Das χαῖρε heißt aber – wiewohl es ein üblicher Gruß war –: „Freue dich! Sei fröhlich! Hab Freude in dir! Sei glücklich!" Die christliche Heilsgeschichte beginnt mit einem freudigen Gruß!

Als Jesus in Betlehem geboren wurde, da kamen Engel zu den Hirten, die dort in der Nähe bei ihren Herden Nachwache hielten und sagten: „Fürchtet euch nicht, denn siehe, ich verkünde euch eine große Freude (χαρὰν μεγάλην), die dem ganzen Volk zuteilwerden soll: Heute ist euch in der Stadt Davids der Retter geboren; er ist der Christus, der Herr." (Lk 2,10f.) Und als Sterndeuter aus dem Osten in jenes Land kamen, um nach dem „neugeborene[n] König der Juden" zu suchen und ein Stern ihnen den Weg nach Betlehem wies, „zu dem Ort, wo das Kind war; [...] wurden sie von sehr großer Freude erfüllt (wörtlich: freuten sie sich in einer sehr großen Freude – ἐχάρησαν χαρὰν μεγάλην σφόδρα). Sie gingen in das Haus und

---

3   Thomas von Aquin, Summa theologiae I-II, q. 70, a. 3.

sahen das Kind und Maria, seine Mutter; da fielen sie nieder und huldigten ihm. Dann holten sie ihre Schätze hervor und brachte ihm Gold, Weihrauch und Myrrhe als Gaben dar." (Mt 2,9-11) Jesus selbst versteht Seine Botschaft als eine Botschaft der Freude. Seine Gebote hat er uns gegeben – nicht um uns das Leben schwer zu machen, sondern um zur Freude zu finden: „Wenn ihr meine Gebote haltet, werdet ihr in meiner Liebe bleiben, so wie ich die Gebote meines Vaters gehalten habe und in seiner Liebe bleibe. Dies habe ich euch gesagt, damit meine Freude in euch ist und damit eure Freude vollkommen wird." (Joh 15,10f.)

Jesus weiß, dass für Christen in dieser Welt nicht immer alles leicht ist. Er gibt uns Hoffnung: „Ihr werdet traurig sein, aber eure Trauer wird sich in Freude verwandeln. [...] So habt auch ihr jetzt Trauer, aber ich werde euch wiedersehen; dann wird euer Herz sich freuen, und niemand nimmt euch eure Freude. An jenem Tag werdet ihr mich nichts mehr fragen." (Joh 16,20.22f.)

Was aber ist das für eine Freude, von der Jesus da spricht? Die Freude Jesu, die Freude der Christen ist keine billige Freude. Die Freude Jesu und die Freude des Heiligen Geistes ist etwas anderes als eine schöne Emotion und etwas anderes als ein Spaß und etwas anderes als ablenkende Unterhaltung. Die Freude Jesu ist eine Freude, die nicht im Widerspruch steht zum Weg in Seiner Nachfolge, zum Weg der Kreuzesnachfolge. Der Weg zur Freude Jesu ist nicht ein Weg am Kreuz vorbei ... der Weg der Freude Jesu ist ein Weg durch das Kreuz hindurch zur Freude der Auferstehung.

Nachdem Jesus verraten, verleugnet, verurteilt, gefoltert, verhöhnt, geschlagen und gekreuzigt wurde, ist er – das ist die Freude der Christen – siegreich von den Toten auferstanden.

Der gekreuzigte Auferstandene zeigte sich Seinen Aposteln am ersten Ostersonntag der Geschichte: „Am Abend dieses ersten Tages der Woche, als die Jünger aus Furcht vor den Juden bei verschlossenen Türen beisammen waren, kam Jesus, trat in ihre Mitte und sagte zu ihnen: Friede sei mit euch! Nach diesen Worten zeigte er ihnen seine Hände und seine Seite. Da freuten sich die Jünger (ἐχάρησαν οὖν οἱ μαθηταὶ), als sie den Herrn sahen." (Joh 20,19f.) Den Herrn zu sehen ist Anlass zur Freude!

Paulus, der den apostolischen Dienst als einen Dienst an der Freude versteht – „Wir sind nicht Herren über euren Glauben, sondern wir sind Mitarbeiter eurer Freude; denn im Glauben steht ihr fest." (2 Kor 1,24) –, definiert einmal an einer Stelle das, was das Reich Gottes ist. Jesus spricht viel vom Reich Gottes und er möchte, dass dieses Reich der Gottesherrschaft anbricht und alle Menschen in dieses Reich kommen. Paulus deutet es aus, was das ist – das Reich Gottes: „[...] das Reich Gottes ist nicht Essen und Trinken, sondern Gerechtigkeit, Friede und Freude im Heiligen Geist (χαρὰ ἐν πνεύματι ἁγίῳ)." (Röm 14,17) Das Erleben echter Freude ist Anbruch des Reiches Gottes und Antizipation seiner eschatologischen Erfüllung.

5. Freude in der Liturgie

In der Liturgie feiert die Kirche ihren Glauben. Liturgie ist gefeierter Glaube. Wie wichtig die Freude für den authentischen, christlichen Glauben ist, sollte sich auch an der Liturgie erkennen lassen.

Es ist wenig beachtet, aber höchst bemerkenswert: Zwei Sonntage im Verlauf des Kirchenjahres stehen speziell unter dem Leitwort der Freude! Der dritte Adventssonntag trägt den Namen ‚Gaudete', von seinem Eröffnungsvers her: „Freut euch im Herrn zu jeder Zeit! Noch einmal sage ich euch: Freut euch! Denn der Herr ist nahe." (Phil 4,4f.)

Und auch der vierte Fastensonntag steht unter dem Leitwort der Freude – ‚Laetare': Freue dich, Stadt Jerusalem! Seid fröhlich mit ihr, alle, die ihr traurig wart. Freut euch und trinkt euch satt an der Quelle göttlicher Tröstung. (vgl. Jes 66,10f.)

Zwei Sonntage sind in so spezieller Weise der (Vor-)Freude über die Heilsereignisse der Geburt Jesu und der Auferstehung Jesu gewidmet, dass seit dem 16. Jahrhundert für diese beiden speziellen „Freuden-Sonntage" sogar eine eigene liturgische Farbe in Verwendung ist: das Rosa.

In den liturgischen Texten der Osterzeit begegnet uns die Freude ständig – oft ist die Rede von der „österlichen Freude". Was ist das, die „österliche Freude"? Es ist die Freude über den Sieg Jesu, den Sieg des Lebens über den Tod, der Liebe über den Hass und des

Lichtes über die Finsternis. In den liturgischen Texten der Osterzeit begleitet uns das Motiv der Freude ständig. Erwähnt sei hier das Exsultet der Osternacht. Ein nicht enden wollender Freuden- und Jubelgesang:

„Frohlocket, ihr Chöre der Engel,
frohlocket, ihr himmlischen Scharen,
lasset die Posaune erschallen,
preiset den Sieger, den erhabenen König!
Lobsinge, du Erde, überstrahlt vom Glanz aus der Höhe!
Licht des großen Königs umleuchtet dich.
Siehe, geschwunden ist allerorten das Dunkel.
Auch du freue dich, Mutter Kirche,
umkleidet von Licht und herrlichem Glanze!
Töne wider, heilige Halle,
töne von des Volkes mächtigem Jubel."

Nach den 40 Tagen der Fastenzeit ertönt zu Ostern – in der Osternacht – auch das Jubellied des Halleluja wieder.

Zu denken ist schließlich an die Kirchenlieder – besonders in der Osterzeit. Nur ein Beispiel: „Lasst uns erfreuen herzlich sehr, Halleluja, Maria seufzt und weint nicht mehr. Halleluja." Wo es unter anderem heißt:

„Aus seinen Wunden fließen her, Halleluja, fünf Freudenseen, fünf Freudenmeer. Halleluja. Die Freud sich über dich ergoss, Halleluja, und durch dein Herz die Freude floss. Halleluja.

Dein Herz nun ganz in Freuden schwimmt, Halleluja, und zu und zu die Freude nimmt. Halleluja. Ach, nun vergiss auch unser nit, Halleluja, und teil auch uns ein Tröpflein mit. Halleluja."[4]

---

4   *Gotteslob. Katholisches Gebet- und Gesangbuch.* Ausgabe für die (Erz-)Diözesen Österreichs. Herausgegeben von den (Erz-)Diözesen Deutschlands und Österreichs und dem Bischof von Bozen-Brixen, Stuttgart 2013, Nr. 533.

6. Papst Franziskus: Freude der Verkündigung – Freude in der Verkündigung

Papst Franziskus hat der Freude eine zentrale Bedeutung in seiner Verkündigung gegeben. Hören wir nur auf die Überschriften einiger seiner wichtigsten Texte: „Evangelii gaudium" (EG) vom 24. November 2013 über die Verkündigung des Evangeliums in der Welt von heute. Eine programmatische Schrift, in der der Papst eine „missionarische Umgestaltung der Kirche" fordert (EG 19–49)[5]: „Die Freude des Evangeliums erfüllt das Herz und das gesamte Leben derer, die Jesus begegnen. Diejenigen, die sich von ihm retten lassen, sind befreit von Sünde, von der Traurigkeit, von der inneren Leere und von der Vereinsamung. Mit Jesus Christus kommt immer – und immer wieder – die Freude." (EG 1)[6] Der Papst wünscht sich eine Kirche, die das Evangelium neu, mutig und von der Freude geprägt in die Welt trägt.

Das nachsynodale Schreiben über die Liebe in der Familie vom 19. März 2016 trägt nicht – obwohl man im Nachhinein manchmal diesen Eindruck gewinnen konnte – den Titel „Amoris problema", sondern „Amoris Laetitia" (AL), die Freude der Liebe: „Die Freude der Liebe, die in den Familien gelebt wird, ist auch die Freude der Kirche. [...] die christliche Verkündigung über die Familie [ist] wirklich eine frohe Botschaft." (AL 1)[7]

Weniger diskutiert, aber sehr wertvoll und lesenswert ist das am 19. März 2018 veröffentlichte Apostolische Schreiben über den Ruf zur Heiligkeit in der Welt von heute. Es trägt den Titel „Gaudete et exsultate" (GE) – Freut euch und jubelt. Dieser Titel ist einem Wort Jesu entnommen. Er sagt es in der Bergpredigt als eine der be-

---

5   FRANZISKUS, *Apostolisches Schreiben Evangelii Gaudium des Heiligen Vaters Papst Franziskus an die Bischöfe, an die Priester und Diakone, an die Personen geweihten Lebens und an die christgläubigen Laien über die Verkündigung des Evangeliums in der Welt von heute*, in: Verlautbarungen des Apostolischen Stuhls (Nr. 194), hg. vom Sekretariat der Deutschen Bischofskonferenz, Bonn 2013, 21–42.
6   Ebd., 7.
7   DERS., *Nachsynodales Schreiben Amoris Laetitia des Heiligen Vaters Franziskus an die Bischöfe, an die Priester und Diakone, an die Personen geweihten Lebens, an die christlichen Eheleute und an alle christgläubigen Laien über die Liebe in der Familie*, in: Verlautbarungen des Apostolischen Stuhls (Nr. 204), hg. vom Sekretariat der Deutschen Bischofskonferenz, Bonn 2016, 9.

rühmten Seligpreisungen: „Selig seid ihr, wenn man euch schmäht und verfolgt und alles Böse über euch redet um meinetwillen. Freut euch und jubelt: Denn euer Lohn wird groß sein im Himmel. So wurden nämlich schon vor euch die Propheten verfolgt." (Mt 5,11f.) „‚Freut euch und jubelt' (Mt 5,12), sagt Jesus denen, die um seinetwillen verfolgt oder gedemütigt werden. Der Herr fordert alles; was er dafür anbietet, ist wahres Leben, das Glück, für das wir geschaffen wurden. Er will, dass wir heilig sind, und erwartet mehr von uns, als dass wir uns mit einer mittelmäßigen, verwässerten, flüchtigen Existenz zufriedengeben." (GE 1)[8]
In diesem Schreiben ist das vierte Kapitel einigen Merkmalen der Heiligkeit in der Welt von heute gewidmet. Diese Merkmale der Heiligkeit sind demnach: Durchhaltevermögen, Geduld, Sanftmut, Wagemut, Eifer, die Fähigkeit zur Gemeinschaft, beständiges Gebet, Freude und Sinn für Humor.

Über die Freude und den Humor sagt der Papst: „Der Heilige ist fähig, mit Freude und Sinn für Humor zu leben. [...] Wir haben die Schönheit seines Wortes empfangen und es mit offenen Armen ‚trotz großer Bedrängnis mit der Freude aufgenommen, die der Heilige Geist gibt' (1 Thess 1,6)." (GE 122)[9] „Normalerweise wird die christliche Freude von einem Sinn für Humor begleitet, ..." und der Papst verweist auf einige Heilige, die Freude ausgestrahlt haben und auch das Lustige im Leben gesehen haben: den heiligen Thomas Morus, dessen ‚Gebet um eine gute Verdauung' der Papst in einer Fußnote zitiert, den heiligen Vinzenz von Paul und den heiligen Philipp Neri. „Missmut ist kein Zeichen von Heiligkeit." (GE 126)[10]

„Ich rede nicht von einer konsumorientierten und individualistischen Freude, die in einigen kulturellen Ausprägungen von heute so präsent ist. Denn der Konsumismus stopft das Herz nur voll; er kann gelegentliches und vorüberziehendes Vergnügen bieten, aber keine Freude. Ich beziehe mich vielmehr auf die Freude, die man in Gemeinschaft erlebt, die man teilt und verteilt, denn ‚geben ist seli-

---

8   Ders., *Freut euch und jubelt. Das Schreiben Gaudete et exsultate über den Ruf zur Heiligkeit in der Welt von heute.* Mit Einführung und Register, Ostfildern 2018, 21.
9   Ebd., 85.
10 Ebd., 86.

ger als nehmen' (Apg 20,35) und ,Gott liebt einen fröhlichen Geber' (2 Kor 9,7)." (GE 128)[11]

7. Zwei praktische Wege zur Freude: Danken und Loben

Danken

Traurigkeit kann manchmal etwas mit Undankbarkeit zu tun haben. (vgl. GE 126)[12] Wenn ich mit Menschen spreche und die mir ihr Leid klagen und ihre Probleme schildern, die sie haben – sei es in der Familie mit Eltern, Partnern, Kindern oder auch berufliche mit Kollegen oder dem Chef oder mit sich selbst –, und wenn dann alles sehr negativ erscheint, dann sage ich manchmal am Ende des Gesprächs: „Jetzt sagen Sie mir noch drei Dinge, für die Sie dankbar sind." Die gibt es nämlich auch, nur übersehen wir sie so oft. Das Negative ist oft viel dominanter und lauter ... aber das, wofür wir dankbar sind, sollten wir nicht aus den Augen verlieren und es uns immer wieder bewusst machen. Ich habe es mir zur Angewohnheit gemacht, am Ende des Tages nicht nur eine Gewissenserforschung zu halten, sondern immer auch drei Dinge zu benennen, für die ich Gott an diesem Tag konkret Danke sagen möchte. Das, wofür wird dankbar sind, ist das, was uns Freude macht.

Loben

In einem Kirchenlied heißt es einmal: „Lasst uns loben, freudig loben."[13] Loben ist auch eine Form von Dankbarkeit und ein Weg zur Freude. Wie gut tut es uns, wenn jemand zu uns kommt und sagt: „Das hast du gut gemacht!" Das baut auf und macht Freude. Loben wir die anderen mehr! Das macht Freude. So bringen wir Freude in

---

11 Ebd., 87.
12 Ebd., 86.
13 *Gotteslob. Katholisches Gebet- und Gesangbuch.* Ausgabe für die (Erz-)Diözesen Österreichs. Herausgegeben von den (Erz-)Diözesen Deutschlands und Österreichs und dem Bischof von Bozen-Brixen, Stuttgart 2013, Nr. 489.

die Herzen. Wer lobt, der sieht den anderen nicht als Konkurrenten, sondern beginnt sich am Schönen und Guten in anderen zu freuen und zieht so eine Spur der Freude durch sein Leben. Lasst uns loben, freudig loben! Gott zu loben ist im Kern nichts anderes. Gott in Freude das zu sagen, wofür wir ihm dankbar sind. Das macht Freude.

8. Freude ist Evangelisierung – Freude schenken.

Echte Freude kann man nicht für sich behalten. Freude teilt sich mit. Anderen eine Freude zu machen, macht einem selbst Freude. Andere glücklich zu machen macht glücklich. Deshalb: Freude ist Evangelisierung. Wie schon gesagt: Freude kann man nicht befehlen. Freude kann aber anstecken und auf andere übergehen. Menschen, die Freude ausstrahlen, ziehen an. Gemeinschaften, die Freude ausstrahlen, ziehen an. Die Kirche ist berufen, die frohe Botschaft zu leben. Wenn wir das Evangelium nicht mehr als frohe Botschaft, die Freude macht, verstehen, leben und feiern, dann brauchen wir uns nicht zu wundern, wenn die Menschen in ihrer Sehnsucht nach Freude sich anderswohin wenden ... Die Kirche hat dann Zukunft, wenn sie Freude ausstrahlt. Freude wirkt missionarisch und evangelisierend – ganz von selber. Freude teilt sich mit, weil geteilte Freude doppelte Freude ist. „Freude machen macht Freude."[14] Wer eine Freude im Herzen hat, der will sie teilen und der kann gar nicht anders, als sie anderen weiterzugeben. Das ist Evangelisierung: das Teilen von Freude über die Nähe Gottes und die Erlösung, die Er uns in Jesus Christus geschenkt hat und die uns im Heiligen Geist ins Herz gegeben ist. Freude im Heiligen Geist ist der Weg der Kirche heute und morgen, „denn die Freude am Herrn ist eure Stärke". (Neh 8,10)

---

[14] KASPER, Freude, 195.

X.
LECTIO SPIRITUALIS

Deus, qui caeli lumen es. Hymnus ad Laudes matutinas, Hebd. II, Feria VI.

Leo Bazant-Hegemark

LITVRGIA HORARVM
Hymnus
Hebd. II, Feria VI., ad Laudes matutinas
versio scripta ut publicetur in AMBOne Sanctae Crucis
Scriptum a (?), versio Leo Bazant-Hegemark

Hymnus
Jambischer Dimeter:

∪ ´ — ´ | ∪ ´ — —

Fast alle der theologischen Gedanken haben Vorlagen im Altertum. Sie im Originaltext zu lesen, ist einfach schön. Das Original bringt oft andere Inhaltsfärbungen.

Ebenso interessant und oft auch notwendig ist es aber auch, Texte zu übersetzen, denn nicht alle verstehen alle Sprachen. Abgesehen von einfachstem Sprachniveau funktioniert Übersetzen aber eigentlich kaum; aus genanntem Grund versucht man sich daran dennoch immer wieder – an dieser Diskrepanz zwischen genauer Grammatik, genauer Nuance des Vokabulars einerseits und der guten Übertragung andererseits. Eine besondere Herausforderung ist dabei immer noch zusätzlich die Übersetzung von Versen. Manche tun sich damit überhaupt nicht ab und übersetzen nur in Prosa, im Eingeständnis der Tatsache, dass Verse niemals mit anderssprachigen Versen wiedergegeben werden können. Andere übertragen nur mehr oder weniger genau am Inhalt vorbei; damit wird der Text natürlich wieder schön, und Gott sei Dank war oder ist dies etwa der Arbeitsgang beim „Übersetzen" von Lied- oder Operntexten. Wir persönlich empfinden allerdings: Eine genaue Übersetzung ist möglich, oft aber nicht schön. Im Prinzip ist sie oft die Quadratur des Kreises: Sie soll natürlich richtig und für uns deutsch sein, und eigentlich soll dazu das vom Autor gewünschte Versmaß verwendet werden – eine schier unlösbare Aufgabe? Die alten Autoren spielten aber auch selber oft mit Worten, Ausdrücken, Formen. Und ihre häufig von Autoren wie Horaz nachgeahmten Verse entsprachen ganz genau den Vorbildern. Das sollte bei uns gar nicht möglich sein? Erschwerend für uns kommt allerdings dazu, dass ab einer gewissen Zeit die quantitierende Messung der Verse immer mehr zurückgedrängt wurde und irgendwann einmal sogar Reime vorkommen – für das Sprachempfinden in der klassischen Antike kindisch und schier unmöglich.

Doch kurz zusammengefasst: Auch wenn das Original nicht zu überbieten ist – wir meinen, dass möglichst genaue Übersetzungen in originaler Versform das Lesen in der Antike, auch des frühen Christentums, etwas näher vermitteln.

TEXTVS

Deus, qui caeli lumen es
satorque lucis, qui polum
paterno fultum brachio
praeclara pandis dextera,

Aurora stellas iam tegit
rubrum sustollens gurgitem,
umectis atque flatibus
terram baptizans roribus.

Iam noctis umbra linquitur,
polum caligo deserit,
typusque Christi, lucifer
diem sopitum suscitat,

Dies dierum tu, Deus,
lucisque lumen ipse es,
Unum potens per omnia,
potens in unum Trinitas.

Te nunc, Salvator, quaesumus
tibique genu flectimus,
Patrem cum Sancto Spiritu
totis laudantes vocibus. Amen.

VERSIO

Gott, der du Himmels Leuchte bist,
des Lichtes Schöpfer, der den Pol
auf väterlichen Arm gestützt
mit ruhmvoll Rechter machest auf,

schon deckt die Stern' das Morgenrot,
und hebt den roten Wirbel weg,
und mit den Winden, die noch nass,
tauft es die Erde durch den Tau.

Schon bleibt der Schatten von der Nacht,
die Dunkelheit verlässt den Pol,
und Christi Bild, der Venusstern,
erweckt den Tag aus seinem Schlaf.

O Tag der Tage du, o Gott,
du selber bist das Licht des Lichts,
als eines mächtig überall,
einmächtig als Dreieinigkeit.

Dich bitten wir, Erlöser, nun,
und für dich beugen wir das Knie,
den Vater mit dem Heil'gen Geist
mit vollen Stimmen loben wir. Amen.

Christliche Lichtmetaphyik. Zum Hymnus ‚Deus, qui caeli lumen es' – ‚Cot du der himile lecht pist'

Wolfgang Buchmüller OCist

Eine zweisprachige Neuausgabe des Stundengebetes

Seit den Urtagen der Menschheit gibt es zwei- und mehrsprachige Texte, die das Verständnis von wichtigen Grundtexten, seien sie rechtlicher oder religiöser Natur, ermöglichen sollten. Dies begann bei der Gesetzesstele des Hammurabi im Zweistromland Mesopotamien, setzte sich über die Inschriften der assyrischen und persischen Herrscher bis zu dem in Stein gemeißelten Manifest des Kaiser Augustus in seinem Tempel in Ancyra-Ankara fort, bis hin zu vielen neusprachlichen Monumenten, die vorsichtshalber ihren Inschriften eine englische Übersetzung beifügen.

In diesen Tagen hat sich die Zisterzienserabtei Heiligenkreuz an ein neues Großprojekt gewagt: Die monumentale *Liturgia horarum ordinis cisterciensis*, das Stundenbuch des Zisterzienserordens, das 1978 im Zuge der Liturgiereform des II. Vaticanums mit kirchlicher Approbation erschienen ist,[1] neu als zweisprachige Ausgabe herauszubringen. Noch mehr als die offizielle *Liturgia horarum* der katholischen Kirche, die für die Weltpriester bestimmt ist, kann die zisterziensische *Liturgia horarum*, die unter der Federführung von Pater Guido Gibert von der Gottesdienstkongregation in Rom entstanden ist, als eine *Summa* der unendlich reichen liturgischen Tradition der Mönchsklöster gelten, die mehr als 1.500 Jahre klösterliches Gotteslob umfasst.

---

[1] Vgl. *Liturgia horarum ordinis cisterciensis*, hg. v. Abt Franz Gaumannmüller und der Zisterzienserabtei Heiligenkreuz, Mödling 1978.

Der Hymnus *Deus, qui caeli lumen es*

Als pars pro toto soll an dieser Stelle ein einziger Hymnus vorgestellt werden – *Deus, qui caeli lumen es* –, der wie die ca. 300 anderen rhythmischen gregorianischen Gesänge in einer schöpferischen Nachdichtung von Leo Bazant-Hegemark im antiken bzw. mittelalterlichen Versmaß in moderner deutscher Sprache erscheinen wird. Das Bewegende bei diesem Hymnus ist, dass es vor 1.200 Jahren bereits einen früheren Versuch einer deutschen Übertragung gab – allerdings ins Althochdeutsche –, eine Übertragung, der gewisse literarische Ambitionen attestiert werden.[2] Nach Ausweis des Charakters der Schrift – eine frühe karolingische Minuskel – hatte vor dem Jahr 800 ein Mönch ein Exemplar des sog. ‚Fränkischen Hymnars' für die elsässische Abtei Murbach kopiert, die damals zum Klosterverband der berühmten Benediktinerabtei Reichenau gehörte. Das Murbacher Hymnar gilt für den Text von *Deus, qui caeli lumen es* – neben dem Manuskript Paris BN 14088 und Manuskript Zürich Ms Rheinau 34 – als einer der ältesten und vollständigsten Textzeugen für die frühe karolingische Epoche.[3]

---

2   Vgl. MICHAEL STOLZ, *Bodleian Library Ms Junius 25. The Poetics of the Murbach Hymns*, in: Oxford German Studies 46 (2017) 200–205.
3   Gneuss verwendet die Bezeichnung ‚Altes Hymnar'; vgl. HELMUT GNEUSS, *Hymnar und Hymnen im englischen Mittelalter. Studien zur Überlieferung, Glossierung und Übersetzung lateinischer Hymnen in England* (Zeitschrift für Englische Philologie 12), Tübingen 1968, 21–24.; STEFANIE GERHARDS, *Die Murbacher Hymnen: Edition nach der Handschrift Junius 25, Bodleian Library, Oxford*, München 2018, 145.

Murbach Gesangbuch, 9. Jahrhundert, Photo: © Bodleian Libraries, University of Oxford

Der Codex Junius 25 aus Murbach

Der verstorbene Paläograf Bernhard Bischoff (1906–1991) meinte die Schrift des Textzeugens aus Kloster Murbach so genau charakterisieren zu können, dass er das Schriftbild dem Schreiber Reginbert des Skriptoriums des Klosters Reichenau zuweisen wollte, der nach dem Jahr 815 dort tätig war, was im Bereich des Denkbaren ist, denn die Benediktinerabtei Reichenau war und blieb ein kulturelles und monastisches Zentrum für alle ihre ‚Tochtergründungen'.[4] Der heutige Bibliothekskatalog der Bodleian Library geht allerdings davon aus, dass die in karolingischer Minuskelschrift geschriebene Handschrift bereits Ende des 8. Jahrhunderts in der produktiven und angesehenen Schreibschule von Murbach selbst verfertigt wurde.[5] Für eine solche frühere Datierung sprechen insbesondere die Reminiszenzen an die frühere angelsächsische Minuskelschrift wie das offene „a" und das 3er-förmige „g".

Als der Bibliotheksbestand in der damaligen Reichsabtei Murbach im Dreißigjährigen Krieg von der schwedischen Armee unter dem Oberbefehl des Herzogs Bernhard von Weimar zwischen 1636 und 1639 geplündert wurde, wurde der Kodex entwendet und gelangte spätestens 1652 in die Niederlande. In diesem Jahr edierte der Leidener Professor Marcus Zuerius Boxhorn († 1653) das Glossar und andere Teile der karolingischen Handschrift.[6] Wenig später kam das frühmittelalterliche Manuskript in den Besitz des berühmten Gelehrten Isaac Vossius in Amsterdam, Hofbibliothekar der Königin Christine von Schweden, der sich als Erster für ihre Hymnensammlung interessierte und diese exzerpierte.[7] Über seinen Onkel, Franziskus Junius, gelangte das Manuskript 1677 schließlich in die Bodleian Library in Oxford, einem europäischen Zentrum der Studien.

---

4   Vgl. BERNHARD BISCHOFF, *Katalog der festländischen Handschriften des neunten Jahrhunderts* (mit Ausnahme der wisigotischen), Bd. 2, aus dem Nachlass herausgegeben von Birgit Ebersperger (Veröffentlichungen der Kommission für die Herausgabe der mittelalterlichen Bibliothekskataloge Deutschlands und der Schweiz), Wiesbaden 2004, 364–366.
5   Vgl. Online-Katalog der Bodleian Library Oxford, Manuscripts, Summary Catalogue 5137.
6   Vgl. GERHARDS, *Die Murbacher Hymnen*, 21.
7   Vgl. ebd., 22.

Der Bedeutung der Handschrift entspricht es, dass ihr Text in den Jahren 1703, 1787, 1830 und 1874 von verschiedenen Fachgelehrten herausgegeben und schließlich nochmals 2009 von Chiara Simbolotti und 2019 von Stefanie Gerhards kritisch ediert wurde.[8]

Die Entwicklung der Hymnodie in der Frühzeit der Kirche

Das Murbacher Hymnar führt uns zurück in die Frühzeit der Gregorianik, als zu der allerersten, bereits bei den Bischöfen Caesarius von Arles (ca. 470–542) und Aurelianus von Arles (ca. 523–551) bezeugten ‚Alten Sammlung' von den ca. acht Hymnen des Ambrosius (ca. 333–397) zu den einzelnen Horen des Stundengebetes,[9] denen noch weitere Hymnen aus anderen Sammlungen hinzugefügt wurden, die als sog. ‚Mailänder Hymnar' des Maximianus (Mitte 6. Jh. ?)[10] oder als ‚Altspanisches Hymnar' bzw. ‚Mozarabisches Hymnar' benannt werden.[11]

Am Ende dieser Entwicklungen, die auf ein wachsendes spätantikes Erbe der religiösen Poetik zurückgreifen konnten, für die unter anderem die Namen des Hilarius, Ambrosius, Gelasius, Paulinus von Nola, Nicetas, Ennodius, Sedulius, Fulgentius und Venantius Fortunatus standen,[12] erwuchs nach der Mitte des 8. Jahrhunderts im Osten des Frankenreiches sukzessive das sog. ‚Fränkische' oder ‚Gallikanische' Hymnar, das nun ganze 27 Hymnengesänge für die Liturgie der Kirche anbot, davon einige bezogen auf die einzelnen

---

8   Zuletzt: CHIARA SIMBOLOTTI, Gli ‚Inni di Murbach'. Edizione critica, commentario e glossario (Ms. Junius 25), Alessandria 2009, und: GERHARDS, Die Murbacher Hymnen.
9   Vgl. GNEUSS, Hymnar und Hymnen, 15f.
10 Vgl. ebd.: „Die meisten der später zugefügten Hymnen werden einem Maximianus zugeschrieben oder sind im Stile einer solchen von ihm stammenden Hymne verfasst; sie sind alle für Kirchen- oder Heiligenfeste bestimmt und von dem älteren Bestande der Amb[rosianischen Hymnen] stilistisch klar geschieden"; ein nachklassischer Dichter mit Namen Maximianus wirkte um die Mitte des 6. Jh. Er wurde als Poet von Elegien und als Lobredner auf den ostgotischen König Theodahat (König von 534–536) bekannt. Es ist nicht bekannt, ob der Dichter Maximianus mit dem gleichnamigen Erzbischof von Ravenna (498–556) identisch ist. Von diesem ist bekannt, dass er für eine Überarbeitung von liturgischen Texten verantwortlich zeichnete.
11 Vgl. GNEUSS, Hymnar und Hymnen, 15–23.
12 Vgl. WALTHER BUST, Hymni latini antiquissimi LXXV, Psalmi III, Heidelberg 1956, 7–25.

liturgischen Höhepunkte des Kirchenjahres.[13] Die meisten dieser 27 Hymnen dürften aber als Eigengut gegenüber der alten Kollektion von Hymnen auf die nachfolgende spätantike, merowingische bzw. frühe karolingische Epoche des 6. bis 8. Jahrhunderts zurückgehen, die eine Reihe von produktiven religiösen Dichtern aufweisen konnte, von denen Paulus Diaconus, Alkuin von York und Theodulf von Orléans besonders hervorgehoben seien. Das sog. ‚fränkische Hymnar' war daher erst eine Zwischenstufe auf dem Weg zu der sog. ‚Neuen Sammlung', die unter Einbeziehung von weiteren lateinischen Dichtungen irischen oder angelsächischen Ursprungs eine neue erweiterte Fassung für den Gebrauch der überaus zahlreichen Benediktinerabteien bieten konnte. Als Zeuge der karolingischen Glanzzeit des späten 9. Jahrhunderts präsentierte sie schließlich einen reichen, auf ca. 40 bzw. 60 Hymnen angewachsenen Fundus, der bis ins 11. Jh. in Verwendung war.[14]

In dem Manuskript Junius 25 aus der Bibliothek von Murbach, das die Sammlung des ‚Fränkischen Hymnars' bewahrt, befindet sich interessanterweise eine zweite, aus dem Kloster Reichenau stammende Kollektion von offensichtlich relativ ‚neuen' Hymnen,[15] was zeigt, dass es in dieser Epoche im monastischen Bereich ein recht lebendiges Fluidum gab, das sich in zahlreichen Dichtungen niederschlug. Zu verweisen wäre hier beispielsweise auf Hrabanus Maurus – der als Mönch auf der Klosterinsel Reichenau begonnen hat und der später den Hymnus *Veni creator spiritus* verfasst und komponiert haben soll –, aber auch auf Walahfried Strabo und Gottschalk von Orbais, die beide als begabte Hymnendichter galten.

---

13 Vgl. CLEMENS BLUME, *Der Cursus sancti Benedicti Nursini und die liturgischen Hymnen des 6.–9. Jahrhunderts in ihrer Beziehung zu den Sonntags- und Ferialhymnen unseres Breviers. Eine hymnologische liturgische Studie aufgrund handschriftlichen Quellenmaterials* (Hymnologische Beiträge Bd. 3), (Leipzig 1908) Reprint Hildesheim/New York 1971, 54.

14 Vgl. GERHARDS, *Die Murbacher Hymnen*, 10: „Aufgrund ihres Hymnenbestandes lassen sich diese drei Gruppen einteilen: das Alte Hymnar mit handschriftlichen Zeugen aus dem 6. bis 8./9. Jahrhundert (umfasst der Überlieferung nach 16 Hymnen), das Fränkische Hymnar mit Textzeugen des 8./9. Jahrhunderts (mit 27 Hymnen) und das Neue Hymnar, dessen früheste Zeugen aus dem 9. Jahrhundert überliefert sind (und ca. 60 Hymnen beinhalten)"; vgl. HELMUT GNEUSS, *Zur Geschichte des Hymnars*, in: Mittellateinisches Jahrbuch 35 (2000) 227–245.

15 Vgl. GERHARDS, *Die Murbacher Hymnen*, 19: „Fol. 122 verso – 129 verso: Reichenauer Hymnen."

Die Abtei Murbach
im Kontext der karolingischen Renaissance

Die Einbettung der ‚fränkischen' Hymnensammlung von Murbach innerhalb des Kodex Junius 25 lässt auch einige Rückschlüsse auf den Stellenwert der Hymnendichtungen im Klosterleben und vielleicht sogar auf die Herkunft der dort tradierten Hymnodie zu. Die Vereinigung mit Texten, die eindeutig einen schulischen Kontext haben, deutet darauf hin, dass die Hymnen wie auch üblicherweise die Psalmen ein Teil des obligatorischen Schulunterrichts gewesen sein müssen. Daher wohl auch die Zweisprachigkeit, die einen erleichterten Zugang für die Klosterschüler zur feierlichen Liturgie des öffentlichen Stundengebetes gewährleisten sollte.

In demselben Kodex finden sich u. a. die Etymologiae des Isidor von Sevilla (ca. 560–636) – eine Art Enzyklopädie des antiken Wissens, das eine fundierte Allgemeinbildung auf der Basis des Wissens der Antike ermögliche wollte –, die Grammatik des Petrus von Pisa (ca. 744–799) – ein theologischer Kommentar zum Credo für die religiöse Allgemeinbildung – sowie die Dialektik, die Rhetorik und einige Gedichte Alkuin von Yorks (ca. 735–804),[16] dem herausragenden Leiter der sog. ‚Hofakademie' Karls des Großen (König 768–814) – ein Hinweis, dass auch in Murbach der anspruchsvolle Kursus mit den ‚sieben freien Künsten' angeboten wurde.[17]

Ende des 8. Jahrhunderts nahm Murbach unter den Abteien eine prominente Stellung ein: Für König Karl den Große war das Kloster offensichtlich so wichtig, dass er sich angesichts einer politischen Krisensituation in Alemannien bitten ließ, für ein Jahr als Patron, sozusagen als weltlicher Abt (782/783), zu fungieren, um das Kloster besser zu beschützen, und anschließend seinen Neffen Simpert (ca. 789–792 Abt), ursprünglich ein Mönch dieses Klosters, zum Abt von Murbach zu promovieren. Dieses Amt konnte Simpert

---

16 Hinzu kommen noch das *Libellus fidei* des Pelagius, eine Auslegung des Vaterunsers, ein Exzerpt aus dem Matthäus-Kommentar des Hieronymus, ein Glossar, Glossen zur Benediktsregel, zwei Kapitel der Grammatik des Domedes, drei Carmine des Claudius Claudianus, ein Sermo des Chromatius von Aquileia, ein Auszug von *De sacramentis* von Ambrosius und eine weitere Auslegung des Vaterunsers; vgl. GERHARDS, *Die Murbacher Hymen*, 18–20.
17 Vgl. Katalog der Bodleian Library online.

aber nur zwischenzeitlich in Personalunion mit seinem Bischofsamt in Augsburg ausüben. Er tat dies aber mit solcher Hingabe des Herzens, dass man ihm volles Vertrauen schenkte.[18] Damit ergaben sich zahlreiche Beziehungen zur sog. Palastschule des fränkischen Königs und zu seinem geistigen Umfeld, das das Programm einer großangelegten *Renovatio Imperii* verfolgte, einer Wiederherstellung des Glanzes des römischen Imperiums.

Ein wichtiges Ziel war daher die Anhebung des Bildungsniveaus. Dies bedeutete –bezogen auf die Klöster –, dass sie möglichst alle das Anliegen der fränkischen Reichsregierung aufnehmen sollten, neben einer ‚inneren' Mönchsschule auch eine sog. ‚äußere Schule' einzurichten, die dazu da sein sollte, eine anspruchsvolle Bildung an die regionale Jugend weiterzugeben. Wie ein in Abschrift in Colmar erhaltener Bibliothekskatalog aus der Zeit um 850 mit über 350 Werken eindrucksvoll belegt, muss die Abtei Murbach ein mit Reichenau und St. Gallen annähernd vergleichbares Studienzentrum der sog. Karolingischen Renaissance gewesen sein.

Dieser Befund lässt vor unseren Augen ein lebendiges monastisches Bildungszentrum erstehen, aber vor allem eine angesehene Benediktinerabtei mit einem gehobenen liturgischen Anspruch, die in stetem Kontakt mit ihrer überregional bedeutsamen Mutterabtei Reichenau stand, aber in gleicher Weise Beziehungen zum Hof des Frankenkönigs Karl I. in Aachen unterhielt, der im Jahre 800 vom Papst zum ersten römischen Kaiser seit dem Untergang des Weströmischen Reiches 476 gekrönt wurde.

Diese historische Kontextualität, die der Sammlung von Hymnen aus dem Kloster Murbach ein besonderes Gewicht verleiht, wird nochmals gestützt durch die Übereinstimmungen mit den entsprechenden Hymnaren aus Paris und der Nachbarabtei Rheinau. Der Pariser Text ist leider von einem wenig professionellen Schreiber gestaltet worden, der bereits in der Überschrift einen schwerwiegenden Fehler gesetzt hat, indem er den Hymnus mit *Deus, qui certe lumen es* hat beginnen lassen; derjenige Text aus Rheinau ist leider zu stark fragmentiert, dass man ihn eingehender studieren könnte. Deutlich wird aber dennoch, dass es sich um verschiedene Ausga-

---

18 Vgl. ANDRÉ GATRIO, *Die Abtei Murbach in Elsaß. Nach Quellen bearbeitet*, 2 Bde., Straßburg 1895, 1, 98–101.

ben desselben Hymnars handeln muss. In Murbach tritt nur der für Märtyrerfeste vorgesehene Hymnus *Aeterna Christi munera* hinzu,[19] um den Zyklus der liturgischen Feiern zu vervollständigen und so das Kirchenjahr zu verkomplettieren.

Bei Berücksichtigung aller äußeren Umstände, die sich aus der Kontextualität der sog. „Murbacher Hymnen" gewinnen lassen, bleibt die Frage nach der Identifizierung des Autors unseres Hymnus *Deus, qui lumen caeli es* diffizil und trotz aller Indizien nur schwer zu beantworten.

Die Frage nach dem Autor des Hymnus

Am naheliegendsten wäre anzunehmen, dass dieser die Schönheit der Schöpfung besingende Hymnus in der Zeit entstanden wäre, die zwischen der ersten ‚Ausgabe' des sog. Fränkischen Hymnars und dem Hymnar von Murbach liegt. In dem Codex Vaticana Reg. Lat. 11, der als der älteste (weil um 750 datierbar) Zeuge für das ‚Fränkische Hymnar' gilt, ist der hier besprochene Hymnus *Deus, qui caeli lumen es* unter den 21 aufgeführten liturgischen Gesängen noch nicht vertreten,[20] während dies in den Codices von Paris, Murbach und Rheinau sehr wohl der Fall ist. Wenn diese Annahme zutreffend wäre, würde der in Murbach zur Laudes am Sonntag zu singende Gesang[21] einem Dichter der frühen karolingischen Epoche zuzuschreiben sein, der mit diesem Werk das allzu begrenzte Angebot der authentischen Hymnen des Ambrosius und des Maximianus bereichern wollte.

Gegen diese anscheinend plausible These könnte allerdings der Befund des Hymnars von Murbach angeführt werden, das als Eigengut den Hymnus *Aeterna Christi munera* für die Märtyrerfeste beisteuert, in gewisser Weise als Addidendum. Dieser Neuzugang ist in Wirklichkeit ein wahrscheinlich auf Ambrosius zurückgehender spätantiker Hymnus aus dem späten 4. Jahrhundert,[22] der tradi-

---

19   Vgl. BLUME, *Der Cursus sancti Benedicti Nursini*, 57.
20   Vgl. ebd., 49.
21   Vgl. GNEUSS, *Hymnar und Hymnen*, 24.
22   Vgl. CHRISTOPH MARKSCHIES, Art. *Ambrosius von Mailand*, in: Lexikon der Antiken Christlichen Literatur, Freiburg ³2002, 19–28, hier: 25: „Unbezweifelbar echt sind aufgrund früher Bezeugungen die Hymnen [...] 14 (*aeterna Christi munera*; auf die Märtyrer)."

tionellerweise aufgrund einer Notiz des Beda Venerabilis Ambrosius von Mailand selbst zugeschrieben wurde. Manche Bearbeiter der Hymnologie des Ambrosius tendieren aufgrund von stilistischen Gründen allerdings eher zu der Auffassung, dass dieser Märtyrerhymnus, den der Kirchenvater selbst nicht erwähnt, von einem frühen Nachahmer des Dichters um das Jahr 400 in Worte gefasst worden sei.[23] Diese Erweiterung der Hymnensammlung zeigt, dass man zur Zeit der karolingischen Renaissance eifrig darum bemüht war, historisches, d. h. spätantikes Material zu sichern und damit den liturgischen Bestand zu erweitern.

Alkuin von York und die Abtei Murbach

Dennoch spricht vieles dafür, den Murbacher Codex und seine ‚fränkische' Hymnensammlung mit der Palastakademie Karls des Großen in Aachen und ihrem Praeceptor Alkuin von York in Verbindung zu bringen. Hierfür gibt es sogar ein Indiz, denn Alkuin stand in den letzten Jahrzehnten in Briefkontakt mit der Abtei Murbach, die er selbst zu Anfang der 760er-Jahre als junger angelsächsischer Mönch auf einer Europa-Bildungsreise für längere Zeit besucht hatte.[24]

In seinem ersten erhaltenen Brief schildert Alkuin, wie er mit seinem Lehrer Älbert, dem Vorsteher der Domschule von York, dem späteren Erzbischof dieser nordenglischen Metropole, auf seiner obligatorischen Italienreise in Murbach unter dem Abt Herbert Station gemacht hatte. In seinem an die „Diener des heiligen Leodegar" gerichteten Schreiben schildert er, wie er *quasi unus ex vobis*[25] – wie einer der euren – geworden sei. Als Kirchenreformator erinnert er sie daran, auf den Wegen der Benediktsregel fortzufahren und die Klosterschüler mit aller Sorgfalt zu erziehen.[26]

In einem weiteren auf 796 datierten Schreiben bittet Alkuin die Gemeinschaft von Murbach um Entschuldigung, dass er bei sei-

---

23 Vgl. BRIAN DUNKLE, *Echantement and Creed in the Hymns of Ambrose of Milan* (Oxford Early Christian Studies), Oxford 2016, 178–180.
24 Vgl. DOUGLAS DALES, *Alcuin: His Life and Legacy*, Cambridge 2012, 30.
25 Vgl. ALKUIN VON YORK, Epistola 53 (PL 100, 219): „... meque ipsum inter vos esse desiderabam, quasi unus ex vobis."
26 Vgl. ebd.: „... atque erudite pueros et adulescentulos vestros, cum omni diligentia."

ner Reise ins Elsass bei ihnen nicht vorbeigekommen ist. Allerdings „schenkt" er ihnen dafür eine ausführliche asketische Anleitung zum monastischen Leben, die eventuell als Ersatz für eine Ansprache im Kapitelsaal zu betrachten wäre. Dennoch wird aus dem Umstand, dass der Prior (der im Namen des Bischof Gerohs das Kloster verwaltete) offensichtlich den Mönch Odilleoz Alkuin von York mit einem Schreiben hinterher gesandt hatte, um ihn persönlich einzuladen,[27] deutlich, dass es eine gewisse familiäre Verbundenheit mit dem großen Gelehrten der Hofschule des Frankenkönigs gab, der zugleich auch als Abt der Benediktinerabtei Saint-Martin in Tours eine angesehene Position innerhalb der Kirche des Frankenreiches einnahm.

Wenn es sich bei dem Briefkorpus der *Epistulae* des großen Gelehrten auch um eine sorgfältig komponierte Kunst-Prosa handelt, die durch Alkuins bestechende Rhetorik spirituelle Inhalte transportieren sollte und in der Form der offiziell veröffentlichten Briefsammlung offensichtlich dazu bestimmt war, für andere als geistliche Lesung zu dienen bzw. anderen bei der Abfassung von Brieftraktaten geistliche Impulse zu vermitteln, so ist es dennoch naheliegend anzunehmen, dass auch praktische Anliegen Gegenstand der Verbindung zwischen der Abtei Murbach und dem monastischen Kreis waren, dessen Mittelpunkt Alkuin seit seiner Ernennung zum *praeceptor* 782 durch König Karl geworden war.[28] Schließlich finden sich zwei seiner wichtigsten Werke in ebenjenem Codex wieder, in den auch die Murbacher Version des ‚Fränkischen Hymnars' eingebunden war.

Darüber hinaus hatte König Karl offensichtlich 792 aufgrund einer politisch unsicheren Lage noch ein zweites Mal nach dem Tod Bischof Simperts persönlich die Verantwortung des ‚Patrons' der Abtei übernommen, was ihm die Position eines Kommendatarabtes einräumte, eines weltlichen Interimsverwalters der angesehenen Klostergemeinschaft.[29] Ein Jahr später reichte er diese Würde

---

27 Vgl. ALKUIN VON YORK, Epistola 52 (PL 100, 217): „Desiderabilem vestrae beatitudinis salutationem, quam meae pravitatis auribus fidelis frater Odilleoz attulit, gratiossimo suscepi animo."
28 Vgl. DOUGLAS DALES, *Alcuin, Theology and Thought* (mit einem Vorwort von ROWAN WILLIAMS), Cambrigde 2013, 39.
29 Vgl. GATRIO, *Die Abtei Murbach in Elsaß*, 134–144.

an Geroch, den Bischof von Eichstätt, weiter, dem er durch Dankbarkeit verpflichtet war, weil dieser bei der Aufdeckung einer Verschwörung gegen sein Leben und der Aufdeckung eines versuchten Aufstandes durch seinen Sohn Pippin eine nicht unwichtige Rolle gespielt hatte.[30] Damit war Murbach zur Zeit der mutmaßlichen Entstehung des Hymnars de facto ein wirkliches Königskloster. Diese Kontakte müssen sich durchaus auch auf den Bereich der Liturgie ausgedehnt haben, der für eine klösterliche Mönchsgemeinschaft nach der Ausrichtung der Benediktsregel den ersten Platz einnehmen soll. Ein etwaiger Austausch von liturgischen Texten, insbesondere von Gedichten und Hymnen, ist beispielsweise in der Korrespondenz von Alkuin von York, dem Abt von Saint-Martin in Tours, insbesondere mit seinen Freunden, belegt.[31] Alkuin, der neben seinen dogmatischen Interessen ein leidenschaftlicher Dichter war, ist zudem auch als Autor von poetischen Meditationstexten und liturgischen Hymnen bezeugt.[32]

Die Motive des Hymnus Deus, qui caeli lumen es

Der in jambischen Dimetern verfasste Hymnus zum Morgengebet, der Laudes, dem diese kurze Untersuchung gewidmet ist, atmet von Poesie und beeindruckt durch die Vielfalt von Bedeutungsebenen, der aus der Bilderwelt der polyvalenten Metaphern spricht. Auf den ersten Blick besingt er die Schönheit der Naturphänomene, die durch das erste Morgenrot sichtbar werden und entfaltet hierdurch eine Art romantischer Naturmystik. Mit dem ersten Streifen Rot am Himmelshorizont stimmt der Chor der Sänger das Loblied des Schöpfers des Lichtes an, der identisch mit dem Schöpfer des Kosmos aller Sterne und damit auch des Planeten Erde ist, auf dem das Menschengeschlecht seine Wohltaten empfängt und ihm dafür Dank erstattet.

Er hat mit seinem machtvollen Arm den *polum*, das Gewölbe des Himmels, ausgespannt. Ganz in der Tradition des Timaios von

---

30 Vgl. ebd., 120–122.
31 Vgl. DALES, *Alcuin. Theology and Thought*, 166.
32 Vgl. ebd., 214; 218.

Platon, wo ein oberster Gott mithilfe eines niederen „Handwerkers" Gottes das Universum Gestalt werden lässt, wird in dem Hymnus der Schöpfungsakt als ein Zusammenwirken des göttlichen Wortes, Gott Sohn, mit Gott Vater geschildert. Gott Vater unterstützt dabei mit seiner *praeclara dextera*, d. h. ‚ruhmvollen' und damit stärkeren rechten Arm (vgl. Ps 89,14; Ps 104,2), den Sohn mit aller Macht, was die Schöpfung des Universums zu einem preiswürdigen Werk der göttlichen Dreifaltigkeit werden lässt.

Auf einer anderen Ebene haben dieselben Begrifflichkeiten heilsgeschichtliche Bedeutung: Wenn Gott das Licht oder die Leuchte des Himmels ist, dann führt dies zu einer eschatologische Dimension; denn nach der Offenbarung des Johannes wird in dem himmlischen Jerusalem keine Lampe oder Leuchte mehr brennen, denn Gottes Herrlichkeit wird selbst dort leuchten und das Lamm wird das Licht sein, das alle Menschen erleuchtet, Finsternis und Bosheit wird es nicht mehr geben.[33]

Wenn mit dem ersten Morgenrot sich die Gischt am Meeresufer rot verfärbt – ein poetisches Motiv, das der Verfasser von dem römischen Dichter Vergilius Maro (70–19 v. Chr.) übernommen hat[34] – und der erste Lichtstrahl auf die Erde fällt, ist es der Tau, der alles befeuchtet und die grünende Vegetation wachsen lässt. In übertragenem Sinne ist es aber der Tau der Gnade, der die Erde ‚tauft' *(terram baptizans)* und somit die Neuwerdung der Schöpfung vollendet, die nach den Worten des Paulus noch in Geburtswehen liegt und darauf harrt, von der Vergänglichkeit befreit zu werden, zur ‚Herrlichkeit der Kinder Gottes'[35].

Der Verfasser fügt schließlich noch eine dritte Bildmetapher an: Wie der Morgenstern, der in dem Halbdunkel der Dämmerung den baldigen Sonnenaufgang ankündigt, soll auch im Dunkel der Welt der ‚Typos' Christi aufleuchten. Die Finsternis der Gottesferne, die sich in den Seelen der Menschen festgesetzt hat, soll durch das

---

33 Vgl. Joh 21,23: „Die Stadt braucht weder Sonne noch Mond, die ihr leuchten. Denn die Herrlichkeit Gottes erleuchtet sie und ihre Leuchte ist das Lamm."
34 Vgl. VERGILIUS MARO, *Aeneis* 4,129.
35 Vgl. Röm 8,20: „Gewiss, die Schöpfung ist der Nichtigkeit unterworfen, nicht aus eigenem Willen, sondern durch den, der sie unterworfen hat, auf Hoffnung hin: Denn auch sie, die Schöpfung, soll von der Knechtschaft der Vergänglichkeit befreit werden zur Freiheit und Herrlichkeit der Kinder Gottes."

Licht des Lichtes *(lumen lucis)*,[36] das Gott selbst ist, wieder vertrieben werden, sodass der dem Schlaf der Sünde verfallene Mensch wieder als Ebenbild Gottes erwachen und leuchten kann.[37] Da der Gott des Universums zugleich der ‚Tag der Tage' *(dies dierum)* ist, steht seine unmittelbare Gegenwart, die in ihrer Simultanität Vergangenheit, Gegenwart und Zukunft umfasst, ganz im Gegensatz zu der Vergänglichkeit des Menschen, dessen Tage kurz und gezählt sind. Die Lebensdauer des Menschen scheint geradezu auf einen symbolischen Tag reduziert zu sein, denn der Hymnus schreibt dem Morgenstern zu, dass er den ‚Tag' aus dem Schlaf erwecken würde, fast als sollte der Terminus ‚Tag' den Begriff ‚Mensch' substituieren. Dieses Erwachen aus dem Schlaf könnte man sogar eschatologisch als ein Sich-Erheben aus dem Schlaf des Todes ausdeuten, zumal zuletzt die Macht des Lichtes besungen wird, das zugleich das Licht des Lebens (vgl. Joh 8,12) ist.

Ein kosmologischer Bezug des Hymnus

In diesem sorgsam verwobenen liturgischen Poem fällt die kunstvolle Einheit von Schöpfung und Neuschöpfung, von Kosmos und Mikrokosmos und von Natur und Gnade auf. Hierzu ist es zu einem besseren Verständnis notwendig, auf die kosmischen und die heilstheologischen Dimensionen der Mönchsliturgie des frühen Mittelalters einzugehen. Es gilt als ein Gemeinplatz heutiger Liturgiewissenschaft, dass die heidnischen Naturreligionen wie auch die nichttheistischen Hochreligionen kosmisch ausgerichtet seien, wäh-

---

36   Der Ausdruck *lumen lucis* erinnert an den Terminus *lumen luminis,* der von dem christlichen Neuplatoniker Marius Victorinus (ca. 281–362) als Metapher für Christus verwendet wird. Alkuin nahm dessen ersten Hymnus an die Dreifaltigkeit als Vorbild für seine Meditation *Adesto;* vgl. *Marii Victorini opera, pars I, Opera theologica,* hg. v. Paul Henry u. Pierre Hadot (CSEL 83), Wien 1971, Bd. 1, 285: „Adesto, lumen verum, pater omnipotens Deus. Adesto, *lumen luminis,* mysterium et virtus Dei. Adesto, Sancte Spiritus, patris et filii copula."

37   Eine sorgfältig gereimte Meditation, die Alkuin für das Nachtgebet seiner Abtei Saint-Martin in Tours geschrieben hatte, bringt diesen Gedanken quasi in Gebetsform: „O Du Quell des Lichtes, Du bist das Licht und der Ursprung des Lichtes, Höre in Deiner Barmherzigkeit gnädig auf unsere Gebete, O Licht, wenn wir vor dem Dunkel unserer Sünde fliehen, gib uns Deinen Segen"; vgl. ALKUIN VON YORK, *Preces nocturnae* (PL 101,726): „Luminis fons, lux et origo lucis, Tu pius nostris precibus faveto; Luxque, peccati tenebris fugatis, Nos petet alma."

rend die biblischen Religionen Judentum und Christentum ähnlich wie der Islam durch ihre geschichtlich ergangene Offenbarung historisch ausgerichtet und auf den Menschen zentriert seien.[38] An Texten wie diesem liturgischen Hymnus erweist es sich aber, dass diese Denkkategorien zwar einen vereinfachenden generalisierenden Beitrag leisten, aber aufs Ganze gesehen zu kurz greifen. Dies gilt bereits für das Alte Testament, das die Schöpfungsgeschichte von Anfang an mit dem Bund zwischen Gott und den Menschen in Beziehung setzt. Dabei stellen die Exegeten eine erstaunliche Kongruenz der Begrifflichkeit fest, wenn das Wort ‚baraa' nicht nur für ‚erschaffen', sondern gewiss nicht ohne Absicht für die Erwählung Israels und den ‚Schöpfungsakt' des Bundes gebraucht wird. Man könnte mit Ratzinger sagen: „Die Schöpfung wartet auf den Bund, aber der Bund vollendet die Schöpfung und bewegt sich nicht neben ihr."[39]

Der Mensch verleiht dem von Gott ins Dasein gerufenen Universum eine Stimme. Zwar heißt es in den Psalmen, dass die Himmel die Wunder des Herrn preisen (vgl. Ps 89,6) und dass die Berge Tabor und Hermon beim Namen Gottes jauchzen (vgl. Ps 89,13), aber es ist der Mensch, der ihren stummen Lobgesang in Worte kleidet und den Lobpreis an ihrer Stelle intoniert, wie dies traditionell in der Mönchsliturgie – insbesondere am Sonntag in der Laudes, im Morgengesang, zur Zeit des Sonnenaufgangs – mit den Worten des sog. Gebetes der drei jungen Männer aus dem Buch Daniel geschieht: „Preist den Herrn, Sonne und Mond, lobt und rühmt ihn in Ewigkeit! Preist den Herrn, ihr Sterne am Himmel; lobt und rühmt ihn in Ewigkeit! [...] Preist den Herrn, ihr Berge und Hügel; lobt und rühmt ihn in Ewigkeit!" (Dan 3,62f.75). Das war aber genau das *placement* des Hymnus *Deus, qui caeli lumen es* bei der Laudes am Sonntagmorgen. Heute wird er immer noch in dem Morgensang von den Mönchen intoniert, allerdings am Freitagmorgen in der zweiten Woche, was nicht ganz ideal erscheinen mag.

---

38 Vgl. JOSEPH RATZINGER, *Der Geist der Liturgie. Eine Einführung*, Freiburg/Basel/Wien 2000, 20.
39 Vgl. ebd., 22f.

Der Makrokosmos spiegelt sich im Mikrokosmos

Innerhalb der philosophischen Systematik der Spätantike, die vom Neuplatonismus geprägt ist, wird die Würde des Menschen von seiner Stellung innerhalb des Kosmos abgeleitet. Er allein ist in der Lage, die Komplexität des Universums zu erahnen und dem Urheber des Wunderwerkes Lob zu zollen.

Als Mikrokosmos (oder lat. *minor mundus*) spiegelt er den sich verdichtenden Aufbau der materiellen und der geistigen Welt wieder. Er allein vereint alle Seinsstufen in sich, weil er bereits vor seiner Einkörperung in einen Leib eine geistig-spirituelle Idee Gottes gewesen ist. Wegen diesem göttlichen Funken, der in seiner Seele leuchtet, ist er auch nach seinem *exitus* in die zeitliche Begrenztheit des irdischen Daseins mit einem höheren Sinn begabt, der ihm eine Kommunikation mit dem göttlichen Sein erlaubt. Wenn der Mensch sein wahres Wesen erkennt und seine wahre Bestimmung annimmt, wird er seiner Sehnsucht nach seinem himmlischen Ursprung inne und aus dieser Spannung heraus im *reditus* den Überstieg der irdischen Sphären hin zu einer metaphysischen Ebene anstreben, auf der er Gott begegnen kann. Dieser Aufstieg ist zugleich mit Erkenntnis, Befreiung und Erlösung verbunden.[40]

Auf diese Weise kommt der Kosmos im Mikrokosmos zum Bewusstsein nicht nur der Herkunft seiner selbst und seiner Verwiesenheit auf den Urgrund allen Seins, sondern er stimmt in eine überirdische Harmonie ein, in der jedes der Teile seine Funktion innerhalb des durch den Geist Gottes durchwalteten Universums gemäß seiner Entelechie erfüllt.

Für die christliche Rezeption dieser philosophischen Topoi steht eine Theologie der Natur, durch die die Welt für den Menschen aus der Perspektive des Glaubens zu einem Buch Gottes werden kann. Die Schöpfung wird transparent hin auf die transzendentale Natur des Guten, auf den universalen Seinsgrund, der den Kosmos durchwirkt und der dem Menschen ein Licht des Geistes verliehen hat, damit er verstehe, dieses ‚Buch' zu lesen und für sich zu entziffern. Der Kosmos und das Universum werden für den Menschen, der sich von seiner Affinität für das Staunen erfassen

---

[40] Vgl. ebd., 26.

lässt und einen Sinn für das Analysieren der Naturphänomene entwickelt, intelligibel. Dabei wird das Universum im Sinne einer Naturmystik zu einer äußeren Hülle der geistigen Welt Gottes, zu einem quasi-sichtbaren Körper seiner unsichtbaren und verborgenen Gottheit. Um dies wahrzunehmen muss aber dem menschlichen Geist das *caeli lumen*, das ‚Licht des Himmels', ein geistiges Licht, geschenkt werden, damit die Schatten der Nacht weichen. Die Unwissenheit und Blindheit des Geistes, die den Menschen im Erfassen der intuitiven Ganzheitserfahrung behindern, muss als metaphorische ‚Dunkelheit' das Himmelszelt verlassen, damit in der Seele der Typos Christi für den Menschen aufleuchten kann. Das Geschehen von Einsicht und Erleuchtung lässt somit etwas von einer höheren Weisheit göttlichen Ursprungs im Inneren des Menschen aufstrahlen.

Lichtmetaphysik bei Alkuin von York

Der sicherlich als gelehrt geltende Verfasser des Hymnus konnte bei dem Rückgriff auf die Begrifflichkeit eines inneren geistigen Lichtes sowohl auf die biblische Licht-Metaphorik, nach der sich Christus als das ‚Licht der Welt' bezeichnet (Joh 8,12), als auch auf die reiche platonische Tradition zurückgreifen, die sogar bis auf den Vorsokratiker Parmenides zurückreicht. Auch wenn die Herkunft und Persönlichkeit des Dichters sich nicht mit letzter Sicherheit spezifizieren lässt, ist es dennoch aufschlussreich, dass sich die Kombination der Termini *caeli lumen* in der schriftstellerischen Hinterlassenschaft Alkuins von York nachweisen lässt. Damit ergibt sich auch formell ein Hinweis auf den Umkreis der Aachener Hofschule und der mit ihr verbundenen Mönchsklöster wie Murbach, die unter der Patronanz des Frankenkönigs Karls standen, der von seiner Nachwelt als der Große bezeichnet worden ist.

Vor diesem Hintergrund ist es vielleicht nicht unpassend, einen auf 802 datierten Brief des Hofgelehrten und Abtes Alkuin zu zitieren, in dem er der Schwester Kaiser Karls, Gisla, Äbtissin der königlichen Abtei Chelles bei Paris, und ihrer Vertrauten Richtrud[41] eine mystagogische Einführung über die meditative Betrachtung des irdischen und überirdischen Christus bietet, auf welche Weise die Seele sich bis zum Licht des Himmels *(caeli lumen)* erheben könne:

„Deshalb bist du lange von den drei ersten Evangelisten innerlich erhoben worden, damit du sie in gewisser Weise siehst, wie sie mit dem Menschen Christus auf der Erde Umgang pflegen. Übersteige aber den Nebel, der die Erde bedeckt und gelange zum flüssigen Licht des Himmels *(caeli lumen)*, damit die Spitze deines Geistes ganz klar und fest das Wort im Anfang sieht, Gott von Gott, Licht vom Licht, durch das alles geschaffen wurde, und erkenne ihn, der Fleisch geworden ist, damit er in uns leben kann."[42]

Dieses in den Bereich der Spiritualität Alkuins verweisende Zitat lässt noch einmal geistige Verbindungen zu einer Philosophie der ‚Lichtmetaphysik' aufleuchten. Obwohl der Höhepunkt frühmittelalterlicher Lichtmetaphysik zeitlich gesehen mehr als fünfzig Jahre nach der mutmaßlichen Entstehung des Hymnus *Deus, qui caeli lumen es* anzusetzen ist, als Johannes Scottus Eriugena eine groß angelegte Rezeption der Mystischen Theologie des Dionysius Areopagita durch seine Übersetzungen und seine Werke einleitete, gab es bereits unter König Pippin, dem Vater König Karls, eine erste anfanghafte Begegnung mit dem Werk des großen Metaphysikers und Mystikers Dionysius, als Papst Paul I. im Jahre 758 seine griechischen Werke an den fränkischen Hof übersandte.[43] Ganz abgesehen davon, dass Alkuin, der passable, aber nicht perfekte Griechischkenntnisse besaß,[44] die es ihm ermöglicht hätten, Einsicht

---

41 Vgl. DALES, *Alcuin. Theology and Thought*, 19.
42 ALKUIN VON YORK, *Epistola ad Gislam et Richtrudem* (PL 100, 741): „Itaque longe a tribus superioribus evangelistis sublimis elevatus es, ita ut eos quodammodo videas in terra cum Christo homine conversari, illum autem transcendisse nebulam qua tegitur omnis terra, et pervenisse ad liquidum caeli lumen, unde acie mentis acutissima atque firmissima videret in principio Verbum, Deum de Deo, lumen de lumine, per quem facta sunt omnia, et ipsum agnosceret carne factum, ut habitaret in nobis."
43 Vgl. WOLFGANG GOMBOCZ, *Die Philosophie der ausgehenden Antike und des frühen Mittelalters* (Geschichte der Philosophie, hg. v. Wolfgang Röd, Bd. 4), München 1997, 473.
44 Nach dem *Elogium historicum beati Alcuini* erhielt Alkuin in York nicht nur eine Ausbildung in Latein, sondern auch in Griechisch und Hebräisch (PL 101, 1417): „His praeceptoribus didicit non solum Latinam linguam, sed etiam Graecam et Hebraicam tantisper delibavit, ut ipsius scriptis, maxime ex epistola 27, apparet."; Alkuin war allerdings auch für einige Fehlübersetzungen verantwortlich; vgl. DALES, *Alcuin. Theology and Thought*, 313.

in die Schriften des Dionysius zu nehmen – die Lichtmetaphysik hatte davon unabhängig alte platonische Wurzeln und stellte somit ein allgemein zugängliches Erbe der Antike dar. Als ein wichtiger Vermittler der Lichtmetaphorik konnte dabei auch der christliche Neuplatoniker Marius Victorinus (ca. 281–363) dienen, zu dessen Werk Alkuin eine gewisse Affinität entwickelte und dessen Hymnen er sich als Vorbild nahm.[45]

Dem Terminus ‚Licht' kommt in der ‚Lichtmetaphysik' eine multivalente Bedeutung zu: Zunächst steht die physikalische Vorstellung im Raum, dass dem Licht ein apriorisches Sein vor aller anderen Materie als reiner Energie zukomme. In diesem Passus aus dem Brief Alkuins kommt dies in der Rede von dem ‚flüssigen Licht des Himmels' zum Ausdruck, in dem Gott selbst wohnt, auch wenn der selbst der Schöpfer des Lichtes ist, wie es auch in unserem Hymnus heißt, in dem Gott *sator lucis* – Vater des Lichts genannt wird. Wenn auch der Schöpfer der Materie dem Sein des Lichtes transzendental enthoben sein muss, so steht ihm dennoch das Licht so nahe, dass er selbst in analoger Weise als Licht (vgl. 1 Joh 1,5: Gott ist Licht) und Gott Sohn als Licht vom Licht *(lumen de lumine)* bezeichnet werden kann.

Auf einer weiteren Bedeutungsebene kann das metaphysische Licht für die Herrlichkeit Gottes stehen, „der nach 1 Tim 6,16 in ‚unzugänglichem Licht' wohnt oder nach 1 Petr 2,9 sein Volk in sein ‚wunderbares Licht' gerufen hat". Hierbei kann Platons Höhlengleichnis mitgedacht werden, bei dem die transzendente Sonne, das ‚Licht', für die Quelle des Guten, Wahren und Schönen steht, nach dem die Menschen sich im Grunde ihres Herzens sehnen, weil sie selbst in ihrem Innersten spüren, dass sie dieses Gute, Wahre und Schöne brauchen, damit ihr Leben Sinn macht. Dionysius etwa deutet den Zusammenhang vom Guten und dem Licht durch den Abbildcharakter des Lichtes:

„Was soll man wohl über den Strahl der Sonne, soweit es ihn selbst betrifft, sagen? Aus dem Guten nämlich stammt das Licht

---

45 Vgl. *Marii Victorini opera theologica*, hg. v. Paul Henry u. Pierre Hadot (CSEL 83), Wien 1971, 285–289: „partim Alcuinus, de fide III."

und ist ein Abbild der Güte. Deshalb wird auch das Gute mit dem Namen ‚Licht' gepriesen, weil sich das Original im Abbild offenbart."[46] Tatsächlich legt die Wortwahl unseres Hymnus den Gedanken nahe, dass das Licht in seiner Gesamtheit als *„typus Christi"*, als Abbild Christi, verstanden werden kann.

Schließlich kann der Terminus Licht auf einer anderen Ebene auch für die Intelligibilität des Seins stehen. Wenn man davon ausgeht, dass das Sein des Universums in seiner Gänze als apriorisch lichthafte Struktur gewollt und ins Dasein gerufen ist, dann ist die Welt in Bezugnahme auf die Vernunftnatur des Menschen im Prinzip transparent auf den Schöpfer in seinem Gutsein und seiner Wahrheit.[47] Wenn also der *umbra noctis* – der Schatten der Nacht – weichen muss, beginnt das Bild Christi umso deutlicher aufzustrahlen und die Welt wird in neuer Selbstverständlichkeit zu einer Parabel werden, die auf ihren ersten Ursprung verweist.

Ganz zuletzt kann der Begriff Licht für einen dynamischen Prozess stehen, in den der menschliche Geist miteinbezogen wird: „Intelligibles Licht wird also das jenseits von jedem Licht befindliche Gute genannt, das als quellhafter Strahl und als überströmender Lichtfluss aus seiner Fülle jedes Vernunftwesen, das weltliche Maßstäbe übersteigt und umfasst und vermittelt, beleuchtet, ihre gedanklichen Kräfte total verjüngt [...]. Denn gleichwie die Unkenntnis die Irrenden trennt, so ist die Anwesenheit des intelligiblen Lichts fähig, die Erleuchteten zusammen zu führen, zu einen und zu vervollkommnen [...]."[48]

Wie Dionysius Areopagita, unser Zeuge für eine christliche Lichtmetaphysik, ausführt, wird dieses überirdische Licht des Heiligen Geistes zuallererst an seinen Wirkungen erkennbar, an dem Potential, alle Geister – seien sie himmlische, irdische oder unterirdische Geistwesen – zu erleuchten als auch zu regenerieren, zu erfrischen und innerlich zu erneuern. Ein ähnlicher Vorgang wird

---

46 DIONYSIUS AREOPAGITA, *De divinis nominibus*, 4,4; Übersetzung nach: PSEUDO-DIONYSIUS AREOPAGITA, *Die Namen Gottes*. Eingeleitet, übersetzt und mit Anmerkungen versehen von Beate Regina Suchla (Bibliothek der griechischen Literatur 26), Stuttgart 1988, 44.
47 Vgl. WALTER BEIERWALTES, Art. *Lichtmetaphysik*, in: JOACHIM RITTER, KARLFRIED GRÜNDER (Hg.), *Historisches Wörterbuch der Philosophie*, Bd. 5, Basel/Stuttgart 1980, 289.
48 DIONYSIUS AREOPAGITA, *De divinis nominibus*, 4,6 (BEATE REGINA SUCHLA 46).

in unserem Lichthymnus farblich sichtbar, der die Metapher des Erwachens verwendet, um das Erwachen des Geistes anschaulich werden zu lassen.

Interessanterweise vollzieht der Lob-Hymnus zuletzt einen geistigen Richtungswechsel nach innen, um nun alle in der Kontemplation wirksamen geistigen Kräfte in sich zu sammeln und die Anwesenheit des dreieinen Gottes in der eigenen Seele zu erfahren.

XI.
WÜRDIGUNGEN UND NACHRUFE

Zur Theologie Joseph Ratzingers. Interview mit Abtpräses Dr. Maximilian Heim OCist in der Zeitschrift *Famille Chrétienne*

1. Trifft es zu, dass Joseph Ratzinger ein augustinischer Theologe ist? Wie hat das Denken des hl. Augustinus und des hl. Bonaventura sein eigenes Denken beeinflusst?

Joseph Ratzinger/Benedikt XVI hat seine theologische Formung wesentlich von den Kirchenvätern und den großen scholastischen Denkern, besonders vom hl. Augustinus und hl. Bonaventura, aber auch von zeitgenössischen Theologen wie Henri de Lubac, Gottlieb Söhngen, Romano Guardini und Hans Urs von Balthasar erfahren. Durch seine Dissertation „Volk und Haus Gottes in Augustins Lehre von der Kirche" konnte er unter der Leitung seines Doktorvaters Gottlieb Söhngen seine große theologische Vorliebe für Augustinus vertiefen.

Eine entscheidende Frage für Augustinus ist das Verhältnis zwischen Glaube und Vernunft. Wie Ratzinger in seinem Gesamtwerk mit Augustinus betont, darf der Glaube niemals auf die Vernunft verzichten wie auch die Vernunft das Licht des Glaubens nötig hat. Diese Korrelation von Glaube und Vernunft führt zur Erkenntnis, dass Gott dem Menschen innerlicher ist als er sich selbst. In seinen Bekenntnissen schreibt Augustinus dazu: „Du warst noch innerer als mein Innerstes und höher als mein Höchstes."[1]

Wie Christus im Innersten des Menschen wohnt, so ist er auch in der Kirche gegenwärtig, die sein Leib ist und die ohne ihn nicht existieren könnte. Christus und die Kirche bleiben in dieser mystischen Einheit untrennbar verbunden, wodurch Augustinus ganz im Sinne johanneisch-paulinischer Theologie resümiert: „Wir sind Christus geworden. Denn wenn er das Haupt ist, wir seine Glieder, so ist er und sind wir der ganze Mensch."[2] Diese Identifikation führt

---

1 AUGUSTINUS, *Conf* III 6, 11.
2 AUGUSTINUS, *Tract in Io* 21, 8.

bei Joseph Ratzinger zu der Formel: Die Kirche ist „das Volk Gottes, das vom Leib Christi lebt und in der Eucharistiefeier selbst Leib Christi wird"[3].

Durch die Habilitation über das Offenbarungsverständnis und die Geschichtstheologie Bonaventuras wurde der *Doctor seraphicus* für Joseph Ratzinger die zweite große theologische Gestalt seines Denkens. Der zentrale Begriff *Offenbarung* bei Bonaventura ist nicht einfach gleichzusetzen mit der Heiligen Schrift, sondern meint auch den Vorgang der Rezeption des Inhalts durch die Kirche. Ein zweiter wesentlicher Begriff bei Bonaventura ist seine *Geschichtstheologie*. Sie lenkt den Blick auf das Wirken des Heiligen Geistes, der das Christusereignis ins heilsgeschichtliche Heute transformiert, indem er seine Gültigkeit für jede Zeit aufleuchten lässt. Zugleich eröffnet er die eschatologische Perspektive der christlichen Existenz. Damit grenzt sich Bonaventura vom Zisterzienserabt Joachim von Fiore ab, der nach der Zeit des Vaters (Altes Testament) und der Zeit des Sohnes (Neues Testament) vom dritten Zeitalter des Heiligen Geistes eine Art innerweltliche Vollendung der Geschichte erwartete. Wie Joseph Ratzinger mit Henri de Lubac feststellt, hat dieses Denken Joachims von Fiore seinen Einfluss auf totalitäre Systeme gewonnen, die die utopische Hoffnung auf innerweltliche Vollendung weckten und wecken, die ein Paradies auf Erden versprechen.

2. Welche Rolle spielt Geschichte in Ratzingers Denken, besonders im Hinblick auf die Apokalypse?

Die tiefste Zäsur des neuzeitlichen Denkens ist der Abschied von der Metaphysik, wodurch die Frage nach dem Sein letztlich durch die Frage nach dem historischen Geworden-Sein ersetzt wird. Ratzinger hingegen begreift sich als „Mitarbeiter der Wahrheit", einer Wahrheit, die nur metaphysisch zu verstehen ist. Hingegen kann ein verabsolutiertes naturwissenschaftliches Denken nicht bis zum Grund des Seins vordringen. Die Wahrheit allerdings ist immer etwas, was die Zeiten überdauert und zum „Extra nos"[4]

---

3   JOSEPH RATZINGER, *Gesammelte Schriften* Bd. 8/1: *Kirche – Zeichen unter den Völkern. Schriften zur Ekklesiologie und Ökumene* (= JRGS 8/1), hg. v. Gerhard Ludwig Müller, Freiburg i. Br. 2010, 210.
4   Ebd., 588.

des Nicht-selbst-Gemachten gehört. Dieses „Extra nos" der Wahrheit verlangt die Abwendung von der falschen Autonomie des eigenmächtigen Denkens, um sich dem Ganz-Anderen zu öffnen, nämlich Christus, der der Weg, die Wahrheit und das Leben (vgl. Joh 14,6) ist.

In der Liturgie vollzieht sich das Heute des Gebetes Christi und seiner Kirche, das immer vom heilsgeschichtlichen Dreiklang geprägt ist, nämlich der lebendigen Memoria des Ereignisses, von seiner Vergegenwärtigung im Heute und seinem Ausgespanntsein auf die Vollendung bei der Wiederkunft Christi in Herrlichkeit. Auf diese Weise ist die Liturgie die „antizipierte Parusie", „das Hereintreten des ‚Schon' in unser ‚Noch-nicht'"[5], wodurch Christus uns hineinnimmt in den trinitarischen Dialog von Vater, Sohn und Heiligem Geist, wie Ratzinger sagt: „In Christus ist Gottes Dialog mit uns Fleisch geworden. Dem Leib Christi zugehörend, sind wir dem Leib des Auferstandenen, seiner Auferstehung geeint [...]. Von der Taufe an gehören wir dem Leib des Auferstandenen zu und sind in diesem Sinn schon an unsere Zukunft festgemacht, nie mehr ganz ‚leiblos' – bloße anima separata –, auch wenn unsere Pilgerschaft noch nicht zu Ende sein kann, solange die Geschichte unterwegs ist."[6]

3. **Benedikt XVI. hat mehrere Bücher verfasst über das Leben Jesu von Nazareth. Kann man sagen, dass sein Denken christozentrisch ist? Und – wenn ja – wieso?**

Nicht nur katholische Christen, auch viele evangelische und orthodoxe sind dem emeritierten Papst sehr dankbar, dass er den Blick auf Jesus Christus als dem wahren Sohn Gottes und wahren Menschensohn evangeliumsgemäß und authentisch sowie verständlich dargestellt hat. Der biblisch bezeugte Christus ist auch der wirklich historisch bestätigte Jesus von Nazareth. Andere Konstrukte um die Person Jesu verfehlen oft die eigentliche Mitte seiner Person, die be-

---

5   JOSEPH RATZINGER, Gesammelte Schriften Bd. 11: Theologie der Liturgie. Die sakramentale Begründung christlicher Existenz (= JRGS 11), hg. v. Gerhard Ludwig Müller, Freiburg i. Br. 2008, 550.
6   JOSEPH RATZINGER, Gesammelte Schriften Bd. 10: Auferstehung und Ewiges Leben. Beiträge zur Eschatologie und zur Theologie der Hoffnung (= JRGS 10), hg. v. Gerhard Ludwig Müller, Freiburg i. Br. 2012, 34.

reits vom Konzil von Chalcedon (451) feierlich verkündet wurde: Jesus Christus ist wahrer Gott und wahrer Mensch. Diese Glaubenswahrheit ist der hermeneutische Schlüssel für die Offenbarung Gottes wie für die Geschichte des Menschen. Christus ist das „Alpha und Omega, sein ist die Zeit und die Ewigkeit"[7]. Für Benedikt XVI. ist das geschichtliche Hereintreten des Sohnes Gottes in diese Welt durch die Inkarnation das Fundament und das Zentrum des christlichen Glaubens wie auch Kern seiner Theologie.

4. Weshalb wird Benedikt XVI. zu den Reformdenkern beim 2. Vatikanum gezählt? Wie stand er zum „Aggiornamento" von Johannes XXIII.?

Gegen die weitverbreitete flache Meinung, dass sich das Denken Ratzingers gewandelt habe von einem „weltoffenen" Theologen während des Konzils zu einem rückschrittlich denkenden „Panzerkardinal" und einem „unerbittlichen Glaubenshüter", spricht die wissenschaftlich belegbare Konsistenz im Denken Joseph Ratzingers. Für ihn muss kein Gegensatz zwischen Tradition und Fortschritt bestehen: „[...]; Vergangenheit kann als zu bewahrende nur entdeckt werden, wo Zukunft als Aufgabe gesehen ist."[8] So ist es nach Ratzinger nie möglich, einfach nur ins Vergangene zurückzuwollen; vielmehr ist es nötig, „im Wechsel der Zeiten das wahrhaft Tragende [...] zu suchen und die Narrheit des Wahren heiteren Herzens ohne Abstriche zu wagen"[9]. Diese Haltung verbindet Benedikt XVI. mit der Haltung des heiligen Johannes XIII. und seinem „Aggiornamento".

In Bezug auf die Rezeption des II. Vatikanischen Konzils ist für ihn die „Hermeneutik der Reform" ein Schlüssel zur Interpretation. Er fordert zu Recht eine Relecture der Texte des Konzils. Im

---

7   „Bereitung der Osterkerze", in: *Messbuch. Die Feier der heiligen Messe. Für die Bistümer des deutschen Sprachgebietes. Authentische Ausgabe für den liturgischen Gebrauch. Teil I: Die Sonn- und Feiertage deutsch und lateinisch. Die Karwoche deutsch*. Herausgegeben im Auftrag der Bischofskonferenzen Deutschlands, Österreichs und der Schweiz sowie der Bischöfe von Luxemburg, Bozen-Brixen und Lüttich, Freiburg i. Br. 1975, 65.
8   JOSEPH RATZINGER, *Gesammelte Schriften Bd. 9/1: Glaube in Schrift und Tradition. Hermeneutik und Theologische Prinzipienlehre* (= JRGS 9/1), hg. v. Gerhard Ludwig Müller, Freiburg i. Br. 2016, 479.
9   JOSEPH RATZINGER, *Gesammelte Schriften Bd. 7: Zur Lehre des Zweiten Vatikanischen Konzils. Formulierung – Vermittlung – Deutung* (= JRGS 7), hg. v. Gerhard Ludwig Müller, Freiburg i. Br. 2012, 1059.

Gegensatz dazu sind die Verfechter einer Hermeneutik der Diskontinuität und des Bruches der Auffassung, die Konzilsbeschlüsse als Ausgangspunkt für eine Entwicklung ohne Rückbindung an die verabschiedeten Texte des Konzils zu verstehen. Dass die authentischen Konzilsdokumente aber auch Kompromisse darstellen und manche Ambiguitäten enthalten, die unterschiedliche Interpretationen erlauben, ist nicht zuletzt der Grund für einen breiten Interpretationsrahmen, der sich immer dem Credo der Kirche verpflichtet wissen muss.

Als einer der letzten noch lebenden aktiven Teilnehmer des Konzils betont Benedikt XVI. im Rückblick: „Die Konzilsväter konnten und wollten nicht eine neue, eine andere Kirche schaffen. Dafür hatten sie weder Vollmacht noch Auftrag. Väter des Konzils mit Stimme und Entscheidungsrecht waren sie nur als Bischöfe, das heißt auf dem Grund des Sakraments und in der Kirche des Sakraments. Sie konnten und wollten deshalb nicht einen anderen Glauben oder eine neue Kirche schaffen, sondern nur beides tiefer verstehen und so wahrhaft ‚erneuern'. Deshalb ist eine Hermeneutik des Bruchs absurd, gegen den Geist und gegen den Willen der Konzilsväter."[10] Diese authentische Stimme eines Zeugen wird man wohl kaum widerlegen können.

5. Welches ekklesiologische Kirchenbild hat er entwickelt?

„[...] eine Kirche, die allzu viel von sich selbst reden macht, redet nicht von dem, wovon sie reden soll."[11] Kirche ist nach Papst Benedikt XVI. nie ein Selbstzweck. In und durch Christus ist sie – wie es die Kirchenkonstitution sagt – „gleichsam das Sakrament, das heißt Zeichen und Werkzeug für die innigste Vereinigung mit Gott wie für die Einheit der ganzen Menschheit"[12]. Durch sie sollen alle Menschen mit Gott und untereinander in *communio* treten. Zu dieser Sammlung gehört in der endzeitlichen Sicht des Volkes Gottes immer auch die Reinigung. Die Kirchenväter haben diese vertikale

---

10 Ebd., 8f.
11 JOSEPH RATZINGER, *Gesammelte Schriften Bd. 12: Künder des Wortes und Diener eurer Freude. Zur Theologie und Spiritualität des Weihesakraments (= JRGS 12)*, hg. v. Gerhard Ludwig Müller, Freiburg i. Br. 2010, 167.
12 ZWEITES VATIKANISCHES KONZIL, *Dogmatische Konstitution LUMEN GENTIUM über die Kirche*, Nr. 1.

Vereinigung mit Gott und die horizontale mit den Menschen als *communio* begriffen: „Kirche ist Kommunion; sie ist Kommunion des Wortes und des Leibes Christi und so Kommunion der Menschen untereinander, die durch diese von oben und von innen her zusammenführende Kommunion *ein* Volk werden, ja, ein Leib."[13] Diese eucharistische Ekklesiologie, die einerseits die Kirche als Volk Gottes immer vom Leib Christi her sieht, ist andererseits Ursprung und Quelle des Denkens von Joseph Ratzinger, der sich als Theologe immer der Kirche verantwortlich weiß. Es geht ihm um eine existenzielle Theologie, d. h. eine „Theologie des ex-sistere, jenes Exodus des Menschen von sich selbst fort, durch den allein er zu sich selber finden kann"[14].

6. Benedikt XVI. stand für einen „Primat der Wahrheit". Woher kommt die zentrale Bedeutung der Wahrheit in seinem Denken?

Für Papst Benedikt XVI. ist der Glaube an Jesus Christus als „der Weg und die Wahrheit und das Leben" (Joh 14,6) entscheidend, um konkret den Primat der Wahrheit von der Sachebene auf die Personenebene zu heben. Das heißt: Für ihn hätte die Frage des Pilatus nicht lauten müssen: „*Was* ist Wahrheit?", sondern: „*Wer* ist *die* Wahrheit?". Deshalb sagte Benedikt XVI. in Heiligenkreuz: „Unser Licht, unsere Wahrheit, unser Ziel, unsere Erfüllung, unser Leben – all das ist nicht eine religiöse Lehre, sondern eine Person: *Jesus Christus.* [...] Der Blick der Menschen aller Zeiten und Völker, aller Philosophien, Religionen und Kulturen trifft zuletzt auf die weit geöffneten Augen des gekreuzigten und auferstandenen Sohnes Gottes; sein geöffnetes Herz ist die Fülle der Liebe."[15]

In unserer vom Relativismus geprägten Gegenwart wird der objektive Anspruch einer absoluten Wahrheit oft schüchtern verschwiegen oder sogar bewusst ignoriert, um nicht intolerant zu erscheinen. Das Bekenntnis, dass Gott sich in seinem Sohn Jesus Christus als *die* Wahrheit endgültig und unüberholbar offenbart hat, wird im Religionspluralismus der Gegenwart einer falsch verstande-

---
13 *JRGS* 8/1, 520.
14 JOSEPH RATZINGER, *Theologische Prinzipienlehre. Bausteine zur Fundamentaltheologie*, München 1982, 199.
15 BENEDIKT XVI., *In visitatione Abbatiae „Heiligenkreuz"* (Die 9 Septembris 2007), in: AAS 99 (2007: 10) 853–858, hier: 854.

nen Toleranz geopfert. Denn es stimmt, dass niemand sagen kann: „Ich habe die Wahrheit" – wie Benedikt XVI. betont: „*Niemand kann die Wahrheit haben, die Wahrheit hat uns, sie ist etwas Lebendiges! Wir sind nicht ihre Besitzer, sondern wir sind von ihr ergriffen.*"[16]

7. Joseph Ratzinger hat viel geschrieben über Liturgie, und als Papst hat Benedikt XVI. dann viel umgesetzt. Warum steht für ihn die Liturgie im Zentrum des Lebens der Kirche?

Der letzte Grund und das Ziel unseres Daseins ist Gott. Nach dem hl. Benedikt, dem Patron Europas, dessen Namen der Heilige Vater gewählt hat, „darf dem Gottesdienst nichts vorgezogen werden"[17]. Dieser Weisung des Ordensvaters aller Benediktiner und Zisterzienser gemäß und dem Konzil entsprechend, hat Papst Benedikt den Eröffnungsband seiner „Gesammelten Schriften" der Liturgie[18] gewidmet. Er sieht darin den inneren Kompass für die Theologie schlechthin, gemäß dem Axiom *lex orandi – lex credendi*; d. h. es gilt der Grundsatz, dass Gebet und Glaube einander entsprechen: „Durch den Beginn mit dem Thema Liturgie" – wie der emeritierte Papst schreibt – „wurde der Primat Gottes, die Erstrangigkeit des Themas Gott unmissverständlich ins Licht gesetzt. Gott zuerst, so sagt uns der Anfang mit der Liturgie. Wo der Blick auf Gott nicht bestimmend ist, verliert alles andere seine Richtung."[19]

Im Jahr 2007 hatte unsere Abtei Stift Heiligenkreuz das Glück, dass Papst Benedikt uns besuchte. Seine programmatische Ansprache ist eine Wegweisung für uns Mönche wie für alle, die sich der Liturgiekonstitution des Zweiten Vatikanischen Konzils verpflichtet wissen. Demnach ist die Liturgie „der Höhepunkt, dem das Tun der Kirche zustrebt, und zugleich die Quelle, aus der all ihre Kraft strömt"[20]. Ähnlich wie in seinem Vorwort zum Liturgieband seiner Gesammelten Schriften betonte Papst Benedikt den Blick auf Gott, der maßgebend für die Liturgie sein muss: „Wir stehen vor Gott –

---

16 BENEDIKT XVI., *Im Einssein mit Christus lernen wir das echte Menschsein*. Predigt von Papst Benedikt XVI. am 2. September bei der hl. Messe mit dem ‚Ratzinger-Schülerkreis' in Castel Gandolfo, in: OR (D) Nr. 36 vom 7. September 2012, 10.
17 *Regula Benedicti* 43,3.
18 *JRGS* 11.
19 Ebd., 5.
20 ZWEITES VATIKANISCHES KONZIL, Konstitution über die heilige Liturgie SACROSANCTUM CONCILIUM, Nr. 10.

er spricht mit uns, wir mit ihm. Wo immer man bei liturgischen Besinnungen nur darüber nachdenkt, wie man Liturgie attraktiv, interessant, schön machen kann, ist Liturgie schon verfallen. Entweder ist sie *opus Dei* mit Gott als dem eigentlichen Subjekt oder sie ist nicht. Ich bitte an dieser Stelle: Gestaltet die heilige Liturgie aus dem Hinschauen auf Gott in der Gemeinschaft der Heiligen, der lebendigen Kirche aller Orte und Zeiten so, dass sie zu einem Ausdruck der Schönheit und Erhabenheit des menschenfreundlichen Gottes wird!"[21] Diese Weisung ist für uns Vermächtnis und Auftrag.

8. Als Résumé: Was wird die Nachwelt von seinem Denken behalten?

Joseph Ratzinger/Benedikt XVI. wird als ein großer Kirchenlehrer der Gegenwart in die Geschichte eingehen. Das weite Spektrum seines Denkens reicht von Glaube und Vernunft über die Gottesfrage und Offenbarung bis hin zur Ekklesiologie und Liturgie. Aber auch die aktuellen Fragen der Kirche in der Welt von heute, nämlich der Ökumenismus, das Verhältnis der Kirche zu den nichtchristlichen Religionen und schließlich die Religionsfreiheit, die im II. Vatikanischen Konzil zum ersten Mal angesprochen wurden, sind für ihn eine notwendige Brücke, um den Dialog mit der Moderne nicht abreißen zu lassen. Nur so kann die Kirche ihren missionarischen Auftrag erfüllen, „Salz der Erde" (Mt 5,13) und „Licht der Welt" (Mt 5,14) zu sein, um die Neuevangelisierung im Schauen auf Christus, den Gekreuzigten, voranzubringen, der immer auch ein Zeichen bleiben wird, dem widersprochen werden wird (vgl. Lk 2,34).

Dabei ist es wichtig, dass die Kirche sich nicht selbstzufrieden, wie es Benedikt XVI. anmahnt, den Maßstäben dieser Welt angleicht. Nicht Verweltlichung bringt die Kirche voran, sondern wie es Benedikt XVI. wörtlich sagt: „Das missionarische Zeugnis der entweltlichten Kirche tritt klarer zutage. Die von materiellen und politischen Lasten und Privilegien befreite Kirche kann sich besser und auf wahrhaft christliche Weise der ganzen Welt zuwenden, wirklich weltoffen sein. Sie kann ihre Berufung zum Dienst der Anbetung Gottes und zum Dienst des Nächsten wieder unbefangener leben. [...] Nur die tiefe Beziehung zu Gott ermöglicht eine

---

21 BENEDIKT XVI., *In visitatione Abbatiae „Heiligenkreuz"* (Die 9 Septembris 2007), in: AAS 99 (2007: 10) 853–858, hier: 855.

vollwertige Zuwendung zum Mitmenschen, so wie ohne Zuwendung zum Nächsten die Beziehung zu Gott verkümmert."²² Diese Worte Benedikts XVI. im Freiburger Konzerthaus im September 2011 sind für uns nachhaltige Mahnung und klare Orientierung. In dieser authentisch gelebten Selbstlosigkeit berühren sich, so bin ich überzeugt, Benedikt XVI. und sein Nachfolger Papst Franziskus auf das Innigste, denn nicht materielle Sicherheiten geben der Kirche Zukunft und Halt, sondern die Umkehr zu Christus, der sich in seiner Menschwerdung selbst entäußerte und gehorsam war bis zum Tod am Kreuz (vgl. Phil 2,7f.). In ihm allein wird uns die österliche Hoffnung, Freude und Zuversicht geschenkt.

---

22 BENEDIKT XVI., *Iter apostolicum in Germaniam: in urbe Friburgo Brisgavorum ad catholicos christifideles rem pastoralem curantes* (Die 25 Septembris 2011), in: AAS 103 (2011: 10) 674–679, hier: 677.

Laudatio zur Verleihung des Augustin-Bea-Preises an Klaus Berger (1940–2020)

Preisrede von Abtpräses Dr. Maximilian Heim OCist

Sehr geehrter Herr Professor Berger, lieber Familiar unseres Ordens,
sehr geehrte Frau Prof. Dr. Christiane Nord,
sehr geehrter Herr Präsident der Intern. Stiftung Humanum, Prof. Dr. Wolfgang Spindler,
sehr geehrte Ehrengäste,
verehrte Damen und Herren!

Heute erinnere ich in dieser Laudatio an ein überraschendes Ereignis, das Sie, verehrter Herr Professor Berger und Familiar unseres Ordens, außerordentlich berührt hat: Es war am 9. September 2007, als der Heilige Vater Papst Benedikt XVI. bei seinem Österreich-Besuch in unserer Zisterzienserabtei Heiligenkreuz plötzlich das Protokoll verließ, als er Sie – herausragend unter den vielen Gläubigen – in unserer Stiftskirche erblickte, spontan auf Sie zusteuerte und Sie herzlich begrüßte. Dies war mehr als eine Laudatio: Es war ein Dank nicht nur für Ihre wissenschaftliche Leistung, sondern auch für Ihre die Kirche liebende, noble Haltung. Wie außergewöhnlich dieser Gruß war, mag die Tatsache belegen, dass Benedikt XVI. sich sonst streng an das zeitliche Protokoll hielt und nicht einmal seinem langjährigen Freund, Bischof em. Hubert Luthe, der extra aus Essen angereist war, die Hand geben konnte. Heute am Nikolaustag darf ich mich einreihen in die Gratulanten, die Ihnen Gottes Segen wünschen zum Namenstag wie auch zur Verleihung des Augustin-Bea-Preises.

Der Nikolaustag war für Sie immer ein besonderer Tag, den Sie mit einer humorvollen und gelehrten Nikolausvorlesung ehrten. Wie Sie einmal erzählten, nahmen Sie die historisch-kritische Methode bei einer dieser jährlichen Vorlesungen auf die Schippe, indem Sie nachweisen, dass die historische Existenz von Karl Barth, dem Wiederentdecker der wissenschaftlich-kritischen Exegese, unbegründet sei.¹ Ein andermal, so erzählte es der evangelische Pfarrer Wolfgang Krimmer, konnten Sie die „fort- und immerwährende Existenz des heiligen Nikolaus" mithilfe von mittelalterlich-scholastischen Beweisschritten darlegen. Und einer der Beweise damals war eben der aus der „Schokoladenheit"². Was wollten Sie damit ausdrücken? Wenn Menschen sich die Mühe machen, ein Abbild des Heiligen in Schokolade zu gießen, dann muss das Urbild nun wirklich existieren. Die Aula – mit bald 2.000 Studierenden hoffnungslos überfüllt – bog sich vor Lachen. Ich kann mich noch gut erinnern, wie ich Sie im Auditorium Kloster Stiepel kennenlernen durfte, wohin Herr Rainer Kohlhaas, der Organisator, Sie immer wieder im Namen von Prior P. Beda einlud. Und wenn Sie kamen, war das Auditorium nicht nur bis zum letzten Platz gefüllt, sondern die Zuhörer hingen mit ihren Ohren sogar noch an den Fenstern, um Ihren Worten zu lauschen. Was war der Grund einer solchen Attraktivität? Vielleicht das, was Johannes der Täufer, diese adventliche Gestalt, ein Prophet, verkündete, als er gefragt wurde, wer er sei: *Ich bin die Stimme eines Rufenden in der Wüste. Bereitet dem Herrn den Weg.* (vgl. Jes 40,3)

Sie sind am 25. November 1940 in Hildesheim geboren, wurden katholisch getauft und gefirmt, wollten katholischer Priester werden und haben schon in Ihrer Dissertation das Prophetische an Ihrem Wirken erkennen lassen: „Christus habe weder den Alten Bund noch das mosaische Gesetz abschaffen wollen." Das war für damalige Ohren zu viel. Ja, es ging Jesus von Nazareth nicht um die Abschaffung des jüdischen Glaubens und Gesetzes, sondern um seine Vollendung. Eine Wahrheit, die Jahrzehnte später (1992) der Katechismus der Katholischen Kirche ausdrücklich zu glauben vorlegte. Denn das antike Judentum inklusive Qumran, Philo, Weisheit, früher Mystik und Apokalyptik ist geistig und geistlich so unglaublich reich. Wer es erforscht, kann erkennen, dass Jesus und die Offenbarung des dreifaltigen Gottes nicht die Zerstörung des jüdischen Glaubens darstellen, sondern von Jesus her als seine

---

1   KLAUS BERGER, *Unveröffentlichtes Manuskript, Nikolausvorlesung 1987:* Mit 16 „historisch-kritischen Beweisen" versucht Klaus Berger, seinen Vergleich zwischen dem hl. Nikolaus und Karl Barth zu untermauern.
2   https://www.swp.de/suedwesten/staedte/geislingen/gedanken-zum-sonntag_-der-beweis-aus-der-schokoladenheit-22455295.html (14.02.2020).

Vollendung zu verstehen sind. Einer, der das wunderbar verstanden hat, war der Apostel Paulus.

Es bewirkte, dass Sie sich schließlich in der evangelischen Fakultät 1967 promovierten und 1971 an der Universität Hamburg habilitierten. Über Ihre Dozentur für Neues Testament und altchristliche Literatur an der Rijksuniversität in Leiden (älteste Universität der Niederlande, eine der weltweit renommiertesten Institutionen, insb. für Geisteswissenschaften u. a.) bekamen Sie einen Ruf nach Heidelberg. Hier wirkten Sie jahrzehntelang (1974 bis zu Ihrer Emeritierung 2006) an der hiesigen evangelisch-theologischen Fakultät als Professor für Neues Testament segensreich. 60 Schülerinnen und Schüler haben Sie zur Promotion und/oder Habilitation begleitet.

Ihr Lebenswerk ist so umfangreich, dass es kaum möglich ist, es in einer Laudatio streiflichtartig zu beleuchten. Die Basis Ihrer wissenschaftlichen Forschungen sind die biblischen und christlich-orientalischen Sprachen, also das Aramäische, Altsyrische, Äthiopische, Koptische, Arabische und natürlich auch das Griechische. Weil Sie nicht einfach nur trockene Wissenschaft betreiben, sondern ein Theologe sind, der vor allem von dem spricht, dessen Stimme er sein darf, halten Sie regelmäßige Andachten, Vorträge und Fragestunden im Hörfunk, vor allem bei Radio Horeb und Radio Maria. 400 Sonntagsmeditationen, Zeitungs- und Zeitschriftenaufsätze in der FAZ oder in der Tagespost, im VATICAN-magazin, für die CNA, ... haben Sie verfasst.

70 selbständige Buchpublikationen haben Sie herausgegeben, davon 7 Bände kommentierte Übersetzungen. Eine Besonderheit stellt „Das Buch der Jubiläen" dar mit ca. 350 Seiten, das Sie 1981 veröffentlichten und in dem Sie äthiopische, syrische, hebräische und lateinische Handschriften übersetzten und kommentierten. Zusammen mit Ihrer Gattin, Frau Prof. Dr. Christiane Nord, einer renommierten Übersetzungswissenschaftlerin, haben Sie 1999 „Das Neue Testament und frühchristliche Schriften" (1.500 S.) herausgegeben. Außerdem zwei Bände „Werke des Zisterzienservaters Wilhelm v. St. Thierry", darin erstmalig übersetzt ins Deutsche dessen Römerbrief-Kommentar.

Ein entscheidender thematischer Schwerpunkt ist für Sie die Eschatologie. Ihre private Sammlung antiker Apokalypsen ist vermutlich die größte Apokalypsensammlung weltweit. 2017 erschien im Herder-Verlag Ihr 2-bändiger gewaltiger Kommentar zur Apokalypse des Johannes und im Jahr darauf ein weiterer Band zur Theologie der Apokalypse. Das Bild der Hochzeit des Messias aus der apokalyptischen Tradition eröffnete Ihnen auch ein neues Verständnis der christlichen Ehe, das Sie in Ihrem neuen Buch „Ehe und Himmelreich: Frau und Mann im Urchristentum" (2019) veröffentlichten. Ein prophetisches Thema gerade in unserer orientierungslosen Zeit. Sie eröffnen durch Ihr Forschen am Urtext den Horizont für die gesamte biblische und apokryphe Tradition der Geschichtsapokalypsen inklusive der Kommentare bis 1600. Unter diesen Geschichtsapokalyptikern ragt der selige Zisterzienserabt Joachim von Fiore hervor, der 1202 gestorben ist.

Außerdem sind Sie fasziniert von den alten lateinischen und orientalischen Liturgien. Sie hatten schon vor Ihrem Abitur zu diesem Thema geforscht, indem Sie 5.000 mittelalterliche Glockeninschriften unter die Lupe nahmen. Denn Glockeninschriften haben meist auch einen Bezug zur gefeierten Liturgie und zum Glauben. Das Wirken des Heiligen Geistes beleuchteten Sie in einer ersten Schrift 1957 unter dem Titel „Der Heilige Geist in der lateinischen Liturgie". Für die Formgeschichte des Neuen Testaments bezogen Sie sich auf Erkenntnisse der Religionsgeschichte wie auch der antiken Rhetorik und Ästhetik. Sie stellten aber klar, dass diese formgeschichtliche Methode sich nicht eignet, Berichte und Erzählungen des Neuen Testaments in „echt" oder „unecht" aufzuteilen. Hier sind wir schließlich bei Ihren theologischen Grundlinien:

1. Die Theologie muss sich immer als die Stimme eines Rufenden verstehen. In diesem Gehorsam ist sie gesandt, das je größere Wort Gottes gleichsam in den begrenzten Verständnishorizont der Menschen zu heben, mit dem Wissen, dass der Rufende der eigentliche Autor bleibt und die Stimme nur sein Werkzeug ist. Er ist nur der Übersetzer.

2. Religionsgeschichte und Liturgiegeschichte gehen daher Hand in Hand bei dem Unternehmen, das Neue Testament von seiner Entstehungs- und Wirkungsgeschichte her zu deuten.
3. Das Übersetzen muss Schritt um Schritt versuchen, die Fremdheit immer mehr zu verstehen, ohne sie jedoch zu verdrängen oder zu überspielen. Diese Fremdheit des Wortes Gottes bewirkt vielmehr, dass das Wort Gottes niemals veraltet und deshalb nie als zeitbedingt abgewertet werden darf.
4. Der an den Naturwissenschaften orientierte Positivismus des 19. Jh. ist daher, wie Sie oft betonen, als Rahmen für das Verständnis des Neuen Testaments ungeeignet. Insbesondere empfanden Sie es als Ärgernis, dass auf dieser Basis das im Neuen Testament Berichtete seitenweise als unhistorisch und als Märchen oder Dichtung abgetan wurde. Ihre Frage ist stets: Seit wann ist kausale Erklärbarkeit der Maßstab für Wirklichkeit?

Und Sie erläutern dies, indem Sie darauf hinweisen, dass schon die schlichteste Liebesgeschichte mit Kausalität nicht erklärbar ist, geschweige denn biblische Kategorien wie Wunder, Erwählung, Verstockung oder Sendung. Auch der „Heilige Geist" als Forschungsthema lässt sich hier einordnen, denn er weht, wo er will. Diese biblischen Gegebenheiten verstehen Sie nicht als Phantasieprodukte, sondern als mystische Fakten, also als etwas, das in der Geschichte wirkt, ohne kausal erklärt werden zu können. Aber wenn es Gottes Art ist, wie Nicolaus Cusanus erklärt, gewissermaßen in oder hinter unserem Rücken zu wirken, das Nicht-Andere zu sein, dann wirkt Gott eben oft anders als nach den Naturgesetzen.

In Ihrem Buch „Die Bibelfälscher: Wie wir um die Wahrheit betrogen werden" (2013) haben Sie so eine Generalabrechnung mit dem positivistischen, moralisierenden, liberalen Protestantismus vorgelegt.

Ihre Vorliebe für die jüdische Herleitung neutestamentlicher Aussagen trifft sich hier mit der strengen und durchgängigen Forderung nach der historischen Basis. Hatte doch die liberale Theologie all das als unhistorisch bezeichnet, was nicht rational erklärbar war und sich – wie Sie, lieber Herr Professor, es schrieben – selbst für die Jesusworte so entschieden, dass die wenigen echten auf einer Postkarte unterkommen könnten. Der leidige Rest sei eben Mythologie gewesen.

Sie hingegen haben die „Theologie des Neuen Testaments" auch als Theologiegeschichte verstanden. Denn Theologie als luftige Spekulation, das läge Ihnen zu nahe an Hegel. Die konkrete, an den Texten ausweisbare Traditionsgeschichte ist hier das dynamische Brückensystem zwischen Altem und Neuem Testament, zwischen Neuem Testament und Kirchengeschichte.

In Ihrem Verhältnis zur Systematischen Theologie und Dogmatik erkennen Sie in aller Demut, dass die Exegeten zwar Hypothesen zur Deutung vorlegen können, letztlich aber die Kirche in ihrem Lehramt in der Treue zur *regula fidei,* zum Credo der Kirche, die Einheit der Offenbarung bezeugt. Offenbarung wird so zum lebendigen Wort Gottes in der Verflechtung von Wort und Zeuge und Glaubensregel.

Wie Sie auch zeigten, unterscheidet sich hier die katholische Schriftauslegung von der Sicht der meisten Protestanten. Sie sagen dies ganz einfach: „Der Exeget ist kein Bischof." Daher gilt: „Der wahre Ort der Schriftauslegung ist die Liturgie."

Hinter dieser Aussage steht das theologische Axiom *Lex orandi – lex credendi;* das heißt übersetzt: „Das Gesetz des Betens entspricht dem Gesetz des Glaubens." Dieser Grundsatz von Prosper von Aquitanien (5. Jahrhundert) ist ein altes Prinzip der kirchlichen Liturgie: Die Kirche betet so, wie sie glaubt, und „glaubt so, wie sie betet"[3]. Diese Harmonie zwischen Glaube und Gebet führt uns zum Grundsatz, dass der gefeierte Glaube in der Liturgie zugleich schön und daher der Kunst nahesteht und sie beflügelt.

Lieber Herr Professor, als Abt von Heiligenkreuz – mit seinen Prioraten in Bochum-Stiepel, Neuzelle und Wiener Neustadt sowie mit einer Gründung in Sri Lanka – gratuliere ich Ihnen auch im Namen meiner Mitbrüder von ganzem Herzen zur Verleihung des Kardinal-Augustin-Bea-Preises. Sie stehen in einer Reihe von renommierten Preisträgern mit dem Generalsekretär des Weltkirchenrats Willem A. Vissert Hooft, Schwester Karoline Mayer SSpS (Chile), dem Sozialethiker Johannes Messner, den Kardinälen Jo-

---

3 KKK 1124.

seph Frings, Joseph Ratzinger und Joachim Meisner, den Erzbischöfen Isidore de Souza (Benin) und Johannes Dyba sowie den Professoren Hans Urs von Balthasar, Paul Kirchhof, Anton Rauscher, dem Bischöflichen Hilfswerk Misereor – und nun auch Sie, lieber Herr Prof. Klaus Berger. Wenn der Herrgott Ihnen die Chance schenkt, könnte Ihr letztes Buch einmal heißen – wie Sie mir verrieten –: „Stille. Das Neue Testament inmitten der Religionsgeschichte des Schweigens." Und auch das wäre dann wieder gut monastisch. Und so möchte ich enden mit einem Wort unseres Ordensvaters, des hl. Bernhard von Clairvaux, im 900. Jubiläumsjahr der Carta Caritatis, der Carta der Liebe, dem Grundgesetz unseres Ordens:

> Scientia sine caritate inflat – Wissenschaft ohne Liebe bläht auf.
> Scientia cum caritate aedificat – Wissen mit Liebe baut auf.[4]

---

[4] Vgl. 1 Kor 8,1. Vgl. BERNHARD VON CLAIRVAUX, Sermones super Cantica Canticorum, Sermo VIII, in: BERNHARD V. CLAIRVAUX, Sämtliche Werke lateinisch/deutsch, hg. v. Gerhard B. Winkler, Band V, Innsbruck 1994, 124f., sowie: BERNHARD VON CLAIRVAUX, Sent III, 109, in: BERNHARD V. CLAIRVAUX, Sämtliche Werke lateinisch/deutsch, hg. v. Gerhard B. Winkler, Band IV, Innsbruck 1994, 618f.

Beerdigung von Prof. Dr. Klaus Berger am 26. Juni 2020 auf dem Bergfriedhof in Heidelberg

Abtpräses Dr. Maximilian Heim OCist

Verehrte Frau Prof. DDr. Nord, liebe Trauerfamilie,
sehr geehrte Freunde und Bekannte, Schüler und Kollegen von Klaus Berger!
Liebe Mitbrüder, liebe Schwestern und Brüder in Christus!

"Ich stehe vor der Tür und klopfe an. Wer meine Stimme hört und die Tür öffnet, bei dem werde ich eintreten und wir werden Mahl halten, ich mit ihm und er mit mir." (Offb 3,20) Auf einer Initiale des Codex 83, einer mittelalterlichen Handschrift der Zisterzienserabtei Heiligenkreuz aus dem 12. Jahrhundert, begegnet uns Jesus Christus, *"der treue Zeuge, der Erstgeborene der Toten"* (Offb 1,5), so wie er im letzten Buch der Hl. Schrift, in der Offenbarung des Johannes, geschildert wird: zu seiner Rechten die sieben Sterne, ihm zur Seite die Leuchter; sein Gesicht leuchtet selbst wie die strahlende Sonne (vgl. Offb 1,12) und sein Haupt ist geziert mit dem Kreuznimbus, dem Zeichen seiner Göttlichkeit. Dem mittelalterlichen Mönch waren diese Bilder der Offenbarung noch ganz vertraut und er konnte sie auch deuten. Vielleicht war das der Grund, warum Klaus Berger in seine wissenschaftliche Arbeit diese Erkenntnisse der Klosterschulen und der frühen Kirchenväter immer mit einbezog.

Das war ein wichtiger Anstoß, weshalb Klaus Berger im Jahr 2005 Familiar unseres Ordens wurde und sich so dem benediktinisch-zisterziensischen Erbe verpflichtet wusste. So freue ich mich, dass mit den Mönchen von Heiligenkreuz und Stiepel auch P. Prior Michael Gebhard OSB und sein Mitbruder aus der Benediktinerabtei Weltenburg an der Donau sowie Pfarrer Oliver Peters aus der Familiaritas-Bruderschaft des evangelisch-lutherischen Zisterzienserklosters Amelungsborn (Negenborn, Kreis Holzminden) gekommen sind.

Es ist doch bezeichnend, dass unser Familiar Klaus Berger mitten aus seiner Arbeit über Joachim von Fiore, einem kalabrischen Zisterzienserabt, von Gott abberufen wurde. So können wir heute ein Wort der Hoffnung von Joachim von Fiore auch auf unseren lieben Verstorbenen anwenden: *„Nicht mehr durch irgendwelche Bilder, sondern im Geiste werden wir das Angesicht unseres Gottes, des Urhebers, schauen, ihm ähnlich geworden nach dem (Wort) des Apostels: Wir wissen, dass wir ihm ähnlich sein werden, wenn er offenbar wird; denn wir werden ihn sehen, wie er ist (1 Joh 3,2)."*[1]

„Ja, ich stehe vor der Tür und klopfe an. Wer meine Stimme hört und die Tür öffnet, bei dem werde ich eintreten und wir werden Mahl halten, ich mit ihm und er mit mir." (Offb 3,20) An dem Ort, wo Klaus Berger so viele Stunden seines Lebens verbrachte, an seinem Schreibtisch, schlief er friedlich ein. Als ich schlief – heißt es im Hohelied des Alten Testamentes –, wachte mein Herz und ich hörte die Stimme des Freundes, der anklopft und um Einlass bittet.[2] Auch bei uns klopft der Herr immerfort leise an die Türen unserer Herzen, um uns *„langsam sehend"* zu machen, wenn wir ihm auftun.[3]

Und doch erfüllt uns in dieser Stunde auch Trauer. Vor allem gilt unsere Anteilnahme seiner Gattin, der Familie, die dieser plötzliche und unerwartete Tod tief erschüttert hat. Er wird allen fehlen, die ihn lieben und schätzen: Sein Lächeln, sein Schimpfen, seine Handpuppen und seine Freundlichkeit, seine Geduld, auf die „dümmsten Fragen" – wie er scherzhaft sagte – zu antworten. Seine Leser werden ihn vermissen. 70 Bücher hat er veröffentlicht und regelmäßig Beiträge in verschiedensten Medien: Von der FAZ bis zur Tagespost und vom Vatican magazin, k-TV, Kirche in Not, Radio Horeb bis zu unserem STUDIO1133. So ist auch online seine Stimme zu hören und sein Gesicht zu sehen. Das ist für viele – gerade in Corona-Zeiten – ein großer Trost.

---

1 WILHELM TIELKER, *Der Mythos von der Idee Europa. Zur Kritik und Bedeutung historischer Entwicklungsgesetze bei der geistigen Verankerung der Europäischen Vereinigung*, Münster/ Hamburg/London 2003, 72.
2 Vgl. Hld 5,2. Klaus Berger erinnert in Zusammenhang der Verbindung von Offb 3,3 mit 3, 20 u. a. an den Hymnus „Hi sacerdotes" im Heiligenkreuzer Zisterzienser-Brevier: *„sicque vigilesque quando ianuam pulsans dominus veniret"* [Und so wachen sie, wenn der Herr kommt und an die Tür klopft]. KLAUS BERGER, *Die Apokalypse des Johannes. Kommentar, Teilband 1: Apk 1–10*, Freiburg i. Br. 2017, 387.
3 Vgl. JOSEPH RATZINGER/BENEDIKT XVI., *Jesus von Nazareth. Zweiter Teil. Vom Einzug in Jerusalem bis zur Auferstehung*, Freiburg i. Br. 2007, 302.

Seine Leidenschaft war die Forschung. Er beherrschte als Bibelwissenschaftler neben Hebräisch, Griechisch und Lateinisch auch Aramäisch und Arabisch sowie Syrisch und Äthiopisch. Und er betete täglich unser Heiligenkreuzer Brevier, das monastische Stundenbuch, auf Latein, das nach dem Zweiten Vatikanum neu konzipiert wurde. Ja, er liebte die Liturgie, weil er wusste, dass die *lex orandi* der *lex credendi* – das „*Gesetz des Betens* – *dem Gesetz des Glaubens*" entspricht und umgekehrt. Und dass Glaube und Theologie bzw. Schriftauslegung nicht gegeneinanderstehen dürfen, sondern in der Kraft des Heiligen Geistes tiefer in die Wahrheit einführen (vgl. Joh 16,13–15).

Klaus Berger wollte ursprünglich katholischer Priester werden. 1967 aber hatte die Münchner katholische Fakultät seine Doktorarbeit ablehnend beurteilt, da er behauptete, Jesus Christus habe das jüdische Gesetz nicht aufgelöst, sondern im Sinne seiner Zeit verstanden und erfüllt. Sein Weg führte deshalb von München nach Leiden in Holland, von Hamburg an die Universität Heidelberg und war sicher ein außergewöhnlicher Weg, aber gesegnet: Für viele wurde er in verwirrter Zeit zum kantigen Querdenker, der sich nicht dem Mainstream der Exegese und Theologie anpasste und doch so viele Glaubende in den Kirchen und Konfessionen zu einem neuen Vertrauen in die Glaubwürdigkeit der Heiligen Schrift ermutigte.

Liebe Frau Prof. Dr. Nord, Sie haben Ihren Mann als renommierte Übersetzungswissenschaftlerin darin unterstützt, nicht nur als er zusammen mit Ihnen 1999 „*Das Neue Testament und frühchristliche Schriften*"[4] herausgab. Fast 60 Doktoranden konnte er zur Promotion führen und nicht wenige von ihnen haben sich habilitiert. Viele unter ihnen erblickten in Klaus Berger einen ökumenisch freien Geist, der es verstand, das Verbindende vor das Trennende zu stellen, da er die Glaubensspaltung – wie er es selbst formulierte – als „Gottesverrat"[5] empfand.

Kommen wir noch einmal zu Joachim von Fiore, den kalabrischen Zisterzienserabt, dessen Texten Klaus Berger bis in die letzte

---

4 KLAUS BERGER, CHRISTIANE NORD (Hg.), *Das Neue Testament und frühchristliche Schriften*. Übersetzt und kommentiert von Klaus Berger und Christiane Nord, Frankfurt a. M./Leipzig 1999.
5 KLAUS BERGER, *Glaubensspaltung ist Gottesverrat. Wege aus der zerrissenen Christenheit*, München 2006.

Stunde seines Lebens hinein eine neue Aufmerksamkeit schenken wollte. Wissenschaft und Gottverlangen miteinander zu verbinden und dabei das Antlitz des fleischgewordenen Wortes zu suchen, prägte das Leben und Sterben von Klaus Berger ganz im Sinne der monastischen Theologie unserer Ordensväter. Abt Joachim von Fiore berichtet von einem Schlüsselerlebnis, das ihm während der Liturgie der Osternacht zuteilwurde[6]. Gerade als das große Osterlob, das Exsultet, gesungen wurde, erkannte er: Christus ist der Vollender des Alten Bundes, indem er den Neuen Bund stiftet.

So zieht uns der Auferstandene im Dunkel der Osternacht als *Lumen Christi*, Licht Christi, voran, wie im Alten Bund die Feuersäule Israel auf seinem Weg durch die Wüste voranzog. Und so findet der Exodus aus Ägypten seine Vollendung in der Auferstehung Jesu Christi: *„Dies ist die selige Nacht, in der Christus die Ketten des Todes zerbrach und aus der Tiefe als Sieger emporstieg. Wahrhaftig, umsonst wären wir geboren, hätte uns nicht der Erlöser gerettet."* (Exsultet)

In diesen österlichen Jubel stimmt Joachim von Fiore und mit ihm nun auch unser lieber Verstorbener ein, wenn sie nun zusammen bekennen: *„Dies ist also der Tag, den der Herr gemacht hat. Lasst uns jubeln und an ihm uns freuen. Dies ist der Tag, an dem Christus von den Toten erstanden ist, da jener große Stein von der Öffnung des Grabes weggewälzt wurde."*[7]

Im heutigen Evangelium spricht Christus deshalb zu uns: *„Euer Herz lasse sich nicht verwirren. Glaubt an Gott und glaubt an mich! Im Haus meines Vaters gibt es viele Wohnungen. Wenn es nicht so wäre, hätte ich euch dann gesagt: Ich gehe, um einen Platz für euch vorzubereiten? Wenn ich gegangen bin und einen Platz für euch vorbereitet habe, komme ich wieder und werde euch zu mir holen, damit auch ihr dort seid, wo ich bin."* (Joh 14,1–3) Auch wenn wir jetzt noch traurig sind, dass wir Klaus Berger nun nicht mehr von Angesicht zu Angesicht sehen, so tröstet uns doch die Gewissheit: Wir werden ihn wiedersehen, weil er uns nur vorausgegangen ist.

Und es stärkt uns der Glaube des großen Bibelübersetzers und gelehrten Kirchenvaters Hieronymus, der bekannte: *Wer zu Gott*

---

6   Vgl. KLAUS BERGER, *Leih mir deine Flügel, Engel. Die Apokalypse des Johannes im Leben der Kirche*, Freiburg i. Br. 2018, 39–41.
7   Ebd., 41.

heimkehrt, der bleibt in der Mitte der Seinen.[8] Dann öffnet sich auch uns der Himmel mitten in dieser Zeit, in dieser schweren, und unsere Augen werden erleuchtet vom unerschaffenen Licht des dreieinigen Gottes.

„*O lux, beata Trinitas*
et principalis Unitas,
iam sol recedit igneus:
infunde lumen cordibus.

Dreifaltigkeit, dreiein'ger Gott,
du Einheit in des Ursprungs Kraft,
nun, da der Sonnenball versinkt,
geh du in unseren Herzen auf."[9]

Denn wie es in einem modernen, von Benedikt XVI. inspirierten Lied heißt: „*Wer glaubt, ist nie allein! Du, Herr, wirst mit uns sein mit deiner Kraft, die Leben schafft. Wer glaubt, ist nie allein!*"[10] Und der Friede Gottes, der alles Verstehen übersteigt, bewahre unsere Herzen und Sinne in Christus Jesus, dem auferstandenen Herrn. Amen.

---

8 Vgl. HIERONYMUS, *Epistola 108* (Nachruf auf Paula), lat.: Ad Eustochium virginem, Epitaphium Paulae matris, in: Patrologia latina 22, 878: „*Non moeremus, quod talem amisimus; sed gratias agimus, quod habuimus, imo habeamus. Deo enim vivunt omnia. Et quidquid revertitur ad Dominum, in familia numero computatur.*" – „Nicht trauern wollen wir, dass wir ihn verloren haben, sondern dankbar sein, dass wir ihn gehabt haben, ja auch jetzt noch besitzen, denn wer in Gott stirbt, der bleibt in der Familie."
9 *Liturgia Horarum. Ordinis cisterciensis*, Officium feriale I, Versio Germanica (unveröffentlichte Druckausgabe), Heiligenkreuz 2020, 481.
10 *Gotteslob. Katholisches Gebet- und Gesangbuch.* Ausgabe für die (Erz-)Diözesen Österreichs. Herausgegeben von den (Erz-)Diözesen Deutschlands und Österreichs und dem Bischof von Bozen-Brixen, Stuttgart 2013, Nr. 927.

Nachruf auf Werner Beierwaltes

Jens Halfwassen

Werner Beierwaltes war der Nestor der internationalen Neuplatonismusforschung. 1963 habilitierte er sich in Würzburg mit einer umfassenden Monografie über Proklos, den ‚Hegel der Antike'. Hans Krämer, der Tübinger Platonforscher, der sich im gleichen Jahr wie Beierwaltes habilitierte, nannte das 1965 unter dem Titel *Proklos – Grundzüge seiner Metaphysik* erschienene Buch in seiner Rezension die philosophisch eindringlichste und beste Interpretation des Neuplatonismus seit Hegels *Vorlesungen über die Geschichte der Philosophie*. Nur zwei Jahre später, 1967, folgte eine ähnlich grundlegende und tieflotende Monografie über Plotin: *Plotin. Über Ewigkeit und Zeit*. Es handelt sich um eine ausführlich kommentierte Übersetzung von Plotins wichtiger *Enneade III 7*. Dass Beierwaltes genau diesen Traktat Plotins auswählte, war klug überlegt. Die Frage nach der Zeit spielte in der Philosophie des 20. Jahrhunderts eine dominierende Rolle, gerade bei den bedeutendsten und einflussreichsten Denkern des Jahrhunderts: bei Edmund Husserl, Ludwig Wittgenstein und Martin Heidegger, der die deutschsprachige Philosophie in den 60er-Jahren noch weithin dominierte. Wer den Rang und die Aktualität Plotins demonstrieren wollte, war also gut beraten, dies im Ausgang von Plotins Theorie der Zeit zu tun. Genau das wollte Beierwaltes und das hat er auch erreicht: Seine Bücher über Plotin und Proklos haben den beiden Klassikern des Neuplatonismus im Bewusstsein der Gebildeten den Rang gesichert, den ihnen schon Hegel zugedacht hatte: als unüberbotene Höhepunkte metaphysischen Denkens nach und neben Platon und Aristoteles. Auf den Neuplatonismus aufmerksam gemacht wurde er bereits während seines Studiums in München durch den Außenseiter Henry Deku. Viele Jahre später, 1991, legte Beierwaltes unter dem Titel *Selbsterkenntnis und Erfahrung der Einheit* noch einmal eine ausführlich kommentierte Übersetzung einer zentralen Schrift Plotins vor. Seit den 70er-Jahren waren, vor allem durch die Arbeiten von Dieter Henrich und Klaus Düsing zum deutschen Idealismus von

Kant bis Hegel, die Fragen nach der Subjektivität und der Struktur des Selbstbewusstseins ins Zentrum des philosophischen Interesses getreten. So traf auch Beierwaltes' zweite Plotin-Monografie genau den Nerv der Zeit. Seine lebenslange Beschäftigung mit dem Neuplatonismus erfolgte erklärtermaßen nicht aus einem primär historischen Interesse, sondern es ging ihm stets um die *Sache der Metaphysik* und die darin gedachte Wahrheit. Es ging ihm darum, mit historischen Mitteln eine *Vollendungsgestalt* metaphysischen Denkens auszuweisen, an deren Maß sich auch die Kritik an der Metaphysik messen lassen muss.

Den Rang und die exzeptionelle synthetische Kraft des Neuplatonismus erweist auch seine immense Wirkungsgeschichte, die Beierwaltes in einer Reihe gewichtiger Studien aufgearbeitet hat. In *Platonismus und Idealismus* (1972) zeigte er, wie Hegel und Schelling zu Beginn des 19. Jahrhunderts den Neuplatonismus wiederentdeckt und gegen seine aufklärerische Verunglimpfung als irrationale „Schwärmerei" und Mystizismus rehabilitiert haben. Dabei arbeitete er den Einfluss neuplatonischer Denkstrukturen auf zentrale Einsichten und Motive des spekulativen Idealismus heraus.

Die zentrale Differenz des Neuplatonismus – zumal zu Hegel – muss man in der negativen Theologie erkennen: Weil das Eine selbst „jenseits des Seins" und „jenseits des Geistes" ist, darum entzieht es sich jedem erkennenden Zugriff, der immer in der Zweiheit von Erkennendem und Erkanntem verbleibt. Erreichbar ist das Absolute nur in differenzloser Einung durch die „Ekstasis": den Selbstüberstieg des Denkens in die absolute Transzendenz. So gehen Mystik und Metaphysik im Neuplatonismus eine innige Verbindung ein. Dies nimmt der christliche Neuplatonismus von Dionysius Areopagita über Johannes Eriugena und Meister Eckhart bis zu Nikolaus von Kues auf. In seinen späteren Büchern seit *Identität und Differenz* (1980) rückte diese Synthese von Platonismus und Christentum immer stärker ins Zentrum der Interessen von Werner Beierwaltes. Die neuplatonische Verbindung von Metaphysik und Mystik und die negative Theologie des Einen gewinnen bei Eriugena und Meister Eckhart dadurch eine neue Wendung, dass sie zwar wie Plotin dem Einen, der reinen Gottheit, alle positiven Seinsbestimmungen absprechen, es aber gerade in seiner Negativität als absoluten Selbstbezug konzipieren, was Plotin vermieden hatte. Durch den ewigen „Hervorgang" des Geistes, der ungegenständlich und darum unerschaffen ist, nimmt das unbestimmbare Eine Bestimmtheit und Sein an und „wird" so der dreieinige Gott – und zwar in unserer Vernunft, die für Eckhart der ungeschaffene Sohn Gottes ist: das ist Eckharts philosophische, radikal entmythologisierende Deutung der Menschwerdung Gottes. Cusanus führt alle diese Motive in seiner Philosophie des „wissenden Nichtwissens" *(docta ignorantia)* zusammen. Sie realisiert, dass wir eine Metaphysik des Absoluten nur so entwickeln können, dass sie zugleich eine Theorie des Geistes und seiner Beziehung zum Einen ist. Das sich negativ auf sich selbst beziehende Eine ist als das „Nicht-Andere" die sich selbst und alles andere definierende Definition und so der „absolute Begriff" *(conceptus absolutus)*, dies aber nicht im Sinne Hegels als die sich selbst wissende absolute Subjektivität, sondern als ein negativ und transzendent bleibender Selbstbezug Der Aufweis dieses christlichen Neuplatonismus als eines eigenen Höhepunktes metaphysischer Theoriebildung zwischen Plotin und Hegel gehört zu Beierwaltes' größten und originellsten Leistungen.

Geboren wurde Werner Beierwaltes am 8. Mai 1931 in Klingenberg am Main als Sohn einer Beamtenfamilie. Die beschwingte Heiterkeit und die katholisch-barocke Lebensfreude und Weltzugewandtheit seiner fränkischen Heimat haben den Menschen Werner Beierwaltes geprägt. Sie manifestierten sich auch in seiner ausgeprägten Musikalität – er war seit früher Jugend ein passionierter und hochprofessioneller Organist – und in seiner Liebe zum Schönen und zur Kunst, die er als „Theophanie" begriff, als Vorschein des Göttlichen in der Welt. Als akademischer Lehrer verfügte er über das Charisma, das die Präsenz des Geistes verleiht. Die Lektüre von Platons *Phaidon* und von Romano Guardinis *Tod des Sokrates* hatten ihn motiviert, nach dem Abitur nach München zu gehen und dort Philosophie, Klassische Philologie und Germanistik zu studieren. 1957 promovierte er bei dem Gräzisten Rudolf Pfeiffer. 1958 wurde er Assistent des Philosophen Rudoph Berlinger an der Universität Würzburg. Die beiden eingangs erwähnten Bücher machten ihn rasch berühmt und legten den Grundstein zu einer fulminanten akademischen Karriere, die Beierwaltes über Lehrstühle in Münster

(1969) und Freiburg (1974) schließlich 1982 zurück nach München führte, wo er bis zu seiner Emeritierung 1996 lehrte. Die Anerkennung der akademischen Welt manifestierte sich in zahlreichen Preisen und Ehrungen. Die späten Jahre von Werner Beierwaltes waren verdunkelt durch den tragischen Krebstod seiner geliebten Frau Eva im Jahre 2002. Es war „der schmerzvollste Bruch in meinem Leben", von dem er sich seelisch nie mehr erholt hat, auch wenn seine intellektuelle Präsenz und seine Schaffenskraft noch lange beeindruckend blieben. Wie erst jetzt bekannt wurde, ist Werner Beierwaltes am 22. Februar 2019 in Würzburg im 88. Lebensjahr gestorben. Gesundheitlich ging es ihm zuletzt so schlecht, dass er den Tod begrüßt haben mag. Ein Ende war er für den Christen und Platoniker Werner Beierwaltes nicht.

Interpretation und Perspektive der Transzendentalphilosophie. Zum Tod von Richard Schaeffler – Ein Nachruf

Christoph Böhr

Es war sein letzter öffentlicher Auftritt: Im Kaisersaal des Stiftes Heiligenkreuzes sprach Richard Schaeffler auf der Tagung *Gott denken – Zur Philosophie von Religion*, die anlässlich seines 90. Geburtstages von der Hochschule Heiligenkreuz im März 2017 veranstaltet worden war, über das *Ethos der religiösen Erkenntnis:* gedankensprühend, mit fester Stimme, kraftvoll und lebhaft im Vortrag, ganz bei der Sache, gleichermaßen nüchtern und eindringlich – man hatte nicht glauben wollen, dass da ein 90-Jähriger am Pult stand. Kaum von Heiligenkreuz wieder nach Hause zurückgekehrt, begann auch schon die Zeit seines körperlichen Leidens: Bei einem Sturz vor der Haustüre brach er sich die Schulter, die Ärzte trauten sich angesichts des allgemein schlechten Gesundheitszustandes nicht, die angezeigte Operation anzugehen – es begann ein Siechtum, das er geradezu heldenhaft, ohne Murren und Hader ertrug. Schaeffler zehrte, wie er immer wieder betonte, von seinem Heiligenkreuzer Auftritt, von dem er wusste, dass es sein letzter war; er gab ihm Kraft für seine Arbeit, mit der er nicht aussetzte – umso mehr, als er spürte, dass die Kräfte von Tag zu Tag schwanden. Zu allem Unglück verstarb dann 92-jährig im Dezember 2017 seine geliebte Frau Maria (geb. Laub) – seine ‚Sandkastenliebe', wie er selbst sagte –, mit der er 63 glückliche Ehejahre verbrachte, nach sehr schwerem und langem Leiden, das ihn in der Begleitung des körperlichen Siechtums wie der geistigen Verwirrung seiner Frau zusätzlich sehr viel Kraft kostete – und ihn erneut, zuletzt gar in bedrängender, leidgeprüfter Weise zur Theodizee-Frage hinführte.[1]

---

[1] Einer der letzten Aufsätze Schaefflers ist unter dem Titel *Die Theodizee – Gedanken zum Problem*, in: *Jahrbuch für Religionsphilosophie* 17 (2018), Freiburg/München 2019, 210–214, dieser Frage gewidmet.

In dieser Lage, die so ziemlich das Gegenteil zu dem war, was man ein ‚beschauliches Alter' nennt, ließen ihn die Widrigkeiten und Beschwerlichkeiten des Alltags nicht in stumme Niedergeschlagenheit versinken, sondern sie veranlassten ihn – ganz im Gegenteil – zu neuen wissenschaftlichen Anstrengungen. Er wollte am Ende vieler Jahrzehnte, die er für Forschung und Lehre gelebt hat, eine Art von Résumé hinterlassen, das nicht dazu dienen sollte, abschließend noch einmal die eigene Bedeutung ins Licht zu stellen, sondern ganz beseelt war von dem Bemühen, in knapper Form künftigen Generationen mitzuteilen, worauf es im Leben wirklich ankommt. Eben dieser Impetus lag seiner ganzen Philosophie von jeher zugrunde: Sie sollte immer eingebunden sein in das Leben der Menschen und Hilfe geben, Gott und Welt anders – besser – zu begegnen, als dies ohne philosophische Reflexion möglich ist. Wenn Letztere sich über den Alltagsverstand ‚erhebt', dann tut sie das nicht als Folge von Überheblichkeit, sondern ganz im Gegenteil um ihrer dienenden Aufgabe willen: um den Alltagsverstand zu prüfen und zu reinigen.

Dem Bedürfnis, weitergeben zu wollen, was ihm am Lebensende wichtig erschien, dient denn auch ein bisher unveröffentlichtes Manuskript *Was ich gerne weitergeben möchte* aus dem Jahr 2017 – der Verfasser war zu diesem Zeitpunkt 90 Jahre alt –, in dem er schreibt: Mit fortgeschrittenem Lebensalter tritt die Frage in den Vordergrund: „Habe ich Denkwege gefunden, auf denen andere weitergehen können, wenn mein Denkweg an sein Ende gelangt ist? Und was möchte ich weitergeben an die, die es lohnend finden könnten, auf solche Weise auf dem von mir beschrittenen Wege weiterzugehen?"[2]

Am 24. Februar 2019 verstarb Schaeffler in seiner Geburtsstadt München im Alter von 92 Jahren; Professor em., Dr. Dr. h. c. mult., geboren am 20. Dezember 1926, besuchte er zunächst das Benediktinergymnasium in Ettal und nach dessen Schließung durch die Nationalsozialisten das Theresien-Gymnasium in München; 1942 wurde er als ‚Halbjude' – seine Mutter Hannah, geb. Fromm,

---

[2] Dieses und nachfolgende Zitate, soweit nicht anderweitig belegt, entstammen einem bisher unveröffentlichten Manuskript, das Richard Schaeffler 2017 verfasste, im Sommer 2018 dem Verfasser übergab und von ihm selbst mit *Was mir wichtig bleibt* überschrieben wurde.

war Jüdin – der Schule verwiesen, begann anschließend eine Lehre als Großhandels-Drogist und war nach seiner Verhaftung durch die Gestapo während der letzten Kriegsmonate, von November 1944 bis April 1945, Häftling im Sonderarbeitslager Schelditz bei Rositz in Thüringen. Nach Kriegsende nahm er das Studium der Philosophie, der Katholischen Theologie und der Psychologie auf, zunächst – noch vor dem nachgeholten Abitur – als Gasthörer an der Hochschule für Philosophie in Pullach; seine Lehrer dort waren unter anderem Walter Brugger und Joseph de Vries; nach dem Abitur studierte er von 1945 bis 1953 in Tübingen und München, unter anderem bei Gerhard Krüger, Eduard Spranger und Wilhelm Weischedel, dem späteren Hauptherausgeber der Standardedition von Immanuel Kants Druckschriften. Die Promotion erfolgte 1952 in Tübingen im Fach Philosophie mit einer bei Krüger gefertigten Arbeit über *Die Frage nach dem Glauben im Werk von Karl Jaspers;* ein Jahr später folgte das Fakultätsexamen in Katholischer Theologie.

Nach der Arbeit als Assistent an mehreren Instituten für interdisziplinäre Zusammenarbeit – dem Leibniz Kolleg Tübingen, dem Collegium Alexandrinum Erlangen und dem Studium Generale Mainz – habilitierte sich Schaeffler 1961 im Fach Philosophie mit einer noch zu Krügers Tübinger Zeit[3] begonnenen Arbeit über *Die Struktur der Geschichtszeit* in Tübingen.[4] Von 1968 bis 1989 war er Inhaber des Lehrstuhls für Philosophisch-Theologische Grenzfra-

---

[3] Gerhard Krüger wechselte 1952 von Tübingen auf den Lehrstuhl Hans-Georg Gadamers in Frankfurt am Main; kurz darauf erlitt er einen schweren Schlaganfall, der ihn zwang, schon 1953 die Lehre aufzugeben. Aus dem Nachlass Krügers hat Schaeffler 1973 bei Klostermann, Frankfurt am Main, die Schrift *Religiöse und profane Erfahrung* herausgegeben. In seinem Vorwort, ebd., 7–18, beschreibt Schaeffler den Schlusspunkt der Philosophie Krügers als den Ausgangspunkt seines eigenen Denkens: die Einsicht in eine ‚totale Geschichtlichkeit' der Welt, die uns zwingt, ebd., 13, Abschied zu nehmen von der „üblichen Ansicht", dass die Welt eine eindeutige Beschaffenheit hat, die, bei genügender Kenntnis der Tatsachen, auch eindeutig verständlich werden müsste." Krügers Einsicht fasst Schaeffler, ebd., 14, zusammen – und beschreibt darin den Ausgang seines eigenen Fort- und Weiterdenkens: „Der geschichtliche Wandel betrifft nicht nur die Meinungen, die wir Menschen uns über die Dinge machen, sondern nicht weniger das ‚Selbstzeugnis der Dinge', nicht nur die Theorie, sondern die Erfahrung."

[4] Schaefflers Habilitationsvortrag *Die Kontroverse zwischen Anselm von Canterbury und Gaunilo von Marmoutiers: zur Frage nach der Vertretbarkeit des Daseins Gottes im Denken*, gehalten am 18. Mai 1961 an der Eberhard Karls Universität Tübingen, ist erstmals unter dem gleichnamigen Titel erschienen in *Gott denken. Zur Philosophie von Religion. Richard Schaeffler zu Ehren*, hg. v. Christoph Böhr u. Hanna-Barbara Gerl-Falkovitz, Wiesbaden 2019, 1–17.

gen an der Ruhr-Universität Bochum. Im Anschluss an seine Emeritierung lehrte er von 1994 bis 2011 als Gastprofessor Religions- und Geschichtsphilosophie an der Hochschule für Philosophie München. Begleitend zu seiner wissenschaftlichen Tätigkeit arbeitete er im ‚Ökumenischen Arbeitskreis evangelischer und katholischer Theologen' sowie von 1972 bis 1983 im ‚Gesprächskreis Juden und Christen' beim Zentralkomitee der deutschen Katholiken. Schaeffler bekleidete zwei Ehrendoktorate und lebte zuletzt wieder in seiner Heimatstadt München. Zu seinen Forschungsschwerpunkten zählten die Geschichtsphilosophie, die Religionsphilosophie, die Wissenschaftstheorie der Theologie, die Transzendentalphilosophie und der jüdisch-christliche Dialog. Zum Ende seines Lebens hin beschäftigten ihn besonders die Weiterentwicklung der transzendentalen Methode in Philosophie und Theologie, die Analyse der religiösen Sprache sowie die jüdische Religionsphilosophie des 19. und des 20. Jahrhunderts. Seit 1995 verleiht die Hochschule für Philosophie, München, alle zwei Jahre den von ihm gestifteten ‚Richard-Schaeffler-Preis für philosophisch-theologische Grenzfragen' an Nachwuchswissenschaftler aus Philosophie und Theologie.

Die Liste seiner Veröffentlichungen ist lang, sehr lang.[5] Viele seiner Veröffentlichungen – darauf machte er mich wiederholt aufmerksam – stammen aus der Zeit nach seiner Emeritierung. Das hat nicht geringe Vorzüge: Das Denken ist gereift und manches ist bis zum Ende durchdacht, wozu in jüngeren Jahren womöglich – alters- und berufsbedingt – gar keine Möglichkeit besteht. Denn wer als Professor die Lehre ernst nimmt – und Schaeffler nahm sie sehr ernst –, dem rast die Zeit von Semester zu Semester, sodass für Veröffentlichungen manchmal kaum noch Raum bleibt, wie er manchmal beklagte.

In dem oben schon erwähnten, bisher unveröffentlicht gebliebenen Manuskript *Was mir wichtig bleibt* aus dem Jahr 2017 schreibt

---

[5] Die Zahl seiner Bücher beläuft sich bis heute einschließlich der zahlreichen Übersetzungen auf stattliche 23 selbständige Veröffentlichungen, eine weitere – *Philosophische Anthropologie*, hg. v. Christoph Böhr, Wiesbaden 2019 – ist kurz nach seinem Tod posthum erschienen, eine zweite – *Transzendentale Theologie. Gott als Möglichkeitsgrund der Erfahrung*, hg. v. Markus Enders, Freiburg i. Br./München 2020 – liegt inzwischen ebenfalls vor; hinzu kommen 189 Aufsätze in Zeitschriften und Sammelwerken sowie zahlreiche Lexikonartikel.

Schaeffler: „Schon in meiner Studentenzeit hat mein Lehrer Gerhard Krüger mich davon überzeugt, dass die Frage, wie Wahrheit und Geschichte sich zueinander verhalten, zu den dringendsten philosophischen Fragen der Gegenwart gehört. Denn je deutlicher der Mensch seine Abhängigkeit von den historischen Bedingungen seines Lebens erfährt, desto fragwürdiger erscheint ihm der Anspruch, er solle und könne eine Wahrheit erfassen, die von allem Wechsel der historischen Situationen unbetroffen bleibt. Wenn es zum Begriff der Wahrheit gehört, dass ihr Anspruch auf Anerkennung, wenn er sich einmal als gerechtfertigt erwiesen hat, zu allen Zeiten gültig ist – semel verum, semper verum –, dann scheint für den Menschen, der seine radikale Geschichtlichkeit erfahren hat, ‚Wahrheit' ein utopischer Begriff zu sein, das heißt ein Begriff, der in unserer Erfahrungswelt nirgendwo eine Stelle seiner Anwendung findet."[6]

Die Frage nach der Wahrheit kann man vielleicht als das große, viele Jahrzehnte seines Denkens und seiner Forschung überwölbende Thema der Philosophie Schaefflers bezeichnen. Wie lässt sich an einem durch alle Zeit gleichbleibenden Gültigkeitsanspruch von Wahrheit festhalten, wo doch alles, auch unser Erkennen, der Zeit und ihren jeweiligen Bedingungen, mithin dem geschichtlichen Werden und Vergehen unterworfen ist, sie also immer als *filia temporis* in Erscheinung tritt? Dass Schaeffler sich diese Frage schon in jungen Jahren zu eigen machte, kann nicht weiter verwundern, denn Martin Heidegger hatte sie zwar nicht als Erster entdeckt – seit der Renaissance begleitet sie als eine Art von Subtext die philosophische Reflexion –, aber doch mit größter Dringlichkeit 1927 ganz oben auf die Tagesordnung der Philosophie gesetzt und, wie sich dann zeigte, damit gleichsam auch die das 20. Jahrhundert beherrschende Fragestellung vorgegeben.[7]

Schaeffler rang mit dieser Frage zeit seines Lebens, in fast allen seiner Veröffentlichungen leuchtet sie auf. Um sie zu beant-

---

6   Siehe dazu Fußnote 2.
7   Seit der Renaissance und dem durch sie verschärft ausgetragenen Streit zwischen den ‚Moderni' und den ‚Antiqui' kann der Satz ‚veritas filia temporis' als philosophischer Topos gelten, der von ihren Anfängen an maßgeblich das Selbstverständnis der Moderne bis heute prägt; vgl. TILO SCHABERT, *Das Gesicht der Moderne. Zur Irregularität eines Zeitalters*, 1978, erw. Freiburg u. München 2018, bes. 32.

worten, bedarf es einer gründlichen Vermessung der Möglichkeiten und Grenzen menschlicher Vernunft. Hilfe für die Beantwortung dieser Frage fand er in der Philosophie Kants. Unsere Vernunft, so schrieb Schaeffler sinngemäß, ist schwach, sehr schwach, aber dennoch nicht zu schwach, um nicht auch teilhaben zu können an der immer überzeitlichen Wahrheit. Diese jedoch, man mag sich ihrer von Fall zu Fall noch so sicher wähnen, ist nie Besitz, denn sie ist ausnahmslos weit größer als das, was wir jeweils in Raum und Zeit – mithin immer perspektivisch – von ihr erfassen können. Also, könnte man schlussfolgern, ist Wahrheit doch nicht unveränderlich, sondern höchst subjektiv und wandelt sich im Gang durch die Geschichte. Ja und Nein, lautet Schaefflers Antwort: Sie verändert sich insofern, als sie immer wieder neue Aspekte zu erkennen gibt; aber sie bleibt unveränderlich insofern, als die neuen Aspekte, derer wir teilhaftig werden, die alten Einsichten, sofern sie tatsächlich Auskunft über die Wahrheit gaben und geben, nicht außer Kraft setzt.[8] Wahrheit baut sich, so könnte man vielleicht im Sinne Schaefflers sagen, im Gang der Vernunft durch die Zeitläufte auf, indem sie – unter Wahrung früherer Erkenntnisse – immer neue Einblicke gewährt. Wahrheit regnet nicht vom Himmel, sondern will gesucht und gefunden werden, indem sich der Mensch in seinem Erkennen am ‚eigenständigen Selbststand' der Dinge abarbeitet. Die Dinge: Das sind Objekte, die sich dem Menschen entgegenwerfen, wie es der Bedeutung des lateinischen Wortes ob-icere entspricht; sie stellen sich dem Menschen in den Weg und lassen sich nicht leichthändig mit dem Hinweis, alles menschliche Erkennen sei doch bloß subjektiv, zur Seite räumen. Man kann sagen: Stolpernd werden wir der Dinge gewahr, die sich unserem Erkennen in den Weg stellen. In diesem Sinne ist Schaefflers Erkenntnislehre auch der – womöglich eindrücklichste – Gegenentwurf zum zeitgenössischen Radikalen Konstruktivismus – ein Gegenentwurf, der freilich bis heute noch nicht angemessen Beachtung gefunden hat.

In einer seiner vielleicht wichtigsten Bücher beschreibt Schaeffler menschliches Erkennen – im Anschluss an Kant – als verantworten-

---

8 Für Schaeffler ist deshalb der Satz ‚veritas filia temporis' nicht schlechterdings falsch, aber doch immer im Horizont der Hermeneutik des ‚semel verum, semper verum' auszulegen.

des Gestalten[9]: Verantwortet werden muss Erkenntnis gegenüber dem Anspruch der ob-iectiones, gestaltet werden muss Erkenntnis im Blick auf ihre Einordnung in die Zusammenhänge unseres Verstehens. Dieser Vorgang ist alles andere als gefeit vor dem Irrtum. Gerade deshalb lautet die ständig wiederholte, eindringliche Mahnung: veritas semper maior. Besitzen kann man Wahrheit nie: Sie ist – ausnahmslos und immer – größer als unser Vermögen, sie in den Grenzen der Endlichkeit zu erfassen. Solcherart Erkenntnislehre ist eingebettet in – oder vielleicht besser gesagt: ist begründend für – die Anthropologie. Was der Mensch unter philosophischen Aspekten ist, sein kann und sein soll, beantwortet sich wesentlich über die Erkenntnislehre, weil die Vernunft das ‚Specificum humanum' des Menschlichen ist. Hier greift Schaeffler auf Kant zurück, der die Frage nach dem Menschen als den krönenden Abschluss der vorangehenden drei Leitfragen der Philosophie – nach den Möglichkeiten des Wissens, des Tuns und der Hoffnung – begriff.[10] Schaeffler fügt den Einsichten Kants eine eigene, weiterführende hinzu: Wenn sich Wahrheit – in der Auseinandersetzung mit dem widerständigen Selbststand der Dinge – in immer neuen, alte Einsichten ergänzenden Sichtweisen zu erkennen gibt, dann darf der Mensch sich diesem Fortschreiten nicht blind verschließen, indem er am Alten festhält; er muss, im Gegenteil, bereit sein zu eigener – Schaeffler sagt ausdrücklich: radikalen – Umgestaltung, so wie es Paulus so nachdrücklich im *Römerbrief* fordert: „Lasset euch umgestalten zur Neuheit des Denkens, damit ihr urteilsfähig werdet." (Röm 12,2) Diese Bereitschaft des Menschen zur jederzeitigen Umgestaltung – metamorphosis – gehört zu jenen Schlussfolgerungen, die Schaeffler aus einer gründlichen, in vielen Jahrzehnten vertieften Beschäftigung mit der kantischen Erkenntnislehre zieht, um auch auf diese Weise eine Brücke zur Anthropologie zu schlagen. In dem schon erwähnten Manuskript *Was mir wichtig bleibt* heißt es dazu: „Die Geschichte unserer

---

9   RICHARD SCHAEFFLER, *Erkennen als antwortendes Gestalten. Oder: Wie baut sich vor unseren Augen die Welt der Gegenstände auf?*, Freiburg i. Br./München 2014; vgl. dazu auch DERS., *Ontologie im nachmetaphysischen Zeitalter. Geschichte und neue Gestalt einer Frage*, Freiburg i. Br./München 2008.
10 Vgl. CHRISTOPH BÖHR, *Anthropologie und Transzendentalphilosophie: ihre Verschränkung in der Bestimmung des ‚Specificum humanum'*, in: RICHARD SCHAEFFLER, *Philosophische Anthropologie*, hg. v. Christoph Böhr, Wiesbaden 2019, 117–127.

Anschauungsformen und unserer Vernunft ist die Weise, wie wir dem je größeren Anspruch der Wahrheit immer wieder durch Akte einer ‚Meta-Morphosis' gerecht zu werden versuchen."[11] So verbindet sich die Theorie der Erkenntnis mit der Praxis des Lebens: Neue Einsichten im Denken zielen auf Veränderungen im Lebensvollzug. Diese Einstellung erfordert den Mut zur Vorläufigkeit und den offenen Blick für das Fragmentarische in allen Aspekten des menschlichen Lebens – und ist die Alternative zu jener Resignation, die den Menschen allzu schnell befallen kann, wenn er auf Schritt und Tritt der Bruchstückhaftigkeit seines Erkennens als einer Unausweichlichkeit gewahr wird. Immer wieder kommt Schaeffler auf diese Schwierigkeit zu sprechen: Wie können wir unserer Vernunft trauen, die ja nicht nur äußerlichen Gefährdungen unterworfen ist, sondern der – schlimmer noch – eine aus ihr selbst herrührende innere Selbstgefährdung unabdingbar und unabänderlich zu eigen ist?

In seiner letzten Schrift – der im Sommer 2018, kurz vor seinem Tod, verfassten *Philosophischen Anthropologie*, die man als eine knappe Zusammenfassung seines Denkens lesen darf – antwortet Schaeffler auf diese Frage: „Aus dieser zweifachen Selbstgefährdung kann die endliche Vernunft sich nur dadurch befreien, dass sie den Anspruch, den die Erscheinungen an sie richten, als bloße, aber zugleich als wirkliche Erscheinungsgestalt des Auftrags – mandatum – versteht, den Gott ihr anvertraut. An diesem ihr anvertrauten Auftrag kann die menschliche Vernunft sich ihrerseits in einem antwortenden Vertrauen hingeben, weil sie sicher sein darf, sich selbst in dieser Selbsthingabe nicht zu verlieren, sondern neu zu gewinnen. Die Freiheit, mit der uns Gott seine Aufträge anvertraut, erweist sich so als eine freimachende Freiheit. Entsprechend kann sie die Gestaltungskraft ihrer Ideen und Begriffe, durch die sie den Kontext aufbaut, in dem alle Erscheinungen ihre Stelle finden müssen, um als objektiv gültig anerkannt zu werden, als bloße, aber zugleich auch als wirkliche Erscheinungsgestalt des göttlichen Schöpferwillens begreifen, jedem einzelnen Geschöpf seinen Ort im geordneten Zusammenhang einer Welt zuzuweisen."[12] „Diese

---

11 Siehe dazu Fußnote 2.
12 Vgl. dazu besonders Schaefflers posthume Schrift *Transzendentale Theologie. Gott als Möglichkeitsgrund der Erfahrung.*

Welt ist der offene Begegnungsraum, innerhalb dessen die Geschöpfe ihre Eigentätigkeit entfalten und so ihren Eigenstand zur Geltung bringen können. Gott setzt seine Kreaturen nicht in sich selbst hinein, sondern in die Welt hinaus, sodass sie nicht zu inneren Momenten seines Lebens werden, sondern sogar ihm selbst in einem widerständigen Eigenstand gegenübertreten können. Insofern ist Gottes Schöpferwille Ausdruck seiner ermächtigenden Macht."[13] Ohne die Präsumption Gottes ist die menschliche Vernunft angesichts ihrer Zerbrechlichkeit verraten und verkauft. Diese Präsumption ist ein Postulat – nicht ‚nur' ein Postulat, wie manchmal und fälschlicherweise gesagt wird, sondern ein zwingendes, unhintergehbares Erfordernis zur Rettung der Vernunft. Hier schließt sich Schaeffler wieder ganz der Philosophie Kants an: „Gerade dann, wenn wir versuchen, dem Sittengesetz zu folgen und die Erfüllung unserer partikulären Interessen unter den Vorbehalt zu stellen, dass sie sich mit den unabweislichen Interessen aller anderen versöhnen lassen, machen wir Erfahrungen der Ohnmacht, die den Anschein erzeugen, die sittliche Forderung sei ‚auf leere eingebildete Zwecke gestellt, mithin an sich falsch'. Dies ist die Stelle im kantischen Argumentationsgang, an der Postulate sich als unerlässlich erweisen."[14]

Kants Lehre von den – Schaeffler betont zu Recht und mit Nachdruck: unerlässlichen – Postulaten spielt im Denken Schaefflers eine herausragende Rolle, gerade auch dort, wo er sich als Religionsphilosoph der Frage nach Gott zuwendet. Der Einfall Gottes ins Denken geschieht dort, wo ein Mensch feststellt, dass er weder seiner sinnlichen Erfahrung noch seiner intelligiblen Einsicht trauen kann. „Die endliche Vernunft kann angesichts der Erfahrung ihrer Kontingenz nur von Gott selbst ihre Wiederherstellung erhoffen."[15] Dem Gottespostulat kommt für Schaeffler eine *unverzichtbare* hermeneutische Bedeutung zu: Die Grenzerfahrung unserer Vernunft lässt sich sinnbezogen und sinnerfüllt nur im Licht eines Gottespostulates deuten, wenn ihre auf Schritt und Tritt erfahrbare

---

13 SCHAEFFLER, *Philosophische Anthropologie*, 12.
14 Ebd., 42; das Zitat Kants findet sich bei Immanuel Kant, *Kritik der reinen Vernunft*, 1781, A 205; vgl. dazu das gesamte Zweite Buch der Ersten Kritik über die *Dialektik der reinen praktischen Vernunft*, A 192ff.
15 SCHAEFFLER, *Philosophische Anthropologie*, 35.

Schwäche nicht zu einer alle Vernunfttätigkeit umfassenden lähmenden Resignation führen sollen.[16] Schaeffler steht in der Kontinuität einer metaphysischen Interpretation der Philosophie Kants. Mehr noch als an seine Vorträge erinnere ich mich an seine Diskussionsbeiträge, wenn er sich herausgefordert fühlte: temperamentvoll bis zuletzt – auch anlässlich seines Auftritts an der Hochschule Heiligenkreuz/Wien am 4. März 2017, seinem, wie oben schon erwähnt, letzten öffentlichen Auftritt, bevor das Krankenlager begann – widerstritt er mit großem Nachdruck der Vermutung, Kant habe die Metaphysik zu Grabe getragen mit den Worten: Wer würde denn 400 Druckseiten *Prolegomena* „zu einer jeden künftigen Metaphysik" im fortgeschrittenen Alter von fast 60 Jahren schreiben und veröffentlichen, wenn er in Wahrheit vorhätte, eben dieser Metaphysik das Lebenslicht auszublasen? Das müsste ja doch wohl ein ziemlicher „Schwachkopf" sein, wie er sich unmissverständlich ausdrückte.

Diese Deutung Kants als Metaphysiker war in der Kantforschung nie unumstritten. Aber Konsens kann und darf nicht der Maßstab des Philosophierens sein. Schaeffler gehörte zu den Philosophen, die immer eine strenge Gedankenführung von der eigenen Meinung zu trennen wussten; jedoch scheute er sich nie, der sachlichen Darstellung nachfolgend eine eigene Überzeugung kundzutun. Vielleicht auch deshalb war sein Wirken so nachhaltig. Er wollte – vor allem im eigenen Leben – einlösen, was das Denken an Einsichten für den bereithält, der sich dem Nachdenken verschrieben hat – beispielsweise im Umgang mit der eigenen altersbedingten Gebrechlichkeit. Philosophie – wie übrigens auch Religion – waren für Schaeffler nicht nur Denk-, sondern ebenso Lebensformen. Ihnen versuchte er – in sehr eindrucksvoller Weise – bis zu seinem Tod treu zu bleiben. Und man wird heute sagen können: Das ist ihm gelungen. Und man wird hinzufügen dürfen: In diesem Mühen und Gelingen zeigt sich eine besondere Signatur seines Lebens.

Auf die selbst gestellte Frage: „Habe ich Denkwege gefunden, auf denen andere weitergehen können, wenn mein Denkweg an

---

16 Tatsächlich findet sich bei Philosophen, die dieses Postulat als zwingendes Erfordernis nicht hinzunehmen bereit sind, eine große Neigung, die menschliche Vernunft in Gänze zu verwerfen, weil diese zu schwach und trügerisch sei, um ihre erkenntnis- und handlungsleitende Aufgabe wahrzunehmen.

sein Ende gelangt ist?"[17], wird man – nachdem Schaefflers Denkweg nun an sein Ende gelangt ist – vorbehaltlos antworten dürfen: Ja, diese Denkwege, die Schaeffler ausgekundschaftet hat, können – und sollten – andere weitergehen.

---

[17] Siehe dazu Fußnote 1.

XII.
REZENSIONEN

Philosophie, Metaphysik, Gnoseologie

Christoph Böhr, Rezension zu: NORBERT SCHNEIDER, *Grundriss Geschichte der Metaphysik. Von den Vorsokratikern bis Sartre*, Hamburg 2018, Verlag Meiner, XII u. 554 Seiten, ISBN 978-3-7873-3431-5, 78 €.

Es bedarf eines großen Wagemutes, sich vorzunehmen, die Geschichte der Metaphysik von den milesischen Naturphilosophen bis zu Jean-Paul Sartre in einem Umfang von 470 Druckseiten abzuhandeln. Aber das Sprichwort sagt: Wer wagt, der gewinnt. Und es hat sich bewahrheitet für Norbert Schneider, den Verfasser des hier anzuzeigenden Grundrisses der *Geschichte der Metaphysik*. Schneider, der in seinem Berufsleben als Professor die akademische Disziplin der Kunstgeschichte vertreten hat, erläutert im Nachwort zu diesem Buch, dass sein Abriss der Geschichte der Metaphysik mitnichten als Ausflug in ein ‚fremdes' Fach zu verstehen ist, da doch die Geschichte der Philosophie auch nach dem Studium und zeitlebens seine „Passion" geblieben sei. (552) Das belegt nicht zuletzt sein bei Reclam 1998 erschienenes Buch über *Erkenntnistheorie im 20. Jahrhundert*. Anders ist auch nicht zu erklären, dass es ihm so bemerkenswert gut gelingt, eine fürwahr unübersehbare Stoff-Fülle souverän zu handhaben, sie gut zu gliedern, verständlich abzuhandeln und – soweit der Rezensent das seinerseits beurteilen kann – unter Einbeziehung wichtiger Sekundärliteratur dem Leser nahezubringen, wenngleich man sich auch manchmal fragt, nach welchen Kriterien deren Auswahl erfolgte, wenn – um ein Beispiel zu nennen – Werner Bei-erwaltes, der vielleicht doch wichtigste zeitgenössische deutschsprachige Interpret des Neuplatonismus insbesondere von Plotin, Proklos und dem Cusaner, gerade einmal – nämlich im Kapitel über George Berkeley – mit seiner philosophiehistorischen Dissertation über die Lichtmetaphysik der Griechen (213) eine Erwähnung findet, seine großen Werke zum Platonismus und Neuplatonismus, die längst Standard sind, aber gänzlich unerwähnt bleiben.

Dass man Metaphysik verständlich – und leserfreundlich – abhandeln kann, beweist Schneider entgegen manchem anderslautenden Vorurteil. Er bringt die von ihm dargestellten Autoren – kaum ein wichtiger fehlt, auch manche heute eher unbekannten werden berücksichtigt – mit ausführlichen Zitaten selbst zur Sprache und erläutert ihr Denken anhand von Primärtexten, indem er zunächst deren Sinn aus den Texten erschließt, um sie zugleich einzuordnen in ihrer Verwobenheit mit den Texten vorgängiger wie nachfolgender Denker.

Schneider unterteilt die Geschichte der Metaphysik in fünf Kapitel: Antike, Mittelalter, Frühe Neuzeit: vom Renaissance-Humanismus bis Kant, Deutsche Klassik und schließlich der letzte Abschnitt über das 19. und 20. Jahrhundert.

Ausdrücklich zu loben ist Schneiders Bemühen, Metaphysik nicht als Gewerbe im luftleeren Raum darzustellen und allein deren innere Logik zu erschließen, sondern sie immer auch in „realhistorischen Kontexten zu verorten". (553) Hinsichtlich des letztgenannten Bemühens legt Schneider die Karten offen auf den Tisch: Er will den „ideologischen Charakter" metaphysischen Denkens aufdecken – eines Denkens, das – „ob intendiert oder nicht" – mit seinen „Abstraktionen und Hypostasierungen jedenfalls häufig objektiv der Rechtfertigung und Stabilisierung bestehender Verhältnisse und eines gesellschaftlichen Ordo" diente. (553) Das ist aus Sicht des Rezensenten nicht falsch, aber doch ein wenig zu einseitig und gelegentlich fast schon ärgerlich (vgl. 514, wenn Schneider behauptet, die Hierarchisierung der Erkenntnisvermögen sei „in älteren Ordo-Modellen nicht zuletzt ‚per analogiam' aus machtpolitischen Gründen" geschehen); denn Macht bedarf zu ihrer Stabilisierung nicht mehr und nicht weniger als der Macht, auf das Wohlwollen der Metaphysik war und ist sie nicht angewiesen. Davon abgesehen war Metaphysik längst nicht immer retrospektiv-stabilisierend, sondern oft genug auch prospektiv-perspektivisch: Man denke an Autoren wie René Descartes oder Thomas Hobbes, die ohne die Erfahrung von Krieg und Bürgerkrieg wahrscheinlich anders geschrieben hätten, als sie es – einer pazifizierenden Perspektive folgend – taten; man denke aber auch, sehr viel früher, an die sokratisch-platonische Philosophie, die im Lichte der Erfahrungen des ersten Weltkrieges der europäischen Geschichte, des Peleponnesischen Krieges und seiner unvorstellbaren Verheerungen, entstand. Oder – um ein anderes Beispiel zu erwähnen: Die Postulatenlehre Kants hat sicherlich andere Gründe als den, dass er im Alter von seiner pietistischen Sozialisation eingeholt wurde. (257)

Diese Einwände sollen aber mitnichten davon ablenken, dass es dem Verfasser sehr eindrucksvoll gelingt, die Autoren selbst zum Sprechen zu bringen und ihre Auftritte leidenschaftslos – nüchtern, allermeist ohne Beimischung eigener Deutungen und Wertungen – in Szene zu setzen.

Schneider ist alles in allem eine gewaltige Leistung gelungen – ja, sie ist ihm meisterlich gelungen; eindrucksvoll bestätigt das Buch die Selbstauskunft des Verfassers, dass die Geschichte der Philosophie seine „Passion" ist. So ist sein *Grundriss* dann doch, obwohl er das Buch gar nicht so verstanden wissen will, ein Handbuch geworden, zu dem der Leser, der sich über diesen oder jenen Philosophen unterrichten lassen möchte, bedenkenlos und guten Gewissens greifen kann. Besonders gut gelungen sind aus Sicht des Rezensenten beispielsweise die Kapitel über Arthur Schopenhauer und Friedrich Nietzsche.

Unschärfen hier und da sind bei einem ‚Grundriss' nicht zu vermeiden. Das tut der Bedeutung des Buches aber keinen Abbruch, denn ein Handbuch ohne gelegentliche Unschärfen kann es nun einmal nicht geben. Schneiders Zugang zur Erschließung der Fülle des Stoffes, nämlich „quellenbasiert die Autoren selbst sprechen zu lassen" (475) und diese im jeweiligen historischen Zusammenhang darzustellen, erweist sich als ein sachgerechtes Vorgehen, bei dem sich „subjektive Färbungen ... nie vermeiden lassen". (Ebd.) Nicht erfassen lässt sich mit dieser Methode eine Modellierung des metaphysischen Denkens gerade an seinen geschichtlichen Bruchstellen; so bleibt das Auf und Ab zwischen den – Friedrich Nietzsche und Martin Heidegger folgenden – Kritikern einerseits sowie den Apologeten der Metaphysik – wie Joseph Maréchal oder Emerich Coreth – andererseits im 20. Jahrhundert unerwähnt – jener Kampf, der vonseiten der Kritiker allzu vorschnell, wie sich inzwischen zeigt, im Ausgang als entschieden dargestellt wurde und zur Proklamation einer sogenannten postmetaphysischen Ära führte – eine recht kurze ‚Ära', die gerade einmal ganze vier Jahrzehnte dauern sollte. Schneiders Abriss endet mit Sartre – und gegen diesen Schlusspunkt ist sachlich nichts einzuwenden, denn tatsächlich eröffnete Sartre ein neues Kapitel metaphysischer Reflexion.

Um es abschließend und ausdrücklich noch einmal zu wiederholen: Wenn der Verlag Schneiders *Grundriss* als „materialreich, gleichwohl von leichter Hand geschrieben" lobt, dann ist das kein Quäntchen übertrieben. Durch den apokryph klingenden Namen jener philosophischen Disziplin, die seit je als ‚Metaphysik' bezeichnet wird, sollte sich niemand abhalten lassen, dieses Buch zur Hand zu nehmen – im Gegenteil. Erleichtert wird dem Leser zudem der Zugang zum Stoff durch ein umfangreiches Glossar (476–544), das alle wichtigen Sachbegriffe erläutert und zudem unter den Eintrag ‚Metaphysik' (509–515) in denkbar knappster Form noch einmal zusammenfasst, um welche Grundfragen es geht.

Jens Halfwassen, Rezension zu: Werner Beierwaltes: *Catena aurea. Plotin, Augustinus, Eriugena, Thomas, Cusanus,* **Frankfurt a. M. 2017, Verlag Vittorio Klostermann, 430 S., ISBN 978-3-465-04338-6, 98 €.**

Werner Beierwaltes ist der Nestor der internationalen Neuplatonismus-Forschung. Seine Bücher über Plotin und Proklos haben den beiden Klassikern des Neuplatonismus im Bewusstsein der Gebildeten den Rang gesichert, den ihnen schon Hegel zugedacht hatte: als unüberbotene Höhepunkte metaphysischen Denkens nach und neben Platon und Aristoteles. Den Rang des Neuplatonismus zeigt auch seine immense Wirkungsgeschichte, die Beierwaltes in einer Reihe gewichtiger Studien thematisiert hat. Neben dem spekulativen Idealismus von Hegel und Schelling, die den Neuplatonismus zu Beginn des 19. Jahrhunderts wiederentdeckt und gegen seine aufklärerische Verunglimpfung als irrationale „Schwärmerei" rehabilitiert hatten, rückte dabei immer stärker der christliche Neuplatonismus von Pseudo-Dionysius Areopagita über Johannes Eriugena und Meister Eckhart bis Nikolaus von Kues ins Zentrum von Beierwaltes' Arbeiten.

Dies gilt auch für sein neues Buch „Catena Aurea". Der Band versammelt Studien, die zwischen 1964 und 2016 entstanden sind und bisher teilweise schwer zugänglich waren; dabei gibt es echte Juwelen zu entdecken wie das wunderbare Kapitel „Theophanie". Die 13 Kapitel des Buches behandeln Plotin und seine Rezeption, Augustins Metaphysik der Sprache, Thomas von Aquins Kommentar zum „Liber de causis", Johannes Eriugena und Nikolaus von Kues; zwei Kapitel thematisieren „Philosophisch-theologische Positionen und Voraussetzungen der mittelalterlichen Mystik" und „Subjektivität, Schöpfertum, Freiheit: Die Philosophie der Renaissance zwischen Tradition und neuzeitlichem Bewusstsein". Nicht weniger als fünf Kapitel gelten Nikolaus von Kues, der somit im Zentrum des Buches steht – keineswegs zufällig, kann er doch als Höhepunkt des christlichen Neuplatonismus gelten, dessen Denken eine Synthese von spätantikem und mittelalterlichem Platonismus bildet, die zugleich wesentliche Einsichten des neuzeitlichen Idealismus zumal von Hegel und Schelling vorwegnimmt.

XII. Rezensionen

Unter den dem paganen Neuplatonismus gewidmeten Kapiteln ist am wichtigsten wohl das über „Selbsterkenntnis als sokratischer Impuls im neuplatonischen Denken". Beierwaltes widerspricht hier energisch Walter Bröckers bekannter Charakterisierung des Neuplatonismus als „Platonismus ohne Sokrates". Schon Platon hatte in seinem Dialog „Alkibiades" Selbsterkenntnis und Gotteserkenntnis in einer Weise verschränkt, die auf den neuplatonischen, besonders von Plotin ausgeführten Gedanken vorausweist, dass der göttliche oder absolute Geist als die sich selbst denkende Fülle des intelligiblen Seins das wahre Selbst des Menschen ist. Dessen diskursiv, etwa durch ein Reflexionsmodell nicht zu erklärendes Selbstbewusstsein ist der Blick des Geistes in uns, durch den wir mit dem göttlichen Geist eins sind. Plotins Schüler Porphyrios nahm auf dieser Linie Descartes' „Ich denke, also bin ich" *(cogito, ergo sum)* vorweg, also die Einsicht in die Gegenwart des Seins im Denken und die darin liegende unmittelbare und unbezweifelbare Seinsgewissheit des Denkens, die Porphyrios als ein Wissen um die Einheit des denkenden Ich oder Selbst mit dem Ganzen des ewigen Seins deutet, das der göttliche Geist ist. Porphyrios interpretiert die Selbst- und Seinsgewissheit des Denkens damit so wie später Hegel, der Descartes vorwarf, sie auf unser empirisches, individuelles Ich verengt zu haben. Diese neuplatonische Einsicht wurde Hegel unter anderen durch Meister Eckhart vermittelt, der sie so formulierte: „Das Auge, in dem ich Gott sehe, das ist dasselbe Auge, darin mich Gott sieht, mein Auge und Gottes Auge, das ist *ein* Auge und *ein* Erkennen und *ein* Leben."

Mystik und Metaphysik gehen im Neuplatonismus eine innige Verbindung ein. Motiviert ist sie durch Plotins negative Theologie: Weil das absolute Eine jenseits des Seins und jenseits des Geistes ist, darum entzieht es sich jedem erkennenden Zugriff, der immer in der Zweiheit von Erkennendem und Erkanntem verbleibt; erreichbar ist das Absolute nur in differenzloser Einung durch die „Ekstasis": den Selbstüberstieg des Denkens in die absolute Transzendenz. Eckhart gibt dieser Einheitsmystik dadurch eine besondere Wendung, dass er dem Einen, der überseienden reinen Gottheit, zwar alle positiven Seinsbestimmungen abspricht, es aber gerade in seiner Negativität als absoluten Selbstbezug konzipiert. Durch den ewigen „Hervorgang" des ungegenständlichen und darum unerschaffenen Geistes nimmt das unbestimmbare Eine Bestimmtheit und Sein an und „wird" so der drei-einige Gott – und zwar in unserer Vernunft, die für Eckhart der ungeschaffene Sohn Gottes ist: das ist Eckharts philosophische, radikal entmythologisierende Deutung der Menschwerdung Gottes.

Die damit gewonnene Einsicht in die Untrennbarkeit der menschlichen Subjektivität vom Absoluten führt Cusanus in einer mystischen Theologie aus. Sie realisiert, dass wir eine Metaphysik des Absoluten nur so entwickeln können, dass sie zugleich eine Theorie des Geistes und seiner Beziehung zum göttlichen Einen ist. Gegenüber Plotin, der die Beziehung des Geistes zum Einen als ekstatische Selbsttranszendenz konzipierte, gewinnt sie bei Cusanus dadurch eine Intensivierung, dass er wie Eckhart das Absolute selbst als absoluten Selbstbezug denkt, was Plotin gerade vermieden hatte. Negativität ist für Cusanus nicht mehr nur der Weg *unseres* Denkens zum überseienden Einen, sondern, wie schon für Eriugena, dessen *eigene* immanente Tätigkeit, in der es sich als das „Nicht-Andere" trinitarisch auf sich selbst bezieht: „Denn das Nicht-Andere ist nichts anderes als das Nicht-Andere. Über dieses Geheimnis staunt die Vernunft, wenn sie aufmerksam dessen gewahr wird, dass die Dreiheit, ohne die Gott sich nicht selbst definiert, Einheit ist, weil die Definition mit dem Definierten eins ist. Der dreifaltige und Eine Gott ist also die sich und alles definierende Definition", so Cusanus. Indem sie sowohl sich selbst als auch alles andere kreativ definiert, definiert sie sich selbst allerdings rein negativ als die Verneinung alles Anderen. Damit bleibt die Transzendenz des Absoluten gewahrt, wodurch sich Cusanus von Hegels Philosophie des absoluten Begriffs, der kein Jenseits seiner selbst kennt, wesentlich unterscheidet. Zwar ist das „Nicht-Andere" auch für Cusanus „absoluter Begriff" *(conceptus absolutus)*, dies aber nicht im Sinne Hegels als die sich selbst wissende Fülle aller Seins- und Denkbestimmungen, sondern gerade als deren sie transzendierende Verneinung. Gottes absolutes Selbstbewusstsein ist so ein Nichtwissen, das alles Wissen übersteigt und auch von uns nur im wissenden Nichtwissen der *docta ignorantia* gewusst wird. Cusanus' Verhältnis zur Mystik bildet das durchgehende Thema des zweiten Teils von „Catena aurea" – im Zentrum der tiefdringenden Interpretationen stehen die späten Schriften „Vom Sehen Gottes" *(De visione Dei)*, „Vom Nicht-Anderen" *(De non-aliud)* und „Die Jagd nach Weisheit" *(De venantione sapientiae)*. Die „goldene Kette" der platonischen Tradition kulminiert so in einer Philosophie, die eine eigene Vollendungsgestalt metaphysischer Theoriebildung zwischen Plotin und Hegel darstellt.

Abgeschlossen wird der Band durch eine 34 Seiten starke Bibliografie von Werner Beierwaltes, die nicht weniger als 24 Monografien und 157 Aufsätze auflistet und damit die staunenswerte Produktivität dieses wohl kenntnisreichsten und subtilsten Historikers der Metaphysik belegt.

Christoph Böhr, Rezension zu: CORNELIUS ZEHETNER (Hg.), *Menschenrechte und Metaphysik. Beiträge zu Francisco Suárez* (Religion and Transformation in Contemporary European Society, Bd. 17), Göttingen 2020, Vienna University Press, 153 S., ISBN 978-3-8471-1094-1, 35 €.

Weil der Titel des Buches nahelegt, dem Zusammenhang, wie er – oft genug geleugnet – zwischen Metaphysik und Anthropologie besteht, nachzugehen, griff der Rezensent mit Spannung zu diesem Buch. Und tatsächlich: Schon im Vorwort kündigt der Herausgeber, Cornelius Zehetner, an, dass es im Buch um „den Zusammenhang und die mögliche *Vereinbarung* der zwei Bereiche" gehe (7, Hervorhebung hier wie folgend im Original), da Francisco Suárez die Metaphysik als eine „universale [...] Grundlage" (12) sowohl der Wissenschaft als auch der Lebensführung verstanden und entworfen habe.

Suárez ist eine zentrale Figur in der europäischen Metaphysiktradition. Er lebte von 1548 bis 1617, war Jesuit und ein Gelehrter seltenen Ranges – mit zudem einer stupenden Produktivität. Weil er in der umfänglichen und bis heute weit rezipierten Kommentierung der *Summa theologiae* des Aquinaten ins Stocken kam, entschied er sich, fürs Erste diese Arbeit zu unterbrechen, um vorab die – auch begrifflichen – allgemeinen Grundlagen des Denkens gründlich zu untersuchen. So entstanden 1597 die *Disputationes Metaphysicae*, ein Werk ungeheuren Umfangs, das dank eines Digitalisierungsprojektes der Ruhr-Universität Bochum unter Leitung von Salvador Castellote und Michael Renemann im Netz abrufbar ist – die letzte gedruckte Werkausgabe stammt nämlich noch aus der Mitte des 19. Jahrhunderts.

Einen überaus gelehrten, von großer Sach- und Fachkenntnis gesättigten, in der Gedankenführung klaren, im Urteil klugen und im Stil einprägsamen Einstieg in das Buch – das metaphysische Denken von Suárez in seiner Eigentümlichkeit skizzierend – bietet Rolf Darge, Philosophieprofessor in Salzburg mit vielfach ausgewiesenen Forschungsarbeiten über den spanischen Gelehrten – nebenbei bemerkt: ein Aufsatz Darges zu einem verwandten Thema findet sich im Übrigen auch in diesem Buch.

Einen Abriss der Metaphysik des großen spanischen Theologen und Philosophen zeichnet Darge vor dem Hintergrund der beiden sehr unterschiedlichen, sich gleichermaßen auf ihn berufenden Deutungsrichtungen: Für die einen vermittelt er das überkommene Konzept von Metaphysik als Transzendentalwissenschaft an das neuzeitliche Denken, während er für andere die herkömmliche Ontologie in eine Onto-Logik überführt und so eine ‚supertranszendentale' Theorie des Denkens begründet, die sich vom Konzept der Metaphysik als Seinswissenschaft löst. Stark verkürzt lautet die Alternative: Ist Metaphysik eine Universalwissenschaft vom Seienden im Allgemeinen unter Einbeziehung Gottes – Sein wird in diesem Fall univok verstanden –, oder unterscheidet Metaphysik zwischen Gott als der äußeren Ursache des Seienden als solchen, sodass er selbst nicht Gegenstand einer universalen Seinswissenschaft sein kann – Sein wird hier analog verstanden –? Für die erstgenannte Sichtweise stehen Duns Scotus und die von ihm so genannte ‚scientia transcendentalis' – Transzendentalwissenschaft –, während für die zweitgenannte Sichtweise an Namen wie Albertus Magnus und Thomas von Aquin zu erinnern ist.

Im Blick auf diese Alternative, die alles andere als eine Petitesse bezeichnet, stellt sich Suárez, wie es scheint, zunächst auf die Seite der Metaphysik als Onto-Logik „indem er den eigentümlichen Gegenstand der Metaphysik, das Seiende als solches, auf das Nicht-Nichts des logisch Möglichen, überhaupt Denkbaren reduziert, das nicht nur die realen Seienden, sondern auch die bloßen Gedankendinge umfasst". (29) Mit Aristoteles bestimmt er näherhin das Seiende als ‚reales Seiendes' – also nicht nur als widerspruchsfrei Gedachtes – und versteht das Wort ‚ens' – Seiendes – als Nomen, nicht als Partizip von ‚esse'. (30) ‚Sein' ist mehr als bloße logische Möglichkeit – das unterstreicht Darge doppelt und dreifach gegen andere Interpreten und folgert: „Von einer Transformation der traditionellen Seinswissenschaft zur Onto-Logik des Denkbaren überhaupt kann bei Suárez nicht die Rede sein." (32) Er folgt Scotus durchaus, aber nur in Teilen, nämlich ohne dessen Konzept der Metaphysik als Transzendentalwissenschaft zu übernehmen, im Gegenteil: Suárez entwickelt, so Darge, seine Metaphysik in weiten Teilen als Gegenentwurf zu Scotus, und begreift die Transzendentalien – wie Thomas – als begrifflich unterscheidbare Bestimmungen, mit deren Hilfe der Mensch die Natur des Seienden als solchen erläutert. Alles in allem wird man sagen können, so schlussfolgert Darge, dass Suárez eine neue Synthese gelingt, indem er Metaphysik als transzendierende Realwissenschaft vom Seienden als Seienden – und zwar in der Zusammenführung der beiden herkömmlichen Grundrichtungen der Seinsauslegung – bestimmt. Durch diese Synthetisierung „gewinnt das Projekt des Suárez sein eigentümliches Profil". (42)

Thamr Rossi Leidi, der (47–63) über *Suárez und die Transzendentalienlehre* schreibt, beobachtet ein gewisses Schwanken zwischen Thomas und Scotus, das dem suárezschen Denken zu eigen zu sein scheint – ein Schwanken im Verständnis des Wahrheitsbegriffs zwischen Wesenheit und Erscheinung –, schwenkt dann aber in seiner Deutung schließlich doch auf das überwiegend thomanische Verständnis ein, demzufolge auch für Suárez die Wesenheit eines Dinges eben das ist, was in seinem Begriff ausgedrückt wird – also dasjenige ist, „was wir denken, es sei als Erstes in einem Ding durch den Akt des Seins". (56)

Auf die eingangs dieser Rezension aufgeworfene Frage nach dem Zusammenhang von Metaphysik und Anthropologie kommt Zehetner in seinem Aufsatz *Menschliche Metaphysik? Zum Anthropologischen in Francisco Suárez' ‚Disputationes Metaphysicae'* zu sprechen. Metaphysik ist für Suárez nicht nur Wissenschaft, sondern auch Weisheit – und damit das Korrelat zur praktischen Klugheit (73): Jene zielt auf die Theorie, diese auf die Praxis. Weisheit zielt auf den Endzweck – soweit der einer Erkenntnis der endlichen Vernunft des Menschen zugänglich ist, eben als ‚menschliche Metaphysik'. (75) Den Weg zur Erreichung des Endzwecks untersuchen nachfolgend die Einzelwissenschaften wie Politik oder Jurisprudenz. „Damit wird der Metaphysik neben ihrer spekulativen (theoretischen) [...] auch praktische Relevanz zuerkannt." (74)

Philip Waldner (115–129) geht in seinem Beitrag *Kommt alle Macht von Gott? Zum Stellenwert staatlicher Gewalt in Suárez' Rechtsphilosophie* ebenfalls dem genannten Zusammenhang nach und erläutert, wie der Freiheitsbegriff von Suárez aus der Metaphysik gewonnen und in der Anthropologie fundiert wird, sodass sich bestimmte Stellen der Rechtslehre wie „ein Echo" der Metaphysik lesen. (124) Der starke – naturrechtlich verankerte (110) – Freiheits- und Willensbegriff bei Suárez führt diesen unmittelbar zur Vorstellung des Gesellschaftsvertrages als dem ausschließlichen Bezugspunkt für die Rechtfertigung staatlicher Gewalt: Der Entschluss zur Gemeinschaft ist von den Willensentscheidungen der Menschen abhängig. „Das Besondere an Suárez' Theorie scheint mir darin zu liegen", schreibt Waldner, „dass Suárez die Freiheit des Menschen (im Beschließen des Gesellschaftsvertrags) mit einer theologisch-metaphysischen Fundierung [...] vermitteln kann." (126) Eher den herkömmlichen, auf die Latinitas zurückgehenden Vorstellungen verhaftet bleibt – wie Cintia Franco in ihrer Untersuchung *Der Begriff der Würde (dignitas) im Werk von Francisco Suárez* (105–114) belegt – sein Verständnis von ‚dignitas': Würde ist kein

Begriff, der das Wesen des Menschen ausmacht. Wenn ein Mensch sich als ‚würdig' erweist, tut er nichts anderes als seine Pflicht, die ihm von seiner Rolle auferlegt ist. (112) Auf die einflussreich gewordene Rechtsphilosophie und -theorie, wie sie Suárez ausgearbeitet hat, zielt der kenntnisreiche Aufsatz von Gideon Stiening (129–144) über das *Verhältnis von Theologie, Philosophie und Jurisprudenz in Francisco Suárez' ‚De legibus ac Deo legislatore'*, mit der abschließenden Feststellung, „dass für Suárez eine Rechtslehre nur als Theologie, ergänzt um bestimmte Funktionen der Philosophie und Jurisprudenz, [...] möglich ist". Und fährt dann fort: „Nur 13 Jahre später wird Hugo Grotius einen solch theologischen Absolutismus in Rechtsfragen zurückweisen." (143)

Sandra Lehmann schließlich unternimmt eine metaphysische Reflexion auf metaphysisches Denken, phänomenologisch inspiriert und scotistisch konkludiert, wenn sie am Ende ihres Aufsatzes *Eine Bewegung in Überschüssen* schreibt: Metaphysisches Denken ist die Bewegung „eines Denkens, das sich zuletzt mit keiner Lösung zufriedengeben wird; das stets bemerken wird, was in einer Lösung nicht aufgeht, und das auf dieser Grundlage kritisieren und weiterfragen wird" (100) – oder um es sinngemäß und Scotus folgend in den Worten Franz Lackners in diesem Band zu sagen: ein Denken der Vorläufigkeit, das immer wieder einen neuen Anfang setzt.

Mit berechtigtem Stolz verweist der Verlag im Klappentext des Buches auf die Tatsache, dass es sich bei dieser Einführung in das Denken von Suárez um das erste deutschsprachige Sammelwerk „seit über 100 Jahren" handelt, während in den romanischen Ländern, so kann man ergänzen, die Suárez-Forschung in voller Blüte steht. Angesichts seiner herausragenden Bedeutung – auch im Blick auf die deutschsprachige Philosophie, wenn man bedenkt, welchen Einfluss er auf das Denken Christian Wolffs und damit auf das ganze 18. Jahrhundert hatte – ist es ein großes Verdienst des Buches, bewirkt zu haben, dass diese Forschung jetzt auch im deutschsprachigen Raum wieder angekommen ist. Hoffentlich finden diese zu begrüßenden Bemühungen beizeiten eine Fortsetzung.

Alexander Riebel, Rezension zu: SEBASTIAN RÖDL, *Selbstbewusstsein und Objektivität. Eine Einführung in den absoluten Idealismus*, **Frankfurt a. M. 2019, Suhrkamp Verlag, 215 S., ISBN 978-3-518-29853-4, 18 €.**

Auf diesen Ansatz hat man schon lange wieder gewartet: eine Begründung der Objektivität durch das Selbstbewusstsein. Sebastian Rödl, Professor für praktische Philosophie an der Universität Leipzig, hat der Buchreihe *Analytischer Deutscher Idealismus* einen weiteren Band hinzugefügt und die Auffassung unterstützt, der Deutsche Idealismus liege nicht „hinter uns, sondern vor uns", wie es im Vorwort von James Conant und Andrea Kern heißt; auch ist hier zu lesen, „dass der Deutsche Idealismus von Kant bis Hegel nicht nur kein Gegensatz zur analytischen Philosophie ist, sondern eine Form, und zwar eine maßgebliche Form, der analytischen Philosophie".

Die Grundaussage des Buchs ist, dass das Denken in Urteilen objektiv ist und die Objektivität von keiner Bestimmung des konkreten urteilenden Subjekts abhängt, sondern davon, wie die Dinge sind. Es geht um die „Entfaltung des Selbstbewusstseins des Urteils" (127), womit Rödl zunächst ausdrücklich Bezug zu Kant nimmt. Dabei vermeidet Rödl gleich zu Beginn den möglichen Eindruck, das Denken von Etwas und der Gegenstand seien zweierlei. Das Verhältnis beider sei weder das von Vordergrund und Hintergrund, von Thematischem und Unthematischem oder von Form und Inhalt, solange Form nicht als die in allem Inhalt gültige Form gedacht wird. (24) Die grundkorrelative Einheit ist die von Kants ‚Ich denke' und Gegenstand überhaupt. In jedem Gedachten wird ‚Ich denke' gedacht und so ist jedes Denken Denken seiner Gültigkeit. „Die Objektivität des Denkens scheint also darin zu liegen, dass das Denken ein Verständnis seiner selbst als gültig enthält. Die Objektivität des Denkens liegt in seinem Selbstbewusstsein." (26) Es wird also nicht zweierlei gedacht, p und Ich denke p, sondern das ist ein Gedanke. (vgl. 23) Ein Urteil hat Geltung, wenn es in Übereinstimmung mit seinem „inneren Maßstab der Vollkommenheit ist", oder: „Ein Urteil, das ist, wie es als Urteil sein soll, ist wahr." (21f.) Maßstab der Vollkommenheit und Sollen im Urteil klingen jedoch nicht mehr nach Kant, sondern eher nach Hegels Ausführungen zum apodiktischen Urteil in der „Wissenschaft der Logik".

Rödl will zeigen, dass sich Denken nicht auf etwas bezieht, was von seinem Gedachtwerden verschieden ist; vielmehr beziehe sich Denken nur auf sich und weiß davon qua Bestimmtheit durch das ‚Ich denke'. Rödl sieht auch sein Buch als Ausdruck des Urteils, das sich selbst weiß, als Ausdruck des Selbstbewusstseins des Urteils. Daher heißt es im Untertitel „Einführung in den absoluten Idealismus", weil es um das sich selbst wissende Wissen geht (34). Rödl kontaminiert Kant und Hegel und versucht die Relation des ‚Ich denke' und des Gegenstandes überhaupt Kants in das sich wissende Wissen Hegels zu überführen. Auf dem Weg dahin klärt er Missverständnisse, die sich durch die analytische Erkenntnistheorie im Hinblick auf das selbstbewusste Urteilen ergeben, zuletzt aber das Missverständnis, das bei Kant liege, nämlich nicht objektiv (und damit die Wirklichkeit) erkennen zu können, sondern nur Erscheinungen.

Eines dieser Probleme, die dem sich wissenden Wissen entgegenstehen, sieht Rödl in der Unterscheidung von Kraft und Inhalt des Denkens oder der Lehre von der propositionalen Einstellung nach Frege. Die bejahende Haltung ist hiernach die Kraft und der bejahte Gegenstand der Inhalt. Die Bejahung des Gegenstandes und der bejahte Gegenstand sind sich nach Rödl äußerlich. Daher könne „Ich denke p" keine Proposition sein, weil das Urteilen selbstbewusst sei. Gemäß der Denklehre Rödls gilt: „Denken, dass man p denkt, heißt nicht, eine Proposition *Ich denke p* bejahen. Denn da man denkt, dass man p denkt, denkt man nichts anderes als p." (39) Weil das Urteilen selbstbewusst sei, könne *Ich denke p gar keine Proposition sein*. Oder in der schon angesprochenen Kritik Rödls ist der bejahte Gegenstand im Vordergrund, das Bejahen im Hintergrund – das Urteil ist hiernach nicht selbstbewusst. Zwar wird nach Rödl dem Studenten eingeschärft, sich an die Unterscheidung von Akt und Gegenstand zu halten, aber das dahinter versteckte Problem sei eben das erstpersonale Denken, dass im propositionalen Verständnis vom Urteil geleugnet werde (vgl. 41), wodurch die unhintergehbare Relation von ‚Ich denke' und Gegenstand überhaupt verdeckt werde, wobei beide Relata nicht auseinanderfallen wie bei Akt und Gegenstand. Wie bereits angedeutet, versucht Rödl Kant in Hegel zu überführen. Kant sei gescheitert, weil er nicht zur Erkenntnis der Wirklichkeit komme, sondern nur zu Erscheinungen. Dabei thematisiert Rödl aber nicht die Frage der Objektivität bei Kant, sondern er meint Kant so wiedergeben zu können, dass das Ziel des Urteils nicht konstitutiv sei, sondern regulativ. Dieser Lesart muss man nicht folgen; bei Kant ist das Primäre bei der Frage nach der Objektivität die Konstitutivität, die in eben der Konstitution des Gegenstandes durch Begriff und Anschauung geleistet wird. Gegenstandskonstitution klärt die Geltungsbestimmtheit der Erkenntnis, Gegenstandsregulation die Geltungsorganisation der Erkenntnis sowie deren Bestimmungsdynamik – Regulation ist nicht die Frage nach der Objektivität bei Kant. Auf die Dynamik aber den Schwerpunkt zu legen, ist eine Idee Hegels.

Rödl ging vom (sich) selbstbewussten Urteil aus, dessen Objektivität sein Selbstbewusstsein ist. Darum sei bei Kant das Erfahrungsurteil unvollständig und erreiche sein Ziel erst im Schließen. Weil das Erfahrungsurteil nur zu Erscheinungen komme, kommt Rödl zu dem Resultat, dass es mit Kant „unmöglich ist, hier voranzukommen" (180), wenn nach der Objektivität gefragt ist. Der Ausweg ist das absolute Wissen in Anlehnung an Hegel: „Die Werke Aristoteles' und Hegels sind die unübertroffenen Errungenschaften des Bemühens darum, das Selbstbewusstsein zu artikulieren" (205), heißt es bei Rödl. Fraglich ist nur, ob der Weg vom Urteil zum Schluss der vollständige Weg zum absoluten Wissen ist. Rödl braucht beide Begriffe, weil er die Einheit mit der Wissenschaft herstellen und zu dem Ergebnis kommen will, dass sich das absolute Wissen in den Urteilen der Wissenschaft denkt. Nach Hegel wäre es angezeigt, vom Schluss weiter bis zur Idee zu gehen und hier die produktive letzte Einheit des spekulativen Satzes zu sehen, in der rekonstruktiv, das heißt als Prinzip, das Ganze des Wissens erzeugt wird. Rödl aber sieht im „Prinzip des Schließens ein letztes Prinzip" (195).

Rödl denkt das ‚Ich denke' und den Gegenstand überhaupt in der Identität von Selbstbewusstsein und Objektivität sowie das absolute Wissen und das Erfahrungsurteil als Einheit. Zwar will Rödl hiermit Kant hinter sich lassen, hält aber an dessen Begriff des Urteils als dem fest, durch den sich Objektivität verwirklicht. Rödl schließt sein Buch mit dem Satz: „Da wir überhaupt urteilen, erkennen wir die Differenz von Selbsterkenntnis und Erkenntnis der Natur als ihre Identität, ihre Identität als ihre Differenz" (207). Dem ist zuzustimmen, nicht aber als Auslegung Hegels. Als Äußerlichkeit des Begriffs steht das Urteil bei Hegel nicht für Wahrheit, es leistet gerade keine gültige Erkenntnis wie bei Kant und ist schon gar nicht der Ort absoluten Wissens. Zwar heißt es in Hegels großer *Logik* in „Vom Begriff im Allgemeinen" (Frankfurt a. M., 260) zur Synthesis: „Diese ursprüngliche Synthesis der Apperzeption ist eines der tiefsten Prinzipien für die spekulative Entwicklung; sie enthält den Anfang zum wahrhaften Auffassen der Natur des Begriffs ..." – gesetzt, Rödl wollte an diesen Anfang anknüpfen, kommt er doch über eine Geltungstheorie empirischer Wissenschaften nicht hinaus und bleibt so hinter Hegel zurück. Rödl: „Das absolute Wissen ist nichts anderes als der Gedanke der Geltung des empirischen Urteils. Und da ein Urteil nichts anderes ist als der Gedanke seiner Geltung, ist das absolute Wissen nichts anderes als empirische Erkenntnis" (202). Das absolute Wissen der Hegelschen *Logik* ist aber die Begründung der Gestalten der *Phänomenologie des Geistes* oder der Realphilosophie, nicht jedoch empirischer Urteile. So bleibt für das absolute Wissen bei Rödl nur das Verständnis der ursprünglichen Synthesis der Apperzeption als Selbstbewusstsein des Urteils und er mischt mit Hegel: „Das absolute Wissen ist nichts anderes als das sich selbst bestimmende Fortschreiten des Erfahrungsurteils", allerdings als „… die Gewissheit des Wissens, alle Realität zu sein" (203).

Der Wille Rödls, an Hegel anzuknüpfen, ist überdeutlich. Auch wenn Robert B. Pippin mit seinem jüngsten Buch „Hegels Realm of Shadows" (Chicago und London 2019) in eine ähnliche Richtung geht wie Rödl („The claim common to Kant and Hegel is that judging is apperceptive …", 113), ist diese Auffassung in Bezug auf Hegel schwer zu vermitteln. Der ‚Begriff' bei Hegel, der Kants Apperzeption ablösen sollte, ist kein Synthesisprinzip absoluten Wissens von Urteilen. Doch ist an dem Grundgedanken, die Objektivität des Denkens sei sein Selbstbewusstsein, festzuhalten.

Christoph Böhr, Rezension zu: **Sven Grosse, Harald Seubert** (Hg.), *Radical Orthodoxy. Eine Herausforderung für Christentum und Theologie nach der Säkularisierung*, Leipzig 2017, Evangelische Verlagsanstalt, 252 S., ISBN 978-3-374-04859-5, 30 €.

Adrian Pabst, der neben John Milbank vielleicht wichtigste Denker jener zunehmend einflussreichen, aus dem Angelsächsischen kommenden Strömung, die sich ‚Radical Orthodoxy' (RO) nennt, hat das Anliegen einer gründlich erneuerten Theologie nach ihrer Herausforderung durch die Säkularisierung folgendermaßen zusammengefasst: Meine These ist, schreibt Pabst, dass die philosophische Theologie der RO einer Konzeption der Relationalität bedarf, um zu erklären, wie und wieso alle partikularen immanenten Wesen an der geheimnisvollen Wirklichkeit von Gottes universalem, transzendentem, dreieinigem Wesen partizipieren können (90). Zwischen der ungeschaffenen Natur Gottes und der geschaffenen Natur des Kosmos gibt es eine mit der Vernunft erkennbare Verbindung: In allen Substanzen, die zueinander in Beziehung stehen, enthüllt sich gewissermaßen Gottes trinitarische Natur.

Das ist ganz platonisch gedacht: Das Verhältnis von Sein und Gut zeigt sich in Prozessen der Relation und der Partizipation. Das „Gute" gibt sich als eine Gabe, die alle Dinge am Guten teilhaben lässt. Es ist diese Gegenwart des unendlich Guten im endlichen Sein, die jedwedes Ding der universalen Form des Guten teilhaftig macht. Wer so denkt und schreibt, pflastert den Weg des (post-)modernen Denkens mit Stolpersteinen in Hülle und Fülle. Denn wohl kaum eine andere Überzeugung dürfte dem Lebensgefühl und der Denkweisen der Moderne mehr zuwiderlaufen wie jene, nach der alles Seiende in einer Anteilsbeziehung zu dem einen Sein – des Schöpfers alles

Seienden – steht. So hat es die alte Lehre von den Transzendentalien verstanden: Das Sein und das Gute meinen ein und dasselbe, sodass alles, was als Seiendes Anteil am Sein hat, auch teilhat an dessen Gut-Sein. Diese Theorie der Partizipation, die vor allem auf Thomas von Aquin zurückgeht, wird allerdings schon kurz nach ihrer wirkmächtigen Entfaltung durch eine konkurrierende Theorie der Inklusion, die auf den rund 40 Jahre nach Thomas geborenen Duns Scotus zurückgeht, grundlegend infrage gestellt. Seitdem stehen die beiden Theorien im Wettbewerb: die ältere, die von der Aequivozität des Seins – der Analogie von göttlichem und menschlichem Sein – spricht, steht gegen jene, die eine Univozität – die Inklusion des menschlichen Seins in das göttliche – behauptet: Dieser Wettstreit zwischen der dominikanischen (Thomas) und franziskanischen (Duns) Verständnisweise hat ein wichtiges Kapitel der europäischen Philosophiegeschichte, die sich ja doch immer und bis heute um das Verstehen von Sein und Seiendem dreht, geschrieben.

Nun hat die Postmoderne – in treuer Gefolgschaft zu Martin Heidegger – andere Wege ausgekundschaftet, das Sein auf den Begriff zu bringen. Umso mehr mag es erstaunen, dass inzwischen jener Streit der Scholastiker, der doch längst vergessen schien, in der angelsächsischen Welt mit voller Wucht in Zustimmung und Widerspruch neu entbrannt ist – und zwar dank der von Milbank begründeten und seit Mitte der 1990er-Jahre stetig an Gewicht, Einfluss und Bedeutung zunehmenden Strömung der ‚Radical Orthodoxy'. An der deutschsprachigen Philosophie ging das bis heute alles spurlos vorbei: Wer will hierzulande schon freiwillig in Verbindung mit einer „grundsatztreuen Rechtgläubigkeit" gebracht werden? Jetzt, zweieinhalb Jahrzehnte nach ihrer Entstehung, kommt die RO allmählich in Deutschland an. Umso verdienstvoller ist es, dass Sven Grosse und Harald Seubert, beide an der Staatsunabhängigen Theologischen Hochschule Basel lehrend, erstmals eine Auseinandersetzung mit den grundlegenden Einsichten und Forderungen der RO in deutscher Sprache vorgelegt haben.

Die RO fordert von der Moderne eine grundlegende Erneuerung, eine Umkehr zur Rechtgläubigkeit – die freilich nicht konfessionell verstanden wird. Soll das Rad der Geschichte also zurückgedreht werden und die Theologie hinter die Moderne zurückgehen? Kann die Säkularisierung ungeschehen gemacht werden? Es wäre ganz abwegig, solchen Gedanken nachzuhängen. Wie aber soll dann mit der Säkularisierung umgegangen werden?

Milbank unterscheidet zwei Formen der Säkularisierung, eine positive und eine negative (39f.): Einerseits ist das Christentum selbst „die Quelle einer positiven Säkularisierung, wenn damit die Entsakralisierung der politischen Macht und der Gesetzgebung gemeint sind". Anderseits jedoch ist Säkularisierung „schlecht, weil dem Tod Gottes zwangsläufig der Tod des Menschen folgt. Ohne Bezug zu Gott schwindet unser Sinn für die Realität des Geistes und damit auch für Ethik und die Frage, wie man leben soll". Das ist eine angreifbare These. Denn selbstverständlich kann man moralisch gut leben, ohne an Gott zu glauben. Milbank weist im weiteren Verlauf seiner Begründung darauf hin, dass ein radikal reduktionistisches Denken nur noch die materielle Realität „als eigentliche Wahrheit betrachtet". Darin sieht er eine Verunglimpfung jenes Sinnuniversums, in dem sich die meisten Menschen bewegen, sodass „schließlich auch Demokratie und Respekt für die Freiheit unmöglich" werden, „auch wenn dies genau de Werte sind, die die Säkularität am meisten zu respektieren behauptet" (40). Tatsächlich ist es ja so, dass ein kruder Physikalismus, der nur der Materie einen erkennbaren Wert zubilligt, sich schwertut, menschliche Freiheit – wenn diese denn mehr sein soll als eine neuronale Suggestion – als ein Bestimmungsmerkmal der Person anzuerkennen. Zudem ist eine Ethik, die behauptet, von einer jeden religiösen Vision unabhängig zu sein, offensichtlich zwei scheinbar entgegengesetzten Tendenzen ausgesetzt: Einerseits versinkt sie in einem ‚Moralismus' – heute in der Form der Political Correctness –, und andererseits „erweist sie sich als unfähig, über die ethischen Imperative selbst Rechenschaft abzulegen. Sie ersetzt deshalb ‚das Gute' mit dem konventionell ‚Rechten', und gründet dabei zwangsläufig ihre Imperative auf das Vorethische – seien das nun die uns gegebene, bloß offene Freiheit einerseits, unsere sinnlichen Impulse zum Glücklichsein, oder eine gefühlshafte Sympathie andererseits" (40).

Man versteht diese Kritik im Sinne Milbanks nur dann, wenn man sie im Rahmen der Genealogie des europäischen Denkens, wie sie im Mittelpunkt der RO steht, liest: Die Moderne nimmt ihren Anfang im Nominalismus, wie er zum Ende des 13. Jahrhunderts entsteht und sich mit dem Namen von Duns verbindet; seine Ontologie – die für die RO im scharfen Gegensatz zu Thomas steht – hat jenes Denken der Analogie, das die RO für den verlässlichen Weg aller Erkenntnis hält, gleichsam ausgehebelt: „Die Moderne geht aus dem Franziskanismus hervor, baut im Wesentlichen auf dem Erbe der mittelalterlichen, englischen Franziskaner und deren besonderer Lesart von Avicenna auf, die das augustinische Erbe in eine voluntaristische Richtung umbog, und sich dabei von der platonischen Idee entfernte, dass die Art, wie die Welt existiert, gewisse ‚essenzielle' Strukturen offenbart, die uns etwas vom göttlichen Intellekt enthüllen. [...] Aus dieser Perspektive ist das Gegebensein der Realität abgetrennt von der Frage ihrer ursächlichen Entstehung, im Gegensatz zur neuplatonischen, dionysischen, albertinischen und thomistischen Perspektive. Die Ursprungsfrage wird also an eine Theologie der absoluten göttlichen Macht und des unergründlichen göttlichen Willens delegiert und von der metaphysischen Rationalität gelöst" (47f.).

Aus eben diesem Grund sieht Pabst den „Schlüssel" zum Projekt der RO in der „Rückgewinnung [...] der Partizipation als Wirklichkeit" – und das meint: „dass die endliche Wirklichkeit und alle immanenten Wesen darin die Transzendenz der unendlichen Wirklichkeit reflektieren und dass eine so verstandene Partizipation unabdingbar für die Stabilität aller natürlichen Phänomene und den Ablauf aller menschlichen Vermögen" sei (74). Kenner der antiken Philosophie werden in diesem Satz einen Bezug zur platonischen Vorstellung der „methexis" erkennen – und genau auf diesen Gedanken zielt auch die RO, denn „in jeder anderen Struktur kommt es zwangsläufig zu einem vom göttlichen unabhängigen Bereich" (74). Allein diese Vorstellung von Partizipation gibt „den endlichen Dingen ihre eigene Integrität" (74). Weil das schlechthinnige Zeichen allen Seins sein „Gegeben-Sein" ist, weisen alle Erscheinungen über sich hinaus; das Unsichtbare ist im Sichtbaren auf geheimnisvolle Weise gegenwärtig und der Mensch kann in seiner Wahrnehmung den transzendentalen Überschwang im Inneren aller sinnlich vermittelten Immanenz erkennen (85): Aus eben diesem Grund sind „Ontologie und Epistemologie in eine theologische Metaphysik eingebunden", schreibt Pabst (78). Es sind die Dinge selbst, die uns ihre Beziehung zu Gott verkünden: Die Phänomenalität des Seienden offenbart ihre partizipatorische Natur. Das Gute ist der Autor der Welt: Es gibt sich in einer „Ekstase", die „alle Dinge am Guten teilhaben lässt" (91).

Wer an diesem Satz Anstoß nimmt, erinnere sich, dass in eben diesem Satz Platon, das Buch Genesis und das Christentum zeitüberdauernd bis heute zu einer Einheit fanden. Fest steht jedenfalls: Die RO gehört – im Rückgriff auf das Denken der Patristik und der Scholastik – zu den geistreichsten, sachkundigsten und anspruchsvollsten Herausforderungen gegenwärtigen Denkens. Da ist es kein Wunder, dass sie längst nicht nur Widerspruch erntet, sondern vor allem Anhänger und Einfluss gewinnt.

Alexander Riebel, Rezension zu: LUCY ALLAIS, *Manifest Reality. Kant' Idealism & his Realism*, Oxford 2017, Oxford Press, VIII + 329 S., ISBN 978-0-19-873713-0, 23 €.

Hat das Ding an sich bei Kant doch Realität? Lucy Allais, Professorin für Philosophie an der University of California (San Diego), will in ihrer Untersuchung Idealismus und Realismus bei Kant verbinden. „Manifest Reality" – gemeint ist kein Manifest, sondern „Manifeste Realität" – ist darauf aus zu zeigen, dass es Aspekte der Wirklichkeit gibt, die unabhängig vom Erkennenden (27) sind und Erscheinungen begründen. Die „Dinge" sind für Allais demnach nur ein Teil der Realität, eine vollständige Begründung der Erscheinung sei ohne das Ding an sich nicht möglich.

Allais kommt zu ihrer Einschätzung, indem sie die transzendentale Ästhetik der „Kritik der reinen Vernunft" in den Mittelpunkt ihrer Untersuchung stellt. Bezüglich des Raum-Zeitlichen benutzt sie primär Beispiele aus der Sinnenwelt, ihr Hauptaugenmerk in der Argumentation liegt jedoch nicht auf den apriorischen Anschauungsformen von Raum und Zeit. Dadurch wird ihre Darstellung Kants realistisch-anthropologisch, denn sie fragt nach den Dingen an sich, nicht wie Dinge räumlich und zeitlich durch Kategorien geordnet werden.

Auch wenn Allais die Erkenntnis durch bloße Begriffe im Hinblick auf Leibniz zurückweist, ist doch ihr Schluss auf die Realität der Dinge an sich – die wir allerdings nicht erkennen können – auch nur ein Schluss durch bloße Begriffe: Kant denke, die relational erscheinenden Dinge müssten in nicht-relationalen Dingen an sich gründen, „there must be something absolutely non-relational that grounds appearances – that things have intrinsic natures." (232) Indem sie Dingen an sich den Charakter des nicht-Relationalen zuspricht, geht sie über Kant hinaus, obwohl sie mit ihm übereinstimmt, dass wir von Dingen an sich keine begriffliche Erkenntnis haben können.

Allais macht sich den häufig erhobenen Zirkelvorwurf gegenüber Kant zu eigen, wenn sie einen Vorrang der

Anschauung vor dem Verstand sieht: Wenn das Gegebene zusätzlich kategorial bestimmt werde, sei die kategoriale Erkenntnis schon im Gegebenen enthalten. Dem wäre entgegenzuhalten, dass Kant nicht nach Bedingungen der Wirklichkeit, sondern der logischen Möglichkeit fragt.

Allais kennt die Hauptlinie der Kant-Interpretation („… the dominant view …"; 148), wonach kein „Objekt" ohne Begriffe erkannt werden kann. Sie nennt es zugleich den kontroversesten Teil ihrer Sicht, dass Anschauungen nicht von Begriffen abhängen. Die meisten Kommentatoren hätten die Ansicht vertreten, dass nach Kant Erkenntnise ohne Begriffe nur zu einer ungeordneten Masse von Sinneseindrücken führen. Dem gegenüber meint Allais, die dominierende Kant-Interpretation habe es versäumt, genügend auf die Anschauung zu achten, die uns „objects" gebe. In dieser Sicht vermisst Allais einen zentralen Teil Kants: nämlich die Bekanntschaft mit den Gegenständen der Erkenntnis („acquaintance with the objects of cognition"; 148). Hierdurch versucht Allais einen Realismus des vorprädikativen In-der-Welt-Seins, wie häufig in der angelsächsischen Philosophie, zu denken, so bei ihrem Verständnis von Farben. Diese seien Eigenschaften der Dinge und nicht Zustände oder Modifikationen des Subjekts (103), während es bei Kant heißt: „Die Farben sind nicht Beschaffenheiten der Körper, [...], sondern auch nur Modifikationen des Sinnes des Gesichts, welches vom Licht auf gewisse Weise affiziert wird." (KdV, A28 Anm.) Auch wenn Farbe für Allais nicht ohne Subjekt-Bezug zu denken ist, verortet sie sie doch auf der Objektseite.

Auch ein weiteres Beispiel von Allais ist realistisch gefärbt. Nach Allais ist ein Ding nicht vollständig beschrieben, wenn nur dessen Wirkkräfte und Relationen zu anderen Dingen angegeben werden – die Wirkkräfte müssten „ultimately" in den Eigenschaften gründen, die Dinge an sich selbst haben. Entscheidend ist, Kant „thinks that there cannot be relations all the way down; there must ultimately be intrinsic natures which ground powers, but we cannot know these intrinsic natures" (255). Allais' Beispiel für den Unterschied von relationalen Wirkkräften und deren intrinsischer Natur eines Dings ist Gift: Brot kann für einige Lebewesen aufgrund seiner chemischen Zusammensetzung nahrhaft sein, für andere Lebewesen tödlich – der Grund für die Relationen liege wiederum im nicht-relationalen Grund der Dinge. Und sie hält es für plausibel, Kant diese intrinsischen Eigenschaften von Dingen als Realität zuzuschreiben, die keine „äußeren Relationen" haben, also an sich sind. Allais legt also nahe, dass es etwas gibt, wenn sie von Kant zitiert: „The non-sensible cause of these representations is entirely unknown for us." (257; B522) Für Kant ist an dieser Stelle „[...] bloß von einer Erscheinung im Räume und in der Zeit, die beide keine Bestimmungen der Dinge an sich selbst, sondern nur unserer Sinnlichkeit sind, die Rede [...]" (B522). Die Limitation von Erfahrung auf das in den Anschauungsformen Raum und Zeit Gegebene heißt für Kant gerade nicht, dass dem etwas an sich Seiendes entspricht. Gegebenes bedeutet für Kant gegeben für (ein Subjekt) und nicht – wie Allais meint – gegeben von (einem Ding an sich). Rezeptivität bei Kant ist nicht selbst die Wirkung eines Etwas, sondern die Fähigkeit des Subjekts, affiziert zu werden. Allais aber schreibt dem Hervorbringen von Erscheinungen durch unerkennbare Ursachen Verursachung, Produktion und Gründung der relationalen Erscheinungen zu – Zuschreibungen, die durch Kant nicht gedeckt sind. Allais gerät so in eine Überbewertung der Transzendentalen Ästhetik gegenüber der Transzendentalen Logik, dem eigentlichen Ort der Synthesis von Gegenständen bei Kant. Dass Allais dem Gedanken apriorischer Begründung und Funktionalität – dieser zentrale Begriff Kants spielt bei ihr überhaupt keine Rolle – nicht gerecht wird, lässt sie auf die Idee kommen, man könne auch ohne Begriffe Dinge untersuchen als „proto-conception of causation" (283, Anm.) von Erfahrung, indem man Dinge berührt oder etwas mit ihnen macht. Solche Begriffe würden allerdings nicht Kants „... true concept of causation ..." (283, Anm.) entsprechen – ist Gegenstandskonstitution wirklich Verursachung? –, weil sie niemanden in die Lage versetzten, in allgemeinen Begriffen zu denken.

Allais denkt Kategorien als Weisen der Allgemeinheit, was deren letztbegründ-konstitutivem Charakter bei Kant nicht entspricht; der funktionale Charakter von Kategorien geht in ihrer Allgemeinheit nicht auf. Sie spricht von Kategorien auch als „higher-level ways of organising our conceptual thought that determine what counts as an object and thereby provide an a priori framework which makes possible objective conditions of correctness for concept application" (282). Auch wenn Allais von apriorischen Begriffen spricht, „[...] as higher ways of organizing the ways things can be classified [...]" (284), verkennt sie, dass es bei der Gegenstandskonstitution im Sinne Kants weder um ein apriorisches framework geht, das für die Richtigkeit des Kategorienbezugs zuständig wäre, noch um eine Klassifizierung von Dingen. Allais ignoriert die Kantsche Lehre vom Verhältnis von formaler und transzendentaler Logik in Bezug auf die Anschauung und kommt nach einer Überbetonung der Anschauungslehre zu einem mangelhaften Bild der Begriffstheorie Kants. Das heißt, sie bekommt die Anschauung als Teil der Lehre von der Unbestimmtheit der Erkenntnis nicht in den Blick, weil sie hier bereits Bestimmtheit denkt, und die Lehre von der Bestimmtheit in der Transzendentalen Logik verschwimmt ihr zu einer Theorie des Allgemeinen, die die Konstitution von Gegenständen im Verhältnis von Begriff und Anschauung nicht klären kann. Weil Allais das eigentlich Transzendentallogische Kants nicht erfasst, kommt sie nicht über eine Anthropologisierung der Erkenntnis hinaus. Damit hängt auch zusammen, dass die Einheit des Bewusstseins zwar angesprochen, aber nicht als unhintergehbare Einheit des Gegenstands thematisch wird. Diese oberste Einheit der Synthesis wird auch nicht in ihrem systematischen Zusammenhang mit der synthetischen Einheit im Urteil beleuchtet; diese Urteils-Synthesis hat bei Allais letztlich nur den Zweck, das in äußerer Anschauung Gegebene in Einheiten zusammenzufassen und zu klassifizieren („grouped and classified", 274).

Folgen hat Allais' Blick auf Kant auch für ihre Einschätzung seiner Lehre von der Willensfreiheit. Nach ihrer Sicht könnten die Wissenschaften (sciences) niemals eine vollständige Erkenntnis der Realität geben (im Sinne Kants ist dies aber durch das transzendentale Ideal gewährleistet), weil wir die intrinsische Natur der Realität nicht erkennen könnten, die zum Ganzen der Realität dazugehöre. Zwar bestimmt sie Freiheit richtig als das Anfangen einer Kausalität, Freiheit sei für Kant aber „a transcendent metaphysical idea" (304). Dennoch – trotz ihres Abweichens von der Hautinterpretationslinie Kants ist das Buch eine ideenreiche Untersuchung.

Christoph Böhr, Rezension zu: BURKHARD NONNENMACHER, *Vernunft und Glaube bei Kant*, Tübingen 2018, Verlag Mohr Siebeck, 425 S., ISBN 978-3-16-155716-3, in der Reihe *Collegium Metaphysicum*, 89 €.

Zu den vielen Vorzügen dieser eindrucksvollen, im Fach Systematische Theologie an der Evangelisch-Theologischen Fakultät der Eberhard Karls Universität Tübingen gefertigten Arbeit von Burkhard Nonnenmacher gehört ihre auf Anhieb durchschaubare, klug durchdachte und nachvollziehbare Gliederung, die nicht nur zeigt, dass der Verfasser seine schwierige Aufgabe im Griff hat, sondern auch dem Leser eine wirklich große Hilfe ist, da sie die Schrittfolge seiner – durch eine große Klarheit sich auszeichnenden – Gedankenführung zu erkennen gibt; gleich zu Beginn bestimmt Nonnenmacher den Gegenstand und das Ziel seiner Untersuchung: nämlich die Philosophie Immanuel Kants in ihrer „programmatischen Relevanz für die Systematische Theologie zu vergegenwärtigen". (22)

Nonnenmacher geht dieser Frage Schritt für Schritt nach – ohne Gedankensprünge, eher mit gelegentlichen Wiederholungen. Das stört aber nicht, sondern hat ganz im Gegenteil den Vorzug, dass dieses Buch – obwohl ganz der Wissenschaft verpflichtet – nicht nur für Theologen und Philosophen von Profession mit großem Gewinn gelesen werden kann. Ja, man kann sagen: Wer sich über das Verhältnis von Glaube und Vernunft im Denken Kants verlässliche, textbasierte Kenntnisse verschaffen will, ist mehr als gut beraten, zu diesem Werk zu greifen. Es wird – so die Prognose des Rezensenten – auf lange Zeit den Standard festlegen, an dem sich nachfolgende Arbeiten zum gleichen Thema werden messen lassen müssen.

Das Buch gliedert sich – grob gesagt – in zwei Teile: Der überwiegende, rund zwei Drittel umfassende erste Teil widmet sich einer textnahen Darlegung von Kants Position, die auch Widersprüche und Unstimmigkeiten nicht glattbügelt. Dieser Teil – „Kants Verhältnisbestimmung von Vernunft und Glaube" (25–290) – zeugt von einer nachgerade stupenden Kenntnis des über viele Jahre nach 1781 entstandenen kantischen Textkorpus, auf das der Verfasser souverän ausgreift und gleichermaßen mit gründlicher Sorgfalt wie mit großer Gewissenhaftigkeit entfaltet – bevor er es deutet. Das allein schon verdient hohe Anerkennung. Die Lektüre ist ein Genuss und ein Gewinn. Denn Nonnenmacher bringt Kant selbst zur Sprache, bevor er sein eigenes Verständnis dessen entwickelt, was Kant über zahlreiche Schriften verstreut zum Thema geschrieben hat. Der zweite Teil – „Was ist von Kants Verhältnisbestimmung von Vernunft und Glaube zu halten?" (291–370) – bringt sodann Nonnenmachers Position zur Geltung, kritisch beleuchtend und prüfend, was er zuvor als Befund aus Kants Texten geborgen hat. Ihren Abschluss findet die Arbeit mit einer Diskussion der Möglichkeiten einer „Theologie nach Kant" (371–404).

Der Verfasser erläutert aus der Sicht des Referenten die entscheidenden Weichenstellungen Kants mit großer

Treffsicherheit, namentlich vor allem Kants ‚Lehre vom Primat des Praktischen', seine Zurückhaltung gegenüber der leicht zu überschätzenden Erkenntniskraft der theoretischen Vernunft, deren Leistungsvermögen auf das Erfassen von sinnlich Erfahrbarem begrenzt ist, um dann angesichts dieser beiden Grunddispositionen der Erkenntnislehre Kants zu fragen, an welchem Ort der Platz des Glaubens ausfindig zu machen ist. Ein vorläufiges – ganz zutreffendes – Résumé findet sich dann schon auf halbem Weg, ungefähr in der Mitte des Buches: „Die Wirklichkeit des Glaubens besteht für Kant [...] letztlich darin," schreibt Nonnenmacher, „dass sich die ‚eine Vernunft' diszipliniert, praktisch orientiert und architektonisch einrichtet, um sich so weder im Skeptizismus noch im Dogmatismus zu verlieren." (176) Kant kämpfte gegen den Vernunftunglauben – den er Skeptizismus nannte, weil er keine Erkenntnis gelten lassen will – und für den Vernunftglauben als „die moralische Denkungsart der Vernunft im Fürwahrhalten desjenigen, was für das theoretische Erkenntnis unzugänglich ist", wie er 1790 in der *Kritik der Urteilskraft* schreibt. (179) Nonnenmacher führt dazu aus: Die Vernunft muss „den Vernunftglauben miteinschließen, eben weil zu ihrer Selbstkritik nicht nur die Frage nach ihren Grenzen gehört, sondern ebenso sehr die Auseinandersetzung mit der Frage nach dem rechten Umgang mit diesen Grenzen. [...] Verbunden sind Vernunft und Glaube [...] darin, dass die sich selbst kritisierende Vernunft weder in der Reflexion ihrer eigenen Grenzen einfach nur den Stab an vermeintlich andere, über der Vernunft liegen sollende Instanzen übergibt noch lediglich die Konstatierung ihrer Grenzen als ihre Vollendung feiert. [...] nur eine zur Hälfte zu Ende gedachte Aufklärung belässt es für Kant bei der Konstatierung von dem, was wir nicht wissen, ohne zugleich zu überlegen, wie mit diesem Nichtwissen umzugehen ist". (194) Manch einem, der sich heute gern auf die ‚Aufklärung' beruft, ohne zu wissen, wie vielschichtig das Zeitalter der ‚Aufklärung' war, muss diese Feststellung ins Stammbuch geschrieben werden.

Nonnenmacher deutet Kant als Pelagianer. (300) Auch wer dieses scharfe Urteil so nicht teilt, wird zugeben müssen, dass der schon erwähnte ‚Primat des Praktischen' Kants Philosophie zumindest in die Nähe des Pelagianismus führt. Denn allein durch seine eigene Sittlichkeit, derer sich niemand gewiss sein kann, erweist sich ein Mensch seiner Glückseligkeit als würdig. Auf dieses Bemühen allein kommt es, wenn man dem Königsberger Philosophen folgt, an: Immer und zu jeder Zeit das zu tun, was das Gewissen als unbedingte Forderung an unser Handeln stellt. Im Sollen findet sich unser Können. Damit überhaupt als Möglichkeit gedacht werden kann, dass Menschen dieser Weisung folgen, muss es denknotwendig eine Welt geben, in der Sittlichkeit und Glückseligkeit Hand in Hand gehen. Das ist, wie jeder Mensch tagtäglich erlebt, die irdische Welt, in der wir leben, zweifellos nicht! Folglich bedarf es, damit Sittlichkeit Bestand gewinnt, jener drei Postulate, die Kant aufstellt: Gott, Freiheit und Unsterblichkeit.

Nonnenmacher deutet die seit eh und je heiß umkämpfte Postulatenlehre Kants als das, was sie ist: nicht als Trost für schwache Geister und gefährdete Gemüter – Kants Postulate sind keine als Opiate zu begreifende Glaubensinhalte einer zu therapierenden Anthropologie (392) –, sondern als den einzig denkmöglichen Garanten von Sinn. Ohne die Postulate gibt es keine Architektonik der Vernunft. Diese muss sich um ihrer selbst willen zu den Postulaten nicht als Bedürfnis, sondern als Notwendigkeit bekennen, weil sie sich ansonsten im Unterholz des Denkens verheddert und selbst zerstört, in anderen Worten gesagt: weil sie ansonsten angesichts der Ergebnisse ihrer notwendigen Selbstkritik in die schiere Verzweiflung stürzen muss. Die Alternative zu Kants Postulatenlehre ist der Selbstmord der Vernunft – ein Abschied von aller Vernunft für immer.

„Der Ausgangspunkt der Moraltheologie Kants ist nicht Gott, sondern der Mensch. Und zwar der Mensch in seiner Sorge darum, ob er das, was er soll, kann." (371) Das geht mit dem ‚sola gratia' – auf den ersten Blick ersichtlich – nicht zusammen. Nonnenmacher kritisiert diese Unvereinbarkeit zulasten Kants und zugunsten von Martin Luther und Gottfried Wilhelm Leibniz. Diese Kritik klingt manchmal so, als ob man Kant vorhalten wollte, kein Theologe gewesen zu sein. Das war er ohne jeden Zweifel nicht. Gleichwohl fasst Nonnenmacher, um ein gerechtes Urteil bemüht, zusammen: Es bei einem vernünftigen Denken des Glaubens weder bei skeptischen Stillstand noch beim projizierten Gott belassen zu haben, ist vielleicht „als größtes Verdienst in Kants Verhältnisbestimmung von Vernunft und Glaube zu sehen. Das Misstrauen hat hier nicht das letzte Wort, sondern das Misstrauen in das Misstrauen". (393) Das ist klug bemerkt.

Was das alles für eine künftige Theologie zu bedeuten hat, erläutert Nonnenmacher ganz zum Schluss des Buches in wenigen Federstrichen. Es ist zu hoffen, dass ihn die Frage weiter beschäftigt. Verwundern mag dabei ein klein wenig, dass der Blick nicht ein einziges Mal auf die katholische Theologie fällt. Karl Rahner hat in unserer Gegenwart vielbeachtet versucht, die kantische Philosophie zur Grundlage theologischen Denkens zu machen; und in der ersten Hälfte des 19. Jahrhunderts war Kant keinesfalls der Kronzeuge protestantischer Theologen, sondern – ganz im Gegenteil – die große Entdeckung der katholischen Theologie, die ihn deshalb hochschätzte, weil er den Glauben nicht einem angemaßten Wissen geopfert hat. Dieserart Einwände treten aber zurück hinter die Gesamtleistung der Forschung Nonnenmachers, der überaus große, verdiente Anerkennung und Aufmerksamkeit gebührt.

Rainer Schubert, Rezension zu: Rudolf Langthaler, *Kant über den Glauben und die „Selbsterhaltung der Vernunft". Sein Weg von der „Kritik" zur „eigentlichen Metaphysik"* – und darüber hinaus, Freiburg i. Br. 2018, Verlag Karl Alber, 398 S., ISBN 978-3-495-48985-7, 36 €.

Dass Kant kein Liebling der christlichen Philosophie ist, geschweige denn in den Rang eines Kirchenlehrers gehoben werden kann, ist sattsam bekannt, wird er doch schon zu Lebzeiten von Moses Mendelssohn als „Alles-Zermalmer" bezeichnet. In der Tat: Im Vergleich zu Thomas von Aquin und der maßgeblichen christlichen Philosophie ist Kant ein Zerstörer: Die Wahrheit sei in Form eines „Dinges an sich" zwar denkbar, aber nicht erkennbar, Gottesbeweise seien unhaltbar und die Religion werde in die Grenzen der

XII. Rezensionen

Vernunft gepresst bzw. auf Moral reduziert. Wenn von Glauben die Rede ist, dann von Vernunftglauben, aber nicht von einem unreflektierten Offenbarungsglauben. Es gilt nicht „credo ut intelligam", sondern „intelligo ut credam". Zu betonen ist aber, dass Kants Zermalmen von der nachkommenden Geistesgeschichte bei Weitem überholt wird und er dagegen als Waisenknabe dasteht. In größtem Stil wird Gott „getötet". Feuerbach (Gott als Projektion), Marx (Religion als Opium des Volkes), Darwin (Abstammung des Menschen vom Affen), Nietzsche (Gott ist tot), Freud (Die Zukunft einer Illusion) sind von einer bis heute anhaltenden Wirkmächtigkeit, die in jeder öffentlichen Debatte spürbar ist. Umso mehr verdient Kant Gerechtigkeit: Aufgrund seines berühmten Diktums von der Erkenntnis aller Pflichten als göttliche Gebote ist er eine, wenn nicht sogar die herausragende Figur der Aufklärung, die den engsten Kontakt zum Christentum unterhält. Seine Philosophie stellt die entscheidende Brücke zwischen dem theozentrisch ausgerichteten Mittelalter und der atheistischen Säkularität der Ära nach ihm dar. Obwohl kein christlicher Philosoph im eigentlichen Sinn, ist er doch der bedeutendste christliche Religionsphilosoph der Neuzeit, da der reflektierende Vernunftglauben auf die christliche Religion nicht nur stößt, sondern sogar stoßen „soll". Kant führt die Vernunft wie kein Zweiter, wenn auch eben durch einen „Vernunftglauben", zu Gott hin. Dem Autor Rudolf Langthaler ist es zu verdanken, in seiner Arbeit diesen Umstand eindringlich in Erinnerung zu rufen.

Langthalers Buch ist aber nicht nur für Menschen geschrieben, die dem Christentum ferner stehen, sondern durchaus für Christgläubige selbst, die zumeist und mit Recht drei Fragen stellen, die den „reflektierenden" Glauben, also den Vernunftglauben, aufs Höchste herausfordern. Selbstverständlich nimmt Langthalers Buch auch immer wieder auf diese drei Fragen Bezug. Im Folgenden werden sie kurz umrissen. Das kritische Werk Kants besteht bekanntlich aus drei Hauptschriften, „Kritik der reinen Vernunft", „Kritik der praktischen Vernunft", „Kritik der Urteilskraft". Allen drei Kritiken wird von Kant jeweils eine Grundfrage zugeteilt, die der eben angegebenen Reihe nach lauten „Was kann ich wissen?", „Was soll ich tun?", „Was darf ich hoffen?" Während die ersten zwei Fragen recht verständlich sind, klingt die letzte rätselhaft. Was hat die „Kritik der Urteilskraft" als Verbindung von theoretischer und praktischer Vernunft mit der Frage „Was darf ich hoffen?" zu tun? Geht es nicht in dieser Kritik um das Schöne? Ja gewiss, aber nicht nur: Es ist auch die Rede vom Lebendigen und dessen Zweckmäßigkeit und schließlich auch vom „Endzweck" der Schöpfung selbst. Die „Kritik der Urteilskraft" hat es also mit dem Ziel (telos) und daher auch mit dem Künftigen zu tun. Langthaler bringt hier folgendes klärende Kant-Zitat ins Spiel: „Die christliche Moral, weil sie ihre Vorschrift (wie es auch sein muss) so rein und unnachsichtlich einrichtet, benimmt dem Menschen das Zutrauen, wenigstens hier im Leben, ihr völlig adäquat zu sein, richtet es aber doch auch dadurch wiederum auf, dass, wenn wir so gut handeln, als in unserem Vermögen ist, wir hoffen können, dass, was nicht in unserem Vermögen ist, uns anderweitig werde zustattenkommen, wir mögen nun wissen, auf welche Art, oder nicht." (298, FN 43). Ich darf also hoffen, wenn ich vernünftig hoffe, mir also keine falschen Hoffnungen vom Endzweck meines Handelns mache.

Als zweites Problem wäre zu nennen, dass Kant den Sinn der Moral, weil dieser die kategorische und postulatorische praktische Vernunft transzendiert, in ein Handeln legt, „als ob" es einen Gott gäbe. Der Christgläubige erschrickt: Da die Wendung „als ob" im Allgemeinen eine negative Bedeutung im Sinne von „so tun als ob" hat, ist kaum vorstellbar, dass die Kirchgänger sonntags nur „so tun, als ob es Gott gäbe". Wir wollen also nicht annehmen, dass Kant im christlichen Glauben nur eine Heuchelei sieht. Aber auch die berühmte Philosophie des „Als Ob" von Hans Vaihinger, der sogenannte Fiktionalismus, kommt hier nicht infrage. Langthaler warnt zu Recht davor, das kantische „Als Ob" als bloße Fiktion, d. h. als etwas Unwirkliches, als bloß gedankliche Konstruktion, abzutun. Es hat vielmehr für den denkenden Glauben einen konstitutiven Charakter. Der „reflektierende Glaube" bezieht sich auf etwas, „was dergestalt für diesen ‚moralischen Glauben' [...] Sinn-erschließende Bedeutung im Sinne eines keineswegs ‚fiktionalen', sondern durchaus konstitutiven ‚als ob' (d. h. ‚gleichviel', ‚gleichgewichtig', im Sinne von ‚instar', ‚tanquam') gewinnt [...]" (283). Das „Als Ob" Kants gehört also zur Wirklichkeit des Vernunftglaubens. Verfehlen wir das wirkliche „Als Ob" der Existenz Gottes, werden wir entweder anmaßend dogmatisch oder versinken in Skepsis.

In die dritte große Frage verpackt Langthaler schließlich eine Kritik an Kant, insofern dieser Schwankungen zeigt, was das Verhältnis von historisch gegebener Offenbarung und reflektierendem Vernunftglauben, der aus sich selbst auf den christlichen Glauben stoßen soll, betrifft. „Das alle Offenbarungsansprüche durchdringende ‚lumen naturale' erweist sich seinerseits, in einer eigentümlichen ‚Reflexion', als ‚erhellt' und lässt so auch den ‚theoretischen Mangel des reinen Vernunftglaubens' zutage treten, der uns auf das, was wir auf historische Beweisgründe zu glauben, Ursache (!) haben', verweist. Kants Erklärung, dass ‚Religion eine reine Vernunftsache ist', steht dazu freilich in einer unübersehbaren Spannung – ebenso, beim Wort genommen, sein Hinweis, demzufolge ‚die biblische Glaubenslehre [...] vermittelst der Vernunft aus uns selbst (!) entwickelt werden kann'." (367)

Abschließend sollte als Würdigung von Langthalers Buch hervorgehoben werden, dass es ein Gewebe feinster Art darstellt und die Gedanken Kants so schlüssig in den Lesefluss integriert werden, dass es zu einer organischen Einheit zwischen Autor und Kant kommt. Das Buch ist also eigentlich keines „über" Kant, sondern ein gemeinsam „mit" Kant geschriebenes. Der Leser ist auf diese Weise in der Lage, die Gedanken des Autors und diejenigen Kants in einem einzigen Zug nachzuvollziehen. Dieses Kunststück gelingt natürlich nur einem Sachkenner, der sich mit dem Vernunftglauben Kants so identifiziert wie ein Pianist mit einem Komponisten. Rudolf Langthaler ist zu seinem Buch zu gratulieren. Möge es auf das ihm gebührende Interesse stoßen.

Christoph Böhr, Rezension zu: ULRICH L. LEHNER, RONALD K. TACELLI (Hg.), *Wort und Wahrheit. Fragen der Erkenntnistheorie. Harald Schöndorf zum 75. Geburts-*

XII. Rezensionen

tag, Stuttgart 2019, Kohlhammer Verlag, 255 S., ISBN 978-3-17-034987-2, 29 €.

Dem Philosophen Harald Schöndorf, Jesuit, Professor und langjährigen Vizepräsidenten der Hochschule für Philosophie München, ist dieses von Ulrich L. Lehner und Ronald K. Tacelli herausgegebene Buch zu seinem im Jahr 2019 begangenen 75. Geburtstag gewidmet: ein verdienstvolles Unterfangen, da Schöndorf, promoviert bei Robert Spaemann mit einer Arbeit über Schopenhauer, als eigenständiger Denker – nicht zuletzt aber auch als Vermittler Béla Weissmahrs und als Herausgeber der Neubearbeitung des *Philosophischen Wörterbuches* von Walter Brugger – in der deutschen Philosophie eine herausragende Rolle spielt. Ihm eine Festschrift – und zudem eine noch so bemerkenswert gelungene – zu widmen, verdient große Anerkennung.

In drei Themenbereiche gliedert sich dieses hier anzuzeigende Buch: Zunächst werden Grundfragen der Erkenntnistheorie behandelt, sodann geht es um Einzelfragen der Erkenntnislehre und schließlich in einem dritten Teil folgen Beiträge, die dem Zusammenhang von Erkenntnislehre und Gottesfrage nachgehen. Dass die Erkenntnislehre auf den ersten Blick den Schwerpunkt der Auseinandersetzung in diesem Buch bildet, mag der Tatsache geschuldet sein, dass Schöndorf selbst sich diesen Fragen zeitlebens immer wieder zuwandte und 2014 bei Kohlhammer selbst eine gewichtige Erkenntnislehre aus eigener Feder vorgelegt hat; maßgeblicher aber noch ist vielleicht die Tatsache, dass der Streit der Philosophen über Sein, Wahrheit und Gewissheit am Ende immer in Auseinandersetzungen über die Erkenntnislehre mündet, die nun einmal das Herzstück der Philosophie überhaupt darstellt, weil von ihr alle anderen Antworten – im Theoretischen wie im Praktischen – abhängen.

Dem hohen Anspruch ihres Gegenstandes wird das Buch mit den allermeisten seiner Beiträge gerecht – beginnend mit Harald Seuberts Einleitungsaufsatz über „Wahrheit und Methode" im Anschluss an Martin Heidegger und Hans-Georg Gadamer, dessen Diktum „Sein, das verstanden werden kann, ist Sprache" (14) von Seubert nachvollziehbar korrigiert und modifiziert wird, wenn er darauf hinweist, dass Erkenntnis „nicht in sprachlichen Verhältnissen aufgeht" (25). Markus Enders diskutiert zeitgenössische Wahrheitstheorien unter dem entscheidenden Gesichtspunkt, inwieweit Wahrheit einer Übereinstimmung des immer subjektiven Denkens mit der objektiven Wirklichkeit entspricht, während der Herausgeber Ulrich L. Lehner im Blick auf die Erkenntnislehre des heute ganz zu Unrecht fast vergessenen Philosophen Joseph Geyser – Neuscholastiker, Ordinarius in Münster, Freiburg und München, der von 1869 bis 1948 lebte und sich zu seiner Zeit einen Namen als herausragender Vertreter der ‚philosophia perennis' machte – fragt, was man unter ‚Evidenz' verstehen könne. Rolf Schönberger und Norbert Fischer bestechen mit ihren Beiträgen über die Lehre von der Anamnesis (Schönberger, 51ff.) – im Erkennen erinnern wir uns an vormals schon Geschautes – sowie der Erläuterung des Zusammenhangs von Erkenntniskritik, Sittengesetz und Gottesfrage bei Immanuel Kant (Fischer, 61ff.). Schönberger deutet nicht nur die platonische Lehre von der Wiederkennung im Erkennen – „der Akt der Identifikation beruht auf einer Komparationsleistung" (58) –, sondern verallgemeinert die platonische These, wenn er schreibt: Erinnerung ist „eben kein bloßes Vermögen des Geistes neben anderen Leistungen, sondern gehört selbst schon zu Bedingungen, um überhaupt Geistiges von Materiellem zu unterscheiden" (59). Fischers kenntnisreiche und quellennahe Deutung der kritischen Philosophie Kants gipfelt in der Feststellung: „Erkenntniskritik' ist der Anfang von Kants Philosophie; ihr Ziel aber ist der vernünftige Glaube an ,Gott, Freiheit und Unsterblichkeit'. [...] Die Vernachlässigung der metaphysischen und religiösen Fragen in der neueren Kantforschung [...] könnte als nachträgliche Rechtfertigung des verfehlten katholischen Widerstands gegen die Kantische Philosophie gelten. [...] Heute droht erneut die Gefahr, dass die Auslegung von Kants Philosophie hinter die sachgemäße, mühsam errungene [...] ,metaphysische Kantauslegung' zurückfällt, weil offenbar der Sinn für die zentralen Fragen der Protagonisten der abendländischen Philosophie schwindet." (69) Dieser Feststellung, die den Nagel auf den Kopf trifft, ist nichts hinzuzufügen.

Der zweite Teil, der sich Fragen der Erkenntnislehre im Spannungsfeld von Metaphysik und Ethik zuwendet, wird eröffnet mit einem bemerkenswerten Aufsatz von Josef Schmidt über die „Erkenntnis von Intersubjektivität und ihre transzendental-metaphysische Begründung" (77ff.) – mit einer eindrucksvollen Interpretation des cartesischen ,Cogito sum' (87f.) und einer schönen Würdigung der Beiträge des Jubilars, der in seiner Erkenntnislehre zu diesem Thema festhält: „Nur in der Gegenseitigkeit kann ich den anderen Menschen als meinesgleichen und mich als seinesgleichen erkennen. Beides ist nur gemeinsam möglich." (89) Einem nur scheinbar randständigen, tatsächlich aber ganz zentralen Thema der Philosophie wendet sich Dennis Stammer zu, wenn er über das „Problem der Analogie im Kontext philosophischer Theologie der Gegenwart" nachdenkt (97ff.) und dabei – besonders erfreulich – auch die Schriften Béla Weissmahrs würdigt; analoges Denken – man muss es heute, vom Vergessen bedroht, neu in Erinnerung rufen – denkt „das Gemeinsame in den unterschiedlichen Weisen des Seienden als Ausdruck der transzendentalen Vollkommenheit". (106) Johannes Herzgsell zielt auf Edith Steins Wesenserkenntnis und Wesensentfaltung in deren Buch *Endliches und Ewiges Sein* (111ff.); Ruben Schneider erläutert, was unter semantische Realismus (121ff.); Janez Percic was unter epistemologischem Realismus zu verstehen ist (131ff.); Oliver Sensen verteidigt Kants Universalismus in der Moralphilosophie gegen den Erklärungsanspruch einer historisierenden Theorie der evolutionären Ethik (141ff.) und Bernd Goebel führt den Leser zu einer Neuentdeckung der Ethik des allermeist nur als Aristoteles-Experte bekannten schottisch-britischen Philosophen William David Ross (151ff.), der von 1877 bis 1971 lebte, in Oxford lehrte und die These vertrat, dass moralische Intuitionen eine Quelle selbstevidenten Wissens sein können.

Der dritte Teil nun zielt auf den Zusammenhang von Erkenntnislehre und Gottesfrage – mit einem sehr klugen Aufsatz von Jörg Disse zur Epistemologie des Wunders bei Richard Swinburne und David Hume (171ff.), einem nicht minder gewichtigen Beitrag von Felix Resch über die natürliche Gotteserkenntnis bei Jacques Maritain, der

XII. Rezensionen 533

von 1882 bis 1973 lebte, in Abgrenzung zu seinem Lehrer Henri Bergson; Ronald K. Tacelli geht (203ff.) im Anschluss an Blaise Pascal der Frage nach, warum sich Gott verbirgt, obwohl er doch will, dass der Mensch im Glauben einen Zugang zu ihm findet; den Abschluss machen Bernhard Knorn mit einem Blick auf die theologische Erkenntnis bei Francisco Suárez (211ff.), Anselm Ramelow über die ‚Scientia Media' Gottes – des göttliches Vorauswissens, das die menschliche Freiheit nicht zerstört (233ff.) –, Christina Schneider zu Anselms Beweisauffassung unter heutigen, soweit der Formalen Logik verpflichteten Denkweisen (233) und schließlich Jörg Splett (245ff.) über Gott als Geheimnis jenseits aller Theorien, die wir uns über ihn zurechtlegen.

Diese Festschrift ist gelungen und der Bedeutung des Jubilars angemessen, wird man abschließend sagen müssen. Sie verbindet die Erörterungen allgemeiner, grundsätzlicher Fragestellungen mit Fallstudien zu einzelnen Autoren und Problemen – ausnahmslos auf einem hohen wissenschaftlichen Niveau. Und der Leser muss nicht das ganze Buch von der ersten bis zur letzten Seite durcharbeiten, sondern kann sich jene Aufsätze vornehmen, die am ehesten Antwort auf seine eigenen Fragen versprechen. Denn das gehört zu den großen Verdiensten dieses Buches: seine Verfasser verlieren sich nicht im Unverbindlichen, sondern lassen – soweit das in der Wissenschaft möglich, ja vielleicht sogar geboten ist – Überzeugungen erkennen. Das ist immer und grundsätzlich zu begrüßen – besonders aber im vorliegenden Fall; denn der Gegenstand des Buches – die Möglichkeit einer Erkenntnis von Wahrheit durch das Wort – gehört zu den strittigsten

Fragen der Philosophie nicht nur der Gegenwart. Im Streit über diese Möglichkeiten helfen bloße Unverbindlichkeiten nicht weiter, da jede Wissenschaft am Ende auf Fragen trifft, die sie allein in eigener Zuständigkeit – als Wissenschaft – nicht mehr zu beantworten vermag.

Günther Rüther, Rezension zu: ROCCO BUTTIGLIONE, *Die Wahrheit im Menschen. Jenseits von Dogmatismus und Skeptizismus* (Reihe: *Das Bild vom Menschen und die Ordnung der Gesellschaft*), Wiesbaden 2019, Verlag Springer VS, 323 S., ISBN 978-3-658-14027-4, 59,99 €.

Die Wahrheit im Menschen – so lautet der Titel des neuen, jüngst in deutscher Übersetzung erschienenen Buches von Rocco Buttiglione. Der Titel führt in das inhaltliche Zentrum der Studie hinein, denn sie beschäftigt sich mit dem Verhältnis von objektiver und subjektiver Wahrheit. Dabei rückt der Autor jedoch die Erforschung der subjektiven Seite der Wahrheit in den Vordergrund. Dies erscheint nicht zuletzt deshalb plausibel, weil der Mensch als soziales Wesen, als zoon politikon, stets von seinem Wahrheitsempfinden ausgeht. Doch dabei kann es sich bestenfalls um eine relative Wahrheit handeln. Viele bestreiten, dass es eine objektive Wahrheit gäbe. Wäre dies der Fall, müsste der Mensch in einem ewigen Zweifel leben. Seine Hoffnung, sein Leben an der Wahrheit zu orientieren, bliebe unerfüllt. Ihr ginge das Telos verloren. Damit gewönne die Versuchung an Einfluss, die eigene Wahrheit für verbindlich zu erklären. Dies wiederum würde das friedliche Zusammenleben der Menschen empfindlich gefährden, da sie im Verhältnis zur absoluten Wahrheit nur relativ ist.

Deshalb stellt Buttiglione den Wahrheitsbegriff in das Spannungsfeld von Mensch und Gesellschaft und verweist neben seiner personalen auf seine nicht minder bedeutende korrespondierende soziale Relevanz. In beiden Bezugsebenen entfaltet der Autor die geistige Grundlage des liberal-demokratischen Verständnisses unserer freiheitlichen Demokratie. Sie bezieht ihre Legitimation aus einem Ausgleich zwischen dem individuellen einerseits und andererseits dem Wahrheitsanspruch anderer Menschen. Bei letzterem kann es sich um einen Einzelnen, eine soziale Gruppe, eine politische Partei, eine Glaubensgemeinschaft oder den Staat handeln.

Buttiglione geht davon aus, dass es eine objektive Wahrheit gibt, die der Mensch erkennen könne. Seine Erkenntnis bliebe jedoch immer unzulänglich und müsse gerade deshalb durch die Wahrheitserfahrung anderer Menschen ergänzt werden. Sein erkenntnistheoretischer Ansatz verbleibt nicht in der Abstraktion philosophischen Denkens stehen. Sein unmittelbarer Bezugspunkt ist die Politik. Denn in ihr entfaltet sich das Regelwerk menschlichen Zusammenlebens. In den Worten Aristoteles ist sie eine ‚ars architectonica', eine Baumeisterkunst, die alle Bereiche sozialer Aktivität dazu bringen muss, nach einem gemeinsamen Gut zu streben. Sie ist deshalb darauf angewiesen, möglichst viele Erkenntnisse zu berücksichtigen. Sie soll keine Gewissheiten verkünden. Daran seien vornehmlich schlechte Herrschaftsformen zu erkennen. Sie münden schlussendlich in einer Diktatur.

Buttiglione spiegelt seine Leitgedanken an der europäischen Philosophie-Geschichte von Platon und Aristoteles bis in die Neuzeit hinein zu Descartes, Montaigne und Voltaire. Seine Betrachtungen enden nicht mit der Aufklärung. Er setzt sie bis in unsere Tage zu Pascal, Popper und Bobbio fort. Sie schließen mit einem religionsphilosophischen Dialog, der an eine Kontroverse zwischen Eugenio Scalfari und Papst Franziskus anknüpft. Sie wurde in der Zeitspanne von Juli bis Oktober 2013 in der Zeitung *La Repubblica* veröffentlicht.

Buttiglione tritt für einen offenen, aber nicht beliebigen Wahrheitsbegriff ein. Die Wahrheit ist für ihn stets das Ergebnis eines diskursiven Prozesses. Der Mensch könne stets nur im Zusammenwirken mit anderen schöpferisch sein und auf diesem Wege die Bedingtheit seiner eigenen Wahrheit erkennen. Dieser philosophische Ansatz erinnert an die Erkenntnis- und Kommunikationstheorie von Habermas. Aber bei Buttiglione kommt stärker als bei Habermas eine weitere wesentliche Dimension hinzu: die der Religion und des Glaubens. Der Herausgeber des Buches Christoph Böhr erläutert in seinem ausführlichen kommentierenden Schlussbeitrag Buttigliones Anliegen diesen zitierend mit den folgenden Worten: „Die relative Wahrheit stützt sich auf die Wirklichkeit der absoluten Wahrheit, an der sie in gewisser Weise teilhat. Die absolute Wahrheit ist der transzendentale Horizont, innerhalb dessen wir die relative Wahrheit denken können. Daher heißt Denken immer Gott zu denken. Dasselbe Argument könnte man auch für andere transzendentale Eigenschaften des Seins geltend machen: das Schöne und das Gute. Die Wette auf die Wahrheit des Göttlichen fällt dann ineins mit der Wette auf die Wahrheit des Menschlichen." (S. 288)

Im letzten Teil des Buches geht Buttiglione auf die bereits erwähnte öffentliche Disputation zwischen dem italienischen Philosophen Eugenio Scalfari und Papst Franziskus ein. Im Mittelpunkt stehen dabei unter anderem folgende grundlegende Fragen: Ist es notwendig an Gott zu glauben, um ein moralisches Leben zu führen? Kann auch ein Atheist die Erfahrung von Sittlichkeit machen? Kann der Mensch moralische Vollkommenheit auch ohne Gottes Hilfe erreichen? Kann demjenigen vergeben werden, der Fehler begeht, obwohl er seinem eigenen Gewissen folgte? Wann ist ein Irrtum unvermeidlich? Welche Bedeutung hat der Glauben und wer kann Verzeihung finden?

Buttiglione formuliert seine Schlussfolgerungen aus diesem Dialog in dem Kapitel *Nur in der Wahrheit ist der Mensch wahrhaft schöpferisch* (S. 241–243). Die Summe seiner Erkenntnis lautet: „Die Schöpfungskraft des Menschen ist nicht unbegrenzt und beziehungslos. Ebenso wie die Schöpfungskraft jedes Einzelnen mit derjenigen der anderen verflochten ist und nur gemeinsam mit anderen ausgeübt werden kann, lässt sich auch die Schöpfermacht der Menschen im Allgemeinen und jedes Einzelnen im Besonderen nur im Dialog mit dem ursprünglichen Geschenk des Seins, das von Gott kommt, ausüben." (S. 242)

Mit Buttiglione äußert sich ein Philosoph, der in seiner Zunft höchstes Ansehen genießt. Er ist Direktor des Johannes-Paul-Lehrstuhls an der Päpstlichen Lateran Universität in Rom und war von 1984 bis 1991 Mitglied des Päpstlichen Rates Justitia et Pax. Heute noch wirkt er als Mitglied der Päpstlichen Akademie der Sozialwissenschaften an maßgeblicher katholischer Stelle als Deuter des Zeitgeschehens mit. In seiner langjährigen akademischen Laufbahn hat er zahlreiche grundlegende Studien vorgelegt, die in viele Sprachen übersetzt wurden. Buttiglione ist aber nicht nur Philosoph, er war auch viele Jahre politisch tätig als Abgeordneter in Italien und im europäischen Parlament. Er brachte seine Erfahrungen in zahlreiche Parlamentsausschüsse ein und wirkte als Kultusminister und Minister für Europaangelegenheiten in unterschiedlichen Kabinetten. Mit Buttiglione spricht ein Mann zu uns, der Theorie und Praxis in seiner Lebensgeschichte in Verbindung zu einander gesetzt hat. Von dieser doppelten Erfahrung ist das hier angezeigte Buch durchdrungen. Die Studie trägt grundlegende Erkenntnisse für das Verständnis der liberalen, freiheitlichen Demokratie und ihre geistigen Grundlagen zusammen. Erkenntnisse, die im Trubel des politischen Alltagsgeschäftes allzu oft aus dem Blickfeld geraten und erschweren, das Geschehen richtig einzuordnen. Dies gilt für die politische Klasse genauso wie für den Bürger. Beide Seiten orientieren sich zu wenig am Wesen der Demokratie und zu viel an der veröffentlichten Lautstärke. Nicht der aber nähert sich der Wahrheit an, der sie im in den Medien am lautesten verkündet, sondern der den Prozess ihres Entstehens reflektiert. Die Lautstärke ist eher ein Indiz für die Unwahrheit als für die Wahrheit.

Gerade vor dem Hintergrund der politischen und philosophischen Erfahrungswelten des Autors wäre es wünschenswert gewesen, wenn dieser noch stärker auf die Ursachen der gegenwärtigen Krise der modernen Demokratien eingegangen wäre. Es ist offenkundig, dass die Informationsüberflutung mit ihrem Überbietungswettbewerb subjektiver Wahrheiten zu einem eklatanten Orientierungsnotstand führen und die Demokratie in ihren Grundfesten erschüttern. Ungeachtet dessen gibt Buttiglione wesentliche Denkanstöße für die Wiederentdeckung der geistigen Grundlagen liberaler Demokratien. Gehen sie verloren, erodiert ihr Fundament. Christoph Böhrs Schriftenreihe *Das Bild vom Menschen und die Ordnung der Gesellschaft* weist mit Buttigliones Studie nach den Schriften unter anderem von Rémi Brague, Walter Schweidler, Leonidas Donskis und Richard Schaeffler – sowie jüngst Luigino Bruni – ein weiteres Werk aus, das die Grundfragen und Grundlagen menschlichen Zusammenlebens thematisiert. Die Reihe richtet sich an Leser mit philosophischen, sozialwissenschaftlichen und religionswissenschaftlichen Grundkenntnissen. Sie ist nicht nur für den geübten Laien, sondern auch für den Fachmann eine Fundgrube neuer wissenschaftlicher Erkenntnisse. Buttigliones fundierte und abwägende Studie ist einmal mehr ein Beleg dafür.

Christoph Böhr, Rezension zu: THEO KOBUSCH, *Selbstwerdung und Personalität. Spätantike Philosophie und ihr Einfluss auf die Moderne,* **Tübingen 2018, Mohr Siebeck, 454 S., ISBN 978-3-16-155509-1, 39 €.**

Vor allem dem französischen Philosophen Pierre Hadot haben wir es zu verdanken, dass in den letzten Jahren neu entdeckt wurde, wie Philosophie sich in der späten Antike nicht nur als Wissenschaft, sondern vor allem als Lebensform begriffen hat: weniger als theoretische und mehr als praktische Metaphysik, deren Ziel die Umgestaltung des Menschen war. Dieses Selbstverständnis klingt beispielsweise im Römerbrief 12,2, an, wenn Paulus schreibt: „Lasst euch im Innern umgestalten zur Neuheit des Denkens, damit ihr urteilsfähig werdet." Der Weg zur Umgestaltung führt den Menschen in sein Inneres; die dazu erforderlichen Mittel sind, wie Hadot es ausdrückt, „exercices spirituels": spirituelle Exerzitien, geistige, ja geistliche Übungen, die den Menschen seinem Lebensziel, das als Selbst- und Gotteserkenntnis bestimmt wird, näherbringen. Das Denken dient immer auch der Formung des Lebens und zielt deshalb vorrangig auf praktisches Wissen: „Theorie ist also selber praktisch, insofern sie das Leben fundamental verändert. Und eben dies ist das entscheidende Kriterium für das, was Lebensformwissen ist: Findet eine metamorphosis, eine Transformation, eine Veränderung des Lebens bzw. des wissenden Subjekts statt oder nicht, das ist die Frage", resümiert Theo Kobusch gleich zu Beginn (7).

In diesem Sinne ist, wie der Verfasser herausarbeitet, die spätantike Philosophie eine Philosophie der Innerlichkeit – und damit Vorbotin des Denkens der Moderne. Das gilt für die pagane wie für die christliche Philosophie gleichermaßen. Dieses Erbe hat die Moderne im 17., 18. und 19. Jahrhundert bewusst angetreten (9). Die Antiqui-Moderni-Beziehung, schreibt Kobusch, war ursprünglich alles andere als eine ‚querelle' – ein Streit. Wir allerdings, „die Modernsten", haben inzwischen vergessen, was das Denken an der Schwelle zur Moderne antrieb (9). Vergessen ist heute beides: sowohl die Exzellenz der spätantiken Philosophie als auch die Renaissance dieses Erbes als Impuls der Moderne.

Einer Vergegenwärtigung dieser Zusammenhänge hat Kobusch ein

XII. Rezensionen

jüngstes Buch gewidmet, das zugleich eine Summe jahrzehntelanger Forschungsarbeit darstellt. Der Leser, den der Verfasser an der Hand nimmt, um mit ihm gemeinsam auf Spurensuche zu gehen, ist verblüfft: Auf Schritt und Tritt begegnen ihm die Denkformen der spätantiken Philosophie in der Gegenwart, vermittelt vor allem durch die Köpfe des Deutschen Idealismus. Hadot hat, wie erwähnt, die Eigentümlichkeit der Spätantike im Blick auf den Zusammenhang von Denk- und Lebensform vergegenwärtigt; Kobusch folgt dieser Spur und erschließt eine weitere, zweite und nicht minder bedeutsame Eigentümlichkeit der Spätantike: den ausdrücklich universalen Anspruch der christlichen Philosophie, wie sie vor allem in der Entfaltung der Lehre vom inneren Menschen zum Ausdruck kam. Hier findet sich der ausgearbeitete Entwurf einer Subjektivitätsphilosophie, die, wie ein heute verbreiteter Gemeinplatz behauptet, doch eine Errungenschaft der Moderne darstellen soll. Dass sie aber tatsächlich spätantikes Erbe ist, belegt Kobusch nachvollziehbar und auf das Eindringlichste.

Metaphysik in der Spätantike galt als eine Lebensform, durch die das betrachtende Subjekt selbst verändert wird. Deshalb spricht Kobusch von „praktischer Metaphysik". Der Begriff der Metaphysik selbst erfährt eine „fundamentale Bedeutungsveränderung" (13), und zwar im paganen wie im christlichen Kontext gleichermaßen – wobei beide Kontexte eng miteinander verbunden sind durch einen gemeinsamen Philosophiebegriff (21). Vielleicht am besten sichtbar wird dieser grundlegende Wandel, wie er sich in den ersten nachchristlichen Jahrhunderten vollzog, in der Veränderung des Gottesbegriffs. Wurde in klassischer Zeit Gott als das vollkommen Vollendete gedacht, vollzieht sich in der Stoa wie im Christentum eine Moralisierung des Gottesbegriffs, „die es mit sich bringt, dass Gott als die lautere Freiheit selbst gedacht wird", die Raum lässt für andere Freiheit zur Vollendung des göttlichen Werkes. Deshalb ist es ganz folgerichtig, wenn sich pagane wie christliche Philosophie als eine Anleitung zur „Angleichung an Gott" verstehen (21).

Eine solche Angleichung vollzieht sich auf doppelte Weise: als die Erkenntnis des Seienden als einem Seienden in der Metaphysik sowie als gute Lebensführung im Sinne der Ethik. Theoretische und praktische Subjektivität sind eng miteinander verwoben – als Lebensform einer Denkform. Damit nimmt die spätantike Philosophie den sokratisch-platonischen Impuls auf, Wissen sei vor allem Sorge um die Seele, und findet in diesem Impuls den Perspektivpunkt ihres Selbstverständnisses. Wer sich als Philosoph diesem Bezug verpflichtet weiß, ist vor esoterischer Hermetik gefeit; denn Selbstsorge ist die Aufgabe ausnahmslos jedes Menschen; und in diesem Sinne versteht sich die spätantike Philosophie als eine – später, in der zweiten Hälfte des 18. Jahrhunderts aus ähnlichen Erwägungen heraus wieder aufblühende – so genannte Popularphilosophie: im Sinne ihrer Beziehung auf Gegenstände, die jedermanns Sache sind; die Fragen, um die sie sich müht, gehen ausnahmslos jedweden Menschen an. Zudem ist sie sich, lange vor Immanuel Kant, der Grenzen aller spekulativen, also theoretischen Vernunft bewusst. Aus diesem Selbstverständnis erwächst eine Philosophie beispielsweise bei Gregor von Nyssa, „die all ihr Tun, auch ihre höchste Tätigkeit, die Metaphysik, als eine Übung des Geistes ansieht, in der das erkennende Subjekt eine fundamentale Veränderung, eine Transformation des Selbst erfährt" (262). Dieser Begriff der Umgestaltung, „der jahrhundertelang ein tragender Begriff dieser Art von Metaphysik blieb, markiert den eigentlichen Unterschied zur Metaphysik aristotelischen Typs" (262), die doch am Ende immer Naturphilosophie bleibt. Die Erkenntnis des Göttlichen – so sagen es die neuplatonischen wie die christlichen Philosophen – mündet ein in eine Umgestaltung des Geistes und damit in eine Gottwerdung des Menschen im Sinne seiner Angleichung an das göttliche Wesen. Dieses Denken wird elfhundert Jahre später in der berühmten „Rede über die Würde des Menschen" von Pico della Mirandola wieder aufgenommen.

Vor allem die Verbindung – die in weiten Teilen eine Synthese ist – von stoischer Philosophie und christlicher Religion führte zur Theorie vom inneren Menschen (302), die besonders prägnant von Aurelius Augustinus entfaltet wurde: „in interiore homine habitat veritas" lautet der berühmte und bekannte Satz aus „De vera religione". Gott findet sich im Innersten des Menschen. Und angesichts der schon erwähnten Einsicht in die Schwäche der menschlichen Vernunft wird das, was Gott und Mensch verbindet, weniger in seiner Intellektualität, seiner Geistigkeit, gesehen, sondern immer mehr in der Freiheit, die Gott und Mensch – wenn auch in unterschiedlichen Graden – gemeinsam ist. Umso mehr Gewicht gewinnt dadurch die praktische Subjektivität: Wenn der Mensch auf die Verwirklichung seiner Freiheit hin angelegt ist, sind die Kriterien, nach denen er von seiner Freiheit Gebrauch macht, von entscheidender Bedeutung. Nach welchen Maßstäben wird der menschliche Wille geleitet und welche Bedeutung hat in diesem Zusammenhang das Gewissen? Diese Fragen erhalten jetzt großes Gewicht.

Von Gregor und Augustinus ist es ein langer Weg bis hin zu Pico, und noch länger ist der Weg bis an die Schwelle zur Moderne; gleichwohl findet sich die Denkform der Renaissance von der Antike vorgegeben und lebt später im Deutschen Idealismus wieder auf: „Die ‚Person' steht [...] für das dem Menschen selbst Unverfügbare, das er selbst ist, die ‚Handlung' aber ist das in seiner Verfügungsgewalt, d. h. in seine Freiheit Gelegte" (307). So sieht es beispielsweise auch Kant. Auf diese Weise erscheint der Mensch, indem er die Freiheit im Lichte seines Gewissens gebraucht, als der Vollender des göttlichen Werkes (308).

Kobuschs Buch ist ein kluger und eindrucksvoller Beleg für die Tragfähigkeit der gelegentlich bestrittenen Hellenisierungsthese, die alles in allem behauptet, dass die christliche Religion mithilfe der hellenistischen Philosophie zu seiner begrifflichen Form gefunden hat. Die Kenntnis des Verfassers ist überragend; seine Fähigkeit, den schier unübersehbaren Stoff nachvollziehbar aufzubereiten, beneidenswert. So ist ein opus magnum entstanden, ein großartiges Buch, das dazu angetan ist, die Moderne von ihren Quellen her zu verstehen und das die Gegenwart dazu auffordert, nicht länger zu vergessen, wer sie gezeugt hat – auch deshalb, um nicht mit verbundenen Augen in jede Sackgasse des Denkens laufen zu müssen. Hoffentlich findet dieses Buch Leser in Fülle.

XII. Rezensionen

Rainer Schubert, Rezension zu: RÉMI BRAGUE, *Anker im Himmel. Metaphysik als Fundament der Anthropologie*, Wiesbaden 2018, Springer VS, 148 S., ISBN 978-3-658-20529-4, 39,99 €.

Während der Titel „Anker im Himmel" der metaphorischen Phantasie noch freien Lauf lässt, benennt der Untertitel das zentrale Anliegen der Schrift Rémi Bragues: „Metaphysik als Fundament der Anthropologie". Wir horchen auf. Im säkularen Zeitalter wie dem unsrigen akzeptiert eine positivistisch ausgerichtete Öffentlichkeit zwar die Anthropologie als eine Wissenschaft, die Metaphysik gilt aber nur als Privatmeinung, d. h. sie wird um keinen Preis als Fundament einer Wissenschaft anerkannt. Ein Wissenschaftler, der Metaphysik betreibt, riskiert seinen Ruf als ernstzunehmender Teilnehmer der scientific community. Ist also Bragues Buch schon vom Titel her eine Provokation?

Ja, gewiss, aber nicht für jemanden, der nachdenkt. Wer auch nur eine einzige Frage, die unser technisch orientiertes Zeitalter aufwirft, einigermaßen seriös zu beantworten, bescheidener gesprochen überhaupt anzugehen versucht, kann der menschlichen Existenz ohne Metaphysik keinen vernünftigen Sinn abringen. Denn die Frage aller Fragen lautet nicht mehr, *wie* der Mensch leben, sondern *ob* er überhaupt sein soll. Der Zusammenhang zwischen Metaphysik und Anthropologie wird aufdringlich und penetrant.

„Nun ist die Selbstzerstörung der Menschheit keine akademische Frage mehr. Sie ist eine sehr konkrete Möglichkeit geworden. Die verschiedenen Mittel zu dieser Selbstzerstörung sind – bis man noch Wirksameres gefunden hat – drei: die Zerstörung der Umwelt, die Atombombe und die demographische Auslöschung." (56)

Hinter diesen drei Fragen lauert aber auch ein bislang ungelöstes methodisches Problem. Zu Recht weist Brague darauf hin, dass es Kant war, in dessen Philosophie Anthropologie und Metaphysik eine noch nie dagewesene Allianz eingehen. Während frühere Zeiten die Metaphysik als „theoretische Schau" bzw. „Kosmologie" begriffen, betrifft bei Kant die Metaphysik das Handeln, d. h. die Praxis. Bei Kant wird die Metaphysik normativ. Brague zitiert zwar nicht die entscheidende Stelle bei Kant, umschreibt aber die Problemstellung präzis. (16f.) Kant unterscheidet nämlich zwischen Anthropologie und Anthroponomie.

„Alle Hochpreisungen, die das Ideal der Menschheit in ihrer moralischen Vollkommenheit betreffen, können durch die Beispiele des Widerspiels dessen, was die Menschen jetzt sind, gewesen sind, oder vermuthlich künftig sein werden, an ihrer praktischen Realität nichts verlieren, und die Anthropologie, welche aus bloßen Erfahrungserkenntnissen hervorgeht, kann der Anthroponomie, welche von der unbedingt gesetzgebenden Vernunft aufgestellt wird, keinen Abbruch thun ..." (IMMANUEL KANT, *Die Metaphysik der Sitten. Metaphysische Anfangsgründe der Tugendlehre*, in: *Kants Werke*, Akademie Ausgabe, Bd. VI, 405f.)

Auch wenn man, wie es Brague tut, Kant unterstellt, es wäre ihm ein Brückenschlag zwischen Anthropologie (= Sein) und Anthroponomie (= Sollen) in seiner *Kritik der Urteilskraft* gelungen (was in gewisser Weise auch stimmt), so müssen wir doch – durchaus im Sinne Bragues – festhalten, dass Kant von den drei vorhin genannten technischen Potentialen der Selbstzerstörung der Menschheit noch nichts wusste und daher noch keinen „ontologischen Imperativ" (Hans Jonas) ins Auge fasste. Eine Sehnsucht nach dem „Sein" kommt daher auf, einem Sein, das sein soll, weil es „gut" ist. Kann füglich die thomistische Lehre von den Transzendentalien zur Stillung dieser Sehnsucht entscheidend beitragen? Trotz seiner Verehrung für die thomistische Doktrin von der Konvertibilität der Transzendentalien weiß Brague allerdings sehr genau, dass ein bloßes Nachtrauern vergangener Zeiten, die noch irgendeinen Sinn für Metaphysik hatten, dem Menschen zur Bewältigung seiner Zukunft nicht weiterhelfen würde. Ganz im Gegenteil seien die wahren Errungenschaften der Neuzeit anzuerkennen. Brague ist kein Nostalgiker. Er ist sich dessen bewusst, dass nur eine starke Metaphysik, die wie ein umgekehrter Baum seine Wurzeln im Himmel hat, dem technischen Zeitalter seinen Sinn zu geben vermag. Nur eine starke Verankerung im Himmel kann der Erde Festigkeit geben.

Interessanterweise geht Brague mit keinem Wort auf das scheinbar gegenteilige Cartesische Baumgleichnis ein, welches Heidegger an den Anfang seiner Abhandlung „Einleitung zu: ‚Was ist Metaphysik'" stellt. Descartes schreibt an Picot, den Übersetzer seiner „Principia Philosophiae" ins Französische:

„Ainsi toute la Philosophie est comme un arbre, dont les racines sont la Metaphysique, le tronc est la Physique, et les branches qui sortent de ce tronc sont toutes les autres sciences ..." (in: MARTIN HEIDEGGER, *Wegmarken*, Frankfurt a. M. 1967, 195).

Dem Gleichnis gemäß ist die Metaphysik nicht im Himmel, sondern in der Erde verwurzelt. Heidegger nennt sein auf dieses Gleichnis bezugnehmendes denkerisches Unternehmen eine „Fundamentalontologie". Es beansprucht, die Metaphysik, deren Gegenstand, nämlich das ewige Seiende, von der Seele an einem „überhimmlischen Ort" (Platon) geschaut wird, aus dem Sein herauszufundieren. Heidegger spricht in diesem Zusammenhang auch von der „Überwindung" der Metaphysik und meint damit, dass die Seinsfrage jede Was-Frage unterläuft. Läuft bei Heidegger dann die Fundamentalontologie auf die Abschaffung von Metaphysik hinaus?

In einem eigenen Kapitel zu Heidegger (vgl. 2.1.4) weist Brague jedoch gerade im Sinne Heideggers darauf hin, dass es sich bei diesem nicht darum handelt, „die Metaphysik hinter sich zu lassen, um dafür zu etwas anderem überzugehen." (12). Es würde bei Heidegger, so Brague, darum gehen, „mit einem neuen Anlauf den Bezug zu erfassen, den das Sein mit dem Wesen des Menschen unterhält" (ebd.). Und genau hier, in dieser Dimension, könnte sich Brague rühmen, eine Frage zu stellen, der Heidegger stets konsequent ausgewichen ist, ja diese sogar, die Not zur Tugend machend, für fehl am Platz gehalten hat: Die Frage nach dem „Guten". Heidegger hat es immer abgelehnt, eine Ethik zu schreiben, weil stets die Seinsfrage Vorrang habe. Diese ist aber, wie Brague herausarbeitet, ohne die Normativität des „Guten" niemals beantwortbar. Es geht bei Brague um eine Art „Fundamentalkonvertibilität" von „Gut" und „Sein", um eine kräftige Erneuerung der Austauschbarkeit von „bonum und esse" unter Berücksichtigung der technischen Macht, die der Mensch hat. Nach dieser Konvertibilität suchen wir

XII. Rezensionen

bei Heidegger vergebens, weil er kein Sensorium für die Normativität des Guten hatte. Auch aus diesem Grund ist Bragues Buch äußerst lesenswert und trifft einen Zentralnerv des Zeitalters, in dem wir leben.

Till Kinzel, Rezension zu: ROBERT ZIMMER, **Weltklugheit. Die Tradition der europäischen Moralistik**, Basel 2020, Schwabe Verlag, 177 S., ISBN 978-3-7965-3825-4, 19,50 €.

Es ist ein Signum unserer Zeit, dass der Moralismus und mannigfache Moralisierungen zunehmend das Feld beherrschen – und zwar sehr zum Nachteil der Moral und einer sachgerechten Moralphilosophie. Und auch zum Nachteil derjenigen, die zwar an moralischen Maßstäben festhalten, wie sie in der Tradition des Naturrechts formuliert wurden, sich aber gerade gegen den Missbrauch der Moral als Erpressungsinstrument verwehren. Wird nämlich ‚Moral' als Mittel der Manipulation eingesetzt, verliert sie an Klarheit, weil sich außermoralische Zwecke, zum Beispiel politische, hineinmischen. Solche Erpressung mit den Mitteln moralisierender Sprache dient aber dazu, bestehende innere Widerstände zu schwächen. Widerstände, die sich beispielsweise gegen die kulturelle Selbstaufgabe, gegen die Zerstörung traditioneller Vorstellungen von Menschenwürde oder gegen die ‚große Transformation' richten, an deren Ende – das Ende der abendländischen Freiheit stünde.

Gegen den wirkungsmächtigen Moralisierungsdrang unserer Zeit, der auf allen Ebenen das Prinzip der Sachlichkeit und der Versachlichung verdrängt, gibt es für den Einzelnen aber Wege der Selbsterhaltung und Selbstbehauptung, die aus der reichhaltigen Tradition der europäischen Moralistik entnommen werden können. Angeregt dazu wird man durch ein neues Buch von Robert Zimmer über *Weltklugheit. Die Tradition der europäischen Moralistik*, das die wichtigsten europäischen Vertreter der Moralistik Revue passieren lässt und ihren gleichsam ‚lebensphilosophischen' Rang herausstellt. Diese Tradition ist verbunden mit großen Namen wie Montaigne, Gracián, Pascal, Rivarol, Joubert, Schopenhauer, Alain – bis hin zu dem größten nicht-europäischen Alteuropäer, dem Kolumbianer Nicolás Gómez Dávila.

Moralistik statt Moralismus und Moralisierung – so könnte ein Motto für uns und unsere Zeit lauten. Denn Moralismus und Moralisierung, so darf man in Aufnahme eines Wortes von Arnold Gehlen sagen, bestehen darin, Ansprüche an andere zu stellen. Die Moralistik dagegen konzentriert sich auf die Ansprüche an sich selbst – und sie gibt Verhaltenslehren für Krisenzeiten, in denen das Individuum besonders bedroht ist. Kluge Lebenspraxis, um die es der Moralistik geht, ist keine umfassende Philosophie, die bis zu den letzten Gründen von Metaphysik oder Ontologie vordringt. Aber sie liegt auch nicht jenseits der Philosophie. Moralistik kann sich mit höchst unterschiedlichen Weltanschauungen verbinden, religiösen wie säkularen. Davon zeugt die Rezeption etwa von Graciáns *Handorakel und Kunst der Weltklugheit* bei so unterschiedlichen Personen wie Schopenhauer und Brecht. Aber auch bei dem Theologen Gracián konzentriert sich die moralistische Weltklugheit auf das Navigieren der immanenten Welt und ihrer zeitbedingten Herausforderungen, auch wenn im Hintergrund der

Schöpfergott präsent bleibt und die Theologie selbstverständlich die höchste Wissenschaft.

Doch auch wenn solche Verhaltenslehren das Gepräge ihrer Entstehungszeit tragen, beweist die Popularität von Graciáns *Handorakel und Kunst der Weltklugheit* vor allem in der deutschen Übersetzung durch Schopenhauer (siehe die schöne Neuausgabe im Kröner Verlag, die von Sebastian Neumeister herausgegeben wurde), dass sie über bloß Zeitgebundenes hinausgehen.

Es gehört zur Moralistik, mit skeptischen Augen auf die anderen zu blicken, insofern diese ein Interesse an der Manipulation unserer moralischen Empfindungen haben oder haben könnten. Hier liegt ohne Frage auch das Potential der Moralistik zum Zynismus, positiv gewendet aber zu einer realistischen Sicht auf die Mitmenschen und ihre Handlungsmotive. Moralistik bedeutet durchaus eine Entlastung von überzogenen Moralerwartungen an die anderen; sie weiß um die Täuschungsanfälligkeit des Menschen und um seine Schwäche, denen auch der Moralistiker selbst nicht entgehen kann. Pascal erkannte deshalb im Menschen das schwächste Schilfrohr der Natur, das oft hilflos hin- und herschwankt, sich hierhin und dorthin treiben lässt. Bei Pascal bricht die Moralistik nicht die Brücken zum Christentum ab, doch seine Haltung wird von den späteren Moralisten Frankreichs nicht übernommen. Aber es bleibt im Hintergrund auch da eine Kritik bestehen, die in „Spiel, Luxus, Zerstreuung, Wein, Frauen, Unwissenheit, üble Nachrede, Neid" letztlich ein „Vergessen seiner selbst und Gottes" erkennt. Auch in der Zeit der Aufklärung bewahrt die Moralistik ihre Sonderstellung im Feld von Philosophie und Lebensklugheit, denn, so Zimmer: „Die Moralistik glaubt nicht an die Perfektibilität, die Vervollkommnungsfähigkeit und Vernunftbestimmtheit des Menschen." Mag der Mensch auch das mit Vernunft begabte Wesen sein, so ist doch jederzeit damit zu rechnen, dass diese Vernunftbegabung nicht überall und schon gar nicht allseitig entfaltet und kultiviert wurde.

Es sind deshalb skeptische Moralisten wie Rivarol, die sich darüber Gedanken machen, wie brüchig im Letzten die Errungenschaften der Zivilisation sein können – vor allem in revolutionären Zeiten, in denen große Transformationen vorangetrieben werden, die keinen Stein auf dem anderen zu lassen drohen: „Die zivilisiertesten Völker sind nicht weiter von der Barbarei entfernt als das glänzendste Eisen vom Rost. Die Völker und die Metalle sind nur an der Oberfläche poliert."

Moralistik bemüht sich in aphoristischer Zuspitzung um Einsichten, die das Leben gelingen lassen – und zwar unter Berücksichtigung der Weisheit, die in den überlieferten Gemeinplätzen liegt. Denn gerade in diesen Gemeinplätzen liegt ein Schatz, der den Versuchen entgegensteht, alles von Grund auf neu machen zu wollen. Wer diesen Schatz unserer Überlieferung nicht darangeben möchte, weil völlig neue Umstände angeblich eine völlig neue Moral brauchen, muss immer wieder den „Mut zur Banalität" aufbringen, den kein Geringerer als Josef Pieper in der Auseinandersetzung mit Carl Schmitt ins Spiel brachte.

Auch die Moralistik, die sich einer Ersten Philosophie im Sinne der Metaphysik enthält, nimmt die Impulse der Ethik des Aristoteles auf, wenn es ihr wie bei Schopenhauer um die

„beste Anweisung zum glücklichen Leben" geht, kann aber nur auf der Voraussetzung gelingen, dass die Welt, in der wir unser Leben führen, im Prinzip bejaht werden kann. Das aber ist zum Beispiel bei einem exzentrischen Erben der Moralistik, dem rumänischen Schriftsteller E. M. Cioran, nicht mehr möglich: Für ihn kann es, wie Zimmer betont, keine Weltklugheit mehr geben, „weil er die Welt radikal entwertet hat". Desillusionierung betreibt, wenn auch mit gänzlich verschiedener Stoßrichtung, ein anderer später Erbe der Moralistik, der Kolumbianer Nicolás Gómez Dávila. Aber bei ihm bleibt die Transzendenz als Hintergrund und Bezugspunkt höchst präsent; die Vorstellung vom Tode Gottes wird hier als „interessante Meinung" zurückgewiesen, die Gott selbst nicht interessiere. Eine bloß säkulare Klugheitslehre gebe es bei Gómez Dávila nicht, so wiederum Zimmer. Aber ohne Klugheit geht es nicht, wenn man als Einzelner auch in widrigen Zeiten seinen eigenen Kopf bewahren möchte, wie es Gómez Dávila vorschwebte: „Klarsichtig ein schlichtes, verschwiegenes, diskretes Leben führen, zwischen klugen Büchern, einigen wenigen Geschöpfen in Liebe zugetan."

Es ist schließlich eine hübsche Pointe von Zimmers konzisem Buch, dass er sogar Parallelen zwischen dem elitären Bildungsgestus bei Gómez Dávila einerseits und Adorno andererseits ausmacht – und dass er die Spuren einer transzendenten Erlösungsperspektive bei Adorno aufdeckt. Auch die Moralistik, an der Adorno mit seinen *Minima moralia* teilhat, entgeht, wie es scheint, nicht der Theologie, sondern kehrt, wenn auch manchmal auf wunderlichen Wegen, zu ihr zurück.

Christoph Böhr, Rezension zu: RICHARD SCHAEFFLER, *Das Gute, das Schöne und das Heilige. Eigenart und Bedingungen der ethischen, der ästhetischen und der religiösen Erfahrung*, Freiburg i. Br./München 2019, Verlag Karl Alber, 160 S., ISBN 978-3-495-49067-9, 29 €.

Nach der *Philosophischen Anthropologie*, erschienen 2019 bei Springer in Wiesbaden, ist dies nun schon das zweite Buch, das posthum nach dem Tod des bedeutenden deutschen Philosophen Richard Schaeffler erschienen ist. Es handelt sich um ein Vorlesungsmanuskript – mit der Folge, dass manche Gedanken nur mit Stichworten angedeutet werden; das ist jedoch, wie man beim Lesen feststellt, mitnichten ein Nachteil. Denn das Anliegen Schaefflers, seine Zuhörer und seine Leser zum Mit- und Nachdenken zu verleiten, kann so vielleicht viel besser erreicht werden als durch die Darstellung eines geschlossenen Gedankengebäudes, bei dem alle Steine säuberlich verfugt sind und sich dem eigenen Denken kaum Freiräume eröffnen. Gelohnt hat sich das Unterfangen der Veröffentlichung des Manuskriptes allemal. Denn das Thema des Buches berührt den Kern eben der Auseinandersetzungen, wie sie die Philosophie der Moderne bis zum heutigen Tag prägen.

Zu den Kernaussagen der Schaefflerschen Philosophie gehört die Einsicht, dass wir Menschen der Wirklichkeit in ihrem Selbststand begegnen – eine Wirklichkeit, die uns unter ihren Anspruch stellt, sodass durch menschliches Erkennen – in der Begrifflichkeit Schaefflers ausgedrückt: durch antwortendes Gestalten – unser Erlebnis zur Erfahrung reift. Die Erläuterung der Möglichkeitsbedingungen dieses

Übergangs vom Erlebnis zur Erfahrung nennt man gemeinhin Transzendentalphilosophie. Zwischen den Polen von Subjektivismus und Objektivismus wählt diese einen dritten Weg, der weder die Fähigkeit des Menschen, in eine Beziehung zum Gegenstand einzutreten, noch die Inanspruchnahme des Erkennenden durch den Gegenstand vergisst. Der Mensch greift im Erkennen den Gegenstand, der sich ihm in den Weg stellt und der seinerseits das Erkennen herausfordert. So entwickelt sich ein Dialog zwischen erkennendem Subjekt und erkanntem Objekt. In diesem Dialog verändern sich beide Seiten: Im Erkennen muss der Mensch den objektiv gültigen Anspruch der Dinge von seinen subjektiven Eindrücken und Vormeinungen unterscheidbar machen (27f.), während die Dinge sich prüfend auf ihre tatsächliche Gestalt jenseits ihrer Erscheinung abtasten lassen müssen.

In drei Teilfragen geht Schaeffler diesen Zusammenhängen nach: der Frage nämlich zunächst nach dem Guten und der ihm zugeordneten sittlichen Erfahrung, sodann der Frage nach dem Schönen und der sich ihm öffnenden ästhetischen Erfahrung sowie schließlich der Frage nach dem Heiligen und der ihm entsprechenden religiösen Erfahrung: drei Sphären menschlicher Erfahrung, für die allesamt gilt, was oben gesagt wurde: Es kommt darauf an, den tatsächlichen Anspruch der Dinge zu unterscheiden von den ablenkenden Vormeinungen der Erkennenden, also Subjektivität und Objektivität kritisch voneinander zu scheiden.

Das gilt allem voran für das ‚Gute', das allen übrigen ‚Gütern' vorangeht: als Zweck und nicht als Mittel. Dieses Gute ist die Quelle allen Seins und aller Wahrheit – gleichsam der Zweck aller Zwecke: „So verstanden ist die Lehre vom Guten nicht nur das Zentralstück aller Ethik, sondern zugleich aller Metaphysik und Erkenntnistheorie." (36) Immanuel Kant erläutert das enge Verhältnis des Guten mit der Freiheit und dem Gewissen: „Das ursprünglich Gute, aus dem alle Menschen und Dinge die Eigenschaft, ‚gut' zu sein, empfangen, ist die sich selbst bestimmende Vernunft. Freiheit ist die Fähigkeit zu dieser Selbstbestimmung, die wir immer wieder unserer Neigung abringen müssen, das Sittengesetz unter – sc. fremdbestimmte – Bedingungen zu stellen, die durch unsere – sc. eigenen – Bedürfnisse definiert werden. Das Gewissen aber ist die erstaunlich erscheinende Fähigkeit des Individuums, über sich und die Unreinheit seiner Gesinnung ein unbestechliches Urteil zu sprechen und damit die ‚Tücke des menschlichen Herzens' zu überwinden". (38) Die so ins Spiel kommende Vernunft des Menschen kann jedoch in verblendenden, irreleitenden Fehlgestaltungen auftreten – und eben deshalb ist ein gutes Tun nicht möglich ohne eine sittliche Wahrnehmung des Guten und dessen prüfende Erkenntnis.

Alles in allem kann man sagen: Das „Gute" ist „jener berechtigte Anspruch des Wirklichen, dessen Recht in jenem kritischen Dialog mit der Wirklichkeit zutage tritt", der – im Ausgang vom sittlichen Erlebnis – „sittliche Erfahrung" heißt. (51) Erst in dieser Auseinandersetzung zwischen dem Anspruch des Wirklichen und der Antwort des Erkennenden kommt die Fähigkeit zur sittlichen Entscheidung – also menschliche Freiheit – zustande. Sittliche Freiheit verwirklicht sich in Akten der Selbsthingabe. Dafür ist Voraussetzung, dass der Mensch einen Anspruch der Wirklichkeit – eine Aufforderung zur Selbsthingabe – zunächst unmittelbar verspürt und sodann mittels seiner Vernunft prüft, ob dieser Anspruch, den die Wirklichkeit erhebt, begründet und tatsächlich gerechtfertigt ist oder nur seiner Einbildung und seinen Wünschen entspringt.

Die Aufgabe, im Dialog mit der Wirklichkeit deren Anspruch zur Selbsthingabe um des Guten willen zu prüfen, ist alles andere als ein Kinderspiel. Den Eigenschaften von Dingen und Menschen sieht man nämlich nicht durch bloßes Hinsehen an, ob sie zu Recht den Anspruch des ‚Guten' erheben. Dieser Anspruch wird nur in einem Dialog mit der Wirklichkeit, der ‚Erfahrung' heißt, zur Gewissheit. (52) Gefordert ist also eine Objektivierung der zunächst bloß in der Subjektivität des Erlebnisses verhafteten Erkenntnis, eine Unterscheidung zwischen irreführendem Schein und objektiv gültiger sittlicher Erfahrung – unter anderem durch die Prüfung, ob das eigene Tun auch von allen anderen erwartet werden darf, also verallgemeinerbar ist, sowie mittels der Beteiligung Dritter. Ohne kluge und erfahrene Ratgeber führt die Suche nach dem Zweck aller Zwecke, dem Guten, oft in die Irre, weil der Mensch im Käfig seiner Vormeinungen gefangen bleibt; leicht unterliegt er – samt seiner Vernunft – Selbsttäuschungen und Verführungen, ohne das in jedem Einzelfall zu merken. Andererseits gilt hinsichtlich der notwendigen Einbeziehung anderer gleichwohl: Dritte können niemals das eigene Gewissensurteil ersetzen. „Denn wer sich das Urteil über sich selbst von anderen abnehmen lässt" – sei es freiwillig oder unfreiwillig – „und dadurch sein Gewissen zum Schweigen bringt, kann auch im Handeln nicht zu freier Selbstbestimmung gelangen." (84)

Ein Gewissensurteil ist unvertretbar und kann nie im Namen eines anderen gesprochen werden. Das Gewissen hat eine individuelle und eine universale Dimension: Traditionell wurde es oft verstanden als sittliche Urteilskraft; es ist aber „zugleich die Fähigkeit, sittliches Erleben in sittliche Erfahrung zu verwandeln". (93) Nur durch die Tätigkeit des Gewissens „baut sich vor unseren Augen die ‚sittliche Welt' auf, d. h. der Gesamtzusammenhang aller Gegenstände, die mit Recht von uns Hingabe verlangen und die Hoffnung auf Selbstfindung begründen". (Ebd.)

Der Titel von Schaefflers Buch erinnert an die alte, wirkmächtige Lehre von den Transzendentalien, die von Platon und Aristoteles ihren Ausgang nimmt und dann im Hochmittelalter zu voller Blüte gelangte. Sie verband das Gute, Wahre, Schöne und Heilige mit dem ‚Sein' als dem Inbegriff aller anderen allgemeinen Seinsbestimmungen. Seitdem ist eine lange Zeit vergangen und die Moderne wollte – und konnte – mit solchem Denken nichts mehr anfangen. Schaeffler unternimmt den – klugen und gelungenen – Versuch, das, was auch heute unter allgemeinen Seinsbestimmungen, den Transzendentalien, begriffen und gedacht werden kann, neu zu deuten. Das Gute, das Schöne und das Heilige – jene drei Transzendentalien, die er im Buch abhandelt – sind nicht zu begreifen, wenn sie nicht aus der Subjektivität des Denkens – seinen Erlebnissen und Erfahrungen – gedacht werden. Aber ‚Sein' ist dennoch keine bloß subjektive Erfindung. Es zeigt sich in jenem objektiven Anruf der Wirklichkeit gegenüber dem Erkennenden, der im Erleben laut wird und mittels der Vernunft zu einer Erfahrung gewandelt werden kann. Der objektivierte Anspruch einer Erfahrung geht über alles subjektive Erleben hinaus; in ihm zeigt sich das Sein der Wirklichkeit, dem der Mensch in Erlebnis und Erkenntnis als einem Sein im Eigenstand begegnet – anderenfalls wäre Erkennen kein Ringen mit dem sperrigen Widerstand der Wirklichkeit im Wechselspiel ihres Sich-Entbergens und ihres Sich-Entziehens: Beides ist Erweis und Folge ihres Eigenstandes.

Dass Schaeffler den klassischen Transzendentalien – anders als Thomas von Aquin, aber ganz so wie Hans Urs von Balthasar – die des ‚Heiligen' hinzufügt, hat einen tiefen Grund, der für die Scholastik so selbstverständlich war, dass man ihn gar nicht ausdrücklich erwähnen musste: Ohne jene Freiheit im Ursprung, „die im Anfang aller Dinge die Alternative von Sein und Nichtsein entschieden hat und diese Entscheidung immer neu abbildhaft wiederkehren lässt" (149), kann sich kein Bild von Wirklichkeit vor unseren Augen aufbauen. Das Bild bleibt immer ein Abbild und darf nicht mit dem Sein selbst verwechselt werden, aber ohne das Urbild – eben das Sein – gäbe es gar kein Abbild, sondern nur trügerischen, wahnhaften, eingebildeten Schein. Alle Realität wäre bloß Illusion.

Was auf den ersten Blick wie eine Vorlesung für Fachleute erscheinen mag, stellt sich beim zweiten Blick als eine neue, den Zeitbedürfnissen angemessene Neubestimmung des Denkens heraus – gegen jenen weitverbreiteten Zeitgeist, der uns weismachen will, alles sei – nur und ausschließlich – subjektiv. Dagegen wendet Schaeffler ein: In jedem subjektiven Erlebnis findet sich ein Anruf der objektiven Wirklichkeit. Es kommt darauf an, diesen Anruf wahr- und aufzunehmen, ihn zu prüfen, um ihn dann anzuerkennen. Wie man sich das vorstellen kann, zeigt Schaeffler auf eine gut lesbare Weise – und erweist sich damit als Pionier bei der Bewältigung der Aufgabe, uns Zeitgenossen zu helfen, den Menschen und sein Denken verstehen zu lernen.

Stefan Walser OFMCap, Rezension zu: RICHARD SCHAEFFLER, *Unbedingte Wahrheit und endliche Vernunft. Möglichkeiten und Grenzen menschlicher Erkenntnis*, hg. v. Christoph Böhr, Wiesbaden 2017, Springer VS, 239 S., ISBN 978-3-658-15133-1, 29,99 €.

Errat Kant! Mit dieser Formel waren katholische Philosophen und Theologen lange Zeit sehr schnell mit dem Königsberger Philosophen fertig. Der Münchener Philosoph Richard Schaeffler hat sich die Mühe gemacht, sich ein ganzes Arbeitsleben lang mit Kant und den Folgen für das Gottesdenken zu beschäftigen. Im Jahr seines 90. Geburtstages erschien unter der verdienstvollen Herausgabe von Christoph Böhr ein Sammelband mit 8 Aufsätzen aus zweieinhalb Jahrzehnten: „*Unbedingte Wahrheit und endliche Vernunft. Möglichkeiten und Grenzen menschlicher Erkenntnis.*" Der Band bietet keinen ganz leichten, aber einen tiefen Einstieg in die Denkwelt Schaefflers. Schaeffler selbst hat aus seinem immensen Fundus genau diese Beiträge ausgewählt. Zusammen mit drei erstmals veröffentlichten Aufsätzen scheinen sie ihm besonders geeignet, „sein eigenes Denken zu spiegeln und zusammenzufassen".

Die kopernikanische Wende in der Philosophie wurde ausgelöst durch Kants Einsicht, dass unser Anschauen und Denken die vermeintlich objektive Welt der Gegenstände nicht einfach abbildet, sondern dass wir in den Erkenntnisvorgang weit mehr involviert sind, als wir meinen. Unsere Vernunft „konstituiert" die Gegenstände. Sie werden so abgebildet, wie wir denken: in Raum und Zeit, in den Kategorien von Substanz, Kausalität usw. Kants Kehrtwende besteht darin, nicht so sehr nach außen zu schauen, sondern auf uns selber, um der Vernunft „kritisch" auf die Schliche zu kommen. Bei Kant kommt der Gedanke Gottes da ins Spiel, wo er einen Widerspruch der Vernunft zwischen ihrer theoretischen (Erkenntnis) und praktischen (Moral) Seite ausmacht: Auch wenn wir das Gute noch so sehr wollen: die Welt ist so strukturiert, dass wir das Gute nicht immer durchsetzen können. Bisweilen scheint es sogar, dass der Gewissenlose weiterkommt als der Gewissenhafte. Kant „postuliert" Gott als denjenigen, der die Welt der Natur und die Welt der Zwecke zusammenhält, sodass wir „unsere Pflichten als göttliche Gebote" verstehen dürfen.

Schon Kant stellt fest, dass sich unsere erkennende Vernunft unweigerlich in Selbstwidersprüche verstrickt. Schaeffler meint, dass sich dieses Problem seit Kant nicht gelöst, sondern eher noch verstärkt hat: Wir erfahren die Welt als wissenschaftliche, als ästhetische, als religiöse und uns selbst darin in verschiedenen Rollen, die nicht miteinander vereinbar sind. Auch hier braucht es also ein Postulat – eine begründete Hoffnung –, dass wir „in der Vielheit von Welterfahrungen und Subjektivitätsweisen von der einen göttlichen Wirklichkeit in Anspruch genommen und zur Antwort herausgefordert werden". Der letzte Halbsatz ist wichtig. Schaeffler versteht Erkenntnis nicht als eine reine Abbildung von etwas Äußerlichem. Er versteht sie aber auch nicht radikal subjektiv und konstruiert. Einzelne Erfahrungen sind vielmehr eine stets vorläufige Antwort auf die je größere Wirklichkeit. Damit kommt in die kantische Grundidee etwas Dialogisches und Geschichtliches. Wir erkennen durchaus etwas von dem, was im Objekt auf uns zukommt (ob-jectus, wörtlich: „was sich uns entgegenwirft"). Aber wie wir einem Würfel ansehen, dass er noch eine gerade unsichtbare Rückseite haben muss, so erkennen wir immer mit, dass wir noch nicht alles erkannt haben. In unserer erkennenden Antwort bilden wir etwas von der je größeren Wirklichkeit ab. Jede Erkenntnis ist daher bedeutungsvoll, aber keine Erkenntnis ist abschließend und macht alle weiteren überflüssig. Wir sind im Dialog mit der Wirklichkeit. Es gibt mehr und anderes, als wir gegenwärtig sehen und erkennen.

Die religiöse Erfahrung hat bei Schaeffler eine Sonderrolle. Zum einen, weil hier die „Abundanz", also der Überfluss dessen, was in und hinter jeder Erkenntnis steckt, offensichtlich zutage tritt. Zum anderen wird in der religiösen Erfahrung schon anfänglich erfahrbar, was aus praktischer und theoretischer Vernunfteinsicht „nur" postuliert werden kann. Religiöse Erfahrung ist deshalb nicht weniger kritikbedürftig, im Gegenteil. Gerade hier kann es leicht zu Fehlformen und Selbsttäuschungen kommen. Doch für die Erfahrungsfähigkeit des Menschen überhaupt und für das Verhältnis von unbedingter Wahrheit und endlicher Vernunft, ist sie besonders bedeutsam.

Schaeffler geht also über Kant hinaus: Wir dürfen bei aller notwendigen Kritik an unserer Vernunft, ohne die wir erkenntnismäßig blind würden, doch ein begründetes „Zutrauen in die Erfahrung" haben. Dieses Zutrauen kommt nicht ohne den Gottesgedanken aus. Diese hier beinahe gewaltsam gestauchten Gedanken Schaefflers können in den einzelnen Beiträgen des Sammelbandes in aller Tiefe und Reife nachgelesen und nachgedacht werden. Dabei ist jeder Aufsatz in sich geschlossen und auch als einzelner lesbar. Ausgehend von einer nach-kantischen, dialogisch gewendeten Erfahrungslehre bearbeitet Schaeffler etwa die große Menschheitsfrage nach dem „Sinn des Ganzen". Anstatt sich von der Größe dieser Frage frustrieren zu lassen oder der Versuchung einer eigenmächtigen Sinnstiftung zu verfallen, kann nach Schaeffler Sinn durch die Fragmentarität unseres Erkennens und Handelns hindurch gefunden und verwirklicht werden. Es gibt verantwortetes Reden in der Vieldeutigkeit, verantwortetes Handeln in der Bruchstückhaftigkeit, es gibt ein sinnvolles Leben in „verantworteter Vorläufigkeit".

Ein anderes Feld, das Kant hinterlassen hat, ist der Grenzbereich zwischen theoretischer und praktischer Vernunft. Im Beitrag „Ethos des Erkennens" begründet Schaeffler, warum es zu wenig wäre, wenn unser Denken nur formalen Regeln wie etwa Genauigkeit oder widerspruchsfreier Argumentation verpflichtet wäre. Aus der dialogischen Erfahrungslehre ergibt sich vielmehr eine Verpflichtung zum „Dienst an der Wahrheit", der mit der Autonomie der Vernunft nicht im Widerspruch steht. Die Vernunft soll die Wirklichkeit nicht beherrschen, sondern sie in ihrer Eigenständigkeit abzubilden versuchen. Ähnlich wie uns das Antlitz eines anderen Menschen unter einen Anspruch stellt (Levinas), so stellt uns die je größere Wirklichkeit unter ihren Anspruch und ruft zu einer Antwort heraus. Schaeffler spricht hier analog vom „Wahrheits-Gewissen". Nur so kommt ein Erkenntnisprozess in Gang, der unsere Vernunft nicht nur autonom, sondern auch geschichtsfähig erscheinen lässt. Dazu braucht es eine Veränderung der Vernunftstrukturen selbst. Dieser letzte Schritt war für Kant undenkbar – nicht aber für den heiligen Paulus, wie ein „Lieblingszitat" von Schaeffler besagt: „Lasst euch umgestalten zu einem neuen Denken, damit ihr urteilsfähig werdet" (Röm 12,2).

Für Schaeffler ist menschliche Erkenntnis weder auf eine triviale Weise objektiv noch ist sie rein subjektiv. Erkenntnis geschieht im Dialog mit der Wirklichkeit. Der Herausgeber des Bandes, Christoph Böhr, äußert im Nachwort die Hoffnung, dass in Schaefflers Ansatz ein Ausweg „aus den Sackgassen des Denkens der Gegenwart" zwischen modernem Konstruktivismus und postmodernem Dekonstruktivismus liegen könnte. Wer sich bei der Lektüre dieses Buches von Schaeffler auf einen Denkweg mitnehmen lässt, erahnt diesen Ausweg, aber auch die stets lauernden Abwege der Vernunft. Um auf die Titelfrage zurückzukommen: Irrt die Vernunft – oder Kant? Auch eine endliche, dialektische Vernunft steht unter dem Anspruch unbedingter Wahrheit, auf den sie Antwort zu geben fähig ist. Und zu Kant würde Schaeffler wohl sagen: Kant non errat. Aber seine Erkenntnistheorie gleicht bisweilen zu sehr einem erratischen Block.

Christoph Böhr, Rezension zu: RICHARD SCHAEFFLER, *Phänomenologie der Religion. Grundzüge ihrer Fragestellungen*, Freiburg/München 2017, Verlag Karl Alber, 216 S., ISBN 978-3-495-4899-0, 34 €.

Im 91. Lebensjahr stehend, hat Richard Schaeffler seine Gedanken über eine „Phänomenologie der Religion" für den Druck vorbereitet. Um es gleich vorab zu sagen: Dieses Buch ist in vielerlei Weise herausragend – und man darf hoffen, dass es künftig als ein Standardwerk der Religionsphilosophie die verdiente Aufmerksamkeit und Anerkennung finden wird, zumal sich die Summe des so reichhaltigen, weit gefächerten wissenschaftlichen Lebenswerkes eines außerordentlichen Denkers, auf knappen 210 Seiten zusammengefasst, in diesem Buch findet.

Schaeffler hatte 1983 das „Handbuch zur Religionsphilosophie" bei Alber vorlegt; damals mussten, wie es sich für ein Handbuch, das dem Überblickswissen dienen soll, gehört, die eigenen Einschätzungen ganz in den Hintergrund treten; nun hat er, genau 35 Jahre später, seine eigenen Überlegungen zum Wesen von Religion der Öffentlichkeit zugänglich gemacht. Er will, wie er im Vorwort schreibt, auskundschaften, „wie die Religion sich selbst ausspricht" (13), mithin Religion nicht an außerreligiösen Maßstäben, sondern an den strukturellen Bedingungen ihres eigenen Bezugs von Noesis und Noema, also dem Bewusstseinsakt und dessen Sinngehalt, messen. „An der Eigenart der religiösen Sprache lässt sich die besondere Struktur der religiösen Noesis ablesen und dann zeigen, wie nur dem religiösen Akt diejenige Wirklichkeit ‚originär erschlossen' ist, auf die dieser Akt sich bezieht. Und erst dann kann jene für die Religion spezifische Korrelation von Noesis und Noema beschrieben werden, die das Thema einer Phänomenologie der Religion ist." (13f.)

Es ist demnach eine „demütige", nämlich den Eigenstand von Religion stets achtende Weise des Herangehens, die sich daran orientiert, wie Religion sich in verbalen und non-verbalen Äußerungen selber ausspricht. Es geht also zunächst um ein aufmerksames, genaues Hinhören. „Aber das bedeutet nicht, dass der Philosoph nur nachsprechen kann, was die Religion ihm vorsagt." (14) Die Philosophie ist hermeneutisch, indem sie versucht, Religion von innen heraus zu verstehen, aber doch zugleich immer auch kritisch, also prüfend und erwägend.

Nach einer hilfreichen Diskussion unterschiedlicher Methoden der Religionsphilosophie kommt Schaeffler schließlich zum Kern der Sache: Er behandelt in jeweils einem Kapitel die Sprache von Religion, den Kultus „als Ausdruck religiösen Weltverstehens", religiöse Traditionen und Institutionen, um dann in einem geradezu fulminanten Schlusskapitel auf den Mittelpunkt aller Religionsphilosophie, nämlich Gott, zu sprechen zu kommen – und zwar in dreifacher Hinsicht: Schaeffler schreibt über die Götter der Religionen, den Gott der Philosophen und schließlich den Gott der Bibel. Allein schon dieses letzte Kapitel lohnt die Lektüre auch für den Leser, der vielleicht weniger an einer wissenschaftlichen Erörterung als an einer durchdringenden und kenntnisgesättigten Darstellung dessen, was in verschiedenen Religionen unter dem Begriff „Gott" verstanden wird, interessiert ist.

Eine religiöse Erfahrung führt den Menschen an jene Grenze, an der angekommen zwischen Untergang und Neugeburt entschieden wird. Alles, was auf religiöse Weise erfahren wird, trägt ein „Moment der Absolutheit" (153) an sich. Die Begegnung mit dem Absoluten ist eine Vergegenwärtigung jener numinosen Willensmacht, die im Anfang über Sein oder Nichtsein des Menschen entschieden hat „und in jeder neuen Begegnung mit ihr diese Entscheidung abbildhaft wiederkehren lässt" (153). Zunächst scheint es, dass diese erfahrene Gegenwart keinen Raum für Erwartung oder Erinnerung öffnet. Ein Mensch jedoch, der hier, in der Vergegenwärtigung einer ihn überwältigenden Begegnung, stehen bleibt, lebt, früher wie heute, in einer Welt voller Götter: Jedes religiöse Erlebnis wird dann als die Begegnung mit jeweils einem anderen, neuen Gott gedeutet. Alles bleibt im Subjektiven. Objektiv gültige Erfahrung wird hingegen auf einem anderen Weg gewonnen, wenn nämlich der Mensch nicht sogleich vergisst, was er erlebt hat, sondern aus seinen Erlebnissen einen geordneten Zusammenhang aufbaut und jedem einzelnen Erlebnis seine je eigene Stelle in diesem Erfahrungszusammenhang als einem Ganzen zuweisen kann. So erst gewinnt er eine Vorstellung davon, wie sich sein Ich im Zusammenhang – und Zusammenklang – mit der Welt bewegt. Schaeffler mahnt: „Gerade für das religiöse Bewusstsein ist die Gefahr besonders groß, dass die Überwältigung durch das einzelne religiöse Erlebnis die Bemühung um den Aufbau eines solchen Zusammenhangs gar nicht aufkommen lässt. Dann geht, im unverbundenen Nacheinander der einzelnen religiösen Erfahrungen, sowohl die Einheit der Welt als auch die Einheit des erfahrenden Ich verloren. Da aber das einzelne Erlebnis stets flüchtig ist, entsteht dann ein ‚Hunger' nach immer neuen, immer intensiveren Erlebnissen, die man, wenn sie sich nicht von selber einstellen wollen, willentlich herbeizuführen versucht, zum Beispiel durch Verwendung berauschender Drogen." (153)

Diese Überlegungen Schaefflers sind hier ausführlicher wiedergegeben, weil sie mir auf einen Zug unserer Zeit anzuspielen scheinen: nämlich der Neigung, jenseits religiöser Institutionen nach Erlebnissen des Absoluten und Numinosen zu suchen, gleichsam von einem Flow überwältigt zu werden; wenn solche Erlebnisse uninterpretiert bleiben und nicht gedeutet werden, wecken sie einen ständigen Hunger nach mehr. Und um diesen Hunger zu stillen, greifen Menschen dann nach Hilfsmitteln, von denen sie glauben, religiöse Erlebnisse gleichsam auf eigenen Wunsch und Befehl selbst herstellen und herbeiführen zu können, ohne zu bemerken, welche selbstzerstörerischen Kräfte von einem solchen Verhalten wachgerufen werden.

Auch deshalb ist so wichtig, dass Schaeffler immer wieder auf die Frage zu sprechen kommt, wie flüchtige Erlebnisse zu dauerhaften Erfahrungen werden können – längst nicht nur im Religiösen. Erfahrungen schließlich, zu denen Erlebnisse verarbeitet und geordnet werden, „bleiben Stadien auf einem Wege, indem sie sich gegenseitig auslegen, aber auch für künftige Auflegungen offenbleiben": im Spannungsbezug von Verheißung (Zukunft), Erfüllung (Gegenwart) und Bewährung (Vergangenheit). (154) „Mithilfe dieser Begriffe wird ein Kontext aufgebaut, in dem alles seine Stelle finden muss, was als Inhalt einer objektiv gültigen religiösen Erfahrung gelten soll." Denn, so mahnt Schaeffler: „Alle Glaubensgewissheit ist ‚Wissen unterwegs'." (154) Damit ein religiöses Erlebnis zu einer religiösen Erfahrung werden kann, bedarf es der Überlieferungsgemeinschaft, also der Religion als der institutionalisierten religiösen Tradition. Solche Überlieferungsgemeinschaften bleiben nur lebendig, wenn sie sich offenhalten für neue religiöse Erlebnisse, die im Licht des früher Erfahrenen – verstanden als vorausweisende Zeichen des Kommenden – gedeutet werden (müssen). Um es an einem Beispiel der christlichen Religion zu verdeutlichen: „Die Lehre von der Geburt des Sohnes ‚vor aller Zeit' benennt die ‚archaiologische Bedingung' (d. h. Anfangsbedingung) seiner ‚Geburt in der Zeit'." (195) Mit anderen Worten: Vorangehendes deutet das Gegenwärtige und verweist zugleich auf Künftiges. Nur im Zusammenhang findet sich der Sinn.

Schaeffler arbeitet in hervorragender Weise die Gleichklänge wie die Unterschiede der verschiedenen Gottesbilder heraus – Strukturen im Denken, die sowohl trennen als auch verbinden. Einen geradezu fulminanten Schlusspunkt setzt er mit der Frage, wie die christliche Botschaft von der Torheit des Kreuzes als philosophische Herausforderung einer Umgestaltung des Denkens begriffen werden kann.

Man schlägt als Rezensent dieses Buches keineswegs über die Stränge, wenn man Schaefflers Alterswerk einzigartig nennt. Eine solche luzide Klarheit, wie sie in diesem Buch aufleuchtet, erreicht wahrscheinlich nur, wer in einem langen Leben Gott sowohl selbst erfahren als auch immer wieder neu gedacht und zu ergründen versucht hat – ohne der Gefahr zu erliegen, ihn auf unzulässig-menschliche Weise weichzuzeichnen. Hoffentlich findet dieses Buch Leser in Fülle. Und wer sich näher mit Schaefflers Denken beschäftigen will, kann zu der unter dem Titel „Unbedingte Wahrheit und endliche Vernunft" (Wiesbaden 2016) veröffentlichten Sammlung seiner wichtigsten Aufsätze greifen, um dort manche Verstehenshilfe und Vertiefung zu finden. Dieser Autor gehört ohne Zweifel zu den großen Gestalten der deutschsprachigen Gegenwartsphilosophie.

Christoph Böhr, Rezension zu: ATTILA SZOMBATH, *Das Unbedingte und das Endliche. Grundlinien des metaphysischen Systems der Freiheit*, Würzburg 2019, Verlag Königshausen und Neumann, 446 S., ISBN 978-3-8260-6681-8, 68 €.

Der Verfasser, 1971 geboren, unterrichtet Philosophie – mit den Schwerpunkten Metaphysik und Wissenschaftstheorie – an der Péter-Pázmány-Universität in Budapest, ist Schüler von Wolfgang Röd und Béla Weissmahr – zwei Philosophen anerkannten Ranges – und ein guter Kenner der Philosophie von Semen L. Frank. Das alles macht sehr neugierig auf sein jetzt in deutscher Sprache erschienenes neues Buch, zumal das einen Titel trägt, der viel verspricht und hohe Erwartungen weckt.

Attila Szombath wird, um es gleich vorab zu sagen, diesen Erwartungen durchaus gerecht, zumindest jenen, die der Rezensent vor der Lektüre an das Buch richtete. Es ist geschrieben als eine gewichtige Antwort auf alle zeitgenössischen – naturalistischen, positivistischen, postmodernen, antimetaphysischen – Entwürfe, die ausgesprochen oder unausgesprochen jenem kruden Reduktionismus frönen, der alles ‚Metaphysische' ein für alle Mal aus der Philosophie verbannen will. Der These des Reduktionismus, dass alle gegenständlichen – das heißt hier: materiellen – Seinsarten in keinerlei Beziehung zu einem ihrer Erscheinung zugrunde liegenden Sein stehen, begegnet Szombath mit dem gegenteiligen Hinweis, dass nämlich alle Wirklichkeit eine geistige Natur hat. Dieser Hinweis zielt unmittelbar auf die Beschreibung der ontologischen Grundstruktur alles Seienden, wie sie der Verfasser in den Mittelpunkt seines Buches rückt: Alles Seiende ist Manifestation einer endlichen Unbedingtheit. In diesem Satz findet sich die Grundaussage Szombaths: Endliche Unbedingtheit kommt „allem, was existiert, und gerade *soweit* es existiert", zu. „Wenn nämlich etwas ‚besteht', dann ist *dieser* sein ‚Bestand' von allen ‚wenn-dann'-Bedingungen unabhängig oder ‚losgelöst'; bzw. wenn nichts diesen Bestand ausschließt, dann hat es eben *keine* Schranke. [...] Doch kommt dieses Moment der Unbedingtheit dem Seienden *in* seiner Endlichkeit zu. Wir finden in dem einen endlichen Inhalt besitzenden Seienden eine ‚gewisse' Unbedingtheit; sein eigentümlicher und sich von anderen abhebender Inhalt ist der, was selbständig ist und was – gerade *insofern* es ist – nicht ‚innerhalb' eines anderen besteht und von nichts anderem ausgeschlossen ist". (87f.; Hervorhebungen hier wie im Folgenden im Original.) Diese Feststellung wird nicht entkräftet durch den Einwand, dass alles Vergehen des Seienden doch zeigen kann, wie sehr es äußerlichen Bedingungen und Einflüssen unterliegt. Szombath sieht gerade darin, dass Selbständigkeit „nur eine Zeit lang" besteht, eine Bestätigung der endlichen Unbedingtheit alles Seienden: „Wenn nämlich von einem bestimmten Seienden die Rede ist, kommen ihm die Selbständigkeit und das Moment, aufgrund dessen es von nichts anderem ausgeschlossen ist, schon *als* Seiendem zu, sodass man den ‚Faktor' der Unbedingtheit keinem Seienden, sofern es ‚ist', völlig absprechen kann. [...] Diese Unbedingtheit wird [...] in dem einen bestimmten Inhalt besitzenden Bestand entdeckt – [...] der in seiner Endlichkeit auch ein Ausschließen der anderen endlichen Inhalte, somit eine negative Beziehung zu ihnen ist. [...] Diese negative Beziehung ist aber auch ein Kampf mit dem anderen und die Verdrängung desselben. Dies ist es, was der Gestalt der endlichen Unbedingtheit am deutlichsten entspricht." (88) Die Substantialität einer Seinsart – als eines Seienden in seiner speziellen Seinsverwirklichung – ist „die *Selbstmitteilung* des Unbedingten" (126): endliche Unbedingtheit einer ‚bezogenen Substanz'. Sowohl die Substantialität als auch die Relationalität des Seienden tragen gleichermaßen „die Züge der Endlichkeit als auch die Züge des Unbedingtheit in sich". Relationalität meint: Angewiesenheit des Seienden auf etwas anderes – und das ist einerseits Abhängigkeit und Endlichkeit, andererseits aber auch Zugehörigkeit zum Ganzen und Unbedingtheit. Beides ist gleichzeitig prägend für alles Seiende. Das gilt uneingeschränkt auch für seine Substantialität: Sie ist einerseits Getrenntsein von anderen Seinsarten, andererseits aber zugleich Begründetheit in sich selbst, also Selbststand (127), sie vereinigt das endliche Bedingte mit dem unendlichen Unbedingten in sich.

Damit ist die ontologische Grundstruktur im Sinne Szombaths beschrieben: Sie *„gehört nicht zum Kreis* der Seienden, sondern stellt den ‚Grund und Sinn' der Seienden dar, sie ist die Quelle ihrer Einheit und ihrer in dieser Einheit waltenden Verschiedenheit. Als solche kann sie mit dem klassischen Begriff des Seins identifiziert werden. [...] Das Hauptmerkmal der ontologischen Grundstruktur ist jene coincidentia oppositorum, die jede ‚Struktur' nur mit ihrer Revokation behaupten kann." (139) Ein Seiendes, das in einer lebendigen Beziehung zum Sein steht, ragt aus der Endlichkeit in das Unbedingte. Seiendes ist also geprägt durch Endlichkeit und Unendlichkeit; wer es erfassen will, darf weder die eine noch die andere Dimension außer Acht lassen; das aber tun Relativismus und Dogmatismus: Sie betonen jeweils die eine oder die andere Seite, ohne ein Gleichgewicht – eine Art von Balance – der beiden Bestimmungen im Erfassen des Seienden anzustreben. Das gilt ausdrücklich nicht nur für alle äußerlichen Seinsarten, sondern auch für das Erleben des eigenen Daseins (240), „da auch wir selbst nichts anderes als die eminenten Erscheinungen der endlichen Unbedingtheit (d. h. nicht bloß ‚beschränkte Wesen') sind." (195)

Szombath baut das ‚metaphysische System' auf zwei Fundamente – in Umkehrung der gewöhnlichen Schrittfolge, dass die Erkenntnislehre am Anfang steht und die Seinslehre dieser nachfolgt, weil, so der Verfasser, im Erkennen immer schon ein vorgängiges lebendiges Wissen um die ontologische Grundstruktur aufblitzt –: In einem ersten Teil ergründet er die – hier mehrfach erwähnte – ontologische Grundstruktur (50–140) und in einem zweiten Teil beschreibt er die Metaphysik der Erkenntnis (140–242); auf diesen beiden Grundlagen erhebt sich – in einem dritten Teil – die spezielle Metaphysik – mit Erläuterungen unter anderem zu Zeit und Raum, Furcht und Angst, Liebe, Interpersonalität, Moralität, Ästhetik –, die ihrerseits abschließend gekrönt wird von der Metaphysik der Freiheit.

„Frei zu sein", so Szombath, „heißt nicht, dass ich meine Anhänglichkeiten und meine Bestimmtheit durch deren Gegenstände selbst setze, sondern dass ich aus der Äußerlichkeit und den dazugehörigen Abhängigkeiten heraustrete und mich als eine die Totalität durch mein Selbstsein tragende unendliche und unverletzbare Person entdecke." (428) In diesem Sinne ist der berühmte Satz Rousseaus umzuschreiben, sodass er jetzt lautet: „Der Mensch ist ein freies Wesen, doch kettet es *sich* überall an." (427) Alles ‚Zwingende' – äußerliche Ursachen und der durch sie geprägte Charakter eines Menschen – erhält seine „Macht, die es zu einer ‚Ursache' gemacht" haben, „gänzlich vom ‚Gezwungen' [...]" (423f.); der Mensch ist es selbst, der solchen Zwängen Raum und Wirkung gibt.

Wer heutzutage „Grundlinien eines metaphysischen Systems" veröffentlicht, braucht einigen Mut, denn dieses Ansinnen stemmt sich ganz dem Zeitgeist entgegen. Szombath weiß das, kommt auch verschiedentlich und ausdrücklich auf diesen Widerspruch zu sprechen, und man kann sich des Eindrucks nicht erwehren, dass er mit einigem Vergnügen dem ungehinderten Fortgang des Zeitgeistes eine Barrikade in den Weg stellt. Denn tatsächlich ist ja die Dürftigkeit der sich selbst gerne mit uneingeschränkter Gültigkeit als Postmetaphysik ausweisenden philosophischen Strömungen der Gegenwart mit Händen zu greifen. Es gelingt Szombath, sein Gedankengebäude mit großer innerer Kohärenz zu errichten: ein Konzept, das eine Alternative zur Postmetaphysik entwirft. Er bescheinigt dem Menschen, trotz aller Zerbrechlichkeit seiner Seinsverfassung ein lebendiges Wissen von der Überzeitlichkeit des Seins – auch des eigenen Daseins – als einer athematischen Seinskenntnis zu besitzen – eine uneingeschränkte Wahrheit, die zur Ansicht gebracht werden will. Das wird nicht alle überzeugen – und Szombath liegt es fern, eine solche ungeteilte Zustimmung zu erwarten. Er ist, so scheint es dem Leser, vorangetrieben von einer Einsicht, die ans Licht – und ihn zum Schreiben – drängt – und eben diesen Beweggrund sollte ja Philosophie in ihrer besten Form haben: als Entwurf, der helfen kann, die Welt zu verstehen. Dass dieser Entwurf insgesamt 431 Seiten umfasst und die Darstellung gelegentlich ein wenig ausladend gerät, macht es dem Leser nicht gerade leicht. Aber wer sich der Mühe unterzieht, wird in eine Philosophie eintauchen, die sich in vergleichbarer Form heute so gut wie nicht mehr findet: als dem Versuch, das ‚Ganze' abzugreifen und einzufangen in der Reflexion über die doch alles entscheidende Frage: Was ist der Grund und der Sinn des ‚Ganzen'? Und eben das hat Philosophie von ihren frühen Ursprüngen an ja doch unternommen: nämlich das Ganze in den Blick zu nehmen.

    Wer sich diesem schwierigen Unterfangen stellt, wird es kaum auf einem anderen Weg bewältigen als dem, der von Szombath eingeschlagen wird: nämlich substanzontologisch. Dieser Begriff ist in der Philosophie der Moderne nachgerade fast zu einem Schimpfwort geworden, zumal dann, wenn man ihn eher klassisch und nicht analytisch versteht. Aber dieses Verdikt der Moderne besagt gar nichts: weder über die Tauglichkeit noch über die Notwendigkeit eines solchen Unterfangens. Und wenn irgendwann einmal – hoffentlich – von einer Rehabilitation der Substanzontologie gesprochen werden wird, dann kann Szombath sicher sein, dass auch sein Name in diesem Zusammenhang verdientermaßen genannt werden wird.

Alexander Tsygankov, Rezension zu: OKSANA NAZAROVA, *Das Problem der Wiedergeburt und Neubegründung der Metaphysik am Beispiel der christlichen philsophischen Traditionen. Die russische religiöse Philosophie (Simon L. Frank) und die deutschsprachige neuscholastische Philosophie (Emerich Coreth)*, München 2017, Utz Verlag, 392 S., ISBN 978-3-8316-4603-6, 40 €.

Oksana Nazarovas zweibändige Promotionsarbeit umfasst neben der Erforschung der metaphysischen Projekte E. Coreths und Simon L. Franks eine Analytik des Schaffens S. L. Franks aus diversen Jahren. Die vorliegende Rezension fokussiert sich auf den ersten Band. Der Nazarovas Forschungsarbeit zugrunde liegende Gedanke ist, dass „ein philosophisches System die Synthese einerseits der persönlichen philosophischen Weltanschauung [...], und andererseits eines bestimmten philosophischen Paradigmas [...] darstellt". (17) Sie betrachtet dementsprechend die Lehren von Frank und Coreth durch ihre Zugehörigkeit zum Paradigma der einheitlichen postkantischen Metaphysik mit ihren allgemeinen Schemata und Prinzipien, die für den religiös-philosophischen Typ des philosophischen Denkens kennzeichnend sind. Anhand der Problemstellung, wie Metaphysik begründet wird, ist erkennbar, wie dieser Typ des Denkens ‚funktioniert'. Beide Philosophen begründen ihr Werk unter Berücksichtigung des kantschen Verhältnisses zur ‚dogmatischen' Metaphysik. Sie ähneln sich in ihrer Behauptung, dass Kant mit seiner Kritik die Metaphysik nicht vernichtete, sondern die Grundlage für eine neue metaphysische Synthese schuf. Das klassische metaphysische Denken der Antike – der Platonismus in Form des ‚Ideal-Realismus' bei Frank und Aristoteles' Philosophie bei Coreth – wird unter Bezugnahme auf den kantschen Kritizismus von beiden Philosophen neu überdacht und gefestigt.

Sowohl Frank als auch Coreth ermitteln die voraussetzungslose Grundstruktur des Wissens, die ein sich selbst begründetes Prinzip und demgemäß Beginn der Metaphysik ist. Für Frank ist diese das thetische Urteil – ‚X ist A' –, für Coreth – die Frage. Sie verbinden einen bekannten und bestimmten Inhalt mit einem noch zu begreifenden Gegenstand. Das Denken kann sich – so Coreth – nur aufgrund des Vorwissens über den Gegenstand vollziehen, welches kein konkretes und abgeschlossenes Wissen ist und noch präzisiert werden muss. Nach Frank besitzen wir notwendig zwei Arten von Wissen – „das begriffliche Wissen [...] und das intuitive Wissen, das den potentiellen Besitz des Gegenstandes des Wissens ermöglicht". (92) Da die Intuition, die ihrem Wesen nach das lebendige Wissen ist, uns ein primäres Wissen über den Gegenstand liefert, ähnelt sie dem Begriff des ‚Vorwissens' bei Coreth.

Der Unterschied zwischen den erkenntnistheoretischen Ansätzen Franks und Coreths liegt für die Autorin im Gebiet des Subjektes. Laut Frank hat das Wissen einen passiv-aktiven Charakter, weil die Intuition eine ‚Offenbarung' des Gegenstandes im erkennenden Subjekt ist. Bei Coreth stellt das Wissen eine aktive Tätigkeit dar: das Subjekt möchte wissen und darum erschließt es den ihm unbekannten Inhalt des Vorwissens.

Des Weiteren erläutert die Autorin, dass die Frage nach den transzendentalen Bedingungen des Wissens sich als Frage nach dem Sein erschließt. Für Frank stellt X eine primäre Einheit dar, die zwei Prinzipien besitzt: Sie übertritt alle möglichen Grenzen und hat nichts außer sich selbst. Darum erweist sich diese Einheit als die All-Einheit, das Sein. Coreth sagt, dass alles, wonach wir fragen können, auf irgendeine Weise ‚ist', das heißt: Es ist ein Seiendes. Wenn wir nach dem Seienden fragen, fragen wir auch danach: „Was ist das Sein?" In anderen Worten: Wir fragen nach dem Sein des Seienden.

Im zweiten Kapitel ihres Buches erörtert die Autorin, nach welcher Methode die Denker das Sein als Bedingung des Wissens offenlegen. Da das Sein sich – nach Frank – im lebendigen Wissen erschließt, muss die transzendentale Reflexion als Methode des Wissens um das Sein auch ‚das lebendige Wissen' darstellen. Da „das all-einheitliche Sein als Bedingung sowohl der Gegenständlichkeit als auch der diese Gegenständlichkeit formierenden Rationalität ist", „wird die transzendentale Reflexion nicht die Methode des Erschließens der subjektiven Bedingungen des Wissens, sondern die Erschließens des Bestandes transrationalen all-einheitlichen Seins". (151f.) Sie stützt sich auf die phänomenologische Methode als Beschreibung des ‚antinomisch-monodualistischen' Seins, wie es uns in der Erfahrung unmittelbar gegeben ist, das heißt „ohne dass die Widersprüche in ihm verdeckt werden" (157), und prägt sich in Form einer in antinomisch-monodualistischen Aussagen, die die rationale Begrenzung und Abgrenzung vermeiden.

Coreth fordert die Übereinstimmung der Methode und des Gegenstandes, der das uns unmittelbar im Vorwissen gegebene Sein ist. Jedoch wird jedes Unmittelbare als Ausgeprägtes schon zum Mittelbaren. Darauf stützend sieht er das Wesen der transzendentalen Methode in der „reduktiv-deduktiven Doppelbewegung" (166), wo durch Reduktion auf die transzendental-apriorischen Bedingungen hingewiesen wird und mittels der Deduktion die Struktur, die Grenzen und die Gesetze der Gegenständlichkeit als solche erschlossen werden. Dabei spielt die phänomenologische Methode bei Coreth auch eine bedeutende Rolle. Mit ihrer Hilfe geschieht die Beschreibung dessen, was uns in der Reduktion unmittelbar gegeben ist.

Die neue Metaphysik fokussiert sich auf den konkreten Menschen, dem Sein offen zugewandt und der aus dem Sein heraus betrachtet wird. (180) Insofern wir uns primär bereits im Sein befinden, besitzen wir „die metaphysische Erfahrung, die uns das unmittelbare Selbstsein des Menschen in seiner Tiefe und Ganzheit zugänglich macht. Auf dieser basierend können wir mittels transzendentaler Methode das Wesen des Menschen begreifen". (198) Darüber hinaus wird, wie im dritten Kapitel beschrieben, die Aufdeckung „der ontologischen Wesensstruktur des Menschen" (198) zur Hauptaufgabe der Anthropologie.

Für beide Denker gehört das Transzendieren zum Wesen des menschlichen Seins, das überall geschieht, wo die letzte Realität, das Sein, erreicht wird. Nach Frank findet das Transzendieren ‚nach außen' zum anderen Du und ‚nach innen' zur Realität des Geistes statt. Coreth stellt das Vorhandensein einer Dialektik zwischen ‚innen' und ‚außen' fest, die das Gesetz des menschlichen Seelenlebens bildet. Das Selbstsein ist also auf sich selbst – ‚Selbstvollzug' – und auf die Welt – ‚Weltvollzug' – gerichtet.

Hier weist die Autorin auf den Unterschied in der Einschätzung zweier Formen des Transzendierens hin. Laut Frank können wir in der uns fremden Welt nur eine Spiegelung des uns verwandten Seins finden. Nach Coreth gehört die Welt zum Wesen des Menschen. Der Mensch ist immer nur ein Mensch in der Welt. Zwei Formen des Transzendierens werden detailliert abgehandelt. Das Transzendieren nach außen wird unter Aspekten betrachtet wie ‚der Mensch in der Welt', ‚der Mensch in der Gesellschaft' und ‚der Mensch in der Geschichte'. Beim Betrachten des Transzendierens ‚nach innen' weisen beide Denker darauf hin, dass das menschliche Sein potenziell unbegrenzt und unendlich ist. Im Unterschied zu Coreth, der die Verbindung des Geistes und des Körpers im menschlichen Sein betont, wird bei Frank die Person zum geistigen Zentrum dieses Seins. Sie ‚schwebt' über der Zweiheit des Geistigen und des Körperlichen.

In der rezensierten Monografie wird ein Ansatz verwirklicht, der für die deutschsprachige Forschung Franks markant und in der russischsprachigen kaum vorhanden ist. Es geht um den Vergleich Simon Franks mit führenden Vertretern der katholischen Philosophie des 20. Jahrhunderts, zu denen Emerich Coreth gehört. Nazarovas Forschungsarbeit enthält eine tiefe und originelle Analyse der metaphysischen Projekte Franks und Coreths und ist somit wesentlich und bedeutsam für all diejenigen, die am philosophischen Dialog Russlands mit Westeuropa sowie dem Schaffen beider Philosophen Interesse zeigen.

Aus dem Russischen übertragen von Oksana Nazarova, lektoriert von Irina Bogovic.

Christoph Böhr, Rezension zu: EKKEHARD FELDER, ANDREAS GARDT (Hg.), *Wirklichkeit oder Konstruktion? Sprachtheoretische und interdisziplinäre Aspekte einer brisanten Alternative*, Berlin/Bosten 2018, de Gruyter, 402 S., ISBN 978-3-11-056342-9, 29,95 €.

Zu den großen Streitfragen in der Philosophie der Gegenwart gehört jene Kontroverse, in deren Rahmen die menschliche Wirklichkeitserkenntnis im Blick auf deren ontologischen Status problematisiert wird: Ist unsere Wirklichkeitserkenntnis so verlässlich, dass sie uns ein mehr oder weniger sicheres Wissen über die Dinge erlaubt, oder ist alles, was wir zu erkennen glauben, im Menschen selbst gemacht, konstruiert, autopoietisch? Gestritten wird also über Realismus und Konstruktivismus in der Erkenntnislehre – samt zahlreichen prononcierteren oder moderateren Schattierungen beider Positionen, die sich der Sache nach recht unversöhnlich gegenüberstehen. Dabei hat sich, wie es scheint, eine Radikalisierung des Konstruktivismus, der ursprünglich in der Psychologie, unter anderem bei Jean Piaget – und nicht, wie manchmal behauptet wird, von Immanuel Kant –, seinen Ausgang nahm, in den letzten Jahrzehnten durchgesetzt. Die beiden Herausgeber, Ekkehard Felder und Andreas Gardt, stellen folgerichtig und zutreffend in ihrem Vorwort fest: „In weiten Teilen der Wissenschaft hat sich der Konstruktivismus als das beherrschende Paradigma etabliert, in besonderem Maße in den Geistes- und den Gesellschaftswissenschaften, aber keineswegs nur dort." (V) Selbst der ‚Radikale Konstruktivismus', der sich mit Namen wie Ernst von Glasersfeld oder Heinz von Foerster verbindet, wurde – gar in Verbindung mit der Hirnforschung und der Neurobiologie – immer mehr als Erkenntnislehre zur theoretischen Grundlage der Einzelwissenschaften – bis sich vor einigen Jahren eine Gegenposition aufbaute, die sich ‚Neuer Realismus' nennt und mit Namen wie den von Maurizio Ferraris und Markus Gabriel verbindet.

Der hier anzuzeigende Band geht der Streitfrage vornehmlich unter sprachtheoretischen Gesichtspunkten nach. Das ist schon deshalb verdienstvoll – und notwendig –, weil alles, was wir Erkenntnis nennen, ein intersubjektives Erkennen sein muss, wenn Erkenntnis nicht im Solipsismus versinken soll. Damit aber liegt auf der Hand, dass es um sprachlich vermittelte und nur sprachlich vermittelbare Erkenntnis geht, die sich in Begriffen ausdrückt und mittels dieser Begriffe eine Verständigung mit anderen Erkennenden erzielen will. Und damit rückt eine grundlegende Schwierigkeit in den Blick: Denn wie „wir die Welt wahrnehmen, ist entscheidend von einer der Sprache innewohnenden Perspektive geprägt". (V)

Die Ausgangsfrage also lautet: „Haben wir tatsächlich einen Zugang zur Wirklichkeit oder sind wir lediglich in unseren eigenen Konstruktionen der Wirklichkeit befangen? Ist die Wirklichkeit ein unverrückbarer Maßstab, an dem wir unser Erkennen orientieren, bei aller Möglichkeit des Irrtums? Oder schaffen wir uns unsere Bilder von der Welt selbst, sei es bewusst oder unbewusst, sodass die Welt dann so ist, wie wir sie uns gemacht haben?" (V) Diese Alternative wird von Felder, resümierend am Ende des Buches, als eine aus seiner Sicht nur „vermeintliche" Alternative beurteilt. (395)

Der Weg zu diesem versöhnlichen Ende, dessen irenischer Konzilianz wohl nicht alle im Band versammelten Autoren werden zustimmen wollen, ist weit. Aus unterschiedlichen Blickwinkeln widmen sich 17 Autoren diesen Fragen – teils mit dezidierten Positionierungen in diese oder jene Richtung, teils mit dem Versuch einer mehr vermittelnden Positionierung. Beteiligt sind die Sprachwissenschaft (Andreas Gardt, Wolf-Andreas Liebert, Alexander Ziem, Björn Fritsche, Ludwig Jäger, Matthias Attig, Josef Klein, Ekkehard Felder), die Philosophie (Markus Gabriel, John R. Searle, Thomas Fuchs), die Medien- und Kommunikationswissenschaft (Bernhard Pörksen, Siegfried J. Schmidt), die Soziologie (Heinz Bude), die Rechtswissenschaft (Paul Kirchhof), die Theologie (Paul-Gerhard Klumbies), die Neurobiologie (Gerhard Roth), die Psychiatrie (Thomas Fuchs) und die Wirtschaftswissenschaft (Max Düsterhöft, Robert Jacob, Marco Lehmann-Waffenschmidt): ein also nicht nur dem Anspruch nach, sondern tatsächlich interdisziplinärer Zugang zur Fragestellung, ganz so, wie es dem Leser im Untertitel versprochen wird. Die Vielfalt ist im vorliegenden Buch ein Gewinn, denn es geht um Diskussion: um die Auslotung und Prüfung von Ansätzen in der Sprachwissenschaft, die man ja auch als Teil der Erkenntnislehre verstehen kann und die aus den oben genannten Gründen um ihres eigenen Forschungsgegenstandes willen besonders daran interessiert sein muss, die Debatte voranzubringen.

Einer der Autoren vereinigt die Interdisziplinarität in einer – nämlich seiner eigenen – Person: Thomas Fuchs (Karl-Jaspers-Professor für philosophische Grundlagen der Psychiatrie an der Universität Heidelberg, Verfasser zahlreicher herausragender Veröffentlichungen) ist Psychiater und Philosoph – und ein nicht minder prominenter Nachfolger des prominenten Namensgebers seines Lehrstuhls. Fuchs schreibt über *Die gemeinsame Wahrnehmung der Wirklichkeit. Skizze eines enaktiven Realismus* (220–234) und vertritt „eine zwar nicht naive, aber dennoch realistische Gegenposition zu den Konzeptionen eines vom Gehirn simulierten Weltmodells. [...] Danach ist die erlebte Welt kein Schein, kein Modell oder Konstrukt; wir sehen oder hören die Dinge selbst, nicht ihre Stellvertreter, Bilder oder Repräsentationen. Denn Wahrnehmen [...] ist weder eine Aktivität des Gehirns noch ein Vorgang in einer mentalen Innenwelt, sondern eine aktive Auseinandersetzung von Lebewesen mit ihrer Umwelt, oder kurz: Wahrnehmung bedeutet sensomotorische Interaktion". (222) Daran anschließend entwickelt Fuchs zwei weitere Thesen: (1) „Die Objektivität oder der Realismus der Wahrnehmung resultiert [...] aus einer impliziten Intersubjektivität." sowie (2) „Die grundlegende Realität ist für uns nicht die von den Spezialwissenschaften, insbesondere der Physik abstrahierte Welt mathematisch beschreibbarer Größen und Teilchen, sondern die durch implizite Intersubjektivität konstituierte, gemeinsame Realität der Lebenswelt" und beruht auf „einem kollektiven Verweisungszusammenhang, in den jede einzelne Wahrnehmung eingebettet ist." (222) Es ist ein lebensweltlicher, auf die Interdependenz im Dreiecksverhältnis von Wahrnehmendem, Wahrgenommenem sowie den Wahrnehmungen anderer Wahrnehmenden – in den Worten von George Herbert Mead: des ‚generalisierten anderen' – gründender Realismus: als die Folge einer triangulierenden Interaktion. (238)

Fuchs verbindet die psychiatrische Exploration mit der philosophischen Reflexion – und kommt zu durchschlagenden Ergebnissen, wenn beispielsweise die Wahrnehmungen von Patienten, die unter Schizophrenie leiden, in Sätzen protokolliert werden, die man auch bei Vertretern des Radikalen Konstruktivismus findet – so zum Beispiel, wenn ein Patient seine Wahrnehmung ganz im Sinne von George Berkeleys Grundsatz ‚esse est percipi' beschreibt. Das ist alles klug durchdacht und es werden von Fuchs ausnahmslos nur Quellen zitiert, die der Verfasser tatsächlich überblickt – was für den Leser immer und ausnahmslos eine Wohltat ist.

Wenn hier ein Aufsatz von den insgesamt 17 Beiträgen besonders erwähnt wird, dann bedeutet das keinesfalls, dass die übrigen einer Lektüre nicht wert sind. Ganz im Gegenteil. Das Buch verbindet in geglückter Weise einzelwissenschaftliche Spezialisierung mit einer Rückbindung an die weit gespannte Fragestellung im Allgemeinen.

Die Komposition der Aufsätze ist als weiterführend anzuerkennen, da sich auf dem Weg der Lektüre trotz großer Unterschiede in den Positionen manche Differenzen durchaus als Nuancen entpuppen. Die so zumindest in Teilen möglich werdenden Vermittlungen schaffen die extremen Positionen nicht aus der Welt, helfen aber bei dem wichtigen Bemühen, Brücken zwischen den Extremen zu bauen.

Kirchenrecht

Martin Krutzler OCist, Rezension zu: *„Theologia Iuris Canonici". Festschrift für Ludger Müller zur Vollendung des 65. Lebensjahres*, hg. v. Christoph Ohly/Wilhelm Rees/Libero Gerosa (= Kanonistische Studien und Texte Bd. 67), Berlin 2017, Duncker & Humblot, 888 S., ISBN 978-3-428-15339-8, 89,90 €.

Anlässlich der Vollendung des 65. Lebensjahres wurde Univ.-Prof. Dr. theol. Dr. iur. can. habil. Ludger Müller M. A. eine Festschrift mit dem Titel „Theologia Iuris Canonici" überreicht. Als Herausgeber des sehr umfangreichen Bandes, der als 67. in den Kanonistischen Studien und Texten erschienen ist, zeichnen sich Christoph Ohly, Wilhelm Rees und Libero Gerosa verantwortlich. Die Festschrift wird von Grußworten Christoph Kardinal Schönborns (15), Erzbischof von Wien, sowie des em. Bischofs von St. Pölten, Klaus Küng (17), und der ehemaligen Dekanin der Katholisch-Theologischen Fakultät der Universität Wien, Sigrid Müller (19–21), eröffnet und beinhaltet insgesamt 42 Beiträge zu sechs großzügig gerahmten Teilgebieten des Kirchenrechts. Das weit gefächerte Spektrum der darin behandelten Themen sowie das umfangreiche Schriftenverzeichnis im Anhang der Festschrift (873–883) können als ein anschauliches Spiegelbild für das vielgestaltige und fruchtbare Wirken des Jubilars angesehen werden. Ein Autorenverzeichnis (885–888) schließt die Festschrift ab. Aufgrund des enormen Umfangs des vorliegenden Werkes kann in dieser Rezension bei Weitem nicht auf jeden Beitrag detailliert eingegangen werden; zudem werden in dieser Rezension die Beiträge nicht immer in jener Reihenfolge besprochen, in der sie sich in der Festschrift wiederfinden.

Von den Herausgebern der Festschrift wurde der Titel „Theologia Iuris Canonici" gewählt. Dieser ist insofern äußerst treffend, als er tatsächlich auf „das bestimmende kanonistische Anliegen des Jubilars" hinweist. Ludger Müllers Forschen und Lehren ist ganz klar vom Bewusstsein getragen, dass „dem Glauben in der unlösbaren Verbindung mit der Vernunft zugleich eine rechtliche Dimension eignet" und daher Glaube und Recht „in einem konstitutiven, folglich unlösbaren Zusammenhang" stehen (5). Das Recht der Kirche bedarf insofern einer theologisch-sakramentalen Grundlegung und Entfaltung. Dieses mit dem Titel bereits angedeutete Anliegen des Jubilars wird in vielen Beiträgen der Festschrift, die sich überwiegend mit sehr aktuellen Fragestellungen und Entwicklungen innerhalb der Kanonistik beschäftigen, in der einen oder anderen Form aufgegriffen.

Der erste Abschnitt der Festschrift umfasst neun Beiträge zu den Grundfragen und Allgemeinen Normen des Kirchenrechts. Arturo Cattaneo („Die Erwägungen Ludger Müllers zur Analogie zwischen kanonischem und weltlichem Recht", 25–39) greift Müllers Lizentiatsarbeit („Kirchenrecht – analoges Recht?") auf, indem er den kanonischen Rechtsbegriff dem des weltlichen Rechts gegenüberstellt. Cattaneo vertritt – sich auf die sogenannte Proportionalitätsanalogie beziehend – die Auffassung, dass Kirchenrecht und weltliches Recht als analoge Rechte zu bezeichnen sind, während hingegen Müller in seiner Lizentiatsarbeit die Univozität des Rechtsbegriffs betont. Interessanterweise kommen Cattaneo und Müller aber zu einem sehr ähnlichen Endergebnis, dass nämlich das Kirchenrecht als Recht im eigentlichen Sinne zu begreifen ist, wenngleich Letzterer hervorhebt, dass die Rede vom analogen Recht genau dies nicht auszudrücken vermag.

Georg Gänswein macht im darauffolgenden Beitrag über „Neuevangelisierung" (41–51) auf die performative Kraft der Wortverkündigung aufmerksam. Er behandelt damit ein zentrales Element des kerygmatisch-sakramentalen Ansatzes bei der Grundlegung des Kirchenrechts von Klaus Mörsdorf (1909–1989), dem Begründer der Münchener Schule, in deren Tradition auch der Jubilar steht. In eine nicht unähnliche Kerbe schlägt Libero Gerosas Beitrag über die „Mitbürger der Heiligen (Eph 2,19)" (53–64), indem er die Berufung zur Heiligkeit als hermeneutischen Schlüssel für das Kirchenrecht herausarbeitet. Die Beiträge von Gänswein und Gerosa reflektieren das Anliegen des Jubilars, dass Theologie bzw. Kirchenrecht nicht toter Buchstabe bleiben darf, sondern zum tatsächlichen Gelingen einer christlichen Berufung beitragen muss. Auch Judith Hahn weist in ihrem Artikel „Wie viel an Recht verträgt die Kirche?" (81–97) auf die Verklammerung von Rechtsgemeinschaft und Heilsgemeinschaft hin. Sie beschreibt das Kirchenrecht als „Realbedingung des Freiheitshandelns der Kirchenglieder vom Prinzip der freiheitlichen Glaubensermöglichung her" (97). In diesem Zusammenhang plädiert Hahn für eine „theologisch begründete Rechtsreduktion" (87) zugunsten einer „freiheitsbezogenen Rechtsbegründung" (96), wobei der Freiheit des Glaubensaktes als Prinzip und Fundament der kirchlichen Rechtsordnung eine herausragende Rolle zuzumessen sei. Die Gretchenfrage bleibt dabei allerdings die Bestimmung der kirchlichen Sendung bzw. des Kirchenbegriffs, womit auf die zentrale Erkenntnis Barions verwiesen wäre, wonach der Glaube den Kirchenbegriff bestimmt und das Kirchenrecht als eine Funktion des Kirchenbegriffs anzusehen ist. Eine „Ent-Theologisierung" des Kirchenrechts kann danach, wie auch der Jubilar in mehreren Aufsätzen dargelegt hat, jedenfalls nicht das Ziel sein.

Martin Griechting („Die Säkularisierung kommt der Kirche zu Hilfe", 65–80) und Stefan Mückl („In der Welt, nicht von der Welt", 115–125) beschäftigen sich mit den Themen der Säkularisation und der Entweltlichung. Griechting veranschaulicht anhand historischer Beispiele (Französische Revolution, Reichsdeputationshauptschluss und des Endes des Kirchenstaates 1870), dass es der Kirche im Laufe der Geschichte des Öfteren nicht gelungen ist, „sich verändernde weltanschauliche, politische und gesellschaftliche Großwetterlagen rechtzeitig zu erkennen und dann angemessen darauf zu reagieren" (78). Ein ähnlicher Umstand drohe sich gegenwärtig zu wiederholen, insbesondere, wenn berechtigte Forderungen nach Entweltlichung oder einer „armen Kirche für die Armen" nicht aufrichtig und ernsthaft in den Blick genommen würden. Stefan Mückl hebt insbesondere die Wichtigkeit einer Stärkung der spezifischen kirchlichen Sendung in Gesellschaft und Welt hervor. Dass Mückl und Griechting damit durchaus kanonistische Grundhaltungen des Jubilars aufgreifen, bestätigt auch Andreas Kowatsch, der in seinem Beitrag über die „Reform der Wirtschafts- und Finanzverwaltung des Heiligen Stuhls durch Papst Franziskus" (199–221) zusammenfassend resümiert: „Dass ein juristisch präzises und zugleich theologisch verantwortetes Verständnis des Kirchenrechts nicht nur für Reformen der Kurie, sondern für den glaubwürdigen Dienst der Kirche insgesamt unerlässlich ist, war und bleibt dem Jubilar immer ein Hauptanliegen seiner kanonistischen Forschung und Lehre" (221).

Das Anliegen eines juristisch präzisen und theologisch verantworteten Kirchenrechts hängt mit demjenigen der Ausbildung von Kanonisten zusammen. Und so greift Elisabeth Kandler-Mayr in ihrem Beitrag über das „Fachwissen als Grundlage rechtskonformen Handelns" (99–114) ein Thema auf, das Ludger Müller immer begleitet hat. In Anbetracht dessen, dass das kirchenrechtliche Angebot an vielen theologischen, aber auch juridischen Fakultäten mehr und mehr gekürzt wird, formuliert Kandler-Mayr mit ihrem Appell, „nicht an der falschen Stelle das akademische Angebot zu kürzen und Mittel für Forschung und Lehre, und damit für den Erwerb von Sachkompetenz, zu streichen" (114), ein Herzensanliegen des Jubilars.

Thomas Schüller („Auslegung von Gesetzen im Kirchenrecht", 127–

138) befasst sich mit den Bedingungen und antekanonistischen Vorentscheidungen bei der Auslegung von kirchlichen Gesetzen. Er greift damit eine Debatte auf, zu der sich Ludger Müller immer wieder selbst zu Wort gemeldet hat. Richtigerweise verweist Schüller zwar auf den bereits weiter oben erwähnten Grundsatz Barions, dass sich das Kirchenrecht aus dem zugrunde gelegten Kirchenbegriff ergibt. Fragwürdig scheint aber sein Grundverdacht zu sein, dass ein Gesetz keinen vom Gesetzgeber losgelösten Willen haben könne und die Bemühung um Objektivität eine „Chimäre" sei, da der Wille des Rechtsanwenders bei der Interpretation immer durchdringe und jedes Streben nach Objektivität „die Präferenz für eine kirchliche Doktrin, auf der einen Seite der *Geist des Konzils* und auf der anderen Seite die re-hierarchisierte Ekklesiologie in der Rezeptionsphase des II. Vatikanums" (136), verberge, während hingegen der voluntative Charakter des Gesetzes ignoriert oder vernachlässigt werde.

Klaus Zeller spricht mit dem Beitrag „Die Terminologie der kirchlichen Gesetzbücher" (139–166) ein Desiderat an, das dem Jubilar sehr am Herzen liegt: die Aktualisierung bzw. Erweiterung der von Klaus Mörsdorf begonnenen Arbeit zur kirchlichen Rechtssprache. Die profunde Bestandsaufnahme und gelungene Übersicht zu dieser Thematik zeigt sehr anschaulich die Notwendigkeit und Dringlichkeit eines solchen Projektes auf.

Im zweiten Abschnitt der Festschrift, welche dem kirchlichen Verfassungsrecht gewidmet ist, knüpfen einige Beiträge bereits an das rechtssprachliche Anliegen an. So beschäftigt sich Anna Egler („Papa emeritus" 169–184) aus historischer und kanonistischer Sicht mit dem Titel „*Papa emeritus*" und gelangt zum Ergebnis, dass die Kombination der beiden Begriffe wenig gelungen erscheint. Ulrich Rhode („100 Jahre *persona in Ecclesia Christi*", 283–314) befasst sich mit der „*persona*" als Kirchengliedschaftsbegriff im CIC/1983. Rhode plädiert dafür – in Analogie zum „Staatsbürger" des weltlichen Rechts –, im Kirchenrecht vom „*christifidelis*" bzw. „*christianus*" zu sprechen, um den Personenbegriff auch innerhalb der Kanonistik frei zu machen für eine Anwendung auf alle Menschen und so eine Kongruenz zu anderen Teildisziplinen der Theologie und Philosophie herzustellen. Schließlich nimmt sich Martin Rehak („Das *kanonische Territorium* in der kirchlichen Rechtspraxis", 249–282) zumindest im entfernteren Sinn einer rechtssprachlichen Fragestellung an, wenn er den Begriff „Territorium" als kanonisches Abgrenzungs- und Zuständigkeitsmerkmal untersucht.

Zwei Beiträge zum kirchlichen Synodalwesen runden den Abschnitt über das kirchliche Verfassungsrecht ab: Johann Hirnsperger („Kollegiatskapitel und neue Strukturen in der Seelsorge", 185–198) befasst sich damit, wie das traditionelle Konstrukt der Kollegiatskapitel auf die erweiterten Seelsorgeräume angewendet werden kann und Georg May („Der Ruf nach mehr Synodalität", 223–248) erwägt in seinem Beitrag geschichtliche und tatsächliche Ambivalenzen des kirchlichen Synodalwesens.

Im dritten Abschnitt der Festschrift werden Beiträge zu den Grundvollzügen der Kirche zusammengefasst, wobei bemerkenswert viele über sehr aktuelle gesellschaftliche und kirchliche Umbrüche handeln. Reinhild Ahlers („Tote bestatten", 317–327) stellt neue Entwicklungen in der Bestattungskultur dar. Eine Bewertung dieser Tendenzen aus christlicher Perspektive scheint nicht immer ganz einfach zu sein, wenngleich Ahlers durchaus einige Kriterien und Bezugspunkte vorlegt. Hans-Jürgen Feulner („Divine Worship", 329–370) hebt in einem ausführlichen Beitrag über die liturgischen Sonderformen/-riten der zur katholischen Kirche übergetretenen anglikanischen Gemeinschaften hervor, dass die Einheit der Kirche keine Uniformität verlange. Eine ganz aktuelle gesellschaftspolitische bzw. religionsrechtliche Debatte wird mit dem Thema „Taufe von Flüchtlingen" aufgegriffen. Stefan Ihli („Geht zu allen Völkern und tauft sie", 371–391) mahnt zu einer gewissen Zurückhaltung bei der Taufspendung an Flüchtlinge, „um die Heiligkeit des Sakraments der Taufe zu schützen, die durch eine Instrumentalisierung aus Mitleid entehrt würde", da „nur eine Taufe aus aufrichtiger Motivation [...] auch eine fruchtbare Taufe" (391) sein könne. Kein Sakrament dürfe Mittel zum Zweck sein. Beatrix Laukemper-Isermann bearbeitet dieselbe Themenstellung („Aktuelle tauf- und gliedschaftsrechtliche Fragen am Beispiel von Muslimen und Christen des Ostens", 433–443) unter dem speziellen Blinkwinkel der Taufe von Muslimen und Orthodoxen. Christoph Ohly („De celebratione sacramenti paenitentiae", 417–432) wiederum geht vornehmlich anhand von Aussagen Benedikts XVI. der Frage nach, inwieweit das Sakrament der Buße ein Mittel zur „Erneuerung der Kirche in ihrem Wesen und ihrer Sendung" (432) sein kann. Seine ekklesiologische Einordnung der Buße

als lebendiges Heilsmittel, das nicht nur auf individueller Ebene, sondern zugunsten der Erneuerung der ganzen Kirche wirkt, stellt nicht nur den communialen Charakter der christlichen Berufung heraus, sondern wirkt vor dem Hintergrund eines gesteigerten Subjektivismus in der Gesellschaft durchaus erfrischend.

Andreas Weiß („Wir haben genügend Priester. Nur, wir weihen sie nicht", 445–457) beschäftigt sich mit der Frage des „Priestermangels" und plädiert hinsichtlich der Weltpriester in der lateinischen Kirche für eine Wahlfreiheit bei der Verpflichtung zum Zölibat. Seiner Ansicht nach könne kein genereller Imperativ dazu argumentativ belegt oder abgeleitet werden. Weiß ist sich zwar im Klaren darüber, dass sich mit einer Öffnung des Priestertums für verheiratete Männer der Mangel nicht völlig beheben lasse, dennoch meint er in einer gelebten Hinordnung von Ehe und Ordo eine Bereicherung für beide Sakramente erkennen zu können. Diesem keineswegs neuen Plädoyer ist jedoch mit Blick auf Kirchen und kirchliche Gemeinschaften, in denen es eine solche Wahlfreiheit bereits gibt, ganz nüchtern die Frage zu entgegnen, ob es sich tatsächlich anhand der Realität dieser Gemeinschaften verifizieren lässt.

Der dritte Abschnitt der Festschrift wird mit einem Beitrag von Yves Kingata über das „Phänomen der *Basilica minor* im 21. Jahrhundert" (393–416) komplettiert.

Im Hinblick auf das wissenschaftliche Wirken des Jubilars ist es wohl nicht als „Zufall" anzusehen, dass der vierte Abschnitt der Festschrift, der über das kirchliche Sanktions- und Verfahrensrecht handelt, die meisten Beiträge umfasst. Aufgrund der Bestrebung einer theologischen Grundlegung dieses Rechtsgebiets ergeben sich vielerlei Diskussionspunkte, unter anderem die Frage, ob die Überschreibung „Strafrecht" dessen Wesen angemessen zum Ausdruck zu bringen vermag. Stephan Haering („Strafe oder Sanktion", 515–532) setzt sich daher mit dem Standpunkt des Jubilars auseinander, dass der Begriff „Sanktionsrecht" besser geeignet sei zur Bezeichnung jenes Rechtsgebietes, das traditionellerweise bisher mit dem Begriff „Strafrecht" zusammengefasst wurde. In Abwägung der Argumente, die für diesen Begriffswechsel sprechen, meint Haering, dass weder der Begriff „Strafrecht" noch der Begriff „Sanktionsrecht" „umfassend und exklusiv den Inhalt des sechsten Buches des CIC/1983" erfassen würden, wodurch sich kein „entscheidender Gewinn an begrifflicher Schärfe" herausdestillieren lasse (531). Zugleich äußert er die Befürchtung, dass der Begriff Sanktionsrecht eine „gewisse Abwertung" dieses Rechtsbereichs provozieren könnte (531). Haering hebt jedoch auch hervor, dass der Jubilar berechtigte und auch nachvollziehbare Gründe für seinen Vorstoß vorgelegt hat, die wohl insbesondere aus theologischer Sicht nicht ganz von der Hand zu weisen sind. Reinhard Knittel („Besitzt die Kirche das Recht zu strafen?", 625–638) geht in seinem Beitrag insbesondere der Frage nach, inwieweit c. 1311 CIC/1983 als Einleitungsnorm eines theologisch fundierten Sanktionsrechts tatsächlich taugt. Ob seiner sehr optimistischen Einschätzung gefolgt werden kann, ist fraglich. Aufgrund der getroffenen Schlussfolgerungen knüpft auch der Beitrag von Lotte Kéry über „Burchard von Worms (1000–1025) und die Entwicklung des kirchlichen Strafrechts" (571–598) in einem weiteren Sinne an die Notwendigkeit einer theologischen Grundlegung des kirchlichen Sanktionsrechts an. In diesem rechtshistorischen Beitrag werden einige Kapitel des Dekrets von Burchard von Worms und die darin enthaltene Entwicklung des Strafrechts analysiert. Kéry gelangt zum Ergebnis, dass eine Abgrenzung des kirchlichen vom weltlichen Strafrecht in der Zeit um 1000 n. Chr. oft nur „rudimentär ausgeprägt" (571) und es wohl eines der Ziele der Sammlung von Burchard war, eine gewisse Eigenständigkeit der bischöflichen Strafgerichtsbarkeit, die sich vermehrt an der kirchlichen Sendung orientieren sollte, zu etablieren.

Mit einem immer wieder diskutierten und nach wie vor aktuellen Thema befasst sich Wilhelm Rees in seinem Beitrag „Katholische Kirche und Menschenrechte" (639–665). Die innerkirchliche Verwirklichung von Menschenrechten und die Sicherstellung angemessenen Rechtsschutzes gehören – insbesondere im Bereich des kirchlichen Sanktionsrechts bspw. mit der Frage nach der Freiheit des Glaubens – sicherlich zu drängenden Problemen in der Kanonistik. Dem Thema „Rechtsschutz" in der Kirche widmet sich aber auch Konrad Breitschings Beitrag mit dem Titel: „Kritische Anmerkungen zu c. 1399 CIC/1983" (495–514).

Angesichts der Aktualität und medialen Präsenz dürfte es keine Überraschung darstellen, dass sich mehrere Beiträge der Festschrift mit dem Thema „Sexueller Missbrauch in der Kirche" auseinandersetzen. Heribert Hallermann („Ne bis in idem", 533–559) macht in seinem Beitrag auf das Problem aufmerksam, dass die jeweils einschlägigen staatlichen und kirchlichen Normen „ganz unterschiedliche strafrechtlich relevante Gegenstände" bezeichnen und „überwiegend divergente Ziele" verfolgen (556). Während das staatliche Recht bestimmte Handlungen explizit als sexuellen Missbrauch definiere und damit auf die Freiheit sexueller Selbstbestimmung abziele, würden die kirchlichen Normen insbesondere das Sakrament der Buße und die zölibatäre Lebensweise in den Fokus nehmen; insofern erfolge „die Übertragung des Begriffs *sexueller Missbrauch* auf kanonische Straftatbestände in inadäquater Form" (556). Vor diesem Hintergrund sei auf die Eigenständigkeit und Unabhängigkeit des kirchlichen Sanktionsanspruchs zu verweisen, der weder formal noch inhaltlich in Konkurrenz zu dem des Staates trete, sondern – parallel zur staatlichen Strafrechtsverfolgung – dem Schutz und der Verwirklichung der kirchlichen Sendung zu dienen habe. Die Normen der verschiedenen Bischofskonferenzen zum sexuellen Missbrauch würden jedoch eine derartige Differenzierung vermissen lassen, wodurch Hallermann die Gefahr eines Verstoßes gegen den Rechtsgrundsatz „Ne bis in idem" ortet. Burkhard Josef Berkmann („Maßnahmen der Österreichischen Bischofskonferenz bei Missbrauch und Gewalt", 473–494) behandelt in seinem Beitrag die zivilrechtlichen Grundlagen der Haftung im Fall von Missbrauchsdelikten und nimmt ihre Einordnung in das kirchliche Vermögensrecht vor. Unter anderem verweist Berkmann auf das Problem, dass im Verfahren der Unabhängigen Opferschutzkommission (UOK) in Österreich nicht die Wahrheitsermittlung Ziel der Anstrengungen sei (wie der Titel für die Rahmenordnung „Die Wahrheit wird euch frei machen" 2016 suggeriert), sondern Entschädigungszahlungen nach dem Kriterium der Plausibilität zugesprochen werden. Diese Entscheidung kann zugunsten einer schnellen und unbürokratischen Hilfe für die Opfer nachvollzogen werden, doch wirft sie auch einige Fragen und Problem auf. Beispielsweise wäre zu fragen, ob mit der Zahlung an die UOK nicht zugleich der Anschein eines (möglicherweise ungewollten) „Schuldeingeständnisses" entsteht, der gegebenenfalls auch zu Lasten eines zu Unrecht Beschuldigten wirkt. Auf jeden Fall bräuchte es zumindest Mechanismen bzw. geregelte Vorgehensweisen zur Rehabilitierung zu Unrecht Beschuldigter. Damit soll natürlich nicht der leiseste Zweifel darüber hervorgerufen werden, dass sich die Kirche uneingeschränkt und mit all ihrer Kraft auf die Seite der Opfer sexuellen Missbrauchs stellen und für eine vollständige Aufklärung dieser Fälle sorgen muss. Ob jedoch die faktische Umkehrung der Schuldvermutung der Weisheit bzw. der Wahrheit letzter Schluss ist, kann hinterfragt werden.

Auf das Problem der Wahrheitsfindung in kirchlichen Prozessen gehen die Beiträge von Alfred E. Hierold („Mitis Iudex", 561–570) und Markus Walser („Fragen zum Motu proprio ‚Mitis Iudex Dominus Iesus'", 685–697) ein. Beide fragen danach, inwieweit ein Richter in einem Ehenichtigkeitsverfahren überhaupt die Option hat, „mild" zu urteilen. Hierold macht zunächst auf die Aufgabe des Richters aufmerksam, die Wahrheit ans Tageslicht zu befördern und aufgrund der vorliegenden Tatsachen zu urteilen. Markus Walser verweist auf einige gravierende Unklarheiten, die im Zusammenhang mit der momentanen Rechtslage zum Ehenichtigkeitsverfahren bestehen.

Nikolaus Schöch untersucht in einem weiteren Beitrag, ob die „Anrufung eines staatlichen Gerichts mit dem Ziel, den kirchlichen Rechtsweg zweck- und wirkungslos zu machen", eine „mögliche Straftat in der kirchlichen Rechtsordnung gemäß c. 1375 CIC/1983" (667–683) darstellen kann und gelangt zum Ergebnis, dass insbesondere Ehenichtigkeitsprozesse durch Klagen vor staatlichen Gerichten schwerwiegend beeinträchtigt werden und Anfechtungen kirchlicher Verwaltungsakte vor staatlichen Gerichten den Tatbestand des c. 1375 CIC/1983 erfüllen können.

Michael Benz („Zum Verhältnis von Gerichts- und Generalvikar", 461–472) beschäftigt sich mit jenen Schwierigkeiten, die sich aus dem Versuch der Verhältnisbestimmung zwischen General- und Gerichtsvikar in Fragen der Gerichtsverwaltung ergeben. Dabei kann aufgrund des Mangels an qualifizierten Fachkräften insbesondere die Wahrung der Unabhängigkeit des Gerichts zunehmend eine Herausforderung darstellen.

Gotthard Klein („Soll etwa nur Hochhuth den ehrwürdigen Priester Bernhard Lichtenberg für sich in Anspruch nehmen dürfen?", 599–624) schildert schließlich in einem bewegenden Beitrag die Initiative aus dem Erzbischöflichen Amt Görlitz im Jahr 1964 zur Seligsprechung von Bernhard Lichtenberg, der 1994 von Papst Johannes Paul II. kirchenamtlich als Märtyrer anerkannt und am 23. Juni 1996 im Berliner Olympiastadion feierlich seliggesprochen wurde.

Der fünfte Abschnitt der Festschrift ist dem Recht der orientalischen Kirchen und den Fragen der Ökumene gewidmet. Das Interesse des Jubilars am Recht der katholischen Ostkirchen wird unter anderem anhand des von ihm ins Leben gerufenen Masterlehrgangs „Vergleichendes kanonisches Recht" anschaulich und konkret. Helmuth Pree („Der ‚Codex Canonum Ecclesiarum Orientalium'", 769–782) hat daher dieser Festschrift einen Beitrag gespendet, der eine schlaglichtartige Zusammenschau von innerkatholischen und ökumenischen Aspekten, die sich aufgrund des CCEO ergeben, enthält. Jiří Dvořáček behandelt die „Rechtsstellung der Apostolischen Exarchie in der Tschechischen Republik" (701–719) und Thomas Mark Németh („Die Disziplinarordnung für den Klerus der griechisch-orientalischen Metropolie der Bukowina und von Dalmatien [1908]", 743–767) leistet einen rechtshistorischen, ökumenischen Beitrag, indem er den Entwurf einer Disziplinarordnung für den Klerus der griechisch-orientalischen Metropolie der Bukowina und von Dalmatien aus der Endzeit der Habsburgermonarchie (1908) erstmalig veröffentlicht. Hanns Engelhardt („Eherechtliche Verfahrensvorschriften im anglikanischen Kirchenrecht", 721–741) befasst sich mit verfahrensrechtlichen Vorschriften im anglikanischen Eherecht. Die Aufarbeitung dieser Thematik gestaltet sich insofern als schwierig, als es keine zentrale und für alle anglikanischen Gemeinschaften verbindliche Rechtsetzungsinstanz gibt. Rudolf Prokschis Beitrag „Ist ein kirchlicher Eheabschluss orthodoxer Gläubiger mit Christen anderer Bekenntnisse [Mischehe] möglich?" (783–797) widmet sich insbesondere der Mischehe mit Angehörigen der orthodoxen Kirchen. Prokschi bedauert zu Recht, dass eine einheitliche, gesamtorthodoxe Position zu dieser Frage fehlt, was in der Praxis oft zu Schwierigkeiten führt.

Der sechste und letzte Abschnitt der Festschrift enthält Beiträge zum vergleichenden Religionsrecht und zum Verhältnis zwischen Staat und Kirche. In ihnen findet sich vor allem das Thema der „religiösen Vielfalt", welches in den letzten Jahren in Europa stark an Gewicht gewonnen hat und daher keineswegs zufällig den Schwerpunkt dieses Abschnitts in der Festschrift bildet. Zudem hat der Jubilar vor seinem akademischen Ruhestand an der Universität Wien im Jahr 2016 eine Tagung in Berlin zu eben diesem Thema veranstaltet. Claudius Luterbacher-Maineri schildert „Religionsverfassungsrechtliche Entwicklungen in der Schweiz" (801–823), welche zunehmend von einer immer präsenter werdenden religiösen Vielfalt geprägt sind. Thomas Meckel setzt sich mit der „Zukunft des konfessionellen Religionsunterrichts" (825–847) auseinander und betont im Zuge dessen das genuine Eigeninteresse des religiös neutralen Staates an einem konfessionell geprägten Religionsunterricht. Arnd Uhle („Schulische Integration und elterliches Erziehungsrecht", 849–872) verdeutlicht schließlich anhand von verschiedenen durchjudizierten Fällen die Bedeutung der öffentlichen Schule als einen Ort gelebter Integration.

Abschließend fällt bei der Zusammenschau aller Beiträge in dieser umfangreichen Festschrift auf, dass bemerkenswert viele aktuelle Fragestellungen gesellschaftlicher und kirchlicher Natur in diese Festschrift eingeflossen sind. Dieser Umstand veranschaulicht das stete Interesse des Jubilars am wissenschaftlichen Austausch mit Blick auf die spezifische Sendung der Kirche im Hier und Heute. Ludger Müller „lebt die Wissenschaft und er lebt den Glauben" (17), wie der em. Diözesanbischof Klaus Küng in seinem Grußwort schreibt, und dies kommt in den Beiträgen dieser Festschrift sehr deutlich zum Ausdruck. Zweifelsohne ist allen Mitwirkenden eine sehr lesenswerte, interessante und vor allem aktuelle Festgabe für den Jubilar gelungen.

Nachtrag: Univ.-Prof. Dr. theol. Dr. iur. can. habil. Ludger Müller M. A. hat am 20. April 2020 nach langer, schwerer Krankheit die irdische Pilgerschaft seines Lebens beschlossen. Er hinterlässt der Kanonistik ein reiches und fruchtbares Schaffenswerk. Möge ihm der Herr all das Gute, das er als Ehemann, Diakon, Wissenschaftler, Lehrer und Freund gewirkt hat, vergelten und ihn aufnehmen in sein himmlisches Reich.

Alfred E. Hierold, Rezension zu: MATTHIAS PULTE, *Vermögensrecht der katholischen Kirche. Ein Handbuch für Studium und Praxis* (Mainzer Beiträge zu Kirchen- und Religionsrecht Bd. 6), Würzburg 2019, Echter-Verlag, 239 S., ISBN 978-3-429-05421-2, 19,90 € (D), 20,50 € (A).

Matthias Pulte legt als Bd. 6 der Reihe „Mainzer Beiträge zu Kirchen- und Religionsrecht" ein Lehr- und Studienbuch zu einem Thema vor, das, wie er in der Einleitung (10) selbst betont, in den Lehrveranstaltungen für die Theologen kaum eine Rolle gespielt hat und vielen als nicht transparent erscheint. Es wendet sich auch vornehmlich an alle, die einen Zugang zu einem weithin unbekannten, aber wichtigen Rechtsgebiet suchen.

Dem Buch ist ein Inhaltsverzeichnis vorangestellt (5–8), was das

Aufsuchen bestimmter Normen sehr erleichtert.

Nach dem Vorwort (9) legt Pulte in der Einleitung (10–23) dar, dass es das Anliegen des Buches ist, „den Lesern und Leserinnen einen Zugang zu einem oftmals unbekannten [...] und schwer verständlichen Rechtsgebiet" zu verschaffen (10). In Form eines Lehrbuchs fasst er in einer Definition den Stoff zusammen: „Das kirchliche Vermögensrecht umfasst alle Bestimmungen, die für das der Kirche eigene Vermögen in seinen rechtlichen Beziehungen maßgeblich sind. Diese Rechtsbeziehungen sind: Erwerb, Besitz, Verwaltung, Belastung und Veräußerung des Kirchenvermögens." In einem weiteren Merksatz stellt Pulte fest: „Das Vermögensrecht des CIC/1983 ist ein Rahmenrecht, das allein der Komplexität vermögensrechtlicher Wirklichkeiten nicht genügen kann. Universalkirchliches Vermögensrecht findet sich in den Büchern II, IV und V des CIC. Partikulares Vermögensrecht findet sich in den Amtsblättern der deutschen Diözesen." (12) In Abschnitt 1 (13–15) klärt er „grundlegende Begriffe des kirchlichen Vermögensrechts", in Abschnitt 2 (15–18) erläutert er „kirchliche und staatliche Rechtsquellen", in Abschnitt 3 (19) „die Systematik des Buches V [...] des CIC/1983" und in Abschnitt 4 (20–23) „das Verhältnis von universalem und partikularem Kirchenrecht".

In Kapitel 1 „Prinzipien des kirchlichen Vermögensrechts" (24–102) bietet Pulte vornehmlich einen Kommentar zu den Normen der Canones 1254–1272 des CIC über die Vermögensfähigkeit der Kirche. Dazu erläutert er auch die teilkirchlichen, staatlichen und vertraglichen Regelungen. Mit Recht betont er, dass das Vermögen der Kirche nicht einen Selbstzweck darstellt, sondern dazu bestimmt ist, der Durchführung des Gottesdienstes, dem Unterhalt der Bediensteten der Kirche und der Erfüllung der Sendung der Kirche und der Werke der Caritas zu dienen. Er beschreibt die Träger des kirchlichen Vermögens und das deutsche System der Kirchenfinanzierung. Da dieses immer wieder auch angegriffen wird, verweist er auch immer auf die rechtshistorischen Grundlagen.

In Kapitel 2 (103–150) dreht sich alles um die „Verwaltung des kirchlichen Vermögens", wie sie in den Canones 1273–1289 des kirchlichen Gesetzbuches geregelt ist. Es werden die Vermögensverwalter auf den verschiedenen kirchlichen Ebenen und ihre Aufgaben benannt sowie die Institutionen kirchlicher Vermögensverwaltung. Sehr ausführlich setzt sich Pulte aus gutem Grunde mit den deutschen Sonderregelungen bezüglich der einzelnen Gremien auseinander, die es mit der Verwaltung zu tun haben, nicht zuletzt auf der Ebene der Pfarrei.

Kapitel 3 (150–170) behandelt „Rechtsgeschäfte über das Kirchenvermögen". Da das kanonische Recht als Weltrecht auf eine Fülle von staatlichen Rechten stößt, muss es sich mit einem Rahmen begnügen und den staatlichen Rechtsordnungen Raum geben. Pulte benennt die für Deutschland geltenden Normen des Bürgerlichen Gesetzbuches zu allen Verträgen und bietet so eine gute Übersicht über alle möglichen Rechtsgeschäfte bezüglich Vermögenserwerb und -veräußerung.

Kapitel 4 (171–209) widmet sich einem wichtigen Teil des kirchlichen Vermögenserwerbs, nämlich „frommen Verfügungen und Stiftungen", wobei Schenkungen und Verfügungen von Todes wegen eine große Rolle spielen. Mit konkreten Beispielen macht Pulte den Sachverhalt anschaulich. Noch mehr dienen kirchliche Stiftungen dem finanziellen Grundstock für das Leben der Kirche, deren Verwaltung und Aufsicht Pulte umfassend beschreibt. Er weitet in einem Exkurs den Blick auch auf „Bürgerstiftungen im kirchennahen Umfeld", die immer mehr entstehen, wenn Spender Gutes tun, aber ihre Gaben nicht direkt der Kirche anvertrauen wollen.

Kapitel 5 (210–214) über die Insolvenz kirchlicher Institutionen ist sehr kurz, da es dazu keine kirchlichen Normen gibt und im deutschen öffentlichen Recht diese Einrichtungen für insolvenzunfähig gelten.

Ein Verzeichnis der Quellen (215–219), der Gerichtsurteile (220), der Literatur (221–233) und ein Stichwortverzeichnis (234–239) beschließen das Buch.

Matthias Pulte hat mit diesem Werk eine ausgezeichnete Zusammenfassung des Vermögensrechts der katholischen Kirche, vornehmlich in Deutschland, vorgelegt.

Gero P. Weishaupt, Rezension zu: BURKHARD JOSEF BERKMANN, MARCUS NELLES, *Fälle zum Katholischen Kirchenrecht. Übungsbeispiele mit Lösungen*, Stuttgart 2019, Verlag W. Kohlhammer, 195 S., ISBN 978-3-17-036166-9, 29 €.

In ihrer „Einführung in die kirchenrechtliche Methode" (Regensburg 1986), die der Rezensent mit Gewinn für seine eigene Tätigkeit als Kirchenrechtler studiert hat, schreiben Georg May und Anna Egger: „Der Kanonist bzw. der kanonistisch geschulte Amtsträger der Kirche muss imstande sein, das, was er in seiner wissenschaftlichen Ausbildung gelernt hat, in der Praxis anzuwenden. Dabei besteht kein wesentlicher Unterschied, ob es sich um die Praxis der Rechtsprechung oder der Verwaltung handelt; denn beidemal werden Normen auf Einzelfälle appliziert. Die Anwendung des Rechts auf Lebenssachverhalte ist erlernbar. Es ist Aufgabe der Kirchenrechtswissenschaft, bis zu einem gewissen Grade die Anwendung des kanonischen Rechts im Leben der Kirche zu lehren. Denn bei seiner Arbeit vollzieht der Kanonist in zahllosen Fällen Schlüsse, von deren Prämissen eine einen normativen, die andere einen faktischen Gehalt hat" (May/Egger, 33f.). Darum sind in der Ausbildung der Studierenden des Kirchenrechts nicht nur Vorlesungen zu halten, sondern auch Übungen durchzuführen, die die Fähigkeit vermitteln, anhand von Rechtsfällen die in den Vorlesungen erworbenen theoretischen Inhalte konkret anzuwenden. Das gilt insbesondere für die Studiengänge für das Lizentiat und das Doktorat in Kirchenrecht (lic. iur. can; dr. iur. can.), die primär auf die Ausbildung und Qualifizierung für die Übernahme von Aufgaben und Ämtern in der kirchlichen Verwaltung und Rechtsprechung ausgerichtet sind.

Bislang fehlte jedoch im deutschsprachigen Raum für den kirchenrechtlichen Bereich ein geeignetes Übungsbuch für die Rechtsanwendung. Diese Lücke schließt nun ein von Burkhard Josef Berkmann, Professor für Kirchenrecht an der LMU München, und Marcus Nelles, Ehebandverteidiger am Erzbischöflichen Konsistorium und Metropolitangericht München, verfasstes und im Stuttgarter Verlag W. Kohlhammer im Frühjahr 2019 herausgegebenes Buch mit dem Titel „Fälle zum katholischen Kirchenrecht. Übungsbeispiele mit Lösungen". Die beiden Münchener Kanonisten wenden sich darin vor allem an Studierende in Theologie, Jura und kirchenrechtlichem Spezialstudium, aber auch an alle, die sich in der kirchlichen Gerichts- und Verwaltungspraxis einarbeiten.

In Berkmanns/Nelles' neu erschienenem Übungsbuch findet sich eine Auswahl von Anwendungsbeispielen aus dem kirchlichen Gesetzbuch (CIC/1983), und zwar 7 Fälle aus den Allgemeinen Normen (Verwaltung, Grundrechte), 7 aus dem Buch „Volk Gottes", 13 aus dem Eherecht (Ehenichtigkeitsfälle), 2 aus dem Strafrecht und 3 aus dem Prozessrecht. Bei der Wahl der Fälle ließen sich die Autoren von der „Relevanz im Studium und in der gegenwärtigen kirchlichen Praxis" (Berkmann/Nelles, 9) leiten. Daraus erkläre sich, dass der größte Teil der Fälle das Eherecht betrifft, gefolgt von den Allgemeinen Normen und dem Verwaltungsrecht. „Ausgiebig Platz wird aktuellen Themen gewidmet wie den Grundrechten, der sogenannten ‚Laisierung' von Klerikern, der Umstrukturierung von Pfarreien und dem Strafrecht" (Berkmann/Nelles, 9). Sogar der nicht selten sehr komplexe Fall der „Suppletion" nach can. 144 CIC/1983, den die Autoren unter die „exotischen" Themen zählen (Berkmann/Nelles, 9), kommt im Übungsbuch zur Sprache. Konkret handelt es sich bei dem Fallbeispiel um eine fehlende Delegation für die Eheschließungsassistenz (Berkmann/Nelles, Fall 27, 147ff.).

Die Rechtsanwendung in Rechtsprechung und Verwaltung, bei der es darum geht, „den Normbefehl in einer konkreten Situation" (May/Egger, 251) zu verwirklichen, erfolgt durch die Subsumtion des Sachverhaltes unter den Normtext mithilfe eines syllogistischen Dreischrittes. Da die Kenntnis dieses Schlussverfahrens nicht immer vorausgesetzt werden kann, ist es zu begrüßen, dass die Verfasser in der Einleitung ihres Übungsbuches diese zur Lösung eines Falles unerlässliche Vorgehensweise vorstellen, indem sie das klassische, auf Aristoteles (Organon, Analytika protera) zurückgehende Schlussverfahren des Syllogismus mit seiner Unterscheidung von Obersatz (erste Prämisse mit Tatbestand und Rechtsfolge), von Untersatz (zweite Prämisse mit dem Sachverhalt) und schließlich der Schlussfolgerung (Konklusion aus der ersten und zweiten Prämisse, also dem Tatbestand, der Rechtsfolge und dem Sachverhalt) kurz und knapp, aber verständlich erläutern.

Aus dem syllogistischen Dreischritt ergibt sich die für alle im Übungsbuch behandelten Fallbespiele konsequent durchgeführte Struktur: Nach der Darstellung des Sachverhaltes (im Syllogismus der Untersatz bzw. die zweite Prämisse) folgt die „auf den konkreten Fall zugeschnittene, kompakte, aber systematisch aufgeschlüsselte" (Berkmann/Nelles, 10) Darstellung der Rechtslage (im Syllogismus die erste Prämisse) mit den Tatbeständen der Rechtsnorm und falls erforderlich kurzen Normerklärungen aus Doktrin und Rechtsprechung, ergänzt durch Anmerkungen der Autoren. Schließlich wird der Sachverhalt mit den für das Verständnis der Norm relevanten Tatbeständen „konfrontiert" und der Rechtsfall durch Subsumtion, die „Unterordnung des Lebenssachverhaltes unter die Begriffsmerkmale des gesetzlichen Tatbestands", einer Lösung zugeführt (May/Egger, 255).

Dabei fällt auf, dass sich die von Berkmann/Nelles behandelten Fallbeispiele durch ihre Realitätsnähe auszeichnen. Denn „(a)lle Beispiele, die in dem Buch vorgestellt werden, beruhen auf Fällen, die tatsächlich geschehen sind und von kirchlichen Gerichten oder Verwaltungsbehörden behandelt werden" (Berkmann/Nelles, 8), wie man auch den Hinweisen in einzelnen Fußnoten entnehmen kann.

Bei der Suche nach den im Übungsbuch behandelten Themen ist ein alphabetisch geordnetes Register von „Amtsbesetzung" bis „Zwang" sowie am Ende ein Kanonesregister sehr hilfreich, sodass der Nutzer bei Bedarf rasch ein Lösungsbeispiel findet.

Es ist zu wünschen, dass das hier rezensierte Lehr- und Übungsbuch in der Ausbildung zukünftiger Kanonisten und von vielen, die mit der Anwendung von Recht in Rechtsprechung und Verwaltung täglich zu tun haben, tatsächlich genutzt wird. Burkhard Josef Berkmanns und Marcus Nelles' „Fälle zum Katholischen Kirchenrecht. Übungsbeispiele mit Lösungen" stellt eine hilfreiche und willkommene praktische Ergänzung zu dem dar, was Georg May und Anna Egler in ihrer „Einführung in die kirchenrechtliche Methode" in Bezug auf die Rechtsanwendung abstrakt-theoretisch ausführen (33f.; 250–268).

Alfred E. Hierold, Rezension zu: THOMAS RUSTER, *Balance of Powers. Für eine neue Gestalt des kirchlichen Amtes*, Regensburg 2019, Verlag Friedrich Pustet, 231 S., ISBN 978-3-7917-3099-8, 22 € (D), 22,70 € (A).

Thomas Ruster, Professor für Systematische Theologie am Institut für Katholische Theologie der TU Dortmund, legt mit diesem Buch einen Entwurf für die Verfassung der Kirche vor, der es in sich hat.

Nach dem Inhaltsverzeichnis (5–7) erläutert er in der „Einleitung" (9–13) sein Vorhaben und glaubt von seinem Vorschlag voller Optimismus: „Mit dem Priestermangel wird es ein Ende haben. Verwaiste Gemeinden werden wieder aufblühen. Die die Kirche durchherrschende Dauerdepression würde dem Gefühl weichen, an der Entstehung einer neuen Kirche mitzuwirken. Die Kirche würde sich wieder einmal neu erfinden." (9) Dieser Optimismus ist nur zu bewundern.

Schon in Kapitel 1 (14–22) erläutert Ruster seine Leitidee: „Diese ist einfach: Die bisher im Amt des Priesters vereinten Aufgaben des Lehrens, Heiligens und Leitens werden auf verschiedene Personen aufgeteilt." (15) Was soll daran neu sein? An den genannten Aufgaben nehmen jetzt schon andere neben dem Priester teil. Was tun denn unsere Religionslehrer/-innen anderes, als ein Amt im Auftrag der Kirche wahrzunehmen? Das Grundübel liegt darin, dass Ruster nicht zwischen einem Amt im strengen Sinn und einem Amt im weiten Sinn unterscheidet und beide immer wieder durcheinanderwirft. Die Frage bleibt unbeantwortet: Warum soll allein der Bischof alle drei „Ämter" innehaben, andere nicht? Abenteuerlich sind geradezu die Ausführungen Rusters zur Umsetzung seines Modells.

In Kapitel 2 (23–32) greift Ruster das theologische Modell König–Prophet–Priester auf, das in der protestantischen Theologie entstanden, von katholischen Theologen aufgegriffen und auch vom 2. Vaticanum weidlich als Gliederungsprinzip benutzt wurde, leitet es aus dem Alten Testament ab und bedauert, dass es im Christentum nicht fortgesetzt wurde.

In Kapitel 3 „Jesus: König–Prophet–Priester" (33–49) versucht Verf. das Modell auf Jesus selbst anzuwenden. Dabei knirscht es aber, besonders bei der Auslegung des Hebräerbriefs, gewaltig.

Über „Rufen und Berufung" spekuliert Ruster im Kapitel 4 (50–73) ausgehend von den Maßnahmen in der Diözese Poitiers, indem er seitenlang auch Guardini rekapituliert.

Um eine Hintergrundfolie für seine Vorschläge zu schaffen, beschreibt Ruster in Kapitel 5 (74–108) das „Priesterbild der katholischen Tradition", wie es sich in der theologischen Literatur vornehmlich im 19. Jahrhundert darstellt. Vom II. Vaticanum, besonders von den Dekreten über das Hirtenamt der Bischöfe und den Dienst der Priester, ist kaum die Rede.

In Kapitel 6 „Irdische und himmlische Öffentlichkeit" (108–141) arbeitet sich Ruster an dem Begriff „cultus publicus" ab, den er mit Öffentlichkeit gleichsetzt und „über das Konzil hinaus mit Inhalt" füllen will. Dazu referiert er lange Reinhard Meßner und Erik Peterson. Dabei übersieht er, dass „publicus" der Gegenbegiff zu „privatus" ist.

In Kapitel 7 „Das dreifache Amt Jesu Christi in der Geschichte der Kirche" (142–175) referiert Verf. weithin mit Ludwig Schicks Buch „Das dreifache Amt" über die Entstehung dieser theologischen Aussage und ihr Verhältnis zu der Lehre von der potestas ordinis und iurisdictionis.

Dem Thema „Die Tria Munera auf dem Zweiten Vatikanischen Konzil" ist Kapitel 8 (177–199) gewidmet, wobei sich Ruster vornehmlich die Konstitution „Lumen Gentium" vornimmt. Aber er muss feststellen: „Das Konzil [...] ist auf halber Strecke stehen geblieben. Mit dem Konzil ist jetzt über das Konzil hinauszugehen." (192) Dazu dient ihm ein Blick auf den Entwurf der chilenischen Bischofskonferenz zur Kirchenkonstitution, den Ruster für „klar besser als Lumen Gentium und sämtliche anderen Konzilstexte, die das Munera-Schema aufgreifen" (199), hält.

In Kapitel 9 „Tria Munera. Trinität und andere Triaden. Eine theologische Spielwiese" (200–210) weitet Ruster den Blick auf protestantische Theologen, die das Drei-Ämter-Schema traktieren.

Das Kapitel 10 „Die neue Gestalt des kirchlichen Amtes" (211–222) bietet zunächst eine Zusammenfassung der vorherigen Kapitel und eine Wiederholung der These, dem Bischof alle drei Munera zuzusprechen, auf der Ebene der Gemeinde aber je einer Person ein Munus zu übertragen. Was ist daran neu? Nur die Ebenen sind vertauscht. Denn es gab in der Geschichte schon einmal das Faktum, dass ein Nichtgeweihter als Bischof die Leitung der Diözese innehatte, dass aber ein anderer die Weihevollmacht als sog. Weihbischof ausübte. Da dies nicht dem Wesen der Kirche entsprach und zu Unzuträglichkeiten führte, hat man sich wieder von diesem Modell verabschiedet, und das II. Vaticanum hat eindringlich die Einheit der geistlichen Vollmacht betont. Das Ganze auf die Ebene der Gemeinde zu verlagern, ist nicht sehr originell und widerspricht der Lehre des Konzils über die Kirche.

Ein Literaturverzeichnis (223–231) beschließt das Buch, das von großer Literaturkenntnis und viel Phantasie des Autors zeugt, sich aber auf einem dünnen theologischen Eis bewegt. In der Kirche geht es letztlich nicht um eine Balance of Powers, sondern um einen Dienst an den Menschen.

Kirchengeschichte

Immo Bernhard Eberl, Rezension zu: MICHAELA BINDER, SABINE LADSTÄTTER (Hg.), *Die Heilige vom Hemmaberg – Cold Case einer Reliquie*, Wien 2018, Verlag Holzhausen, 208 S., 136 farbige Abb., 24 schwarzweiße Abb., 6 Karten, 9 Pläne, 9 Tabellen, 6 Diagramme, ISBN 978-3-903207-19-6, 19,90 €.

Archäologische Untersuchungen haben eine frühchristliche Sensation entdeckt. In Nachfolge der römischen Straßenstation Iuenna war am Hemmaberg in Kärnten seit etwa 400 n. Chr. eine 6,5 ha große, ummauerte Siedlung mit dazugehöriger Nekropole entstanden. Neben ihr wurde ein Wallfahrtsbezirk mit zwei Doppelkirchen mit Taufvorrichtungen, Pilgerhäusern, Platzanlagen und Nebenbauten errichtet. Eine Kirche N mit einem Reliquienloculus unter dem Altar wurde im frühen 6. Jahrhundert gebaut. Die Kirche hat in dieser Form nur ein Jahrhundert bestanden. Sie wurde um 600/610 von heidnischen Slawen zerstört. Der Reliquienloculus wurde bei den Ausgrabungen 1991 mit dem Fragment eines Steinreliquiars, einem Holzkästchen, einem Fingerring und menschlichen Knochen aufgedeckt. Die menschlichen Knochen sind nach den Untersuchungen die Überreste einer im Alter von etwa 35 bis 50 Jahren verstorbenen Frau, die in ihrer Kindheit an Krankheiten und Mangelernährung gelitten hatte und zu Lebzeiten starken körperlichen Belastungen ausgesetzt gewesen war. Die Überraschung der Untersuchungen bei der Radiokarbondatierung war, dass diese Frau im späten 1. oder frühen 2. Jahrhundert gelebt hatte. Die anonyme Heilige, deren Biografie nur aus ihren Reliquien erschlossen werden kann, hat nach den weiteren Untersuchungen zu einer in Südosteuropa und der heutigen Türkei lebenden Bevölkerung gehört, hat aber ihre letzten Lebensjahre in der Nähe des Hemmaberges, zumindest aber im Alpenraum verbracht. Auch der bei den Reliquien gefundene Fingerring weist auf Südosteuropa hin. Die Untersuchungen bestätigen den für das späte 1. und 2. Jahrhundert bekannten Zuzug in der Provinz Noricum aus dem Mittelmeerraum. Über Christen wird im Ostalpen-Donau-Raum erstmals im Zusammenhang mit dem Regenwunder in Carnuntum (171 n. Chr.) berichtet. Es ist belegt, dass sich das Christentum im frühen 2. Jahrhundert in allen Provinzen des Römischen Reichs ausgebreitet hat. Es lassen sich daher in der Provinz Noricum christliche Gemeinden als sicher annehmen. Die Heilige muss aus ihrer als authentisch angesehenen Beisetzung in einer translatio auf den Hemmaberg geführt und dort in einer depositio in der Kirche N beigesetzt worden sein, doch sind davor Teile des Gesichtsschädels und weitere Knochenteile vom übrigen Skelett getrennt und vermutlich an einem anderen Ort als Reliquien beigesetzt worden. Die in der Kirche N beigesetzten ca. 80% des Skeletts lassen den Schluss zu, dass es sich um eine regionale Märtyrerin gehandelt hat. Die Auffindung ihres Grabes dürfte die Ursache für die Errichtung des Pilgerheiligtums gewesen sein. Das mitaufgefundene Reliquiar war der Größe der Knochen angepasst und ist nach den Untersuchungen in einer oberitalienischen Werkstatt hergestellt worden, wobei das Material aus dem Trentino kam. Die Mosaiken in den Kirchen am Hemmaberg wurden von oberitalienischen Handwerkern geschaffen. Aus diesem Raum stammten auch die Auftraggeber. Damit sind Pilgerheiligtum und Reliquien in die christliche Tradition des Alpen-Adria-Raumes zu setzen. Nach der Zerstörung sind Kirche und Reliquien in Vergessenheit geraten. Michaela Binder und Sabine Ladstätter haben eine frühchristliche Märtyrerin und ihre Verehrung in der Spätantike aufgedeckt und für die Menschen des 21. Jahrhunderts zugänglich gemacht. Im Glauben unserer Voreltern sollten wir uns vor den Reliquien des Hemmaberges verneigen. Sancta ancilla anonyma Christi ora pro nobis.

Spirituelle Theologie

Wolfgang Buchmüller OCist, Rezension zu: DOMENICO PEZZINI (Hg.), *Aelredi Rievallensis Opera Historica et Hagiographica* **(Aelredi Rievallensis Opera Omnia 6 = Corpus Christianorum Continuatio Medievalis III), Turnhout 2017, Brepols Publishers, CCLXXVIII + 194 S., ISBN 978-2-503-55278-1, 260 €.**

Ein Meilenstein einer Gesamtedition eines der faszinierendsten Schriftsteller des Mittelalters: Die historischen und historiografischen Texte des Zisterzienserabtes Aelred von Rievaulx (1111–1167), herausgegeben von Domenico Pezzini. Nicht rein zufällig wurde 1971 Aelred von Rievaulx für den Eröffnungsband der kolossalen Kirchenschriftsteller-Reihe Corpus Christianorum Contiunatio Medievalis (CCCM) ausgewählt. Der asketische Abt verstand es offenbar, in sehr vielen Genres zu brillieren und dabei ein immer lesenswerter Autor mit spirituellem Tiefgang zu sein – selbst in seinen kleineren und größeren Exkursen in das Reich der politischen Zeitgeschichte und der narrativen Theologie großer Gestalten des Glaubens, die seine Heimat prägten. Aelred von Rievaulx wird zu den Zisterzienservätern der ersten Generation gezählt, nach einem geflügelten Wort zu den „vier Evangelisten von Cîteaux". Bernhard von Clairvaux hatte offensichtlich seinen Anteil an seiner „Entdeckung". Wie er eine Apologie des Zisterziensercharismas aus der Feder des jungen englischen Novizenmeisters gezeigt bekam, sorgte er dafür, dass Aelred mit dem „Spiegel der Liebe" einen offiziellen Auftrag bekam, im Namen des Ordens eine Spirituelle Theologie zu verfassen mitsamt einem Exkurs über die Krisen und Chancen eines Lebens im Kloster. Das Endergebnis war nicht nur durch die Einbeziehung einer soliden philosophischen Anthropologie systematisch aufgebaut, sondern durch mehrere persönliche Exkurse und Erzählungen aufgelockert und dadurch besonders ansprechend für einen potentiellen Leser. Diese Verquickung von unterschiedlichen Literaturgattungen und Genres blieb auch für Aelred Zeit seines Lebens charakteristisch und hob seine Schriften angenehm von den trocken zu lesenden scholastischen Traktaten ab. Aus dieser Perspektive erklärte es sich auch, dass das Herausgeberkomitee der Corpus Christianorum eine kleine Grenzüberschreitung wagt. An sich ist diese Reihe bedeutenden theologischen und philosophischen Autoren des Mittelalters gewidmet. Zur Verkomplettierung des Gesamtbildes des literarischen Schaffens des „Bernhard des Nordens", wie Aelred von Rievaulx auch genannt wurde, erscheint die Edition seiner historiografischen und hagiografischen Werke geradezu notwendig, da Aelred auch hier „narrative Theologie" betreibt. Besonders positiv zu vermerken sind die ungewöhnlich ausführlichen thematischen Einleitungen, die Pezzini den einzelnen Opuscula widmet: Der Genealogie der Könige Englands (mit dem Leben König Davids und des jungen König Heinrichs), dem Bericht über die Schlacht von Standard, den Heiligen der Kirche von Hexham, des Lebens des heiligen Ninian und der Erzählung eines etwas skandalträchtigen „Wunders" innerhalb eines Nonnenkonventes. Pezzini erweist sich als ein Kenner der Materie, wenn er über eigene kennzeichnende Merkmale der Werke Aelreds eigene kleine Abhandlungen einfügt, etwa über die theologisch relevanten Reden, über Gebet und Meditation, die Meisterschaft im Zeichnen von literarischen Portraits, über dramatisches „Story-Telling" und den gekonnten lateinischen Stil Aelreds von Rievaulx. Dazu kommt die sorgfältige Editionspraxis, die jede erreichbare Handschrift sorgfältig untersucht und in ihrer Relevanz analysiert. Insgesamt ein besonders gelungenes Werk.

Gero P. Weishaupt, Rezension zu: *Mensis Eucharisticus. Kommuniongebete aus dem 18. Jahrhundert*, hg. v. Marianne Schlosser, Heiligenkreuz 2017, Be+Be-Verlag, 107 S., ISBN 978-3-903118-25-6, 9,90 €.

Die Feier der heiligen Eucharistie ist Quelle und Höhepunkt des ganzen christlichen Lebens der Kirche, sagt das Zweite Vatikanische Konzil in seiner Kirchenkonstitution *Lumen gentium* (11). Alles Tun der Kirche als Ganzer wie jedes einzelnen Gläubigen entspringt aus der heiligen Messe und führt zur ihr zurück. Darum ist die Feier der heiligen Eucharistie ein besonderes geistliche Geschehen, auf das sich alle – Priester und Gläubige – vorbereiten sollen.

Was die Priester angeht, so heißt es im Kirchlichen Gesetzbuch (CIC/1983): *„Der Priester darf es nicht versäumen, sich durch Gebet auf die Feier des eucharistischen Opfers geziemend vorzubereiten sowie nach de Feier Gott Dank zu sagen"* (can. 909). Auch wenn es keine entsprechende Norm für die Gläubigen, die nicht Priester sind – Diakone und Laien –, gibt, so gilt selbstverständlich auch für sie, sich auf die Messfeier passend vorzubereiten und nach der Feier Gott Dank zu sagen. Vereinen sich doch die Gläubigen mit dem Priester, der in der Person Christi das Opfer vollzieht, in der Darbringung des eucharistischen Opfers.

Das vorbereitende Gebet zielt auf die Opfergesinnung, mit der Priester und Gläubige – freilich auf je eigene Weise – sich in und mit Christus dem Vater darbringen sollen. In der Danksagung geht es darum, sich in Erinnerung zu rufen, was Priester und Gläubige gefeiert haben und Gott freudig zu preisen wegen der Gnade des eucharistischen Opfers.

Wenngleich jeder Gläubige sich durch persönliche Gebete und stille Betrachtung auf die Messfeier vorbereiten und im Anschluss danksagen kann, so ist es doch sehr hilfreich, dafür geeignete Kommuniongebete zu nutzen. Seit längerer Zeit können Priester, die des Lateinischen ausreichend mächtig sind, das Büchlein des Kölner Adamas Verlages mit dem Titel „Preces selectae" für die Vorbereitung und Danksagung verwenden. Ein für Priester und nichtgeweihte Gläubige („Laien") gleichermaßen geeignetes Büchlein mit aus dem Lateinischen ins Deutsche übersetzten Kommuniongebeten hat Marianne Schlosser, Universitätsprofessorin für Theologie der Spiritualität an der Katholisch-Theologischen Fakultät der Universität Wien, 2017 im Be+Be-Verlag, der seinen Sitz bei der Hochschule Benedikt XVI. in Heiligenkreuz bei Wien hat, herausgegeben.

Es enthält für jeden Tag eines Monats 31 Betrachtungen über das Geheimnis der Eucharistie. Entsprechend trägt es den Titel „Mensis Eucharisticus" – „Der eucharistische Monat". Das 1737 in Florenz erschienene Büchlein, das 2011 bereits in einer lateinisch-italienischen Ausgabe vom Vatikan neu herausgegeben worden ist, eignet sich für alle Gläubigen – geweihte wie nichtgeweihte – zur Vorbereitung auf die heilige Messe und die Danksagung nach der Feier. „Die Betrachtungen werden [...] aus der Perspektive der glaubenden Seele unternommen, die von Christus beschenkt wird, also aus der Perspektive des Empfängers. Daher können sie für alle Gläubigen Anregung sein", schreibt die Herausgeberin in ihrem Vorwort.

Inhaltlich richten sich die aus der heiligen Schrift inspirierten Betrachtungen des jeweiligen Tages auf eine Eigenschaft Jesu wie z. B. den König, den Lehrer, den Hohenpriester, den Hirten, den Bräutigam oder den Erlöser. Jeder dieser christologischen Eigenschaften sind drei Punkte zur Vorbereitung („Wer kommt?"; „Zu wem kommt er?"; „Wozu kommt er?"), eine kurze „Erhebung des Herzens" und drei Gedanken zur „Danksagung" mit abschließender erneuter „Erhebung des Herzens" zugeordnet. Entsprechend den drei Fragen bei der Vorbereitung auf die heilige Messe und den Empfang der heiligen Kommunion soll der Gläubige „die Person Christi betrachten und das eigene Verhältnis zu ihm", erklärt Marianne Schlosser. Den Abschluss sowohl der Vorbereitung als auch der Danksagung bildet jeweils ein kurzes Gebet, das sich eng an der Heiligen Schrift orientiert. „Überhaupt fällt auf", so Marianne Schlosser, „dass die einzelnen Betrachtungen durchgehend aus Schriftworten gewoben sind."

Man beklagt zuweilen die „Wortlastigkeit" der Messfeier nach dem Ordo Missae Pauls VI., der sogenannten ordentlichen Form des Römischen Ritus. Gleichwohl ist auch in dieser Form genügend Raum für das *sacrum silentium*, die „geweihte Stille", vorgesehen: vor dem Bußakt, den Präsidialgebeten (Tages-, Gaben-, Dankgebet), nach den Lesungen und gegebenenfalls der Homilie sowie nach dem Empfang der heiligen Kommunion. Auch muss in diesem Zusammenhang das stille Gebet des Priesters vor der Verkündigung des Evangeliums sowie vor und nach dem Kommunionempfang erwähnt werden. Die Kommuniongebete in „Mensis Eucharisticus" helfen allen Gläubigen, schon vor der Messe still zu werden, in sich einzukehren und ihr Herz zu öffnen für den, den sie in der heiligen Kommunion empfangen: Christus mit seiner Gottheit und Menschheit, mit Leib und Seele. Diese Stille soll nach der Messe nicht abrupt abbrechen, sondern nachwirken in einem geziemenden, freudigen Dank für die empfangene Gabe und in der Bitte um eine für den Alltag segensreiche Kommunion. Eine Hilfe dazu bietet das hier rezensierte Büchlein „Mensis Eucharisticus".

Cyrill Bednář OCist, Rezension zu: Astrid Meyer-Schubert, *Philosophie des Anfangs. Auf dem Weg zur christlichen Geburt*, Aachen 2019, Bernardus-Verlag, 122 S., ISBN 978-3-8107-0312-5, 14,80 € [D]/15,30 € [A].

„Das Leben behält aber am Ende immer recht." Dieser Schelling'sche Satz kann einen Unterschied in Methode und Zielsetzung zu einer gängigen feministischen Anthropologie ausdrücken, der das neue Werk von Astrid Meyer-Schubert charakterisiert. Die Autorin, eine deutsch-österreichische Grenzgängerin, die sich mit ihrer Forschung zu Schelling 1991 vorgestellt hat, führt Gott-Suchende vom Mythos der Antike über die Wissenschaft der Neuzeit zur Freiheit des Evangeliums Christi hinüber.

Am Anfang des bewussten Lebens wurde die Weisheit mit einem Mythos bekleidet, der die entgegengesetzten Erfahrungen wie Leben–Tod, Leib–Seele und Mann–Frau in eine tyrannische Götterwelt überhöht hat. Damit wurde zwar eine erste Artikulation menschlicher Situation geschaffen, aber ihr Mysterium wurde somit nur scheinbar erklärt. Erst die sokratische Rebellion einer mäeutischen Unwissenheit hat den Blick für den wahren Ursprung der Dinge eigentlich eröffnet. Wie diese Liebe zur Weisheit durch das christliche Denken befruchtet wurde, zeigt Meyer-Schubert später. Dann aber bringt eine theologische Spaltung zwischen Wissen und Glauben eine Abkehr vom Anfang des Seins mit sich, die als Positivismus bekannt ist. Der Körper wurde zu einem Mechanismus, wobei das *eritis sicut Deus* immer deutlicher zum Ausdruck gebracht wird. Nach Feuerbach und Freud sind Triebe und Menschen zu Göttern geworden, wobei die Ersteren die Oberhand gewinnen. Statt versprochener Mündigkeit ist die Folge der Verlust der Verantwortlichkeit.

Dem stellt Meyer-Schubert ihre kräftige Vision eines religiösen Feminismus, im ursprünglichen Sinne des Wortes katholischen, entgegen. Körper und Geist werden nicht wie üblich methodologisch getrennt, sondern in einer Überschreitung beider, der Materie und des Geistes, zum Leibgeist vereint. Die Zeugung gilt dabei als ein privilegierter Augenblick der Berührung von Transzendenz: *attingitur inattingibile inattingibiliter*. Daher kann der Mensch sich in seinem Ich, Selbstbewusstsein und Wille in jenem Anfang gründen, der ihn ins Dasein brachte: An Gott glauben. Mit christlicher Tradition von Paulus über Meister Eckhart bis zu Romano Guardini spannt Meyer-Schubert diesen Vorgang als einen langen Bogen zwischen unserer Zeugung und Auferstehung. Er benötigt eine vierfache Mediation: Durch leibliche Empfindung und Imagination an der Seite des Subjekts, durch die Mutter Gottes und die Kirche an der Seite der Geschichte. Die Inkarnation Gottes wird somit zu einem geschichtlichen Prozess, der nicht primär dialektisch, sondern marianisch, zum Geistleib Christi hin, erfolgt.

In der geschichtlichen Verkündigung, in der Taufe und im Schmerz des Kreuzestodes Christi zeigt die Mutter Gottes, wie die in ihr exemplarisch inkarnierte Geistigkeit in Leiblichkeit eines jeden zur Geltung kommt. Dabei ist es immer das Geistige, Göttliche und Unendliche, womit die irdische Begrenztheit menschlicher Natur überwunden wird. Die Stärke des Modells der Autorin liegt in einer konkreten, erfahrbaren Nähe von Maria, der Mutter Jesu, die nicht auf ihre historische

Persönlichkeit begrenzt bleibt, sondern in ihrem mystischen Leib, der Kirche, weiterlebt. Meyer-Schubert bringt uns ein originelles Plädoyer für eine in der Zukunft tragfähige Metaphysik, die in eine integrative theologische Anthropologie beider Geschlechter mündet. Eine frische Lektüre auf dem neuesten Stand „Maria 3.0" und der Phänomenologie eines Emmanuel Falque, die uns nur bereichern kann.

Stefan Hartmann, Rezension zu: JORGE M. BERGOGLIO, *Im Gespräch mit Hans Urs von Balthasar. Die Wahrheit ist symphonisch und der theologische Pluralismus*, kommentiert von Rodrigo Polanco und M. Gabriela Wozniak SAS, Freiburg i. Br. 2018, Johannes Verlag, 139 S., ISBN 978-3-89411-442-8, 15 €.

Mit zwei ausführlichen Kommentaren und Erweiterungen aus lateinamerikanischer und europäischer Sicht veröffentlicht der von Hans Urs von Balthasar gegründete „Johannes Verlag Einsiedeln" (Freiburg) einen zentralen Text des heutigen Papstes Franziskus „Über theologischen Pluralismus und lateinamerikanische Ekklesiologie" aus dem Jahr 1984, in dem die Auseinandersetzungen um die teilweise marxistische „Theologie der Befreiung" durch eine erste vatikanische Instruktion ihren Höhepunkt erreicht hatten. Der damalige Jesuit Bergoglio ging darin von Balthasars Werk „Die Wahrheit ist symphonisch. Aspekte des christlichen Pluralismus" (Einsiedeln 1972) und dem Aufsatz Karl Lehmanns „Die Einheit des Bekenntnisses und der theologische Pluralismus" (in der Eugen Biser-Festschrift, Regensburg 1983) aus, um zwischen europäischer und südamerikanischer Theologie ein vermittelndes Gespräch in Gang zu setzen. Als Balthasars zentrale Kriterien im theologischen Pluralismus sieht er die „Mitmenschlichkeit" und die „Maximalität" der Liebe Gottes in Jesus Christus. Diese bleibt zwar ein Geheimnis, konkretisiert sich aber unideologisch in der Zugehörigkeit zur Kirche im „historisch und gesellschaftlich gegliederten Volk", wie es das Schlussdokument der III. Generalkonferenz des lateinamerikanischen Episkopates in Puebla 1979 festgehalten hat. Darin besteht mit der Berufung zur Einheit auch die „Identität des Christen" (31), was Bergoglio dann anhand der Pueblo-Texte weiter ausführt.

In seinem Kommentar „Die christliche Gestalt der Einheit" (41-97) zieht aufgrund dieses Aufsatzes, der theologischen Entwicklung Lateinamerikas und des grundlegenden päpstlichen Schreibens „Evangelii Gaudium" (2013) der chilenische Theologe Rodrigo Polanco (Santiago de Chile) Verbindungen zwischen Jorge Bergoglio/ Papst Franziskus und Hans Urs von Balthasars Gesamtwerk. Hervorgehoben wird die den jesuitischen Papst beeinflussende „teología del pueblo" (Theologie des Volkes) des Argentiniers Lucio Gera, die die ungenügende marxistische Analyse der Befreiungstheologie überwand und die „Option für die Armen" mit der Option für das Volk, für die Religion („Volksfrömmigkeit") und die Befreiung verband. Bei Balthasar sah Bergoglio eine den lateinamerikanischen theologisch-pastoralen Realitäten „entsprechende Hermeneutik" (12; 63). Polanco erwähnt dann auch Balthasars theologische Gestalt-Ästhetik und sieht (oder hört) einen „Gleichklang" (63) der beiden ehemaligen Jesuiten. Hier wären Bedenken angebracht bezüglich des bei

XII. Rezensionen

Balthasar ekklesiologisch nicht vorhandenen Begriffs des „Volkes", zumal in der „teología del pueblo" nicht einmal konziliar von einem „Volk Gottes" die Rede ist, geschweige denn vom mystischen Leib Christi oder der „communio sanctorum". Aber es bleiben Übereinstimmungen in wesentlichen Fragen wie eben der „Mitmenschlichkeit" und „Maximalität" des liebenden Gottes. Genauso kann es in der Kirche und für einen Papst letztlich keinen Gegensatz zwischen Pastoral und (rechtgläubiger) Theologie geben. Beide dienen der Einheit und Heiligkeit in der Kirche (95f.).

Für Gabriela Wozniak SAS (Wien) gilt in ihrem Kommentar „Das Ganze begreifen" (98–138) daher: „Hinter dem lächelnden Papa Francesco steckt ein großer Theologe" (100). Er ist wie zuvor Benedikt XVI. der aktuelle „Dirigent" der kirchlichen Symphonie des Glaubens und der Wahrheit. Sie zieht Vergleiche zu Karl Rahners Pluralismus-Thesen und umschreibt „Grenzen des Pluralismus" (108ff.). Für Bergoglio und Balthasar ist „die Mitte der Welt: Das Kreuz" (116) – als Zeichen auch der von beiden immer wieder betonten Freude des Evangeliums (Evangelii Gaudium). Ausgeführt werden dabei von Wozniak wiederum die beiden theologischen Zentralprinzipien Mitmenschlichkeit und Maximalität, die für Bergoglio wie für Balthasar und Lehmann „Prüfsteine des Pluralismus" (131) bilden. Dabei kann mit einem bekannten geschichtstheologischen Buchtitel Balthasars auch „das Ganze im Fragment" gefunden werden. Befreiung ist jedoch nicht auf Politisches beschränkt, sondern ganzheitlich zu verstehen als befreit-freie Teilnahme an der Freiheit des dreieinigen Gottes im Liebesgehorsam der Sendung hinein in die Dialektik und Erlösungsbedürftigkeit von Welt und Menschen. Wozniak erwähnt zwar neben „Evangelii Gaudium" die Enzyklika „Lumen Fidei" (2013) und das Schreiben „Gaudete et Exsultate" (2018), nicht aber die Enzyklika „Laudato si" (2015) und das Schreiben „Amoris laetitia" (2016), die beide im Licht der Theologie Balthasars kritisch oder affirmativ gesichtet werden könnten. Im gleichen Jahr wie der Aufsatz des Jesuiten Bergoglio publizierte Balthasar in seinem Verlag übrigens die Texte „Einheit im Glauben" (Einsiedeln 1984) des damaligen Fribourger Dominikanerprofessors und heutigen Erzbischofs von Wien, Kardinal Christoph Schönborn. Sie sind und bleiben eine hilfreiche Ergänzung des wichtigen Bergoglio-Aufsatzes, dessen Publizierung und Kommentierung ein Gewinn ist.

Hinrich E. Bues, Rezension zu: JOHN HENRY NEWMAN, *Betrachtungen und Gebete*, hg. v. Hanna-Barbara Gerl-Falkovitz und Gudrun Trausmuth, Heiligenkreuz 2018, Be+Be-Verlag, 302 S., ISBN 978-3-903118-74-4, 21,90 €.

Schon im Alter von 10 Jahren galt der im Jahr 2019 heiliggesprochene John Henry Kardinal Newman (1801–1890) als Wunderkind, als der Neunjährige in sein „Versebuch" die ersten lateinischen (!) Gedichte hineinschrieb. Mit 21 Jahren hatte Newman bereits Schule und Studium abgeschlossen und war zum Professor am renommierten Oriel-College in Oxford berufen worden. Die außerordentliche dichterische und intellektuelle Begabung dieses Wunderkindes, dem zudem an frühester Jugend an eine tiefe Frömmigkeit, Christusgläubigkeit und Verehrung Mariens geschenkt wurde, ist deshalb so erwähnenswert, weil sie sich in den hier zu besprechenden „Betrachtungen und Gebeten" Zeile für Zeile widerspiegelt.

Nicht als wissenschaftliche Texte, sondern vielmehr als Dichtung, Lobpreisung und Gebet sind die in einem großen Kapitel versammelten „Betrachtungen über die christliche Lehre" von Newman gedacht. Er will nicht, wie es Theologen sonst gerne tun, „über" Gott und die Welt schreiben, sondern fast immer „mit" oder zu Christus Jesus sprechen, die Leser dazu ermuntern mit dem Sohn Gottes in Kontakt zu treten. Er will zu einem geistgewirkten Leben inspirieren, wozu auch die „acht Meditationen für eine Woche", von Sonntag bis Sonntag, dienen sollen. Welche Kraft in diesen geistlichen Dichtungen und Gebeten steckt, kann der Leser nur selbst entdecken, der sich auf diesen Blick in den Himmel, den Newman demütig „vorschlägt", einlässt, sich dafür die Zeit nimmt und erleuchten lässt.

Die außergewöhnliche dichterische und theologische Begabung Newmans erklärt beileibe nicht die große Wirksamkeit dieses Geistlichen, der bis zu seiner Konversion zum katholischen Glauben im Jahr 1845 als anglikanischer Pfarrer und Kopf der hochkirchlichen „Oxford-Bewegung" der „Church of England" wirkte. Seiner Konversion folgten Jahrzehnte der Ablehnung seitens seiner alten anglikanischen und seiner neuen katholischen Glaubensgenossen. In den 34 Jahre zwischen seiner Konversion und der Erhebung zum Kardinal ehrenhalber 1879 kämpfte er nicht nur um Anerkennung seines persönlichen Weges der Bekehrung, sondern auch gegen die liberalen, modernistischen und anderen „modernen" Strömungen.

Als großer Kenner der Theologie der Kirchenväter reagierte er gleichsam allergisch gegen den theologischen Liberalismus, die Bibel- und Dogmenkritik seiner Zeit. Vor seiner Konversion hatte er lange nach dem sogenannten „mittleren Weg" zwischen den Konfessionen gesucht, der wieder zu einer Einheit der Kirche Christi führen sollte. Nach vielen Jahren der Forschung erkannte er allerdings die Vergeblichkeit dieser ökumenischen Bemühungen, was ihn dazu führte, um die Aufnahme in die eine katholische Kirche zu bitten.

Als Leitschnur für die Suche nach der Einheit der Kirche diente Newman schon lange vor seiner Konversion die Verehrung Mariens. Wie tief seine Marienverehrung sich dann entwickelte, zeigen die abgedruckten 31 „Betrachtungen für den Monat Mai". Sie bieten dem Leser eine Meditation über die Ehrentitel Mariens aus der Lauretanischen Litanei und inspirieren zu theologischen Erkenntnissen, die über Maria direkt zu Jesus Christus führen. Newman folgt hier dem alten Motto „per Mariam ad Iesum", das zu seinem Bedauern von Protestanten weitgehend bestritten wurde und wird. Protestanten behaupteten, wie Newman schreibt, dass die Verehrung Mariens die Verehrung von Christus als wahrem Gott und Herrn verdunkle. Doch die Geschichte des Protestantismus habe das Gegenteil gezeigt. Die fehlende Verehrung Mariens habe die Verehrung Christi verdunkelt. Mutter und Sohn könne eben niemand in einer christlichen Spiritualität auseinanderdividieren, ohne Schaden im Glauben zu nehmen.

Manche Zeitgenossen bezeichneten Newman als Anti-Ökumeniker, weil er die Rückkehr in die römisch-katholische Kirche propagierte. Die Neuere

Ökumenische Bewegung, die sich auf einer Missionskonferenz in Edinburgh 1910 konstituierte, versuchte in den letzten 110 Jahren auf einem anderen Weg zur Einheit der Kirche zurückzufinden. Auf Konferenzen, Kongressen und in Kommissionen suchten Ökumeniker einen Weg des Dialogs, der theologischen „Konvergenzen" zwischen den verschiedenen christlichen Konfessionen zu finden. Im 21. Jahrhundert äußern sich viele enttäuscht. Die hohen Hoffnungen haben sich nicht erfüllt. Die Formel von der „Einheit in der Verschiedenheit" kann nicht über die weiter bestehende Uneinigkeit in den zentralsten theologischen Bereichen (Petrusamt, Sakramente, Kirchenverständnis) hinwegtäuschen. Umso aktueller wird Newmans Weg der Rückkehr.

Daher seien diejenigen, die sich der Theologie und den geistlichen Betrachtungen Newmans widmen, gewarnt: sie werden quasi automatisch auf den Weg der Rückkehr in die heilige und katholische Kirche Christi geführt. Auf der Seligsprechungsfeier 2010 in Birmingham wurde berichtet, dass seit Newmans Tod mehr als 10.000 Anglikaner inzwischen diesem Weg gefolgt sind. Und es werden immer mehr, seit Papst Benedikt im Jahr 2009 die Gründung von Personalordinariaten für zurückkehrende Anglikaner eingerichtet hat. In dieser Weihnachtszeit bat beispielsweise der persönliche Kaplan der anglikanischen Königin Elisabeth II., das Oberhaupt der „Church of England", um seine Aufnahme in die eine und heilige katholische Kirche.

Über die Motive seiner Konversion – die er nicht als „Übertritt", sondern als eine „Bekehrung" (lat. conversio) verstanden wissen wollte – schrieb Newman in den 1860er-Jahren seine berühmte Verteidigungsschrift „Apologia pro Sua Vita". Er erklärt darin die Beweggründe seiner Konversion, die sich in erster Linie auf das durch die Bibel und die altkirchlichen Dogmen geschulte Gewissen beruft. Papst Benedikt XVI. erinnerte im Jahr der Seligsprechung Newmans in der Weihnachtsansprache vor der Kurie (2010) an dieses zentralste Motiv in Newmans Theologie: „Der Weg der Bekehrungen Newmans ist ein Weg des Gewissens – nicht der sich behauptenden Subjektivität, sondern gerade umgekehrt des Gehorsams gegenüber der Wahrheit, die sich ihm Schritt um Schritt öffnete."

Mit dieser Haltung und Grundüberzeugung steht Newman im Widerspruch mit manchen katholischen Zeitgenossen, die sich etwa in der Frage der Empfängnisverhütung auf ihr Gewissen berufen (Königsteiner Erklärung der deutschen Bischöfe), sowie zu dem bei Martin Luther angelegten Individualismus und Subjektivismus in Glaubensfragen. Nur zu gut kannte Newman die Zerrissenheit der evangelischen Christenheit, wo jeder „sein eigener Papst" sein will und nirgendwo Einigkeit ist.

Wer Newmans Leben von seinem Lebensende her betrachtet, kann eine erstaunliche Entdeckung machen. Bei seiner Beerdigung im Jahr 1890 säumten Zehntausende anglikanische wie katholische Christen den Weg des großen Theologen, Beters und Seelsorgers bis zu seiner Grablege südlich von Birmingham. In der Nähe dieser Grablege fand im Jahr 2010 im Cofton-Park seine Seligsprechungsfeier statt. 250.000 Menschen aus aller Welt und fast allen christlichen Konfessionen wollten daran teilnehmen, doch nur

65.000 konnten aus Platzgründen zugelassen werden. Der Autor, der als Korrespondent einer katholischen Tageszeitung diese Feier miterlebte, spürt immer noch eine „Gänsehaut", wenn er an die von Hunderten Blasinstrumenten und einem gewaltigen Chor angestimmten Hymnen Newmans während dieser heiligen Messe zurückdenkt: der Gesang und Lobpreis Gottes mit den Liedtexten des Seligen hatten fast himmlische Qualität. Als der grüne Hubschrauber mit Papst Benedikt XVI. einschwebte, hörte der englische Nieselregen tatsächlich auf, und die Sonne begann zu scheinen. Schon vor 10 Jahren bestand kein Zweifel mehr an der himmlischen Wirksamkeit des hl. John Henry Newman.

Wo ist die Quelle für diese doch außergewöhnliche, im tiefsten Sinne ökumenische Wirksamkeit des heiligen John Henry Newman zu finden? Liegt sie in seiner Gelehrsamkeit oder Genialität, seinen hohen moralischen, religiösen oder geistigen Standards, seinen außerordentlichen Begabungen, Charismata oder prophetisch-scharfsinnigen Kämpfen gegen den liberalen Zeitgeist begründet? Auf die Frage nach dieser Quelle, was man tun müsse, um das ewige Leben zu gewinnen (vgl. Lk 10,25), gab Newman eine verblüffend einfache Antwort:

„Wenn du mich fragst, was du tun musst, um vollkommen zu sein, so sage ich dir: Bleibe nicht im Bett liegen, wenn es Zeit ist aufzustehen; die ersten Gedanken weihe Gott, mache einen andächtigen Besuch beim allerheiligsten Sakrament, bete fromm den Angelus, iss und trink zu Gottes Ehre, bete mit Sammlung den Rosenkranz, sei gesammelt, halte böse Gedanken fern, mache deine abendliche Betrachtung gut, erforsche täglich dein Gewissen, geh' zur rechten Zeit zur Ruhe – und du bist bereits vollkommen." (53f.).

Fundamentaltheologie

Christoph Binninger, Rezension zu: MICHAEL LATTKE, Aristides „Apologie" (KfA, Bd. 2), Freiburg i. Br. 2018, Verlag Herder, 410 S., ISBN 978-3-451-2904-1-1, 95 €.

Michael Lattke, emeritierter Professor für Neues Testament und Frühchristentum an der Universität von Queensland in Brisbane (Australien), legt in der Reihe „Kommentar zu frühchristlichen Apologeten" (KfA – Bd. 2) die erste vollständige Kommentierung der von ihm ins Deutsche übersetzten „Apologie" des Aristides von Athen vor.

Sie ist gemäß der Vorlage der KfA in der Tradition des wissenschaftlich-exegetischen Kommentars gehalten. Aristides von Athen lebte wahrscheinlich in der ersten Hälfte des 2. Jahrhunderts. Über sein Leben ist wenig bekannt. Von Eusebius von Caesarea ist uns folgende Einschätzung überliefert: „Aristides, ein Mann, der in Treue zu unserer Religion stand, hat uns wie Quadratus eine Glaubensapologie erhalten." (Kirchengeschichte IV,3). Diese Schrift gehört damit zu den ältesten bezeugten Apologien der Christenheit. Sie wurde in der Regierungszeit von Kaiser Antonius Pius (138–161) verfasst. Unter diesem Kaiser, dem 4. Adoptivkaiser und Gründer der Antoninischen Dynastie, wurde dem Römischen Reich die letzte längere Friedenszeit vergönnt. Die „Apologie" richtet sich an Antonius Pius, um den christlichen Glauben und die christliche Lebenspraxis zu verteidigen und ihre vernunftgemäße

XII. Rezensionen

Überlegenheit den anderen Religionen gegenüber zu erweisen.

Lattke versäumt es in seiner Abhandlung leider, die „Apologie" des Aristides zeitgeschichtlich genau zu verorten. Er verzichtet nicht nur auf eine nähere Darstellung der politischen Zeitumstände, sondern auch auf eine Beschreibung der kirchengeschichtlichen und theologischen Entwicklungen. So wirkt die „Apologie" von ihrem geschichtlichen Kontext etwas losgelöst.

Das Hauptaugenmerk des Verf. gilt der sprachlichen Rekonstruktion der ursprünglich griechischen „Apologie", die nicht mehr als eigenständiger Text vorhanden ist. Ganz akribisch und umfangreich gelingt es dem Autor, aus den erhaltenen aramäischen und syrischen Übersetzungen sowie aus einigen griechischen Papyrusfragmenten und Exzerpten im griechischen Barlaam-Roman schlüssig den ursprünglichen Text der Apologie des Aristides wiederherzustellen. Dies ist eine wichtige Leistung des Verf.s.

Durch diese aktuelle und wissenschaftlich sehr gut gelungene deutsche Übersetzung des wiederhergestellten Originals leistet der Verf. einen wichtigen Beitrag zur Erforschung der theologischen Entwicklungen des Frühchristentums. Leider wertet Lattke die theologischen Aussagen des Aristides nicht genug aus, sondern verliert sich oft zu sehr in der sprachlichen Wiederherstellung des Originaltextes und in Textvergleichen. Eine theologische bzw. theologiegeschichtliche Auswertung der Kernaussagen des Aristides kommt deutlich zu kurz. Dabei weist die Apologie inhaltlich durchaus gewichtige Aussagen auf, die einer weiteren Kommentierung bedurft hätten.

Lattke zeigt akribisch auf, dass Aristides direkt die Septuaginta, die Paulusbriefe und mindestens indirekt die Evangelien inhaltlich zugrunde legte. Dies ist nicht unerheblich für die frühchristliche Kanonentwicklung. Auch dogmatisch sind die Ausführungen des Aristides von Bedeutung. So findet sich in seinen Ausführungen ein hochinteressantes theologisches Bekenntnis zum christlichen Eingottglauben, das Elemente der griechisch-römischen Philosophie verarbeitet:

„Ich sage aber über den Beweger der Welt, dass er der Gott des Alls ist, der das All erschaffen hat wegen der Menschen. [...] Ich sage aber, dass Gott ein Ungezeugter (Ungeborener) ist, ein Unerschaffener, eine ewige Natur, ohne Anfang und ohne Ende, ein Unsterblicher, ein Vollkommener und ein Unbegreiflicher. [...] Und nicht braucht er etwas, aber alles bedarf seiner. [...] Eine Gestalt hat er nicht, auch keine Zusammensetzung von Gliedern. [...] Er ist nicht ein Mann und auch nicht eine Frau. [...] Der Himmel umfasst (begrenzt) ihn nicht, sondern der Himmel und alles, was sichtbar ist und was unsichtbar ist, wird durch ihn (in ihm) umfasst (umgrenzt). Er hat (eigentlich) keinen Gegner, denn es gibt niemanden, der stärker ist als er. [...] Leidenschaft und Zorn besitzt er nicht. [...] Versehen und Vergessen sind nicht in seiner Natur, denn ganz und gar ist er Weisheit und Verstand (Einsicht?). Und durch ihn besteht alles, was besteht." (Aristides, Apologie 1,2 – Syrischer Text – Lattke, 40–41).

Der Verf. kommentiert diese theologisch-philosophisch hochstehenden Bekenntnisaussagen kaum systematisch-dogmatisch, sondern ergeht sich zu stark in den textuellen Vergleichen der vorhandenen Handschriften sowie etwaigen Abhängigkeiten von anderen Philosophien oder Theologen.

Neben dem monotheistischen „Credo" findet sich auch ein weit fortgeschrittenes christologisches Glaubensbekenntnis bei Aristides, das mehr theologische Beachtung verdient gehabt hätte: „Und dieser [Jesus, der Christus] wird der Sohn des hohen Gottes genannt. Und es wird gesagt, dass Gott vom Himmel herabgekommen ist und von einer hebräischen Jungfrau Fleisch angenommen und angezogen hat, und es wohnte in einer Frau der Sohn Gottes. Dieser wurde von den Juden durchbohrt und starb und wurde begraben, und sie [die Christen] sagen, dass er nach drei Tagen auferstanden ist und aufgenommen wurde in den Himmel. Und danach gingen die zwölf Jünger in die bekannten Teile der Welt und lehrten [...]." (Aristides, Apologie 2,4a– 4d; 4f–4g – Syr. Handschrift – Lattke, 81–83)

Der Verf. versäumt es auch hier erneut weitgehend, diese theologisch bereits hochstehende Christologie im Kontext der Theologiegeschichte systematisch darzustellen und zu bewerten. Aristides zeigt Antonius Pius gegenüber auch die frühchristliche Lebenspraxis. So verurteilt er die praktizierte Homosexualität (vgl. Apologie 17,2a – Syr. Handschrift) und Päderastie (vgl. Apologie 15,5a – Syr. Handschrift). Aristides steht damit völlig im Einklang mit den anderen frühchristlichen Schriften und ntl. Aussagen. Auch auf diese Thematik im theologiegeschichtlichen und moraltheologischen Kontext geht der Verf. nicht systematisch ein.

Insgesamt ist es trotz der theologischen Mängel ein großes Verdienst, dass der Autor den ursprünglichen Text rekonstruiert und ins Deutsche übersetzt und so der theologischen Forschung auf neue Weise zugänglich gemacht hat. Es bleibt die Hoffnung, dass die Apologie des Aristides in der Dogmatik stärkere Berücksichtigung findet und inhaltlich sowie theologiegeschichtlich reflektiert wird.

Christoph Binninger, Rezension zu: Jörg Ulrich, *Justin Apologien* (KfA, Bd. 4/5), Freiburg i. Br. 2019, Verlag Herder, 704 S., ISBN 978-3-451-29043-5, 135 €.

Der Verfasser Jörg Ulrich, Professor für Kirchengeschichte an der Martin-Luther-Universität Halle-Wittenberg und Ephorus des Evangelischen Konvikts Halle, legt in der Reihe „Kommentar zu frühchristlichen Apologien" (KfA) eine neue deutsche Übersetzung der beiden Apologien Justin des Märtyrers vor, die einen Höhepunkt der frühchristlichen Apologien darstellen. Der Verf. erstellt gleichzeitig die erste durchgängige Kommentierung der beiden Schriften im deutschen Sprachraum.

Ulrich gelingt es mit einer sehr ausführlichen Hinführung auf überzeugende Weise, die beiden Apologien in die geschichtlichen, philosophischen und theologiegeschichtlichen Gegebenheiten der Zeit einzubetten.

Justin wurde um 100 n. Chr. in Flavia Neapolis geboren und erlitt 165 n. Chr. in Rom den Märtyrertod. Er hat sich vor seiner Taufe neben der Hl. Schrift auch intensiv mit der paganen Philosophie, besonders dem Platonismus, beschäftigt. Um 135 n. Chr. begibt sich Justin dauerhaft nach Rom, wo er wahrscheinlich einen christlichen „Schulbetrieb" aufbaut. Er entfaltet in dieser Zeit eine beachtliche schriftstellerische Tätigkeit, um das Christentum gegen die Anwürfe paganer Philosophie sowie gegen üble Verleumdung zu verteidigen.

Justin geht es darum, das Christentum als die wahre Philosophie aufzuzeigen, in der allein der Mensch Segen und Heil findet. Er greift dabei sehr stark auf platonisches Gedankengut zurück. In diesem Kontext stellt der Verf. die Frage nach der „Hellenisierung des Christentums" im Werk Justins. Er lehnt das „Entweder-oder-Denken" (72) nach beiden Richtungen ab und vertritt ein „In-, Mit- und Untereinander-Denken" (ebd.) des Christentums und des Hellenismus im Werk des Justin. Dies erscheint jedoch fraglich, denn durch seine Hinkehr zum Christentum findet Justin nicht nur eine geistliche, sondern auch eine geistige Heimat, von der her er bemüht ist, im Rahmen der Hl. Schrift, aus der er oftmals zitiert (!), und der Tradition als den beiden hermeneutischen Ordnungsprinzipien platonische Elemente zur Unterstützung und Erklärung der christlichen Lehre heranzuziehen. Ähnlich verfährt Paulus in seiner Rede auf dem Areopag, wo er philosophische und religiöse Elemente aus dem paganen Umfeld aufgreift, um zu zeigen, dass sie letztlich im Christentum ihre Hinordnung und Erfüllung erfahren. Auch Justin bedient sich platonischer Gedanken, um dem Leser der Apologien zu zeigen, dass das Christentum in gewissem Sinne eine durch Schrift und Tradition gereinigte Erfüllung des platonischen Suchens und Denkens ist. Justin „tauft" gleichsam den Platonismus. Er sieht in ihm das Wirken des *Logos spermatikos* durchschimmern, der die Völker auf das Kommen des Christentums vorbereitet. In der Lehrpraxis gelingt es Justin gerade im Bereich der Christologie oder Trinität diesen „Spagat" nicht immer zu vollziehen.

Die I. Apologie datiert der Verf. auf die Jahre 153–154 n. Chr. Als Entstehungsort sieht er Rom. Diese Schrift wendet sich namentlich – wie schon die Apologie des Aristides von Athen – an Kaiser Antoninus Pius, darüber hinaus auch an dessen Adoptivsöhne Marc Aurel und Lucius. Das Ziel der Petition ist es, dass alle Anschuldigungen gegen Christen juristisch vom Staat geprüft werden sollen. Verurteilungen von Christen nur wegen des *nomen ipsum* sollen verboten werden. Justin legt dazu in der I. Apologie den Glauben und die Lebenspraxis des Christentums dar, um es so vor übler Nachrede und Verleumdung zu schützen. Auch ein missionarischer Aspekt ist in der Apologie durchaus vorhanden, da Justin die paganen Intellektuellen von der Vernunftmäßigkeit des Christentums überzeugen will. Der Kirchenvater gewährt daher dem Empfänger und dem Leserkreis der Schrift einen bisher einmaligen Einblick in das frühchristliche Glaubensleben und die Glaubenspraxis, die kaum eine Arkandisziplin erkennen lässt.

Die II. Apologie könnte – so die überzeugende These des Verf. – eine „Sammlung von Unterrichtsmaterial an der Schule Justins" (60) darstellen, deren älteste Teile ebenfalls aus der Zeit der Entstehung der I. Apologie stammen könnten und die dann später veröffentlicht wurden.

Dem Verf. gelingt es in hervorragender Weise, in Form eines wissenschaftlich-exegetischen Kommentars die Auseinandersetzung des frühen Christentums mit der paganen Umwelt darzulegen. Seine Detailkenntnisse und inhaltlichen Verknüpfungen sind beeindruckend.

Von besonderer Bedeutung und Qualität sind dabei seine Ausführungen zur „Logos-spermatikos-Lehre" (u. a. 384–387 und 595–598), in denen er die Ursprünge dieser Lehre erforscht. Sie bietet durchaus in einigen ihrer Aspekte auch heute Argumentationshilfen sowohl für die Auseinandersetzung mit dem Religionspluralismus als auch für die Frage nach dem Heil von Ungetauften im Kontext des universalen Heilsangebotes Gottes.

In der Kommentierung der I. Apologie geht der Verf. auch auf die Aussagen Justins zur Eucharistie näher ein (vgl. I. Apol. 66,1–66,4). Der Verf. übersetzt 66,2 (505–506): „Denn wir begreifen diese Dinge nicht als gewöhnliches Brot oder als gewöhnliches Getränk, sondern wir sind gelehrt worden, dass so wie Jesus Christus, unser Erlöser, nachdem er durch Gottes Wort zu Fleisch gemacht worden war, um unserer Erlösung willen Fleisch und Blut trug, so auch das Mahl, das durch ein vom ihm stammendes Gebetswort geweiht worden ist, und durch das unser Blut und Fleisch gemäß einer Verwandlung genährt werden, [...] Fleisch und Blut jenes Jesus' sei, der zu Fleisch und Blut gemacht worden ist."

Der Verf. schließt daraus, dass man hinter dieser Wendung keine „philosophisch oder theologisch elaborierte Realpräsenzlehre Justins [...] vermuten darf". Er deutet dies so, dass der Begriff „Verwandlung" lediglich aussagt, dass die eucharistische Speise eine dem gewandelten, nunmehr Christus zugewandten Menschen entsprechende Speise sei. „Sie ernährt den Menschen entsprechend der vollzogenen Wandlung" (509). Der Begriff „Wandlung" bezieht sich daher „sicher nicht auf die Wandlung der eucharistischen Elemente von Brot und Wein zu Fleisch und Blut. Ein solcher Gedanke würde die mittelalterliche Transsubstantiationslehre anachronistisch in Justins Zeit zurückprojizieren". (508)

Bei dieser Deutung kommt vom Verf. die lutherische Ablehnung der Lehre von der Wandlung zum Vorschein. Der Verf. deutet die Aussagen von I. Apol. 66,2 (s. o.) ohne 66,3. Dies ist ein schwerwiegendes Defizit. In 66,3 heißt es: „Denn die Apostel haben in den von ihm stammenden Erinnerungen, die Evangelien genannt werden, in dieser Weise überliefert, was Jesus ihnen befohlen hat: Er habe das Brot genommen, gedankt und gesagt: ‚Dies tut zu meinem Gedächtnis, das ist mein Leib' und ebenso habe er den Becher genommen, gedankt und gesagt: ‚Dies ist mein Blut.' (506) Es stimmt sicherlich, dass Justin hier noch keine theologisch ausgearbeitete Lehre von der Wandlung darbietet, auch kann man diskutieren, ob der Begriff „Wandlung" sich auf „Fleisch und Blut" bezieht. Dennoch umschreibt der ganze Text die eucharistische Wandlung. Er beginnt mit den deutlichen Ausführungen, dass die eucharistischen Gaben kein „gewöhnliches Brot" oder „gewöhnliches Getränk" sind und endet mit den zweifachen Einsetzungsworten „Das ist mein Leib" und „Das ist mein Blut". Wie aber werden aus gewöhnlichem Brot und gewöhnlichem Wein ohne Wandlung Leib und Blut Christi? Die Aussagen von Justin implizieren damit durchaus eine eucharistische Wandlung.

Insgesamt jedoch ist das Werk von Jörg Ulrich von herausragender wissenschaftlicher Qualität und eine „Fundgrube" für dogmatische Überlegungen.

Wolfgang Klausnitzer, Rezension zu:
JOHANNES FRIED, *Kein Tod auf Golgatha. Auf der Suche nach dem überlebenden Jesus*, München 32019, Verlag C. H. Beck, 188 S., ISBN 978-3-406-73141-9, 19,95 €.

Seit 1935 veröffentlichte der Volksschullehrer Wilhelm Kammeier in vier Heften und einem Nachtragsheft die These, im 15. Jahrhundert habe eine in Rom sitzende kuriale Fälscherwerkstatt die wahre Geschichte der Germanen (und der Deutschen) mit Fiktionen (z. B. dem Gang Heinrichs IV. nach Canossa, dem Briefregister Gregors VII., der Vorrangstellung des Papstes vor dem 15. Jahrhundert) umgeschrieben und verfälscht. Die Behauptung der Verfälschung der Botschaft und des Selbstverständnisses eines im Grunde recht harmlosen jüdischen Predigers Jesus (dessen Kreuzigung dann wahrscheinlich ein Missverständnis der politisch-religiös Verantwortlichen in Jerusalem gewesen ist) durch eine anonym bleibende Verschwörergruppe oder durch interessengeleitete betrügerische Einzelne (genannt werden gerne die Zwölf, Paulus oder die Evangelisten) ist alt. Sie begegnet bei Kelsos, im Koran, in der Aufklärung und mit Hermann Samuel Reimarus am Beginn der Leben-Jesu-Forschung. Einen Überblick bis in die Gegenwart geben Josef Dirnbeck (Die Jesusfälscher. Ein Original wird entstellt, München 1996) und Roman Heiligenthal (Der verfälschte Jesus. Eine Kritik moderner Jesusbilder, Darmstadt 1997). Der Mediävist Johannes Fried sieht sich (angestoßen durch den „renommierten Biologen" Volker Storch, ermuntert durch die Künstlerin Beate Sellin und aufgefordert durch den „bedeutenden Politologen" Klaus von Beyme: 7) in der Pflicht, unter Berücksichtigung der „Ergebnisse unterschiedlicher Disziplinen, der Unfallchirurgie, der neutestamentlichen Theologie, der Orientalistik, der Alten Geschichte" (165), eine eigentlich recht alte Interpretation der Entstehung der Geschichte des Christentums in Erinnerung zu rufen und die (in gnostizistischen Texten, im 19. Jahrhundert bei Heinrich Eberhard Gottlob Paulus, in der Ahmadiyya-Bewegung und in neuerer Romanliteratur vorgetragene) Scheintodhypothese wiederzubeleben. Auch die Australierin Barbara Thiering (Jesus von Qumran. Sein Leben – neu geschrieben, Gütersloh 1993) hatte vor wenigen Jahren ein Fortleben Jesu nach der Kreuzigung mit Ehe, Scheidung, neuer Ehe und vier Kindern behauptet. In der Darstellung Frieds gibt allein der Verfasser (welcher? – der Ursprungsautor, der Endredaktor ...?) des Johannesevangeliums einen authentischen Bericht eines Augenzeugen der aktuellen Kreuzigung (29), der damals, „als er unter dem Kreuz stand, etwa fünfzehn Jahre alt" gewesen sei und diese Erinnerung siebzig Jahre später festgehalten habe (34). Daraus folgt für Fried die „medizinische" Diagnose (73): Jesus „erlitt am Kreuz aufgrund innerer Verletzungen eine CO_2-Narkose, die ihn in todesähnliche Ohnmacht versetzte, aber nicht tödlich endete, da der Stich in die Seite nun wie eine Punktierung bei ausgeatmeter Lunge wirkte". Der Gekreuzigte war gar nicht tot und das Grab, in das man ihn legte, war in der Tat leer (44f.47), weil er als Lebender hinein- und hinausging. Um ihn vor jüdischen und römischen Verfolgern zu schützen, hätten ihn seine engsten Vertrauten,

Joseph von Arimathia und Nikodemus, außerhalb Jerusalems gebracht und die Auferstehungsbotschaft formuliert, um Jesus und sich selbst ein Überleben zu ermöglichen (65.86–89). Die Jünger Jesu, die nichts davon wussten, hätten diese Botschaft aufgegriffen, weil sie ihnen zunächst „Schutz vor Verfolgung und Tod" beschert habe (ebd.). Der weiterlebende Jesus sei entweder in das Ostjordanland (Dekapolis bzw. Pella: 97–109), nach Ägypten (110–119) oder nach Ostsyrien (oder sogar bis nach Indien: 120–135) gezogen, wo er weiterhin gepredigt habe. Der Beleg dafür seien die zahlreichen gnostizistischen und judenchristlichen Texte, die in diesen Regionen entstanden seien und in denen Jesus als ein bloßer Mensch geschildert worden sei (137–142). Ohne Diskussion übernimmt Fried auch die sogenannte Luxenberg-These, weil sie ihm (zusammen mit der Bestreitung der Kreuzigung in Sure 4,157f.) als Beweis für seine Hypothese gilt, die eigentliche Botschaft des Lehrers Jesus sei eine untrinitarische Aussage über Gott allein gewesen. Der Gründer des Islam, der diese Lehre Jesu aufgegriffen habe, sei nicht eine Person Muhammad, sondern ein unbekannter „christlicher, vielleicht monarchianischer Glaubensreformer" (149) gewesen. Mit den Arabern sei dann diese Form des Christentums (demonstriert in der Inschrift des Felsendoms in der Übersetzung Luxenbergs) im 7. Jahrhundert wieder nach Jerusalem zurückgekehrt (142–154). Auch der Islam beruhe deshalb auf einem Missverständnis (164). Im Westen sei dagegen in der christologischen Diskussion im Sinne des Paulus aus dem schlichten Prediger Jesus der auferstandene Herr und Sohn Gottes geworden (142). Fried selbst nennt seine Überlegungen vielfach „reine Spekulation" (161). Sie besteht weithin aus den Ladenhütern der ersten Phase der Leben-Jesu-Forschung (die Albert Schweitzer als „gescheitert" beschrieben hat), angereichert durch selektive Mitteilungen neuerer Literatur: Jesus wird den Essenern zugeordnet (99), als kynischer Philosoph identifiziert (98), aber auch der Ideologie des Zelotentums verdächtigt (56; vgl. 116f.). Wissenschaftlich merkwürdig ist die Begründung (56): „Verdachtsmomente fehlen nicht, dass Jesus diesen Zeloten nahegestanden haben könnte. Der Verdacht genügt in unserem Zusammenhang; die Realität mag hier auf sich beruhen." Viele dieser Spekulationen über „das unglaublichste, widersinnigste Geschehen, an dessen Erforschung ich mich je gewagt habe" (165), sind weder physiologisch noch psychologisch noch religionssoziologisch plausibel: Maria von Magdala sieht den lebendigen Jesus, der nach massivem Blutverlust, mit kollabierter Lunge und erschöpft von Stunden in einem Grab ihr mit einem weißen Kleid gegenübertritt (78f.), und sie soll nicht einmal in der Lage gewesen sein, ihm zu folgen oder ihn festzuhalten. Joseph von Arimathia und Nikodemus (die Juden sind und bleiben) sollen sich das nach jüdischer Vorstellung undenkbare Ereignis der Auferstehung eines Einzelnen (nicht die in manchen jüdischen Kreisen zur Zeit Jesu durchaus vertraute Idee der kollektiven Auferstehung am Ende der Geschichte) ausgedacht haben, weil es den Vorstellungen der anderen (!) Religionen entsprochen und Jesus und sie geschützt habe? Die Zwölf, die nichts von diesem Fortleben wissen, sollen meinen, sie werden durch diese Idee der Auferstehung vor Verfolgung geschützt? Das Gegenteil war der Fall.

Wir leben in einem freien Land. Jeder und jede darf sich zu jedem Thema äußern, egal, ob er Kenntnisse mitbringt oder nicht. Wissenschaft entsteht aber erst dann, wenn ein Autor unter Abwägung des Forschungsstandes, in der Auseinandersetzung mit gegensätzlichen Meinungen und in einer methodischen Sorgfalt (die auch das Bekenntnis des „ignoramus et ignorabimus" einschließen mag) vorgeht. Unter dieser Rücksicht kann der Rezensent nur empfehlen, das vorliegende Buch (um Nestroy zu zitieren) nicht einmal zu ignorieren. Wer sich über den wahren Forschungsstand der Leben-Jesu-Forschung informieren will, kann sich etwa in dem Buch von Marius Reiser informieren, das der Vf. im Literaturverzeichnis zwar zitiert, aber offensichtlich nicht benutzt hat.

Helmut Müller, Rezension zu: KLAUS HEDWIG, DANIELA RIEL (Hg.), *sed ipsa novitas crescat.* **Themen der Eschatologie,** *Transformation und Innovation.* **Festschrift für Manfred Gerwing, Münster 2019, Aschendorff Verlag, 423 S., ISBN 978-3-402-24630-6, 69 €.**

Die 22 Beiträge der Festschrift illustrieren und erhellen sehr schön die Bandbreite der Interessenperspektive und wissenschaftlichen Arbeit des Geehrten. Da die Gottesfrage das zentrale Thema jeder Theologie sein sollte – das von Manfred Gerwing ohnehin –, möchte ich die negative Beantwortung derselben in Peter Sloterdijks Buch „Nach Gott" in der Rezension des Bochumer Dogmatikers Markus Knapp mit ausgewählten anderen Beiträgen ins Gespräch bringen: *Atheistische Mystik. Fundamentaltheologische Anmerkungen zu Peter Sloterdijks Buch „Nach Gott".* Sloterdijk spricht nach Knapp als Atheist von einer „anthropologischen Mystik", die jeder Mensch erleben könne und schon hat, nämlich in der tiefen Geborgenheit, dem *Insein,* im Uterus. Das sei eine vergangene „Inheit", Religion würde sie aber in die Zukunft prolongieren zu einer „Inheit in Gott". Sloterdijk meint, nach Knapp, um die Ungeheuerlichkeit der Welt bestehen zu können, phantasieren sich Gläubige einen transzendenten Uterus und nennen ihn Gott. Religion wäre dann bloß transzendierte Tiefenpsychologie. Im Anschluss an Nietzsche, den er überholt, glaubt er, dass wir Gott gar nicht getötet haben. Denn was es gar nicht gibt, kann man ja nicht töten. „Gott" ist quasi mit dem Menschen auf die Welt gekommen, der es nicht ertragen hat, aus der Geborgenheit des Uterus entlassen zu sein. Deshalb erschafft er sich einen Gott.

Der inzwischen verstorbene Richard Schaeffler hat in seinem Beitrag dem Einwand, das ursprüngliche Gefühl der Geborgenheit könne im „In-der-Welt-Sein" (Sloterdijk) nicht wesentlich erfüllt werden, ein Programmwort Jesu entgegengehalten. Er nennt seinen Beitrag: „*Ich bin nicht gekommen, um aufzulösen, sondern zur Fülle zu bringen.*" *Ein Programmwort Jesu und seine Bedeutung für die säkulare Philosophie.* Nach Schaeffler erstreckt sich jenseits der Ungeheuerlichkeit der Welt eben keine „Leere". Wenn Sloterdijk in seiner „anthropologischen Mystik" nur wie ein Ölbohrer in „seinem inneren Texas" fündig werden könne, ist Schaeffler „von der geringen Wirksamkeit der eigenen Leistung" überzeugt und dass alles, „was Gutes in der Welt ist und geschieht [...] Verheißung" ist.

Die Gestalt dieser Verheißung wird mehrfach in der Festschrift thematisiert, etwa von der Mitherausgeberin und ehemaligen Mitarbeiterin Gerwings Daniela Riel: *Wir werden verwandelt werden. Die Auferstehung des Leibes in 1 Kor 15,35ff.* Riel beschreibt die Auseinandersetzung des Apostels Paulus mit seinen Gegnern in Korinth. Er plädiert für die Ernsthaftigkeit des Todes und gegen die Überzeugung einiger von einem schwer verständlichen Übergang in „eine himmlische Sphäre". Für die schon Gestorbenen erwartet Paulus die Auferstehung des Leibes unter Mitwirkung Gottes mit bleibender Identität. Aufgrund der Naherwartung ist er andererseits der Überzeugung, die bei der Wiederkunft noch Lebenden würden wiedererkennbar verwandelt.

Über die Wiedererkennbarkeit denkt auch der Hildesheimer systematische Theologe Guido Bausenhart in seinem Beitrag in 10 Thesen nach: *Werden wir uns wiedererkennen? Zu einer möglichen Kontinuität über die Bruchlinie des Todes hinaus.* Bausenhart verabschiedet sich mit Eduard Schweizer von der *psyche* als Kontinuitätsprinzip um Auferstehung zu denken und verlagert die Wiedererkennbarkeit ins göttliche *pneuma*, sodass es zwei Subjekte bei der Auferstehung gibt: Der Mensch als Auferstehungssubjekt und Gott als Auferweckungssubjekt.

Der Augsburger Dogmatiker Thomas Marschler thematisiert den doppelten Ausgang am Ende menschlicher Existenz mit besonderem Augenmerk auf das Verfehlen der Verheißung: *Vernichtung statt ewiger Strafe? Das Modell „bedingter Unsterblichkeit" (conditionalism) in der eschatologischen Diskussion.* Das Ausgesetztsein ins „Ungeheure der Wirklichkeit" Sloterdijks wird im Christentum vertagt ins Jenseits, mit der Chance dem *Ungeheuren* zu entrinnen, entweder im Konditionalismus, indem das Ungeheure einfach ein Ende hat oder als Folge freien Entscheids fortdauert oder aber die uterine Sehnsucht, um im Bild Sloterdijks zu bleiben, endgültig erfüllt wird. Marschler schreitet luzide alle Alternativen kleinschrittig ab und stellt nach Abwägung der Alternativen, die traditionelle Lehre gegenüber dem konditionalistischen Modell, als weniger ungereimt dar. So bleibt s. E. der Universalismus die „kraftvollste theologische Alternative zur Lehre von der ewigen Hölle".

Während man bei Sloterdijk mit Arnold Angenendt eine „fehlende Transzendenz" konstatieren könnte, hat der Münsteraner Kirchengeschichtler in seinem Beitrag *Kirchengeschichte und Religionsgeschichte* die Achsenzeit religionsgeschichtlich so gekennzeichnet, dass in ihr echte Transzendenz erstmals erkannt worden sei. D. h. nicht, dass geschichtlich später – z. B. bei den Germanen – Götter immer noch in einer bloß verlängerten Immanenz verehrt worden sind. Mit dieser Entdeckung der Transzendenz ist vor allem im Christentum auch ein Innenhorizont im Individuum, quasi als subjektive Ausstülpung der Immanenz, entdeckt worden, die zu einer Ethik nicht bloß faktizistisch funktionierender Ethik geführt hat, sondern auch zu einem zwischen gut und böse entscheidendem und mit Schuld oder Genugtuung erfahrendem Gewissen. Sloterdijks Weltbild führt dagegen zurück in eine Welt blind waltenden Fatums, das eine fehlende oder quälende Gewissensentscheidung sinnlos erscheinen lässt.

Wenn nicht bloß alles ein mächtiges, blind waltendes Fatum sein sollte, ergibt Freiheit erst einen Sinn, gepaart mit wenigstens begrenzter Mächtigkeit.

XII. Rezensionen

Mit dieser Voraussetzung ist der Beitrag des Aachener Philosophen Joachim R. Söder zu lesen: *Kausalität der Freiheit. Zur scholastischen Vorgeschichte des modernen Freiheitsbegriffs.* Seine Überlegungen bahnen sich einen Weg von erstursächlicher Bewegung bzw. erstursächlichem Beweger mit im thomanischem Denken durchgehend präsent zu denkender notwendiger Wirkung, über dazu kritisch bezugnehmende Auffassungen von Bonaventura bis zu Duns Scotus. Söder zeigt mit Bezug auf die Genannten, wie schon im Anschluss an Thomas das moderne Konzept von Freiheit seinen Anfang nahm. Während bisher allen Wirkungen Notwendigkeit innewohnte, werden nun in einem gewandelten Denkmodell Kontingenzen erkannt. Freiheit musste so nicht mehr als Einwilligung oder Widerspruch zu Notwendigkeiten definiert werden, sondern als eine Fähigkeit, zwischen Möglichkeiten wählen zu können.

Theo Kobusch zeigt im letzten Beitrag des Buches *Das Alte und Das Neue,* dass in der Antike mit Bezug auf das Alte alles Neue sich zu legitimieren hat. Das Christentum hatte so gesehen die Funktion, das noch verborgene Alte zu enthüllen. Der eigentliche Umsturz, in dem das Neue das Alte dominierte, kam mit Nietzsche, letzthin dem eigentlichen Spiritus Rector Sloterdijks. Kobusch charakterisiert Nietzsche wie folgt: „Der Selbstschaffungsprozess ist danach eine Art *creatio ex nihilo,* jedenfalls ist es das Erschaffen, von etwas ganz anderem, eine vollständige Innovation'." Damit kann Sloterdijks „atheistische Mystik", die er auch als „anthropologische Mystik" beschreibt, charakterisiert werden. Man könnte sagen, er zaubert sie aus dem Hut.

Wenn es um alt und neu geht, sollte auch der Beitrag des Vallendarer Kirchenhistorikers Joachim Schmiedl *Parallele Biographien. Joseph Kentenich und die Ekklesiologien des 20. Jahrunderts* erwähnt werden. Er stellt das Kirchenverständnis Joseph Kentenichs, des Gründers der Schönstattbewegung, vor, der sich auch Manfred Gerwing verbunden fühlt. Kentenich hatte aus einer persönlichen Lebenskrise heraus ein neuartiges Modell von Kirche entwickelt. In seinem Studium neuscholastisch geprägt, hatte er diese Prägung überwunden und ein Kirchenverständnis entwickelt, das weniger gesetzlich, dogmatischer Art war, als von freien Entschlüssen sich Kirche und Gottesbezug innerlich erschließen und auch mit strukturellem Gestaltungsdrang zu kennzeichnen ist. Schmiedl nennt parallel den Jahrgangskollegen Kentenichs Romano Guardini, der ebenfalls ein Modell verinnerlichten Glaubens und Kircheseins entwickelt hatte. Spannend wäre gewesen, ob die Lebenskrise Kentenichs auch Ähnlichkeiten mit den Lebenskrisen Romano Guardinis und Peter Wusts gehabt hat, die sich beide auch aus der Neuscholastik befreien mussten, sich aber ebenso gegen den damals herrschenden Neukantianismus entschieden haben und so ihre Lebenskrise überwunden hatten. Alles in allem ein spannend zu lesendes Buch, in dem die Beiträge Peter Knauers, Klaus Bergers, Rudolf Laufens, Rudolf K. Weigands, Volker Leppins, Jürgen Bärschs, Juliana Solana Pujaltes, Markus Riedenauers, Klaus J. Schmidts, Lothar Wehrs, Paul Platzeckers, Giuseppe Francos und Klaus Hedwigs nicht weniger erwähnenswert gewesen wären. Viele davon habe ich jedenfalls mit Gewinn gelesen und kann die Festschrift in der aktuellen Auseinandersetzung um das „Wachsen des Neuen" und das Ringen um die Vergegenwärtigung der Gottesfrage in der Komplexität der säkularen Gesellschaft nur empfehlen.

Wolfgang Klausnitzer, Rezension zu: GERHARD KARDINAL MÜLLER, *Römische Begegnungen*, Freiburg i. Br. ²2019, Verlag Herder, 159 S., ISBN 978-3-451-38565-0 (Print), 978-3-451-83565-0 (E-PDF), 18 €.

Anzuzeigen ist ein Buch, das wie ein Stadtführer oder ein Roman beginnt (7: „Es ist einer jener herrlichen Tage im Frühling, die alle Bewohner der ewigen Stadt herbeisehnen"), aber dann bald andere literarische Genera aufnimmt. Im ersten Teil tritt der Vf., der nie in der Ich-Form schreibt, sondern stets nur als „der Kardinal" figuriert, als ein ausgesprochen witziger Kabarettist auf, wenn er eine mehr oder weniger fiktive Diskussionsrunde in der Deutschen Botschaft beim Heiligen Stuhl in drei „Stuhlkreisen" beschreibt (19–53), in denen unter anderen ein „deutscher Bischof" (21: „Ich lass das einfach mal so stehen und warte ab, was das mit mir macht"; ebd.: „Vorsicht vor denen, die das Glaubensbekenntnis und die Dogmen wie eine Monstranz vor sich hertragen"; 23: „Lieber in einer vollen Talkshow als einsam vor dem Tabernakel"), ein „Referent aus dem Sekretariat der Bischofskonferenz" (22: „Die notwendige Pluralisierung des Christentums und die Differenzierung der Gesellschaft kann man nicht plump unter Relativismusverdacht stellen"), ein weiterer „deutscher Bischof" (25: „Wir haben in Deutschland keinen Priestermangel. Wir legen einfach die Pfarreien zusammen"), verschiedene Professoren („mit Exzellenzcluster"), eine „Lehrstuhlinhaberin für feministische Anthropologie" (44: „Danke, dass ich als Frau auch mal zu Wort kommen darf"; 45: „Die Unterdrückung der Frau beginnt ja schon mit der biblischen Schöpfungsgeschichte"), aber auch ein polnischer Priester, eine „afrikanische Ordensschwester" und ein „Student aus Lateinamerika" sich zu Wort melden. In einem zweiten Durchgang diskutiert „der Kardinal" mit einem Journalisten und einem französischen Kulturtheoretiker durchaus interessant in seiner Bibliothek und angesichts der Bücher der großen Philosophen (56: „Nicht die Epigonen der Philosophen [...] und ihrer Papageien [...], sondern diese selbst im Original") und Theologen über die Situation der Gesellschaft und des Christentums in Europa (64–107). Daran schließt sich ein Interview mit einem polnischen Journalisten an, in dem „der Kardinal" einige grundsätzliche Fragen beantwortet, wie die Krise des heutigen Christentums einzuschätzen ist und wie manche Äußerungen von Papst Franziskus (aber auch von Papst Benedikt XVI.) interpretiert werden sollten (109–145). Im letzten Abschnitt (146–157: „Kardinäle unter sich: Zu den Grenzen päpstlicher Vollmacht") reagiert „der Kardinal" auf die Anfrage eines anderen Kardinals zum Verständnis von „Amoris laetitia". Insgesamt ist das Buch vielleicht für ein breites Publikum aufgrund der vielen biblischen, patristischen, kirchlich-lehramtlichen, philosophischen und theologischen Zitate, Bezüge und Anspielungen etwas schwierig. Für (reifere) Theologiestudenten und -studentinnen, für theologisch und philosophisch Gebildete und für Interessierte an einer klassischen theologischen Argumentation, die sich ein wenig auf die theologische Anstrengung des Begriffs einlassen wollen (und eventuell, wie „der Kardinal" selbst, die Originalbücher der zitierten Autoren zumindest einsehen können, wenn sie sie nicht selbst besitzen), gibt das Buch reichlich Stoff zum theologischen Selbst- und Weiterdenken. Dem „Ausblick" am Schluss ist nur zuzustimmen (158): „Reform der Kirche gibt es nur als Erneuerung in Christus." Das besagt schon das lateinische Wort „re-formare".

Pastoraltheologie

Katharina Mansfeld, Rezension zu: MICHAEL UTSCH, RAPHAEL M. BONELLI, SAMUEL PFEIFER, *Psychotherapie und Spiritualität. Mit existenziellen Konflikten und Transzendenzfragen professionell umgehen*, 2., überarbeitete und erweiterte Auflage, Berlin 2018, Springer-Verlag, 264 S., ISBN 978-3-662-56008-2 (Print), ISBN 978-3-662-56009-9 (E-Book), 34,99 €.

Die große Resonanz der ersten Auflage, das stetig wachsende Interesse der deutschsprachigen Psychiatrie und Psychotherapie sowie die aktuellen Entwicklungen haben die Autoren veranlasst, nach vier Jahren eine zweite, überarbeitete und erweiterte Auflage des 2014 erstmals erschienenen Buches zu veröffentlichen. Es handelt sich um ein Lehrbuch, das von den drei Verfassern, einem Religionspsychologen und approbierten Psychotherapeuten sowie zwei in freier Praxis tätigen Psychiatern und Psychotherapeuten, vor allem für Psychotherapeuten, Psychiater, Mitarbeiter von Beratungsstellen, interessierte Patienten bzw. Klienten sowie auch für Seelsorger geschrieben wurde. Die Autoren gehen davon aus, dass „die kulturelle Prägung, die persönlichen Wertvorstellungen und die Glaubensüberzeugungen" „wichtige Säulen menschlichen Erlebens und Verhaltens" (V) darstellen und dass diese Themen daher in der psychotherapeutischen Behandlung oftmals nicht ausgeschlossen werden können und sollen. Der Weg, den die drei Verfasser in Richtung Spiritualität, Religion und Glaube nehmen, geht deshalb vom Menschen aus, es wird untersucht, inwiefern Religiosität als Ressource psychischer, menschlicher Gesundheit angesehen werden kann.

Nach einem einleitenden Abschnitt folgen vier Teile, „Umgang mit Sinnfragen und Transzendenz in der Psychotherapie", „Spiritualität aus psychotherapeutischer Sicht", „Spiritualität in der psychotherapeutischen Praxis" und „Berührungspunkte zwischen Psychotherapie und Spiritualität".

Im Einleitungsteil wird auf die kulturellen Unterschiede zwischen Amerika und Europa vor allem im Bereich Spiritualität und Religiosität hingewiesen, weshalb auch amerikanische Studienergebnisse nicht ohne Weiteres auf die Verhältnisse im deutschen Sprachraum übertragen werden können. Darüber hinaus wird berichtet, dass in verschiedenen Studien nachgewiesen werden konnte, dass Glaube sowohl positive als auch negative Auswirkungen auf die menschliche Gesundheit besonders in Krisenzeiten haben kann. Ein rein anerzogener, unreflektierter Glaube sowie ein Gottesbild, das von Strafe, Schuld und Zweifel geprägt ist, kann nachteilige Wirkungen auf das menschliche Wohlbefinden und die psychische Gesundheit haben. Ein gelebter Glaube aber, der von einer nicht belastenden Gottesbeziehung geprägt ist, wirkt positiv und unterstützt die Bewältigung von

Krisensituationen. Deshalb finden immer mehr religiöse Praktiken wie Yoga und Meditation Eingang in psychotherapeutische Schulen. Es wird allerdings angemerkt, dass bislang noch zu wenig die weltanschaulichen Voraussetzungen dieser Methoden bedacht werden. Im folgenden Teil wird die Frage nach dem Sinn des Lebens und die Bedeutung dieser Frage in der Psychotherapie beleuchtet. Dabei gehen die Autoren davon aus, dass jeder Mensch sich irgendwann den existenziellen Fragen seines Daseins stellen muss. Spätestens durch Grenzsituationen, Krisenzeiten und traumatisierende Erfahrungen werden spirituelle und religiöse Themen drängend. Die Sinnfindung muss allerdings nicht religiös erfolgen. So konnte Schnell 2016 in einer Studie an 600 Probanden zeigen, dass es in unserer säkularisierten Gesellschaft weit verbreitet ist, vor allem durch das „Erschaffen von Dingen mit bleibendem Wert", aber auch durch „bewusstes Erleben", „Gleichklang mit sich und anderen" sowie durch „Entwicklung" sinnerfüllt zu leben. In dieser Studie wurden „erst an fünfter und sechster Stelle [...] Spiritualität und konfessionelle Religiosität als Quellen der Sinnerfüllung genannt" (22). Da in Europa die traditionelle Religiosität immer mehr an Bedeutung verliert, viele Menschen sich aber dennoch als spirituell bezeichnen, wird empfohlen, dass der in der Praxis stehende Psychotherapeut sich mit der Vielfältigkeit der Sichtweisen vertraut macht, um die komplexen Zusammenhänge religiösen Bewusstseins nachvollziehen zu können. Deshalb wird in Kapitel 4 eine Differenzierung von Spiritualität und Religiosität vorgestellt, die die persönliche Glaubenshaltung, den „Glauben" erfassbar machen soll, um das Welt- und Menschenbild von Patienten bzw. Klienten zu verstehen. In diesem Kapitel wird besonders deutlich, wie sehr die Autoren um eine Objektivität, die auch in einer säkularen Gesellschaft bestehen kann, bemüht sind: „In seinem Bedürfnis nach Sinn konstruiert sich der Mensch im Allgemeinen Begründungen für sein Erleben – bei einer spirituellen Grundhaltung können diese Erklärungen auch spirituell ausgestaltet werden. Eine besondere Ausgestaltung spiritueller Deutungen sind dämonische Erklärungen [...]. In der Seelsorge bzw. in der spirituellen Begleitung gibt es aber auch therapeutische Zugangsweisen, die sich eines spirituellen Vokabulars bzw. religiöser Metaphern bedienen und diese in tröstender und heilender Form in das spirituelle Weltbild des Ratsuchenden integrieren können." (49) Damit besteht die Gefahr, Glaube und Religion zu verzwecken, sie nämlich nur dann als förderungswürdig zu erachten, wenn sie der physischen und psychischen Gesundheit des „Ratsuchenden" dienlich sind. Wohl aus dem Verständnis heraus, dass Psychotherapeuten die „religiös unmusikalischste" (8) Berufsgruppe sind, wird dem „psychotherapeutischen Unbehagen mit der Religion" (51) und dem „antireligiösen Vorurteil in der Therapie" (ebd.) in einem eigenen Kapitel nachgegangen. Die Autoren fordern eine kultursensible Psychotherapie, da religiöse bzw. spirituelle Erfahrungen immer in einem kulturellen Kontext gemacht werden, wobei auf die Schwierigkeiten einer transkulturellen Psychotherapie aufmerksam gemacht wird und am Beispiel des veränderten Bewusstheitszustandes der „Besessenheit" die unterschiedlichen Zugänge diskutiert werden.

Im Teil „Spiritualität aus psychotherapeutischer Sicht" wird die Bedeutung der Spiritualität in der Psychoanalyse, der Verhaltenstherapie, der systemischen Therapie und in den humanistischen Therapien beschrieben. Es wird auch das Für und Wider spiritueller Methoden in der psychotherapeutischen Behandlung diskutiert. Darüber hinaus werden aktuelle Studien zum Thema „Religiosität in der Psychiatrie" vorgestellt. Weiters wird hochreligiösen Patienten ein Kapitel gewidmet, da sie eine besondere Herausforderung in der psychotherapeutischen Behandlung darstellen können. Im Kapitel „Schuldgefühle, Psychotherapie und Beichte" wird auf die Bedeutung der Schuld und der Schuldgefühle eingegangen, wobei die Beichte als „reuevolles Schuldbekenntnis" (124) als heilsam gewürdigt wird und die Möglichkeit einer gelingenden Zusammenarbeit von Psychotherapeut und Beichtvater aufgezeigt wird. Schließlich werden in Kapitel 11 Voraussetzungen für eine Einbeziehung spiritueller Methoden dargestellt, nachdem Studien über deren Wirksamkeit zusammengefasst wurden.

Im Teil „Spiritualität in der psychotherapeutischen Praxis" wird Spiritualität im Zusammenhang mit ausgewählten Krankheitsbildern – nämlich Depression, Suizid, Neurose, Zwangsstörung, Trauma, Narzissmus und Wahn – reflektiert.

Der letzte Teil „Berührungspunkte zwischen Psychotherapie und Spiritualität" beinhaltet ein Kapitel zur Persönlichkeitsentwicklung, wobei auffällt, dass in diesem Aufsatz die Themen Religiosität und Spiritualität fehlen, dafür eine Brücke zur Tugendlehre des Aristoteles geschlagen wird. Im folgenden Kapitel wird das Gebet als Ausdruck von Spiritualität und seine psychotherapeutische Bedeutung erörtert. Weiters wird im letzten Teil des Buches noch einmal auf die Thematik der Schuld eingegangen, nunmehr allerdings fremder Schuld, die zu Verbitterung führen kann. Auch in diesem Kapitel ist der Zusammenhang zu Religiosität und Spiritualität nicht näher definiert. Darüber hinaus ist ein Kapitel der aus dem Buddhismus stammenden Technik der Achtsamkeitsschulung gewidmet. Den Abschluss des Buches bildet ein Kapitel mit dem Titel „Spirituelle Suche und Sinngebung professionell begleiten", in dem mehr Zusammenarbeit zwischen Psychotherapie und Seelsorge gefordert wird, da davon Klienten bzw. Patienten, aber auch das öffentliche Gesundheitssystem profitieren könnten.

Auch wenn der Vorwurf der Verzweckung des Glaubens sicherlich berechtigt ist, so ist es doch auch für Seelsorgende und Theologen wertvoll, dieses umfassende Lehrbuch zu lesen, denn einerseits gibt es einen relativ unverfälschten Einblick, wie Psychotherapeuten und Psychiater Glauben, Religiosität und Spiritualität in der Welt von heute sehen, andererseits zeigt es Wege auf, wie man auch in einer säkularisierten Gesellschaft die Menschen wieder mit Religion und Spiritualität in Kontakt bringen kann.

XIII. AKTUELLES

Jahresbericht 2019 über die Hochschule Heiligenkreuz

Wolfgang Buchmüller OCist, Rektor
Johannes Paul Chavanne OCist, Generalsekretär

Status der Hochschule

Die Phil.-Theol. Hochschule Heiligenkreuz ist ein akademisches Institut, das von dem Orden der Zisterzienser in Gestalt der 1133 gegründeten Abtei Heiligenkreuz bei Wien getragen wird. In der heutigen Hochschullandschaft in Österreich ist Heiligenkreuz die einzige bestehende Ordenshochschule des Landes und innerhalb des deutschsprachigen Raumes die Lehrinstitution mit den meisten Priesteramtskandidaten als Studenten. Diese erfreuliche Tatsache hat definitiv mit dem Spezifikum der Hochschule als Ausbildungsstätte von Ordensleuten und Priesteramtskandidaten zu tun. Gleichzeitig bemüht sich unsere Lehrinstitution auch um eine große Offenheit gegenüber den pastoralen Gegebenheiten der Welt von heute. Von 1996 bis 2016 wurden 249 der Absolventen zu Priestern geweiht, ebenso fanden zahlreiche Laien einen Platz innerhalb der pastoralen Institute der Kirche.

Geschichte

Als solche hat die Phil.-Theol. Hochschule Heiligenkreuz tiefreichende monastische Wurzeln. Bereits 1240 wurde ein Studienhaus der Zisterzienser in Wien durch die Abtei Heiligenkreuz gegründet. Nach den Wirren der Reformation wurde dieses Institut als Hausstudium in Heiligenkreuz wiederbegründet. Im Zuge der Aufklärung durch Kaiser Joseph II. geschlossen, wurde die theologische Ausbildungsstätte durch seinen Neffen Kaiser Franz II. 1802 als staatlich verfasste theologische Hauslehranstalt für den Zisterzienserorden wiedererrichtet. In der Bildungslandschaft präsent wurde

Heiligenkreuz erst durch die Erhebung zu einer öffentlich-rechtlichen Hochschule 1976, womit auch eine Öffnung für Nicht-Zisterzienser verbunden war. Zugleich entstand durch die Kooperation mit dem Bischof von Regensburg ein bischöfliches Priesterseminar, das insbesondere für Spätberufene gedacht war. Die zunehmende Anerkennung, die sich bald in steigenden Hörerzahlen niederschlug (die von 61 Studenten [1994] bis zu 314 [2018] anwuchsen), wurde stimuliert durch die Erhebung zu einer Hochschule päpstlichen Rechtes (2007) und die Neuaufstellung des Seminars als Überdiözesanes Priesterseminar. 2007 kam es zu einem historischen Besuch durch Papst Benedikt XVI.

Studienrichtungen

Diplomstudium Fachtheologie („Magister theologiae"), Lizentiat „Spiritualität und Evangelisation" („Licentiatus theologiae"), ein allgemeinbildendes Studium Generale und andere Studiengänge, die sich an interessierte Laien richten. Die Studien sind kirchlich und staatlich anerkannt. Großkanzler (identisch mit dem jeweiligen Abt von Heiligenkreuz): Abt Dr. Maximilian Heim OCist, seit 2011.

Leitung

Rektor: Prof. P. Dr. habil. Wolfgang Buchmüller OCist (seit 01. Jänner 2019); Vizerektor: Prof. P. DDr. Marian Gruber OCist (seit 2019); Studiendekan: Doz. Msgr. Dr. Rupert Stadler (seit März 2019); Forschungsdekan: Univ.-Prof. Dr. Wolfgang Klausnitzer (seit März 2019); Generalsekretär der Hochschule: Doz. P. Dr. Johannes Paul Chavanne OCist (seit Jänner 2019).

Verwaltung

Mag. Anita Pichlhöfer (Sekretariatsdirektorin), Sr. Germana Willi (Hochschulsekretärin), Johannes Auersperg-Trautson B. A. (Projektleiter der Hochschule und Geschäftsführer der MedienGmbH Heiligenkreuz), Markus Dusek (Organisationssekretär der Hochschule und redaktioneller Leiter des Be+Be-Verlages), Susanne Feischl (Sekretärin für Öffentlichkeitsarbeit), Verena Buchhas (Öffentlichkeitsarbeit)

Struktur

9 reguläre Institute und 4 außerordentliche Institute. Lehrende: 76 (2018: 72). Studiengebühren: ca. 400 Euro pro Semester. Studierende: 257 im Diplomstudium Fachtheologie, 29 im Lizentiatsstudium. Bibliothek: ca. 200.000 Bücher, 225 Fachzeitschriften. Der Online-Katalog der Stiftsbibliothek ermöglicht eine einfache Buchrecherche: https://search-hlk.obvsg.at. Finanzierung: Die Finanzierung des laufenden Betriebes und der Patenstudenten erfolgt durch Spenden. Die Lehrenden arbeiten ehrenamtlich gegen eine geringe Spesenvergütung.

Flughafen Wien: ist 40 Kilometer entfernt, ca. 30 Autominuten. U-Bahn-Station: die Endstation der U 6 „Siebenhirten" in Wien ist 18 Kilometer entfernt, ca. 20 Autominuten.

Gebäude

Mit Abschluss des Ausbaus der Hochschule am 30. April 2015 verfügt die Hochschule über eine große moderne Studienbibliothek, vier Hörsäle, 13 Institutsräume, vier Büros, Seminarraum, Cafeteria und ein Medienzentrum. Das Medienzentrum STUDIO1133 ist ein Fernseh- und Radiostudio („STUDIO1133") mit dem Zweck, Lehrgänge in Medienkompetenz anzubieten und apostolische Beiträge zu produzieren. In den 4 Hörsälen der Hochschule steht moderne IT-Technik (Monitore, Dokumentenkamera, Möglichkeit zur Übertragung durch STUDIO1133) zur Verfügung.

IT-Technik: Seit 2014 gibt es ein professionelles Online-Service für die Studenten und die Lehrenden mit Online-Inskription, Vorlesungslogistik, Skriptendienst, Speicherung der Seminararbeiten usw. Die digitale Service-Leistung ist bedienerfreundlich und hoch geschätzt. Siehe: https://db.hochschule-heiligenkreuz.at.

Öffentlichkeitsarbeit: Der gesamte Hochschulbetrieb wird durch Spenden finanziert. Dazu trägt eine aktive Öffentlichkeitsarbeit bei, die über ein eigenes Studio die Montagsmesse und ein Gebet für die Anliegen der Spender über die katholischen Medien ausstrahlt. Hinzu kommen zahlreiche Katechesen und Videoclips, Internetkatechesen als Comic-Strip und anderes mehr.

Lehrende und Institute

Die Lehrenden

Mit dem Wintersemester 2019/20 zählt die Hochschule 76 Lehrende, davon 11 ordentliche Professoren, 10 außerordentliche Professoren, 6 Honorarprofessoren, 10 Gastprofessoren, 18 Dozenten, 21 Lehrbeauftragte. Eine Besonderheit ist die Ehrenamtlichkeit: Alle Lehrenden unterrichten gegen eine geringfügige Spesenvergütung. Der Hochschulbetrieb wird nur durch Spenden gewährleistet. Von den 76 Lehrenden sind: 18 habilitiert; 3 in Habilitationsverfahren; 9 Frauen; 36 Priester; 19 gehören einem Orden an, davon sind 14 Zisterzienser von Heiligenkreuz. Mit November 2019 wurde folgender Professor aus Altersgründen emeritiert: Dr. phil. Bernd Goldmann.

Statistik der Studenten

Mit Stand vom 1. Okt. 2019 sind insgesamt 292 inskribiert, davon 241 Studenten und 49 Studentinnen. Von den 292 sind 198 ordentliche Studierende der Fachtheologie, 45 sind außerordentliche Studierende der Fachtheologie und 47 sind Gasthörer/-innen.

Von den 292 sind 164 Ordensleute oder Seminaristen (36 Zisterzienser, 47 andere Orden, 81 Seminaristen); von den übrigen 126 sind nicht wenige auf der Suche nach Abklärung ihrer Berufung. Von den 292 wohnen 41 im Stift Heiligenkreuz, 38 im Priesterseminar Leopoldinum, 24 im Diözesanen Missionskolleg Redemptoris Mater in Wien, 13 in der Gemeinschaft Brüder Samariter, 176 wohnen in sonstigen Unterkünften.

Herkunft der Studenten: Von den 292 stammen knapp zwei Drittel – exakt 188 – aus dem deutschen Sprachraum: 98 aus Österreich, 85 aus Deutschland, 7 aus der Schweiz; insgesamt 35 Nationalitäten: 1 Belgien, 1 Brasilien, 1 Chile, 1 China, 2 Georgien, 12 Indien, 2 Indonesien, 2 Iran, 8 Italien, 1 Kamerun, 2 Kongo DR, 7 Kroatien, 3 Mexiko, 1 Nicaragua, 4 Nigeria, 2 Philippinen, 8 Polen, 1 Portugal, 1 Rumänien, 1 Russland, 2 Slowakei, 1 Slowenien, 2 Spanien, 1 Sri Lanka, 1 Syrien, 1 Tansania, 3 Tschechien, 9 Ukraine, 4 Ungarn, 3 USA, 2 Venezuela, 10 Vietnam, 1 Weißrussland.

Sponsionen

Am 14. Nov. 2019 erfolgte die Sponsion von einem Licentiatus theologiae und 11 „Magistri theologiae": Von den 12 sind 11 Männer und 1 Ordensfrau. Von den 12 sind 2 Zisterzienser, 1 aus anderen Orden, 1 Diözesanpriester, 4 sind diözesane Priesteramtskandidaten und 2 Laien.

Die fünf Studienrichtungen

Die Hochschule Heiligenkreuz bietet derzeit fünf Formen des Studiums an:

a. Vorbereitungslehrgang zur Vorbereitung auf die Studienberechtigungsprüfung bzw. für ausländische Studenten, seit 1975: Neben dem 5-jährigen Diplomstudium „Fachtheologie" bietet die Hochschule einen einjährigen „Vorbereitungslehrgang" an. Dies ist eine gute Vor-Ausbildung für jene Nicht-Maturanten, die sich auf die Studienberechtigungsprüfung an einer österreichischen Universität vorbereiten. Ebenso absolvieren fremdsprachige Studenten dieses einjährige Studium, das mit einer ausgebauten „Studieneingangsphase" vergleichbar ist.

b. Studium Generale in Kooperation mit der Hochschule Trumau (2 Semester, 60 ECTS), seit 2015: Die genau 20 Kilometer entfernte Hochschule Trumau ist u. a. spezialisiert auf das „Studium Generale": 2 Semester (60 ECTS-Punkte) für junge

Menschen, die nach der Reifeprüfung eine vertiefte Allgemeinbildung in den klassischen humanistischen, philosophischen und theologischen Traditionen erwerben wollen.

c. Diplomstudium Fachtheologie mit dem Diplomabschluss „Magister theologiae", seit 1975 bzw. 2007: Das ist das kanonische Theologiestudium gemäß „Sapientia Christiana" und „Veritatis Gaudium" im 1. Zyklus. Es umfasst 10 Semester und 300 ECTS-Punkte und schließt mit dem staatlich anerkannten „Magister theologiae" ab. Das Studium ist in zwei Studienabschnitte (6 Semester und 4 Semester) gegliedert und erfordert eine Diplomarbeit im Ausmaß von mindestens 80 Seiten.

d. Lizentiatsstudium „Spiritualität und Evangelisation" mit dem Abschluss eines „Licentiatus theologiae" (4 Semester, 120 ECTS), seit 2016: Ein Lizentiatsstudium setzt ein bereits abgeschlossenes Theologiestudium voraus und befähigt zur selbständigen Forschung und zur Lehre an kirchlichen Hochschulen. Außerdem ist es Voraussetzung für die Zulassung zu einem kanonischen Doktoratsstudium. Man kann entweder den Bereich „Spirituelle Theologie" oder den Bereich „Pastoraltheologie" wählen. Das Studium umfasst 4 Semester. Die Studienleistung von 120 ECTS-Punkten setzt sich zusammen aus der Teilnahme am Studiengang (80 ECTS), der Abfassung einer Lizentiatsarbeit (25 ECTS) und der kommissionellen Lizentiatsprüfung (15 ECTS). Im Wintersemester 2019/20 waren 29 im Lizentiatsstudium inskribiert.

e. Durch die Kooperation mit der Hochschule St. Pölten konnten Absolventen von Heiligenkreuz bisher einen „Master of Arts" in Religionspädagogik erwerben. Durch die Schließung der Hochschule St. Pölten stellt sich für die Hochschule Heiligenkreuz die Aufgabe, einen neuen Kooperationspartner zu finden. Derzeit findet allerdings schon der Hochschullehrgang Religionspädagogik in Zusammenarbeit mit dem Diözesanen Schulamt statt.

Chronik 2019

30.01.19 Kardinal Versaldi von der päpstlichen Kongregation für das katholische Bildungswesen hat Prof. P. Dr. habil. Wolfgang Buchmüller auf Vorschlag von Großkanzler Abt Dr. Maximilian Heim zum Rektor der Hochschule Heiligenkreuz ernannt. Er folgt in dieser Aufgabe unserem Prof. P. Dr. Karl Wallner nach, der die Hochschule seit 1999 leitete und der neben seiner Tätigkeit als Nationaldirektor für die päpstlichen Missionswerke als Professor für Dogmatik und Sakramententheologie an der Hochschule bleiben wird.

Pater Wolfgang Buchmüller kam 1964 zur Welt, trat 1991 in Heiligenkreuz ein und wurde 1996 zum Priester geweiht. Er promovierte und habilitierte sich im Fach ‚Theologie der Spiritualität' an der Universität Wien. Seit 2001 lehrt er Spirituelle Theologie und Ordensgeschichte an der Hochschule Heiligenkreuz, seit 2007 ist er Vorstand des Instituts für Spirituelle Theologie und Religionswissenschaft der Hochschule Heiligenkreuz, seit 2015 Forschungsdekan und seit 2016 gemeinsam mit Univ.-Prof. Dr. Hanna-Barbara Gerl-Falkovitz Herausgeber von ‚Ambo', dem Jahrbuch der Hochschule Heiligenkreuz, sowie Leiter des Lizentiatsstudiengangs ‚Spiritualität und Evangelisierung'.

02.03.19 Tagung: ‚Das Sein, das Gute und das Wahre – zur Aktualität der Lehre von den Transzendentalien'. Als Vortragende konnten unter anderem William J. Hoye, Wouter Goris, Rocco Buttiglione, Berthold Wald, Rudi te Velde, Rolf Darge und Anna Jani gewonnen werden. Organisiert wurde die Tagung von Prof. Dr. Christoph Böhr. Die Beiträge und Ergebnisse der zweitägigen Tagung werden in einem Band des Jahrbuchs AMBO veröffentlicht werden.

05.03.19 Pater Wolfgang Buchmüller, der bereits im Jänner 2019 zum neuen Rektor ernannt worden ist, wurde offiziell mit einem Festakt in Gegenwart der Lehrenden und Studenten in sein Amt eingeführt. Großkanzler und Abt Maximilian Heim verlas die Ernennungsdekrete auf Latein und auf Deutsch und unter begeistertem Applaus wurde dem neuen Rektor die Kette als Zeichen seines Amtes überreicht. Diese Kette wird bei feierlichen Anlässen wie der Sponsionsfeier getragen.

08.03.19 Am Freitag, 8. März, fanden wichtige Sitzungen mit Entscheidungen statt, die die Hochschule Heiligenkreuz in den kommenden Jahren prägen werden. In der Hochschulkonferenz wurde Prof. P. DDr. Marian Gruber zum Vizerektor gewählt. Prof. Msgr. Dr. Rupert Stadler wurde vom Senat zum Studiendekan gewählt und ist damit Ansprechpartner in allen studientechnischen Angelegenheiten. Univ.-Prof. Dr. Wolfgang Klausnitzer wurde zum Forschungsdekan gewählt und hat damit die Aufgabe, die wissenschaftliche Qualität und die theologische Forschungstätigkeit der Hochschule zu fördern und zu verbessern.

06.04.19 Mehr als 200 Menschen kamen zu der von Vizerektor Pater Marian organisierten Tagung „Frieden bedeutet mehr als ‚Nicht-Krieg' – Im Krieg ist Wahrheit das erste Opfer". Kardinal Louis Raphael Sako, Patriarch von Babylon und Erzbischof im Irak, sprach über das Verhältnis der Christen zu den Muslimen im Nahen Osten, der Chefankläger des Internationalen Gerichtshofes in Den Haag referierte über seine Arbeit in der internationalen Verfolgung von Kriegsverbrechern, die Friedensnobelpreisträgerin Shirin Ebadi referierte über die Situation von Frauen im Iran und der Historiker Peter Wiesflecker beleuchtete die Friedensbemühungen von Kaiser Karl im Ersten Weltkrieg.

02.05.19 Einmal im Jahr macht die Gemeinschaft der Hochschule einen Ausflug. Diesmal ging es in das nördliche Niederösterreich: ins Weinviertel. In Asparn/Zaya feierten wir die heilige Messe und besuchten das MAMUZ Museum der Ur- und Frühgeschichte. Nach dem Mittagessen in Staatz gab es Führungen durch den Weinort Poysdorf und die gemeinsame Vesper in der dortigen Pfarrkirche.

10.–11.05.19 fand im Kaisersaal eine Tagung der Hochschule mit dem Titel ‚Die Stunde des Laien. Zwischen Vergessen und Erinnern – Väter der modernen Laienfrage' statt. Referenten waren Bischof Rudolf Voderholzer, Christoph Binninger, Wolfgang Klausnitzer, Pater Karl Wallner, Pater Justinus Pech und Weihbischof Herwig Gössl. Aus unterschiedlichen Perspektiven wurde auf das Verhältnis von Klerikern und Laien in der Kirche geschaut und die spezifische Berufung der Laien in der Kirche in den Blick genommen.

16.05.19 Die Gemeinschaft der Zisterzienser im Stift Lilienfeld, unter Vorsitz von Abtpräses Maximilian Heim, hat Pater Pius Maurer zum 66. Abt ihres Klosters gewählt. Abt Pius Maurer hat sein Theologiestudium an der Hochschule Heiligenkreuz gemacht und viele Jahre als Mitglied des Instituts für Liturgiewissenschaft und Kirchenmusik und als Professor für Liturgiewissenschaft an der Hochschule gewirkt.

20.05.19 P. Johannes Nebel referierte über: „Eucharistie und Materie. Leo Scheffczyks Theologie der eucharistischen Wandlung im Lichte einiger Aspekte der neueren Diskussion".

26.05.19 Ein Team der Hochschule Heiligenkreuz nahm vom 24.–26. Mai beim diesjährigen TheoCup – einem Fußballturnier für Theologiestudenten – in Innsbruck teil. Vizerektor Pater Marian Gruber hat das Team begleitet. Wir freuen uns sehr: Unser Team hat in seiner Gruppe – es waren insgesamt 22 Mannschaften am Start – gewonnen.

01./02.06.19 fand das Jahrestreffen des ‚Neuen Schülerkreises Joseph Ratzinger – Benedikt XVI.' an der Hochschule Heiligenkreuz statt. Das Thema war: „Wie verstehe ich die Bibel richtig? Exegese und Theologie im Kontext der Jesus-Bücher von Benedikt XVI." Als Gastreferent kam der Wiener Alttestamentler Ludger Schwienhorst-Schönberger, der über das Verhältnis von historisch-kritischer Bibelforschung und theologischer Auslegung sprach.

03.06.19 Hofrat Prof. Dir. Josef Faist war in den vergangenen Jahren als Lehrbeauftragter für den Hochschullehrgang Religionspädagogik an der Hochschule. Als erfahrener und engagierter Religionspädagoge hat er den Studenten viel Fachwissen und Motivation mitgegeben. Mit Erreichen des 70. Lebensjahres ist er jetzt aus dem Lehrbetrieb ausgeschieden. Wie alle unsere Professoren leistete er seinen Dienst ehrenamtlich. Im Rahmen der Hochschulversammlung drückten Großkanzler Abt Maximilian und Rektor Pater Wolfgang den tief empfundenen Dank der Hochschulgemeinschaft aus.

08.07.19 Dr. Regina Willi ist nach kurzer, schwerer Krankheit gestorben. Regina Willi stammte aus dem Kanton Sankt Gallen in der Schweiz. Sie studierte Philosophie und Theologie in Fribourg, Innsbruck, Toulouse, Rom und Lugano und lehrte Altes Testament und Spirituelle Theologie an verschiedenen akademischen Einrichtungen. An der Hochschule Heiligenkreuz war sie von 2007–2012 als Professorin für Altes Testament und zuletzt auch als Institutsvorstand. Ihre theologisch hochstehenden und geistlich reichhaltigen Vorlesungen waren ein großer Gewinn für ihre Hörer. In ihren letzten Jahren war sie Assistentin am Institut für Historische Theologie im Fachbereich Theologie der Spiritualität der Katholisch-Theologischen Fakultät der Universität Wien. Ebenfalls gestorben ist Prof. Dr. Hartwin Schmidtmayr – am 05. Juni 2019. Er lehrte an der Hochschule Religionspädagogik.

27.07.19 besuchten einige namhafte Mitarbeiterinnen und Mitarbeiter der Universität Wien im Rahmen ihres jährlichen Betriebsausfluges das Stift und die Hochschule Heiligenkreuz. Mit dabei waren u. a. der Senatsvorsitzende Univ.-Prof. Dr. Michael Viktor Schwarz, der Vorsitzende der Curricularkommission Univ.-Prof. Mag. Dr. Stefan Krammer und der Studienpräses der Universität Wien Univ.-Prof. Mag. Dr. Peter Lieberzeit jeweils mit ihren Teams.

29.07.19 Mit der erfolgreichen Ablegung der kommissionellen Abschlussprüfung ist der aus Nigeria stammende Chinemerem Valentine Uwandu-Uzoma, der auch schon das Magisterstudium bei uns gemacht hat, der erste Absolvent des Lizentiatsstudiengangs ‚Spiritualität und Evangelisation' der Hochschule Heiligenkreuz. Thema seiner Arbeit waren theologische Fragen der Mariologie, insbesondere der Praxis der ‚Marienweihe'.

27.08.19 Bereits zum vierten Mal ist in diesen Tagen das Jahrbuch der Hochschule Heiligenkreuz ‚Ambo' erschienen. Unter dem Titel ‚Esoterik versus Erlösung' umfasst der Band wissenschaftliche Beiträge von Professoren und Lehrenden der Hochschule Heiligenkreuz sowie anderen Wissenschaftlern und Autoren. Die Beiträge der Fachtagung ‚Erlösung oder Selbsterlösung' im März 2018 finden sich ebenso im Band wie weitere Artikel, Buchrezensionen und ein Bericht über die Hochschule Heiligenkreuz.

02.09.19 An der Fachhochschule Krems gibt es einen neuen Master-Lehrgang ‚Biblisches Reisen', der in Kooperation mit der Hochschule Heiligenkreuz durchgeführt wird. Der Lehrgang vermittelt in 5 Semestern alle Fähigkeiten, die für die professionelle und zielgruppenorientierte Planung und Durchführung von Reisen zu biblischen Stätten benötigt werden. In Exkursionen wird das neu gewonnene Wissen praktisch angewendet und dadurch gefestigt. An dem Zustandekommen dieser Kooperation ist maßgeblich Prof. Dr. Friedrich Schipper, der das ‚Ausbildungsinstitut für Biblische Archäologie und Biblisches Reisen' leitet, beteiligt. Einige der Fächer werden von Lehrenden der Hochschule Heiligenkreuz in Heiligenkreuz gelehrt werden. Die den akademischen Grad vergebende Einrichtung ist die FH Krems. Start des Lehrgangs ist im Oktober 2020.

18.09.19 Im Rahmen einer vom ‚Ausbildungsinstitut für Biblische Archäologie und Biblisches Reisen' organisierten Reise hatte eine Gruppe von Studenten, Seminaristen und Lehrenden die Möglichkeit, im Rahmen der Generalaudienz mit Papst Franziskus zusammenzukommen. Der Heilige Vater ermutigte die Hochschule Heiligenkreuz, gab seinen Segen und bat um das Gebet für seinen Dienst und für die Kirche. An der Spitze der Heiligenkreuzer Pilgergruppe standen Rektor Pater Wolfgang Buchmüller, Direktor Martin Leitner und die Professoren Friedrich Schipper und Martin Schöffberger. Der Papst begrüßte die Gruppe ausdrücklich und nahm sich Zeit für ein Gruppenfoto.

27./28.09.19 Die Hochschule Heiligenkreuz blickt zurück auf eine gelungene Tagung zum Thema: Der Mensch und die moderne Biomedizin. Prof. Markus Rothaar, renommierter Medizin-Ethiker und Inhaber des einzigen diesbezüglichen Lehrstuhls an einer katholischen Einrichtung im deutschsprachigen Raum, hatte gemeinsam mit Prof. Christoph Böhr eine Reihe von wissenschaftlichen Kapazitäten nach Heiligenkreuz gebracht, die allesamt das Anliegen verfolgen, dass eine neue Ethik der Sorge oder des „Health-Cares" in unserem Gesundheitssystem sich zugunsten der betroffenen Menschen etablieren kann. Apparatemedizin und genetische Experimente sind nur ein Teil des Ganzen, im Mittelpunkt muss der Mensch mit seinen ganzheitlichen Anliegen inmitten all seiner

Verwundbarkeit stehen. Andere Herausforderungen sind durch die Reproduktionsmedizin gegeben, wo Kinder bis zu fünf Elternteile haben können. Auch die Frage des Lebensanfangs erfordert eine neue Sensibilität und eine neue wissenschaftliche Ehrlichkeit.

01.10.19 Das akademische Jahr 2019/20 begann mit der feierlichen Inauguration. Um 15 Uhr war die Festmesse zur Eröffnung des akademischen Jahrs mit Abt und Großkanzler Dr. Maximilian Heim. Im Anschluss fand die Inaugurationsvorlesung von Erzbischof Dr. Franz Lackner – der selbst viele Jahre an der Hochschule Philosophie unterrichtet hat – mit dem Titel ‚Glauben in dürftiger Zeit – von einer Theologie der Vorläufigkeit' im Kaisersaal statt.

Vom 11.–12. Oktober 2019 fand die Tagung ‚Erzählen zwischen Geschichte und Heilsgeschichte' statt. Schriftsteller wie Clive Staples Lewis, Gertrud von Le Fort, Ruth Schaumann oder Werner Bergengruen werden von namhaften Referenten wie Pater Kosmas Thielmann, Kurt Appel, Gundula Harand, Norbert Feinengeden, Pater Alkuin Schachenmayr, Gudrun Trausmuth, Nicolaus Buhlmann und Hanna-Barbara Gerl-Falkovitz betrachtet und kommentiert. Dokumente der Literatur des letzten Jahrhunderts gehören bleibend zur Signatur christlicher Auseinandersetzung mit dem Hell-Dunkel der Geschichte, denn sie zeigen, dass die Geschichte selbst zur Offenbarung – sei es des Dämonischen, sei es des Göttlichen – wird.

18./19.10.19 fand im Kaisersaal eine große Tagung zum Thema „Wie geht Mission heute?" statt. Über die zwei Tage waren die zahlreichen Impulse und Workshops verteilt. Unter den Vortragenden fanden sich bekannte Namen wie Bernhard Meuser, Elyse Schweighofer, Randy Raus, Jennifer Healy, Maximilian Öttingen, Michel Remery, Pater Karl Wallner und viele andere mehr.

21.10.19 Die Vortragsreihe „Sieben über Sieben" im Wintersemester 2019/20 wurde mit einem Vortrag des christlichen italienischen Europapolitikers Rocco Buttiglione mit dem Titel „Quo vadis, Europa?" eröffnet.

23.10.19 Pater Edmund Waldstein, Lehrbeauftragter für Moraltheologie und Mitglied des Instituts für Moraltheologie, verteidigte seine an der Universität Wien eingereichte Dissertation ‚The Double-Bind of Loneliness: David Foster Wallace from the Perspective of Theological Ethics' erfolgreich und wurde zum Dr. theol. promoviert. Er wird in den kommenden Semestern im Bereich Moraltheologie an der Hochschule Heiligenkreuz in den Lehrbetrieb einsteigen.

04.11.19 Im Rahmen der Vortragsreihe „Sieben über Sieben" hielt Dr. Konrad Kremser im Bernhardinum einen Vortrag mit dem Titel „Christliche Perspektiven auf den Psalter".

06.–07.11.19 Die Mitarbeiterinnen und Mitarbeiter der Hochschule waren zu einer Teamklausur im Kurhaus Marienkron im Burgenland. Gemeinsam mit der Wirtschaftsberaterin Cathrin Köchl wurde auf die Situation geschaut, Arbeitsprozesse besprochen, Kompetenzen geklärt, gebetet und Ziele und Visionen für die Zukunft definiert.

08.11.19 Ein Vertrag über die geplante Zusammenarbeit im Rahmen der Aus-, Fort- und Weiterbildung im Bereich der Religionspädagogik wurde zwischen der Hochschule Heiligenkreuz und der Päd. Hochschule Niederösterreich unterzeichnet. In Zukunft soll in enger Kooperation sowohl der Hochschullehrgang Religionspädagogik verbessert als auch nach Möglichkeit ein Master of Education angeboten werden.

11.11.19 Mehr als 10 Jahre hat der Bamberger Kunsthistoriker und Literaturwissenschaftler Dr. Bernd Goldmann an der Hochschule Heiligenkreuz Seminare für kirchliche Kunst angeboten. Mit 75 Jahren wurde er zum allgemeinen Bedauern emeritiert.

Am 11. November gab es ein gemeinsames Essen. Rektor Pater Wolfgang Buchmüller sprach seinen aufrichtigen Dank im Namen der Hochschule Heiligenkreuz aus.

11.11.19 Prof. Erwin Reidinger hielt in der Reihe „Sieben über Sieben" einen Vortrag über die Orientierung von Heiligtümern nach der aufgehenden Sonne. Themen waren der Tempel Salomos, Alt St. Peter in Rom und die Stiftskirche von Heiligenkreuz. Nach einer allgemeinen Einführung über die Orientierung von Heiligtümern nach der aufgehenden Sonne wandte sich der Vortragende den im Titel angeführten drei Beispielen zu. Er betrachtete das jeweilige Projekt

Jahresbericht 2019

mit den Augen des Bauingenieurs und zog daraus durch Bauanalyse und Astronomie seine Schlussfolgerungen, die bis zum Gründungsdatum von Heiligtümern führen können. Wissen in Bauplanung, Geodäsie und Astronomie sind Voraussetzung für das Erkennen von Informationen, die im Bauwerk verborgen sein können.

14.11.19 Am 14. November 2019, dem Vorabend des Hochfestes des heiligen Leopold, werden im Kaisersaal Valentine Chinemerem Uwandu-Uzoma, der erste Lizentiat der Hochschule Heiligenkreuz, und elf weitere Absolventen des Theologiestudiums von Großkanzler Abt Maximilian Heim und Rektor Pater Wolfgang Buchmüller zu Magistri theologiae spondiert.

22.–23.11.19 Das Europainstitut für Cistercienserforschung der Hochschule Heiligenkreuz unter der Leitung von Pater Alkuin Schachenmayr organisierte anlässlich des 900. Jahrestages der Approbation der grundlegenden Ordensverfassung der Zisterzienser, der ‚Carta Caritatis', eine offene Tagung unter dem Titel ‚900 Jahre Carta Caritatis' im Kaisersaal. Die Fragestellungen sind historisch und juristisch, aber auch praktisch und gegenwartsbezogen. Referenten sind Abt Maximilian Heim (Heiligenkreuz), Monika Dihsmaier (Heidelberg), Alfred Hierold (Bamberg), Äbtissin Hildegard Brem (Mariastern-Gwiggen), Pater Coelestin Nebel (Heiligenkreuz), Pater Alberich Altermatt (Eschenbach), Pater Wolfgang Buchmüller (Heiligenkreuz), Pater Alkuin Schachenmayer (Heiligenkreuz), Pater Prior Meinrad Tomann (Heiligenkreuz) und Pater Michael Casey (Tarrawara).

24.11.19 Am 24. November 2019 wurde Univ.-Prof. Dr. Hanna-Barbara Gerl-Falkovitz, die das Europäische Institut für Philosophie und Religion der Hochschule Heiligenkreuz leitet, in Münster der renommierte Josef-Pieper-Preis der Josef-Pieper-Stiftung verliehen. Der Josef-Pieper-Preis wird alle fünf Jahre an Philosophen vergeben, die sich durch herausragende Forschungsleistungen auf dem Gebiet des europäischen Denkens auszeichnen. Nach Charles Tayler, Remi Brague und Rüdiger Safranski ist Hanna-Barbara Gerl-Falkovitz die erste Frau, die diesen Preis erhielt. Aus Heiligenkreuz nahm Pater Thaddäus Maria an der Feier teil.

02.12.19 Am Montag, 02. Dezember 2019, hielt der Architekt Dr. Ivica Brnic vom Forschungsbereich Hochbau und Entwerfen der Technischen Universität Wien im Rahmen der Reihe „Sieben über Sieben" einen Vortrag mit dem Titel ‚Das Sakrale in der Architektur'.

09.12.19 Im Rahmen der Vortragsreihe „Sieben über Sieben" hielt PD Dr. Misia Doms einen Vortrag mit dem Titel ‚Zwischen Hirn und Heil. Die Seele in der weltlichen und geistlichen Literatur von der frühen Neuzeit bis zur Gegenwart'.

16.12.19 Gegen Jahresende gab es einige Studienabschlüsse. Pater Taras Humennyi verteidigte erfolgreich seine Lizentiatsarbeit ‚Das Mysterium des Herzens in der Spiritualität der Ostkirchen auf Grundlage der Werke von Tomas Spidlik'. Taras Humennyi ist damit der zweite Absolvent des Lizentiatsstudiengangs ‚Spiritualität und Evangelisierung'.

XIV.
ERST-
VERÖFFENTLICHUNGS-
NACHWEISE

CHRISTOPH BÖHR, *Interpretation und Perspektive der Transzendentalphilosophie. Zum Tod von Richard Schaeffler – Ein Nachruf*, überarbeitete Fassung, Erstveröffentlichung unter dem Titel: *Perspektiven der Transzendentalphilosophie. Zum Tod von Richard Schaeffler. Ein Nachruf*, in: Jahrbuch für Religionsphilosophie 17 (2018), hg. v. Markus Enders u. Holger Zaborowski, Freiburg/München 2019, 214–223; Wiederabdruck mit freundlicher Genehmigung der Herausgeber und des Verlages Alber.

RÉMI BRAGUE, *Das Sein und das Gute*, erscheint in dem Band *Metaphysik – von einem unabweislichen Bedürfnis der menschlichen Vernunft*, hg. v. Christoph Böhr, Wiesbaden 2021.

RICHARD SCHAEFFLER, *Die Lehre von den Transzendentalien: ihre philosophiehistorische Krise und ihre bleibende Aktualität*, erscheint in dem Band *Metaphysik – von einem unabweislichen Bedürfnis der menschlichen Vernunft*, hg. v. Christoph Böhr, Wiesbaden 2021.

RICHARD SCHENK, *Von der Hoffnung, Person zu sein*, Erstveröffentlichung unter dem Titel: *Von der Hoffnung, Person zu sein. Theologische Überlegungen zur Diskontinuität von Verheißung und Vertrauen*, in: *Kontinuität der Person. Zum Versprechen und Vertrauen*, hg. v. Richard Schenk, Stuttgart-Bad Cannstatt 1989, 147–177; mit freundlicher Genehmigung des Verfassers und des Verlages frommann-holzboog.

ANDREAS SPEER, *‚Principalissimum fundamentum'. Die Stellung des Guten und das Metaphysikverständnis Bonaventuras*, in: *Die Metaphysik und das Gute. Aufsätze zu ihrem Verhältnis in Antike und Mittelalter. Jan A. Aertsen zu Ehren*, hg. v. Wouter Goris, Löwen 1999, 105–139, mit freundlicher Genehmigung des Herausgebers und des Verlages Peeters.

THOMAS VON AQUIN, *De veritate*, Erstveröffentlichung in: Thomas von Aquin, *Von der Wahrheit. De veritate (Quaestio I)*, hg. v. Albert Zimmermann, Hamburg 1986, 3–13, Wiederabdruck mit freundlicher Genehmigung des Verlages Meiner.

FRANCESCO VALERIO TOMMASI, *Ein ‚Missing Link' in der Geschichte der Transzendentalphilosophie – die Longue Durée des akademischen Aristotelismus bei Immanuel Kant*, Erstveröffentlichung in: *Der Aristotelismus an den europäischen Universitäten der frühen Neuzeit*, hg. v. Rolf Darge, Emmanuel J. Bauer u. Günter Frank, Stuttgart 2010, 315–331; Wiederabdruck mit freundlicher Genehmigung der Herausgeber und des Verlages Kohlhammer.

XIV. Erstveröffentlichungsnachweise

KARL WALLNER, *Die Transzendentalien als trinitarisches Strukturprinzip in der Trilogie Hans Urs von Balthasars?*, überarbeitete Fassung, Erstveröffentlichung in: *Theologie und Philosophie* 71 (1996) 532–546; Wiederabdruck mit freundlicher Genehmigung des Verlags Herder.

XV.
ZU DEN AUTOREN

LEO BAZANT-HEGEMARK, Dr. phil., Mag. phil., Dozent, OStR, Professor i. R., geb. 1945, verh., 3 Kinder, Reifeprüfung 1963 in Baden bei Wien, Studium der Klassischen Philologie an der Universität Wien, Dissertation mit 3 Texteditionen, Promotion 1969, Lehrämter Latein und Griechisch 1970; Lehrtätigkeit in den Vereinigten Staaten von 1971 bis 1973 an der St. Raphael School, dort Erwerb zusätzlicher amerikanischer Lehrqualifikationen; Lehrer an der AHS in Österreich seit 1973, seit 1981 am Gymnasium Baden Biondekgasse; zusätzliches Lehramt in Informatik; an der Hochschule Heiligenkreuz Lehrtätigkeit im Latinum & Graecum von 1986 bis 1988; allgemein beeideter und gerichtlich zertifizierter Sachverständiger für Übersetzung, Interpretation und Verwertung klassisch-antiker – lateinisch-griechischer – Texte seit 1987; seit 2001 Inhaber eines eigenen Verlages; Inhaber einer eigenen Medien-Firma ‚Studio LBH' seit 2008; seit 2009 Lehrtätigkeit an der Hochschule Heiligenkreuz, dort Lehrauftrag ab 2010; seit 2011 im Ruhestand im öffentlichen Schulsystem; 2011 Ernennung zum Dozenten in Heiligenkreuz.

Veröffentlichungen u. a.: *Das Wesen der Marianischen Miterlösung in der modernen Theologie*, 1987; ‚*Institutio Biblica'. Lehrbuch Latein für Theologen*, 1988; ‚*Römische Realien'. Abriss der römischen Geschichte, Literaturgeschichte und Kultur*, 1992; Verfasser zahlreicher Lehrbücher für Latein; Redaktion der *Jahresberichte des Gymnasiums Baden* von 1981 bis 2010; Autor zahlreicher audiovisueller Medien, Videodokumentationen und Filmproduktionen.

CHRISTOPH BÖHR, Dr. phil., geb. 1954, ao. Professor am Institut für Philosophie der Hochschule Benedikt XVI. Heiligenkreuz, arbeitete nach seinem Studium der Philosophie, Politikwissenschaft, Germanistik und Neueren Geschichte zunächst im Wissenschaftlichen Dienst des Deutschen Bundestages sowie als Mitarbeiter an der Universität und war von 1987 bis 2009 Abgeordneter – und Oppositionsführer – im Landtag. Er wurde mit einer Arbeit über die *Philosophie für die Welt* promoviert; 2013 erfolgte seine Berufung zum Permanent Fellow des Collegium Artes Liberales/Institute for Advanced Studies in the Humanities and the Social Sciences der Vytautas Magnus Universität, Kaunas/Litauen. Böhr ist Herausgeber der Reihe *Das Bild vom Menschen und die Ordnung der Gesellschaft*,

Wiesbaden 2012ff., bisher 18 Bände, der *Wojtyła-Studien*, Berlin 2016ff., sowie Mitglied im International Editorial Advisory Board der Zeitschrift *Ethos*, Lublin.

Neben einer Vielzahl von Zeitungsbeiträgen und Aufsätzen liegen von ihm zahlreiche Buchveröffentlichungen zu philosophischen und politischen Fragen vor, zuletzt: *Philosophie für die Welt. Die Popularphilosophie der deutschen Spätaufklärung im Zeitalter Kants*, Stuttgart-Bad Cannstatt 2003; *Der Maßstab der Menschenwürde. Christlicher Glaube, ethischer Anspruch und politisches Handeln*, Köln 2003; *Gesellschaft neu denken*, Frankfurt a. M. 2004; *Arbeit für alle – kein leeres Versprechen*, Köln 2005; *Friedrich Spee und Christian Thomasius. Über Vernunft und Vorurteil. Zur Geschichte eines Stabwechsels im Übergang vom 17. zum 18. Jahrhundert*, Trier 2005, 2006; *Eine neue Ordnung der Freiheit*, Osnabrück 2007 (Mitherausgeber und Koautor); *Facetten der Kantforschung. Ein internationaler Querschnitt*, Stuttgart-Bad Cannstatt 2011 (Mitherausgeber und Koautor); *Glaube, Gewissen, Freiheit. Lord Acton und die religiösen Grundlagen der liberalen Gesellschaft*, Wiesbaden 2015 (Mitherausgeber und Koautor); *Die Verfassung der Freiheit und das Sinnbild des Kreuzes. Das Symbol, seine Anthropologie und die Kultur des säkularen Staates*, Wiesbaden 2016 (Herausgeber und Koautor); *Europa und die Anthropologie seiner Politik. Der Mensch als Weg der Geschichte – Zur Philosophie Karol Wojtyłas*, Berlin 2016 (Mitherausgeber und Koautor); *Zum Grund des Seins. Metaphysik und Anthropologie nach der Postmoderne – Rémi Brague zu Ehren*, Wiesbaden 2016 (Herausgeber und Koautor); *Gott denken. Zur Philosophie von Religion. Richard Schaeffler zu Ehren*, Wiesbaden 2019 (Mitherausgeber u. Koautor); *Christentum und Politik – Kohärenzen und Dissonanzen: eine russisch-deutsche Sicht auf die Geschichte im 20. Jahrhundert*, hg. v. Christoph Böhr, Wiesbaden 2019 (Mitherausgeber u. Koautor); *Metaphysik – von einem unabweislichen Bedürfnis der menschlichen Vernunft. Rémi Brague zu Ehren*, hg. v. Christoph Böhr, Wiesbaden 2020 (Herausgeber und Koautor).

RÉMI BRAGUE, Prof. em. Dr. phil., geb. 1947, Promotion 1976 und Habilitation 1986 in Philosophie, unterrichtete von 1972 bis 1976 als Gymnasiallehrer, war sodann von 1976 bis 1988 Forschungsbeauftragter, im Wintersemester 1979/1980 Visiting Associate

Professor im Department of Philosophy an der Pennsylvania State University, Stipendiat der Alexander von Humboldt-Stiftung am Thomas-Institut der Universität Köln von 1987 bis 1988, lehrte als Professor – und Gastprofessor – an den Universitäten Dijon, Lausanne, Boston, Navarra, San Rafaele, Mailand sowie am Trinity College Dublin; von 1990 bis 2010 bekleidete er einen Lehrstuhl an der Universität Panthéon-Sorbonne in Paris; von 2002 bis 2012 war er Inhaber des Guardini Lehrstuhls und Professor für Religionswissenschaft unter besonderer Berücksichtigung der europäischen Religionsgeschichte und der christlichen Weltanschauung an der Ludwig-Maximilians-Universität München; Brague ist Honorarprofessor der Phil.-Theol. Hochschule Benedikt XVI. Heiligenkreuz, seit 2009 Mitglied des Institut de France – Académie des Sciences Morales et Politiques, Träger zahlreicher Auszeichnungen, so zuletzt des Josef-Pieper-Preises, 2009, des Grand Prix de Philosophie de l'Académie Française, 2009, des Premio Joseph Ratzinger, 2012, der Aquinas Medal der American Catholic Philosophical Association, 2015, und des All European Academies Madame de Staël Prize for Cultural Values, 2016; Ehrendoktor der Päpstlichen Universität Johannes Paul II., Krakau, 2018.

Von seinen Buchveröffentlichungen, die bis heute in achtzehn Sprachen übersetzt wurden, seien hier in Auswahl erwähnt: *Le Restant. Supplément aux commentaires du Ménon de Platon*, Paris 1978, 1999; *Du temps chez Platon et Aristote. Quatre études*, Paris 1982, 1995, 2003; *Aristote et la question du monde. Essai sur le contexte cosmologique et anthropologique de l'ontologie*, Paris 1988, 2001, 2009; *Europe, la voie romaine*, Paris 1992, 1993, 1999, 2005; dt. *Europa – seine Kultur, seine Barbarei. Exzentrische Identität und römische Sekundarität*, hg. v. Christoph Böhr, Wiesbaden 2012; *La Sagesse du monde. Histoire de l'expérience humaine de l'univers*, Paris 1999, 2002; dt. *Die Weisheit der Welt. Kosmos und Welterfahrung im westlichen Denken*, München 2005; *Introduction au monde grec. Études d'histoire de la philosophie*, Chatou 2005, Paris 2008; *La Loi de Dieu. Histoire philosophique d'une alliance*, Paris 2005, 2008; *Au moyen du Moyen Age. Philosophies médiévales en chrétienté, judaïsme, islam*, Chatou 2006, Paris 2008; *Du Dieu des chrétiens et d'un ou deux autres*, Paris 2008, 2009; *Image vagabonde. Essai sur l'imaginaire baudelairien*,

Chatou 2008; *Les Ancres dans le ciel. L'infrastructure métaphysique,* Paris 2011, 2013; dt. *Anker im Himmel. Metaphysik als Fundament der Anthropologie,* hg. v. Christoph Böhr, Wiesbaden 2017; *Le Propre de l'homme. Sur une légitimité menacée,* Paris 2013, 2015; *Modérément moderne,* Paris 2014; *Le Règne de l'homme. Genèse et échec du projet moderne,* Paris 2015; *Où va l'histoire?,* Paris 2016; *Sur la religion,* Paris 2018. Zudem ist Brague Übersetzer und Herausgeber mehrerer Bücher, u. a.: *Herméneutique et ontologie. Mélanges en l'honneur de P. Aubenque à l'occasion de son 60e anniversaire,* Paris 1990, gemeinsam mit Jean-François Courtine; *Saint Bernard et la Philosophie,* Paris 1993; *Die Macht des Wortes,* München 1996, gemeinsam mit Tilo Schabert; *Alchemie, Ketzerei, Apokryphen im frühen Islam. Gesammelte Aufsätze,* Hildesheim 1994, gemeinsam mit Paul Kraus.

Drei Festschriften sind Rémi Brague gewidmet: *L'Avenir du passé. Rencontre autour de Rémi Brague,* hg. v. Kristell Trego, Paris 2013; *Tanumànyok Rémi Brague tiszteletére,* hg. v. Miklos Vetö u. István Bugàr, Piliscsaba 2013; *Zum Grund des Seins. Metaphysik und Anthropologie nach dem Ende der Postmoderne – Rémi Brague zu Ehren,* hg. v. Christoph Böhr, Wiesbaden 2017.

WOLFGANG BUCHMÜLLER OCist, Prof. Dr. theol. habil., Mag. theol., Mag. phil., geb. 1964, Rektor der Phil.-Theol. Hochschule Benedikt XVI. Heiligenkreuz, Vorstand des Instituts für Spirituelle Theologie und Religionswissenschaft, Professor für Spirituelle Theologie und Ordensgeschichte; nach Abitur und Grundwehrdienst von 1984 bis 1989 Studium der Mittleren und Neueren Kunstgeschichte sowie der Frühchristlichen und Byzantinischen Kunstgeschichte und der Historischen Hilfswissenschaften an der Universität München; Abschluss mit dem Magister Artium; 1989 Seminarist der Erzdiözese München; Studium der Theologie an der Universität München; 1991 Eintritt in die Zisterzienserabtei Heiligenkreuz; Fortsetzung des Studiums an der Phil.-Theol. Hochschule Heiligenkreuz; am 14. Juni 1996 Priesterweihe; Kaplansjahr in Bochum-Stiepel; 1997 Doktoratsstudium in Wien; Promotion am 16. Januar 2001 zum Dr. theol.; seit 2007 Professor und Institutsvorstand des Instituts für Spirituelle Theologie und Religionswissenschaft an der Hochschule Benedikt XVI. in Heiligenkreuz; 2015 Habilitation der Universität Wien in dem Fach Theologie der Spiritualität mit einer Arbeit zu Isaak von Étoile; von 2015 bis 2019 Forschungsdekan; seit 2019 Rektor der Hochschule; sein wissenschaftlicher Schwerpunkt: Kritische Edition der Schriften Isaak von Stellas.

Veröffentlichungen in Auswahl: *Die Affektenlehre Joachim von Sandrarts und ihre Quellen. Eine Studie zu seinem literarischen und bildkünstlerischen Werk*, München 1989; *Wilhelm von Saint-Thierry als Lehrmeister monastischen und geistlichem Lebens*, Wien 1996; Die Askese der Liebe, Aelred von Rievaulx und die Grundlinien seiner Spiritualität, Langwaden 2001; *Karl Steiner. 1902–1981. Ein Künstler als Visionär. Von der Avantgarde zur prophetischen Moderne*, Heiligenkreuz 2011; *Guerric von Igny: Worte von Feuer. Mystagogische Ansprachen*, St. Ottilien 2012; *Ruhen im Geist: Charismatische Phänomene in der Kontroverse*, Jestetten ²2015; *Isaak von Étoile: Monastische Theologie im Dialog mit dem Neo-Platonismus des 12. Jahrhunderts*, Münster 2016; zahlreiche Aufsätze. Mehrere Herausgeberschaften, u. a.: *Von der Freude, sich Gott zu nähern. Beiträge zur cisterciensischen Spiritualität*, Heiligenkreuz 2010; *Ein Lied, das froh im Herzen jubelt. Texte der spirituellen Erfahrung der frühen Zisterzienser*, Heiligenkreuz 2010 (Mitherausgeber); *Isaak von Stella: Sermones – Predigten I-III*, 3 Bde., Freiburg/Basel/Wien 2012 (Mitherausgeber); *Christliche Mystik im Spannungsfeld der antiken und mittelalterlichen Philosophie*, Heiligenkreuz 2015; *Ambo. Jahrbuch der Hochschule Heiligenkreuz*, Bd. 1ff., Heiligenkreuz 2016ff. (Hauptherausgeber).

ROCCO BUTTIGLIONE, Prof. Dr. Dr. h. c., geb. 1948, war Wissenschaftlicher Assistent an der Universität La Sapienza in Rom von 1972 bis 1986, Lehrbeauftragter an der Universität Urbino von 1972 bis 1986, ordentlicher Professor an der Universität Gabriele d'Annunzio Chieti Teramo von 1986 bis 1994 und später an der Freien Universität St. Pius V. in Rom; er war Professor für Philosophie mit besonderer Berücksichtigung der Philosophie der Politik, der Ökonomie und der Gesellschaftswissenschaften an der Internationalen Akademie für Philosophie im Fürstentum Liechtenstein und Prorektor derselben von 1986 bis 1994; derzeit ist er Präsident des Hochschulrates dieser Akademie. Er hat Gastvorlesungen und Vorträge an verschiedenen Universitäten gehalten, u. a. an der El Tecnológico de Monterrey und der IMDOSOC (Instituto Mexicano de Doctrina Social Cristiana) in Mexico, der Pontificia Universidad

Católica de Chile, der Pontificia Universidad Católica Argentina, dem Dietrich von Hildebrand Legacy Fund bei der Franciscan University of Steubenville, Ohio, der Pontificia Università Urbaniana, der Pontificia Università Lateranense, der Katolicki Uniwersytet Lubelski Jana Pawła II, wo er 2017 die Karol Wojtyła Memorial Lectures gehalten hat, sowie der Uniwersytet Jagielloński in Krakau.

Buttiglione war Mitglied des Päpstlichen Rates Justitia et Pax von 1984 bis 1991 und ist Mitglied der Päpstlichen Akademie der Sozialwissenschaften seit 1994; er ist Dr. h. c. der Katolicki Uniwersytet Lubelski und wurde als erster Ausländer mit der Gloria-Artis-Medaille der Polnischen Republik ausgezeichnet, der höchsten kulturellen Auszeichnung der Republik.

Buttiglione ist im politischen Leben Italiens und Europas engagiert; seit 1994 war er Mitglied der Abgeordnetenkammer, des Senats, des Europäischen Parlaments und erneut der Abgeordnetenkammer. Er war Mitglied verschiedener Parlamentarischer Ausschüsse und zuvor Minister für Europaangelegenheiten, Kultusminister und Vizepräsident der Abgeordnetenkammer. Er ist verheiratet, hat vier Töchter und – bisher – zwölf Enkelkinder.

Von seinen zahlreichen Veröffentlichungen, die in vielen Sprachen erschienen sind, seien hier in Auswahl erwähnt: *Avvenimento cristiano é fenomeno rivoluzionario*, 1972; *Dialettica e Nostalgia. La Scuola di Francoforte e l'ultimo Horkheimer*, 1978; *La fine della economia marxista. Gli inizi della Scuola di Francoforte*, 1978; *Il Pensiero di Karol Wojtyła: L'uomo ed il Lavoro*, 1982; *Metafisica della Conoscenza e Politica in S. Tommaso d'Aquino*, 1985; *L'uomo e la Famiglia*, 1991; *La Crisi della Morale*, 1991; *Europa jako Pojęcie filozoficzne* – mit Jarek Merecki, 1996; *Etyka wobec historii*, 2005; *I Cattolici liberali nell'attuale contesto politico*, 2007; *La sfida. Far politica al tempo della crisi*, 2012; *Sulla Verità soggettiva. Esiste una alternativa al Dogmatismo ed allo Scetticismo?*, 2015; dt. *Die Wahrheit im Menschen. Jenseits von Dogmatismus und Skeptizismus*, hg. v. Christoph Böhr, Wiesbaden 2019; *Terapia dell'Amore ferito in ‚Amoris Laetitia'* – mit Ennio Kardinal Antonelli, 2017; *Risposte amichevoli ai critici di ‚Amoris Laetitia'*, 2017.

JOHANNES PAUL CHAVANNE OCIST, Dr. theol., geb. 1983 in Wien, Mönch im Zisterzienserstift Heiligenkreuz, Dozent für Liturgiewissenschaft an der Phil.-Theol. Hochschule Benedikt XVI. Heiligenkreuz, Generalsekretär der Hochschule; verantwortlich für die Öffentlichkeitsarbeit des Stiftes Heiligenkreuz; ebendort Jugendseelsorger. Zahlreiche Veröffentlichungen, so u. a. die Monografie: *Pax. Friedensbegriffe in der Eucharistiefeier des Römischen Ritus*, Wien 2018; zahlreiche wissenschaftliche Aufsätze und Fachzeitschriften und Sammelwerken, zuletzt: ‚*Brannte uns nicht das Herz?' Eucharistieverehrung im Kontext einer neuen Evangelisierung*, in: *Auf Christus getauft. Glauben Leben und Verkünden im 21. Jahrhundert*, hg. v. Barbara Stühlmeyer, Kevelaer 2019; *Das monastische Schuldkapitel. Eine liturgische Form öffentlicher Buße*, in: *Die Lebenswelt der Zisterzienser. Neue Studien zur Geschichte eines europäischen Ordens*, hg. v. Joachim Werz, Heiligenkreuz/Regensburg 2020; rege Vortragstätigkeit vor allem zu theologischen, liturgischen und pastoralen Themen.

ROLF DARGE, Univ.-Prof. Dr. phil., geb. 1958 in Düsseldorf, lehrt seit 2005 Philosophie an der Universität Salzburg mit dem Schwerpunkt Anthropologie und Ethik – Forschungsschwerpunkt Philosophie des Mittelalters; er hat in Düsseldorf, Tours, Bonn und Köln studiert, sich 2002 in Köln habilitiert und Lehrstuhlvertretungen in Köln und Salzburg wahrgenommen. Einen Ruf auf den Lehrstuhl Philosophie I – Theoretische Philosophie – der Universität Bamberg hat er abgelehnt. Er ist verheiratet und hat zwei Söhne.

Buchveröffentlichungen: *Der Aristotelismus an den europäischen Universitäten der frühen Neuzeit*, 2010 (Mitherausgeber und Koautor); *Suárez' transzendentale Seinsauslegung und die Metaphysiktradition*, 2004; *Habitus per actus cognoscuntur. Die Erkenntnis des Habitus und die Funktion des moralischen Habitus im Aufbau der Handlung nach Thomas von Aquin*, 1996; zahlreiche Aufsätze, unter anderem zum Transzendentalienproblem: *Scholastik: Transformation eines Wissenschaftsmodells vom Mittelalter zur frühen Neuzeit*, in: *Kontinuitäten, Umbrüche, Zäsuren. Die Konstruktion von Epochen in Mittelalter und früher Neuzeit in interdisziplinärer Sichtung*, hg. v. Thomas Kühtreiber u. Gabriele Schlichta, Heidelberg 2016, 265–288; *Vom Transzendentalen zum Transzendenten. Der transzendental-theologische Weg der Metaphysik nach Thomas von Aquin*, in: *Philosophisches Jahrbuch* 123 (2016) 385–409; *Wahre Welt. Die Welt als offenes Beziehungsfeld des menschlichen Geistes im mittelalterli-*

chen Denken, in: *Welterfahrung und Welterschließung in Mittelalter und Früher Neuzeit*, hg. v. Anna Kathrin Bleuler, Heidelberg 2016, 25–45; *Die religiöse Wurzel der mittelalterlichen Transzendentalienlehre*, in: *Herausforderung durch Religion? Begegnungen der Philosophie mit Religionen in Mittelalter und Renaissance*, hg. v. Gerhard Krieger, Würzburg 2011, 231–252; Mitherausgeber des *Salzburger Jahrbuchs für Philosophie*.

MARIAN GRUBER OCist, Dr. phil., Dr. theol., Mag. phil., Mag. theol., Vizerektor der Phil.-Theol. Hochschule Benedikt XVI. Heiligenkreuz, geb. 1961 in Neunkirchen, Besuch des Gymnasiums der Redemptoristen in Katzelsdorf und bei den Salesianern Don Boscos in Unterwaltersdorf, Besuch der Handelsschule in Baden; 1983 Matura und Eintritt in Heiligenkreuz, seit 1982 Vorstandsmitglied der Gesellschaft für Christliche Gesellschaftslehre und Politik in Wien; 1984–1988 Studium an der Hochschule Heiligenkreuz, Abschluss mit dem Magister theologiae; von 1988 bis 1992 Studium an der Grund- und Integrativwissenschaftlichen Fakultät der Universität Wien, 1991 Promotion in Theologie an der Universität Wien und 1997 Promotion in Philosophie ebendort, seit 2000 Professor für Logik und Erkenntnistheorie an der Hochschule Heiligenkreuz und seit 2007 Vorstand des Institutes für Philosophie. Veröffentlichungen in Auswahl: *Im Schatten des Wissens (Koh 7,12). Annäherung an die Wahrheit des Sollens, sprachanalytischer Versuch. Synthese des ganzheitlichen Denkens und seine Anwendung*, Wienerwald-Sittendorf 1998; *Die Wahrheit im Zeitalter interdisziplinärer Umbrüche*, hg. v. Marian Gruber, Imre Koncsik u. Wolfgang Wehrmann, Frankfurt a. M. 2009; zahlreiche Aufsätze.

JENS HALFWASSEN, Prof. Dr. phil. Dr. phil. h. c., geb. 1958, gest. 2020, von 1978 bis 1985 Studium der Philosophie, Geschichte, Altertumswissenschaften und Pädagogik an der Universität zu Köln, 1989 Promotion bei Karl Bormann und 1995 Habilitation in Philosophie bei Klaus Düsing in Köln; 1996 Oberassistent am Philosophischen Seminar der Universität zu Köln, 1997 Heisenberg-Stipendium der DFG; 1997 Professor für Philosophie an der Ludwig-Maximilians-Universität München, seit 1999 Ordinarius für Philosophie an der Ruprecht-Karls-Universität Heidelberg; seit 2012 Ordentliches

Mitglied der Heidelberger Akademie der Wissenschaften; Leiter der Karl-Jaspers-Forschungsstelle der Heidelberger Akademie der Wissenschaften; Gründungsmitglied der Academia Platonica Septima Monasteriensis; 2014 Ehrendoktor der Universität Athen; Fellow des Collegium Budapest, des Marsilius-Kollegs der Universität Heidelberg und des Heidelberger Centrums für Transkulturelle Studien – HCTS –; Stiftungsrat der Karl-Jaspers-Stiftung Basel; Vorstandsmitglied des Internationalen Zentrums für Philosophie NRW in Bonn; Forschungsschwerpunkte: Antike Philosophie, Metaphysik und ihre Geschichte, Platon, Alte Akademie, Aristoteles, Mittel- und Neuplatonismus, speziell Plotin, Proklos, Johannes Eriugena, Meister Eckhart und Nikolaus von Kues, Deutscher Idealismus, besonders Hegel und Schelling. Zu seinen Monografien zählen: *Der Aufstieg zum Einen. Untersuchungen zu Platon und Plotin*, Stuttgart 1992, um einen Forschungsbericht erw. Aufl. München/Leipzig ²2006, Berlin/Boston ³2012; *Geist und Selbstbewusstsein. Studien zu Plotin und Numenios*, Stuttgart 1994; *Hegel und der spätantike Neuplatonismus. Untersuchungen zur Metaphysik des Einen und des Nous in Hegels spekulativer und geschichtlicher Deutung*, Bonn 1999, Hamburg ²2005; *Plotin und der Neuplatonismus*, München 2004; *Auf den Spuren des Einen. Studien zur Metaphysik und ihrer Geschichte*, Tübingen 2015; Sammelbände: *Platonismus im Orient und Okzident. Neuplatonische Denkstrukturen im Judentum, Christentum und Islam*, Heidelberg 2005; *Kunst, Metaphysik und Mythologie*, Heidelberg 2008; *Philosophie und Religion*, Heidelberg 2011; *Seele und Materie im Neuplatonismus*, Heidelberg 2016; zahlreiche Aufsätze u. a. zu Xenophanes, Platon, Speusippos, Aristoteles, Plotin, Proklos, Johannes Eriugena, Anselm von Canterbury, Meister Eckhart, Nikolaus von Kues, Hegel und Schelling sowie zur Geschichte, Systematik und Aktualität der Metaphysik; Mitherausgeber der *Philosophischen Rundschau*, der *Quellen und Studien zur Philosophie*, der *Heidelberger Forschungen* sowie der *Karl-Jaspers-Gesamtausgabe* im Auftrag der Heidelberger und der Göttinger Akademie der Wissenschaften.

Ein Nachruf auf den am 14. Februar 2020 unerwartet Verstorbenen ist in der *Frankfurter Allgemeinen Zeitung* vom 19. Februar 2020 aus der Feder von Markus Gabriel erschienen.

MAXIMILIAN HEIM OCIST, Dr. theol., Mag. theol., geb. 1961 in Kronach (Bayern), Abt der Zisterzienserabtei Stift Heiligenkreuz und Abtpräses der Österreichischen Zisterzienserkongregation, Mitglied des Rates des Generalabtes, Magnus Cancellarius der Phil.-Theol. Hochschule Benedikt XVI. Heiligenkreuz, Professor für Dogmatik und Fundamentaltheologie der Phil.-Theol. Hochschule Benedikt XVI. Heiligenkreuz, Mitglied des Neuen Schülerkreises Joseph Ratzinger/Papst Benedikt XVI. und des Kuratoriums des *Institut Papst Benedikt XVI.*; Joseph-Ratzinger-Preisträger.

Buchveröffentlichungen: *Joseph Ratzinger – Kirchliche Existenz und existentielle Theologie. Ekklesiologische. Grundlinien unter dem Anspruch von Lumen gentium*, Frankfurt a. M. ³2014; *Auf Fels gebaut. Freude an Kirche und Glaube*, Heiligenkreuz 2014; Herausgebertätigkeit: *Tu es Pastor Ovium. Eine Nachlese zum Besuch von Papst Benedikt XVI. am 9. September 2007 im Stift Heiligenkreuz*, Heiligenkreuz ²2011; *Auf der Suche nach dem, was gilt und trägt*, Heiligenkreuz 2010; *Zur Mitte der Theologie im Werk von Joseph Ratzinger/Benedikt XVI.*, Regensburg 2013; *Hommage an Papst Benedikt XVI. – Aufsätze und Essays*, Heiligenkreuz 2018 (hg. gem. mit Wolfgang Buchmüller); Mitarbeit an der Edition JOSEPH RATZINGER/BENEDIKT XVI., *Gesammelte Schriften*, Bde. 8.1 u. 8.2: *Kirche – Zeichen unter den Völkern Schriften zur Ekklesiologie und Ökumene*, Freiburg i. Br. 2010; Bd. 12: *Künder des Wortes und Diener eurer Freude. Theologie und Spiritualität des Weihesakramentes*, Freiburg i. Br. 2010; zahlreiche Aufsätze, Vorträge, Predigten und Ansprachen.

WILLIAM J. HOYE, Prof. Dr. theol., geb. 1940 in den USA, lehrt seit 1980 Systematische Theologie – insbesondere Theologische Anthropologie – an der Universität Münster; er hat in Boston, Straßburg, München und Münster, als Schüler Karl Rahners, studiert. In Mainz und Halle hat er Philosophie, in Mainz, Landau, Bielefeld und Milwaukee Theologie gelehrt; Gastprofessuren in Milwaukee an der Marquette University und in Rom, Sant'Anselmo; Gastforscher an der Columbia University in New York, an der Catholic University of America in Washington, D. C. – Andrew W. Mellon Fellowship – und an der Marquette University. Er ist verheiratet und hat zwei Söhne.

Buchveröffentlichungen u. a.: *Divine Being and Ist Relevance According to Thomas Aquinas [Göttliches Sein und seine Bedeutsamkeit nach Thomas von Aquin]*, Leiden 2020; *Die verborgene Theologie der Säkularität*, Wiesbaden 2018; *The Emergence of Eternal Life [Die Emergenz des Ewigen Lebens]*, Cambridge 2013; *Die Wirklichkeit der Wahrheit: Freiheit der Gesellschaft und Anspruch des Unbedingten*, Wiesbaden 2013; *Tugenden*, Münster 2010; *Liebgewordene theologische Denkfehler*, Münster 2006; *Die mystische Theologie des Nicolaus Cusanus*, Freiburg i. Br. 2004; *Demokratie und Christentum. Die christliche Verantwortung für demokratische Prinzipien*, Münster 1999; *Gotteserfahrung? Klärung eines Grundbegriffs der gegenwärtigen Theologie*, Zürich 1993.

ANNA JANI, Dr., geb. 1980 in Ungarn, ist wissenschaftliche Mitarbeiterin an der Katholischen Péter-Pázmány-Universität; ihre Forschungsbereiche sind Phänomenologie, Hermeneutik und Religionsphilosophie; 2017 wissenschaftliche Mitarbeiterin im Projekt ‚Selbst-Interpretation, Gefühle, Erzählung' an der Eötvös-Loránd-Universität, Budapest (Fakultät für neuzeitige- und gegenwärtige Philosophie). Zwischen Januar 2012 und Juni 2017 wissenschaftliche Mitarbeiterin in der MTA-ELTE Forschungsgruppe für Hermeneutik an der Eötvös-Loránd-Universität, Budapest; 2013 Promotion an der Eötvös-Loránd-Universität, Budapest; von 2000 bis 2005 Studien über Literatur- und Sprachwissenschaften sowie philosophische Ästhetik an der Katholischen Péter- Pázmány-Universität, Piliscsaba; Abschluss Magistra Artium. Sie ist verheiratet und hat eine Tochter.

Buchveröffentlichungen: *A másik igazsága. Ünnepi kötet Fehér M. István tiszteletére [Die Wahrheit des Anderen. Festschrift zum 60. Geburtstag von István M. Fehér]*, hg. gem. mit Zsuzsanna Lengyel, Budapest 2012; *Edith Steins Denkweg von der Phänomenologie zur Seinsphilosophie*, Würzburg 2015; *Kortársunk Kierkegaard [Unser Zeitgenosse, Kierkegaard. Laokoón]*, hg. gem. mit Csaba Olay, Budapest 2017; zahlreiche Aufsätze.

FRANZ LACKNER OFM, Dr. phil., Lic. phil., Mag. theol., geb. als Anton Lackner 1956 in Feldbach, ist Erzbischof von Salzburg und seit Juni 2020 Vorsitzender der Österreichischen Bischofskonferenz.

Nach seiner Berufung in Zypern, wo er als UNO-Soldat diente, trat Lackner 1979 in das Aufbaugymnasium Horn ein; 1984 folgte der Eintritt in den Franziskanerorden; Lackner nahm den Ordensnamen seines Ordensgründers Franz von Assisi an und legte 1989 die Ewige Profess ab; 1991 wurde er zum Priester geweiht. Nach dem Doktorat an der päpstlichen Universität Antonianum des Franziskanerordens in Rom unterrichtete der Steirer dort Metaphysik, bis er 1999 zum Provinzial der Franziskanerprovinz von Wien berufen wurde; im selben Jahr erfolgte der Lehrauftrag in Philosophie an der Philosophisch-Theologischen Hochschule in Heiligenkreuz. Im Oktober 2002 wurde Franz Lackner zum Weihbischof der Diözese Graz-Seckau ernannt und am 8. Dezember 2002 zum Bischof geweiht. Sein Wahlspruch lautet nach Joh 3,30: Illum oportet crescere – Er, Christus, muss wachsen. Am 10. November 2013 wählte das Dom- und Metropolitankapitel zu Salzburg Franz Lackner zum Erzbischof von Salzburg; Papst Franziskus bestätigte die Wahl am 18. November 2013; am 12. Jänner 2014 übergab der emeritierte Erzbischof Alois Kothgasser bei der Amtseinführung im Salzburger Dom den Hirtenstab an seinen Nachfolger.

Veröffentlichungen: *Einheit und Vielheit bei Johannes Duns Scotus*, Rom 2003; *Kaum zu glauben*, Innsbruck/Wien 2018 (gem. mit Clemens Sedmak); zahlreiche Aufsätze, besonders zu Johannes Duns Scotus: *Glaube und Vernunft bei Johannes Duns Scotus: Ansatz und Möglichkeit einer christlichen Philosophie*, in: *Denken und Glauben: Perspektiven zu ‚Fides et Ratio'*, hg. v. Karl Josef Wallner, Heiligenkreuz 2000, 218–238; *Johannes Duns Scotus (um 1265–1308): ‚Dies glaube ich; dies, wenn es mir möglich wäre, möchte ich wissen'*, in: *Franziskanische Stimmen: Zeugnisse aus acht Jahrhunderten*, hg. v. Paul Zahner, Kevelaer 2002, 56–61; *Theologie – Anfang und Vollendung der Metaphysik: Eine Verhältnisbestimmung*, in: *Zwischen Weisheit und Wissenschaft: Johannes Duns Scotus im Gespräch*, Kevelaer 2003, 130–145; *Johannes Duns Scotus und die Wirklichkeit am Rande des Denkbaren*, in: GIOVANNI DUNS SCOTO, *Studi e ricerche nel VII Centenario della sua morte*, Bd. 1, hg. v. Martín Carbajo Núnez, Rom 2008, 3–21; *‚Dass du unendlich bist und unbegreifbar von einem Endlichen'*, in: *Duns-Scotus-Lesebuch*, hg. v. Herbert Schneider, Marianne Schlosser, Paul Zahner, Mönchengladbach 2008, 162–180; *‚Poten-*

tia oboedientialis': *Aufmerksames Hören an der Grenze des Wissens*, in: *Einzigkeit und Liebe nach Johannes Duns Scotus. Beiträge auf der Tagung der Johannes-Duns-Skotus-Akademie vom 5.–8. November 2008 in Köln zum 700. Todestag von Johannes Duns Scotus*, hg. v. Herbert Schneider, Mönchengladbach 2009, 117–131; *Johannes Duns Scotus – Die Grenzen des Denkbaren – Ein Wegbereiter der Moderne*, in: *Die Orden im Wandel Europas: Historische Episoden und ihre globalen Folgen*, hg. v. Petrus Bsteh, Brigitte Proksch, Cosmas Hoffmann, Wien 2013, 133–145.

HANNS-GREGOR NISSING, Dr. phil., geb. 1969, Studium der Philosophie, Katholischen Theologie, Germanistik und Pädagogik in Münster, München und Bonn; 2004 Promotion in Philosophie an der Universität Bonn; von 2005 bis 2012 Referent für Philosophie und Theologie an der Thomas-Morus-Akademie Bensberg; seit 2012 Referent für Glaubensbildung am Geistlichen Zentrum der Malteser in Ehreshoven; verheiratet, zwei Kinder.

Buchveröffentlichungen: *Sprache als Akt bei Thomas von Aquin*, Leiden/New York 2006; Übersetzungen: KAROL WOJTYLA, *Wer ist der Mensch? Skizzen zur Anthropologie*, München 2011; KAROL WOJTYLA, *Betrachtungen über das Wesen des Menschen*, München 2017; Herausgeberschaften in Auswahl: *Grundvollzüge der Person, Dimensionen des Menschseins bei Robert Spaemann*, München 2008; *Grundpositionen philosophischer Ethik. Von Aristoteles bis Jürgen Habermas*, Darmstadt 2008, ²2018, mit Jörn Müller; *Hermann Lübbe. Pragmatische Vernunft nach der Aufklärung*, Darmstadt 2009; *Natur. Ein philosophischer Grundbegriff*, Darmstadt 2010; *Was ist Wahrheit? Zur Diskussion um die ‚Diktatur des Relativismus'*, München 2011; *Naturrecht und Kirche im säkularen Staat*, Wiesbaden 2016; THOMAS VON AQUIN, *Einführende Schriften*. Übersetzt von Josef Pieper, 5 Bde., München 2017ff., mit Berthold Wald; seit 2007 Initiator und Moderator des Philosophischen Arbeitskreises ‚Vernunft und Glaube'; seit 2015 Durchführung der monatlichen Veranstaltungsreihe ‚Philosophische Erkundungen: Auf den Spuren des Thomas von Aquin in Köln. Wege in die geistige Welt des hohen Mittelalters' und seit 2020 verantwortlich für die Homepage www.thomas-von-aquin.de.

RICHARD SCHAEFFLER, Dr. phil., Dr. theol. h. c., Dr. phil. h. c., geb. am 20. Dezember 1926 in München, gest. am 24. Februar 2019, besuchte zunächst das Benediktinergymnasium in Ettal und nach dessen Schließung durch die Nationalsozialisten das Theresiengymnasium in München. 1942 wurde er als ‚Halbjude' von der Schule verwiesen, begann eine Lehre als Großhandels-Drogist und war während der letzten Kriegsmonate, von November 1944 bis April 1945, Häftling in einem Sonderarbeitslager. Nach Kriegsende begann er das Studium der Philosophie, der Katholischen Theologie und der Psychologie, zunächst – noch vor dem nachgeholten Abitur – als Gasthörer an der Hochschule für Philosophie in Pullach, nach dem Abitur von 1945 bis 1953 in Tübingen und München. Die Promotion erfolgte 1952 in Tübingen im Fach Philosophie mit einer Arbeit über *Die Frage nach dem Glauben im Werk von Karl Jaspers*, ein Jahr später folgte das Fakultätsexamen in Katholischer Theologie.

Nach der Arbeit als Assistent an mehreren Instituten für interdisziplinäre Zusammenarbeit – dem Leibniz Kolleg Tübingen, dem Collegium Alexandrinum Erlangen und dem Studium Generale Mainz – habilitierte sich Schaeffler 1961 im Fach Philosophie mit seiner Arbeit über *Die Struktur der Geschichtszeit* in Tübingen. Von 1968 bis 1989 war er Inhaber des Lehrstuhls für Philosophisch-Theologische Grenzfragen an der Ruhr-Universität Bochum. Anschließend lehrte er von 1994 bis 2011 als Gastprofessor Religions- und Geschichtsphilosophie an der Hochschule für Philosophie in München.

Schaeffler bekleidete zwei Ehrendoktorate. Zu seinen Forschungsschwerpunkten zählten die Geschichtsphilosophie, die Religionsphilosophie, die Wissenschaftstheorie der Theologie, die Transzendentalphilosophie und der jüdisch-christliche Dialog.

Zu den wichtigsten Hauptschriften Schaefflers zählen: *Die Struktur der Geschichtszeit*, Frankfurt a. M. 1963; *Wege zu einer ‚Ersten Philosophie'. Vom rechten Ansatz des philosophischen Fragens*, Frankfurt a. M. 1964; *Religion und kritisches Bewusstsein*, Freiburg/München 1973; *Einführung in die Geschichtsphilosophie*, Darmstadt 1973, ⁴1995; *Die Religionskritik sucht ihren Partner. Thesen zu einer erneuerten Apologetik*, Freiburg i. Br. 1974; *Frömmigkeit des Denkens. Martin Heidegger und die katholische Theologie*, Darmstadt 1978; *Was *dürfen wir hoffen? Die katholische Theologie der Hoffnung zwischen Blochs utopischem Denken und der reformatorischen Rechtfertigungslehre*, Darmstadt 1979; *Glaubensreflexion und Wissenschaftslehre. Thesen zur Wissenschaftstheorie und Wissenschaftsgeschichte der Theologie*, Freiburg i. Br. 1980; *Die Wechselbeziehungen zwischen Philosophie und katholischer Theologie*, Darmstadt 1980; *Fähigkeit zur Erfahrung. Zur transzendentalen Hermeneutik des Sprechens von Gott*, Freiburg i. Br. 1982; *Wissenschaftstheorie und Theologie*, Freiburg i. Br. 1982; *Religionsphilosophie*, Freiburg/München 1983, ²2003, mit Übersetzung in fünf Sprachen; *Kleine Sprachlehre des Gebets*, Einsiedeln 1988, frz. Paris 2003; *Das Gebet und das Argument. Eine Einführung in die Theorie der religiösen Sprache*, Düsseldorf 1989; *Erfahrung als Dialog mit der Wirklichkeit*, Freiburg/München 1995; *Philosophische Einübung in die Theologie*, 3 Bde., Freiburg/München 2004–2006; *Philosophisch von Gott reden. Überlegungen zum Verhältnis einer Philosophischen Theologie zur christlichen Glaubensverkündigung*, Freiburg u. München 2006; *Ontologie im nachmetaphysischen Zeitalter. Geschichte und neue Gestalt einer Frage*, Freiburg/München 2008; *Erkennen als antwortendes Gestalten. Oder: Wie baut sich vor unseren Augen die Welt der Gegenstände auf?*, Freiburg/München 2014; *Unbedingte Wahrheit und endliche Vernunft. Möglichkeiten und Grenzen menschlicher Erkenntnis*, hg. v. Christoph Böhr, Wiesbaden 2017; *Phänomenologie der Religion. Grundzüge ihrer Fragestellungen*, Freiburg/München 2018; *Philosophische Anthropologie*, Wiesbaden 2019.

Ein Nachruf auf Richard Schaeffler ist im *Jahrbuch für Religionsphilosophie* 17 (2018) 214–223 sowie in diesem Buch aus der Feder von Christoph Böhr erschienen.

RICHARD SCHENK OP, Prof. Dr. theol., geb. 1951 in Kalifornien/ USA, Dominikanerpater, studierte Philosophie und Theologie in Kalifornien und München, 1986 Promotion im Fach Dogmatik an der Ludwig-Maximilians-Universität München bei Leo Scheffczyk; von 1990 bis 2011 Professor an der Graduate Theological Union in Berkeley für Systematische Theologie und Philosophie, gleichzeitig Direktor des Forschungsinstituts für Philosophie in Hannover (1991 bis 2000) und des Intercultural Forum for Studies in Faith and Culture, Washington, D. C. (2004 bis 2006). Seit 1991 Mitglied der ‚Academia Scientiarum et Artium Europaea'; von 2000 bis 2004 und erneut von 2007 bis 2011 Regens studiorum der westlichen Provinz der Dominikaner in den Vereinigten Staaten; 2004 Sacrae Theologiae Magister des Predigerordens; Lehrtätigkeit in Fribourg, Hannover, Atlanta, Washington, D. C., und Eichstätt. 2007 Gründungspräsident der Academy of Catholic Theology (ACT), von 2011 bis 2014 Präsident der Katholischen Universität Eichstätt-Ingolstadt. Seit 2016 in der Hochschulseelsorge an der Universität Freiburg i. Br., seit 2018 Honorarprofessor an der Albert-Ludwigs-Universität in Freiburg i. Br. für den Arbeitsbereich Christliche Religionsphilosophie an der Theologischen Fakultät. Zu seinen Veröffentlichungen gehören *Die Gnade vollendeter Endlichkeit*, Freiburg 1989; die kritische Edition von Robert Kilwardby, *Quaestiones in librum quartum Sententiarum*, München 1993; *Soundings in the History of a Hope*, Washington, D. C., 2016. In Vorbereitung: *Revelations of Humanity. Anthropological Dimensions of Theological Controversies*.

ANDREAS SPEER, Prof. Dr. Dr. h. c., geb. 1957, studierte in Bonn Philosophie, Katholische Theologie, Philologie, Erziehungswissenschaften und Kunstgeschichte; 1986 wurde er mit einer Arbeit über das Wahrheitsverständnis und die philosophische Denkform Bonaventuras promoviert; zwei Jahre später ging Speer als wissenschaftlicher Assistent an das Thomas-Institut der Universität Köln und war dort für die Organisation der Kölner Mediävisten-Tagungen zuständig; die Habilitation erfolgte 1994 über Begründungsversuche einer ‚scientia naturalis' im 12. Jahrhundert; diese seine Habilitationsschrift wurde 1996 mit dem Offermann-Hergarten-Preis ausgezeichnet; zwischen 1995 und 2000 war Speer Heisenberg-Stipendiat der Deutschen Forschungsgemeinschaft und hatte in dieser Zeit Gastdozenturen an der Universität Sofia, an der Biblioteca Vaticana, an der University of Notre Dame sowie an der Katholieke Universiteit Leuven; seine Ernennung zum außerplanmäßigen Professor für Philosophie in Köln erfolgte 1998, ab dem Jahr 2000 war er als ordentlicher Professor an der Universität Würzburg tätig; 2000 wurde er Sprecher des ‚Engeren Kreises' der Deutschen Gesellschaft für Philosophie; 2004 erfolgte der Ruf auf die Stelle des Direktors des Thomas-Instituts und den damit verbundenen Lehrstuhl für mittelalterliche Philosophie der Universität Köln. In diesem Zuge wurde er auch Direktor der Averroes-Edition, die im Thomas-Institut bis heute beheimatet ist; 2000 übernahm er die Präsidentschaft der Gesellschaft für Philosophie des Mittelalters und der Renaissance (GPMR); 2005 erhielt er den Doktortitel honoris causa der St. Kliment Ochridski-Universität, Sofia; ebenfalls 2005 wurde er Sprecher des Zentrums für Mittelalterstudien (ZfMs) an der Universität zu Köln sowie Mitglied des erweiterten Vorstandes der Deutschen Gesellschaft für Philosophie (DGPhil). Seit 2008 war Speer Sprecher der ‚a.r.t.e.s. Forschungsschule', ab 2012 der im Rahmen der Exzellenzinitiative geförderten ‚a.r.t.e.s. Graduate School for the Humanities Cologne', die er bis heute als Direktor leitet. 2002 wurde Speer als Mitglied in die Akademie gemeinnütziger Wissenschaften zu Erfurt aufgenommen; seit 2013 ist er ordentliches Mitglied der Nordrhein-Westfälischen Akademie der Wissenschaften und der Künste. Seit 2011 ist Speer Prodekan für Forschung und wissenschaftlichen Nachwuchs der Philosophischen Fakultät, seit 2012 Sprecher des Cologne Center for eHumanities (CCeH) und seit 2016 Sprecher des Fachkollegiums ‚Philosophie' der Deutschen Forschungsgemeinschaft (DFG).

Speer wirkte als Autor am *Historischen Wörterbuch der Philosophie* mit. Er ist u. a. Herausgeber der *Miscellanea Mediaevalia* und der *Studien und Texte zur Geistesgeschichte des Mittelalters*.

Zu seinen Forschungsschwerpunkten gehört die Geschichte und Systematik der Philosophie, insbesondere der Philosophie des Mittelalters, die Theorie und Geschichte der Wissenschaften, Fragen der Epistemologie und Metaphysik sowie des Verhältnisses von Philosophie und Religion. Die interdisziplinären Interessen im Bereich der Ästhetik und Kunsttheorie finden ihren Niederschlag in der kritischen Ausgabe der Schriften des Abtes Suger von Denis – gemeinsam mit dem Architekturhistoriker Günther Binding – und einer digitalen Edition der *Schedula diversarum artium*; ferner gehört das Verhältnis von Philosophie und Weisheit zu seinen Forschungsgebieten; einige Monographien, Sammelbände und Aufsätze von Speer gelten heute als Standardwerke zu diesen Themen.

Veröffentlichungen unter anderem: ‚*Göttin der Wissenschaften*' – ‚*Torheit vor Gott*'. *Albertus Magnus über philosophische und biblische Weisheit*, Münster 2018; *Philosophie des Mittelalters*, ausgew. u. eingel. v. Andreas Speer, Stuttgart 2017; *Die Vier Gekrönten. Konrad*

Kuyn, Köln 2016 (gem. mit Marc Steinmann u. Regina Urbanek); *Edith Stein: Miscellanea thomistica. Übersetzungen – Abbreviationen – Exzerpte aus Werken des Thomas von Aquin und der Forschungsliteratur*, eingeführt u. bearb. v. Andreas Speer u. Francesco Valerio Tommasi unter Mitarbeit v. Mareike Hauer u. Stephan Regh, Freiburg i. Br. 2013; *Fragile Konvergenz. Drei Essays zu Fragen metaphysischen Denkens*, Köln 2010; bulgar. *Metaphysisches Denken – Fragile Konvergenz*, übers. v. Georgi Kapriev, Sofia 2011; *Edith Stein: Thomas von Aquin, Über das Seiende und das Wesen. De ente et essentia – mit den Roland-Gosselin-Exzerpten*, eingeführt und bearb. v. Andreas Speer u. Francesco Valerio Tommasi, Freiburg i. Br. 2010; *Edith Stein: Des Hl. Thomas von Aquino Untersuchungen über die Wahrheit. ‚Quaestiones disputatae de veritate'*, eingeführt u. bearb. v. Andreas Speer u. Francesco Valerio Tommasi, 2 Bde., Freiburg i. Br. 2008; *Abt Suger von Saint-Denis: Ausgewählte Schriften: Ordinatio, De consecratione, De administratione*, Darmstadt 2000, ³2008 (gem. mit Günther Binding); *Bonaventura: De scientia Christi. Vom Wissen Christi*, übers., hg., komm. u. eingel. v. Andreas Speer, Hamburg 1992, ²1996; *Abt Suger von Saint-Denis, De consecratione*, Köln 1995 (gem. mit Günther Binding); *Die entdeckte Natur. Untersuchungen zu Begründungsversuchen einer scientia naturalis im 12. Jahrhundert*, Leiden/New York/Köln 1995; *Die Fränkische Königsabtei Saint-Denis. Ostanlage und Kultgeschichte*, Darmstadt 1988 (gem. mit Jan van der Meulen); *Triplex veritas. Wahrheitsverständnis und philosophische Denkform Bonaventuras*, Werl 1987; zahlreiche Herausgeberschaften, Aufsätze, Artikel und Tagungsberichte sowie Beiträge für Lexika und Enzyklopädien.

RUDI A. TE VELDE, Prof. Dr. phil., geb. 1957, ist Lecturer für Philosophie und Inhaber einer Professur mit besonderer Berücksichtigung der Philosophie des Thomas von Aquin und deren Beziehung zum Denken der Gegenwart an der School of Catholic Theology der Universität Tilburg, Niederlande. Seine Forschungen beziehen sich auf die ‚klassische' Tradition der Metaphysik und deren ‚Denken des Seins' – als Widerlager zur modernen Philosophie, in der das metaphysische Motiv des Seins verloren ging. Te Velde schreibt über die Beweggründe seiner wissenschaftlichen Forschungen: „For me, the question of metaphysics is not only historical, but includes its possible systematical fertility with a view to what is more in truth and meaning than human construction. I also write about topics from the philosophy of religion, in particular about the meaning of religion in the modern secularized world." Unter seinen zahlreichen Veröffentlichungen sind besonders zu erwähnen: *Participation and Substantiality in Thomas Aquinas*, 1995; *Aquinas on God*, 2006; zahlreiche Aufsätze, u. a. in: *Thomas von Aquin: Die Summa theologiae*, hg. v. Andreas Speer, 2005.

FRANCESCO VALERIO TOMMASI, Dr. phil., geb. 1977, Studium der Philosophie und Geschichte an der Universität La Sapienza in Rom, der Universität zu Köln und an der IAP (Internationale Akademie für Philosophie) im Fürstentum Liechtenstein. 2002–2003 Stipendiat in Würzburg. 2004 Stipendiat an der Herzog August Bibliothek in Wolfenbüttel. Promotion 2006 bei Marco M. Olivetti und Norbert Hinske (La Sapienza, Rom) über die Kantischen Quellen des Begriffs „Transzendental". Seit 2006 Postdoc für Religionsphilosophie an der Universität La Sapienza, Rom. Seit 2009 wiss. Mitarbeiter am Thomas-Institut der Universität Köln. 2010–2011 Gastprofessur an der Lateranuniversität, Rom. Seit 2013: Juniorprofessur an der Sapienza Universität in Rom. Seit 2019: Tenure-Track-Professor an der Universität La Sapienza in Rom.

Unter den Veröffentlichungen: *Philosophia transcendentalis. La questione antepredicativa e l'analogia tra la Scolastica e Kant*, Florenz 2008; *L'analogia della persona in Edith Stein*, Pisa/Rom 2012; *Umanesimo profetico. La complicata relazione tra cattolicesimo e cultura*, Cinisello Balsamo 2015. Kritische Edition (zus. mit A. Speer) der Bände 23, 24, 26 und 27 der *Edith Stein Gesamtausgabe* (Steinsche Übersetzungen von Thomas von Aquin) beim Verlag Herder. Zahlreiche Artikel zu Kant, der Geschichte der neuzeitlichen Metaphysik und der Phänomenologie.

DOMINICUS TROJAHN OCIST, Lic. phil., Mag. theol., geb. 1958, Studium der Philosophie und der Katholischen Theologie an den Universitäten Freiburg und Bochum, der Hochschule Heiligenkreuz und der Lateranuniversität Rom, Zisterziensermönch des Stiftes Heiligenkreuz in Österreich und Rektor der Bernardikapelle im Heiligenkreuzerhof in Wien.

BERTHOLD WALD, Prof. em. Dr. phil. habil., geb. 1952, Studium der Philosophie, Germanistik und Katholischen Theologie in Freiburg und Münster; Promotion und Habilitation in Philosophie an der Universität Münster; 1996 Visiting Professor für Ethik an der Lateranuniversität, Rom; 2010 und 2011 Vortragsreisen nach Brasilien, Argentinien, von 2002 bis 2018 ordentlicher Professor für Systematische Philosophie an der Theologischen Fakultät Paderborn; verheiratet und Vater von vier Kindern. Zahlreiche Veröffentlichungen zum Personbegriff und zu Grundlegungsfragen im Bereich von Ethik und Rechtsphilosophie.

Buchveröffentlichungen in Auswahl: *Genitrix Virtutum. Zum Wandel des aristotelischen Begriffs praktischer Vernunft. Thomas von Aquin – Johannes Duns Scotus – Wilhelm von Ockham – Martin Luther*, Münster 1986; *Person und Handlung bei Martin Luther*, Weilheim 1993; *Philosophie im Studium der Theologie*, Münster 2001; *Substantialität und Personalität. Philosophie der Person in Antike und Mittelalter*, Münster 2005; *Christliches Menschenbild. Zugänge zum Werk von Josef Pieper*, Münster 2017; Herausgeberschaften: JOSEF PIEPER, *Werke in acht Bänden mit zwei Ergänzungsbänden*, Hamburg 1995–2008; *‚Die Wahrheit bekennen'. Josef Pieper im Dialog mit Romano Guardini, Hans Urs von Balthasar, T. S. Eliot, C. S. Lewis, Joseph Ratzinger*, Paderborn 2017 (mit Thomas Möllenbeck); Betreiber der Internetseite *www.josef-pieper-arbeitsstelle.de*.

KARL WALLNER OCIST, Dr. theol., Mag. theol., geb. 1963 in Wien, seit 1982 Zisterzienser des Stiftes Heiligenkreuz, seit 1988 Priester; er promovierte an der Universität Wien über Hans Urs von Balthasar ‚sub auspiciis praesidentis' und ist Professor für Dogmatik und Sakramententheologie an der Hochschule Heiligenkreuz, die er von 1999 bis 2019 als Dekan und nach ihrer Erhebung zur Hochschule päpstlichen Rechtes 2007 als erster Rektor leitete; von 1999 bis 2016 wirkte er als Jugendseelsorger, organisierte 2007 den Besuch von Papst Benedikt XVI. in Heiligenkreuz und war für die Öffentlichkeitsarbeit des Stiftes Heiligenkreuz verantwortlich, wo er die Gregorianik-CD *Chant – Music for Paradise* promotete, die zum Welterfolg wurde.

Sein theologischer Schwerpunkt ist die Trinitätstheologie – *Gott als Eschaton*, 1992; *Wie ist Gott?*, 2010 –, die Soteriologie – *Sühne. Auf der Suche nach dem Sinn des Kreuzes*, 2015 – und die Sakramentenkatechese. Er hat über 40 Bücher mit katechetischer Ausrichtung zu den unterschiedlichsten Themen der Theologie und Spiritualität veröffentlicht; sein bei Lübbe erschienenes Buch *Wer glaubt, wird selig*, 2009, wurde zum Spiegel-Bestseller. Seit 2016 leitet er als Nationaldirektor die Päpstlichen Missionswerke in Österreich.

XVI.
ZU DEN REZENSENTEN

CYRILL BEDNÁŘ OCIST, Dr. iur. utriusque, studierte Recht und Rechtswissenschaft an der Masaryk Universität in Brünn/ Tschechische Republik und lebt seit 2015 im Stift Heiligenkreuz im Wienerwald.

CHRISTOPH BINNINGER, Dr. theol. habil., ao. Professor für Dogmatik an der Phil.-Theol. Hochschule Heiligenkreuz, Direktor des Bischöflichen Studiums Rudolphinum in Regensburg für Spätberufene, Privatdozent an der Universität München, Forschungsschwerpunkte: Ekklesiologie, Anthropologie, Theologiegeschichte des 19. Jahrhunderts.

HINRICH BUES, Dr. theol., Lic. theol., evangelischer Pastor i. R., Dozent für christliche Spiritualität und Evangelisation, katholischer Publizist und Karriereberater in Hamburg, Autor zahlreicher Bücher zu Kirche und Glaube.

IMMO BERNHARD EBERL, Prof. Dr. phil., Privatdozent an der Geschichtswissenschaftlichen Fakultät an der Universität Tübingen, Lehrbeauftragter am Europainstitut für Cistercienserforschung der Hochschule Heiligenkreuz (EUCist). Forschungsschwerpunkte: Kloster- und Ordensgeschichte, das Spätmittelalter und die Landesgeschichte Baden-Württembergs.

STEFAN HARTMANN, römisch-katholischer Theologe und Schriftsteller, Studium der Psychologie, Philosophie und Theologie an der Universität Fribourg, 1979 Diplom, 1979 Eintritt ins Priesterseminar Trier, 1982 Priesterweihe. 2003 wurde er in das Erzbistum Bamberg inkardiniert. Hartmann wurde 2004 zum Lic. theol. und 2008 zum Dr. theol. promoviert. Mehrere Buchveröffentlichungen, u. a. *Standorte. Theologische Skizzen und Gestalten*, 2012; *33 Jahre Kleriker*, 2016.

ALFRED EGID HIEROLD, Prof. Dr. iur. can., Lic. iur. can., Prälat, em. Ordinarius für Kirchenrecht an der Universität Bamberg, Vizeoffizial des Erzbistums Bamberg, Mitglied des Wissenschaftlichen Rates der Katholischen Akademie in Bayern, Mitglied der Missio-Kommission des Erzbistums Bamberg, em. Gastprofessor an der Phil.-Theol. Hochschule Heiligenkreuz, zahlreiche Publikationen zu den Themen Bildungspolitik und Pastoral der Kirche.

TILL KINZEL ist habilitierter Literatur- und Kulturwissenschaftler (TU Berlin); zahlreiche Publikationen zur englischen und amerikanischen Literatur sowie zur Aufklärungsforschung, zuletzt erschien von ihm *Johann Georg Hamann. Zu Leben und Werk*, Wien 2019.

WOLFGANG KLAUSNITZER, em. Univ.-Prof. in Würzburg, Dr. theol. habil., Mag. phil. fac. theol., Professor für Fundamentaltheologie, Vorstand des Instituts für Dogmatik und Fundamentaltheologie.

MARTIN KRUTZLER OCist, Mag. theol., LL.M., Lehrbeauftragter für Kirchenrecht an der Phil.-Theol. Hochschule Heiligenkreuz.

KATHARINA MANSFELD, Dr. phil., Mag. rer. nat., Lehrbeauftragte an der Phil.-Theol. Hochschule Heiligenkreuz für Psychologie und Pastoralpsychologische Grundlagen, Studium der Psychologie und der Theologie, Klinische Psychologin und Gesundheitspsychologin in freier Praxis, Ehrensenatorin der Phil.-Theol. Hochschule Heiligenkreuz, Forschungsschwerpunkt Erarbeitung einer neuen Lehr- und Forschungsdisziplin Evangelisierungspsychologie.

HELMUT MÜLLER, Dr. phil., Dipl. Theol., geb. 1952, studierte nach einer Tätigkeit als Bankkaufmann von 1977 bis 1987 Philosophie und Theologie in Bonn und München; 1982 erwarb er das theologische Diplom an der Universität Bonn; 1988 promovierte er bei Reinhard Löw an der Ludwig-Maximilians-Universität in München; von 1990 bis 1992 lehrte er als Akademischer Rat am Lehrstuhl für Philosophie I – Heinrich Beck – an der Otto-Friedrich-Universität in Bamberg; 1992 erfolgte der Wechsel an das Institut für Katholische Theologie an der Universität Koblenz-Landau.

ALEXANDER RIEBEL, Dr. phil., geb. 1957; Dissertation in Philosophie in Würzburg 1993; Redakteur der Zeitung „Die Tagespost" seit 1988 mit den Ressorts Kultur, Medien, Literatur und Bildung. Veröffentlichungen: Hg. mit Reinhard Hiltscher: Wahrheit und Geltung: Festschrift für Werner Flach (1996); hg. mit Stephan Otto Horn: Johannes Paul II. – Zeuge des Evangeliums (1999); hg. mit Stefan Meetschen u. Alexander Pschera: Poeten, Priester und Propheten (2020).

GÜNTHER RÜTHER, Dr. phil., geb. 1948, Honorarprofessor am Seminar für Politische Wissenschaft und Soziologie an der Universität Bonn; zahlreiche Buchveröffentlichungen auf der Schnittstelle zwischen Literatur und Politik, zuletzt: *Wir Negativen. Kurt Tucholsky und die Weimarer Republik*, Wiesbaden 2018; *Theodor Fontane. Aufklärer, Kritiker, Schriftsteller*, Wiesbaden 2019; zahlreiche Herausgeberschaften.

RAINER SCHUBERT, em. Univ.-Prof. für Philosophie an der Babes-Bolyai-Universität Klausenburg (Cluj-Napoca), Dr. phil., ao. Professor für Ethik und Philosophie an der Phil.-Theol. Hochschule Heiligenkreuz, zahlreiche Publikationen zu Heidegger sowie zur Rechtsphilosophie und dem politischen Denken.

ALEXANDER TSYGANKOV, PhD in Philosophy, Research Fellow am Institute of Philosophy der Russischen Akademie der Wissenschaften, Moskau; Autor zahlreicher Veröffentlichungen.

STEFAN WALSER OFMCAP, Dr. theol., geb. 1980 in Oberschwaben; nach dem Studium der Philosophie und der Theologie in Münster und Rom trat er 2006 in den Kapuzinerorden ein; 2013 wurde er in Münster im Fach Fundamentaltheologie bei Prof. Dr. Jürgen Werbick mit einer Arbeit über das Gebet bei Richard Schaeffler ‚summa cum laude' promoviert; er arbeitete in der Hochschulseelsorge und ist seit 2010 in der Geistliche Begleitung der bischöflichen Studienförderung Cusanuswerk; von 2013 bis 2014 absolvierte er ein einjähriges Praktikum bei einer franziskanischen Friedensorganisation in Kenia; seit 2014 arbeitete Br. Stefan zunächst als Diakon und seit der Priesterweihe 2015 als Kaplan im Pfarrverband Isarvorstadt in München; seit 2016 ist er Mitglied der Provinzleitung der Deutschen Kapuzinerprovinz.

GERO WEISHAUPT, Dr. iur. can., Lic. iur. can., Priester der Diözese Roermond (NL), hauptamtlicher Diözesanrichter am erzbischöflichen Offizialat des Erzbistums Köln, Redakteur beim katholischen Internetportal kathnews.